The Encyclopedia of Public Policy Studies

公共政策学事典

日本公共政策学会［編］

刊行にあたって

　公共政策学が対象とする「政策（policy）」とは，一般的には社会問題の解決のための指針・方針あるいは手段・方法を意味する．本事典の刊行に向けて日本公共政策学会が取り組みを進めていた時期には，世界各地で紛争が発生し，パンデミックが猛威を振るった．各国内では社会的な分断が深まり，民主主義体制にも脅威を与えている．また，生成 AI に代表される技術の急速な発展は，個々人の生活様式を超えて，社会全体にも予測困難な影響を及ぼすと予想されている．社会問題が山積し，さらに問題自体の複雑さが増していくこのような状況において，日本で最初となる本格的な「公共政策学」についての事典を刊行することには，ひときわ大きな意義があると考える．

　社会問題の多くは，「やっかいな（wicked）」問題と考えられている．ある問題はまた別の問題と結びついていたり，問題の性質が絶えず変化したりするからである．事典の刊行に向けて，日本公共政策学会として取り組みをはじめたときに痛感したのは，その企画自体もまたきわめて「やっかい」であることだった．公共政策学は「学際的」であり，関連する学問分野も多岐にわたる．また，政策に関わる現実の問題については，次々と新たなものが現れてくるし，その一方で解決はなされなくとも忘れ去られていくものも多い．さらに言えば，そもそも「公共政策学」とはどのような学問であるかについて，必ずしも一般的なコンセンサスが得られているわけではない（日本公共政策学会研究大会でのシンポジウムや共通論題において，このテーマは何回か取り上げられているが，これまでのところは意見の一致は得られていないようである）．

　それでも，公共政策学が，社会問題の解決策としての（公共）政策を研究対象とし，問題の解決に向けた分析をも志向して，政策の改善を目指す学問であることについては，研究コミュニティの中ではある程度の了解が得られていると考える．このような了解を基にして，次のように本事典を構成することとした．まず，公共政策学の各領域を横断する「横糸」に関わる分野として，「基礎概念」「政策の価値の問題」「政策過程」「政策の主体」「政策のツール」「研究の方法」「公共政策についての教育」を取り上げた．さらに「縦糸」にあたるもの，すなわち個別の政策領域に関わるものとしては，「経済」「社会」「危機」の 3 つの大きな政策

領域を選んだ．これらは，それぞれ事典の「大分類（章）」に相当するものである．さらに，大分類を4～6つの小分類として分けた上で，小分類の中に具体的な中項目を配置した．中項目間の関連については，本文中に「見よ項目」を入れることで読者に有益な情報が伝わるような工夫を施している．

　本事典の出版へと至る経緯についても，少し説明を加えておきたい．日本初の企画であり，総勢約170名の執筆者による本事典の企画がどのように進められたかは，日本における公共政策学の歴史に関わる貴重な事実でもある．それゆえ，記録としてここに残されることに一定の価値があると考える．

　本事典の出版企画が丸善出版から日本公共政策学会に提示されたのは，2021年の夏頃であった．その後，学会執行部と出版社との意見交換を経て，2021年10月30日に開催された日本公共政策学会理事会において，日本公共政策学会を「編著者」とする形で『公共政策学事典（仮）』を刊行すること，そして同事典の編集に係る「公共政策学事典編集委員会」に対して，本学会から幹事・委員を推薦することについての承認がなされることとなった．これにより，まず5名の編集幹事から成る編集幹事会が立ち上げられた．2022年1月24日に開催された第1回目を含め，同会は計3回開催された．

　編集幹事会の最も大きな仕事は，事典の構成と項目の選定である．これについて，丸善出版から提供された「たたき台」をも参考としつつ，編集幹事によって全体の構成案が作成された．その後，8名の編集委員からなる編集委員会によって，具体的な項目と執筆者の選定が行われた．

　予想していたことではあったが，構成案と項目リスト案を作り上げることは，容易ならざる作業であった．その過程において，公共政策学が対象とする範囲の広さと奥行きの深さを再認識した．その作業はまた「公共政策学とは何か」という根源的な問題について，あらためて熟考する機会をも与えてくれた．

　一方，項目が確定した後の執筆者の選定については，執筆依頼を引き受けていただけるかどうかという問題をさておけば，比較的容易であった．多様な分野にわたる項目を網羅するだけの多くの優れた会員を，日本公共政策学会が有していたからである．編集委員会は計5回開かれた．編集幹事会を含めて，すべての会議がZoomを用いたリモート形式で開催されている．

　本事典は，「興味深く読み通せる学問事典」となること，そして公共政策学の魅力をより多くの人に知ってもらうことを目指した．研究者のみならず広い意味で公共政策に関わる実務家の方々，政策を学ぶ学生のみなさんや，社会の問題に関心を有する一般の方々も，是非手に取っていただきたい．そのことが，社会問題の解決について，それぞれの関心や立場から一層深く考え，さらには行動することへとつながっていくことになれば幸いである．

　最後に，企画から編集・出版に至るすべての段階において，大江明さんをはじ

めとする丸善出版株式会社の担当者・関係者の皆様には大変お世話になった．この場を借りて，心からお礼を申し上げたい．

2024 年 10 月吉日

編集委員長　岡本　哲和

■編集委員一覧 (五十音順)

編集幹事

岡　本　哲　和　関西大学政策創造学部教授

小　西　　　敦　静岡県立大学経営情報学部教授

土　屋　大　洋　慶應義塾大学大学院政策・メディア研究科教授

中　川　雅　之　日本大学経済学部教授

野　田　　　遊　同志社大学政策学部教授

編集委員

川　口　貴　久　東京海上ディーアール株式会社ビジネスリスク本部主席研究員

菊　地　端　夫　明治大学経営学部教授

木　寺　　　元　明治大学政治経済学部教授

佐　野　　　亘　京都大学大学院人間・環境学研究科教授

清　水　唯一朗　慶應義塾大学総合政策学部教授

焦　　　従　勉　京都産業大学法学部教授

林　　　嶺　那　法政大学法学部教授

（2024年10月現在）

■執筆者一覧（五十音順）

青 木 栄 一　東北大学	宇 野 二 朗　北海道大学
青 木 一 益　富山大学	岡 本 哲 和　関西大学
青 木 尚 美　東京大学	岡 本 三 彦　東海大学
縣　　公一郎　早稲田大学	奥　　隆 行　日本電気株式会社
秋 山 信 将　一橋大学	奥 井 克 美　追手門学院大学
秋 吉 貴 雄　中央大学	奥 田　　恒　金沢大学
浅 野 耕 太　京都大学	小 黒 一 正　法政大学
朝 日 ちさと　東京都立大学	小 澤 太 郎　慶應義塾大学名誉教授
東　　信 男　会計検査院	小 田 勇 樹　慶應義塾大学
足 立 研 幾　立命館大学	鏡　　圭 佑　日本大学
阿 部 圭 史　元WHO健康危機管理官	角 本 和 理　立命館大学
安 藤 加菜子　京都大学人文学連携研究者	風 間 規 男　同志社大学
飯 島 大 邦　中央大学	梶 原　　晶　関西大学
池 田 葉 月　東京通信大学	片 山 泰 輔　青山学院大学
砂 金 祐 年　常磐大学	香 月 悠 希　大阪国際大学非常勤講師
石 橋 章市朗　関西大学	加 藤　　朗　元桜美林大学
出 雲 明 子　明治大学	金 井 利 之　東京大学
礒 崎 初 仁　中央大学	川 勝 健 志　京都府立大学
市 川 喜 崇　同志社大学	川 口 貴 久　東京海上ディーアール株式会社
伊 藤 修一郎　学習院大学	河 村 和 徳　東北大学
稲 垣　　浩　國學院大學	神 田 玲 子　NIRA総合研究開発機構
稲 沢 克 祐　関西学院大学	菊 地 端 夫　明治大学
稲 田 圭 祐　和光大学	北 山 俊 哉　関西学院大学
今 里 佳奈子　龍谷大学	木 寺　　元　明治大学
入 江 容 子　同志社大学	木 下　　健　福岡工業大学
岩 崎 正 洋　日本大学	木 下 淑 恵　東北学院大学
上 神 貴 佳　学習院大学	久 保 文 明　防衛大学校
奥 住 弘 久　熊本大学	窪 田 好 男　京都府立大学
後　　房 雄　愛知大学	栗 田 卓 也　東京大学特任教授
宇都宮 浄 人　関西大学	小 泉 祐一郎　静岡産業大学

越野　泰成　琉球大学

小島　和貴　桃山学院大学

小嶋　大造　東京大学

小西　敦　静岡県立大学

小林　綾子　上智大学

小林　真理　東京大学

齋藤　博　東洋大学

坂　明　公共政策調査会

相良　祥之　国際文化会館

佐々木　一如　常磐大学

佐々木　周作　大阪大学

佐野　亘　京都大学

四方　光　中央大学

鎮目　真人　立命館大学

篠原　舟吾　慶應義塾大学

嶋田　暁文　九州大学

嶋田　博子　京都大学

焦　従勉　京都産業大学

城山　英明　東京大学

神保　謙　慶應義塾大学

杉田　弘毅　明治大学

杉谷　和哉　岩手県立大学

鈴木　一人　東京大学

砂原　庸介　神戸大学

鷲見　英司　日本大学

関　智弘　熊本県立大学

宗前　清貞　関西学院大学

髙橋　克紀　姫路獨協大学

高橋　智彦　拓殖大学

高橋　洋　法政大学

高橋　勇介　愛媛大学

田口　一博　新潟県立大学

詫摩　佳代　慶應義塾大学

武田　康裕　東京国際大学

竹前　由美子　京都大学

田中　孝男　九州大学

田中　敬文　東京学芸大学

田中　秀明　明治大学

田中　優　日本福祉大学

谷口　将紀　東京大学

千々和　泰明　防衛研究所

塚原　康博　明治大学

辻　陽　近畿大学

土屋　大洋　慶應義塾大学

土山　希美枝　法政大学

坪井　淳子　東京海上ディーアール株式会社

坪郷　實　早稲田大学名誉教授

戸田　香　京都女子大学

中井　歩　京都産業大学

永井　真也　室蘭工業大学

中川　雅之　日本大学

永田　尚三　関西大学

中谷　昇　日本電気株式会社

長野　基　東京都立大学

中林　啓修　日本大学

永松　伸吾　関西大学

長峯　純一　関西学院大学

中村　絢子　国際大学

南島　和久　龍谷大学

櫨原　真二　北九州市立大学

西岡　晋　東北大学

西川　伸一　明治大学

野崎　祐子　椙山女学園大学

野田　遊　同志社大学

野村　康　名古屋大学

河　昇彬　韓国外国語大学日本研究所

橋本　賢二　人事院

林　嶺那　法政大学

執筆者一覧

原 田　　徹	佛教大学
廣 瀬 陽 子	慶應義塾大学
深 谷　　健	津田塾大学
福 井 秀 樹	愛媛大学
藤 井 誠一郎	立教大学
藤 田 由紀子	学習院大学
藤 原 静 雄	内閣府
細 野 助 博	中央大学名誉教授
堀　　真奈美	東海大学
本 多 倫 彬	中京大学
前 川 範 行	リバタリアン協会
松 井　　望	東京都立大学
松 岡 清 志	静岡県立大学
松 田 憲 忠	青山学院大学
松 元 雅 和	日本大学
的 場 信 敬	龍谷大学
真 山 達 志	同志社大学
三 田 妃路佳	宇都宮大学
三 谷 宗一郎	甲南大学
宮 坂 直 史	防衛大学校
宮 本 章 史	北海学園大学

宮 脇　　昇	立命館大学
武 蔵 勝 宏	同志社大学
森　　　聡	慶應義塾大学
森　　裕 亮	青山学院大学
森 川　　想	東京大学
森 山 花 鈴	南山大学
森 脇 俊 雅	関西学院大学名誉教授
矢ヶ崎 紀 子	東京女子大学
矢 口 和 宏	敬愛大学
八 木 信 一	九州大学
柳　　　至	立命館大学
柳 瀬　　昇	日本大学
山 根 史 博	広島市立大学
山 本 竜 大	名古屋大学
山 谷 清 志	同志社大学
湯 淺 墾 道	明治大学
横 田 明 美	明治大学
吉 川 和 挟	四日市大学
若 林　　悠	大東文化大学
和 田 淳一郎	横浜市立大学

（2024年10月現在）

目　次

※［　］内は各章担当の編集委員

I　公共政策の基礎概念
［岡本哲和・佐野　亘］

●1　「政策」の概念
政策 ————————— 2
政策の種類 ——————— 4
政策の形式 ——————— 6
政策の要素 ——————— 8
政策のステージ・モデル ——— 10

●2　公共政策の範囲
市場・政府・市民：三つのセクター
————————————— 12
「公」と「私」の境界 ———— 14
民営化 ————————— 16
ガバナンス ——————— 18

●3　政策研究の歴史
政策研究の源流 —————— 20
政策学のはじまり ————— 22
公共政策学の目的 ————— 24
世界の政策研究 —————— 26
日本における政策研究 ——— 28
政策関係の学会 —————— 30

●4　社会問題と政策
ジェンダー ——————— 32
プライバシー ——————— 34
人の移動：政策課題としての移民・
　難民 ————————— 36
自殺・孤独・孤立 ————— 38

II　公共政策と価値
［岡本哲和・佐野　亘］

●1　代表的な主義・思想
功利主義 ———————— 42
リベラリズム ——————— 44
リバタリアニズム ————— 46
コミュニタリアニズム ——— 48
卓越主義 ———————— 50

フェミニズム ——————— 52
多文化主義 ——————— 54

●2　政策価値の衝突とその解決
価値多元論／一元論 ———— 56
トゥールミン・モデル ——— 58
価値の指標化 ——————— 60

多基準分析—————62
多様な合意形成手法—————64
● 3 政策と規範
政策規範とは何か—————66
政策規範の役割—————68
非理想理論—————70
政策決定者の倫理—————72
政策実施者の倫理—————74
● 4 大事な論点
計画主義と保守主義—————76
パターナリズム／自己責任—————78

動物倫理—————80
社会的包摂—————82
公共的理性—————84
サステナビリティ—————86
● 5 政治体制と政策
代議制民主主義と政策—————88
直接民主主義と公共政策—————90
地方分権（補完性原理）と政策—————92
熟議民主主義と政策—————94
ポピュリズムと政策—————96

Ⅲ　公共政策のプロセス

［岡本哲和・佐野 亘・木寺 元］

● 1 アジェンダ・セッティング
アジェンダ・セッティングの主体
　—————100
アジェンダ・セッティングのモデル
　—————102
非決定権力—————104
アジェンダ・セッティングと
　マスメディア—————106
アジェンダ・セッティングと
　インターネット—————108
● 2 政策の策定
政策分析—————110
政策策定のための調査—————112
予測—————114
費用便益分析—————116
政策デザインの考え方—————118
政策のデザイナー—————120
政策波及—————122
● 3 政策の決定
合理的政策決定モデル—————124

アイデアの政治—————126
制度論—————128
インクリメンタリズム—————130
断続平衡論—————132
政策の窓モデル—————134
唱道連合モデル—————136
政策フィードバック—————138
● 4 政策の実施
政策実施研究の歴史—————140
第一線職員—————142
ナショナル・レベルの政策実施—————144
ローカル・レベルの政策実施—————146
トランスナショナル・レベルの
　政策実施—————148
● 5 政策の評価
政策評価の方法—————150
政策評価の制度—————152
評価の組織—————154
政策評価の対象—————156
地方自治体における政策評価—————158

諸外国の政策評価制度————160
●6　政策の終了
政策終了の概念————162

政策終了の理論————164
政策終了の事例————166

Ⅳ　経済と政策
[中川雅之]

●1　市場と公共政策
市場の失敗————170
政府の機能（資源配分，所得再分配，
　経済安定化）とは何か————172
政府間関係————174
政府の失敗————176
財政学と公共経済学————178
●2　資源配分
外部性————180
情報の非対称性————182
公共財————184
不完全競争————186
●3　再分配
格差と貧困————188
所得再分配————190
所得再分配と労働供給————192

●4　景気安定化
経済安定化に関する考え方の変遷
————194
財政政策————196
金融政策————198
経済成長————200
●5　財政制度
財政の現状————202
財政赤字————204
地方財政の健全化————206
●6　租税制度
租税制度————208
税の転嫁と帰着————210
税の中立性————212
所得税の後退と再生の可能性————214
消費税————216
資産税————218

Ⅴ　社会と政策
[小西　敦・焦　従勉・中川雅之]

●1　福祉
福祉国家————222
福祉政策における主なアクター————224
国民皆保険————226
介護保険と後期高齢者医療制度——228
北欧の高福祉高負担————230
ベーシックインカム————232

●2　医療
医療制度の発達————234
疾病保険制度————236
医療政策におけるアクター————238
医薬品に関する政策————240
諸外国の医療保障制度————242
公衆衛生政策：健康づくり————244

公衆衛生政策：公衆衛生―――― 246

●3 環境
環境保護運動のはじまり―――― 248
環境政策における主なアクター― 250
緑の党――――――――――――― 252
環境ガバナンス―――――――― 254
グリーン・リカバリー―――――― 256
地球温暖化問題・気候変動問題― 258
カーボンプライシング――――― 260

●4 教育・文化・スポーツ
教育政策――――――――――― 262
文化財の保存と継承――――――― 264
諸外国の文化政策―――――――― 266

スポーツ政策――――――――― 268
自治体の文化政策―――――――― 270

●5 まちづくり
景観――――――――――――― 272
シャッター商店街と市街地活性化
―――――――――――――――― 274
観光政策――――――――――― 276
公民連携――――――――――― 278
多文化共生――――――――――― 280
コンパクトシティと持続可能な
　地域づくり―――――――――― 282
地域公共交通――――――――― 284

VI　危機と政策
[土屋大洋・清水唯一朗・川口貴久]

●1 安全保障政策
日本の安全保障・防衛政策――― 288
自衛隊――――――――――――― 290
日米同盟――――――――――― 292
国際連合――――――――――― 294
経済安全保障――――――――― 296
戦争――――――――――――― 298
ハイブリッド戦―――――――― 300
サイバー戦――――――――――― 302

●2 外交政策
自主外交路線――――――――― 304
経済外交――――――――――― 306
自由で開かれたインド太平洋―― 308
国際機構と地域機構―――――― 310
政府開発援助――――――――― 312
非政府組織――――――――――― 314
平和活動――――――――――― 316
経済制裁――――――――――― 318

核政策――――――――――――― 320

●3 警察・治安政策
治安法制――――――――――― 322
組織犯罪――――――――――― 324
サイバー犯罪――――――――― 326
国際犯罪――――――――――― 328
情報機関とインテリジェンス―― 330
テロリズム――――――――――― 332

●4 消防・防災政策
日本の消防・防災関連組織――― 334
地域の消防・防災―――――――― 336
地震対策・地震対応―――――― 338
気象予報――――――――――― 340
大規模災害の被害想定と対策―― 342
国民保護――――――――――― 344

●5 感染症政策
日本の感染症危機管理の体制―― 346
日本の新型コロナウイルス対策― 348

WHO——350	パンデミック——354
諸外国の感染症対策組織——352	日本の危機管理医薬品政策——356

Ⅶ　公共政策の主体
[野田 遊・岡本哲和・菊地端夫]

● 1　立法府
国会議員と政策形成——360
地方議員と政策形成——362
政党システムと政策形成——364
政策をめぐる国会議員と首長——366
議会スタッフと政策形成——368
政権公約と政策形成——370

● 2　司法府
裁判所と政策形成——372
行政救済法と違法是正——374
裁判所の人事——376
国民の司法参加——378

● 3　行政府
中央省庁における政策形成——380
地方自治体における政策形成——382
国の予算編成——384
自治体の予算編成——386
行政組織の理論・構造，官邸との
　関係——388
自治体組織の構造と理論——390

行政委員会と公共政策——392
独立行政法人——394
地方公営企業と公共政策——396
中央－地方関係——398
リージョナル・ガバナンス——400
公務員の人事管理——402
公務員の専門性——404
パブリック・リーダーシップ——406
PSM 研究——408

● 4　社会セクターにおける政策主体
利益団体と政策形成——410
NPO（Nonprofit Organization）と
　政策形成——412
市民参加——414
公共政策と信頼——416
自治会・町内会と政策形成——418
ソーシャル・キャピタルと公共政策
——420
シンクタンク——422
民間企業と公共政策——424

Ⅷ　公共政策のツール
[岡本哲和・小西 敦]

● 1　政策と法律
政策と法律との関係——428
憲法と公共政策——430
行政法と公共政策——432
政策法務——434

● 2　政策とお金
誘導型の政策手段（1）——436
誘導型の政策手段（2）——438
誘因型公共政策——440

● 3　デジタル化

電子政府————————442
電子自治体————————444
中央政府の DX（デジタル・トランス
　フォーメーション）————446
デジタル化————————448
AI と政策————————450

● 4　政策と情報

統計制度————————452
統計組織————————454
EBPM————————456

オープン・ガバメント————458
知識活用————————460
行動経済学の知見とナッジの
　政策活用————————462

● 5　公文書管理・情報公開制度

文書の作成過程————————464
公文書管理————————466
情報公開法————————468
情報公開条例————————470
公会計と監査————————472

IX　公共政策研究の方法

[中川雅之・野田　遊・林　嶺那]

● 1　数理・計量分析

公共政策研究における数理分析の
　歴史————————476
公共政策研究における計量分析の
　展開————————478
傾向スコアマッチング————480
操作変数法・回帰不連続デザイン・
　差分の差分法————————482
構造方程式モデリング————484

● 2　実験アプローチ

公共政策研究における実験アプローチ
　の歴史————————486
ラボ実験————————488

自然実験————————490
フィールド実験————————492
サーベイ実験————————494
心理学的要素と実験————————496

● 3　質的研究

公共政策研究における質的研究の
　歴史————————498
質的研究における事例の選択方法
　————————500
質的比較分析（QCA）————502
言説分析————————504
オーラル・ヒストリー————506
質的研究と量的研究の統合————508

X　公共政策学の教育

[土屋大洋・小西　敦・清水唯一朗]

● 1　政策系学部・大学院

諸外国での公共政策教育————512
日本での公共政策教育————514

政策系学部・大学院の拡大と連携
　————————516
公共政策大学院————————518

●2 公共政策学のティーチング・メソッド

主権者教育における政策教育———520

ケースメソッド———522

政策提言・提案———524

インターンシップ———526

●3 政策の研修

公務員の人材開発———528

人事院・中央省庁の研修———530

地方自治体の研修———532

見出し語五十音索引———xix

引用・参照文献———535

事項索引———553

人名索引———575

見出し語五十音索引

■英字

AI と政策　450

DX（デジタル・トランスフォーメーション），中央政府の　446

EBPM　456

NPO（nonprofit organization）と政策形成　412

PSM 研究　408

WHO　350

■あ行

アイデアの政治　126

アクター，医療政策における　238

アクター，環境政策における主な　250

アクター，福祉政策における主な　224

アジェンダ・セッティングとインターネット　108

アジェンダ・セッティングとマスメディア　106

アジェンダ・セッティングのモデル　102

アジェンダ・セッティングの主体　100

安全保障・防衛政策，日本の　288

一元論，価値多元論　56

違法是正，行政救済法と　374

移民・難民，人の移動：政策課題としての　36

医薬品に関する政策　240

医療政策におけるアクター　238

医療制度の発達　234

医療保障制度，諸外国の　242

インクリメンタリズム　130

インターネット，アジェンダ・セッティングと　108

インターンシップ　526

インテリジェンス，情報機関と　330

オープン・ガバメント　458

オーラル・ヒストリー　506

■か行

回帰不連続デザイン・差分の差分法，操作変数法　482

介護保険と後期高齢者医療制度　228

外部性　180

格差と貧困　188

核政策　320

価値多元論／一元論　56

価値の指標化　60

ガバナンス　18

カーボンプライシング　260

環境ガバナンス　254

環境政策における主なアクター　250

環境保護運動のはじまり　248

観光政策　276

監査，公会計と　472

感染症危機管理の体制，日本の　346

感染症対策組織，諸外国の　352

官邸との関係，行政組織の理論・構造　388

議会スタッフと政策形成　368

危機管理医薬品政策，日本の　356

気候変動問題，地球温暖化問題　258

気象予報　340

教育政策　262

行政委員会と公共政策　392

行政救済法と違法是正　374

行政組織の理論・構造，官邸との関係　388

行政法と公共政策　432

金融政策　198

国の予算編成　384

グリーン・リカバリー　256

計画主義と保守主義　76

景観　272

傾向スコアマッチング　480

経済安全保障　296
経済安定化に関する考え方の変遷　194
経済外交　306
経済制裁　318
経済成長　200
計量分析の展開，公共政策研究における　478
ケースメソッド　522
言説分析　504
憲法と公共政策　430

合意形成手法，多様な　64
公会計と監査　472
後期高齢者医療制度，介護保険と　228
公共経済学，財政学と　178
公共財　184
公共政策，民間企業と　424
公共政策学の目的　24
公共政策教育，諸外国での　512
公共政策教育，日本での　514
公共政策研究における計量分析の展開　478
公共政策研究における実験アプローチの歴史
　　486
公共政策研究における質的研究の歴史　498
公共政策研究における数理分析の歴史　476
公共政策，ソーシャル・キャピタルと　420
公共政策大学院　518
公共政策と信頼　416
公共的理性　84
公衆衛生政策：健康づくり　244
公衆衛生政策：公衆衛生　246
構造方程式モデリング　484
行動経済学の知見とナッジの政策活用　462
「公」と「私」の境界　14
公文書管理　466
公民連携　278
公務員の人材開発　528
公務員の人事管理　402
公務員の専門性　404
功利主義　42
合理的政策決定モデル　124
国際機構と地域機構　310
国際犯罪　328
国際連合　294
国民皆保険　226
国民の司法参加　378

国民保護　344
国会議員と首長，政策をめぐる　366
国会議員と政策形成　360
孤独・孤立，自殺　38
コミュニタリアニズム　48
コンパクトシティと持続可能な地域づくり
　　282

■さ行

財政赤字　204
財政学と公共経済学　178
財政政策　196
財政の現状　202
サイバー戦　302
サイバー犯罪　326
裁判所と政策形成　372
裁判所の人事　376
サステナビリティ　86
差分の差分法，操作変数法・回帰不連続デザイン
　　482
サーベイ実験　494

自衛隊　290
ジェンダー　32
自己責任，パターナリズム　78
自殺・孤独・孤立　38
資産税　218
自主外交路線　304
市場・政府・市民：三つのセクター　12
市場の失敗　170
地震対策・地震対応　338
自然実験　490
持続可能な地域づくり，コンパクトシティと
　　282
自治会町内会と政策形成　418
自治体組織の構造と理論　390
自治体の文化政策　270
自治体の予算編成　386
実験，心理学的要素と　496
実験アプローチの歴史，公共政策研究における
　　486
質的研究と量的研究の統合　508
質的研究における事例の選択方法　500
質的研究の歴史，公共政策研究における　498
質的比較分析（QCA）　502

疾病保険制度 236
司法参加，国民の 378
市民：三つのセクター，市場・政府 12
市民参加 414
社会的包摂 82
シャッター商店街と市街地活性化 274
自由で開かれたインド太平洋 308
熟議民主主義と政策 94
主権者教育における政策教育 520
唱道連合モデル 136
消費税 216
消防・防災，地域の 336
消防・防災関連組織，日本の 334
情報機関とインテリジェンス 330
情報公開条例 470
情報公開法 468
情報の非対称性 182
諸外国での公共政策教育 512
諸外国の医療保障制度 242
諸外国の感染症対策組織 352
諸外国の政策評価制度 160
諸外国の文化政策 266
所得再分配 190
所得再分配と労働供給 192
所得税の後退と再生の可能性 214
新型コロナウイルス対策，日本の 348
シンクタンク 422
人材開発，公務員の 528
人事院・中央省庁の研修 530
人事管理，公務員の 402
信頼，公共政策と 416
心理学的要素と実験 496

数理分析の歴史，公共政策研究における 476
スポーツ政策 268

政権公約と政策形成 370
政策 2
政策学のはじまり 22
政策関係の学会 30
政策規範とは何か 66
政策規範の役割 68
政策系学部・大学院の拡大と連携 516
政策形成，NPO（nonprofit organization）と
    412

政策形成，議会スタッフと 368
政策形成，裁判所と 372
政策形成，自治会町内会と 418
政策形成，政権公約と 370
政策形成，政党システムと 364
政策形成，地方議員と 362
政策形成，地方自治体における 382
政策形成，中央省庁における 380
政策形成，利益団体と 410
政策決定者の倫理 72
政策研究，世界の 26
政策研究，日本における 28
政策研究の源流 20
政策策定のための調査 112
政策実施研究の歴史 140
政策実施者の倫理 74
政策実施，トランスナショナル・レベルの 148
政策実施，ナショナル・レベルの 144
政策実施，ローカル・レベルの 146
政策終了の概念 162
政策終了の事例 166
政策終了の理論 164
政策提言・提案 524
政策デザインの考え方 118
政策と法律との関係 428
政策の形式 6
政策の種類 4
政策のステージ・モデル 10
政策のデザイナー 120
政策の窓モデル 134
政策の要素 8
政策波及 122
政策評価制度，諸外国の 160
政策評価，地方自治体における 158
政策評価の制度 152
政策評価の対象 156
政策評価の方法 150
政策フィードバック 138
政策分析 110
政策法務 434
政策をめぐる国会議員と首長 366
政党システムと政策形成 364
制度論 128
税の中立性 212
税の転嫁と帰着 210

政府・市民：三つのセクター，市場　12
政府開発援助　312
政府間関係　174
政府の機能（資源配分，所得再分配，経済安定化）
　とは何か　172
政府の失敗　176
世界の政策研究　26
戦争　298

操作変数法・回帰不連続デザイン・差分の差分法
　482
組織犯罪　324
ソーシャル・キャピタルと公共政策　420
租税制度　208

■た行

第一線職員　142
代議制民主主義と政策　88
大規模災害の被害想定と対策　342
多基準分析　62
卓越主義　50
多文化共生　280
多文化主義　54
多様な合意形成手法　64
断続平衡論　132

治安法制　322
地域機構，国際機構と　310
地域公共交通　284
地域の消防・防災　336
地球温暖化問題・気候変動問題　258
知識活用　460
地方議員と政策形成　362
地方公営企業と公共政策　396
地方財政の健全化　206
地方自治体における政策形成　382
地方自治体における政策評価　158
地方自治体の研修　532
地方分権（補完性原理）と政策　92
中央省庁における政策形成　380
中央省庁の研修，人事院　530
中央政府のDX（デジタル・トランスフォーメー
　ション）　446
中央－地方関係　398
直接民主主義と公共政策　90

デジタル化　448
テロリズム　332
電子自治体　444
電子政府　442

統計制度　452
統計組織　454
動物倫理　80
トゥールミン・モデル　58
独立行政法人　394
トランスナショナル・レベルの政策実施　148

■な行

ナショナル・レベルの政策実施　144
ナッジの政策活用，行動経済学の知見と　462

日米同盟　292
日本での公共政策教育　514
日本における政策研究　28
日本の安全保障・防衛政策　288
日本の感染症危機管理の体制　346
日本の危機管理医薬品政策　356
日本の消防・防災関連組織　334
日本の新型コロナウイルス対策　348

■は行

ハイブリッド戦　300
パターナリズム／自己責任　78
パブリック・リーダーシップ　406
パンデミック　354

非決定権力　104
非政府組織　314
人の移動：政策課題としての移民・難民　36
評価の組織　154
費用便益分析　116
非理想理論　70
貧困，格差と　188

フィールド実験　492
フェミニズム　52
不完全競争　186
福祉国家　222
福祉政策における主なアクター　224
プライバシー　34

文化財の保存と継承　264
文化政策，自治体の　270
文化政策，諸外国の　266
文書の作成過程　464

平和活動　316
ベーシックインカム　232

法律との関係，政策と　428
北欧の高福祉高負担　230
保守主義，計画主義と　76
ポピュリズムと政策　96

■ま行

マスメディア，アジェンダ・セッティングと
　106

緑の党　252
民営化　16
民間企業と公共政策　424

■や行

誘因型公共政策　440

誘導型の政策手段（1）　436
誘導型の政策手段（2）　438

予算編成，国の　384
予算編成，自治体の　386
予測　114

■ら行

ラボ実験　488

利益団体と政策形成　410
リージョナル・ガバナンス　400
リバタリアニズム　46
リベラリズム　44
量的研究の統合，質的研究と　508
倫理，政策決定者の　72
倫理，政策実施者の　74

労働供給，所得再分配と　192
ローカル・レベルの政策実施　146

I 公共政策の基礎概念

[岡本哲和・佐野 亘]

政策

「政策（policy）」とは何か．（公共）政策についての専門書の中には「（公共）政策」という言葉はあまりにも当たり前なので，誰もこの言葉を定義しようとはしないと説明しているものもある（薬師寺 1989）．

だが，「（公共）政策」の意味が誰にとっても自明かといえば，必ずしもそうではない．この用語は，実際には多様な意味で用いられているからである．また，「政策」の定義づけも行われてこなかったわけではなく，政策の研究者や専門家による定義は存在する．ただし，公共政策学やそれと隣接する政治学・行政学などの研究者・専門家による定義の中身は多様であるし，多くの中で特定の定義に特に高い権威が（学会等で）与えられているわけでもない．

本事典は公共「政策」をテーマとするため，当然ながら「政策」という用語はさまざまな項目において，数多く登場する．しかし，各項目での「政策」は，必ずしも完全に同じ意味で用いられているわけではない．このことは，事典の編集作業における問題等が招いた結果などではなく，「政策」という概念自体の多様性を示すものであると，まずは認識しておく必要がある．

しかしながら，「政策」という用語が人によってまったく異なった意味で用いられているということもない．ただし，細かい点については多少異なることもある．ここでは，その①主体②目的③形の 3 点に注目して，いくつかの定義を取り上げつつ，「政策」概念がどう捉えられているかを検討して，政策を理解する上での一定のガイドラインを示しておきたい．

●**政策の主体**　まず，国語事典での定義を検討する．「政策」という用語は，専門家の世界だけでなく，一般的にも用いられているからである．例えば『デジタル大辞泉』では，「政府・政党などの施政上の方針や方策」と説明されている．政策の主体については，政府や政党などの公的な（性質を有する）機関に限定されている．次に，日本での公共政策学の教科書で示された定義の例を見てみる．代表的な教科書の一つである秋吉ほか（2020）では，「公共的問題を解決するための，解決の方向性と具体的手段」と定義されている．この定義では政策の主体が何かについては特に明示されておらず，政府以外の主体を含むとも解釈できる．実際に，政策の形成や実施に民間のシンクタンクや市民組織が関わることはさほど珍しくない．それゆえ，政策の主体は必ずしも政府に限定されないといえる（なお，英語の policy という語には，民間企業などによる方針という意味も含まれている）．ただし，直接的であれ間接的であれ，政策には何らかの形で政府や地方自治

体が関与していることが一般的である．政府が主体となる政策を特に「公共政策（public policy）」と呼ぶことがあるが，本事典で用いられる「政策」という用語は，ほとんどの場合は，このような意味での「公共政策」を指している．

●**政策の目的**　研究者による政策の諸定義の中で，比較的よく紹介されるものの一つに，政治学者であるダイ（Dye, T. R.）の「政府が行うと，もしくは行わないと選択したあらゆること」というものがある（Dye 2013）．この定義では目的等は示されず，「政策」を広く捉えているところが特徴といえる．それに対して，上記の秋吉らによる定義では，「公共的問題を解決する」ことが目的であるとされている．ダイ自身は政策を細かく定義しすぎることは有益ではないと指摘するが，秋吉ほか（2020）の定義のように政策の目的が社会の問題を解決することにあることは，かなり一般的に了解されているといってよい．なお，日本の法律で唯一「政策」の定義を行っている（2023 年現在）「政策評価法」（2001）では，「一定の行政目的を実現する」ことが政策の目的と規定されている．

●**政策の形**　上記のダイの定義では，政策は政府による（無）行動の形を取ると捉えられている．この「行動」は，秋吉らの定義の中の「具体的手段」に当たると考えてよい．ダイのように，政策の形態を具体的な行動に限定するのはやや狭い捉え方である．通常は，実際に行われた行動のみでなく，将来にどのような行動をとるかを示す方針や計画等も政策と見なすことが一般的である．

　このように，方針や計画，そして具体的な行動までを含めるならば，政策は階層的な構造を持つものとして捉えることができる．一般的な見方に従えば，それは(a)政策(b)施策(c)事業の三つの階層から成る．「政策」とは，問題解決のための大きな目的を指す．その下に，目的の達成に向けての方針や目標を示す「施策」が位置づけられる．そして，具体的な活動である「事業」が施策に基づいて実施される．(a)の政策から(c)の事業に行くほど，抽象度が低く（具体度が高く）なっていると考えてよい．一つの政策に基づいて複数の施策が策定され，さらに一つの施策に基づいて複数の事業が実施されるので，階層の最上位に位置づけられるのが政策であり，事業が最下位に，そして施策が両者の中間に位置づけられる．

　すでに述べたように，政策の概念は多様である．だが，「福祉政策」や「環境政策」といった具体的な政策についての研究を行う際には，政策の具体的な定義を示す必要は，特にはない場合が多いだろう．ただし，研究対象とする政策の主体は誰なのか，どのような問題を解決しようとするものなのか，そしてどのような形でその政策が示されているのかについては十分に意識する必要があるし，場合によってはそれを詳しく説明する必要がある．　　　　　　　　　　［岡本哲和］

政策の種類

　一言で「公共政策」といっても，その中身や性質はさまざまである．一般に公共政策は社会問題を解決するための政府活動全般を指すが，解決されるべき社会問題は無数に存在するため，それに応じて公共政策もほとんど無数に存在する．こうした多様な公共政策のあり方を前提とすれば，過度に一般化した議論を展開することには慎重になる必要があるだろう．しかしその一方で，「公共政策といってもいろいろなのだから一般的な議論はできない」というのも言い過ぎである．そこでここでは公共政策をいくつかの視点で分類することで，その理解を少しでも深く正確なものに近づけてみよう．

　政策の分類として多くの人が最初に思い浮かべるのは，おそらく政策分野に基づく分類だろう．財政政策，金融政策，外交政策，環境政策，福祉政策，教育政策，……などである．通常はこうした分野ごとに行政組織が設置されており，予算などもこれと同じ「くくり」で束ねられている．当然のことながら，それぞれの分野の政策はそれぞれに特有の性格や歴史をもっており，必要とされる知識や能力も異なる．例えば金融政策については詳しいが教育政策のことはまったく知らない，という人がいても不思議はないわけである．

　ただ，このように多様な政策分野が存在する一方で，公共政策一般に共通する「基礎」も存在する．これは，企業が扱う商品はさまざまだが，経営学に関して一般的な知識が成立するのとよく似ている．公共政策が扱う社会問題は多様だが，「公共政策」として共通する部分も存在するのである．以下では政策分野とは異なる切り口で公共政策を分類してみよう．

●**実現手法による分類**　最初に公共政策の手法に注目してみよう．政策の目的や理念はさまざまだが，それを実現する方法もさまざまである．まず強制や禁止といったものが考えられるだろう．多くの社会問題は人々の行動によって生じるため，そうした行動を禁止すればよい，というのは自然な発想である．これに対して経済的インセンティブを設定することによって人々の行動を変える，という方法もある．具体的には補助金や課税などである．例えば空き缶のポイ捨てが問題となっている場合，ポイ捨てを禁止することもできれば，飲み終わった空き缶をお店にもっていくと 10 円分の商品券がもらえる，という方法もあるということである．さらには「ポイ捨てはやめましょう」という呼びかけを行政が積極的に行う，という教育や啓蒙，意識向上といった手法もある．この三つは公共政策の基本的な手法であり，さまざまな政策分野で共通して用いられるものである．さ

らに近年では「ナッジ」と呼ばれる，心理学などの知見を用いた手法も注目されている．

　以上のような「人の行動を変える」手法とは別に，サービスを提供することで社会問題の解決が図られることもある．ポイ捨ての例に関していえば，ゴミ箱をあちこちに設置する，といったことが考えられる．もちろんゴミ箱を設置することで人の行動が変わるわけだが，「飲み終わって空になった缶をすぐに捨てたい」という市民のニーズを満たすことが目的となっており，結果的にポイ捨てが減るわけである．このように市民のニーズに応えるために政府がサービスを提供することも公共政策のひとつの重要な手法と位置づけることができる．

●形成手法による分類　さらに政策は，政策を形成するプロセスや手法，政治過程などの観点から分類することもできる．例えばロウィ（Lowi, T. J.）は，政策の性質によって政治過程のあり方が異なると指摘した．ロウィによれば，公共政策は，分配政策，再分配政策，規制政策の三つに分類できる．「分配政策」は，特定の集団や団体に便益を提供するものである．例えばコメ農家を対象に補助金を給付するといったことが考えられる．ポイントは比較的せまい（少ない）特定の人々を対象としているところにある．これに対して「再分配政策」は，より大規模な不特定の人々を対象として，ある集団から別の集団に対して所得が移転される政策を指す．典型的には社会保障政策が挙げられるが，このような政策は分配政策よりも多くの人々が関係し，社会全体に大きな影響をもたらすため，そこでの政治のあり方も独特のものとなる．最後に「規制政策」は，個別の政策分野における個別の規制に関わるものだが，これは比較的少数の人々にだけ関わることもあれば，比較的多くの人々に関わることもある．ロウィは，以上三つのタイプの政策によって，関わってくる政治アクターの顔ぶれや政治過程のあり方が異なってくると主張したのである（Lowi 1964）．

　これに対して，政策あるいは，政策が対象とする問題の性質や条件によって，政策形成手法が異なってくることも考えられる．例えば大量に発生する定型的な問題を解決するための政策については「EBPM」に基づく政策立案が有効そうである．だが特定地域における個別の問題を扱う政策については，当該地域の住民が参加して政策を立案するほうがよいかもしれない．またすでに専門知が蓄積された予測可能性の高い政策については専門家主導で政策案をつくるのがよい一方で，不確実性の高い新奇な問題を扱う政策については市場あるいは市民にその内容を決めてもらったほうがよいかもしれない．

　以上のように一言で政策と言っても，さまざまな観点から分類することが可能である．政策について論ずる際には，どのようなタイプの政策を，どのような観点から（何のために）論じようとしているかを常に意識しておく必要がある．

［佐野　亘］

政策の形式

　政策の形式とは，一般的には，政策の公示（表示）形式を意味するものとされ，法律，条例，予算，計画などが，その代表例とされている（西尾 2001；秋吉ほか 2020；森田 2022）．ただし，行政機関の行動基準・指針（森田 2022），国会の決議，閣議決定・閣議了解，内閣総理大臣の施政方針（所信表明）演説，外務大臣の外交演説，財務大臣の財政演説，内閣総理大臣や各大臣の国会答弁や記者会見での発言など（西尾 2001）も，その内容次第では，政策の公示（表示）形式となる場合もあるとする見解もある．政策の形式という言葉が意味するところは，政策の定義や形式に求める要素などに依存し，論者によって異なり得る．

●**立法形式**　しかし，立法形式が政策の形式の中の重要なものであることには，多くの論者の合意が得られるであろう．そこで，国の立法形式を見てみる．国の立法形式の分類方法についても議論の余地があるが，ここでは，デジタル庁の「e-GOV 法令検索」（以下「法令検索」という）の分類区分に沿って，憲法，法律，政令，勅令，府省令及び規則に分けてみる．これらの数を，法令検索を用いてカウントした結果とその制定主体を示すと，下表のようになる（表 1）．

　表のうち，国会が制定主体となる憲法と法律が約 2000 ある．これに対し，行政機関が制定主体となる政令以下のものは約 6700 と，前者の約 3 倍となっている．

　なお，法律の施行日を定める政令（施行日政令）のようなものが，「政策」の形式なのか，ということは検討の余地がありそうである．法律の内容を政策と考えた場合，施行日政令がもつ意味は，その政策を有効化する日を決めることにあるので，この政令自体が政策を表示しているのか，という疑義が生じうるからである．しかし，その施行日に施行すること（タイミング）が政策である，という見方もあり得るであろう．結局，この議論は，政策の定義に依ることとなる．

表 1　国の立法形式

区分	件数	制定主体
憲法	1	国会＋国民
法律	2,084	国会
政令	2,259	内閣
勅令	70	天皇（現在は，政令として内閣が改廃）
府省令	4,036	各府省
規則	401	人事院・公正取引委員会・カジノ管理委員会・会計検査院等

（注）法令検索を使用して（2024 年 4 月 13 日検索）作成．

地方自治体の立法形式は，条例のほか，長や教育委員会等が定める規則・規程がある．これらの数をカウントする公式の仕組みはない．同志社大学の「条例Web アーカイブデータベース」にて検索してみると条例 41 万 8181 件，規則 42 万 8620 件，規程 5 万 2978 件，その他 51 万 9946 件（本データベース掲載の 141 万 9725 件から前記の 3 分類を引いたもの）であった（2024 年 4 月 13 日検索）．なお，「規則」には，長が定めるもの（地方自治法 15 条）と委員会又は委員が定めるもので，そのより広い概念である「規程」の一種としてのもの（同法 138 条の 4）があるが，ここでは，「規則」や「規程」という用語で検索した結果を単純に示している．この数字を見る限りでは，条例対それ以外のものの比率は，1 対2.4 となり，国の立法形式の比率に比べると，地方自治体においては，議会が議決する条例の比率が若干高いと認識できる．

●**立法以外の形式**　立法形式以外の政策の形式として，代表的なものは，前記したように，予算や計画である．

まず，予算は，資源配分・所得再配分・経済安定に関する政府の政策を表示する文書とされる（西尾 2001）．これは，主に国の予算の説明と思われるが，地方自治体に関しても，そのすべての政策を予算編成過程という調整を経て，一定期間内の施策として数量化・具体化したもの（紀内 2002）とされている．

計画については，法律に根拠を持つものとそれ以外のものがある．地方自治体側からは，国から策定が求められる計画等が多過ぎるとの意見がある．こうした意見を受けて，第 13 次地方分権一括法（地域の自主性及び自立性を高めるための改革の推進を図るための関係法律の整備に関する法律〔令和 5 年法律第 58 号〕）では，計画策定の義務付け等が緩和された．

公共政策の現場で多用されている通知は，政策の形式に該当するのか．新型コロナ対策関係では，多数の通知が厚生労働省等から発せられた．通知で，地方自治法 245 条の 4 に基づく国の行政機関から地方自治体に対する技術的助言が行われることが多い．国から地方への通知の中には，「事務連絡」という文書名になっているものもある．こうした通知は政策の表示形式なのであろうか．これも，最終的には，政策の定義や形式に求める要素に依ると思われる．

●**今後の展望**　ここまで紹介してきた政策の形式の議論の前提として，物理的な「紙」のイメージが強くあると思われる．今後，デジタル化の進展等によって，このイメージや形式の議論が変化していくのか，興味深いテーマである．現在でも，行政機関のウェブサイトは，国民が政策を知る大きなツールになっている（岡本編著 2022）．外国では，SNS で真っ先に政策を明らかにする大統領などもいる．我が国でも，SNS を政策の広報等に利用する行政機関も多い．こうしたものは政策の「新形式」であろうか．これも，形式に求める要素次第であろう．　　〔小西　敦〕

📖**さらに詳しく知るための文献**

西尾　勝 2001.『行政学』新版．有斐閣．

政策の要素

　さまざまな諸要素が政策に混在する．その整理のためには，三つの前提を理解する必要がある．

●**政策体系**　第1に，政策の構造であり，政策には，政策（policy）― 施策（program）― 事業（project）の三層の政策システム（政策体系）がある．当然，政策システムを担当する組織構造も三層構造になっている．政策システムにおいて政策を担当するのは執政（executive）で，大臣や幹部が構成する部分である．執政は閣議を経て国会とともに政策の方向を決定する．執政が議論する政策は抽象度が高い．

●**政策実務**　政策実務は，執政の下で行政の中間管理職（administrator）の課長（director）が中心に担当するプログラム活動である．プログラムとは政策目的を達成する手段（tools）を組み合わせて設計し（政策デザイン），この設計に基づいて現場を導く活動計画である．抽象度が高い執政レベルの政策を具体化して，現場に指示する．プログラムは次の諸点を含む．政策対象（人・団体・企業・コミュニティなど），政策手段群，政策活動の成功・失敗を判断する規準（criteria），政策の寿命に合わせたスケジュール，関係する法令・行政手続，予算とその執行方法，プログラムに関わる関係者の所属・専門・職種などである．したがって政策学や行政学が言う政策とはこのプログラムのことで，政策要素とはプログラム要素（program components）のことになる．要素を確定する手順は以下である．①政権与党の政策目的を執政が政策目標として翻訳し，②行政内部で目標とそれを達成する手段（事業）群を確認し，③実施機関と予算を決める．ここまでの一連の手順をふまえてプログラム要素が確定される．また，④プログラム中には政策手段であるプロジェクト群が複数置かれている場合が多いので（policy mix），これらのプロジェクト関係者（他省庁・他国政府・地方自治体）との調整活動も，必要な要素である．⑤これらの活動を明記した説明文書を見れば，プログラムやプロジェクトの担当職員だけでなく，外部の市民も政策の実際を理解できる．⑥この説明文書に従って政策目標達成を事後的に確認するのがプログラム評価である．

　プログラムの指示を踏まえてプロジェクトを担う現場の管理者は，プロジェクト・マネージャーで，現場のプロジェクト活動（operation）をマネジメントする．このマネジメント活動には内部管理事務（財務・会計・人事・庶務）の監督，法令遵守のチェック，プロジェクト内容に関わる専門活動（医療・農業・研究開発・

金融・教育など）の質保証，進捗管理が含まれる．プロジェクト担当の現場組織は，中央府省の出先の現場事務所，初等教育の場合には都道府県や市区町村の教育委員会，政府開発援助（ODA）では現地大使館と国際協力機構の現地事務所，国の政策医療を担当する国公立病院，災害出動では自衛隊などである．執行部の執政，中間管理職，現場管理者は市民に対してそれぞれ担当する政策，プログラム，プロジェクトについて市民に説明しなければならないが，そうした説明能力をアカウンタビリティと呼ぶ．アカウンタビリティ担当者には階層ごとの実務と政策要素の関係を正しく説明できる能力が欠かせない．

●**政策の目的と手段**　政策要素を考える前提の第2は，政策の目的・手段の関係である．政策目的は政府執行部がその内部手続きを経て大綱や基本計画で政策目的（goals）として表明する．ただし政策活動の実際はプログラム目標として置かれる．このプログラム目標を達成する手段の選択を考えるとき，プログラム・ディレクターは政策目的を具体的な目標達成活動として再解釈し，現場におろして活動を分解し，それぞれ達成すべき目標指標を付けて現場のプロジェクト・マネージャーに指示する必要がある．政策手段には補助・助成，規制（免許・許可・資格），情報管理（教育・広報・PR・ナッジ），税制（優遇・特別措置），制度（介護保険・生活保護・子育て支援制度）などがあり，これらを選択する場面で政策要素，プログラム要素との適合性を検討する．この段階では，プログラム目標を正しく達成できる手段の予測能力，目標と手段を巧みに設計する政策デザイン能力が必要になる．政策評価研究が進んだきっかけは，これらの能力欠如を疑わせる事件が多かったからである（手段の自己目的化，目的を達成できない手段，時代錯誤の政策手段）．これらが露見した日本社会では，第2の前提の重要さが広く知られるようになった．

●**政策主体と政策対象**　政策の要素を理解する第3の前提は，政策主体と政策対象である．伝統的な政治学の説明では政策主体は市民で，市民が選ぶ国会や議会が立法府として政策の立案と決定を行う．ただし現実では，政権与党と内閣の意向を受けた行政機関がプログラムを立案する．この立案活動に複数の政治的思惑や利害関係が入り込むと雑音になり，政策の目的合理性は歪む．その結果，政策システム内のプログラム要素間の関係を整理できず，政策が悪構造化して政策の有効性は減じられ，市民から失敗政策の謗りを受ける．悪構造を回避するには政策システムの正しい目的・手段関係の確認作業が必要である．そのため市民が政策主体として参加する評価が理想であるが，この場合市民に評価能力が求められる．もちろん政策要素・政策システム・政策デザインの透明性向上，政策評価結果の積極的な公表，過去の政策評価を追跡閲覧できる仕組みが不可欠な前提になる．

[山谷清志]

政策のステージ・モデル

　政策過程の分析には，問題認識と政策課題の設定，複数の政策案の作成，政策決定，その政策の実施，政策の成果を検証し終了する，という五つの段階（stage, phase）を経て再び課題設定にフィードバックするという理解が一般的であり，これをステージ・モデル（stages model）という（図1）．日本語ではこのモデルを「政策過程モデル」と呼ぶことも多い．
　ステージ・モデルは，ラスウェル（Lasswell, H. D.）（☞「政策学のはじまり」）による決定過程の7分類に遡る．それはもともとステージ区分や継起的進行を明確に意図していたわけではなかったが，1970年代に書かれた政策過程の教科書を通して，おおむね5段階の循環的モデルが浸透してきた（Auer 2017）．全体をより細かく6段階以上に分けたものや，「終了」段階（☞「政策終了の概念」）を置かないものもある．また，各段階の中にも同様な入れ子関係的な進行を想定しているが，そこまで詳述する事例研究はあまりない．

図1　ステージ・モデル

●モデルへの批判　ステージ・モデルには，単純で合理的に過ぎる，政策形成の実態理解や因果分析に役立たない，といった批判も多く寄せられてきた．各段階は相互に複雑な影響を受けるので直線的に進むことはない，課題は解決策が固まってから定義される，複数の案の比較といっても実質的に選択の余地はない，政策は注目度の高い出来事と関連づけて表明されるので実際の意図とは異なる，政策の内容は決定後の段階で大きく変わっていく，といった批判である．なかには，「教科書（だけの）モデル」に過ぎない（Nakamura 1987）という厳しい指摘もある．
　政策過程の理解には，もちろん他のモデルを使うこともできる．代表的な例を三つ挙げると，①政策の窓モデル（☞「政策の窓モデル」），②提唱連合モデル（☞「唱道連合モデル」），③「複合的ガバナンス・モデル（Multiple Governance Framework）」がある．
　①はステージ・モデルと対立的なわけではなく，立案段階の具体例として紹介されることも多いが，②と③はステージ・モデルへの不満を高めた政策実施研究（☞「政策実施研究の歴史」）から提起された．③は比較的新しく，ヒル（Hill, M.）とヒュープ（Hupe, M.）が政策決定を三つの階層で区別して，実施段階を時間的継

起ではなく権限移譲の関係で位置づけなおそうとしている（Hill & Hupe 2022）.

●モデルの有用性　しかし，モデルは複雑な現実を単純化するために作られる. ステージ間の入り組んだ影響を表現すると多くの矢印が錯綜した図になってしまう（Colebatch ed. 2016）. 加えて，ステージ・モデルは，緻密な分析手続きによる因果関係の説明ではなく，発見的・探索的な意義を重視している（stages heuristic）. ステージ・モデルはヒルとヒュープの批判でも政策研究の導入教育的な意義が認められているが，それ以上に，政治学や行政実践からみて，ステージ・モデルの有用性を少なくとも三点指摘できる.

　第1に，立法過程の概要を把握するのに適している. 日本の場合，中央政府の所管庁は，政権の指示と社会からの要望に基づいて現状を分析して解決案を準備し，与党・利害団体・他府省との調整を図り，法改正や予算措置の案を閣議決定に持ち込む. 政策案が国会に上程され審議を通過すると，所管庁はその具体的な実施計画を策定して執行していく. そして，執行状況や成果は，政治的影響を被るものの，次年度以後の事業レビューや予算査定で吟味される.

　第2は，政策立案の過程を8ステップに分けたバーダック（Bardach, E.）の教科書（バーダック 2012）が実務者に好評なことである. 同書は立案過程の全体を見通しやすくし，ステップごとにどう行為するべきかを具体的に指導している. 各段階は順番どおりに進むものではなく，常に前のステップに戻って案を練り直すよう読者に求めているが，実務家も同書が実践的であると受け止めており，モデルが段階間の複雑な影響に過敏になる必要はないことがわかる.

　第3は，今日さかんな「Plan-Do-Check-Action（PDCA）」のマネジメントがしばしばうまくいかないことと関係する. PDCAはその4段階を迅速に循環させて行動と計画を修正し成果達成を目指すが，それがうまく回らない主な原因は，立案までの調査分析の甘さ，実施する担当部門への資源配分や合意形成の不足，撤退・終了条件の軽視にある（東 2014）. このように，ステージ・モデルと対比することでPDCAサイクルの弱点も見えやすくなる.

●背景的な視座の違い　ステージ・モデルは政策決定過程の基礎教育だけでなく実践的な指導においても役立ってきたが，主な批判が政策実施研究から提起されてきたように，ステージ・モデルは策定者の視座に基づいている. そのため，決定後の政策変容に対応しようとする視座とは噛み合わない部分がある. ただし，その批判もステージ・モデルを拒否してはおらず，立案・実施部門間の相互協力を促し，それを政策過程の理解に反映させようと努めている. 　　　　　［髙橋克紀］

📖さらに詳しく知るための文献

縣 公一郎・藤井浩司編 2007.『コレーク政策研究』成文堂.

中島 誠 2020.『立法学』第4版. 法律文化社.

市場・政府・市民：三つのセクター

　社会的課題を解決し，国民の必要を充たすためには，政府セクターだけでなく，民間セクターや市民セクター（サードセクター）の役割が大きくなっている．これら三つのセクターの関係は「ガバナンス」という用語で議論される．

　国民の必要を充たす方法のひとつに等価交換がある．等価交換の場として市場があり，対等な個人や企業が各自の私的な利益を求めて自由に行動する．こうした市場原理を中心とした領域は民間セクターと呼ばれる．

　もうひとつの方法は不等価交換である．不等価交換の場として存在するのは政府である．政府は租税という形で国民から財を賦課徴収する一方で，社会問題の解決に向け，必要に応じて租税を用いた政府活動を行う．政府には，中央政府もあれば，地方政府（地方自治体）も存在し，政府関連法人等も含まれる．政府セクターでは，政府等は，少なくとも形式的には公益を追及するものとみなされている．

　政府セクターにおける不等価交換とは異なる任意的な不等価交換の場も存在する．それがサードセクターとも呼ばれる市民セクターであり，その担い手は非営利団体である．非営利団体には，特定非営利活動法人や一般社団・一般財団法人，公益社団・公益財団法人，医療法人等，共同組合，法人格を持たない地縁団体などが含まれる．非営利団体には政府のように公益を追及するものも多いが，一方で，政府のような強制力は備わっておらず，寄附金等による自発的な資金提供が，少なくとも理念の上では，公益的な活動のための財源の柱となっている．

　市民セクターには，社会的課題の解決を目指すビジネスを展開する社会的企業も含まれ，政府セクターや民間セクターとの媒介が期待される（藤井ほか編著 2013）.

●**民間セクターと比較した政府セクターの特徴**　政府セクターの特徴に関して，特に地方自治体を対象とした官民比較の研究がある（田尾 2015）．それによれば，地方自治体の目的は，民間企業における利益のようにあらかじめ設定されているわけではなく，組織と環境の相互作用の中で形成される．地方自治体を取り巻くさまざまな利害関係者の間には対立や競合があることから，地方自治体の目標は拡散的・抽象的になり，また，並立しがちである．

　また，地方自治体において，法制度による制約はあるにせよ，その意思決定に係る過程は必ずしも合理的手続きを経たものではなく，政治的な過程である．そのため組織全体を一致団結させることが難しく，そうした政治的な非合理さが職員のやる気を削ぐこともあり得る．

　さらに，民間企業において成果を測る尺度として利益が用いられるのと違い，

地方自治体では具体的な指標によって成果を客観的に測り，また，多方面の利害関係者を納得させ得る指標を設定することは難しい．加えて，成果の発現に長期間を要することもあり，成果を把握することを難しくしている．

●**政府セクターの変化**　政府セクターはさまざまな官庁組織や特殊法人・公営企業等によって財・サービスを直接供給する形で公共政策の担い手となってきた．しかし，1980 年代以降には，国内外で民営化や民間委託等が進む中で，政府セクターの範囲は縮減し，民間セクターの範囲が拡大していった．さらに，2000 年代に入る頃から，規模の大きな特殊法人が民営化，あるいは独立行政法人に転換された．

　一方，公共施設等の資金調達，建設，運営・維持管理を長期・包括的に民間企業に委託することを可能とする PFI 法（民間資金等の活用による公共施設等の整備等の促進に関する法律）が制定されると，民間企業が性能発注や長期契約により公共的な事業に参画することも増え，また，PFI 法にとらわれない多様な形の PPP（公民連携）の取組みも進められている．

　近年では，行政機関や地方自治体が社会的課題の解決を民間企業や NPO に成果連動方式によって委託する「成果連動型民間委託方式」の取組みも見られている．

●**市民セクターの基盤整備**　政府セクターや民間セクターとは異なる第三のセクターとしての市民セクターは，1995 年 1 月 17 日に発生した阪神・淡路大震災でのボランティア活動をきっかけとして注目されるようになった．その頃からボランティア団体を NPO（非営利組織）と呼ぶようになり，その法制化の動きが見られるようになり，1998 年に「特定非営利活動の促進に関する法律（NPO 法）」が制定・施行された．

　また，公益法人制度改革も行われた．従来の旧民法による公益法人制度では，認可制がとられ，その組織に法人格を付与するかどうかの判断が主務官庁に委ねられていた．これが自発的な組織の結成を阻むとの批判もあり，2008 年に公益法人制度改革関連 3 法が施行され，法律に則り手続きを行うことで法人を設立できる準拠主義による公益法人制度が創設された．

　人口減少社会において政府セクターの活動を支える財源が乏しくなる一方で，行政に対する需要が量的に拡大し，質的にも変化している．そうした中で特に地域社会を支えるために住民の共助が強調されるようになっている．地域内のさまざまな関係主体が参加する協議組織が定めた地域経営の指針に基づき地域課題の解決に向けた取組みを持続的に実践する組織（地域運営組織）が増加し，そのための財政支援等が行われている．

[宇野二朗]

📖さらに詳しく知るための文献

田尾雅夫 2015. 『公共マネジメント』有斐閣.

金川幸司編著 2018. 『公共ガバナンス論』晃洋書房.

藤井敦史ほか編著 2013. 『闘う社会的企業』ミネルヴァ書房.

「公」と「私」の境界

　公共政策の領域では，公と私の境界が変化，変質を続けている．公という語は，『デジタル大辞泉』では，「政府，官庁また国家．個人の立場を離れて全体に関わること．社会．公共．」など，私は，「自分一人に関係のあること．個人的なこと．公平さを欠いて，自分の都合や利益を優先すること．」などの語義が示される．

●公共性概念の変遷　もともと公とは政府部門，私とは民間部門が担う領域として捉えられることが多かった．しかし公共性をめぐる公と私の境界は固定的なものではなく，時代や社会の発展段階で異なるものとして認識されている．例えば，五百旗部（1998）では「第一には官＝政府が公共性を独占し，たとえば官が公共性に反する統治を続けても，これへの反対を犯罪とするレベルである．……第二に，官が公共性の排他的担い手であるにせよ，憲法によって個人の権利が容認され，したがって，官の私的領域への介入を拒否できるレベル．第三に，官が公共性にかなった統治を行っているか否かについて，民の側に認定権があり，したがって，民が不適当と感じるとき政権を代えることが制度化されているレベル．第四に官の公共性について民が認定するのみならず，民自体が民のままで公共性の一方の担い手であると自覚し，これを官にも認めさせる段階である．」としている．実際，公共領域として政府部門が主に担ってきた領域においても豊かな社会の形成を目指し，主体の民間化，政府部門と民間部門の協働などが進展している．

　公と私の対置概念には，共という概念も関連している．『デジタル大辞泉』では，共について，「いっしょに．ともに．」などの語義が示される．生活や生産活動に基づくニーズから用水路等の整備や管理は，個々の独立作業では負担が大きい，非効率，という事情から地域住民による共同作業が行われてきたが，この営みは共概念に馴染み，公，私とともに，地域社会で重要な役割を果たしている．

●公共政策における実態上の変遷　1980年代から，公共性の体現主体は政府部門に限られないという議論が活発になってきた．NPO，NGO，ボランティア，住民組織など，多様な主体を主要アクターと位置づける社会を模索する流れと並行しており，1998年の特定非営利活動推進法の制定は，この流れを象徴している．

　公と私の境界変化が著しい地域づくり，社会資本整備の領域を例にとると，1980年代から，市場重視の思潮の下，いわゆる政府部門の民営化，民間開放等について方法論的な改善が進められてきた．イギリスにおいては，1980年代以後，ロンドンヒースロー空港（1987年）などが民営化されたほか，財・サービスごとの特性に応じて，業務の民間委託，PFI（Private Finance Initiative），エージェン

シー化などが採用され，後に，公民連携（Public Private Partnership：PPP）と総称された．日本においても，1985 年以降に日本国有鉄道等の民営化が実施され，地方政府についても，1985 年に地方行革大綱が定められ，地方公共団体からの業務の外部委託などが進められた．制度面では，1999 年の PFI 法の制定，2003 年の地方自治法改正による指定管理者制度の導入等へと連なっている．さらに 2005 年の道路関係 4 公団の株式会社化，2007 年の郵政民営化と流れが継承されてきた．

このような流れと並行して，共の領域と位置付けられる地域共同体，コミュニティの再構築の必要性も論じられた．日本社会では，終身雇用的な慣行の下で，企業が，勤労・稼得の場としてだけでなく，交流の場，福祉機能の提供など大きな役割を占めてきた．しかし，労働観の多様化，労働市場の規制緩和に伴う雇用流動化や，非正規雇用者の増加もあり，企業に代わるセーフティネット機能をもつ共同体の必要性は増大している．2011 年の東日本大震災直後においては，過酷な環境での被災住民の冷静な行動，他者への思いやりに満ちた協調的な行動への驚嘆と称賛が伝えられ，今日的な地域共同体，コミュニティの重要性が再認識された．共概念は，2009 年のオストロム（Ostrom, E.）のノーベル経済学賞受賞も契機として，注目され続けているコモンズ概念と通底するとも解される．

●**具体例**　地域づくり，社会資本整備の領域の基本的考え方を示す国土形成計画では，2008 年「多様な主体が協働し，従来の公の領域に加え，公共的価値を含む私の領域や，公と私との中間的な領域にその活動を拡げ，地域住民の生活を支え，地域活力を維持する機能を果たしていくという，いわば『新たな公』と呼ぶべき考え方」に，大きな位置づけを与えている．このような考え方を受けた典型的な政策の例として，都市公園法の 2017 年改正によるパーク PFI 制度を解説しよう．この制度は，限定的に認められてきた都市公園における飲食店，売店等の利便施設の設置・管理に関して，公募に基づき，事業者が設置する施設から得られる収益を公園整備に還元することを条件に，民間部門からの積極的な参加を求めるものである．公園の維持管理など地方公共団体の責任と捉えられてきた領域の一部も民間主体が担う提案を併せて求めることで，地方公共団体には財政負担軽減，民間部門には安定的な収益機会の確保，地域住民，地域社会には公園の利便性，周辺も含めた快適性の向上などのメリットが同時にもたらされる．

また，2000 年以後に進められてきた都市再生の取組みについては，容積率をインセンティブとした大都市中心部の高層化が注目されがちであるが，オープンスペースの創出，民間主体の協働によるエリアマネジメントなどの大きな成果をみることができ，この視点からは，公領域への民間活動の誘導，公と私の二分論を超えた共領域の充実と捉えることも可能である．　　　　［栗田卓也・中川雅之］

📖**さらに詳しく知るための文献**
奥野信宏・栗田卓也 2010.『新しい公共を担う人びと』岩波書店.

民営化

　民営化とは，国や地方自治体が所有・経営する官営・公営の企業や特殊法人を民間企業・事業体に改組変更（非国有化）することである．例えばイギリスのサッチャー政権（1979〜90年）は，官営企業であった電気・水道・ガス・鉄道・航空等の民営化を進めた．日本でも中曽根政権（1982〜86年）が行政改革の目玉として3公社の民営化を行った．1985年に電電公社がNTTに，専売公社が日本たばこ産業に，続いて1987年に国鉄がJRとなった．加えて同年，政府出資の特殊法人であった日本航空も政府の株売却によって民営化された．

　これら民営化の背景には，それまで先進国が目指してきた福祉国家が次第に政府・財政規模の肥大化に直面し，並行して経済の停滞や財政状態の悪化に悩むようになったこと，そして政府・行政組織の非効率な生産や経営が問題になり始めたことがある．そこでこの頃から先進国は，行政改革による小さな政府への回帰や規制緩和と民営化を中心とした経済活性化に取り組み始めた．

●**官営・公営が認められる根拠**　政府による市場経済への介入が正当化され，官営・公営企業によるサービス提供が認められる第1の根拠は，自然独占を原因とする市場の失敗である．国民生活にとって必要なサービスであり，初期投資（固定費用）が膨大になる長期費用逓減産業では，市場に委ねれば自然独占と言われる状態になる．そこで地域独占を認める代わりに政府が関与あるいは規制を行う．例として，電力・鉄道・地下鉄・空港・通信といった産業が挙げられる．

　官営・公営企業によるサービス提供が認められる第2の根拠は，経済発展の初期段階において市場経済が未成熟で民間企業の力が不十分な場合，基幹産業を官営・公営とする場合である．この場合，経済発展や民間企業の成長とともに官営・公営企業は民間に払い下げられ，民営化されていく．例として，製鉄・炭鉱・製糸・高速道路・住宅開発・地方交通といった産業が挙げられる．

　官営・公営が求められる第3の根拠は，国民や地域住民にとって必要不可欠な公共サービスであるという政策判断によって，ユニバーサルサービスと位置づけられる場合である．対象となる人々や消費者が一律・公平にそのサービスを利用できるよう，官営・公営企業によるサービス提供や民間企業への補助金等を通じた政府による規制や関与が入る．例として，水道・地方交通・電気・通信といった産業が挙げられる．

　上記の根拠と市場経済や財政の状態によって，あるサービスを政府が供給すべきか，民間企業に委ねるべきか，政府による市場経済・民間企業への何らかの関

与を行うべきかの政策判断がなされる．それは同じサービスであっても，時代によって国によって選択は変わり得る．現実を見れば，同じ国でも同じ産業に公営と民間の両企業が併存する場合もある．

●サービス供給手法の多様化と官民連携　公共サービスであっても政府・行政機関が直接供給するばかりでなく，多様な供給形態・手法があり得る．1990年代以降，民間事業者が公共サービス供給に参画する手法として，以前から行われていた第三セクターや民間委託の方式からPPP/PFIへと広がりを見せてきた．公か民かという二者択一ではなく，様々な官と民の組み合わせがあり得る．

　PPP（Public Private Partnership）とは，官民連携とも呼ばれ，効率的・効果的な公共サービスの提供を図るため，政府・行政と民間，さらにはNPOや市民等が，それぞれの強みを生かした連携体制をとることである．その中のPFI（Private Finance Initiative）は，社会資本や公共施設の整備に民間の資金と経営能力を生かし，設計・建設から維持管理・更新までを委託する手法である．日本では1999年にPFI法が施行され，2011年改正でコンセッション方式が可能となり，空港・上下水道・有料道路の運営，老朽化インフラの維持管理・更新の分野で採用されている．

●小泉政権の郵政民営化とその後　小泉政権（2001〜06年）は「民間でできることは民間に」「聖域なき構造改革」を掲げ，特殊法人等改革基本法（2001年施行）のもと163法人のうち136法人の整理合理化（廃止・統合・民営化・独立行政法人化等）を進めた．例えば民営化では，2004年に営団地下鉄が東京メトロ，新東京国際空港公団が成田国際空港株式会社に，2005年に日本道路公団等の道路関係四公団がNEXCO東日本等の6つの株式会社になった．

　さらに小泉政権は，改革の本丸と位置付けていた郵政3事業の民営化を図ろうとした．郵政事業は，郵便・貯金・保険の3事業を一体として担う官営事業として運営されてきたが，陸運・金融・保険の分野で国内最大の事業体となり，その弊害が問題視されてきた．民間金融との不公正な競争条件とそれが民業圧迫となっていること，そこで集められた巨額資金が財政投融資制度を通じて不透明・非効率な公的資金として活用されてきたことである．

　民営化は2007年にスタートし，2017年の完全民営化に向けて走り始めたかに見えた．しかし，民主党を中心とする連立政権に代わり，路線見直しが図られた．2012年に自民党・公明党も協力し改正郵政民営化法が成立し，3事業のユニバーサルサービスを義務付ける政治決定が再びなされた．この事例は公営・民営の政策判断の難しさを物語っている．現在の日本郵政グループも人口減少，通信IT化，過疎化が進行する中でいかに体制を維持するかが課題である．　　　［長峯純一］

📖**さらに詳しく知るための文献**

鷲見英司 2022．民営化・競争政策．川野辺裕幸・中村まづる編著『公共選択論』勁草書房．

ガバナンス

「ガバナンス（governance）」という言葉は，社会科学の最も大切なキーワードのひとつである．'govern'の語源はラテン語の「船を操舵する（gubernare）」であり，悪天候の中でも安全に船を目的地に導くことを意味する．公共政策研究の観点からは同じ動詞から，政府（government）とは違った名詞形がつくられ，政府との差異が常に意識される点が重要である．

●**ガバナンス概念の使用例**　ガバナンス概念は，学問領域を超えて広く使用されている．ここでは，公共政策研究に深く関わる四つの使用例を選んで紹介する．

第1に，開発援助分野において，支援対象国の状況を表現する際にガバナンスという言葉が用いられてきた．1990年代初頭，世界銀行が途上国融資の条件に「グッド・ガバナンス」を掲げ，政府の資源活用能力を判断材料とした．その後，国連開発計画（UNDP）をはじめとする国際機関は，グッド・ガバナンスに，安定した政治体制，法による支配，市民社会の存在など，人権保護や民主化に関連する要素を含めるようになり，この分野のガバナンス理解の主流となっている．

第2に，グローバル・ガバナンス論のガバナンス概念がある．地球温暖化や感染症の流行といった一国では制御できないグローバル・イシューの解決に，各国の政府に加え，国際機関，NGO，専門家集団，多国籍企業などが関わる枠組みを意味する．国境内での政府による権力行使とは違ったアプローチが論じられる．

第3に，NPM（New Public Management）に関連して，公共サービスの提供主体を民間に移行させるNPM改革の中で，サービスの質と効率性が確保されていることを検証する「物差し」としてガバナンスのレベルが論じられた．

第4に，ガバナンス・ネットワーク研究などで学術用語として使用されてきた．ここで，ガバナンスとは，政府・自治体，企業・業界団体，NGOをはじめとする市民社会組織など多様な主体がネットワークを構築し，社会課題を解決していくことを意味する．当初，グローバル／ナショナル／ローカルなどレイヤー（層）ごとのガバナンスが研究されてきたが，欧州統合が進む中でレイヤー間の関係性に着目したマルチレベル・ガバナンスにも関心が寄せられている．

「コーポレート・ガバナンス」も含めて，学問領域間で互いに影響を与え合いながら多種多様な視点でガバナンスが論じられているのが現状である．

●**ガバナンスの三つのスタイル**　公共政策研究では，公的ガバナンスを「公共的な課題の解決パターン」と捉え，次の三つのスタイルがよく取り上げられる．

第1に，「ヒエラルキー」である．軍事力・警察力や法的な権限に基づく強制力

を背景にした解決スタイルである．通常は，国家（政府）が担い，社会から強制的に資源を集め，制裁を伴う規制などの政策手法を使って課題の解決を図る．

第2に，「マーケット」である．市場は，財をめぐる個別的な取引の集積により形成される．競争市場で合理化のインセンティブが働き，安価で質の高い財が提供されることで課題が解決される．ただし，フリーライダーを排除できない公共財の存在や外部不経済の発生など，市場の内発的な力では解決できない「市場の失敗」が指摘され，政府のヒエラルキー的介入が正当化されることになる．

第3に，「ネットワーク」である．政治家や官僚などの政府アクターと多様な民間アクターがネットワークを形成し，水平的な相互作用を通じて解決を図る．

20世紀の後半，福祉国家化の進行に伴い，ヒエラルキーの守備範囲が広がっていった．しかし，グローバル・イシューをめぐる国益の対立や財政赤字の拡大などの「政府の失敗」が認識され，新自由主義思想のもと「ヒエラルキーからマーケットへ」の移行を志向するNPM改革が進められた．やがてNPMが行き詰まりをみせはじめ，政策現場での実践を通じてネットワークの有効性が認識されたことで，ガバナンスにおけるネットワークの存在感が増し，ガバナンスとネットワークを同一視する立場が力をもちつつある．

●**ガバナンス研究の論点**　ガバナンス研究者の間では，変化の予測が難しく政策資源が分散している現代社会において，国家（政府）の解決能力は限界に直面しているという認識が共有されている．しかし，そこから，公共空間における国家の存在感が薄れネットワークがとって代わると考える「社会中心アプローチ」に立つ論者（Rhodes 1997）と，国家がネットワークを戦略的に利用し資源不足を補っていると考える「国家中心アプローチ」に立つ論者（Jessop 2016）に分かれる．

市場や政府と同様，「ネットワークの失敗」も想定される．ネットワークが閉鎖的になり必要な資源を調達できない．各主体が自己の利益を優先し協力し合わない．このような事態に対応するために，「ガバナンスをガバナンス」する「メタガバナンス」の研究が盛んに行われている．その中で，メタガバナンスの担い手に政治家や行政職員を設定したり，ネットワーク内の交渉が失敗すれば国家が介入する「ヒエラルキーの影」の下に置くことで合意を誘導したりするなど（Scharpf 1997），国家の役割を再評価する議論も有力視されている．

ガバナンス研究の最重要テーマのひとつに，民主主義との関係がある．ヒエラルキーを通じた国家中心のガバナンスであれば，政府が選挙を通じて正統性を調達する代議制を軸に民主主義との関係を考察することが可能である．しかし，ネットワーク中心のガバナンスでは，関わるアクターの多くが有権者から選ばれた存在ではなく，代議制だけでは彼らの相互作用の結果生み出される政策に民主的正統性を帯びさせることが難しい（Sørensen & Torfing eds. 2007）．ガバナンスの時代にあった民主主義理論の構築が模索されている．　　　　　　［風間規男］

政策研究の源流

☞「政策学のはじまり」p.22

　ここでは政策研究の分析的側面に焦点をあてて説明する.

●近代国家の「政治的解剖」　アダム・スミス登場　ローマ教会という国際的権威が崩壊し，文化的一体感をもった「中世欧州」から，外国人はすべて敵とみなすホッブス的「近世」が始まった．ルイ14世の治世を支えたコルベール主義に見られるように「富国強兵」が国家生存条件になる．富国の源泉を商業活動に求めた「重商主義」に対して，御殿医のケネー（Quesnay, F.）は『経済表』（1758）を著し「重農主義」の立場から「有機体としての国民経済を，財貨の生産・交換・消費の循環と自己更新過程」として捉え，土地の重要性を訴えた．ペティ（Petty, W.）も『政治算術』（1690）によって数量と比例則を用いて「統計分析」の有用性を説いた．そして集大成がスミス（Smith, A.）の『国富論』（1776）だった．経済的自由主義を根本から支える「競争市場メカニズム」の機能性と有用性を「神の見えざる手」で表現し，国家の経済活動を最小限に抑える「夜警国家」を唱えた．

●エンジニア・エコノミストの「費用便益分析」　18世紀後半，フランスは富国強兵を図るために「商業の発展と徴税のための道路等社会インフラの整備・補修」する土木技師を育成した．革命期の混乱を経て，デュピュイ（Dupuy, J.）に代表される土木技師達は，「財政の制約下で資本と労働の最適配分」を解くための分析枠組みを構築し，量的概念としての消費者余剰から「費用便益分析」を実用化した．厳密な論理と数式利用にこだわったのは，公共事業に介入してくる「政治的恣意性を未然に排除し，公平で客観的最適解を提示する」ためであった．同時代英国では，土木事業を「自由競争の利点」を重視して，民間への発注が主流を占めたので「政府が主体となってすべき事業」の理論づけを与える必要があった．これは「市場の失敗」や「公共財」を理論的に説明するきっかけにもなった．

●戦略としての「システム分析」　「システム分析」は波及効果の大きい長期的課題を整理し，科学の成果をできるだけ活用することを目指す．不確実性や多数の要因が絡まり合う複雑性の混入する状況で，できるだけ正確に情報を収集・分析し，高いレベルでの戦略代替案を網羅的に作成する．例えば経済発展を求める国の増加で，「地球温暖化」の問題が発生している．これにいち早く警鐘を鳴らしたシステム分析の金字塔は，ローマクラブの『成長の限界』（1972）である．正確なデータを収集し，枝葉末節な要因を根こそぎ殺ぎ落したモデルを作成し，シミュレーション言語を駆使して，地球環境の将来シナリオをグラフにして示した．

●戦術としての「オペレーションズ・リサーチ」　自由意思と合理性　第二次大戦

前から，エジソンが考案した「戦術ゲーム盤」やランチェスターの微分方程式を用いた「N-2乗法則」が有名だが，戦中から戦後にかけ統計手法と計算機が開発されることによって，米国では研究方法論としてのオペレーションズ・リサーチ（OR）は軍のみでなく政府中枢にも注目され，豊富な予算をもとにRANDコーポレーションが世界的研究拠点になった．英国では基幹産業の国有化がORの普及を米国よりも加速化させた．大企業時代を迎えた米国でも経営にORを浸透させた．ORの特徴は，「実用モデルの作成」である．この種のモデルは目的に対して柔軟に代替可能で，選択されたモデル毎に解を導くアルゴリズムも開発された．代表的な手法として，数理計画法，待ち行列理論，在庫管理，グラフ・ネットワーク理論，ゲームの理論などである．特に自由意思を持った合理的個人という前提をもとに「囚人のジレンマ」などの非協力ゲームの理論は，経済学のみでなく国際関係論，公共政策分析など活用領域は拡大している．

● **壮大なる実験「PPBシステム」 最良か最悪か** 分業を前提とした大企業体制でORは成果を上げフォードの幹部マクナマラ（McNamara, R.）はケネディ，ジョンソン両政権に加わった．彼はベトナム戦争と「偉大な社会」政策に最良の代替案を選択するために，「システム分析とOR」の手法を導入し，数値に基づくガバナンスをめざした．それがPPBシステム（PPBS）である．計画（Plan）は階層化された事業（Program）に細分化され，予算（Budget）の裏付けを得て執行される．採択された事業は数値での表現を要求された．改善や組み換えのサイクルに予算プロセスが基幹的支柱として組み込まれ，客観的数値が正直に報告されるというナイーブな信仰を前提とした．大統領府と議会の予算をめぐるせめぎあいの中で，各部門の機会主義が頭をもたげ，「絵にかいた餅」に堕してしまった．

● **異端の政策分析「サイバネティックス」 チリでの実験と挫折** ウィーナー（Wiener, N.）の『サイバネティックス』（1948）は世界的ベストセラーで，フィードバック機能とホメオシタシス（安定化）機能でシステムのふるまいを説明する．中枢神経を中心に「制御と通信」を機能させるというフレームは社会主義的統治概念に合致した．ポーランドの副首相になった経済学者ランゲ（Lange, O.），チリに招かれてアジェンデ政権の「サイバーシン計画」の骨格をロケットのコントロールセンターのように構想した英国人ビア（Beer, S.）がその代表格といえる．二人とも緩やかな自由度をもった階層組織を前提とする中央集権体制を理想としたが，政治の荒波に翻弄され挫折した． ［細野助博］

📖 **さらに詳しく知るための文献**

細野助博 2021．『公共政策のためのモデリングとシミュレーションの基礎』ミネルヴァ書房．

ポパー，K. 著，岩坂 彰訳 2013．『歴史主義の貧困』日経BP．

メディーナ，E. 著，大黒岳彦訳 2022．『サイバネティックスの革命家たち』青土社．

政策学のはじまり

☞「政策研究の源流」p.20

●「市場」と「政府」の関係　それぞれの失敗からの教訓　スミス（Smith, A.）の「神の見えざる手」の隠喩にあるように，人々の多様な財・サービスの自発的交換は市場を通じた方が効率的であるが，以下の場合には「市場の失敗」をひき起こす．すなわち，①収穫逓増が価格機能に障害を与え競争的取引を阻害する，②外部性や公共財などは市場にゆだねると不満足な結果になる，③不確実性や情報の非対称性が市場取引にゆがみをもたらす．したがって政府の「見える手（権力）」で，何らかの手だてが必要になってくる．

　市場の機能不全が招いた大恐慌を脱するために政府の積極的介入を説いた「ケインズ革命」は有効性が確認され，各国で歓迎された．しかし，「スタグフレーション」の発生を機に，以下の理由で「政府の失敗」も認識されてゆく．すなわち，①入手できる情報の質（新鮮さ，正確さなど）に制約がある，②市場への強制力に限界がある，③官僚の機会主義的行動を十分に取り締まれない（プリンシパル・エージェント問題），④複雑でダイナミックな政治過程を通じてさまざまな圧力団体に「絡めとられる」からだ．

　したがって，二つの失敗を念頭に，「市場」か「政府」かの二者択一の不毛な選択ではなく，どのように市場と政府の機能を「賢く組み合せ」てゆくのかが社会に問われる．

●功利主義の政策学誕生　政策志向の「厚生経済学」　「月に人間を運ぶ高度な技術力を持った国家が，なぜ地上の貧困ひとつも解決できないのか」という逆説的な問いが公共政策にはついて回る．英国資本主義の影の部分をのぞいたマーシャル（Marshall, A.）は「冷徹な頭脳と温情の心」で経済学を拡張し，それを継いだピグー（Pigou, A. C.）は『厚生経済学』（1920）を著した．禁欲的な彼は貨幣換算できる「経済的厚生」に焦点を合わせ，国民分配分（今日のGDPか）を使って，①増大，②分配，③変動の三つの側面が，国民の「経済的厚生」をどう変化させるかを分析した．ミル（Mill, J. S.）やベンサム（Bentham, J.）達の「功利主義」に則り，主として所得の限界効用逓減の法則を使い，富裕層が税金で失う10円の効用低下は貧困層が扶助でもらう10円の効用増加と比較し，全体効用を増加させると主張し，貧困層救済のための処方箋を示した．

　これに対して「効用の個人間比較はナンセンス．ピグーの議論は，希少性の観点から構築すべき（分析的）経済学ではなく，政治経済学の話だ」とロビンズ（Robbins, L. C.）がかみつき，序数的効用概念で議論する「新厚生経済学」が生ま

れる．分配に関する政策的勧告に「補償原理」が提唱されるが，説得力は大幅に減退した．しかし，アロー（Arrow, K. J.）の「厚生経済学の第二定理」（定額税による所得再分配とパレート効率的配分の両立可能性），ハーサニー（Harsanyi, J. C.）の「道徳的価値判断のための等確率モデル」（ゲーム理論の成す期待効用を土台に）といった二人のノーベル経済学賞受賞者がピグーに救いの手を差し伸べる．ともあれ，ロビンズが「実証経済学」と「規範経済学」の分離を主張し「規範経済学」も研究上の明確な市民権を得た．

●政策の合理性を目指して　H・ラスウェルの「政策学」　現代厚生経済学の理論的支持も得た社会的に望ましい（Wellbeing）と認められる「再分配」に強権を発する政府とはいったい何者か．ここに市民に強制力を発揮する「権力」についての深い洞察が必要になってくる．社会心理学出身のラスウェル（Lasswell, H. D.）は名著『権力と人格』（1948）を世に問い，「政策学とは，社会における政策形成過程を解明し，政策課題に対する合理的判断の導出に必要な知見を提供する科学である」と明言し，「政策学」を確立するために，個々の学問領域で孤立分散しているエキスパートが共同研究することを提言し，さらに「政策志向」に関する論文（1951）で政策学の確立を呼びかけた．

　ラスウェルは，「操作の視点」（焦点となる政治状況で達成される目標は何か，その目標実現にはどのような手段があるか）と「熟慮の視点」（仮説から抽出された命題間に因果関係が存在するか，またはどのような相互関係が存在するか）の2視点から，「権力の形成と分配」に際する実証的政治学の役割の必要性を説き，「民主主義の政策学」を提唱する．

●政策学のフロンティア　サイモンの限定合理性　楽観的で頭でっかちの合理的アプローチに対して，モーゲンソー（Morgenthau, H.）は「歴史的事実を踏まえるならば，それはいささか楽観的すぎる」，「政治行動において善とは，より小さい悪を選択することだ」という冷徹な条件を突きつけた．サイモン（Simon, H.）は，完全無欠の能力をもつ人間を仮定した「完全合理性」のモデルは，現実の社会のダイナミズムや組織が複雑にからむ政策課題に応用できない．心理学の多くの知見からも人間の持つ有限能力を前提とする「限定合理性」の行動モデル（1955）がむしろ有用だとした．彼のモデルは，カーネマン（Kahneman, D.），ツベルスキー（Tversky, A.），セイラー（Thaler, R.）など「行動経済学」の研究者によって拡張され，新たな「政策学」の可能性が生まれつつある．　　　　　　　　　［細野助博］

📖さらに詳しく知るための文献
サイモン，H. A. 著，佐々木恒男・吉原正彦訳 2016．『意思決定と合理性』ちくま学芸文庫．
セン，A. ＆ウィリアムズ，B. 編著，後藤玲子監訳 2019．『功利主義をのりこえて』ミネルヴァ書房．
モーゲンソー，H. J. 著，星野昭吉・高木 有訳 2018．『科学的人間と権力政治』作品社．

公共政策学の目的

●研究者の目的と「学」としての目的　1996年の公共政策学会設立当初から,「公共政策学」がひとつのディシプリンとして成立し得るのか議論されてきた．特に学会設立時は,「学会とはいっても,さまざまな分野の研究者が集まり,公共政策について議論する場に過ぎないのではないか．したがってディシプリンとは呼べないのではないか」という意見が多かったようである．ただその一方で,現実の政治社会状況の下で実際によりよい公共政策を実現しようとすれば,既存のディシプリンを前提にしたアプローチだけでは不十分だ,という問題意識が多くの会員に共有されていたことも確かである．例えば適切な経済政策のあり方については経済学者が議論しているが,それで済むなら(少なくとも経済政策については)公共政策学会など必要ない,ということになるだろう．ところが実際に,ある具体的な状況を前提に最適な経済政策案を構想・実現しようとすれば,そのときどきの政治的条件や行政のあり方,さらには法制度などを踏まえる必要がある．また当然のことではあるが,経済学者が最適と考える経済政策が,他の分野の政策の専門家にとっても同様に最適と考えられるとは限らない．例えば環境政策や教育政策の研究者たちは,それぞれの観点から,経済学者が最適と考える経済政策とは異なる経済政策のほうが適切だと判断するかもしれない．もちろん経済政策と他の分野の政策との衝突や齟齬の問題についても考慮する必要があるだろう.

　この状況の下,「現実社会において適切な公共政策を実現するにはさまざまな分野の研究者が集まって共同して考える必要があること」については公共政策学会の設立目的として概ねコンセンサスがあったと考えられる．しかしこれはあくまで公共政策学会の目的であって,公共政策学の目的ではない.

●「学」としての目的　公共政策学の目的について,筆者は概ね次のように考えている.

　第1に,公共政策学会の目的が「よりよい公共政策の実現」にあるのと同様に,公共政策学の目的も「よりよい公共政策を実現すること」にある．少なくとも理念としてはそう考えるべきである．単に政策を対象として研究するにすぎないのであれば,従来のディシプリンで十分だろう．例えば経済政策については,経済学者のみならず政治学者や行政学者,歴史学者などが研究してきた．これらの研究の目的は基本的に,実態の解明や因果関係の特定などにあり,必ずしも政策の改善を意図したものではない．もちろん公共政策学においても,実態の解明や因果関係の特定のための研究がなされるが,それはあくまでよりよい公共政策の実

現という目的に自覚的に結び付けられている必要がある.

　第2に，この点に関連して，公共政策学は，公共政策以外の方法を通じて社会を改善することは直接の研究対象としないと考えられる．例えば革命を通じて社会を改善するといったことは基本的に議論されない．また選挙制度などの政治制度の改革についても，それが公共政策の改善に資する限りで論じられる可能性はあるが，それ自体として議論されることはあまりない．これに対して，NPOやボランティア，NGOや自治会・町内会などの私的セクター（共的セクター）による社会問題解決の試みについては，公共政策学の対象としないとする見方と，こうした活動も公共政策の一種であり，公共政策学の対象とすべきとする見方に分かれる．公共政策をあくまで政府活動に限定する見方と，政府に限らずさまざまなアクターによる社会問題解決活動全般を指すとする見方が存在するためである．公私の分離が不明瞭になっている現代社会では，後者の見方のほうがより説得的かもしれない．またそもそも「公共政策」とは市民自治の実現であるとする松下圭一らの議論を踏まえれば後者の見方が適切ということになるだろう.

　第3に，以上を踏まえると，適切な公共政策を実現するのに必要な一般的な知識の探求こそが公共政策学の目的である，ということになる．もちろん適切な政策をつくるうえで必要となる知識は政策分野ごとにある程度違っている．だがその一方で異なる分野の政策に共通する一般的な知識が存在することも否定できない．例えば教育政策と福祉政策が，対人（支援）サービスとして共通の側面をもつとすれば，そこで一般的知識が成り立つ可能性がある．こうした複数の分野の政策の共通性を見つけ出し，政策一般の改善のための知見を積み重ねることはまさに公共政策学の役割であるといえるだろう.

　第4に，公共政策学はinterdisciplinaryあるいはtransdisciplinaryであると言われることもある．これは，よい政策を実現しようとすれば，たいていの場合，複数の学問分野のディシプリンや分析手法を総合的に用いる必要があるためである．例えば，企業経営を想像してみれば分かるように，実際の問題解決には複数のアプローチや分析手法を活用せざるを得ない．経営学では従来から，心理学や経済学，文化人類学や社会学などの知見や分析手法が用いられてきたが，最近では法学や倫理学なども参照されるようになっている．また実際の企業経営を考えれば，経営学以外の知見が求められることは言うまでもない．経営学以上に，複雑で困難な問題の解決を志向する公共政策学は，よりinterdisciplinaryかつtransdisciplinaryであらざるを得ないのである．　　　　　　　　[佐野　亘]

📖 さらに詳しく知るための文献
足立幸男 2009.『公共政策学とは何か』ミネルヴァ書房.

世界の政策研究

　本項目では，比較的最近設立された公共政策系の国際学会である，IPPA（International Public Policy Association）の活動や内容に触れ，世界の政策研究の現状の一旦について概説する．また，これらの学会において中心的な役割を担うとともに，研究面でも重要な蓄積を加えてきた研究者である，ピータース（Peters, B. G.）とジットウン（Zittoun, P.）の研究業績についても扱うことで，世界の政策研究の一端を紹介する．

● International Public Policy Association　IPPAは，2014年12月に設立された，世界最大規模の公共政策に関する国際学会であり，事務局はフランスに置かれている．設立に先立つ2013年6月にフランスで開催されたICPP（International Conference on Public Policy）の成功を受け，正式に国際学会として創設することが決定された．設立にあたっては，APSA（American Political Science Association）をはじめとした，関連する国際学会の支持も受けている．2022年現在，1000人を超える会員を擁し，多岐にわたる活動を担い，世界の政策研究の中心的なフィールドとなっている．

　この学会が設立されるまでは，政治学の最大規模の国際学会であるIPSA（International Political Science Association）などが国際的な公共政策研究の場として知られていたが，IPPAが設立されたことにより，研究者同士のネットワーク構築などが格段に進むようになった．

　IPPAの主な活動は，国際学会や国際イベントの開催と，ジャーナルや叢書の発刊の二つに分けられる．前者には隔年で行われる大規模カンファレンスや，参加者のペーパーを少人数グループに分かれて検証するワークショップ，博士課程の学生たちを対象に夏と冬に開催されるスクールなどがある．

　後者に関しては，2019年から年に2〜3回発行されているオープンアクセスの学会誌である，*International Review of Public Policy* があるほか，さまざまなテーマを扱った編著シリーズである *International Series on Public Policy* がSpringerから刊行されている．

　IPPAの大会では，公共政策にまつわる幅広いテーマが取り扱われ，数百人規模の研究者が参加し，活発な議論が交わされている．

● ピータース　ピータースは米国の公共政策研究者で，上述したIPPAにおいて中心的な役割を担う研究者の一人である．

　ピータースが世界の公共政策研究に対して及ぼした影響には絶大なものがある

が，中でも重要なものの一つが政策デザイン論である．ピーターズは比較的初期から政策をつくる過程をデザインと表記して議論を展開してきた論者の一人であり，その議論の体系化に尽力してきた．

ピーターズの政策研究における功績は数多い．とりわけ重要な指摘の一つが，政策におけるアートとサイエンスの分業である．ピーターズは公共政策が対処すべき問題の中には合理的なアプローチが必ずしも適さないことを了解しつつ，政策手段の洗練とその適切な活用にこそ政策デザイン論の眼目があると考える．そのためには，政策手段が適用される文脈への理解，問題間の相互関係といった分析的なアプローチも欠かせないとされる（奥田 2017；Peters 2018）．

このように，ピーターズは公共政策研究の体系化に大きく寄与しつつ，政策デザイン論という重要なアプローチの開拓にも貢献した論者である．このアプローチは，ハウレット（Howlett, M.）にも継承され，今日の公共政策研究において大きな一分野を占めるに至っている（☞「政策デザインの考え方」，「政策のデザイナー」）．

●ジットウン　ジットウンは，フランスの公共政策研究者である．彼もピーターズと同様，IPPA の重要人物の一人であり，さまざまなイベントの企画・運営に精力的に携わっている．公共政策研究者の国際的ネットワーク構築にあたって，ジットウンの貢献は多大なものがある．

ジットウンはその主著，*The Political Process of Policymaking: A Pragmatic Approach to Public Policy* において，政策形成プロセスにおける談話的闘争に着目した議論を展開し，政策分析の射程を広げた．ジットウンの考えでは，政策過程とは各々のアクターが自らの利益やイデオロギーを政策に反映させるべく闘争を繰り広げるアリーナである．公共政策をめぐる意味合いや解釈は一律に決まっているのでも，あらかじめ定められたものでもなく，政策過程の中で社会的に構築されていくものだとジットウンは考える．このような見解は，社会構成主義の影響を色濃く受けたものだといえるほか，プラグマティズムの知見も反映されている（☞「言説分析」）．なお，日本の政策研究においては，このようなアプローチはあまり盛んとは言い難い状況が長らく続いてきた．日本の政策研究の国際化にあたっては，個別の方法論の深化や進展はもちろんのこと，多様なアプローチを包摂しつつ，国際レベルでの議論に参入していくこともまた，不可欠と言えるだろう．

［杉谷和哉］

📖さらに詳しく知るための文献

奥田 恒 2017．政策デザイン論の諸潮流．社会システム研究 20：193-207.

Peters, B. G. 2018. *Policy Problems and Policy Design*. Edward Elgar.

Zittoun, P. 2014. *The Political Process of Policymaking*. Palgrave Macmillan.

日本における政策研究

　社会における問題や課題の解決のための政策の検討や立案は古くより行われているが，ここでは，特に公共問題解決のための政策研究の発達と現状について述べる．日本では，戦前にはすでに個別の政策について各分野で学問的検討がなされている．例えば大学での経済学のカリキュラムは伝統的に経済原論・経済史・経済政策の3分野に分けられ，担当者が配置されている．戦前の東京帝国大学経済学部のカリキュラムには，経済政策関連では植民政策，社会政策，商業政策，工業政策，交通政策，農業政策などの科目が置かれ，それぞれの政策課題が論じられていた（東京大学経済学部 1976）．

●**政策科学の提唱**　各分野の個別政策を総合的に検討する政策学の開始は第二次世界大戦後である．アメリカでは1951年にラーナー（Lerner, D.）とラスウェル（Lasswell, H.）が政策科学を提唱し，本格的な政策科学の出発点となった（Lerner & Lasswell eds. 1951）．この段階で彼らは政策科学を policy science ではなく policy sciences と複数の学問分野の集まりと表現している．1969年にはイーストン（Easton, D.）はアメリカ政治学会会長演説において社会の当面する重要な問題に政治学も積極的に取り組むべきことを説き，政治学者の参加を促した（Easton 1969）．日本でもラーナーとラスウェルの提唱やイーストンの主張は紹介され反響を呼んだが，政策学の本格的展開は1990年代になってからである．

　政治学は先に述べた経済学とともに，1990年代以降の政策学の発展に重要な役割を果たしているが，そこには日本的な特徴もみられる．日本では戦前より中央集権的統治体制が続き，特に官僚が政策の立案・決定・執行に大きな影響力をもつ一方で住民の参加が乏しかった．戦前の思想統制や言論抑圧の経験からも民主的政策決定の実現が殊に要請されていた．民主的政策決定は日本における公共政策研究の重要テーマとなっている．

●**政策系学会の設立**　1980年代に入り，日本政治学会は政策学を本格的に取り上げ，山川雄巳が編者となり年報政治学において政策学の課題，モデル，論点，個別政策過程などを検討している（日本政治学会編 1984）．そして1996年に松下圭一，山川雄巳らが呼び掛けて，政治学・経済学・社会学・法律学などの研究者や実務家が集まり，日本公共政策学会が設立された．

　同学会は設立趣旨で次のように述べている．すなわち，「ベルリンの壁崩壊後の世界は，イデオロギー終焉の現実を，私たちに突きつけています．変貌する国際社会と産業構造の中でさまざまな公共問題が噴出しつづけているのに，もはや，旧来

型の理念を中心とする公共問題への接近は有意性を失い，政策志向型思考の必要性をこれまでになく痛感させています.」とし，三つの課題を課しているとする.

第1として，「国際社会のグローバル化の進行が，一国単位で「公共政策」をとらえる狭隘な一国中心主義的アプローチを不適切なものにし，公共政策のそれぞれの領域で，国境の壁を越えた，すぐれてグローバルな思考を求めています」とする. 第2として，「固有の公共領域と考えられてきた古典的な国家統治や政治体制の領域にとどまらず，考究の対象領域とレベルは多岐にわたり，それぞれが学際性と相互関連性を強めています」とする. そして第3として，「それら変化する現実は，新たな哲学や価値を模索する「理念の検証」と，過去の塵史的経験への考察に支えられた「歴史の検証」という，理念と歴史のルネサンスを公共政策研究に求め，「パブリックのための学」としての斯学の，方法論を含む限りない理論化を要請しています」とする.

日本公共政策学会の設立と前後して，環境経済・政策学会（1995年），公共選択学会（1996年），日本地域政策学会（2002年），政策情報学会（2004年）など政策系学会が次々と設立され，研究者の相互交流や共同研究の機会が活発化した. しかし，個別政策の研究にとどまらない，科学としての政策学をどのように構築していくのかは大きな課題となっていた. そもそも政策学とはどんな学問なのか，必ずしも統一的イメージが共有されていたわけではなかった. 足立幸男は公共政策学の課題を「多種多様な政策分野に共通な事柄，分野横断的な事柄を研究対象とする. あるいは，全体としての公共政策のありようを問題とする」（足立編著2005）と規定している.

●**政策学の課題**　1990年代以降，政策系学部・学科や大学院研究科設置が相次ぎ，政策学を専門とする学生が急速に増加し，日本でも政策学が隆盛になったかのような印象を与えた. しかし，政策系学部・学科の名称は，総合政策，政策科学，公共政策などさまざまであり，名称の違いはカリキュラムや教育内容にも反映されている. 総合政策学部では文理融合が提唱され，自然科学系が盛り込まれている. 公共政策学部では政治学，経済学，法律学など社会科学系が中心である. そのことは学問分野として政策学のあり方が必ずしも一致していない状況をもたらしている.

山川雄巳は政策科学を「政策に関する総合的な科学であるが，たんに寄せ集めというにとどまらず，なんらかの原理的なもので統一された独自の科学」と規定し，研究課題は「政策および政策過程の改善をはかることである」としている（山川1997）. 政策科学は科学としての確立を目指すとともに実践性や政策提言機能を強化していくことが求められている. 21世紀に入り，国際関係の構造的変動と不安定化，気候変動の激化，パンデミックの発生など新たな課題への対応を迫られている. 政策学の果たすべき役割と責任はますます増大している. 　〔森脇俊雅〕

政策関係の学会

☞「世界の政策研究」p.26

　日本学術会議，日本学術協力財団が運営する Web サイト「学会名鑑」によれば，「政策」，「行政」をその名前に含む学会は 20 に上る（表 1）．
●政策関係の学会設立の歴史　そのうち，「社会政策論」，「経済政策論」，「行政学」など現在は確立した学問分野だと受け止められるものを扱った学会は，1950年以前に設立されており今に至るまで長い活動の歴史がある．

　1990 年代前半にかけて政府の活動領域の多様化に伴い，日本教育行政学会，日本医療政策福祉学会，日本体育・スポーツ政策学会，日本教育政策学会など，特定の政策を対象とする学会の創設が行われることになる．1990 年代の後半には，環境問題への関心の高まりを受けて，環境経済・政策学会，環境法政策学会の創設，2000 年代前半には地方分権の進展を受けて，日本地域政策学会，コミュニティ政策学会などの創設が行われた．また，資産評価政策学会，日本言語政策学会，政策情報学会，国際文化政策研究教育学会，日本文化政策学会，移民政策学会，日本海洋政策学会など時代の政策ニーズを踏まえた学会が創設された．

　必ずしも特定分野の政策を扱うものではない学会として，1977 年に創設された計画行政学会と 1996 年に創設された日本公共政策学会がある．

　学際的な学会の趣旨として，清水（2000）では，ハロッド（Harrod, R.）の主張を以下のように解説する．「（解決しなければならない）これらの問題は，社会科学や社会研究の或る狭い専門の内部で設けられた問題ではない．その専門に属する人々の間で，アカデミックな約束に従って設けられ且つ応えられる問題ではない．……多くの素人が発言の必要と権利とを持つのは，当の問題の発生および処理が彼らの生活上の利害と幾重にも絡み合っているためである．」このため政策研究は，必然的に，様々な学問分野と実務の広範な協力が必要になる．
●政策関係の学会の設立趣旨　政策関係の学会が共通して備える性質が，日本公共政策学会の設立趣旨で述べられていると考えられるため，それを解説する．そこでは，今後の公共政策の在り方に大きな影響を与える要素として①社会のグローバル化を踏まえた，公共政策研究におけるグローバル思考の重要性，②公共政策研究の対象領域とレベルの多様化に伴う，学際性と相互関連性の深化，③「理念の検証」と，過去の歴史的経験への考察に支えられた「歴史の検証」を通じた，方法論を含む限りない理論化の要請，が強調されている．

　このような認識は今日，政策系学会が共通して直面している課題だと考えることができるだろう．しかしこれらの要請は，日本が，あるいは世界の社会が直面

表1 日本の政策関係の学会

学会名	設立年	会員数
社会政策学会	1897	正会員：1143 人，名誉会員：38 人，海外会員：7 人
日本経済政策学会	1940	正会員：841 人，団体会員：2 団体
日本行政学会	1950	個人会員：670 人，団体会員：16 団体
日本教育行政学会	1965	一般会員：486 人，名誉会員：18 人，学生会員：40 人
日本医療政策福祉学会	1976	普通会員：76 人，学生会員：6 人，名誉会員：1 人，賛助会員：11 団体
日本計画行政学会	1977	正会員：839 人，学生会員：111 人，団体会員：33 団体
日本体育・スポーツ政策学会	1991	正会員：153 人，学生会員：61 人，購読会員：5 団体
日本教育政策学会	1993	個人会員：243 人
環境経済・政策学会	1995	正会員：866 人，学生会員：108 人，賛助会員：7 団体
日本公共政策学会	1996	個人会員：930 人，団体会員：5 団体
環境法政策学会	1997	正会員：375 人，学生会員：29 人，賛助会員：2 団体
資産評価政策学会	1997	正会員：136 人，団体会員：12 団体
日本地域政策学会	2002	正会員：533 人，終身会員：6 人，顧問：3 人
コミュニティ政策学会	2002	個人会員：298 人，学生会員：56 人，団体会員：7 団体，NPO 会員：2 団体
日本言語政策学会	2002	一般会員：215 人，学生会員：45 人，団体会員：1 団体，賛助会員：1 団体
政策情報学会	2004	一般会員：88 人，学生会員：9 名，名誉会員：1 人
国際文化政策研究教育学会	2006	個人会員：136 人，顧問：3 人
日本文化政策学会	2007	一般会員：350 名，学生会員：55 名，顧問：5 名，桂冠：1 人，団体：1 団体
移民政策学会	2008	個人会員：442 人，学生会員：121 人，名誉会員：1 人，団体：1 団体
日本海洋政策学会	2008	一般会員：259 人，学生会員：13 人，法人会員：23 団体

学会名鑑［https://www.scj.go.jp/ja/gakkai/index.html, 2022 年 6 月最終更新］より作成．学会員はアクセス時の数値であり，現在は変化している可能性がある．

している，政府財政の悪化，中央地方関係の変容，少子高齢化，人口減少社会などの人口構造の変化，環境問題，災害の激甚化，予想を超えた情報化社会をもたらした科学技術の進歩などを勘案すれば，確実に深刻なものとなっていると認識できよう．

　それぞれの学会は，それぞれの時代の政策的要請に基づいて設立され，研究，教育，交流活動を行っている．学際性を特徴としている学会が多いため，独自の広範なネットワークを有することが多いが，現在ますます重要になっている上記の三つの要請を勘案すれば，海外の政策関係学会を含めたネットワークのネットワーク化が求められているのかもしれない． ［中川雅之］

ジェンダー

　フランス語やドイツ語等では名詞等に性別をつける．ジェンダー（gender）という語は，もとはそうした言語上の性別を意味する．一方，本項目が説明するジェンダーが意味するのはこの言語上の性別ではなく，社会文化的な性差である．

●**社会文化的性差としてのジェンダー**　男女の違いを説明する際に，性器などの身体的（生物的，解剖学的，遺伝的等とも言える）特徴だけでなく，社会や文化のありようが持ち出されることがある．例えば，女性には子育てや家事の適性があり，男性は家庭の外で労働することに適性があるとして両者を区別する考え方がある．こうした男女の区別は，身体的特徴による区別というよりは，性別分業に親和的な近代家族（落合 2022）のありようと結びついたジェンダー的な性差として捉えることができる．なお一見客観的に成り立つと思われる身体的な男女の区別も，絶対的とは言い難い．同性間でも性器や骨格の形状は多様で身体能力にも幅があり，性分化疾患の人もみられるからである．

　社会文化的な観点から性の差異を捉えるジェンダー概念は，1960 年代からの第二波フェミニズムと関わりながら広がった．参政権や教育を受ける権利などを獲得した後もなお，多くの女性は政治の場や職場から遠ざけられ，家庭内で不利な状況におかれていた．第二波フェミニズムではそうした女性たちの解放が目指されたが，その際に，ジェンダー概念を用いた研究や議論が，女性を追い込む社会の構造を明らかにしていったのである．

●**ジェンダーに関する問題**　ジェンダーに関わる問題は，社会のさまざまな領域に見出すことができる．日本の政治についてたびたび指摘されるのは女性議員の少なさである．その背景には性別分業意識等の女性の政治参加を妨げるジェンダーの状況がある（三浦編著 2016）．この問題への対策の一つとして考えられるのが，クォータ制ほかアファーマティブ・アクション（ポジティブ・アクション）による女性議員数の確保である．

　雇用面では，女性は男性に比べて労働者における非正規雇用者の割合が高く，所得が低く解雇のリスクが高い状況に置かれやすいことが指摘されてきた．この背景には，男性中心の正規雇用者を雇い続けるために，解雇しやすい非正規雇用に女性を留めおき，調整弁とする仕組みがある．他に，配偶者控除等の税制や，第 3 号被保険者制度等が女性の就労控えを促すと指摘されてきた．

　雇用と表裏をなすケアの問題もある．家庭内でなされる育児や介護，看護等の

無償のケアを主に女性が担ってきた半面，雇用面で女性が戦力外とみなされ，脆弱な立場に追いこまれてきた．職業としてなされる有償のケアも女性が担う傾向があり，働く環境や賃金の低さが問題になっている．ほかにも，教育や移民問題，地域政策，災害，犯罪等（木村ほか編著 2013），ジェンダーの問題は社会の幅広い領域に見出される．

　ジェンダーは社会全般の問題である以上，男性の問題としても取り組まれる必要がある．他方で女性と男性の問題に焦点を絞りすぎることにも留意が必要である．女性と男性の境界にいる人やどちらにも属さない人がいるからである．所得や職業，地域，人種，セクシャリティ等の違いによって，ジェンダーがもたらす不利益の程度が異なるため，この点への配慮も求められる．

●**政策におけるジェンダー主流化**　　上述のように，ジェンダーに関する問題は社会のさまざまな領域で見出し得るため，公共政策においても，ジェンダーへの配慮を分野横断的に行う「ジェンダー主流化」の取組みがなされてきた．国際レベルでは，1995 年に開かれた第 4 回世界女性会議（北京会議）において「あらゆる政策及び計画にジェンダーの視点が反映されるよう保障する」（内閣府男女共同参画局 1995）ことが宣言された．政策分野を横断してジェンダー主流化を推進する機関はナショナル・マシーナリーと呼ばれるが，日本では 2001 年に，中央省庁再編に伴って男女共同参画会議が設置され内閣府男女共同参画局が事務を担う（坂東 2004）．自治体も男女共同参画を推進する条例の制定や，関連する事業を実施してきた．ただし，こうした動きに対しては，バックラッシュと呼ばれる反発も見られ，関係機関が対応に追われることもあった．民間団体もジェンダーに関する政策の推進に大きな役割を果たした．多国間で活動する NGO や地域の女性団体，労働者や消費者の団体等が世界女性会議での活動や政府自治体への働きかけを行ってきた（坂東 2004）．

●**ジェンダーに関する統計調査**　　男女の格差や女性の実情を統計調査が把握しきらないために，女性に対する差別がもたらされることを，統計的差別という．他方で，男女の格差や現状をより正確に把握するためのジェンダー統計が実施されている．国際的なものとしては，世界経済フォーラム（WEF）によるジェンダー・ギャップ指数（GGI）や，国連開発計画（UNDP）によるジェンダー開発指数（GDI）とジェンダー不平等指数（GII）等がある．2024 年時点での日本の「平等」度合は，GGI では 146 か国中 118 位で，GDI では 193 か国中 92 位，GII では 193 か国中 22 位であり（内閣府男女共同参画局 2024），ジェンダー格差をどの観点から捉えるのかも重要な問題である．　　　　　　　　　　　　　[安藤加菜子]

📖さらに詳しく知るための文献

落合恵美子 2019．『21 世紀家族へ』第 4 版．有斐閣．

木村涼子ほか編著 2013．『よくわかるジェンダー・スタディーズ』ミネルヴァ書房．

プライバシー

　プライバシーとは，情報の取得・保管・利用・開示等の適切性に関する社会規範ないし法的保障の一種である．その主要な問題領域は，社会の変化に応じて変遷してきたものの，古いものから新しいものへときれいに置き換わるというよりも，それぞれの問題が"生きたまま"絡み合っており，入り組んだ様相をみせる．

●**私生活における自由や平穏**　古くから，家庭内の秘密の保護（覗き見の防止等）のための規範が，世界中の風習，倫理，宗教，法律によって形成されてきた．この居宅内における「私生活の自由」は，今日の日本では，犯罪捜査や民事執行等の局面で一定の制約があるものの，情報通信技術を応用した盗撮や盗聴等に対しても，かけがえのないものとして保障される．このような私的空間の尊重は，さらに，自宅外における付きまといや嫌がらせ等に対して，「私生活の平穏」等として拡張的に保護される．この領域では，他者の監視等から解き放たれる「私」と，他者との関わり合いを前提とする「公」の境界のあり方が問題となっている．

●**私生活等をみだりに公開されないという法的保障**　マスメディアの発展に伴って，日本では第二次大戦後，著名人の品行や私人の前科等が扇情的に公表されることが社会問題となり，プライバシーとして保護されてきた．近時，一方ではインターネット特に SNS の普及によって市民が自ら情報を収集・発信するようになり，他方では膨大な情報を整理したり文章を生成したりする人工知能（AI）が発達しており，当該サービスを提供する事業者の役割が前景化している．この領域では，社会の関心（表現の自由ないし知る権利）に基づく情報流通から，われわれが放っておいてもらえる事項や条件はどのようなものなのかが問題になる．

●**大衆社会における個人情報の取扱いの統御**　20 世紀後半以降，社会保障政策の推進や企業活動の効率化の要請と，コンピュータ技術の発達とが相まって，多くの国で官民双方における個人に関する情報の収集・保管・利用・流通が進んだ．そのため，個人を識別するための情報（氏名，住所，個人 ID 等）や，取扱いに配慮を要するセンシティブな情報（人種，信条，社会的身分，病歴，犯罪歴等）を適切に管理するための組織体制やシステムの整備が，法的に要請されることになる．漏洩対策はもちろんのこと，特に，情報を適法に取得した後に，第三者にこれを提供等したり，当初とは異なる目的のためにこれを利用したりするための条件につき，議論されている．この領域では，人々の情報を収集してこれを転売したり，集めた情報を統計的に分析したりしたいという需要と，個人に関する情報の動きは情報主こそが統御すべきであるという動向との調整が課題となる．

●**ライフスタイル等に関する自己決定**　人々の，人生の色々な状況における自己決定がどこまで尊重されるべきか，ということも，プライバシーの一類型とされることがある．例えば米国ではしばしば避妊・中絶に関する女性の選択が，日本では医療行為や予防接種に関する患者の選択が論議されてきた．この領域では，決定の尊重それ自体のみならず，当人がよりよい選択をするための，充分でわかりやすい説明をいかに他者が施すか，ということも重要となる．今日では，次に見るように，ビッグデータを応用したプロファイリングに基づく，統計的なオススメやマッチングを行う AI の活用のあり方が，喫緊の政策課題となっている．

●**高度情報社会におけるプライバシー**　2010 年代頃から，情報の収集・統合・分析技術が一層発展し，社会に影響を及ぼし始めている．例えば，各種センサーによって今までデジタル化されていなかった情報もデジタル化され，クラウドによってこれまでは分散しがちだった情報が統合され，機械学習型 AI によって人間の想定を超えた情報分析がなされるようになっている．その応用例は，経営・広告戦略，物流・交通改革，金融取引，医療・公衆衛生，災害・環境対策，防犯・見守り，安全保障，研究教育，画像や文章等コンテンツの生成等と多岐にわたり，市場・組織の効率化や，福祉の充実化，文化の継承・発展という多面的な価値の実現のための取り組みが，公・共・私の多様なアクターによって進められている．

　その実践例には，望ましいとはいえないものも見受けられる．日本では，民間の就職活動サイトが就活生の情報を収集・分析して導き出した「内定辞退率」を，現に選考を行う企業に販売する行為につき，「就活生の行動を委縮させる」等として規制の対象となった．2016 年の，英国の EU 脱退をめぐる国民投票や米国の大統領選挙の際には，SNS に蓄積されるユーザーデータがコンサル企業に提供され，その分析を基に投票を誘導するようなメッセージが発信されるという，民主主義を掘り崩しかねない事態が起こった．ほかにも，国家主導の監視システムや社会信用スコアについては，根強く批判される傾向にある．そもそも，AI を含む情報技術をむやみに多用すると，思考や創造といった人間性に関わる諸活動に悪影響を及ぼしたり，情報格差を深刻化したりするのではないかという懸念もある．

　情報は，個人に端を発するものでありながら，公共財のような性質をも有する．そのような情報を活用する技術でもって，最低限度の生活を保障し，さらに充実した社会を実現するという可能性と，技術の濫用によって起きかねない，行動の委縮や人間性の減退等というリスクとを調整するにあたって，プライバシーに関する社会規範は枢要な機能を果たし得る．その公共政策は，今後の人類・社会のあり方を決定づけ得る，根幹的な課題のひとつであるといえよう．　　　　[角本和理]

📖さらに詳しく知るための文献

山本龍彦 2017．『おそろしいビッグデータ』朝日新書．

宮下 紘 2021．『プライバシーという権利』岩波新書．

人の移動
政策課題としての移民・難民

　日本に住む私たちは，コンビニエンスストアで外国人店員の接客を受け，外国人技能実習生の人権侵害問題，あるいはシリアやウクライナの難民・避難民に関するニュースを読む．外国に住めば，その国の人たちにとって私たちは移民である．グローバル化の進展や，ある国での移民締め出し政策に絡み，政策課題としての人の移動への注目が高まっている．

●**国際移民**　「移民」の定義やデータは国ごとに異なるが，一般に，居住国あるいは出生国から離れて少なくとも1年以上他の国に移り住んだ人を「国際移民（international migrants）」という．その数は，1970年には8400万人，1990年には1億5300万人であった．国連は，2020年には世界の人口の3.6%にあたる2億8100万人が出生国以外の国に住むと推計した（McAuliffe & Triandafyllidou eds. 2021）．移民は，絶対値では増加傾向にあるが，ある国家が独立して一部の人々が一夜にして移民となった場合や，世界人口の増加も加味する必要がある．世界人口を分母とすると，国際移民は3%前後を概ね維持しており，97%の人々は国内移住や短期の海外渡航はしても，母国にとどまる（de Haas et al. 2022）．

　国際移民は，グローバル・サウスからグローバル・ノースへと移動するイメージがあるが，実際にはイギリスやドイツのような移民受け入れ国は同時に移民送り出し国でもある．1960年代には地域を越えて移動する国際移民の4分の3以上がヨーロッパ人であったが，今日その割合は2割程度となり，ラテンアメリカやアジアなどの地域の中で移動する人や，これらの地域から他の地域に移動する人が増えている．人種や宗教，生活様式など移民がもたらす多様性により，受け入れ国では社会変容が迫られ，時には反発が生じる（de Haas et al. 2022）．

　ある人が自分の意思で移動するのは，今いる場所に留まるよりも良い環境が望めると判断するからだ．教育による学位取得や労働による収入の増加を目的とした国際移動は典型的な例である．労働移民は男性が多かったが，現在は，家事代行や介護分野での労働需要が高まり，女性も増えた（コーザー 2021）．一方，紛争や暴力，自然災害や気候変動で強制移動を余儀なくされる人もいる．迫害を受けて国外に逃れると難民，同じ状況で国境を越えない人を国内避難民と呼ぶ．難民は国際移民全体の約1割（全人口の0.3%）だが，アフリカや中東では国際移民のうち難民が4分の1と，他の地域より割合が大きい（de Haas et al. 2022）．

●**日本と移民**　出入国在留管理庁によると，2023年末時点で，日本の在留外国人数は約342万人である．中国，ベトナム，韓国国籍保持者が上位3位を占め，在

留資格別にみると，永住者，技能実習，技術・人文知識・国際業務（高度人材），留学，特別永住者の順に数が多い．1992年の128万人，2002年の185万人，2012年の203万人と比較すると，在留外国人数の増加が顕著である．

　内閣府による2019年の調査結果によると日本国籍の回答者の5割は外国人が安心して生活できる状況が整っていると認識しているが，さらに多い7割が環境拡充の必要性があると考えている．出入国在留管理庁による2020年の在留外国人に対する調査では，生活全般に満足との回答が8割であったが，問題を抱える人の中には，日本語の障壁を含み，相談先や情報の入手先が分からない人もいた．

　「安心社会」あるいは「集合的効力感」（永吉2020）と呼ばれるような感覚で，長い付き合いの人だけが集まるコミュニティを想定する住民には，移民を心理的に受け入れられないことがある．よそ者が街のルールを無視したり，治安を悪化させる，雇用を奪う，慣れ親しんだ街を変化させる，と懸念をもつことがある．しかし，地元住民と国内移住者，世代間でも対立が生じるように，以上は外国籍の移民対日本人の間だけで生じる問題とはいえない．移民の増加によって街の治安・環境が悪化するわけではない，移民はむしろ成長やイノベーションを促す正の効果があるという研究報告もある（永吉2020；de Haas et al. 2022）．

　1993年に制度化された外国人技能実習制度は，厚生労働省によれば，「開発途上地域等への技能等の移転を図り，その経済発展を担う『人づくり』に協力することを目的とする」ものである．制度化当時，実習生受け入れ可能な職種は17であったが，2024年6月の時点で90職種と，年々増加傾向にある．2017年に実習生の保護や制度の適正な実施を目的とする技能実習法が施行された．背景には，劣悪な労働条件や低賃金を含む，送り出し機関，管理団体，実習実施者による技能実習生への人権侵害の実態があった．単純労働移民は，夜間の工事作業や，介護などケア労働分野の人材不足の埋め合わせや調整弁とされる傾向がある．こうした状況を踏まえ，2024年6月の法改正により，技能実習制度は廃止され，2027年から育成就労制度が開始されることとなった．

　人の移動は，社会全体の課題に関わる．閉じた「安心社会」から開かれた「信頼社会」に変化できるか．移民に市民権や政治参加を認めるのか．親からの継承語を含め，移民2世や3世の教育をどう行うか．「あなたは社会の一員である」（永吉2020）と示すための課題の検討や，制度の拡充と実施が求められる．

[小林綾子]

📖さらに詳しく知るための文献

永吉希久子 2020．『移民と日本社会』中公新書．

de Haas, H., et al. 2022. *The Age of Migration*. 6th ed. Bloomsbury Academic.

McAuliffe, M. & Triandafyllidou, A. eds. 2021. *World Migration Report 2022*. International Organization for Migration（IOM）．

自殺・孤独・孤立

●**日本における状況**　1998年，日本における年間の自殺者数が3万人を超えた（警察庁）．当時，1997年11月には山一證券の自主廃業の発表や北海道拓殖銀行の経営破綻もあり，完全失業率は1998年4月に現行の統計調査開始以来，初めて4%を超える状態となっていた．アジア通貨危機が起きたのもこの時期である．日本においては経済的な状況と自殺死亡率（人口10万人あたりの自殺者数）には関係があると言われており，こうした状況の中，この時期は中高年男性（特に55〜59歳）の自殺死亡率が急増した．自殺者数の統計には，主に厚生労働省による人口動態統計と警察庁による自殺統計があるが，「原因・動機」の分類があるのは警察庁統計のみであり，この時は「経済・生活問題」を苦にした自殺が前年比7割増となった．当時，年間の自殺者数の発表は翌年の7月であったが，中高年男性の自殺が急増したことで，自殺で親を失った子どもたち（自死遺児）も増え，自殺や災害・病気で親を失った子どもたちを支援するあしなが育英会がそれよりも早い段階でその事態に気づくことになった．あしなが育英会では，自死遺児同士のつどいの開催や自死遺児の文集『自殺って言えない：自死で遺された子ども・妻の文集』（2000）の作成を行い，自死遺児も街頭キャンペーンやNHK「クローズアップ現代」をはじめとするドキュメンタリー番組への出演等を行い，政府による自殺対策の実施を働きかけた．2002年11月には自死遺児による体験談集である『自殺って言えなかった．』が発行されている．これらの活動を受けて，日本では2006年6月に自殺対策基本法が成立し，2007年6月には政府の指針となる自殺総合対策大綱が策定された．ここには自殺予防だけではなく自死遺族支援も明記されている（法律上は「自殺者の親族等」との表記）．自殺対策基本法は，超党派による「自殺防止対策を考える議員有志の会」（後に議員連盟「自殺対策を推進する議員の会」に名称変更）が中心となって働きかけ，議員立法で成立している．法律制定に向けて，議員側のアクターとして大きく活躍したのが，あしなが育英会にも携わっていた山本孝史（民主党議員）である．また，民間の団体でこの時期，大きく活躍したのが自殺対策支援センターライフリンクであり，代表はNHKのディレクターをしていた清水康之である．清水は，自殺対策基本法の成立に向けて，「自殺対策の法制化を求める3万人署名」なども主導した．2005年7月には参議院厚生労働委員会において「自殺に関する総合対策の緊急かつ効果的な推進を求める決議」が全会一致で可決され，法律成立に向けて大きく動くこととなった．この決議に基づき，2006年10月には自殺問題の情報の収

集・発信・研究の機関として国立精神・神経医療研究センター精神保健研究所に
自殺予防総合対策センターが設置となった．なお，当センターは，2016年4月に
は自殺総合対策推進センターに組織改編し，さらに「自殺対策の総合的かつ効果
的な実施に資するための調査研究及びその成果の活用等の推進に関する法律」
（令和元年法律第32号）により，2020年4月からはいのち支える自殺対策推進セ
ンターがその役割を担っている．国による自殺対策の主管課は，2007年4月に内
閣府に自殺対策推進室が設置されたが，2016年の自殺対策基本法の改正により
2016年4月から厚生労働省に移管されている．担当大臣も内閣府特命担当大臣
（自殺対策担当）から厚生労働大臣へと変更となった．自殺予防の活動では，いの
ちの電話が有名であり，長年相談員が匿名・ボランティア参加で電話相談による
活動を続けてきた．学術面では，いのちの電話の関係者が始めた日本自殺予防学
会が毎年学術誌の発行と学術総会の実施，そして政策提言を行っている．自殺者
数については，近年は若者の自殺死亡率が上昇傾向にあり，若年層への自殺対策
が急務となっている．民間団体では，近年ではさまざまな団体によるSNSでの
相談も増え始めているが，相談希望件数の方が多く，接続率などに課題がある．
「自殺」は個人の問題でなく社会の問題だと言われるようになったが，安楽死の問
題も検討される中で，「死」にかかわる問題にどのように国家が介入すべきなの
か，議論がなされているところである．

●**孤独と孤立**　自殺対策の重要課題は孤独・孤立を防ぐことでもあるが，政策的
には自殺対策とはまた違う流れで，日本では2021年2月に孤独・孤立対策担当大
臣が設置されている．これは，英国に続き世界2例目である（英国では，2018年
1月に孤独担当大臣が初めて設けられ，後に廃止）．初代はほかの国務大臣をして
いた坂本哲志議員が兼務となった．もともと，自由民主党において，自民党若手
有志による孤独対策勉強会（2021年1月25日発足）などが実施されてきていた．
2021年5月20日には孤独・孤立対策特命委員会により提言が出されている．こ
こでも触れられているが，「孤独」と「孤立」は違う概念（孤独は主観的）であり，
このあたりも孤独・孤立対策の重点計画に関する有識者会議（「孤独・孤立対策に
関する有識者会議」に名称変更）において議論されてきた．そのため，孤独対策
や孤立対策ではなく，日本では「孤独・孤立」の対策として政策が実施されるこ
ととなっている．2023年5月には孤独・孤立対策推進法（2023年5月31日成立，
6月7日公布）が成立しており，2024年4月からは内閣府に主管が移行している．
「孤独」であることの自由についても議論され，望まない孤独や社会的孤立に対処
すべきであるとされている．　　　　　　　　　　　　　　　　　　［森山花鈴］

📖さらに詳しく知るための文献
自死遺児編集委員会・あしなが育英会編 2005．『自殺って言えなかった．』サンマーク文庫．
森山花鈴 2018．『自殺対策の政治学』晃洋書房．
高橋祥友 2022．『自殺の危険』第4版．金剛出版．

Ⅱ 公共政策と価値

[岡本哲和・佐野 亘]

功利主義

　功利主義は，幾多の先駆的思想を踏まえ，18世紀にイギリスの法学者ベンサム（Bentham. J.）が道徳や立法を変革するための思想として体系化したことから始まる（ベンサム 2022）．産業革命の時代に立法思想として始まった功利主義は，19世紀以降，イギリス経済学の中に根づいていき，その思想的影響は倫理学，政治学などに幅広く及んでいる．また，こうした既存の学問分野を母体とする公共政策学にとっても欠かせない規範理論のひとつである．

　功利主義は「最大多数の最大幸福」という標語で知られている．すなわち，何らかの選択を迫られた場合，意思決定の指針として，私たちは社会における幸福を最大化するような選択をすべきである．この単純な標語の内実をどのように理解するかに関しては，思想内部で数多くのバリエーションがある．ここでは政策や制度のあり方に関する公共政策規範としての功利主義に焦点を絞り，その主な論点を取り上げる．

●**功利主義の特徴**　功利主義の第1の特徴は，厚生主義である．「厚生（ウェルフェア）」は直訳すれば「良い成り行き」のこと，ここでは本人が感じる主観的満足のことである．功利主義の出発点は，人間は快楽が大きく苦痛が少ない状態を追求するものだという人間観にある．幸福はこの快苦の多寡として測られる．社会は個人によって構成される擬制的（みなし）団体であり，社会がどうあるべきかに関する評価基準も究極的には個々の人間が置かれるこうした状態に従う．

　幸福の増減を社会的状態の評価基準とするためには，それが何らかの形で測定可能でなければならない．この点についてベンサム自身は，それを本人が感じる感覚の大小に還元する心理的快楽主義の立場をとっていた．ただし，この感覚をどのように客観的に測定し得るかとの問題が生じるため，別の功利主義者は，それを本人が実際に欲し，選択する際の序列の高さ，すなわち「選好」として定式化する．

　功利主義の第2の特徴は，総和主義である．ベンサムが想定する社会は，現実に快苦を経験する個人に還元される．そこで政策決定者の仕事は，社会の個々の人間の快楽の総量を増やし，苦痛の総量を減らす施策により，社会全体の幸福を最大化させることである．あらゆる政策目標は，社会の構成員の幸福を足し合わせたところの総幸福の最大化に向けられる．

　ただし，その総幸福が増大する限り，それが人々のあいだでどのように分配されているかは，総和主義の観点では一義的な重要性をもたない．仮に社会の一部

が幸福になることで最大幸福社会が実現されるなら，それは功利主義者にとって望ましい結果と見なされる．問題は，「最大幸福」が常に「最大多数」を含意するかどうかである．もし経験的に，両者が必ずしも両立しない場合，功利主義者にとっての優先順位は前者であって後者ではない．

●**功利主義の論点**　以上の思想的特徴をもつ功利主義に対しては，異論も提起されている．第1に厚生主義について．功利主義者にとって決定的なのは本人が抱く幸福であり，それ以外の価値は二次的重要性しかもたない．しかし例えば，人々に架空の幸福をもたらす「経験機械」に繋がれた人生は，そうでない実人生よりもより良いものであるといえるだろうか（ノージック 1992）．

　第2に総和主義について．功利主義者にとっての優先課題は，社会全体がどうあるかであって，個々の人間がどうあるかではない．すると，功利主義は最大幸福を実現するために，特定個人を犠牲にすることを許容あるいは正当化するかもしれない．例えば，数万人の観客を満足させるために，剣闘士を見世物として死に追いやることはどうか（サンデル 2011；キムリッカ 2005）．

●**功利主義の応用**　功利主義は，ベンサムの時代から公共政策規範としてさまざまな実践的課題に対して応用されてきた．例えば，最大多数の市民の利益を政治に反映させるため，選挙権の拡大が支持される．ほかにも死刑廃止論，自由貿易論，女性解放論などがベンサムやその周辺の哲学的急進派によって唱えられた．刑務所改革としては，今日でも監視社会の文脈で言及されるパノプティコン（一望監視装置）の提案が知られている（ベンタム 1998）．

　大きな進展を見せたのが経済分野である．20世紀，経済学者のピグー（Pigou, A. C.）は，功利主義の思想と，限界効用逓減の法則という経済学の知見を結びつける中で，功利主義それ自体に再分配の契機が含まれていることを明らかにし，「厚生経済学」という独自の領域を開拓した（ピグウ 1953）．公共政策学において一般的に普及している費用便益分析もまた，遡れば厚生経済学を経由して功利主義の思想に根差している（☞「費用便益分析」）．

　現代に連なる問題として，第1に，動物倫理の問題がある（☞「動物倫理」）．人間と同様，一定の神経系を備えた動物は，快楽や苦痛の感覚をもつことができると考えるのが自然である．人間の効用と動物の効用に垣根を設けることは，性別や人種に基づく差別と同様の種差別と見なされ得る．第2に，人口倫理の問題がある．世界的人口爆発の状況や，先進国における少子化の進展を踏まえ，人口の多寡を規範的に評価する際の指標として，功利主義は不可欠の参照軸となっている．

[松元雅和]

📖**さらに詳しく知るための文献**

デ・ラザリ=ラデク，K. & シンガー，P. 著，森村 進・森村たまき訳 2018．『功利主義とは何か』岩波書店．

リベラリズム

　リベラリズムは，個人の自由の擁護をその基本的主張とし，政府の任務は自由の保障とそのための条件作りにあるとする規範理論の総称である．しかし「自由」は思想史的にも政治的にも多義的な言葉であり，歴史的にもリベラリズムの志向する政治体制や政策的示唆は大きな変遷を経ていることから，その実質的内容には多様な理解の仕方があり得る．歴史的には，リベラリズムはもともと個人に対する政府権力の干渉を制限し政府機能の最小化を志向する政治思想として理解されてきたが，今日リベラリズムとして解される立場は，個人の権利や尊厳の擁護を目的とした積極的な政府行動を正当化するところにその特徴がある．このうち前者の立場を古典的自由主義と呼び，後者の立場を平等主義的リベラリズムと呼ぶ．両者は個人の意志を脅かさぬよう政治権力に抑制的な振る舞いを求める点で共通しているものの，自由をいかに解するか，そして自由を保障するために要請される公共政策は何かという点で立場を大きく異にする．

●**善に対する正の優越**　古典的自由主義と平等主義的リベラリズムの双方に共通してみられるのは，政治哲学において「善に対する正の優越」と呼ばれるテーゼである．これは，政治哲学者ロールズ（Rawls, J.）がリベラリズムの中心的主張として定式化したもので，個人にとっての「善き生」のあり方と社会における「正しさ」は区別しなければならず，政府は個人に特定の「善き生」を押し付けてはならないとするものである．人々はそれぞれ独自の価値観と人生設計を抱いており，誰もがそれに従って生きたいと考えている．政府は特定の生き方を望ましいものとして個人に押し付けないことで，個人は他人に危害を加えない限り自由に自分の「善き生」を追求することができる．特定の誰かにとっての「善さ」が社会における「正しさ」にすり替わってはならず，誰もが政府権力の干渉を受けることなく「善き生」を追求できるのが望ましいというのが，「善に対する正の優越」が意味するところである．具体的には，個人の宗教的信仰への政府の非干渉が挙げられる．どのような宗教を信仰するかは他人に危害を加えないかぎり干渉されるべきでない個人の自由の範疇であり，政府はその内実に踏み込んではならないということである．

●**古典的自由主義と平等主義的リベラリズム**　誰もが特定の「善き生」を押し付けられることなく自分の人生を自由に模索できるのが望ましいのだとすれば，政府はそのためにどのような政策を実施すべきだろうか．古典的自由主義においては一般に「小さな政府」と呼ばれる体制が志向される．政府は治安維持等の社会

の存立に必要な限りの最低限の政策を実施し，それ以外の領域については非干渉を貫くこととなる．経済政策は古典派経済学に則った自由市場論が基調で，貧困や格差といった社会問題の解決のために社会保障政策を実施することも政府の役割とはされない．これらの主張は，もともと古典的自由主義が，勃興した資本家階級のブルジョワジーの利害を，絶対王権や封建主義に抗して代弁するものとして形成されてきたという歴史的経緯に由来しており，そこには無産階級の利害は反映されていない．

　これに対し平等主義的リベラリズムにおいては，政府は社会問題の解決により積極的に関与すべきとされる．ここで求められているのは多様な階層や属性を持った人々のあいだでの自由の「実質化」や「平等化」である．なぜなら，個人が自由に「善き生」を追求するには，その生き方を可能にするような具体的な手立てや環境が必要になるからである．例えば，極度の貧困に陥った個人にとって「善き生」を自由に構想し追求することは不可能ではないにせよ困難である．また，深刻な差別が存在する社会においては，個人の属性により自由な就学や就業が妨げられることによって「善き生」の追求が難しくなることもある．誰もが自由を享受できるような環境整備に政府が責任を持たない限りは，個人の自由は絵に描いた餅にすぎないということである．政策的には，再分配政策による貧困の解消や格差の是正，教育政策の充実や差別の除去による機会均等の保障が要請されることになる．しかし実質的かつ平等な自由の保障にコミットメントすることによって政府の役割や規模が古典的自由主義と比べ必然的に膨張することや，「平等」という別の価値の重視によって「自由」の位置付けがあいまいになっていることなど，注意を要する点も多い．

●多様なる「自由」　平等主義的リベラリズムは福祉国家に哲学的基礎を提供するものとして理解されてきたが，1970年代以降，慢性的な財政赤字による福祉国家の行き詰まりを背景に揺り戻しも見られた．政府の役割の縮小を訴えるネオリベラリズムと呼ばれる思潮の登場は，古典的自由主義の再評価として位置付けることができよう．よりラディカルな自由の擁護を求めるリバタリアニズムや「善に対する正の優越」テーゼに異議を唱えるコミュニタリアニズム，私的領域への不介入を問題視するフェミニズムなど，リベラリズムを厳しく批判する思想的立場も多い．自由という多くの人がその意義を認める価値に依拠しつつ，あらたに提起された社会問題に対応を試みることによって公共政策の議論に大きな影響を及ぼしてきたリベラリズムは，学術的にも実践的にも常に広範な批判にさらされてきた．その議論の応酬は，自由という言葉の多義性と，それを保障するために必要な公共政策についての見解の多様性および不一致を反映している．　　［香月悠希］

📖さらに詳しく知るための文献
橋本 努 2021.『自由原理』岩波書店．

リバタリアニズム

　リバタリアニズム（Libertarianism）とは，政治思想および政治哲学の立場の一つであり，個人の自由と経済的な自由の双方を重視する．右派，左派，社会主義に分けられ，右派リバタリアニズムは私的所有を重視し，古典的自由主義，最小国家論，無政府資本主義等を教義としている．これに対して左派リバタリアニズムは身体所有権と天然資源の共有制を擁護し，リバタリアン社会主義は社会主義運動の影響を受けており，反権威主義的な色合いが濃いとされる．

　その語源は，フランス語の Libertaire である．これは英訳すると Libertarian となり，日本語の定訳はないが，「自由意志論」と訳されることもある．類似の言葉にリベラリズムがあり，両者は似ている点もあるが政策的含意を視野に入れると違いが際立つ（☞「リベラリズム」）．

●**リバタリアニズムの基本姿勢**　リバタリアニズムとリベラリズムのあいだの大きな違いの一つが，福祉国家に対する姿勢である．リベラリズムは一般的に格差の是正には前向きで，そのためにさまざまな行政サービスの実施を前提とする．したがって，リベラリズムが提示するのは，高福祉・高負担の「大きな政府」となることが多い（☞「福祉国家」）．

　これに対してリバタリアニズムは，政府の積極的な市場への介入や高福祉に資する政策に否定的な立場をとる．リバタリアニズムの考えでは，高い税金を納めることによって，格差が縮小した理想的な社会に到達できるとの発想は，あたかも政府が万能であるかのように捉えた誤謬である．よって，リバタリアニズムが基本的に目指すのは，政府の介入をなるべく少なくした「小さな政府」の樹立，あるいは，政府の廃止である．ただし，政府の役割をどの程度，許容するかは論者によってバラつきがある．

●**リバタリアニズムにおける「自由」の根拠**　リバタリアニズムは，立場の違いこそあれ，「自由」を最上の価値としているが，その根拠に関しても違いが見受けられる．

　例えば，リバタリアニズムの代表的な論者の一人に，ノージック（Nozick, R.）がいる．彼の主著『アナーキー・国家・ユートピア』は，福祉国家が道徳的に許されるのかという視点で論じられている．ノージックは各人の権利が不可侵なものであるのを前提とし，種々の介入によってそれを侵犯する福祉国家は許容できないとする，義務論的な論陣を展開する（足立 1991）．

　これに対して，自由がもたらす結果に価値を見出す立場もある．ハイエク（Hayek, F.）らの議論が比較的，これに近い．この考えによれば，自由を守らない

といけない理由は、それが社会の繁栄に資するからである。このロジックは言うなれば、帰結主義の観点から「自由」を擁護するものだと解せる（佐野 2010）（☞「功利主義」「政策規範とは何か」「政策規範の役割」）.

これら二つの主張はどちらも、小さな政府を目指すプロジェクトに繋がる点では同じだが、その正当化の根拠が異なっていることに注意が必要である。また、ロスバード（Rothbard, M.）のように、本質主義的な自己所有権に依拠した無政府資本主義（後述）を提唱する立場もある.

●**政治運動としてのリバタリアニズム**　リバタリアニズムが存在感を発揮している国の一つが米国である。米国におけるリバタリアニズムは、従来の左右の枠組みでは捉えるのが難しい。例えば、リベラルのように同性婚には賛成するが、保守のように社会保障費の増額、銃規制には反対する。これらはいずれも、社会における政府権力の介入を極限まで排除し、個々人の自由を最大化させようとするテーゼから導出される方針である（渡辺 2019）.

米国のリバタリアニズムは、単なる学問的な立場にとどまらず、政治運動として発展してきた.

●**無政府資本主義**　リバタリアニズムは多様な立場を擁する政治的立場であるが、中でも極端な論調を掲げることで知られているのが、無政府資本主義（アナルコ・キャピタリズム）である。無政府資本主義は右派リバタリアニズムの立場の一つである。この立場によれば、警察行政や裁判といった、これまで政府に任せることが常識と思われていたサービスでさえも、民営化できるし、すべきだと主張する。この考えの下で重視されるのが、私法に基づく契約関係である。あらゆる経済社会活動がこうした契約の関係に還元されれば、政府の独占状態にある、あらゆるサービスに競争原理が働く。このことにより、サービスの質の向上が期待されるほか、フリーライダー問題も解決される。何より、税金の徴収という個々人の財産権を著しく侵害する行為を廃絶できるのである.

一見すると、リバタリアニズムの議論の立て方は、公共政策そのものの廃絶にすら行き着く過激なものだが、どこまでの領域を政府に任せるのか、政府の役割とは一体何かを問い直す手がかりとして重要な貢献をなしうることも明らかである。リバタリアニズムの思想的系譜を読み解くと、そこには政府が行使する権力を、われわれはどこまで許容すべきなのかという、公共政策の根本にも関わる重要な論点が見出される。財政赤字を抱える中での公共政策を考えるにあたって、リバタリアニズムの思想と哲学がなし得る貢献は、いくら強調してもしすぎることはない（☞「財政赤字」）.　　　　　　　　　　　　　　　　　　　　　　［杉谷和哉・前川範行］

📖さらに詳しく知るための文献
足立幸男 1991.『政策と価値』ミネルヴァ書房.
渡辺 靖 2019.『リバタリアニズム』中公新書.
森村 進 2001.『自由はどこまで可能か』講談社現代新書.

コミュニタリアニズム

コミュニタリアニズム（Communitarianism）と呼ばれる主張には，大きく二つの立場が存在する．第1に，哲学的コミュニタリアニズムと呼ばれる，学問上の主張である．サンデル（Sandel, M.），マッキンタイア（MacIntyre, A.），テイラー（Taylor, C.），ウォルツァー（Walzer, M.）の4人が代表的論者とされる．第2に，コミュニティの政治的・道徳的価値を称揚し，個人主義を批判する政治運動である．政治的コミュニタリアニズムと呼ばれる．

両者は重なりや影響関係をもちつつも，主張や関心の相違も大きい．さらに，哲学的コミュニタリアンと政治的コミュニタリアンそれぞれの内実も多様で論者間の違いも無視できない．

●**哲学的コミュニタリアニズム**　哲学的コミュニタリアニズムが脚光を浴びたのは，1971年にロールズ（Rawls, J.）が発表した『正義論』への批判においてである．そうした批判の代表は，『正義論』の議論の中心をなす人格観は，抽象的で社会との繋がりをもたない非現実的なものである，という主張であった（サンデル2009）．サンデルは，正義の理論は，「位置づけられた自己（situated self）」という社会的に構成される自己のモデルをもとに擁護されなければならないと主張した．

ただし，上記の自己にかかわる批判をとっても，4人の立場は同一ではない．サンデルとマッキンタイアは批判内容では軌を一にしつつも依拠する哲学的立場を異にし，ウォルツァーはそもそも自己についての批判を展開しない，といった具合である．4人のコミュニタリアンに認められるのは，複数の特徴を部分的に共有する「家族的類似性」である，とまとめられる（ムルホール＆スウィフト2007）．

なお，サンデルは，以上の批判とその後の論争の結果，ロールズはその後の著作でリベラリズムの擁護方法を変化させたとしたが，近年のロールズ研究はそうした見方に否定的である（井上2024）．

●**政治的コミュニタリアニズム**　以上は，基本的には政治理論の方法論に関わる議論であり，「コミュニティ」の内実や機能，その政策的含意についての議論ではない．そうした議論を展開したのが，政治的コミュニタリアニズムである．

政治的コミュニタリアニズムとは，エツィオーニ（Etzioni, A.）によって主導された，コミュニティとそこにおける共通善を強調し，それと「バランスをとる」形で個人の自由・権利の相対化を目指す運動である．1993年に「応答するコミュニタリアン綱領（The Responsive Communitarian Platform）」がまとめられ，支持者による署名がなされた．応答性（responsiveness）とはニーズや責務に応答す

る能力を指し，コミュニティを，そうした能力を備える関係として再建する志向を反映した言葉である．

政治的コミュニタリアニズムもその内実は多様である．上記綱領の支持者は，第1にベラー（Bellah, R.）ら社会の個人主義的傾向を批判する文化批評，第2にバーバー（Barber, B.）ら共和主義を支持する観点からのリベラリズム批判，第3にエツィオーニ自身が提唱する社会的責任を強調し個人主義を相対化する運動，に大別できる（中野 2007）．なお，哲学的コミュニタリアンは4人とも綱領に署名しておらず，中には明示的に距離を置く論者も存在する．とはいえ，共和主義を支持するサンデルに上記第2の立場との親近性が認められるように，綱領と類似の主張をする者や共感を表明する者がいないわけではない．

●コミュニタリアニズムの政策　エツィオーニの問題意識は，米国社会に蔓延する利己主義と貪欲さ，それに対抗する道徳的価値の必要性にある（エツィオーニ 2001）．共通善はコミュニティに共通目標を与えるものであり，同時に，共通目標のひとつでもある．具体的には，家族の再建やコミュニティにおける道徳教育，相互扶助やボランティア活動の奨励といった「コミュニティの再建」が求められる．

こうした発想に基づく政策提案は，国・地域を問わず広く観察することができる．日本においても，家族的紐帯の再構築，地縁組織による相互扶助の回復，地域ボランティアなどが称揚されることは珍しくない．経済成長の鈍化や財政制約を受け，教育・福祉・消防などへの補完的役割がコミュニティに期待されることも多い．それらに弱体化するコミュニティへの再生支援が組み合わされるとき，コミュニタリアニズムが支持する政策に近いものとなる（井手 2018）．

●個人の権利とコミュニティの共通善　エツィオーニの政治的コミュニタリアニズムは，コミュニティの共通善を個人の権利に優先させる構えをとる．ただし，念頭におかれるのは抑圧性・階層性のない「目標としてのコミュニティ」であり，われわれの社会に存在する「伝統的コミュニティ」ではない．加えて，コミュニティの求める価値であっても，憲法などに基づく価値判断に服すなど，リベラルな個人主義の制約を受ける（エツィオーニ 2001）．

とはいえ，ある価値が憲法とコミュニティのいずれの管轄に属すかは道徳的対話に委ねられるともされる．つまり，「対話」の結果次第で，コミュニティでの実践はリベラルにも非リベラルにもなりうる．このことは，コミュニタリアニズムの政策的含意を曖昧化すると同時に，それが個人の権利を脅かすものに転化する可能性を原理的に否定できないことも意味する（奥田 2018）．　　　　［奥田 恒］

📖さらに詳しく知るための文献
井手英策 2018.『富山は日本のスウェーデン』集英社新書.
菊池理夫 2011.『共通善の政治学』勁草書房.
ムルホール, S.＆スウィフト, A. 著, 谷澤正嗣・飯島昇藏訳者代表 2007.『リベラル・コミュニタリアン論争』勁草書房.

卓越主義

　卓越主義（perfectionism）とは，何らかの人間性を想定し，その実現に取り組む生こそが善き生であるという倫理理論である．また，卓越主義は政治理論および政策規範でもある．そこでは，政府は各人の卓越を促すことで，各人の善き生の実現に責任をもつべきであると主張される．こうした卓越主義はアリストテレス（Aristotle）に始まり，アクィナス（Aquinas, T.），ヘーゲル（Hegel, G. W. F.），マルクス（Marx, K.），さらにはニーチェ（Nietzsche, F. W.）といったさまざまな思想家の著作にも見出すことができる．

　卓越とは，すぐれて人間性が実現された状態を意味する．すぐれて人間性が実現された状態について，さまざまな考え方が示されてきた．他方で，それは単なる個人的な趣味や好みを超えた人間にとっての客観的な善であるという了解がある（Hurka 1993）．こうした了解に基づき，身体的，理性的，および実践的卓越といった類型が示されている（*Ibid.*）．また，アリストテレスや孔子が唱えたように，善い性格を涵養し，個々の場面でふさわしい行為をとるという道徳的な意味での卓越も挙げられる．これらの卓越に至るための活動として，スポーツ，芸術および学問等の価値が認められることになる．

　政府には，各人による卓越を促進するためのさまざまな働きが期待される．まず，政府は卓越の実現に資する活動を決める必要がある．実際に，ほとんどの政府は法律，予算および計画等の政策を策定し，そこにおいてスポーツ，芸術および学問の価値を認めている．つぎに，政府は政策を通じて各人による卓越の追求を促す．理論的には，政府が各人に卓越を強制する手段も考えられるが，ほとんどの卓越主義者は非強制的手段を提言し，実際の政策においてもそちらが採用されている．非強制的な手段として，広報・教育・PRを通じた説得的手段，および文化施設の設置運営やイベントの開催を中心とする卓越の機会の提供がある．

　実際の政策を検討してみよう．例えば，政府は義務教育における国語，音楽，道徳および体育等の授業を通じて，子どもたちにさまざまな善に触れさせ，将来的な卓越の実現に向けた能力を向上させている．また，政府は歴史的に価値のある伝統文化を助成したり，図書館，美術館，博物館および運動施設を設置運営したり，芸術祭やスポーツイベントを主催したりすることを通じて，各人が卓越を追求する機会を提供する．

●**卓越主義をめぐる批判と反論**　卓越主義的な政策が実施されている一方で，その理論は自由主義からの批判を受けてきた．自由主義では，各人が自分自身で善

き生を構想し，その実現に取り組むことが望ましいと考えられる．したがって，自由主義者は政府が卓越を定義し，各人の卓越を促すという考え方にさまざまな批判を投げかけてきた．代表的な批判として，善の強制および国家の中立性の問題がある．

善の強制とは，卓越主義的な政策によって，そこで採用された善を望まない者もその善の実現を強制されてしまうという問題である．確かに，スポーツが嫌いな人や伝統芸能に興味のない人に対する押し付けは望ましくないであろう．しかし，上述のように，ほとんどの卓越主義者は強制が有害であることを認めており，実際の政策でも非強制的な手段が主流となっている．また，健康を客観的な善に定め，各人にその機会を保障しようとすると，結果として，喫煙が難しくなるという間接的な強制の問題もありうる．しかし，あらゆる政策においてそうした副次効果は想定されるため，卓越主義への批判にはなりえないとされる（大澤 2021）．

国家の中立性とは，政府はさまざまな善に対して一定の距離を取らなければならず，特定の善の実現に肩入れしてはならないという批判である．これに対して，自由主義国の内部においても体制に反対する主張があり，自由主義的ではない体制の国家も存在する以上，自由主義的な価値観も結局は一つの価値観であり，中立的になり得ないと反論できる．また，卓越に向けた説得および機会の提供といった非強制的手段による善の促進までをも国家の中立性によって否定することはかえって望ましくないのではないかという立場からの反論も紹介されている（佐野 2010）．

●**政策規範としての卓越主義**　こうした批判もあるが，卓越主義には二つの意義がある．第1に，卓越主義により，市民に特定の活動を奨励する政策の意義を説明できる．多くの人は，スポーツ，芸術および学問等に打ち込み，人間的に成長することにより，善い人生を送るという価値を直観的に認め，政府がそうした機会を提供することは望ましいと考えるであろう．現に，そうした考えに基づいて政策が立案され実施されている．卓越主義は，こうした直観および現実に対して体系的な説明の枠組みを提供する．

第2に，政策に対し，人間性の観点から評価する基準を提供する．新自由主義が浸透することで，モノや活動の価値を図る際に経済的な観点が重視されるようになった．政策の立案および評価の場においても同様である．しかし，効率性を代表とする経済的価値は人間性を構成する諸価値と抵触するおそれがある．例えば，効率性の観点から，学術および芸術等に関係する行事への助成が打ち切られることがある．卓越主義はこうした政策に対して人間性の観点から批判的に検討する際の視点を提供する．　　　　　　　　　　　　　　　　　　　　　［鏡　圭佑］

📖さらに詳しく知るための文献

大澤　津 2021．規範の役割．佐野　亘ほか『政策と規範』ミネルヴァ書房．

佐野　亘 2010．『公共政策規範』ミネルヴァ書房．

Hurka, T. 1993. *Perfectionism*. Oxford University Press.

フェミニズム

　フェミニズムとは，女性に対する差別や抑圧を取り払い，低く抑えられていた社会的地位を向上させ，自ら生き方を選択できるようにすることを目指して展開されてきた思想ならびに運動である．この取組みが必要なのは，政治や経済等の公的領域でも，家庭や「恋愛」等の私的領域でも，女性を男性よりも相対的に劣位な立場におく仕組みが存在してきたからである．なお最後に述べるように，現代のフェミニズムには，より多様な性や立場を包摂するための展開がみられる．

●第一波フェミニズム　フェミニズムの歴史には大きく二つの波がある．最初の波は，婦人参政権等の獲得をめざす第一波フェミニズムである．フェミニズムの始まりは歴史的には 18 世紀にまでさかのぼることができるが，第一波フェミニズムは，一般的には 19 世紀後半から 20 世紀前半の理論や運動を指す（辻村ほか 2021）．近代市民革命を経験したヨーロッパやアメリカにおいてなお女性は，政治参加者かつ価値ある意見の発出者たる「市民」として認められていなかったため，「市民」としての権利を求める思想や運動が展開された．1790 年代初頭を中心とするフランスのグージュ（de Gouges, O.），イギリスのウルストンクラフト（Wollstonecraft, M.）らの活躍は，第一波フェミニズムの礎となった．19 世紀半ば以降には，アメリカのスタントン（Stanton, E. C.）やイギリスのミル（Mill, J. S.）等の運動家や思想家らによって，女性の権利や自立が主張された．フェミニズムは社会主義の思想や運動としても展開された．中でもロシアのコロンタイ（Kollontai, A.）は現代でも政治争点となる人工妊娠中絶について論じたことで知られる（江原 2013；辻村ほか 2021）．日本にフェミニズムの第一波が到達したのは 19 世紀の末であり，20 世紀に入り『青鞜』を創刊した平塚らいてう，婦人参政権獲得運動を進めた市川房枝，社会主義を掲げる山川菊栄らが活躍した．しかしまもなく日本は戦時下となり，日本では参政権の男女平等の達成は戦後になされることになる（井上 2021）．

●第二波フェミニズム　第二次大戦後，すでに先進諸国では選挙権等の基本的な権利は男女平等なものとなっていたが，女性の社会的地位は高まらなかった．その背景には，公的領域から意識的ないし無意識的に女性を排除し，性別役割分業につなげる近代家族（落合 2022）をモデルとした文化や政策等，ジェンダーの問題も存在した．そのため，それらの抑圧的な構造から女性を解放することが目指された．フランスではボーヴォワール（de Beauvoir, S.）が，女性が「女として生まれるのではなく，女になるのだ」と指摘し，アメリカではフリーダン（Friedan,

B.）が，郊外に暮らす専業主婦の葛藤から性別分業を批判した．これまでのフェミニズムの支えでもあった近代の啓蒙思想等の問い直しも行われた．第二波フェミニズムは，1960年代後半以降に起こった思想や運動であり，いくつかの立場がある．主なものを挙げると，ラディカル・フェミニズムでは家父長制と性支配が告発され，「個人的なことは政治的なこと」とのスローガンが掲げられた．社会主義思想の流れに位置付けられるマルクス主義フェミニズムでは，家父長制批判や，家事を「労働」として捉える視点やアンペイド・ワーク（不払い労働）であることへの指摘がなされた．ポストモダン・フェミニズムでは，理性を重んじる近代思想が，実際には女性を劣位におく抑圧性をもっていることへの批判がなされた．

●**政策との関係**　第一波フェミニズムは女性の選挙権や財産権，教育を受ける権利や健康に関する権利の確立に繋がった．戦後の日本では国内の女性指導者たちとGHQの女性職員たちがゆるやかなネットワークを形成し，男女平等のための政策を推進し始めた（井上2021）．1946年に行われた戦後初めての総選挙からは女性も参政権を行使し，当選者も輩出され，政治や政策の場でも活躍するようになった．第二波フェミニズムが起こった1960年代以降では，国連が1976年から1985年を「国連女性の十年」に定め，1979年には女性差別撤廃条約を採択し（日本の締結は1985年），各国での取り組みを後押しした．わが国では男女雇用機会均等法や育児休業法，介護保険法，男女共同参画社会基本法，DV防止法等の法や制度が成立した．一方で1970年代の優生保護法の改正案に対しては，中絶の権利を制限するとして反対運動が展開された．組織面では旧来の組織が格上げされる形で2001年に男女共同参画会議や内閣府男女共同参画局が成立した．自治体でも男女共同参画に関する条例や計画の策定，事業の実施がなされてきた．働く場では女性の登用が促進される一方で，子育て等のケア領域への男性の参画も促されている．他方，残る課題も多い．議員や指導的立場での女性割合は低い一方，女性の不安定雇用や就労抑制は目立ち，シングルマザーの貧困率は際立つ．女性に対する暴力やハラスメントへの対策も引き続き必要である．なおこれら取組みに対するフェミニズムにおける評価は，必ずしも画一的ではない．

●**フェミニズムの新たな展開**　フェミニズムは時代とともに進化する．第二波フェミニズム以降，レズビアンを含むセクシャリティや人種，エスニシティ，宗教，社会階層等の多様性への関心が高まってきた．また，運動の手段としてSNSが活用されるようにもなった．手段の多様化や議論の展開とともに，フェミニズムは第三波，第四波の到来も指摘されている．　　　　　　　　　　　　［安藤加菜子］

📖さらに詳しく知るための文献
江原由美子 2022．『持続するフェミニズムのために』有斐閣．
マッケン，H. ほか著，最所篤子・福井久美子訳 2020．『フェミニズム大図鑑』三省堂．

多文化主義

　多文化主義（multiculturalism）とは，政府はひとつの社会の中に複数の文化的集団が存在することを認識し，それらの文化および文化的実践の存続に寄与する政策を推進すべきとする思想的立場である．公式文書での言葉としては，1960年代のカナダではじめて用いられ，同国のほか，オーストラリア・スウェーデン・イギリスなどで，国内の文化的少数派に対する保護，支援，特権の付与のかたちで積極的に推進された（松元 2009；2017）．日本においても，在日コリアンや先住民族のアイヌの人々は多文化主義が想定する文化的少数派といえる．

　理論的には，1980年代までの多文化主義論はリベラルな個人主義に批判的な立場と捉えられていた．それに対し，文化的少数派の要求はリベラルな個人主義と対立するわけではないとの論陣を張ったのが，キムリッカ（Kymkicka, W.）である．それ以降，リベラルな多文化主義（liberal multiculturalism）と呼ばれる，リベラリズムと整合的なかたちの多文化主義が哲学的・政策的論争の中心となった．

●**多文化主義の政策的要求**　レヴィ（Lavy, J.）による多文化主義的政策のリストを概観し，政策が多岐にわたることを確認する（以下，松元 2007 を簡略化）．

①免除（exemptions）：少数派集団の文化的実践に不利をもたらす法律・規制を，その集団の構成員には適用免除すること．

②支援（assistance）：言語や文化の維持・少数派集団の社会的地位の向上のため，教育・就職などに財政的支援や積極的差別是正措置を行うこと．

③自治（self-government）：少数派集団に対し，特定地域内での自治権を付与すること．

④外的規制（external rules）：少数派集団に属さない人々の自由・権利を制限すること．

⑤内的規制（internal rules）：少数派集団に属する人々の自由・権利を制限すること．

⑥承認／施行（recognition/enforcement）：少数派集団による，その伝統的な法律や規則体系の維持・施行を承認すること．

⑦代表（representation）：議会や裁判所で少数派集団の代表者枠を保障すること．

⑧シンボル的要求（symbolic claims）：少数派文化の旗・祭日・歴史について公的に認知し周知すること．

　以上のリストの中には，リベラルな個人主義と整合的な提案もあれば，その原則に反する政策もある．リベラルな多文化主義は，両者を区別する基準を提供する．

●**政府の中立性とキムリッカの多文化主義**　具体的な文化的少数派への対応として，キムリッカは，外的保護（external protection）と内的制約（internal restrictions）を区別し，前者の正当化・後者の拒否を提案した（キムリッカ 1998）．外的保護とは，文化的集団は外部から保護される権利を有するという考えである．構成員の選択の自由に反しない外的保護は「良い集団的権利」として認められる．それに対し，内的制約は，文化的集団が構成員の自由・権利を制限する考えである．これはリベラリズムの原則に反する「悪い集団的権利」であり認められない．

　また，キムリッカは文化的集団を，ナショナルな少数派（national minorities）とエスニック集団（ethnic groups）に分け区別する（キムリッカ 1998）．前者は国民建設（nation building）以前からその地域に集住し社会をつくりあげていた集団であり，カナダにおけるフランス系住民や先住民が該当する．後者は，正規移民のような，点在する移民集団への緩やかな文化的紐帯を維持する人々を指す．キムリッカは保護すべき文化的集団として主にこの二者を想定し，特にナショナルな少数派には，リベラルな制約内での国民建設を含む十全な集団的権利保護を認める．

●少数派集団をどう捉えるか　キムリッカは議論の中心に位置してきた論者であり，批判も多い．ここでは，少数派集団の捉え方について2点の批判を紹介する．

　第1に，保護の対象として想定される文化集団が狭いことが指摘される（河村 2020）．キムリッカが捉えようとする少数派はナショナルな少数派とエスニック集団という，集住や共通言語など一定の条件を満たす凝集性の高い集団である．しかし，多文化主義的政策が問題となる集団には，こうした条件をかならずしも満たさない短期滞在労働者，非正規移民，難民といった人々も存在する．

　第2に，少数派集団内部の少数派の問題がある．キムリッカは文化的少数派集団を比較的同質性の高いものとして捉える（河村 2020）．これに対しオーキン（Okin, S.）は，同質性の高い集団を念頭におく集団的権利論は，女性や子どものような集団内で抑圧されやすい人々の境遇を見逃す可能性があると批判した．例として，女性に不利な結婚・離婚の仕組みや教育を阻害するような慣習が挙げられる．キムリッカが少数派集団の内的制約を認めないとはいえ，その方針の下で集団内少数派を保護するための具体的政策内容はなお問われ得る．

　以上の問題は，キムリッカが「凝集性の高い文化的集団」の「権利要求を画一的に判断」することに由来するとされる．それに対し，パッテン（Patten, A.）や河村真実は「より流動的で極めて多様な文化集団」の「多様な権利要求について柔軟に国家が個別的な判断を下す」方針を擁護する（河村 2020）．いずれにせよ，少数派集団の状況を理解し対応方針を探る，理論的・経験的研究とそれに基づく政策的構想が求められる．　　　　　　　　　　　　　　　　　　　　　[奥田　恒]

📖さらに詳しく知るための文献

河村真実 2020. 「平等な承認」はリベラルな多文化主義を救えるのか. 政治思想研究 20：329-358.

キムリッカ, W. 著, 千葉　眞・岡﨑晴輝訳 2005. 多文化主義. 同『現代政治理論』日本経済評論社.

松元雅和 2007. 『リベラルな多文化主義』慶應義塾大学出版会.

価値多元論／一元論

　私たちが見出す価値は一様ではない．自由も，平等も，富裕も，安全も，それらの各々が独自の重要性をもっている．しかしながら，人々の希望や欲求に対して，必要な資源はほとんど常に希少であり，すべて同時に実現されるとは限らない．すると，ある価値の損失は別の価値の実現によって埋め合わせられるのかという問いが生じる．この問いにそれぞれ肯定的・否定的に答えるのが価値一元論と価値多元論である．

●**価値一元論**　価値一元論とは，一見したところ異なった複数の価値は何らかの基底的価値に還元されるという考え方である．複数の価値は最終的に単一の価値によって支えられており，その実現を促進するための道具的意味しかもたない．価値一元論の利点は，選択の良し悪しを基底的価値の多寡という一元的尺度から評価することで，複数の価値の比較が容易になることである．

　ベンサム（Bentham, J.）型の功利主義（☞「功利主義」）は価値一元論である．功利主義者は，厚生主義の観点から，快楽と苦痛によって構成される幸福ないし効用に注目し，この共通通貨に基づいて，あらゆる価値の置換可能性を主張する．効用一元論の観点からは，例えば，自由であることも効用の一種であるし，平等であることも効用の一種である．

　価値一元論には，価値の固有性が捨象されるという批判が向けられる．それは，あらゆる価値を基底的価値の観点から説明しなおすことで，価値の多元性それ自体を定義的に回避しているのかもしれない．また，最善の選択をなしたにもかかわらず抱かれる事後的な後悔の問題や，最善の選択があるはずなのに選択できないというアクラシア（意志の弱さ）の問題も適切に捉えることができない．

●**価値多元論**　価値多元論とは，この世界には複数の価値があり，単一の価値に還元できない独自性をもつという考え方である．諸価値はそれぞれが内在的重要性を備えており，たとえ何らかの選択によってある価値が実現されたとしても，別の価値の損失を完全に埋め合わせることはできない．こうしてある選択に伴う価値の損失は，個人内でも個人間でも生じうる．

　価値多元論はしばしば通約不可能性を伴う．二つの価値が通約不可能であるとは，それらを比較する共通の基準がないということである．ただし，この基準は基数的にも序数的にも理解できる．価値一元論は二つの価値を比較する基数的基準を要求する．それに対して，二つの価値を比較する序数的基準がある場合，順序づけによる比較は可能である．こうした比較可能性を認めることは，価値多元

論と必ずしも矛盾しない.

　価値多元論には,意思決定が恣意的になるという批判が向けられる.とりわけ,通約不可能性が比較の序数的基準の存在すら否定する比較不可能性を意味する場合,複数の価値のあいだで,その優先順位を設定する際に決め手となる理性的判断材料は存在しないように見える.ともすれば,価値多元論は「何でもあり」という相対主義や主観主義の結論を招いてしまうのではないか.

●トレードオフ　そこで,一見したところの価値の多様性に際して,理性的選択を可能にする比較の基準を考えてみよう.第一の方法はトレードオフである.それは諸価値を相互に比較可能なものと捉え,絶対的な優先順位を設けない.一般に,ある価値が十分に実現されればされるほど,その価値の緊急性は減少する(限界効用が低減する)ため,諸価値の比較は最善の一点を指し示すよりも,諸々の実行可能性の制約の中で無差別曲線を描くことになる.

　諸価値を比較する何らかの基数的基準があれば,トレードオフを通じた最善の選択を示し得る.最も汎用性が高いのは貨幣だろう.これは,費用便益分析(☞「費用便益分析」)における評価基準として,「支払意思額」が標準的に用いられることにも反映されている.ある価値を実現するために各人がどの程度の金銭を負担する意思があるかどうかによって,当人がその対象に抱く価値の重みづけの指標とすることができる(ポズナー 1991).

●レキシカルオーダー　第二の方法はレキシカルオーダー(辞書的序列)である.これは辞書の用語配列との類比から,価値の相対的な実現度合いに関わりなく,ある価値が完全に実現されるまで,別の価値の実現に移らないという方法である.レキシカルオーダーは,ある価値の大小が別の価値の大小によって影響を受けるとは考えない.ある価値が別の価値に対してもつ優先順位は絶対的である(ロールズ 2010).

　公共政策規範として,この絶対性を保証するために訴えられるのが「切り札」としての権利である(ドゥウォーキン 2003).権利は,主体が対象に対して与える価値が辞書的に優先されることを確立するために要請される.とはいえ,価値と同様に権利も複数存在し,互いに衝突しうるため,権利間の優先順位をどう設けるかという問題は残る.

　今日の社会は,一方でグローバル化の進展,他方で国内での権利意識の高まりといった状況により,宗教や文化を含む人々の価値観はますます多様化している.こうしたなか,公共政策の基礎として,価値の多元性に向き合うための原理的思考枠組みを備えることが必要かつ有益となろう.　　　　　　[松元雅和]

📖さらに詳しく知るための文献

足立幸男 1991.『政策と価値』ミネルヴァ書房.

オニール,J. 著,金谷佳一訳 2011.『エコロジーの政策と政治』みすず書房.

トゥールミン・モデル

　政策形成は論理的に進められるべきとする声がよく聞かれる．例えば，近年注目されている EBPM では，政策案の論理的導出の前提としてエビデンスの活用が要求される．政策形成に数学的解法のような論理性を求めることは可能なのか．この問いの検討に重要な示唆を与えるのが，トゥールミン・モデルである．

●**政策議論における論理性**　政策議論が論理的に展開されれば，対立する意見は一つにまとまるのか．この問いに肯定的に答えるとき，そこには論理必然性が想定されている．ある結論の導出が必然となるのは，例えば「集合 P に含まれるすべての要素は集合 Q に含まれる」と「X は集合 P に含まれる要素である」という前提から「X は集合 Q に含まれる要素である」と結論づける場合である．ここに論理必然性の少なくとも二つの条件が見出される．第 1 の条件は，全称命題を含む前提の存在である．ある集合を構成するすべての要素に該当する性質を示す前提が必要となる．第 2 に，議論に登場するすべての概念は一義的でなければならない．議論に参加するアクターは各概念の定義を共有していることが求められる．

　これらの条件が政策議論において満たされることは不可能に近い（松田 2016）．全称命題については，政策議論で扱われる社会現象を法則的に捉えることの難しさを認識する必要がある．確率という概念が計量分析で強調されることからも示唆されるように，政策議論は一般的傾向を述べるにとどまらざるを得ない．概念の一義性については，データ解釈や価値判断等の多様性を踏まえなくてはならない．実証的な議論では一つの概念をめぐって多様な操作化があり得る一方で，規範的な議論では自由や平等といった価値の定義は多様である．したがって，政策議論における概念について，社会共通の定義の想定は難しいのである．

　こうした論理必然な政策議論の非現実性を踏まえて強調されるべきは，異なる政策議論の社会的有用性を評価するための視点の探究である（足立 1984）．その一つの視点を，トゥールミン・モデルは提唱する（トゥールミン 2011）．

●**議論の構造からみる論理性**　トゥールミン・モデルが強調するのは，論理必然性ではなく，日常の議論における蓋然性である．蓋然性は政策議論にも当てはまる重要な特徴であることから，今日ではこのモデルは政策議論の検証や改善に向けて活用されている．

　トゥールミン・モデルは，議論の構造を図 1 のように六つの要素に分解する．政策の提言や評価のような主張（C）は，何かしらのデータ（D）と，そのデータ

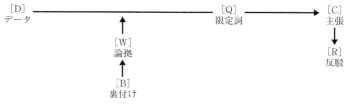

図1 トゥールミン・モデルの6要素

の解釈のあり方を示す論拠（W）とともに提案される．しかしながら，蓋然性が避けられない政策議論では，この主張とデータ・論拠との関係性は必然とは限らない．例えば，あるウイルスの感染状況を示すデータから特定の政策案が必然的に導出されることは皆無である．なぜなら，データの選択やそのデータの解釈等の基準は多様であり，政策案提示のプロセスには主観的判断が伴うからである．そこで鍵となるのが，このプロセスにおける解釈の多様性や主観性を析出することである．具体的には，主張の蓋然性の程度（Q），議論の想定を覆す条件（R），データを論拠で示されたように解釈することの理由（B）の明示化である．

　主張とそれを支えるデータと論拠に加えて，限定詞，反駁，論拠を通じて議論の想定や前提が顕在化されることによって，自らの議論の構造が明らかになり，その議論の蓋然性の検討が促される．この検討はさまざまな議論の内容や形式に適用可能であり，それゆえ異なる政策議論の比較に繋がる（Dunn 1994；足立 1984）．また，トゥールミン・モデルは自説の検討にとどまらず，他者の議論の分析にも寄与する．このモデルを通じて精緻化された多様な政策議論が提案されれば，政策案の検討および選択はより建設的なものとなることが期待される．

●**論理性から合意形成へ**　こうしたトゥールミン・モデルの有用性の一方で，このモデルの活用が政策をめぐる対立の解消に繋がるとは限らないことに留意する必要がある（松田 2012a）．このモデルによって自己理解や相互理解が促され得るとはいえ，その理解の到達点は互いの裏づけの対立，すなわち互いの価値観の溝を認識することにとどまる可能性が高い．その意味で，トゥールミン・モデルに期待されるのは，政策をめぐる対立の克服に向けた出発点の役割である．では，その出発点からいかにして合意形成に到達できるのか．合意形成の観点からの政策議論の論理性の探究は，政策形成とデモクラシーとの結び付けに大きく貢献するであろう．

[松田憲忠]

📖 **さらに詳しく知るための文献**

足立幸男 1984．『議論の論理』木鐸社．
松田憲忠 2012．トゥールミンの「議論の技法－トゥールミン・モデル」．岩崎正洋編著『政策過程の理論分析』三和書籍．

価値の指標化

　公共政策は何らかの価値を実現するために存在する．例えば自由や平等，環境保護や社会の安全などである．だが，政策を実現することで実際にどの程度そうした価値が実現できたのか，その大きさを具体的に測定することは意外と難しい．例えば，自由や平等といった価値が，ある政策によってどの程度増加（減少）したのかを数字を用いて示すのは難しそうである．ある政策によってある価値がどの程度実現できたかをできるだけ正確に測定・表示する必要がある．ここでは，こうした価値の測定・表示のことを価値の指標化と呼ぼう．このような指標化は，政策の効果を検証したり評価したりするにあたって，極めて重要である．このような指標が存在しなければ，そもそもどれだけ正の価値が実現し，負の価値が減少したのか分からないからである．多くの場合，経済効果のような数値化しやすい価値ばかりが目立ち，優先されやすい．そのため，一般に数値で捉えられない価値についても数値化しておいたほうがよいといえる．

●**代理指標とその注意点**　ただし，こうした価値の指標化はなかなか難しく，現実にはしばしば代理指標が用いられる．例えば，社会の安全度そのものを測定することは難しいため，犯罪件数や犯罪率を用いたり，あるいは主観的な安心度について住民にアンケート調査を行ったり，ということが多い．

　ただ，こうした指標は代理的なものが多く，価値そのものを表わしているわけではない．できるだけ正確に価値を測定したいのであれば，代理指標を用いるにしても，複数の指標を適切に組み合わせるなどの工夫が必要になる．

　例えば，かつてはGDPが概ね国民の幸福度を示すものと捉えられていたが，最近ではそれでは不十分であると指摘されることが多い．そのため例えば国民の幸福度をアンケート調査によって測定し，その結果を政策立案に活用したり，幸福に寄与しそうな客観的な条件を点数化して客観的な幸福度を測定したりする試みもある．またGDPでは適切に反映されない生産的活動（家事や育児，ボランティアなど）を参入し，同時にGDPにはカウントしないほうがよい要素（環境破壊に伴う余分な出費など）を引く，GPI（真の進歩指標）と呼ばれる指標も提案されている．また特に環境への影響を重視した指標としてはグリーンGDPと呼ばれるものも存在する．

　さらには，幸福などではなく，ケイパビリティの実現を重視する立場から，収入以外に健康や教育，ジェンダー平等の観点を取り入れたHDI（人間開発指数）という指標も開発されている．これは実際に開発途上国支援などにおいても用い

られており，国連の報告書などで発表されている．

●**平等と自由の指標化**　こうした社会全体の幸福のようなものばかりでなく，平等や自由についても指標化の努力がなされてきた．例えば経済的な平等度についてはジニ係数が有名である．これは，完全な平等状態を0として1に近づくほど不平等度が大きくなることを示すものである．ほかにも，国ごとに特定の「貧困線」を算出し，その貧困線を下回る人々が国民全体のうちのどの程度を占めるかを算出する，といった試みも存在する．貧困線の算出の仕方はさまざまだが，例えば最低限の生活に必要な食品などを購入する費用を実際に計算するといったものがある．もうひとつは，実際にOECDや日本政府も用いているが，国民の生活水準のまんなかに位置する人の半分の収入のところに貧困線を引くという考え方もある．後者の貧困線以下の人々の割合は相対的貧困率と呼ばれ，国際比較などで実際によく用いられている．また貧困や平等とも関連するが，社会的排除や包摂を把握するための指標づくりの試みもなされている．収入だけでなく社会関係などについても考慮することを目指している．

　自由に関しては，理論的にそもそも測定することが困難であり，また足し合わせることも原理的に難しく，実際には代理指標を用いざるをえない．リバタリアニズムのように消極的自由だけが自由であると考えるのであれば，強制や暴力が少ないほど社会の自由の総量が増えるといえそうだが，積極的な自由も含めて考えると，そう単純ではなくなるからである．ただ，現実には，経済的自由，政治的自由，市民的自由に関してそれぞれ測定する試みがある．まず経済的自由に関しては，ヘリテージ財団による世界経済自由度ランキングが有名である．これはあくまで経済活動の自由度（規制の少なさ，政府の小ささ，財政の健全性など）を点数化したものである．これに対して国際NGOとして著名なフリーダムハウスによるランキングは，選挙活動の自由度や報道の自由度などに注目して点数化を行っている．特に政治的側面が強調される際には民主化指標と呼ばれることもある．

　またジェンダーに関してはジェンダーギャップ指数が最近はよく用いられるようになっている．ジェンダーギャップ指数は，経済・教育・健康・政治の四つの分野に関して点数化し，それらを総合したものである．ジニ係数とは逆に，0がもっとも不平等であり1に近づくほど平等である．

　ほかにも，エコロジカル・フットプリントや包括的富指標（IWI），環境パフォーマンス指数など，環境に関わる指標もさまざまに提案されている．

　いずれにせよ，こうした指標はいずれも完全なものとはほど遠く，それゆえに軽視されることも多い．また他方で，数値がひとり歩きしてしまうことも少なくない．指標をうまく使いこなすための知恵や経験が必要となるだろう．　　［佐野　亘］

📖**さらに詳しく知るための文献**
野上裕生 2013.『すぐに役立つ開発指標のはなし』アジア経済研究所．

多基準分析

　政策によって実現される価値は多くの場合一つではなく，複数存在する．また，ある政策を実施することにより，ある価値は実現されるが，別の価値は損なわれるといったことも少なくない．こうした場合，ある政策を評価しようとすると，複数の価値が関わるため，総合的な評価が必要になってくる．多くの政策は，特定の具体的な目標をもつため，そこに人々の目が向きがちである．しかし，そうした当初の目標に関係のないところで政策はさまざまな影響を及ぼし得る．ダム建設で水害は防げたが，川の生態系が破壊されるというようなことが典型だが，実際にはもっと複雑なことが起きやすい．そこで，政策の評価を行う際には，目標の達成度だけに着目するのではなく，他の面での影響をも把握したうえで総合的に評価する必要がある．ここで紹介する多基準分析は，そのような複数の価値に関わる政策を評価するための一つの分析手法である．

●**準備**　分析を行うにあたっては，最初に，政策によってどのような影響が生じるのかを可能な限り網羅的に予測・把握する必要がある．そのうえでそれによって実現される（損なわれる）価値を列挙し，その重要度について重みづけを行う必要がある．簡単にいえば，それぞれに点数をつける必要がある．その際には，先に説明した価値の指標化がなされている必要がある．

　ただ，難しいのは，それぞれの価値に具体的にどれだけの点数を付けるかということである．多くの場合，関係する専門家が点数を付けることになるが，できるだけ偏りのない形で点数化，例えば，複数の価値を一つずつ総当たりさせ，それぞれについて，整合的な結果が得られるように専門家が点数をつけるというやり方がある．一人の専門家だけでは偏りが生じやすいため，できるだけ多くの専門家に点数をつけてもらい，偏りを防ぐことが求められる．また必要に応じて，デルファイ法のように，専門家同士でコミュニケーションを行い，意見を集約する，といったことも考えられる．

　このような分析が行われるようになった背景には，そもそも費用便益分析にはなじまない政策が現実には少なくない，ということがある．政策の効果をすべて貨幣価値換算するのが費用便益分析のポイントであり，その意義は否定できないが，現実にはいろいろな事情で難しいことが少なくない．例えば，貨幣価値換算するための十分なデータが手に入れられない，などである．また，さまざまな価値をすべて金銭の単位で示すことに対する，一般の人々の抵抗感も無視しがたいことがある．そこでさまざまな価値が関わっていることを明示しつつ，それぞれ

に点数を付けるという方法が用いられるようになったわけである．実際，わが国では，首都機能移転が議論された際，国の審議会において移転先の候補について多基準分析を行ったケースがある．

●**注意点**　このように近年この手法はさまざまな場面で使われるようになっているのだが，いくつか気を付けるべき点がある．

第1に，多基準分析はあくまで一つの分析手法にすぎず，分析結果を過大に評価しないということである．「分析によって結論がでた」と考えるのではなく，一つの参考資料にすぎないものとして意識しておく必要がある．また，実際に分析を行う前にこの点について関係者のあいだでひろく合意しておく必要がある．最終的な決定は，当然のことながら，議会なり国民・市民なりが民主主義の仕組みに基づいて行うべきである．あえて一般市民に意見を聞くほどではない技術的な政策に用いられることもあるが，複数の価値が競合するような場合には，基本的には民主主義の手続きに則って決定がなされることが望ましい．

第2に，そもそもの点数づけ，重みづけについて，市民参加型で行うことも可能である．「熟議型多基準分析」と呼ばれることもあるが，そもそもどの価値をどの程度重視するかは，価値判断に基づくのであり，特定の専門家だけで判断できることではない．ダム建設によって200年に1度の大雨でも水害が防げることと，ダム建設によって絶滅危惧種の魚がその川では絶滅してしまうことについて，それぞれ何点をつけるかは，まさに価値判断であり，専門家だからといって一般の人より適切に点数が付けられるとは限らない．防災の専門家は防災に高い点数を付けがちだろうし，自然保護の活動家は魚の価値を高く評価するだろう．こうしたことを考えると，むしろ一般の市民が幅広く参加したほうが，多くの人が納得するバランスのとれた結果が出やすいかもしれない．

第3に，多基準分析も一つの分析手法にすぎないことを考えると，どういう場面で，どのような政策について，どのような形でこの手法を用いるのか，あらかじめよく考えておく必要がある．当然ながら，この分析だけで適切な政策立案ができるわけではなく，あくまで複数の価値が関わってくるような政策について，一つの手がかりを与えるものにすぎない．現実には他のさまざまな分析手法や政策形成手法を組み合わせることになるはずである．こうしたことを事前に考慮しないまま分析を行うと，単に「やってみた」に終わってしまう．あらゆる分析手法や政策形成手法に言えることだが，分析はどこまでいっても分析にすぎず，決定そのものを代替するわけではない．

わが国では多基準分析は実際には比較的よく使われているわりに，そのような名称で呼ばれることが少ないため，実務家にも一般の人々にも，一つの手法として明確に認識されていない．しかしながら，一つの分析手法としては有効なものと考えられる．

[佐野　亘]

多様な合意形成手法

　公共政策をめぐって激しい意見の対立や論争が生じることは少なくない．利害や価値観が多様な現代社会の下では避けられないことであるといってよい．ではどうすべきか．もちろん多数決をとれば，どんな問題についてもすぐに答えを出すことができるだろう．だが多数決，とりわけ単純多数決にはさまざまな問題があることがよく知られている（坂井 2015）．複数の選択肢がある場合には「投票の循環」が起こってしまうかもしれないし，「票の取引」によって実質的に少数決のような決定がなされることもある．また多数決はそもそも少数派に多数派の意思を押し付けることにほかならず，避けられるなら避けたほうがよいだろう．加えて，常に少数者にならざるをえないさまざまなマイノリティの人々からすると，多数決は不公平な決定手続きにみえるだろう．

●コンセンサスとは何か　以上の点を踏まえると，多数決の使用を完全に拒否することはできないにせよ，できるだけ広範な合意，すなわちコンセンサスを形成する努力を行うことにも重要な意義があることが理解できるだろう．ではそもそもコンセンサスとはなんだろうか．

　まず考えられるのは，結論もその根拠も一致した「完全な合意」である．しばしばコンセンサスということばで想定されるのは，このような合意かもしれない．話し合った末に，お互いにぴったり意見が一致したというケースである．だが，実際にはこのような合意はそう簡単に成立しない．とりわけ利害も価値観も多様な状況の下では，「完全な合意」が成立することはまれである．

　そこでよく用いられるのが，「重なり合う合意」である．重なり合う合意とは，結論は一致するが，結論に至る根拠は人それぞれ異なる，という合意である．例えば，同じ失業対策でも，景気の改善を理由に賛成する人もいれば，失業者の権利保護の観点から賛成する人もいるかもしれない．このタイプの合意はじつは少なくないし，多様な人々のあいだで合意を形成するには，より現実的なアプローチであると考えられる．もともと「重なり合う合意」を一つの概念として提示したのはロールズ（Rowls, J.）だが，ロールズは多様な人々が生きる現代社会において，すべての人の尊厳を尊重するには，少なくとも重なり合う合意に基づく立憲体制を確立する必要があると主張したのである．

　ただその一方で，ロールズは，重要な基本的権利に関わる事柄については重なり合う合意に基づく憲法によって決めておくことが必要であるものの，その枠内で具体的な政策問題について決定する際には，多数決を用いればよいと考えてい

た．だが先に見たとおり，日常的な政策問題についても広範なコンセンサスが望ましいこともあり得る．また，適切な憲法秩序が存在しない場合もあるだろう．だとすれば，ロールズの想定とは異なり，立憲契約についてのみ「重なり合う合意」を用いるのではなく，通常の政策過程においても「重なり合う合意」が必要になることがありそうである．

●**困難な合意**　とはいうものの，通常の政策決定において「重なり合う合意」はどれほど実現可能だろうか．実際には「重なり合う合意」を実現することすらしばしば難しいのではないだろうか．そこで重要と考えられるのが，妥協に基づくコンセンサスである．妥協はときに，少数派の側の一方的なあきらめ（多数派への追従）として捉えられるが，ここでいう妥協はそのような意味ではない．あくまで，多数派と少数派の両者がともに譲り合うことによって成立するタイプの合意を指す．したがって，重なり合う合意とは異なり，合意内容は，誰の立場からみても中途半端で，論理的に説明しづらいものになりがちである．具体的には，互いの主張を「足して二で割る」型の妥協と，ある論点については一方の当事者の主張を認め，別の論点についてはもう一方の当事者の主張を認めることに合意するような取引型の妥協がある．現実にはこのようなタイプのコンセンサスはめずらしくなく，政治における最も本質的な要素とすら言える．

　ただしもちろん，このような妥協型のコンセンサスについては批判も多い．自らの主張が正しいと信じる側からすれば，なぜあえて明らかにまちがった主張に譲る必要があるのかということになるだろう．そのような譲歩は「汚れた」行為であるとする批判は根強く存在する．だがその一方で妥協によってこそ寛容が実現されるという議論もある（佐野 2022；2023）．

　以上の妥協にくらべて，より切迫したぎりぎりの合意として「暫定協定」というものもある．これは典型的には戦争当事国同士の休戦などを指す．現実政治のもとでも，激しい政争の末に一種の休戦協定のような形で合意が成立することがあるが，こうした合意が暫定協定と呼ばれる．基本的には当事者の自己利益に基づく合意であり，何らかの価値規範に基づくものではない．一種の権力均衡状態であり，言い換えれば，権力バランスが変化すれば破棄されるような合意である．このような合意は一見すると取るに足らないものだが，政治の世界では長く価値が認められてきた（山岡 2017）．理屈はともかく，なにはともあれ平和や秩序がなければ困る，というのは多くの人が認めるところだろう．またロールズなども，暫定協定としてスタートした憲法秩序が徐々に重なり合う合意へと発展していくことを重視している．

　さまざまな価値が存在し，価値観が多様な現代社会において，それでもなおコンセンサスを実現するにはどうすべきか．さしあたりまず，以上の分類を踏まえて考えてみる必要があるだろう．　　　　　　　　　　　　　　　　[佐野　亘]

政策規範とは何か

　「適切な政策」と「不適切な政策」を区別するには，何らかの価値基準なり規範的観点が必要となる．例えば民主主義の手続に基づき多数決で決めたからといって，その政策が必ずよい政策であるとは限らない．政策の具体的中身や実際の効果をみてみないと評価できないからである．そして政策の中身や効果の良し悪しを判断するには，何らかの価値判断が求められるのである．

　こうして考えてくると，私たちがある政策についてよいとか悪いとか判断する場合，常にその背後に何らかの道徳的価値や倫理的・規範的立場が前提とされている．ただしもちろん，同じ価値や規範を共有している者同士で議論する際には，こうしたことが意識されることはない．価値や規範は一般に政策の目標や目的に関わるが，それが一致していればあとは手段について議論すればいいからである．公共政策をめぐる議論において必ずしも常に価値や規範の問題が論じられないのは，政策目的については一致している（と想定されている）ことがあるためである．例えば交通事故を減らすのは当然によいことなのだから，その道徳的正当性について議論する必要はなさそうである．だとすれば，事故を減らすための手段について議論すればよいだけ，ということになりそうである．

　しかしよく考えてみると，問題はそう単純ではない．例えば交通事故を減らすためだからといって，すべての高齢者の自動車運転免許を取り上げるのは適切と言えるだろうか．多くの人はそれはやりすぎ，あるいは不適切と感じるのではないだろうか．ではなぜそう感じるのかといえば，高齢者の自由や権利を侵害しているからとか，高齢者だけが事故を起こしているわけではないのに不公平とか，そういった理由が思い浮かぶのではないだろうか．政策規範とはまさにこうした公共政策に関する論争が行われる際に持ち出される価値や規範のことを指している．

●価値とは何か　では，こうした価値とか規範といったものは具体的に何を指すのだろうか．例えば経済成長のようなものもそのひとつだろうか．定義次第なのだが，ここでは経済成長それ自体は価値でも規範でもない，と考えることにしよう．経済成長そのものが大事なのではなくて，例えば経済成長によって多くの人々が幸せになるから経済成長は大事なのであって，それゆえ価値があるのはあくまで人々の幸福にあると考えるのである．当たり前のことを回りくどく説明しているようにみえるが，なぜこの点を強調するかといえば，経済成長以外にも幸福になる方法があることが，このように考えることで明瞭になるからである．経済成長そのものに価値があると考えてしまうと，少々問題があっても，何がなん

でも経済成長しなければならないということになりがちである.

一般に政策規範として挙げられるのは,第1に人々の自由や平等,権利や公平性の根源にある「個人の尊厳」,第2に「社会全体の幸福」,第3に文化や自然のような「本質的価値」の三つである.一つ目の「個人の尊厳」は,現代社会に生きる私たちにとっておそらく最も重要な価値である.自由や平等,正義や公平性といった価値は基本的にすべてここから出てくるものである.しばしば自由と平等の衝突といったことが問題になるが,よく考えてみれば,どちらのほうがより個人の尊厳を守れるのかが問題なのであり,自由と平等のどちらかを選ばなければならない,という話ではない.いかなる公共政策について考えるときも,こうした個人の尊厳の価値がどのように実現されるのか,あるいは毀損される恐れはないのか考慮する必要がある.

二つ目の「社会全体の幸福」は,一般に「公共の利益」とか「公共の福祉」とか呼ばれるものに近い.個人を一人ひとり尊重するというよりも,社会構成員すべての幸せや効用,利益といったものの総和こそが重要とするものである.公共政策の「公共」ということばには,特定の一部の人だけでなく「すべての人」という含意が込められているとすれば,このようなものに価値があると考えるのは不自然ではないだろう.もちろん個人の尊厳と同様に,その中身が何かをめぐっては議論が分かれる.経済成長こそがそれだと考える人もいれば,幸福度調査などによって示されるような主観的効用を想起する人もいるに違いない.ともあれ政策規範の大事な要素のひとつであることは間違いない.

三つ目の「本質的価値」は,文化や自然などが典型的だが,個人の尊厳にも社会全体の幸福にも関わらないが,にもかかわらず価値があるようなものを指す.例えば非常に特殊な学問研究などは,社会にとって役に立つとは考えられないが,それでもなお尊重されるべきかもしれない.あるいは,遺伝的に極めてめずらしい昆虫について,一般の人からは何の興味ももたれないが,やはり価値があると考えるべきかもしれない.あるいは,ドラッグの使用や売買春などは,仮に誰にも迷惑をかけないとしても,行為それ自体が本質的に好ましくないものであり,したがって禁止されるべきと考える人もいるかもしれない.逆に,芸術や学問,スポーツ活動などは,仮に社会全体の幸福を増やさないとしても,それ自体として価値があると考える人もいるかもしれない.

したがって,公共政策の良しあしを判断する際,これらの価値がどのように実現・毀損されるのか慎重かつ多面的に調査し,判断する必要がある.また同時に,これらの価値が衝突する際にどうすべきかよく考える必要がある.　　　　[佐野 亘]

📖さらに詳しく知るための文献

佐野 亘ほか 2021.『政策と規範』ミネルヴァ書房.

政策規範の役割

　公共政策の立案・評価において，政策の価値的・規範的側面に注目することの重要性は繰り返し指摘されてきた．公共政策の立案にあたっては，単にテクニカルな問題解決を目指すのみならず，価値的・規範的な望ましさにも注意を払うべきだと考えられてきたのである．このような問題意識のもと，政策の規範的側面を検討し，その適切さ・望ましさを判断するために用いられる価値基準が政策規範である．政策を評価するうえで私たちは，多様な規範的言説および規範理論上の立場を参照することができる．例えば，リベラリズムや功利主義，フェミニズムといった規範理論を用いて，公共政策を規範的に評価したり立案したりする．このときそれらの規範理論は，政策規範としての役割を政策に関わる議論の中で果たしている．

●**正当化・問題発見・交通整理**　政策規範が政策に関わる議論や政策過程のなかで果たす役割は，主として3点挙げることができる．第1に，政策を規範的観点から擁護・正当化することによって，政策の受容可能性を高めるという「正当化」の役割である．規範的言説には時として大きな政治的影響力があり，また多くの人に規範的・道徳的に問題があるとみなされた政策の受容可能性は顕著に制約される．規範的に問題があるとされる公共政策は，政治的な支持達成が困難になることで成立が難しくなるかもしれないし，仮に政策として日の目を見たとしても，実施の段階において市民やアクターによる深刻な不服従・不遵守に直面することによって，その実効性を損なうかもしれない．政治家や行政の政策担当者は，自身が推進したいと考えている政策について，政策規範に訴えて理論武装することによってその規範的な望ましさを主張することができる（佐野 2010）．

　第2に，政策の問題点を発見し批判するという「問題発見」の役割がある．そもそも私たちがある政策の問題点を認識できるのは，それを問題として認識させる規範を私たちがあらかじめ有しているからである．政策規範は，政策に含まれる規範的な問題点を発見したり，それをより明瞭なかたちで批判したりするのに役立つ．このような規範の有する問題発見機能によって，政策過程の中で力を持たない利害関係者や市民の立場・主張を政策に反映することが可能になる．それまで私たちが認識していなかった問題を可視化し，政策の議論の俎上に載せるといった役割が，政策規範には期待されるのである．

　第3に，政策問題を特定の規範的立場から整理することによって，議論の混乱をあらかじめ防ぐという「交通整理」の役割がある．政策問題がいかなる規範的

問題をもっているのか，また政策の帰結を規範的にどのように評価するべきかといった問題は決して単純なものではなく，意見が大きく分かれるのがふつうである．というより，規範や価値についての議論では意見の不一致が珍しくないからこそ，政策規範が要請されるともいえる．政策によって実現すべき目的や価値が何であるのかについて合意が取れていないであるとか，そもそも何が解決すべき問題なのかについても認識が異なるといった状況は，政策の議論において決して珍しいものではない．議論が錯綜しがちな価値の問題について，一定の体系を有する政策規範の観点から整理することによって，無用な議論の混乱や，過度の価値対立を避けることができる．

●**政策規範の「使い分け」と政策の整合性**　政策の立案・評価に当たって，政策規範を「使い分ける」こともできる．ひとつの公共政策が単一の規範理論の基に構想・評価されなければならないという理由はなく，また複数の規範的立場から政策が構想・吟味されることは珍しいことでもないのである．場合によっては，市民やアクターからの異論に対し，政策担当者は複数の政策規範を用いて政策を正当化するかもしれない．多様な規範的観点から検討することで，政策の問題点を発見するといった作業も必要だろう．例えば，功利主義的な観点から政策を立案しつつも，リベラリズムやフェミニズムの観点からも政策を検討し，問題点の洗い出しを試みることもできる．コミュニタリアニズム的な政策を実施するにしても，功利主義的な視点を政策に盛り込むこともできる．一方で，諸政策間の整合性や一貫性を確認したり，追求したりするために政策規範を用いることもできる．一定の体系を有する政策規範の観点から政策を検討することによって，政策目的間の不一致を避け，それぞれの政策効果を打ち消し合うような事態を防ぐことができるのである．

　政策規範を「使う」にあたって注意すべきこととして，政策の実現可能性に配慮することが挙げられる．政策規範が公共政策の適切さに関わるものである限り，政策の実現可能性についての判断や，政策の実現にあたってのコストや副作用の問題を避けることはできない．政策規範は，単に「規範的に望ましい政策」を求めるものではなく，「規範的に望ましく，かつ実現可能な政策」を追求するためのツールなのである．時として一定の妥協が求められることもあり得るが，「問題解決」の名の下に規範的問題を無視するといった「リアリスティックな」発想に抗するためにも，実現可能性と規範的望ましさをいかに両立させるかというバランス感覚が，政策規範を用いるうえで重要になる．　　　　　　　［香月悠希］

📖**さらに詳しく知るための文献**
佐野　亘 2010.『公共政策規範』ミネルヴァ書房.
足立幸男 1991.『政策と価値』ミネルヴァ書房.

非理想理論

　正義にかなった社会を実現するうえで望ましい政策や制度がただちに実施できないときにはどうすればよいのか．この問題を考える政治哲学上のアプローチが非理想理論とよばれる枠組みである．政治哲学者のロールズ（Rawls, J.）が，自身の著作である『正義論』の性格を明確にするために，対となる理想理論とあわせて導入した概念である．

●**理想理論と非理想理論**　非理想理論を理解するには，まずその反対概念である理想理論について理解することが有益である．理想理論は，最も望ましい正義の原理や社会のあり方について，理想化された一定の状況を前提として探究するアプローチである．ただし到達不可能なユートピア構想を提示することに理想理論の目的があるわけではない．現実的に実行可能な範囲の中で，社会改革の手がかりとすべき社会像を提示することがその目的である．これに対し非理想理論は，理想理論に比べより現実的な条件を措定し，その制約条件の中で可能な限り正義にかなった制度や政策，行為の探究を目的とする．前出のロールズは，『正義論』で展開される議論は非理想理論ではなく理想理論であることを強調することにより，議論の方法論的な特徴や問題意識の説明を試みた．例えば，ロールズは『正義論』について「厳格な遵守状況」を前提とするものであると説明している．厳格な遵守状況とは，一定の正義感覚を有した人々が，正義の原理の内容を厳格に遵守しているという仮想的な状況のことである．『正義論』におけるロールズの考察はこの厳格な遵守状況を前提として展開されるが，この前提が現実に存在する社会や人々の特徴を説明するものでないことはあきらかである．このような理想化された状況をあえて前提とすることによって，最も望ましいと考えられる社会の特定を目指すのが理想理論である．

　これに対し，「厳格な遵守」が期待できない状況のことを「部分的遵守状況」と呼ぶ．現実に存在する人々は正義にかなった行動をするときもあれば，しないときもある．現実のわれわれの社会は明らかに部分的遵守状況を特徴としているが，このように現実社会の特徴を踏まえた諸々の前提を考慮した上で，可能な限り望ましい政策や制度の考察を行うのが非理想理論である．むろん，「現実社会の特徴をふまえた前提」には無数のものがある．政策の実現のために動員できる財源や人的資源，技術水準には明白な限界があるし，いかに理論的に正しい政策があり得たとしても，それが現実に政治的支持を得られるかどうか，世論に許容されるか否かはまた別問題である．非理想理論はこうした諸制約を公共政策の検

討にあたって必要な限り盛り込み，その制約条件の中で望ましい政策を探究するものである．このように，理想理論と非理想理論はその目的と問題の考察にあたって考慮する前提の違いによって区別され，「あるべき社会」を構想する理想理論と「現実の社会」において何をすべきかを考える非理想理論という役割分担が設定されることになる．

●**公共政策と非理想理論**　言うまでもなく，公共政策の実務においては，政策の円滑かつ効率的な実施を妨げる数多くの厳しい制約がある．それゆえ，政策状況を反映した非理想状況の中でいかに望ましい形で問題解決を図るかという非理想理論の問題意識や手法が，公共政策学に親和的であることは明らかであろう．しかしその一方で，政策規範論においては，非理想理論的なアプローチだけでは十分ではないことも意識されてきた．ロールズは，非理想理論が理想理論と比べて重要性という点で劣るわけではないと断りつつも，まず理想理論の探究に取り組むことで，非理想理論の領分である「喫緊の諸問題」に取り組むための基盤を与えられると説明している．社会の現状を無批判に前提としたうえで望ましい制度や政策を考察してしまうと，現実に存在する差別や格差を根本から批判する視点をもてなくなる恐れがあるからである．もし理想理論抜きで非理想理論を構想すると，人種隔離政策を実施している社会においては，横行する差別を所与としたうえで差別を受ける人々のなるべくの待遇改善を考えるのが正義にかなった行動であるといった現状追認的な発想になりかねない（松元 2015）．むろんそういった視点に有用性や正当性がまったくないわけではないにしても，そもそも考えるべきは人種隔離政策それ自体の廃止であり，そのために現実において何をなすべきかをこそ問うべきである．この「そもそも」を探究するのが理想理論であり，非理想理論はその実現を目指すための具体的方策を考えるものだといえる．

　非理想理論の意義についてもうひとつ重要となってくるのが，非理想理論が漸次的な問題解決プロセスを取り扱う枠組みでもあるということである．理想理論が社会や政府が目指すべき最終目的地を示すものであるとすれば，非理想理論はそこに至るまでの道筋を描くものである．重大な社会問題の解決が一足飛びにはできないことを考えれば，問題解決を困難にしている諸条件を意識したうえで，時間をかけて解決に取り組む必要があるだろう．あるべき社会のあり方を見据えつつ，目の前にある問題について現実的な検討と対処を粘り強く重ねることにこそ，非理想理論の眼目がある．　　　　　　　　　　　　　　　　　　［香月悠希］

📖 **さらに詳しく知るための文献**
佐野 亘ほか 2021．『政策と規範』ミネルヴァ書房．
松元雅和 2015．『応用政治哲学』風行社．
山岡龍一・大澤 津 2022．『現実と向き合う政治理論』放送大学教育振興会．

政策決定者の倫理

　いかなる職業であれ，それが他人や社会一般と何らかの関わりをもつ限り，何らかの職業倫理に服している．政治家や官僚といった政策決定者もまた，公共政策を決定・実施するという固有の社会的役割を担っている以上，その役割に端を発する職業倫理を身につける必要がある．それでは，主権者である市民が政策決定者を選出する代議制民主主義の政治体制に基づくなら，政策決定者にとって相応しい職業倫理とは何だろうか．

●**全体の奉仕者**　市民を究極的な主権の源泉とする今日の民主主義社会において，政策過程は一種の本人−代理人関係として記述できる．この関係の下で代理人である政策決定者の職務は，本人である市民にとっての最善の利益を，市民に代わって政治の現場で実現することである．代議制の仕組みを通じて市民と一種の委任関係にあることが，政策決定者に課せられる職業倫理の基礎にある．

　政策決定の委任元である市民は無数に及ぶ．そこで，政策決定者はその第一の責務として，自分あるいは一部の私的利益のためでなく，広く市民全体のために奉仕すべきである．例えば日本国憲法には，「すべて公務員は，全体の奉仕者であつて，一部の奉仕者ではない」との規定がある（15条）．同様の文言は，政治倫理綱領，国家公務員法96条，地方公務員法30条にも共通して見られる．

●**政治と行政の関係**　一口で政策決定といっても，政策過程は大別して，政治家の持ち場である決定部門（立法府）と官僚の持ち場である実施部門（行政府）に区別される．一方で，立法府の民主的正統性は，定期的な議会選挙を通じて確保される．他方で，行政府の民主的正統性は，執政部において議院内閣制と大統領制のどちらを採用するかによって，間接的・直接的に確保される．このように，本人−代理人関係は権力分立の仕組みに沿って連鎖状に続く．

　18世紀の市民革命に端を発する近代政治は，絶対君主への対抗から議会が権力の中心を握る立法国家として始まった．しかしながら，19世紀の産業革命が進展するにつれて経済・社会活動が複雑化すると，行政活動においても高度な専門性が要求されるようになる．最初期の行政学者は，政治任用の行き過ぎが行政活動の専門性を脅かしているとして，政治と行政の機能分割を重視した（政治行政分断論）．

　その後20世紀に入ると，行政活動の一層の肥大化に伴い，権力の実質が立法府から行政府に移行する，いわゆる行政国家化が先進諸国で共通して生じるようになる．例えばアメリカでも，大恐慌時のニューディール政策のように，立法活動

よりも行政活動によって経済・社会問題の多くが対処されるようになった．こうした背景の下，分断論的理解の非現実性が批判され，むしろ政治と行政の不可分性を強調する議論が優勢になる（政治行政融合論）．

　こうした行政学説の変遷を経る中で，1930〜40年代に官僚の行政責任をめぐり，行政学者のあいだで有名な論争が交わされた．フリードリッヒ（Friedrich, C.）は，官僚がその専門知識を生かして政策立案に積極的に携わることを肯定した．これに対して，ファイナー（Finer, H.）は，権力分立の観点から官僚はあくまでも政治家の統制下になければならないと主張した．本人－代理人関係のもとで官僚に課せられる職業倫理は，それ自体論争的である．

●**権力と倫理**　問題は，果たして政策決定者が何をどうすれば「全体」に奉仕したことになるのかである．代議制民主主義において，政策決定者は無数の市民からの委任を一手に引き受けている．もし市民同士の利害が対立した場合，片方の利益を追求することは必然的にもう片方の利益を犠牲にしてしまう．結果的に，政策決定者が何かを決定すれば，ほとんど常に賛成者も反対者も生じることになる．ここから，集合的意思決定における権力の問題が生じる．

　権力とは，その意に反して他人に言うことを聞かせる能力のことである．政策決定者は国家に付随する権力と暴力を手中にしており，これは固有の倫理的問題を生み出す．社会学者のヴェーバー（Weber, M.）は，政治家に課せられる倫理は，それが権力と暴力という「悪魔の力」を預かるものであるがゆえに，他の職業倫理とは一線を画すと主張する．政治とは，この特殊な手段を使いこなす特殊な技術である（ヴェーバー 1980）．

　ヴェーバーは，政治権力を預かる政治家に課せられた職業倫理とは，心情倫理ではなく責任倫理であるべきだと訴える．心情（信条）倫理とは，自分の行為の善さを確信し，その結果を省みない態度のことである．目的の絶対善を信じて手段を選ばないことも，逆に手段の絶対善を信じて目的を等閑に付すことも，それぞれ結果に対して無責任である．それに対して，責任倫理とは，自分の行為の結果を考慮し，その責任を引き受ける態度である．

　権力の問題は，政策決定者が「手を汚す」ことをも許容するかもしれない．汚れた手とは，重要な政治目的を実現するためには，暴力や欺瞞のような，一般人には許されない手段に訴えることもときに許されるという教義である（ウォルツァー 2012）．とはいえ，警句にもあるように，権力は腐敗し，絶対的権力は絶対に腐敗する．権力の必要性とリスクを同時に認識しつつ，その取扱いを不断に監視していくことが，本人である市民にも求められよう．　　　　　　　［松元雅和］

📖さらに詳しく知るための文献

Thompson, D. F. 2005. *Restoring Responsibility*. Cambridge University Press.

政策実施者の倫理

　ここでは，政策実施者としての公務員の倫理を論じる．政策実施は，①政策を実施するためのより詳細な基準の策定，②政策の対象となる国民および企業等への政策手段の適用を通じた執行の過程に大別できる．ここでは，②に焦点を当てる．②に従事する公務員として，事務職の職員だけではなく，ケースワーカー，警察官および教員等の専門的な職務に従事する職員も含まれる．

　検討にあたって，アメリカの行政倫理研究の知見を参照にする．アメリカ行政倫理研究は専門職倫理の一領域であり，公務員の倫理的な行為の実現に資する実践的な研究成果を蓄積してきた（Bowman & West 2022；Cooper 2012）．行政倫理研究では，公務員が直面する倫理的な問題の性質，そうした問題への対処の方針，および公務員の倫理的な行為に対して行政組織が及ぼす影響等が研究されてきた．以下でも，そうした論点を検討する．

　行政倫理研究では，公務員の倫理的な行為とは価値の体系的な考慮に基づく行為であるとされる（Lewis & Gilman 2012）．公務員は，自らが担当するケースにおいて重要となる諸価値を認識したうえで，それらを実現するよう行為しなければならない．こうした価値の代表的な例として，有効性，効率性，および経済性といった経済的価値，公共の利益，合法性，適正手続き，および平等といった法的価値，ならびに個人の尊厳，誠実さ，および慈善といった道徳的価値がある．反対に，これらの価値の対となるような悪い目標を実現させてしまうような行為は避けなければならない．

　さらに，政策執行において公務員が直面する倫理的なジレンマへの対応方法についても議論されてきた．倫理的なジレンマとは，複数の価値が競合する状況を指す．例えば，複数の価値の間でトレードオフが生じたり，実現すべき価値を理解していても，職場の上司および政治家等から非倫理的な行為を求められたりするケースがある．一般的に，行政の実務では上司および政治家等への応答性が重視されているが，アメリカ行政倫理研究ではそれらの価値を重視すると，他の重要な価値が損なわれるケースも検討されている（Cooper 2012）．

●**公務員の倫理と行政組織**　行政倫理研究では，公務員による倫理的な行為を確保するために，行政組織が方針を策定する必要があると考えられてきた．こうした方針は法令遵守アプローチ（compliance-based approach）および価値に基づくアプローチ（integrity-based approach）に分けられる（鏡 2016）．

　法令遵守アプローチは，公務員の非倫理的な行為を防止する方針である．この

アプローチでは，まず，法令を定め，そこにおいて非倫理的な行為を列記する．非倫理的な行為の代表として，利害関係者との癒着が疑われるような行為がある．つぎに，研修を通じて公務員に法令の内容を周知徹底し，違反者に対して制裁を科す．このアプローチは多くの国々に採用され，日本でも 2000 年における国家公務員倫理法の施行によって本格的に導入された．このアプローチには，法令を通じて特定した非倫理的な行為を実効的に規制できるという意義がある．他方で，非倫理的な行為の周知徹底が研修の中心となるため，公務員に善い価値の積極的な実現を促すものではなく，個々のケースにふさわしい行為を検討するための倫理的な判断力を向上させる方針としても十分ではない．

価値に基づくアプローチは公務員の倫理的な行為を促進する方針である．そこでは，まず，倫理綱領（code of ethics）のような規範を定め，職務にあたっての心構えを抽象的な形で示す．例えば，アメリカ行政学会（The American Society for Public Administration）の倫理綱領では，①公共の利益を推進せよ，②憲法および法令を擁護せよ，③民主的な参加を促進せよ，④社会的公平を強化せよ，⑤十分な情報を提供し，アドバイスせよ，⑥個人の清廉さを行動で示せ，⑦倫理的な組織の実現を奨励せよ，⑧専門職としての卓越さの向上に努めよといった指針が列記されている．つぎに，研修を通じて，抽象的な指針を個別具体のケースにおいて実現するための判断力を向上させることに努め，倫理的に優れた公務員に表彰等の報酬を与える．このアプローチの意義は，公務員に理念の重要性を認識させ，善い価値の積極的な実現を促す点にある．他方で，示される理念は抽象的で理解が難しく，判断力の向上も時間を要するため，実効性の点に課題がある．したがって，一部の国において法令遵守アプローチを補完する方針として導入されている．

最後に，行政組織は公務員倫理を確保する方針を定めるだけではなく，公務員の倫理を損ねる問題にもなる事実を確認したい．例えば，組織防衛のために，上司が部下に非倫理的な行為を指示するかもしれない．また，悪しき組織文化が存在する場合には，非効率な予算の使用，情報の隠ぺいおよび政策対象への侮蔑的対応が常習的に行われるおそれがある．くわえて，行政組織を取り巻く政治からの圧力もある．具体的には，政治的な党派性および選挙での当選のために，政治家が政策実施に介入し，行政の公平性を損ねる行為を要求するかもしれない．したがって，公務員の倫理を確保するためには，個々の公務員だけではなく，行政組織のあり方についても議論する必要がある．　　　　　　　　　［鏡 圭佑］

📖**さらに詳しく知るための文献**

鏡 圭佑 2016. 日本における公務員倫理の課題. 同志社政策科学院生論集 5：11-25.
Bowman, J. S. & West, J. P. 2022. *Public Service Ethics*, 3rd ed. Routledge.
Cooper, T. L. 2012. *The Responsible Administrator*, 6th ed. Jossey-Bass.

計画主義と保守主義

　計画主義とは，人為的な社会設計計画に基づく，中央集権的な社会変革を支持する考えである．用語としては，これを激しく批判したハイエク（Hayek, F. v.）に由来する．計画主義と対置される文脈での保守主義（Conservatism）は，中央政府の人為的計画にかわって，人々の自由な相互行為を通じて自然発生的に形成される秩序を信頼する立場といえる．この立場に類する論者として，ハイエクに加え，ポパー（Popper, K. R.）とオークショット（Oakeshott, M.）を挙げられる．

●**計画主義者の主張**　計画主義とは，高度に発達した科学・技術によって社会問題をすべて分析し，問題を根本から解決するための大規模な社会変革が可能と考える社会哲学とされる（ハイエク 2008）．「計画主義者（planners）」・「計画（planning）」とは，その際に発揮される中央集権的統制を強調する際に特に用いられる用語であり，個人主義や民主主義を侵害する発想とされる．

　ハイエクは，現代の計画主義者の最初の一人としてサン=シモン（Saint-Simon, H.d.）を挙げ，その議論が，中央集権的な計画委員会の命令に従わない人々の自由を抑圧するものであると指摘した（ハイエク 2008）．こうした経済統制的発想はいわゆる左派に限られるものではなく，ハイエクは，社会主義思想がナチズムをはじめとする全体主義と同根であると考えた．また，中央による計画への期待は，アメリカ合衆国など西側諸国においても，第二次世界大戦に前後する戦時経済や復興計画の経験によって高まった（足立 1994）．この動きは，オペレーションズ・リサーチをはじめとする分析手法の隆盛にも寄与したとされる．

●**ハイエクの計画主義批判**　ハイエクは計画主義の提案に対する最も著名な批判者のひとりである．彼は，社会に生きるさまざまな人々のやりとりの相互作用を通じて発達する自生的秩序（spontaneous order）の存在を指摘した（足立 1994）．自生的秩序はおのずと成立し，人々の行動が変わるのに合わせ変化もするため，環境の変化に適応するための動的な自動調整機能を備える，と彼は考えた．こうした柔軟な秩序形成こそが，人為的な中央計画では実現できない，進化的合理主義（evolutionary rationalism）に適う秩序とされる．

　加えて，ハイエクは知識とは人々に分有され，広く分散して存在するものと見た．こうした知識を一人ないし少数の人間が使いこなすことは不可能であり，それゆえ，権力者による知識の統合や予見も不可能である（ハイエク 2008）．したがって，中央政府は知識の分散状況への介入は必要最低限以外は控えるべきであり，人々の自由な経済活動を通じてこそ知識・情報の統合がよりよくなされる，

と彼は論じた.

●ポパーのピースミールな社会工学 ハイエクとならぶ社会計画思想への批判者としてポパーがいる．ポパーは，行動に先立って理想国家像を構想し，社会全体の青写真の実現を試みる考えをユートピア社会工学と呼ぶ（ポパー 2023）．ポパーの批判は，ユートピア社会工学が求める「社会全体についての計画の合理的立案」に必要な事実や社会に関わる知識は存在しない，というものである（ポパー 2023）.

それに対して提案されるのが，ピースミール（漸次的）な社会工学（piecemeal social engineering）である．ピースミールな社会工学は，理想の実現よりも社会に存在する悪への対処を，社会全体よりも個別の制度に対する青写真の実現を目指す態度を指す（ポパー 2023）．こうした態度の利点として，ポパーは，失敗の費用が比較的小さく，対処手段に対する社会的合意形成も比較的容易であり，それゆえ理性的な実行可能性も高い点を挙げる.

●オークショットの保守主義 オークショットもまた，中央集権に基づく意図的な社会変革の批判者として著名である．彼は政治社会の現状維持そのものに価値をおく保守主義的な立場から計画主義を批判した．オークショットの見るところ，変化とは受け入れざるを得ないものである一方，保守主義者は現に存在するものの価値をより高く評価する（オークショット 2013）．それゆえ，緩やかな変化や継続性の認められる変化をより好ましく考えるという.

こうした見方によれば，大規模な社会変革によって得られる利益は不確実である反面，損失は確実に発生するし，損失が利益を上回る可能性が高い（オークショット 2013）．そして，利害と損失をあらかじめ計算することは極めて困難である．翻って，既存の政治社会の秩序は，歴史的な展開の中でさまざまな試練に耐え取捨選択されてきた結果存在している．すなわち，新たな諸活動の出現や既存の信条の修正や破棄にさらされてきた（オークショット 2013）．こうした秩序の修正には，それに服する人々の活動や心情の変化を反映する必要があり，かつ，秩序全体の調和を危ぶませるような大規模な修正は控えるべき，ということになる.

●計画の合理性と政治的思考 計画主義者とその批判者の議論が公共政策にもつ含意を確認しておく．社会全体の青写真を描きその実現手段を選択する発想は，完全合理性モデルに近い．それに対し，批判者らの発想はインクリメンタリズムをはじめとする漸進的な政策改善に示唆を与えてきた．こうした関係の背後には，問題解決を志向する公共政策の狙いと，しかし問題の多くは利害関係者の認識・合意が困難なウィキッド・プロブレムであるという事情がある． [奥田 恒]

📖**さらに詳しく知るための文献**

ハイエク，F. A. 著，西山千明訳 2008.『隷属への道』春秋社.

オークショット，M. 著，嶋津 格ほか訳 2013.『政治における合理主義』増補版．勁草書房.

ポパー，K. R. 著，小河原 誠訳 2023.『開かれた社会とその敵』全四冊．岩波書店.

パターナリズム／自己責任

　行動科学の知見の蓄積により，個人の意思に働きかけることで政策目的の達成を目指す政策技術が近年著しい発展をみせている．行動科学の知見を応用した政策技術の中でも，とりわけ議論されることが多いのが「ナッジ」である．ナッジに代表される行動科学的手法の発達によって，政策目的をより安上がりに，かつ効率的に達成する政策手段の充実が歓迎される一方，政策を実施する側と政策の対象となる側の責任の帰属先があいまいになるといった問題も指摘されている．本項目で解説する「パターナリズム」と「自己責任」の両概念は，こういった昨今の公共政策の議論における「責任」の論じられ方と密接に関わるものである．

●パターナリズム　まずパターナリズムについて説明する．パターナリズムとは，対象者の利益の保護を目的に，対象者の意思を問わずその行為を制限することをいう．語源はラテン語で父親を意味する pater で，子に対する家父長的な介入による保護を指す言葉である．パターナリズムの例として代表的な政策は自動車のシートベルトの着用義務規制である．シートベルトの未着用は交通事故時の死亡リスクを大幅に高めることで知られており，そのリスクから政策対象者本人を守るためにシートベルトの着用が義務付けられている．重要なのは，シートベルトや交通事故のリスクについて政策対象者がどのような考えを持っているかにかかわらず「シートベルトを着用しない」という行動が制限されることである．一般に自律した個人の行動や自由の制限はミル（Mill, J. S.）の「他者危害原理」に則り，他者の危害になる行為のみとされる．しかし「危害を被るのは本人だけ」という行為でも規制を行うのがパターナリズムである．

●リバタリアンパターナリズムとナッジ　「危害を被るのは本人だけの行為を本人の意思に反して規制することは正当化可能か」という論点は，法哲学上の重要問題としてこれまで繰り返し論じられてきた．行為の帰結が行為者本人だけに及ぶのであればそれはあくまで個人の自己決定と責任の問題として処理すべきであり，政府の介入は本人の利益保護のためとはいえ，正当化されないとの批判が根強く提起されてきたのである．しかし近年，「リバタリアンパターナリズム」と呼ばれる新たな思潮が注目を集めている．リバタリアンパターナリズムとは，直接的な強制に頼らないことによって対象者の自由を損ねることなく，また経済的なインセンティブにも訴えることなしに，有益な行動を促したり有害な行動を控えさせたりする介入の考え方のことである．例えば，カフェテリアで野菜を手の届きやすいところに置き，高脂質の料理を手の届きにくい場所に置くことによっ

て利用者の選択の自由を損ねることなくその食生活を改善させるという手法がある．政策対象者の自由を損ねていない点でリバタリアン的であり，本人の意思によらず本人の利益保護（食生活の改善）を試みている点でパターナリスティックというわけである．そして，このリバタリアンパターナリズムに基づく政策手法として注目を集めているのが，英語で「そっと肘でつつく」「注意を促す」を意味するナッジである．

●**自己責任** リバタリアンパターナリズムおよびナッジは，伝統的なパターナリズムの問題を克服しつつ望ましい選択を政策対象者に促すことのできる画期的な手法として注目を集める一方，従来のパターナリズムをめぐる議論において問題にされてきた「個人の自由と責任」についての議論の複雑化を招く．ミルの他者危害原理は，政府による自由の制限を正当化する根拠を与えてきただけでなく，自由の制限の対象を「他人に危害が及ぶかどうか」に限定することによって，政府による統制の領域を抑制してきた（那須 2016）．個人の選択の自由を排除することなく個人の選択に介入するリバタリアンパターナリズムは，他者危害原理を「迂回」することによって，政府の介入対象となる領域を拡張させることとなるだろう．しかしそれと同時に，政府が強権的な政策手法を回避しナッジ的な政策を採用すれば，政策の実施主体としての政府の責任は大幅に縮小されることにもなる．政策対象者に選択の自由を保障することによって，ナッジによって促された選択の責任についても政策対象者に転嫁され得るからである．

リバタリアンパターナリズムとナッジがもたらす責任についての議論の複雑化は，ナッジを採用しうる公共政策全般に関わるが，とりわけ社会保障政策の議論に大きな影響を及ぼすかもしれない．というのも，社会保障政策においては，貧困は個人の責任か社会の責任かということが繰り返し問われ，また政治的言説としてもその対立軸が広く受け入れられてきたためである．福祉国家をめぐる政治的言説では，財政問題を背景として個人の「自己責任」を強調して福祉の再編を主張する議論が大きな影響力をもってきた（モンク 2019）．しかし，安上がりでかつ自由を損ねることなく個人の行動を誘導することのできる政策手法の洗練と，それを正当化するリバタリアンパターナリズムの登場は，「自己責任」論議にも新たな展開をもたらすかもしれない．貧困からの脱出，個人の健康管理，医療費の削減とナッジの適用が広範囲に模索される中，公共政策における責任の概念をいかに捉えるかの議論の重要性は，今後いっそう増していくものと思われる．

[香月悠希]

📖**さらに詳しく知るための文献**

ミル，J. S. 著，塩尻公明・木村健康訳 1971. 『自由論』岩波文庫.
那須耕介・橋本 努編著 2020. 『ナッジ!?』勁草書房.

動物倫理

　かつて動物愛護は一部の特殊な人々の主張とされ，公共政策とは無縁のものと考えられていた．しかし近年では，広い意味で動物愛護と捉えられるさまざまな取り組みが社会に広がっており，そうした取り組みを推進する法律なども制定されている．例えば日本では現在，動物愛護管理法（1973年）によって，愛護動物をみだりに殺傷したり虐待したりすると罰せられることになっている．また「ペット」を販売する会社が適切に動物を管理することが求められるようになっている．ほかにも，各地の保健所で，保護した捨て猫や捨て犬の殺処分を減らすための取り組みが積極的に行われるようになったり，大学における実験動物の取り扱いなどについても必要以上の苦痛を与えないように注意することなどが推進されるようになったりしている．

　こうした動きの背景には，動物愛護は一部の人の趣味嗜好の問題ではなく，社会全体に関わる公的な問題であるとする主張が存在し，そうした主張が一定の支持を得てきたという事実がある．動物を保護することには倫理的に明確な根拠が存在するというのである．こうした主張を行う人々からすると，上に見たような行政の取組みはまだまだ不十分であり，より積極的な動物保護が求められる．例えば，企業における動物実験の禁止や，動物園や水族館の廃止が主張されることもある．とりわけサルやイヌ，クジラやイルカなど，比較的「知能」が高いとされる動物については，より強力な保護が必要と主張されることがある．また近年ではアニマルウェルフェアという概念が提示され，畜産業においてもできるだけ飼育されている動物に苦痛や不快感を与えないようにすることが求められており，特にEUでは一定のルールができつつあり，認証制度なども存在する．

●**根拠**　では，こうした取組みがなされたり，主張されたりする根拠は何だろうか．さまざまな議論が存在するが，古くから存在する議論の一つは功利主義に基づくものである．功利主義者の中には，人間の感じる快楽や苦痛と動物の感じる快楽や苦痛は区別できないとする主張する者がいる．そもそも功利主義者にとっては，匿名的な快楽と苦痛だけが大事だからである．したがって理論的には人間と動物を区別する本質的な理由も存在しないとする．実際，欧米の功利主義者にはベジタリアンも少なくない．人を殺すことが悪であるのは人に苦痛を与えるからであるとすれば，動物についても同様ということになるだろう．逆に痛みを感じない生物（魚類や昆虫など）の殺傷は問題ないとされる．

　これに対して，動物のもつ知性を根拠に動物に限定的な権利を認めるべきとす

る主張もある．そもそも人間に尊厳が認められるのは，人間に知性が存在するからであるとする議論は古くから存在するが，だとすれば人間には劣るものの，一定の知性を有する動物にも人間に準じた尊厳が認められるべきとするのである．また類人猿については，遺伝的な近接性が指摘されることもある．多くの人々がサルやイヌ・ネコ，イルカやウマといった動物を殺すことに対して，魚類や両生類を殺すことより心理的な抵抗感をもつことの背景には，こうした直観が存在するかもしれない．

●**ケアの倫理**　以上二つが主要な議論だが，最近は別の議論も提示されている．一つはケアの倫理に基づくものである．ケアの倫理においては，ケアする者とされる者のあいだで生じる共感や心情的親近性といった要素が重視される．したがって動物への配慮も，苦痛や知性といった抽象的・一般的な要素ではなく，配慮がなされる動物との具体的な関係性が重視される．例えば「農作物を荒らす」獣害が問題になった場合も，それらの動物と地域の人々との関わりのあり方によっては，単に殺すのではなく，一定の配慮がなされるべきということになるかもしれない．広島の平和公園のハト，奈良公園のシカなどがその典型例といえよう．

　　また奈良公園のシカにも関わるが，動物を保護する宗教的な理由を重視する議論もある．さまざまな宗教教義において動物がどのように扱われてきたか，また宗教的な信仰が動物保護にとってどのような意味をもつかについては長く議論がなされてきた．ただし，動物を保護する宗教的な理由が存在するとしても，公共政策として動物を保護すべきということには必ずしもならない．それはあくまで個別の宗教教義に関わることであって，公共的な理由として認められないかもしれないからである．とはいえ，信仰の共有がなされやすい地方自治体レベルでは，宗教的な根拠が正当化理由として認められることもありえよう．

　　以上のほかにも，徳の観点からの議論もある．動物そのものに尊厳や権利があることを認めるわけではないものの，そうした存在に対して残虐にふるまったり，不必要に苦痛を与えたりすることは行為者の徳を傷つけるものであり，それゆえに禁止されるというのである．人は，正直であったり勇敢であったりすることが道徳的に求められるのと同様に，弱いものを保護したり慈しんだりするべきである．そしてそうした弱いものの中には，女性や子ども，病人などだけでなく，動物も含まれるというのである．

　　もちろんそのほかの考え方もあり得る．例えば「生きとし生けるもの」すべてに価値を認めるような生命尊重主義をもち出す人もいるかもしれない．あるいは近年ではポストヒューマニズムや人新世との関連も指摘されるようになっている．「動物」も公共政策の重要な考慮の対象になりつつあることを認識しておく必要があるといえるだろう．

[佐野　亘]

社会的包摂

社会的包摂（ソーシャル・インクルージョン，social inclusion）は，いかなる立場におかれた人であっても社会のなかで居場所を得て生きていけるようにすることをいう．社会的包摂のための政策は 20 世紀後半ごろからヨーロッパで重視されるようになり，その後日本にも広がった．

●社会的排除との関係　社会的包摂は社会的排除（ソーシャル・エクスクルージョン，social exclusion）に対する取り組みであるため，社会的包摂を進める際には社会的排除についての理解が欠かせない．社会的排除は，社会にある公式・非公式の制度ないし仕組みがうまく働かない中で，人が居場所を奪われてゆく過程や状態のことをいう．なお社会的排除と関わる主要な概念のひとつに貧困がある．両者を単純に区別して貧困は主に経済的な欠乏を，社会的排除はより幅広い問題を捉えるとすることは適切ではない．貧困研究は経済的な欠乏を起点にして社会からの排除を含む問題を明らかにしてきたからである（岩田 2008）．

社会的排除は複合的連鎖的に起こる．一例としてまず生きることの基盤となる安心・安全な暮らしの欠如から考えてみよう．何らかの理由で快適な住居や整った食事が手に入らなければ，人は安心・安全な生活を送ることができない．そうした生活の基盤が欠けると，学習やスポーツ，芸術鑑賞等のさまざまな活動をするどころではなくなる．学習やその他のさまざまな活動経験の不足は，社会で共有される常識や人と関わるための最低限の作法の獲得を妨げる．その結果，人とのスムーズな交流や，信頼関係の構築が難しくなる．このことで，孤独に陥るリスクや仕事を得られずに困窮するリスクも高まる．さらに孤独や困窮によって精神的金銭的に追い詰められた結果，自分をないがしろにすることや，反社会的なふるまいに導かれてしまうことも懸念される．

これらの過程や状況を促進する主要な要因に金銭の欠如があるが，そのほかにも，（障害や性別，育ち，国籍等を理由とした）差別や虐待等，要因はさまざまである．そもそも家族等の周囲の環境や価値観に影響されて，社会的排除状態にあることに気づくことすらできない場合もある．

以上のような社会的排除の過程に存在するのは，公式・非公式の制度や仕組みからの，特定の人々のとりこぼしである．一部の人を不安定かつ不利な立場に留めておくような雇用制度や職場慣行，すべての人には行き届きがたい福祉やアクセスしにくい教育，特定の人々に開かれていない文化活動や政治参加の仕組み等が影響している．したがって，社会的包摂のための政策には，従前の制度や社会

の仕組みの見直しや改革も求められる.

●社会的包摂政策の展開　社会的排除の概念は，20世紀後半にフランスで生まれたとされ，1980年代の若年者失業問題を契機にヨーロッパ諸国で注目されるようになった．社会的包摂政策もこの動向に伴って展開された．フランスでは1998年に「反排除法」が制定された．イギリスでは1997年にブレア（Blair, T.）首相のもとで社会的排除（防止）局（Social Exclusion Unit：SEU）が立ち上げられた．ヨーロッパ連合（EU）では，1997年に合意されたアムステルダム条約に，EUおよび加盟国の目標として「高水準の雇用の継続と社会的排除の撲滅のための人的資源の開発」が掲げられた．日本では，2000年に厚生労働省社会・援護局から出された「社会的な援護を要する人々に対する社会福祉のあり方に関する検討会報告書」の中で，社会的排除や摩擦，社会的孤立や孤独等が取り組むべき問題として示され，国や自治体，社会福祉関係者等に共有されていった．社会的包摂を名称に掲げた組織としては，民主党政権時代の2011年4月に内閣官房に設置された，社会的包摂推進室があった．

●社会的包摂政策の課題　社会的包摂政策を構想・実施するための課題は複数あるが，まずは政策手段の組み合わせが課題となる．生活保護等の現金給付や就労支援・居場所づくり等のサービス給付，法規制等の政策手段を組み合わせることが重要である．なぜなら，お金を受け取っても孤独なまま取り残される可能性や，就労支援で仕事を得てもブラック職場で処遇が劣悪となる可能性等があるためである．さらに情報的手段も組み合わせる必要がある．社会的弱者に関する報道のなされ方等によって，政策への社会の支持は容易に反対派の発生へと転じかねないためである.

　実施組織間の連携も課題となる．人々の生き方は多様であるため，排除のリスクもさまざまである．役所が支援の対象者を（高齢者や障害者のように）分類し，担当部局に縦割り的に対応させる体制では，それらのリスクに対応しきれない．社会福祉法人やNPO，コミュニティ，地方自治体等の多様な支援組織による柔軟な連携が求められる.

　さらに規範的な課題もある．社会的包摂政策は，支援を受けた人が「依存」から「自立」に移行することを期待して構想されがちであった．しかし実際には，他者の支え無しに自立することは，誰にとっても難しい．したがって，依存と自立のバランスも重要である（宮本2022）.　　　　　　　　　　　　［安藤加菜子］

📖さらに詳しく知るための文献
岩田正美 2008.『社会的排除』有斐閣.
阿部 彩 2011.『弱者の居場所がない社会』講談社現代新書.
宮本太郎編 2022.『自助社会を終わらせる』岩波書店.

公共的理性

公共的理性（理由）とは，政治哲学者のロールズ（Rawls, J.）が提案した概念である．それは，理由づけにあたって用いられる知識と推論方法の一種であり，具体的にはいかなる包括的教説（世界観）からも自立した政治的価値に訴えることである（ロールズ 2022）．公共的理性は，秩序だった社会を統べる正義の原理を適用する際のガイドラインとして導入される．彼はこの名称を，カント（Kant, I.）が『啓蒙とは何か』で提唱した「理性の公共的使用」の示唆を受けて用いている（カント 1974）．

●**公共的理性の背景**　ロールズにとっての出発点は，道理的な多元性の事実である．さまざまな価値観が共存する今日の自由主義社会においては，哲学や宗教など，人々が抱く各々の包括的教説，すなわち人間の人生に意味を与え，理想を導くような世界観について，永遠に意見の一致を見ることはない．これは決して否定的要素ではなく，人々がそれぞれ自由に自分なりの信条を育むことを許されることに伴う不可避的帰結である．

にもかかわらず，私たちは政策や制度といった公共問題に関して，何らかの取り決めを必要とする．こうした政策や制度に対して，人々の一般的な信認を得るためには，人々が抱く各々の包括的教説ではなく，人々が共有可能な公共的理性によって説明可能でなければならない．この条件は，政策や制度を支える理由の次元に関して制約を加える．それは喩えれば，裁判所において，違法に収集された証拠が，その真偽を問わず判決の根拠となってはならないのと同様である．

公共的理性の観念は，正統性の主題の下で導入される．問題は，政策や制度を取り決める個々の法律に必ずしも同意しない人々に対して，当の法律が強制力をもって働くことである．自由で平等な市民が強制力を伴う法律に服するのは，その法律を支える理由に関して道理的市民全員の支持が期待される場合のみである．これは「リベラルな正統性の原理」と呼ばれる．

●**公共的理性の意味**　それでは，このような背景の下で要請される公共的理性とは具体的に何か．第 1 にその主題について．公共的理性は憲法の必須事項と基本的正義の問題に関わる．ロールズ自身が擁護する正義の二原理において，第一原理である平等な基本的諸自由原理は憲法の必須事項であるが，第二原理である格差原理は憲法の必須事項ではない．その理由は，それが第一原理よりも緊急性に劣り，またその実現や詳細の規定が容易ではないからである．

第 2 にその主体について．公共的理性への訴えを要請されるのは，第一義的に

広義の政府官吏，すなわち立法・行政・司法の人間である．とりわけ，最高裁判事が公共的理性の範例であるとロールズは言う．逆にいえば，日常的な政治討論において，個々の市民が公共的理性の条件を厳密に充たす必要はない．ただし，市民が政党の一員となったり，憲法の必須事項に関して投票を行ったりする場合には，公共的理性の理想に基づいて行為することを，法的ではなく道徳的に求められる．

第3にその内容について．公共的理性は，互恵性の基準を満たす一群の正義の（リベラルな）政治的構想により与えられる．これは，ロールズ自身が擁護する正義の二原理よりも幅広い．例えばそれは，政治的価値の言葉で表現された共通善や連帯に関する宗教的見解も許容する．同じ自由主義社会であっても，各国のあいだで社会のあり方に関して相違が生じるように，道理的社会はそれ自体多様であり得るのである．

公共政策もまた何らかの規範的な推論に基づいてその正当性を説明されるものである限り，この意味での公共的理性と無縁ではない．実際ロールズは，アメリカ憲政史において，建国期，南北戦争から戦後再建期，ニューディール期など，国制のあり方が根本的に問われた時期を公共的理性の観念が発現した画期と見ている．今日的問題としても，家族制度のあり方など宗教や文化にも関わる論点を論じる際，公共的理性の観念が必要かつ有益になるかもしれない．

●**批判と拡張**　公共的理性の観念に対しては，批判も寄せられている．一方でそれは，深刻な価値観の分断の下でも一定の政治的価値についてはコンセンサスがあり得るという根拠なき楽観論を前提にしているかもしれない．他方でそれは，各々の包括的教説に由来する一定の議論をあらかじめ排除することで，本来政治の問題として問われるべきものをあえて等閑に付し，公共的討議を貧困なものにしてしまうかもしれない（サンデル 2009）．

こうした批判に対して，ロールズは，公共的理性がより幅広い射程をもつことを強調する（ロールズ 2022）．具体的に，19世紀の奴隷制廃止論や，20世紀に公民権運動を率いたキング牧師（King, M. L.）の主張は，宗教的価値観への訴えを含んでいるが，しかるべきときに適切な政治的理由が提示されるならばという但し書きの下で，公共的理性の条件とは矛盾しない．もちろん，こうした修正は場当たり的だとのさらなる批判もあり得るだろう．

現代の多元的社会の下で，鋭い価値観の対立が生じることは珍しくない（☞「価値多元論／一元論」）．こうした中，多元性と社会の統一をどのように成し遂げればよいだろうか．ロールズが直面した問題は，熟議民主主義（☞「熟議民主主義と政策」）などの諸論点とも連動しながら，彼以降の政治的リベラルの論者のあいだで議論が深められている．　　　　　　　　　　　　　　　［松元雅和］

📖さらに詳しく知るための文献

ロールズ, J. 著, 神島裕子・福間 聡訳 2022.『政治的リベラリズム』増補版. 筑摩書房.

サステナビリティ

　サステナビリティ（sustainability，持続可能性）は，あるシステムやプロセス，活動が将来にわたって継続できること，あるいはその程度のことで，持続可能な開発（sustainable development）を説明するうえで重要な概念となっている．環境と開発に関する世界委員会が 1987 年に発表した最終報告書である「われら共有の未来」では，持続可能な開発を，「将来世代が自身のニーズを満たす能力を損なうことなく，現在世代のニーズを満たすような発展」と定義しており，これを契機としてサステナビリティが広く注目されるようになった．

●**持続可能な開発の歴史的経緯**　持続可能な開発が公式に登場したのは，1980 年に国際自然保護連合（International Union for the Conservation of Nature：IUCN）が，国連環境計画（United Nations Environment Programme：UNEP）と世界野生生物基金（World Wide Fund for Nature：WWF，現在の世界自然保護基金）の協力の下でとりまとめた「世界環境保全戦略（World Conservation Strategy）」であった．しかしながら，この時点では生態系が保全される範囲での開発が原則となっていたこともあり，同概念が浸透するに至らなかった．持続可能な開発という概念が国際的に広まるきっかけとなったのは，環境と開発に関する世界委員会（World Commission on Environment and Development：WCED，通称ブルントラント委員会）が 1987 年に公表した最終報告書，「われら共有の未来（Our Common Future，ブルントラント・レポート）」である．前述の，同報告書での持続可能な開発の定義が現在最も引用される定義となっている．

　持続可能な開発の概念はその後，1992 年の環境と開発に関する国際連合会議（United Nations Conference on Environment and Development：UNCED，リオサミット，地球サミット）で採択された「環境と開発に関するリオ宣言」や，「アジェンダ 21」において組み込まれ，中心的な概念として位置づけられている．リオ宣言が行動原則を示すものであるのに対し，アジェンダ 21 は全 40 章で構成される持続可能な開発のためのグローバルな行動のための具体的な計画である．その後アジェンダ 21 を実現するための政策形成の議論が世界各国で行われ，さらに 2002 年にヨハネスブルクで開催された持続可能な開発に関する世界サミット（World Summit on Sustainable Development：WSSD）では，アジェンダ 21 の実施状況のレビューが行われた．

●**持続可能な開発の多様な定義と解釈**　持続可能な開発の定義のうち最も有名なものがブルントラント・レポートにおける定義であるが，実際には定義や解釈は

先進国・発展途上国いずれの立場をとるか，依拠する学問分野，そして時代などによって異なる．例えば先進国に比べ，発展途上国では社会発展やガバナンスの向上などより広範な事柄に関心が向けられる傾向にある．このように，持続可能な開発の定義や解釈は多様であるが，共通する要素として，世代間の衡平性，環境の能力の限界，社会的衡平性が挙げられる．まず世代間の衡平性については，リオ宣言第3原則にもあるとおり，「開発の権利は，現在及び将来の世代の開発及び環境上の必要性を公平に充たすことができるよう行使」することが求められる．また自然や環境の利用にあたっては，自然のもつ環境容量の範囲内でなければならない．社会的衡平性は，主に南北間衡平の確保を意味する．

　経済学においては，強い持続可能性と弱い持続可能性の二つの考え方が発展してきた．前者は自然資本と人工資本の代替可能性に否定的な立場をとり，自然資本のストックが一定であることが持続可能性の条件であると主張している．他方で後者は，自然資本と人工資本の代替可能性を認めるもので，自然資本が減少したとしても，人工資本が増加し総資本が一定水準を満たす限りは持続可能性が維持されていると判断することができる．

● **SDGs とその特徴**　ミレニアム開発目標（Millennium Development Goals：MDGs）は，2000年9月に開催された国連ミレニアム・サミットで採択された国連ミレニアム宣言と，1990年代の主要な国際開発目標を統合させた，国際社会共通の目標である．MDGs は発展途上国向けの開発目標として，極度の貧困や飢餓の撲滅など，2015年までに達成するべき八つの目標が掲げられた．2012年には国連持続可能な開発会議（リオ＋20）が開催され，MDGs の後継として，環境・経済・社会をめぐる諸課題に統合的に取り組むための持続可能な開発目標（Sustainable Development Goals：SDGs）の作成が合意された．さらに2015年の国連持続可能な開発サミットにおいて，「持続可能な開発のための2030アジェンダ」が採択された．その中で，2016年から2030年までに達成するべき国際的な目標として示されたものが SDGs である．SDGs は MDGs の取り残された課題への対処を含む形で，貧困や飢餓の撲滅，気候変動対策などの17の分野別目標と，それぞれに含まれる169の達成基準から構成される．

　発展途上国を想定した MDGs に対して，SDGs は「誰一人取り残さない（No one is left behind）」を基本理念として，発展途上国のみならず先進国自身も取り組むべき普遍的な目標として設定されたという点において，大きく異なる．また各国の事情を考慮した取組を認める点や，対象となる分野の広さ，各ステークホルダーとのパートナーシップを強調する点も特徴的である．　　　　　［竹前由美子］

📖 **さらに詳しく知るための文献**
竹本和彦編 2020.『環境政策論講義』東京大学出版会.
白井信雄 2020.『持続可能な社会のための環境論・環境政策論』大学教育出版.

代議制民主主義と政策

●**執政制度の定義と分類**　民主主義体制においては，行政部門を統括するトップの政治家である執政長官と立法部門である議会の制度配置が重要となり，これを執政制度という．執政制度は，執政長官が議会から選出されるのか，国民から選挙で選出されるのかという「選出のルール」と執政長官が議会に対して責任を有するのか（議会によって解任され得るか）という「退任のルール」の二つの基準により分類される（建林ほか 2008）．

　議院内閣制では，議会を構成する議員が選挙によって国民から選ばれ，執政長官（＝首相）および内閣が議会により選出される．内閣は議会に責任を負い，不信任案が可決された際には総辞職するか議会を解散して総選挙を実施する．このため任期満了時のほか，不定期に議会選挙が行われる．日本やイギリスのほかに大陸ヨーロッパ諸国に多くみられる制度である．

　大統領制では，議員と執政長官（＝大統領）が別々の選挙を通じて直接国民から選出される．一般に議会と執政長官とが共に固定任期であり，弾劾等による場合を除き，議会が大統領を罷免できない．議会は人事や予算，条約などの承認権限等を有している一方，大統領は通例議会の決定に対して拒否権を有している．アメリカや韓国のほか，南米諸国等でみられる制度である．

　なお，「選出のルール」と「退任のルール」からは，執政長官が公選され，かつ議会に対する責任を有する首相公選制（1990〜2000 年代初頭のイスラエル）や，執政長官および内閣が議会から選出されながら，固定任期で解任されない自律内閣制（スイス）も存在するが，国家レベルでの実際の採用例は極めて少ない．

　これら二つの基準による分類から外れる制度が半大統領制である．大統領制同様に議会と大統領の両者が公選され，かつ議院内閣制同様に議会に責任を負う首相と内閣が存在する．半大統領制には代表例としてフランスなどがあり，1990 年代以降旧共産主義諸国等で多く採用されてその数を増やしている．

●**政党との関係**　いずれの執政制度も，立法権と行政権の制度上の抑制と均衡の関係を有するが，安定的に機能するためには政党との関係を抜きに語れない．議院内閣制の場合，少数与党のケースを除き首相は議会多数派からの信任を受けることが一般的で，立法府と行政府の権力は事実上融合している．大統領制は議院内閣制よりも明確な権力分立の制度となるが，議会内の多数派政党と大統領の所属政党が一致するか否かにより状況は大きく異なる．党派性が一致する場合には「統一政府」，不一致の場合には「分割政府」と呼ばれる．分割政府の場合，部門

間対立が先鋭化して法案や予算審議の停滞など，政治的不安定化が起きやすい．半大統領制においても大統領制同様の部門間対立の可能性があるが，大統領と首相・内閣とがともに行政権を掌握しており，特に党派性が異なる場合には外交と内政といった所掌分割が行われる（フランスにおけるコアビタシオン）．

●**民主主義の諸類型と多様性**　これまで執政制度の類型について議論したが，レイプハルト（Lijphart, A.）はさまざまな政治制度を包括的に捉えて民主主義体制を類型化し，日本を含む 36 か国の分析を通して「多数決型」と「コンセンサス型（合意型）」という二つの理念型に分かれることを示す（レイプハルト 2014）．

　彼は，権力共有と権力分割という二次元で民主主義国の制度を測定して理念型を導出している．権力共有次元は政府・政党次元とも呼ばれ，選挙制度（小選挙区制か比例代表制か）や政党システム（二大政党制か多党制か），内閣の構成（単独内閣か連立内閣か），執政府・議会関係（議会に対して執政長官が優越する制度か，均衡する制度か），利益媒介制度（利益集団多元主義かコーポラティズムか）からなる．権力分割次元は連邦制次元とも呼ばれ，中央・地方関係（単一制か連邦制か），議会構造（一院制か二院制か），憲法改正の容易さ（軟性憲法か硬性憲法か），違憲審査制度（議会が最終的な権限をもつか，裁判所が違憲審査権をもつか），中央銀行（政府への依存性が高いか，政府からの独立性が高いか）が該当する．

　多数決型は上記二次元の各構成要素の前者の特徴をもち，小選挙区制度の下で単独内閣が生まれやすく，政権はより自由な意思決定が可能となる．政策に対する政治責任の所在が明確化するが，選挙の際の死票が多く，政策が勝者総取り方式となりやすい．イギリスが典型例とされる．

　他方コンセンサス型は各構成要素の後者の特徴をもち，比例代表制の下で，通例連立政権となる．少数派を含めた幅広い有権者の政策選好を代表しやすい反面，政治責任の明確化が難しいほか，政権の意思決定が広範な当事者の合意可能なものに限定される．スイスなどが典型例である．

　レイプハルトは二類型のうちコンセンサス型の方が優れるとの結論を出したが，論争は続いている．また近年，民主主義の多様性プロジェクト（Varieties of Democracy：V-Dem）等のデータセットの整備も進んでいる．世界的な「民主主義の後退」が叫ばれるなかで，民主主義国に加えて権威主義国も含めた形で，民主主義に関わる政治制度と政策パフォーマンスや応答性，メディアの自由，選挙の公平性や汚職の発生，女性の人権・社会進出などのさまざまな「統治の質」との関係性の検証も進んでいる．　　　　　　　　　　　　　　　　［梶原　晶］

📖**さらに詳しく知るための文献**
建林正彦ほか 2008.『比較政治制度論』有斐閣．
レイプハルト，A. 著，粕谷祐子・菊池啓一訳 2014.『民主主義対民主主義』原著第 2 版．勁草書房．

直接民主主義と公共政策

　民主主義，民主制，民主政と訳されるデモクラシーは，古代ギリシャのデーモクラティア，すなわちデーモス（民衆）のクラティア（権力）に由来し，民衆の自己支配，自己統治を意味する．古代ギリシャのポリスでは，民衆すなわち市民（女性，在留外国人や奴隷は含まれない）から構成された直接民主制の民会が最高の意思決定機関であった．しかし，近代西欧のデモクラシーは，国民国家を前提としており，そこでは民衆の代表者が統治する間接民主制が一般的である．民衆を究極の主権者として，主権者である民衆から正統性を引き出すという点では共通するが，民衆の直接参加と自治を中心にした直接民主制と代表者による委任統治的な寡頭制の一種である間接民主制とでは大きな違いがある（千葉 2000）．

●**現代における直接民主制**　間接民主制を基本とする現代においても，政治的意思決定に自分たちの意思の反映を求めて住民投票（国民投票）など，ある種の直接民主制を求める声は各国で高まっている．直接民主制は，住民総会など，有権者が一堂に会して討論をする方法が想定されるが，今日では争点をめぐって有権者が投票する住民投票などの方法が一般的である．スイスやアメリカ合衆国の諸州のように直接民主制の歴史と実績が豊富な国もある．その一方で，特に冷戦構造が崩壊した 1990 年代に，ヨーロッパ諸国を中心に直接民主制への要求が強まった．再統一したドイツでも多くの州がこのとき住民投票制度を導入している．

　スイスでは，連邦憲法，集団的安全保障のための組織または超国家的共同体への加盟などは必ず国民投票にかけなければならない．また連邦法律，連邦決議，国際条約などは一定の有権者などの請求があれば国民の投票に付すことになる．さらに連邦憲法の改正については国民発議もある．加えて州や地方自治体においても住民投票が行われており頻度や件数も多い．一部の州や多くの地方自治体では住民総会も実施されている．アメリカにおいても，東海岸のニューイングランド地方ではタウンミーティングと呼ばれる住民総会が行われており，またカリフォルニア州をはじめ地方自治体で住民投票が行われているところも少なくない．

　間接民主制を基本とする現在の日本でも直接民主制の要素はある．憲法改正の国民投票，憲法第 95 条に基づく地方自治特別法の住民投票，地方自治法の直接請求制度による議会の解散，議員・長の解職に関する住民投票などである．しかし，日本では公共政策の賛否を問う住民投票は必ずしも一般的ではない．多くの自治体で有権者は政策に関する住民投票を求めて条例制定の直接請求を行っている．住民投票条例を求める直接請求は 1970 年代から 2020 年代初頭までで 290 件ほど

になる（市町村合併に関するものを除く）．ここでの請求事項対象は，住民に身近な施設の建設・都市基盤整備が全体の約60％を占めており，特に庁舎を含む施設の建設をめぐるものが多い．しかし，こうした請求の9割以上が議会で否決されている．そのため実際に条例を制定して住民投票を実施したものは，議会や首長からの提案による住民投票条例を含めても50件程度にとどまる．その中には，原子力発電所建設，米軍基地建設に関するもの，産業廃棄物処分場，市庁舎の整備などの賛否を問うものが含まれている．

●**意思決定者としての住民**　公共政策は代表機関や一部の利害関係者の間で調整した方がスムースに事が進み，効率的であって，時間と手間がかかる（と考えられている）住民投票などによって有権者に賛否を問う必要はないという考えは少なくない．ツェベリス（Tsebelis, G.）は，政策過程で政策の賛否を決定できる権限を有するものを拒否権プレイヤーと呼んでいる（ツェベリス 2009）が，政策決定の場で拒否権プレイヤーが多ければ多いほど新たな政策の成立が難しくなる．そうだとすると，政策を提案する側（例えば，政府や与党）にとっては，拒否権プレイヤーが増えることは望ましくない．特に結果が予測しにくい住民（国民）が拒否権プレイヤーとなる住民投票（国民投票）は，政策決定の不確実性が高まるために一般に回避される．また，直接民主制に対しては，教育が不十分で専門知識も乏しい民衆は適切な政治的判断ができない，という否定的な意見もある．しかし，バッジ（Budge, I.）は，このような批判は民主政治そのものを批判することにもなると述べ，すでに直接民主制を導入し実施している国や地域のデータから，民衆の判断は決して非合理的なものにはなっておらず，少なくとも間接民主制と同程度の信頼性があるという（バッジ 2000）．

　最近では討議デモクラシーの観点から，無作為抽出による市民討議会，市民参加型予算といった市民参加の手法も注目されているが，すべての有権者を対象にした広範な参加が可能な直接民主政の手法となると現実的には住民投票になる．ただし，住民投票を制度化しようとすると，例えば，住民投票の対象事項は何か，誰が住民投票を発案できるのか，投票の有資格者は誰か，投票結果をどう扱うか，などを検討しなければならない．結果として，住民投票といっても多数のバリエーションが存在することになる．インターネットを利用した電子投票やEデモクラシーの可能性も指摘されている．主権者である住民が公共政策について自ら判断し，意思決定を行う直接民主制は，民衆の自己統治，自治を原則とするデモクラシーにとって重要な要素であるが，理念的にはともかく，実現しようとすると，関係者の思惑も絡まって容易ではないといえる．　　　　　　［岡本三彦］

📖**さらに詳しく知るための文献**
砂原庸介 2022.『領域を超えない民主主義』東京大学出版会.
ペイトマン, C. 著，寄本勝美訳 1977.『参加と民主主義理論』早稲田大学出版部.

地方分権（補完性原理）と政策

　中央と地方を含む政府部門全体の中での地方自治体の位置づけ，換言すれば地方自治体にどの程度の規模と機能を担わせるべきかという問題は，統治機構における重要な論点である．

　近代主義的な自律的個人像に基づけば，社会的な課題解決や利益実現に関わる意思決定はできる限り個人や個々の市民に近い場で行われるべきであるとされる．よって個人に近い社会単位である基礎的自治体が重視され，より多くの権能が与えられるべきである．また広域自治体は基礎的自治体の権能行使が難しい場合にそれらを補い，広域自治体でも担いきれない権能を中央政府が担う．小さな単位の政府が行うことへの上位政府の介入は控えて，実施できないことに関して上位政府が協力するべきである．これが補完性原理である（矢部 2012）．

　補完性原理自体は，1931 年にローマ教皇の出した社会回勅に由来する．欧州では，EU の統治原理として採用され，各国の地方自治の原則として位置づけられており，地方政府の中で基礎的自治体により大きな役割を与え（市町村優先の原則），その規模はできるだけ小さいことが望ましいとされる．規模が小さいことで，より住民との距離は縮まり，住民の参加も住民ニーズの把握も容易になる．よって補完性原理において，地方分権は追及されるべき価値として把握される．

●**機能分担論**　他方で，地方政府の役割は一定条件の下でのみ拡大するべきとの議論も存在する．移動や生活の範囲から生まれる住民・市民の共通利益や行政需要の地理的広がり，行政サービスの提供体制の効率性といった観点からは，必ずしも中央政府よりも地方政府に，地方政府間では広域自治体よりも基礎的自治体に，より多くの権能を担当させるべきとの結論には至らない．つまり，地方分権は地理的要請や効率性を追求するうえでの手段としてその有効性が議論されることになる．これらを機能分担論と呼ぶ．機能分担論からすれば，必要性に応じた自治体の規模や区域の拡大が志向される．

　機能分担論に基づく中央地方関係の編成は，歴史的には福祉国家化が進む中で中央政府と自治体の相互依存をもたらした．福祉政策には，その財源確保のために全国規模での所得への累進課税と再配分を行う税制が必要とされる．また政策実施には個々の市民のサービス需要の把握や供給体制の構築のために自治体の資源を動員する必要性があった．さらに全国一律のサービス水準の確保のためには中央政府からの自治体への統制も進み，福祉国家の進展により中央集権化が進行したといえる．いわゆる集権—融合的な中央地方関係の形成である（曽我

2022).

●**地方分権改革**　1990年代以降，日本では行政改革や政治改革に連動して地方分権改革が進められた．1993年6月の衆参両議院の地方分権推進に関する決議を皮切りに，1995年には地方分権推進法が成立し具体的な改革が始まる．地方自治に関わる研究者も参加した地方分権推進委員会の交渉を経て1999年の地方分権一括法の成立に至る過程は，第一次分権改革と呼ばれる．最終的に，国と自治体の間の上下・主従関係の象徴とされていた機関委任事務の廃止，特定行政機関の職員の必置規制の緩和，国の自治体への関与のルール化，国と自治体間の係争を処理する機関設置などが実現した．

　第一次分権改革では実現できなかった財政的な分権化は，2001年以降小泉純一郎政権で進められた三位一体改革で実現する．この過程で，国庫補助負担金削減と国から地方自治体への税源移譲が行われた．しかし，地方交付税も削減され，自治体の多くが財源不足で苦しんだ．同時期に進行したのが市町村合併である．1999年に成立した改正市町村合併特例法には合併特例債をはじめとする優遇措置が盛り込まれ，三位一体改革下の財源減少の影響もあり，1999年度末に3,232あった市町村は，2009年度末には1,727と半数近く減少した．

●**改革のその後**　三位一体改革以降も地方分権改革は続き，権限移譲，国による義務づけ・枠づけの見直し，出先機関の整理統合等が進められた（第二次分権改革）．しかし，2000年代後半は短命内閣の連続と政権交代によって十分な成果を生んだとは評し難い．2012年末に政権復帰した自公政権では，自治体の要望をもとに改革を進めて行く「提案募集方式」や，権限移譲を一律ではなく希望する自治体に対して進める「手挙げ方式」による改革が試みられた．また第二次安倍晋三政権の「地方創生」のように，経済政策に連動させて自治体間の競争を促して地方活性化を目指す方針も示された．しかし（基礎的）自治体の側では，多くが少子高齢化や人口減少に直面しており，地域間格差に対する危惧も拡大する中で地方分権推進の全国的機運は以前ほどの盛り上がりを欠いている．

　加えて，2000年からの新型コロナウイルス流行に際しては，緊急事態宣言の発出や行動制限，休業要請などの措置をめぐり，国と自治体間の政策調整では混乱も生じた．そこで2024年の地方自治法改正では，国の権限が一定強化され，感染症や災害など重大な事態が発生した場合に，国が自治体に必要な指示を行うことを可能とする特例が規定された．これらは，これまで進んできた地方分権の動きと国と自治体の関係性に対する一定の見直しと言える．　　　　　　　　　［梶原　晶］

📖**さらに詳しく知るための文献**

宇野二朗ほか編著 2022.『テキストブック地方自治の論点』ミネルヴァ書房．

曽我謙悟 2022.マルチレベルの行政を規定する要因．同『行政学』新版．有斐閣．

矢部明宏 2012.地方分権の指導理念としての「補完性の原理」．レファレンス 62(9)：5-24.

熟議民主主義と政策

　熟議民主主義（deliberative democracy）は民主主義論の一つであり，民主主義の本質は話し合いを通じた理由の交換にあると考える立場である．熟議（deliberation）という言葉は，「熟慮」「討議」という二つの意味を兼ね備える．熟議民主主義においては，熟議への参加者が理由の交換を通じ，自らの意見を反省し変容させることが期待されている（田村 2008；田村ほか 2017）．

　熟議民主主義は，投票を通じた利益集約を特徴とする多数決型民主主義の相対化を試みる民主主義論に分類される．多数決型民主主義では，秘密投票の形で行われる選挙や住民投票のように，市民の意見はその内容・理由を問われることなく単純集計される．熟議民主主義の支持者は，そうした意見は各市民の私的利益を反映していたり，熟慮を経ない独断に基づいていたりするとして，問題視する．

　理論的・実証的研究を通じた発展と並行し，市民社会における活用実践や制度化が進んでいる点も，熟議民主主義が注目される理である．

●ミニ・パブリックス　熟議民主主義の実践・制度化として最も注目されるものの一つが，ミニ・パブリックス（mini-publics）である．ミニ・パブリックスとは，一般市民から無作為抽出で選ばれ，性別や年齢などの属性が社会の縮図となるようにつくられた，疑似的な公衆である．多くの場合，ミニ・パブリックスはあらかじめ決められた特定のテーマについて行われ，参加者は専門家の講義や資料などの情報提供を得たうえで熟議に臨む．ミニ・パブリックスの結果は，広く公表されたり，主催者（しばしば政府機関）に提出されたりという形で市民社会や政策作成過程にフィードバックされる．

　代表的なミニ・パブリックスとして，情報提供および議論の前後での意見・態度の変容を見る「討論型世論調査（deliberative poll）」，主に科学技術分野について合意点を探り論点整理を行う「コンセンサス会議（consensus conference）」，無作為抽出で選ばれた集団の中からさらに毎回入れ替わる小集団をつくり熟議を進める「計画細胞会議（planning cell / Planungszelle）」がある（篠原編 2012）．

●議会における熟議　熟議民主主義論には，国会をはじめとする議会での熟議を促すような制度化構想も含まれる（大津留〔北川〕2010）．党派的対立やポピュリズムに基づく行動ではなく，多様な立場・背景をもつ議員間で公共的問題を認識し，それに対する合理的対処を探り論じる議会を目指すものである．熟議民主主義の文脈に限定されないが，日本の国会についても，国会での議論を不要にする，もしくは，議論の回避が政党にとっての「成果」に繋がりやすい制度はしばしば問題視

され，より実質的な審議を促す制度改革が提唱されることもある（大山 2011）．

●**熟議的政策分析**　公共政策学分野では，1990 年代に政策分析における議論的転回（argumentative turn）が提唱された．政策作成を，諸利害の集合と妥協ではなくコミュニケーション的実践に関わる事柄とみなす，政策研究における方法論的・実践的運動である．熟議的政策分析（deliberative policy analysis）はそのひとつであり，熟議民主主義を背景としたコミュニケーション実践の評価を特徴とする政策分析である（Dryzek 2016）．

　熟議的政策分析は政府機関や市民社会を含むさまざまな場で行われ得る．無作為抽出に基づく正確な意味でのミニ・パブリックスで行われることもあるが，活用の場はそれに留まらない．ドライゼク（Dryzek, J. S.）やフォレスター（Forester, J.）など，熟議民主主義と熟議的政策分析の両分野を専門とする研究者も存在する．

　本項目では，熟議的政策分析の利点として，利害関係者の紛争解決，非党派的な熟議フォーラムにおける意見聴取，政策作成への多様な観点からの情報入力，熟議システムをよりよく機能させるガバナンス体制への寄与を挙げる（Dryzek 2016）．第 1 の紛争解決は，熟議的過程を通じて利害対立や党派的対立を緩和し，合意に至れるよう促すという利点である．ただし，熟議が紛争や対立をやわらげる契機となりうることは確かだが，そうした紛争解決は常に成功するわけではない．また，こうした利点は熟議の場への党派的対立の持ち込みを前提としており，熟議民主主義論が想定する状況とは距離がある．第 2 の意見聴取，第 3 の多様な情報入力は，いずれも熟議民主主義論が想定する利点に近いといえる．

　第 4 の利点にかかわる熟議システム論とは，複数の熟議の場の相互連関に注目する考えを指す．ミニ・パブリックス等の熟議の場を独立に見るのではなく，それらが政策作成を含む社会的文脈との繋がりの中で発揮する熟議的機能を，総体として観察し評価する試みである．熟議システム論の重要性は，それが，単独では熟議的とは見なせない制度や実践——例えば専門家と素人など権力・知識において非対称な者同士の対話——にも，熟議的観点から肯定的に評価される側面を発見せしめる点にある．なぜなら，不十分な熟議の場であっても，それ以外の場と連動することで，社会全体の熟議状況を改善する機能を果たし得るためである．熟議的政策分析には，熟議システムの分析を通じ，それをよりよく機能させるシステム・デザインの方法を提案することも期待できる（Dryzek 2016）．熟議システムの改善に関わる政策実践には，個別のミニ・パブリックス，議会での議論，熟議的政策分析を超えた利点をもたらすことが期待される．　　　　　［奥田　恒］

📖さらに詳しく知るための文献

大山礼子 2011.『日本の国会』岩波新書.

田村哲樹 2008.『熟議の理由』勁草書房.

OEDC 著, 日本ミニ・パブリックス研究フォーラム訳 2023.『世界に学ぶミニ・パブリックス』学芸出版社.

ポピュリズムと政策

　ポピュリズム（populism）には説得力のある複数の定義が存在し，学問的な統一は見ていない．多くの定義に共通するのは，一般の「人民」の側に立ち，それと対比される「既成政治」「エリート」を批判する点である．本項目は，さしあたりミュデ（Mudde, C.）とカルトワッセル（Kaltwasser, C. R.）の定義「社会が究極的に「汚れなき人民」対「腐敗したエリート」という敵対する二つの同質的な陣営に分かれると考え，政治とは人民の一般意志の表現であるべきだと論じる，中心の薄弱なイデオロギー」に従い（ミュデ＆カルトワッセル 2018），必要に応じて他の定義にも言及する．

　ポピュリズムと呼ばれる運動・現象はさまざまな形をとる．政策的には右派と左派いずれを支持するポピュリズム運動も確認できる．加えて，ある現象の「供給側」と「需要側」のいずれに注目してポピュリズムと判定するのかという問題，ポピュリズム現象を肯定的に評価するか否定的に評価するかという問題も存在する．

●**代表的なポピュリズムの動き**　代表的なポピュリズム運動として，19世紀末の米国，20世紀半ばの南米，21世紀の欧州がよく挙げられる（以下，水島 2016）．

　ポピュリズムの語源は19世紀末アメリカ合衆国で創設された人民党（People's Party）別名ポピュリスト党（Populist Party）に由来する．ポピュリスト党は，当時の米国における経済的格差の拡大と農民・労働者の困窮，それらの問題に対する二大政党の不作為を背景に成立した．経済的に急進的な政策を掲げ，続く20世紀初頭にかけて行われる民主主義改革の嚆矢ともみなされる．

　20世紀半ばのラテンアメリカでのポピュリズムは，多様な階層・産業に属する人々によって支えられ，従来の外国資本や寡頭政治に対抗する動きであった．政策的には，工業製品の国産化を通じて自国産業の発展を促す輸入代替工業化を代表とするように，左派的であったとされる．外国資本の国有化や階級を超えたナショナル・アイデンティティの強調など，ナショナリズム的な動員も特徴である．

　21世紀には，ヨーロッパにおいて移民や欧州連合（EU）への反対を掲げる右派的なポピュリズムが隆盛している．例えば，フランスの極右政党として知られる国民戦線（2018年より国民連合）は，民主主義への支持表明や反移民・反EUの姿勢を強めながら党勢を拡大した．2016年にはイギリスがEUから脱退する国民投票を可決した（Brexit）が，ポピュリズム運動の影響が指摘される．なお，スペインやギリシアなどの南欧を中心に，左派的なポピュリズムも支持を集めている．

●**ポピュリズムの供給側と需要側**　ある現象がポピュリズムと呼べるか否かは必

ずしも自明ではなく，見る者の判断が分かれることもある．ここでは，「供給側」「需要側」という着眼点の違いを紹介する（善教2018）．

　まず，政治家の動員戦略がポピュリズム的か否かを根拠とする見方がある．これは「供給側」に着目する見方といえる．例えば，日本では，小泉純一郎元首相や橋下徹元大阪市長は，自らを「人民」の側におき，対立する政治勢力を「抵抗勢力」「既得権益者」とする単純な構図を示して選挙を戦ったと評される．政策手段の観点からは，聴衆のものの見方を説得したり構築したりする「プロパガンダ」という情報提供に分類できる（Hood 1986）．有権者の賛同を梃に政策的アクターの合意を調達する手続的政策手段としての働きももちうる（Howlett 2023）．例えば，小泉は2005年，参議院での郵政民営化法否決を受け衆議院を解散し，総選挙で圧勝した．それを背景に，選挙後には，参議院でも同法案を通過させた．

　ただし，供給側の論理のみに依拠して政治現象を説明すると，支持者をポピュリズム的手法に扇動された人々とみなすことになる．それに対し，市民の政治行動の実証分析を通じ，その行動がポピュリズム論の仮説に合致するか否かを検証するアプローチがある（善教2018）．これが「需要側」に注目する見方である．橋下と維新の会についていえば，橋下が2015年に大阪市長を退任・政界引退した後も，維新の会は大阪の首長選挙・議会議員選挙で支持を得続けている．加えて，橋下の在任中，彼が進めた2015年の大阪都構想の住民投票は僅差で否決された．いずれの現象も，橋下のポピュリズム的手法のみからは説明できない．善教将大は，市民のポピュリスト態度と維新支持との間に関係性を認められないことや，有権者による維新支持は必ずしも高く強固なわけではないことから，大阪における維新支持はポピュリズムとはみなせないと論じている（善教2018）．

●**ポピュリズムの評価**　仮にポピュリズム現象が認められるとして，その現象への是非についても評価は分かれる．もともと，ポピュリズムは「人民」の側に立ち「エリート」「既得権益者」を批判するものである．そうであれば，劣位におかれた人々を糾合し支配に対抗する，肯定的に評価され得る運動かもしれない．

　それに対し，ミュラー（Müller, J.-W.）は，ポピュリズムを反エリート主義に加えて反多元主義という性格も持つと理解する．この定義の含意は，ポピュリストは「人民」と「エリート」の対立と後者の否定（反エリート主義）のみならず，自らが拠って立つ「人民」を単一と捉え意見を異にする勢力を排除する（反多元主義）と見る点にある（ミュラー2017）．この見方からすれば，ポピュリズムは容易に独裁や権威主義に転化する危険なものであり，否定的に評価されることになる．

[奥田　恒]

📖**さらに詳しく知るための文献**
善教将大 2018．『維新支持の分析』有斐閣．
水島治郎 2016．『ポピュリズムとは何か』中公新書．
ミュデ，C. & カルトワッセル，C. R. 著，永井大輔・髙山裕二訳 2018．『ポピュリズム』白水社．

Ⅲ　公共政策のプロセス

[岡本哲和・佐野　亘・木寺　元]

アジェンダ・セッティングの主体

アジェンダ・セッティングの主体となるのは，日本においては議院内閣制であるため，主として政府与党が中心となるものの，野党議員，官僚，マスメディア・世論，利益団体などである．ある特定のアジェンダに対して，問題を提起して政策論争を巻き起こそうとする「エキスパンダー」と，アジェンダ・セッティングを阻止しようとする「コンテナー」（政策が実施された場合に悪影響を受ける可能性がある主体）に区別される（Cobb & Coughlin 1998）．日本の場合，政府与党がエキスパンダーやコンテナーとして中心的役割を果たすが，各アクター間で激しい競争があり，それぞれのアクターがコンテナーになることがある．

●**政府と議会** 議会のアジェンダ・セッティングについては，行政府がどの程度権限を持つかによって，影響力を行使する度合いが異なる．イギリスやフランスなど政府が強いアジェンダ・セッティングの権限をもつ場合，政策形成が容易である一方で，イタリアやオランダなど行政府の権限が弱い場合，議会により政策は大幅な変更を余儀なくされる．政府の議題設定権は，議会多数派が政府を選出する多数決主義的であるほど強くなる．議会多数派は，多数派にとって好ましい法案を議事に乗せる「肯定的議事運営権」と，多数派にとって好ましくない法案を議事から排除する「否定的議事運営権」を行使する．その帰結として，多数派の政策目的に沿う法案ほどより推進され，多数派の政策目標に反する法案ほど提出されないこととなる（増山 2015）．1996 年以降，日本では内閣機能の強化が行われたことと相まって，首相官邸主導でアジェンダ・セッティングがなされる政策会議政治が増えている（野中・青木 2016）．例として経済財政諮問会議や安全保障の法的基盤の再構築に関する懇談会などが挙げられる．政策会議では官邸の考えに近い専門家が集められ，報告書が提出される．それが政策の骨子となり，与野党の調整などを経て閣議決定され，内閣提出法案として提出される．

●**官僚** 内閣提出法案は政府与党案であり，アジェンダ・セッティングにおいて官僚の影響力は的確に測ることが難しい．官僚の影響力が大きかった審議会方式から官邸の影響力が大きい政策会議が増加しているといっても，官僚は政策形成過程のあらゆる面で影響力を行使し得る．2009 年 9 月から始まった民主党連立政権は，政治主導を目指したが，官僚の抵抗に遭い，政権運営が円滑に進まなかった．それは，事務次官等会議を廃止し，政務三役（大臣，副大臣，大臣政務官）による意思決定を行うとしていたが，東日本大震災を受け，各府省連絡会議（後の次官連絡会議）が開かれ，事実上の事務次官等会議となった．この事例は，

官僚の力を借りなければ，縦割り行政を調整できないことを意味している．官僚は，組織を率いる大臣など政治家と比べて，数も多く，圧倒的な専門知識を有している．アジェンダ・セッティングの段階から，利益団体や族議員と連携し，官僚機構の利益が損なわれないように影響力を行使していると考えられる．

●**野党**　他方で，野党の役割は相対的に小さくなっている．1970 年から 2016 年にかけて，内閣提出法案の成立数は年平均 92.5 件であるのに対し，議員立法の成立数は年平均 16.3 件に留まっている（五ノ井 2017）．また，1995 年から 2014 年にかけて，衆議院と参議院の多数派が異なるねじれ国会であった時期の内閣提出法案の修正率は 26.1% であるのに対し，ねじれ国会でなかった時期の内閣提出法案の修正率は 8.0% となっている（武蔵 2021）．議員立法の多くは，与野党の合意が取れる内容である委員長提出法案が大半であり，野党主導の議員立法はより限定的となっている．野党主導の議員立法として，国会に提出されたとしても，内閣提出法案の対案でない限り，審議されることはなく成立の見込みはない．対案として，野党が提出した法案についても，修正案として一部反映されることはあっても，野党案がそのまま採用されることは滅多にない（例外として 1998 年のねじれ国会での金融再生法がある）．

●**マスメディア**　野党は国会において，アジェンダ・セッティングの影響力が限定的であるため，マスメディア・世論に訴え，人々の関心を高めようとする．マスメディアも独自の視点から，社会問題に対して問題提起を行い，アジェンダ・セッティングの機能を果たす．マスメディアの影響力が高まるのは，戦争や災害，事故や事件など重要な出来事（focusing event）が起こったときである．重要な出来事は突然起こるものであり，政策立案者とマスメディア・世論が同時に，当該出来事について知る．例として，2011 年 3 月 11 日に起こった東日本大震災の際の福島第一原子力発電所事故のほか，2022 年 7 月 8 日に起こった安倍晋三元首相銃撃事件が挙げられる．

●**利益団体**　そして，重要なアジェンダ・セッティングのアクターとして，利益団体の存在が挙げられる．利益団体は，政府与党，野党，マスメディア・世論，官僚といったアクターに対して，さまざまな形で自らの利益が守られるように働きかける．請願・陳情といった目に見える働きかけもあるが，官僚への情報提供，政治家に対する選挙協力に対する見返りといった形で，自分たちの団体が有利に活動できるように働きかけを行い，アジェンダ・セッティングに影響を及ぼす．政治家や政党は，各種の利益団体の利益を集約・表出する機能を担うため，政策の優先順位が付けられることになる．内閣のメンバーや政党幹部は，こうした利益団体と密接に結びつき，それぞれの利益のために政策形成が進められる．

［木下　健］

アジェンダ・セッティングのモデル

　アジェンダ・セッティングとは，社会に存在する問題が政治的議事に取り上げられる過程を指す．社会には無数の問題が存在し，それらの問題に対してもさまざまな解決策がアイデア（政策案）として存在している．しかし，政府，地方自治体など公式のアクターをはじめ，非営利団体や民間部門などあらゆるアクターはすべての問題を解決することができず，優先順位を付けて順番に解決していくことになる．アジェンダ・セッティングは，問題を特定する過程と，それを議事に取り上げる過程の二つに分けられる．そして，この二つの過程の中で，さまざまなアクターが競争し，どの問題を取り上げるか，取り上げないで放置するか，どの解決策を用いるか，激しい競争が行われる．一度，何らかの政策案が採用されれば，法律として社会に組み込まれ，政策案を大幅に変更することも難しくなる．それは最初の政策案による影響が大きく，変更するコストに加えて，これまで行ってきた政策の成果を無視するというサンクコストが大きいためである．そのため，最初に問題を特定し，何らかの政策案を採用することができれば，先行者利益（first mover advantage）を得て，後の政策決定や関連するアジェンダ・セッティングにも有利に影響力を行使することが可能となる．

●**外部主導モデル**　アジェンダ・セッティングは，さまざまなアクターが問題を特定し，議事に載せる過程を指すが，マスメディアの機能と区別するために，アジェンダビルディングと呼ばれることがある．主要なモデルとして，Cobb et al. (1976) は外部主導モデル（outside initiative model），動員モデル（mobilization model），内部接近モデル（inside access model）の三つのモデルを提示している．外部主導モデルは，政府の外にいるアクターが不満を主張するものである．専門家団体や利益団体，市民団体，マスメディアなど外部のアクターが，さまざまなアクターと協力しつつ，世論の関心を高めて，政治的なアジェンダになるように要求する．政府の外にいるアクターの立ち位置，アクターにとっての問題の重要性，問題が認識されて政治的アジェンダにならずに存在している時間によって，アクターが取り得る戦略が変化する．アクターの立ち位置によっては，大臣や与党議員（族議員）に働きかけることや，官僚に対して働きかけることになる．その際に，票や資金，情報の提供を控えるといった交渉を伴うこともある．他方で，政府により遠い位置にいるアクターであれば，政府・与党議員への働きかけよりも，世論・メディアへの働きかけを中心に行う．外部主導モデルの例としてエネルギー政策が挙げられる．2011年3月11日に発生した東日本大震災の際の福島

第一原子力発電所事故を受けて脱原発デモが行われ，日本の電源構成は大きく変容した．2010年時点で原子力発電は30%程度あったものが，2012年には2%になっている（2020年代も5%前後）．2021年10月に閣議決定された「第6次エネルギー基本計画」では，福島第一原子力発電所について，「2041〜2051年までの廃止措置完了を目標に，国内外の叡智を結集し，不退転の決意を持って取り組む」と明記されている．そして，2050年のカーボンニュートラルを目指し，自然エネルギーを増やす方向でエネルギー政策の道筋が示されている．日本のエネルギー政策は，重要な出来事（focusing event）を契機として，脱原発デモを受けて大幅に変更された．

●動員モデル　動員モデルは，政府内部で始まり，政治的アジェンダに至る過程に焦点が当てられる．動員モデルは，意思決定者である官邸や与党議員が政策を実施するにあたり資源不足を補うために動員を求めて政治的アジェンダにする過程である．政府が政策プログラムを策定したとしても，実施する地方自治体や企業，国民などが反対している場合（実施に非協力的な場合），実施することが難しくなる．政府与党は，政策プログラムを国民に見えるようにし，この政策プログラムの結果，どのような変化がもたらされるかを説明し，支持を動員する．動員モデルの例として，デジタル化の推進が挙げられる．2021年9月にデジタル庁が創設され，マイナンバーの所管が総務省や内閣府からデジタル庁に移行した．マイナンバーカードの普及にあたって，政府はマイナポイント事業を実施し，最大2万円のポイントが貰えるインセンティブを国民に与えた．健康保険証としての利用申込，公金受取口座の登録を促すことで，国や自治体が情報管理をしやすいようにし，デジタル社会の基盤を構築しようとするものである．

●内部接近モデル　内部接近モデルは，世論の関心を集めることなく進められる政府内部のアジェンダ・セッティングである．政策立案の中心となる政府与党は，政策の成立と実施に必要なアクターには働きかけるものの，一般の国民や世論・マスメディアから注目を集めることは避けようとする．内部接近モデルでは，外部のアクターが加わると反対される可能性が高まるため，政府内で秘匿的な決定を行い，広報活動を差し控えるものである．政府与党は，専門的・技術的な問題は国民には十分に理解することが難しいとして，専門家の判断のもと政策プログラムを形成したことを強調する．例えば，税制改正や安全保障に関する法案について，一部の専門家や市民は問題を認識するが，マスメディアで十分に取り上げられず，政府与党案に基づいて改正されることがある．改正の内容が一般の国民に知れ渡ると反対する声が大きくなり，修正せざるを得なくなる．そのため，政府与党としては，世論の関心を集めないまま，可決することを目指すことがある．こうした法案は，エリート主義的民主主義であり，一部の団体やエリートのみが利益を得る．

［木下 健］

非決定権力

　「非決定（nondecision making）」権力とは，何らかの問題が顕在化することを妨げて，それに関する決定が行われないように行使される権力である．

　「権力」は，社会学や経済学，また人類学などのさまざまな学問分野において研究の対象となってきた．政治学では，アメリカの政治学者ダール（Dahl, R. A.）によるものが権力の定義として有名である．ダールは権力を，A が B にさせようとしなければ，B がそれをしなかったであろうことを B が実際には行ったとき，A が B に対して有する能力と捉えた．

●**決定権力と非決定権力**　このような権力が行使されたかどうかを判断するためには，観察が可能な具体的な行為が行われたかどうかが重要であるとダールらは主張する．すなわち，ある争点をめぐって対立する賛成と反対の立場が社会に存在する中で，賛成派の働きかけによって反対派が賛成の立場を受け入れざるを得なかったような状況が生じた場合に，賛成派が反対派に対して権力を行使したとみなすことができる．

　1960 年代にアメリカの政治学者であるバックラック（Bachrach, P.）とバラッツ（Baratz, M. S.）は，決定に関してある主体が他の主体に影響を及ぼす際に権力が行使されると捉えるダールらの考え方を支持する一方で，そのような見方は権力のひとつの側面のみを捉えているに過ぎないと批判する．バックラックらが指摘するのは，問題をめぐる対立が生じていないような場合でも，権力が行使されている可能性の存在である．例えば，問題をめぐる対立が生じていないのは，そもそも対立が生じないような問題のみが浮上するように操作がなされ，対立が生じる可能性が高い問題への注目が抑えられた結果なのかもしれない．非決定権力とは，権力を有する主体が自らの利益や地位が脅かされることがないように，決定に関わる問題を「安全な」ものへと制限するように行使される権力なのである．

●**政策過程における非決定権力**　非決定権力は，元々は政策がどのように決定されているかを説明するために提示された概念である．だが，議題設定（アジェンダ・セッティング）についての分析においても，この概念が用いられることが多い．課題設定は政策過程のステージモデルにおける段階のひとつと位置づけられ，ある状態が政府によって解決すべき問題として取り上げられることを意味する．ある状態が問題として取り上げられるようになるのはなぜなのか，そしてそこにどのような要因が働いているかを明らかにすることは，課題設定研究においての主たる研究課題であった．これに対し，非決定権力が課題設定研究で注目さ

れた理由は，ある状態が政府によって問題として「取り上げられなかった」のは
なぜか，という問いに関わる．ある問題の解決は，何らかの不利益を特定の人や
集団にもたらすことがある．それらの人や集団は，さまざまなやり方で問題が解
決されることを妨げようとするかもしれない．その際に用いられる方法のひとつ
が，非決定権力の行使である．すなわち，解決策が策定される以前の段階で，問
題自体が政府によって取り上げられないようにすることで，自らの利益を守ろう
とするのである．

　例えば，政治学者の大嶽秀夫は「欠陥自動車問題」を取り上げて，日本におけ
る非決定権力の存在およびその行使についての分析を行っている．「欠陥自動車」
とは，製造上の構造的な欠陥をもつ車のことである．アメリカのメディアが，日
本の自動車メーカーが欠陥自動車の存在を公表していないのではないかとの記事
を発表したことがきっかけとなり，1960 年代の終わり頃に大きな社会問題となっ
た．これについて大嶽は，大企業が自らの権力を行使することによって，その問
題が社会で顕在化することを抑えようとしたことを示した．

　また，2019 年末から世界中に蔓延した新型コロナウイルス感染症に関して，教
員組合の非決定権力が大きいアメリカの学校区ほど，対面授業の開始についてよ
り消極的な姿勢が見られたとする分析結果もある（Marianno et al. 2022）．

●**非決定権力を研究することの難しさと意義**　非決定権力の概念を用いて課題設
定についての実証分析を行った研究例は，理論面に焦点を当てた研究と比べてさ
ほど多くはない．その大きな理由は，「問題が取り上げられなかったこと」を観察
するのは，極めて難しいからである．また，問題が取り上げられないのは，非決
定権力が行使された結果なのか，それとも単にその問題を誰も議題に載せようと
しなかったからなのかを判定することも困難である．

　「〜させない権力」は結局のところ「〜する権力」の単なる裏返しであり，それ
を通常の意味での権力とは別の「非決定権力」としてあえて取り扱う必要はある
のか，という疑問も生じる．それでも，非決定権力の概念は，権力がもつ多面性
に改めて注意を向けさせたという点で研究上の意義をもつ．政策研究の分野で
は，課題設定の段階において権力もまた重要な役割を果たす可能性があることを
示唆した点が特に重要である．　　　　　　　　　　　　　　　　　　［岡本哲和］

📖**さらに詳しく知るための文献**

盛山和夫 2000.『権力』東京大学出版会．

大嶽秀夫 1996.『現代日本の政治権力経済権力』増補新版．三一書房．

Marianno, B. D., et al. 2022. Power in a Pandemic. *AERA Open*, 8(1): 1-16.

アジェンダ・セッティングと
マスメディア

　直線的な政策過程のフロー・モデルにおいて問題の発見が直接，間接的に政策形成以降にも影響することは自明である．ここで注意する点はいつ，誰が問題を発見，報知，共有し，その対策や見通しを立てること，すなわち，アジェンダ・セッティングと政治，政策過程の関係である．このとき，キングダン（Kingdon, J.W.）の著作などでも紹介されているように，そこでは「権力と制度」を司るエリート，「操作」の対象となる事象，関係人物や組織，専門家が関与する．そして，時代が進むにつれて，メディア，技術の利用法とアジェンダ・コントロールの関係も高まっている．

●世論　多元的民主主義を前提とする国家では，世論を無視したアジェンダ・セッティングは難しい．世論は多義的な語であるが，エリート・アジェンダを想定すれば，立法過程では与党，議会，委員会における多数派，要職を執る集団は審議運営も主導しやすくなる．議員以外に圧力・利益団体もアジェンダ・セッティングや利益表出ではそのパワーを発揮する．票，資金，人，情報面などの支援を受ける議員は団体の意向を無視しづらい．自前候補の擁立や物心の支援に加え，各種団体は自らの意向をロビーイングでチャンネルの拡大や他の利益の妨害を図る（非決定権力を行使する）．こうした動きの継続化は，アジェンダの（再）強化につながり，党派の選挙や活動にも影響する．有力団体がスポンサーになれば，メディアを通じて利益認知，イメージ形成，争点化，ニュースバリューに影響しやすくなる．

　直接の支援関係に加え，それらの集団（のトップ）と政権（の主流派）との距離をマッピングすると，内集団（ingroup）と外集団（outgroup）の区分，相互関係を理解しやすくなる．もし，各アクターの連携で政策共同体，イシュー・ネットワークが生まれたら，合法的な政策実現の迅速化に寄与する．しかしながら，癒着や口利きと評されるほど緊密過ぎるネットワークは反対や副反応を生み出し，アジェンダの進行に支障をきたしかねない．対応を誤ればその影響は，別の政策過程にも波及し，政局への発展，選挙による政権交代へのトリガーとなり，ガバナンスの混乱にも繋がる．メディアを介して状況を見聞きすることで，人々は現実を理解するから，政治コミュニケーションの流れはアジェンダ・コントロールを直接，間接的に左右している．

　政策アジェンダ・セッティングでは専門家も関わる．なぜなら，多くのアジェンダ形成では与野党を問わず政治エリートは専門職・行政職員のサポートを受ける

ためである．文言や他の法令との整合性，制度や手続，議会日程，公布と施行の時期など諸事が勘案される．ある党派からの提出法案が仮に現実的な「最適解」として提出されても，議論に耐え得る説明，政策競争や政権担当能力を誇示したい別党派からの対案との競争，与党内調整，拒否集団との調整，説明不足，法案自体の瑕疵や欠缺の回避にはエビデンスを要する．これらに議員のみで対応するには限界があるから，専門知識をもつ行政職員からの助力は不可避である．この関係はプリンシパル・エージェント関係，政官関係としても注目される．政策の（修正）過程で問題が解決より政争の具になれば，議論はスタックし，本来の社会全体の福祉の改善が遠のくため，専門家の活用もアジェンダ・コントロールでは考慮される．

●**メディアという形式**　こうした政治・政策過程につながるアジェンダを私たちが理解する際に大きな役割を担っているのがメディアの存在である．情報の送り手である政治リーダーたちは，アジェンダをマスメディアに好意的に報じられるように，世論の支持獲得に繋がるように，また記者も良い情報を得られるように，相互に人間関係を構築している．これらを踏まえて報じられる内容と影響について，既存研究は，マスメディアの影響を検討する即効理論（皮下注射モデル），限定効果論に始まり，パーソナル・インフルエンス，長期培養理論，などいくつもの視点を提供してきた．これらはマスメディア（・コンテンツ）によって，争点への意識や（投票）行動を変化させる誘因になるかを問うことが多い．さらに，分析で加味すべき随伴条件の範囲も議論が続いている．内容の特徴づけに注目すると，イシューの評価基準を提示するプライミングによる誘発効果，政策競争と政治ゲームを特徴づけるフレーミングなどもある．

　そして，メディアの高度化・専門化のインパクトも大きくなっている．選挙時のネガティブキャンペーン，比較広告以外にも，日常においてもイメージは誘導されやすい．そのとき，操作されたコンテンツはプロパガンダ，広告，広報にも分類できないまま巧妙にアジェンダの役割をする．精緻化見込みモデルと対照すると，そうしたコンテンツは受け手の動機，知識・能力，判断する時間や機会をもって合理的に理解を試みる中心ルートよりむしろ，準拠集団からの影響，表層的な情報，感情や直観，などに基づき判断しがちな周辺ルートに影響する可能性がある．スピンドクターという情報操作者が広報を担う現実もあるため，マスコミはゲートキーピング機能と編集の客観性が問われる．有権者の声や反応も沈黙の螺旋に関わるため，それは政策イメージを左右する．以上から，マスメディアによる政策アジェンダへの影響力は大きい．　　　　　　　　　　　　［山本竜大］

📖**さらに詳しく知るための文献**

キングダン，J. 著，笠 京子訳 2017．『アジェンダ・選択肢・公共政策』勁草書房（Kingdon, J. 2010. *Agendas, Alternatives, and Public Policies*. Longman）．

蒲島郁夫ほか 2010．『メディアと政治』改訂版．有斐閣．

稲増一憲 2022．『マスメディアとは何か』中公新書．

アジェンダ・セッティングとインターネット

　軍事目的のために開発されたインターネットが民生利用化されて以降，人々は時空を超えた双方向コミュニケーションをとれるようになった．Windows 95 の登場以降爆発的にその利用者も情報量も増え，今ではプラットフォームの影響が個人の生活から国家，多国間交渉までに及ぶ．そうした，コミュニケーション空間の創出は，アジェンダ・セッティングにも影響している．

●**ネットの影響**　日常化したネット環境はコンテンツを多様化，充実させる．行政からのオープンデータ（3rd Party data）の利活用で人々は知見や課題の共有，学習効果を高めやすくなった．他方 cookie など閲覧履歴からなるビッグデータで人々の動向が把握されやすくなり，世論の分散，分断も起きやすくなった．人々も容易に世論の動向を把握しやすくなった．同時に（知らぬ間に）個人情報を収集，管理できるシステムや活用方法を知ったエリートや企業もアジェンダを操作しやすい環境を手に入れた．しかし，新しい情報環境は新たな権利の主張，国家と個人の関係，陰謀論を含めエリートへの疑念などに加え，新旧の制度の整合性，修正を要する政策課題もまた創出している．

　情報技術，情報通信技術の発展にもろ手を挙げて喜べない環境は，別の政策課題も私たちに突きつける．今のところスクレイピング手法や分析（ツール）の進歩にあわせたサンプル・データの取得方法のガイドライン制度（例えば，欧州のGDPR）に世界標準規程はない．プラットフォームを生かした新しいサービス，経済規模の巨大化が既存の法に抵触しない（する恐れがない）限り，政治・行政による規制はかかりにくい．そうしたデータ・ドリブンが進む政策環境では，行政によるアジェンダ・コントロールは以前より難しくなっている．

●**マスメディアとインターネット**　24 時間いつでも情報発信が可能になり，既存のマスメディア（企業）の情報発信のコンテンツ，ルーティーンも変化する．「裏どり」のために，マスメディアの発信はネットメディアに遅れることもあり，（マスメディアへの接触率低下もあり）信頼性の高い機関が公式発表を各種メディアを介して提示するまで，ある（ディープ・）フェイクニュースがネット圏を跋扈し，「都市伝説」を生み出しやすい．アクセスや閲覧数に応じた経済的利得のために，客観性，専門性，信憑性，著作権の順守を欠く「まとめ記事」が問題視されたこともある．ボランティアに頼るネット上の非営利百科事典は広く利用されるが，掲載内容には真偽を問う表示も多々ある．記憶装置の安価化で，個人が大規模データを蓄積できるようになったが，「切り抜き動画」など本人の許可がない二

次的著作物，著作権違反や刑事罰にも及ぶデジタル・コラージュなども生じやすい．つまり，誰でも確信犯・故意犯・愉快犯・模倣犯にもなりえる環境に，私たちはいるのである．流言飛語や偏向的編集内容の発信は，コンテンツの登場人物や組織のラベリングにもなるため，政策情報の流通におけるバイアスに繋がる恐れがある．このように，ネットは政策情報の共有化，理解を促進する一方で，アジェンダ・セッティングの敷居を低くした．もっとも，政策情報の受け手の中では課題認知から意思決定，行動に作用するイデオロギー，知識，価値観，感情も混在するため，情報内容を共有，理解，評価する難しさも増している．

●「見せかけの正当性」　こうした情報環境においてより適切な政策形成に資するアジェンダ・セッティングを想定したとき，データ・サンプルの存在，収集（方法）の妥当性が問われる．モバイル・エンドポイントに加え，デバイス上に表示・利用されるコンテンツをさまざまなアクターが積極的に収集分析，把握，活用している．これを政治・行政アクターが利用すれば，政治・政策マーケティングとなり，証拠に基づく新たなアジェンダ・セッティングや政策修正に繋がるかもしれない．ブロード・キャスティング，ナロー・マーケティング，カスタマイズ化ときめ細かな情報提供も技術的に可能になりつつある．ただ，情報の受け手の志向が把握されやすい環境では，送り手も誘導されやすい．今後人工知能（AI：Artifical Intelligence）の発達で高度なプログラミングによって各々が表面上「能動的」に選択したコンテンツや解釈からできるフィルターバブル，エコーチェンバー，ポスト・トゥルースが増長するほどに，ポピュリスト（や政党）の台頭を私たちは招く恐れがある．場合によっては暴徒化する集団が生み出す公衆アジェンダも現れるだろう．リップマン（Lippmann, W.）がいう現実環境，擬似環境，行動の位置関係，それらに影響するステレオタイプによって世論が認識され続けるなら，そうした特異な世論はネット上に限らず，マスメディアにも注目されやすく，模倣も含め早く増殖するため，公的機関や人物によるアジェンダ・セッティングを歪曲させ，誤ったアフォーダンスを植え付ける可能性もある．このような情報環境のなかでエリート，専門家たちはアジェンダ・セッティングを想定するとき，政策の一貫性，標準的な世論や民意に関するマーケティングを意識したより慎重な対応，決定を迫られる．

　以上から，インターネット登場後の政策情報環境において考慮すべきことは，アジェンダ・セッティングが通信技術，さまざまな意図ある操作により「見せかけの正当性」にまみれやすいという点である．　　　　　　　　　　　　［山本竜大］

📖さらに詳しく知るための文献

谷口将紀 2015．『政治とマスメディア』東京大学出版会．

山腰修三編著 2017．『入門メディア・コミュニケーション』慶應義塾大学出版会．

Gilardi, F., et al. 2022. Social Media and Political Agenda Setting. *Political Communication*, 39(1): 39-60.

政策分析

政策分析とは，政策の形成／執行過程・効果等の解明を目指す試みである．その手法は2種に大別される．すなわち，記述的説明に基づく定性的手法と計量分析に基づく定量的手法である．ここでは定量的手法による因果効果推定に議論を限定する．

●**因果効果推定手法の意義と限界**　多くの科学分野で因果効果推定の標準的方法とされているのが，ランダム化比較試験（Randomized Controlled Trial：RCT）である．手順は簡明である．(1)被験者を処置群と対照群にランダムに割り付ける．(2)処置群のみに処置（政策等）を施す．(3)両群の平均的な結果の差を計算する．以上である．ランダム割付により，処置以外の要因（共変量，交絡因子とも呼ぶ）の影響が両群間で平均的に等しくなる．結果，処置後の被験者の状態が処置群と対照群とで異なるとしたら，原因は処置のみ，と解釈できるのである．

しかしRCTは万能薬ではない．実際，実施段階で処置群のみに影響する処置以外の出来事が生じた場合，RCTの結果にもバイアスが生ずるだろう．また，統計的有意差が偶然に生ずる可能性を無視してはならない．定評ある学術誌に掲載されたRCT等の結果が再現できないという「再現性の危機」は，医学，心理学，経済学等，多くの分野で見られる深刻な問題である．背景の一つが出版バイアスである．多くの研究者がネガティブな結果を得て公表を控えた研究テーマで偶然，ポジティブな結果を得た研究者が論文公表にいたり，得られた結果を誇張する事態につながっている可能性は否定できない．追試は不可欠である．

問題はそこにとどまらない．倫理的・経済的制約等のため，全政策を対象にRCTを行うことは現実的ではない．結果，観察データによる因果効果推定も必要となる．ランダム割付を伴わない観察データにおける処置群と比較群は，処置以外の要因（共変量）の影響が異なっている可能性が高い．従って，観察データによる処置効果推定にはバイアスが伴う可能性も高い．この問題への対処法のひとつがマッチングである．処置群，比較群それぞれから，処置以外の要因の値が近い観察単位を取り出しペアをつくる．結果，処置以外の要因の影響は，処置群と比較群とで平均的に同等となり，処置の効果をより正確に推定することが可能になる．

もっとも，この方法にも問題がある．共変量が多くなったり連続変数があったりすると，マッチングが難しくなるのである．次元の呪いと呼ばれるこの問題への対処法のひとつが傾向スコア・マッチング（Propensity Score Matching：PSM）

である．PSM は，共変量等を用いたロジット回帰などで，各観察単位が処置を受ける「傾向」を推定する．これが傾向スコアである．次に，傾向スコアが近いデータ・ユニットを処置群，比較群から取り出しペアをつくる．その結果，共変量の影響は全体として均質化される，というわけである．

ただし，マッチングにも限界がある．マッチングで調整できるのは観察される共変量の影響にとどまる．RCT ではランダム割付により，観察されない交絡因子（未測定交絡因子）由来のバイアスも補正される．これに対し，マッチングでは未測定交絡因子由来のバイアスは補正されないのである．観察データを用いる因果推定手法としては差分の差分法，操作変数法，回帰不連続デザイン等もあるが，いずれも未測定交絡因子に由来するバイアスは補正できない．

●**政策分析の目的**　上記の手法等により実施される政策分析の目的は，研究者と実務家とでしばしば異なる．研究者は，誤った仮説を排除し，より精度の高い政策効果推定等を行い，得られた科学的証拠を学術界で共有しつつ政策実務へと架橋することを政策分析の目的とする．対する実務家は，利害関係者が合意・妥協できない点を排除し，落とし所（合意・妥協点）を模索することを政策分析の目的とする．この目的に役立たない科学的証拠を，実務家は忌避する．科学的証拠の重要性を理解している実務家がそれをあえて重視しないことは，珍しいことではない．

●**研究者と実務家との関係**　政策分析をめぐる研究者と実務家の関係はこのような緊張を内包しており，研究者はしばしば実務家の偏り（バイアス）を批判する．しかし，上述のように，RCT 等から得られる科学的証拠にも常に偏りがあり得る．偏りから解放され得ない点において，研究者による「科学的な証拠の模索」と実務家による「政策的な落とし所の模索」に大きな違いはない．科学的証拠のこうした現状は，政策実務の現場における科学的証拠の追試が，落とし所の模索それ自体を促す可能性をも示唆している．サンスティーン（Sunstein, C.）（オバマ政権の行政管理予算局情報・規制問題室室長）も次のように述べている．「私自身の政府での経験から言うと，むずかしい案件で本当に問題になるのは，価値観でも，まして利益団体の意見でもなく，事実であることが多かった．……規制の効果について明確なことがわかると，人々の意見が割れる可能性は低くなった．」（サンスティーン 2017）．わが国においても，研究者と実務家による科学的証拠の双方向追試の積み重ねが，より質の高い証拠に依拠する政策策定の実現に繋がることを期待したい．　　　　　　　　　　　　　　　　　　　　　　　　　［福井秀樹］

📖**さらに詳しく知るための文献**

アングリスト, J. & ピスケ, J.-S. 著, 大森義朗ほか訳 2013. 『「ほとんど無害」な計量経済学』NTT 出版.
サンスティーン, C. 著, 田総恵子訳 2017. 『シンプルな政府』NTT 出版.
Rosenbaum, P. R. 著, 阿部貴行・岩崎 学訳 2021. 『ローゼンバウム 統計的因果推論入門』共立出版.

政策策定のための調査

☞「政策のステージ・モデル」 p.10,「政策評価の制度」p. 152

　あなたが政策策定を任されたとして，そのための調査はどのようにすればよい だろうか．先進地の政策を引き写すにしても，何らかの調査は必要である．まず 先進地を探し当てなければならないし，それが効果を上げているかを調べ，条件 が異なる自分の国や地域でも機能するかを予測する必要もある．

　参考にできる政策がなければ，何とか自分で作ることになるが，そのためには 何を調べたらよいだろうか．政策を構成する手段や利用可能な資源を特定するこ とはもちろんだが，問題自体について理解を深め，用いようとする手段が問題解 決をもたらすかを確認する必要がある．それ以前に，アジェンダ設定段階で，問 題を発見し，特定・定義するための調査もあるはずだ．これが政策策定の方向性 を左右する．また，政策の窓モデル（修正ゴミ缶モデル）が比喩的に描くような， 政策の流れが独立して存在するとしたら，政策を生み出す調査は，必ずしも問題 解決を意識しない，知的好奇心から行われる学術研究の可能性もある．

　このように，政策策定のための調査といってもさまざまなものがある．しか も，調査の手法は問題の性質やそれを扱う学問分野によって異なる．ここでは， それらの共通項を抽出し，政策策定に多く援用される社会科学に共通の考え方の 道筋をつかまえて，理念型的な調査の種類と流れを描くことにする．

●**政策リサーチ**　政策策定のために，まず必要となるのは現状を知ることであ る．これを現状確認型リサーチと呼ぶ．この種の調査は，政策策定段階だけでな く，初期段階にも行われ，問題発見の端緒となり，問題の広がりや深刻さを明らか にする．その担い手は，政策担当者のほか，ジャーナリストや研究者もあり得る．

　次に必要となるのは，問題の原因を探る調査である．これを原因探究型リサー チと呼ぶ．原因が特定できれば，その原因を取り除くか，原因が結果を生む経路 を遮断することで，問題は解決に向かう．少なくとも悪化を防げる．

　原因が特定できたら，次は原因を除去または因果関係の経路に介入するための 手段を選択する．そのための調査を政策提言型リサーチと呼んでおく．先進地の 政策は，ここで参考にするのがよい．それが原因を取り除くものであるかを チェックして，もし不備があればカスタマイズするのである．

　以上のような，現状確認型，原因探究型，政策提言型の三つのタイプのリサー チを合わせて政策リサーチと呼ぶことにする．本項目の表題に即した定義を与え ておくと，政策リサーチとは，「政策案を策定するための基礎となる知識を生み出 す営み」ということになる．これら3類型は明確に区分できるわけではないし，

必ずしもこの順序で進むわけでもないことには留意しておきたい．

●**政策リサーチの手法**　現状確認の手法の第1は聞き取り調査である．困っている人や支援者，事情通に直接話を聞こうとするのは自然な発想である．グループ・インタビューもあり得る．福祉・医療分野の当事者団体や環境・労働分野の被害者団体から議員や行政職員が話を聞くのはこれに類する調査だといえる．

第2にアンケート調査がある．行政が好んで用いる世論調査や行政モニター調査には，多くの対象を扱えて数量データが得られる利点がある反面，ある程度分かっていることの確認が主となるという限界がある．現実社会には，例えば苦しむ人々を支える団体のように，情報が集まる場所がある．その協力を得て，質的・量的データを分析し，政策課題の実態を把握することを考えたい．

第3が文献リサーチである．問題によっては，学術研究やルポルタージュ・調査報道が蓄積されていることもある．それらを網羅的に調べることも現状確認に役立つ．文献サーベイ（文献レビュー）とも呼ばれる．この手法は，原因探究型リサーチにも，政策案を議論する審議会メンバーの選定にも使われる．

現状確認型リサーチは，政策案がほぼ固まった後に，政策介入の規模を定めるためにも実施される．これを政策評価論では，ニーズ・アセスメントと呼ぶ．

続いて原因探究のための手法である．政策策定でも学術研究でも，基本的論理は同じである．特定の対象を選んで事実経過を追跡する，複数の問題事象の共通点を探す，異なる条件の事例や集団を比較して問題発生の有無をみる，より厳密には，原因だと疑われる条件以外が同じになるよう比較対象を選定・統制する実験アプローチを用いる，実験に近い統制を意図した統計分析を行うなどである．

これらの手法を用いた調査が目指すところは，政策課題の構造化である．構造化とは，原因がいかなる経路をたどって問題となる結果を引き起こすかを，明快に表現することである．主な表現方法には，文章による記述，ダイアグラム（矢印図）による図示，方程式を用いたモデル化がある．

政策提言のための調査手法の核は，特定された原因を取り除き，または結果に至る経路を遮断するための政策手段の探索と選択である．政策手段は，使い慣れた既存政策のレパートリーから選択されがちだが，強制，誘導，情報の収集と提供，直接供給といった伝統的な政策手段の在庫を漏れなく点検し，ナッジといった近年の進展が著しい行動経済学の研究成果なども視野に入れて検討したい．

政策手段の候補を絞ったら，それが期待した効果を上げるかを予測する．ここで政策を原因とみなし，効果（結果）が発現するかを探るとみれば，原因探究型リサーチが応用できる．実験デザインのもとで，対象を限定して政策を実施し，結果を評価すれば，政策分析と呼ばれる事前評価の一種となる．　　　［伊藤修一郎］

📖**さらに詳しく知るための文献**

伊藤修一郎 2022.『政策リサーチ入門』増補版．東京大学出版会．

予測

●政策と予測　政策と予測は密接な関係にある．政策策定に深く関わる近年の予測としては，気候変動予測，人口動態予測などが挙げられるだろう．2020年1月にパンデミックと宣言された新型コロナウイルス感染症への対応では，感染症動態予測も注目を浴びた．政策のみならず社会においても，例えば日本気象協会は，気象リスクにさらされている産業・企業向けに，「商品需要予測サービス」（https://weather-jwa.jp 最終閲覧日：2024年2月29日）を提供している．これは，気象データを用いた高精度予測情報の提供により，企業の製造，配送，販売活動の最適化を支援し，食品ロス削減やCO_2排出量削減への貢献を目指すもので，例えば，「ゼリー飲料の需要予測は食品メーカーの在庫計画に活用され，2019年7月冷夏において20％のキャッシュ効率の改善効果を得た」（松本 2021）とのことである．

　このように，近年，コンピュータの飛躍的な性能向上のおかげで，高度な数理モデルの解の振る舞いをシミュレーションにより求めることが可能になり，さまざまな条件に対応した予測を定量的に得ることが可能になっている．

●誤差・不確実性・学習　これらの予測の結果には，もちろん誤差（バイアス）や不確実性（ばらつき）が含まれている．また，使用するシナリオによっても予測結果は変化する．こうした誤差や不確実性に基づく予測の結果，思わぬ損失等（例：在庫の増加）が生ずることもあるだろう．しかし，予測外れという失敗は，予測の改善に必要なモデルやシミュレーションの修正を促す批判的学習の一環として，予測プロセスに組み込むことができる．その結果，新たな予測に基づく事業計画や政策の変更等が可能になる．

　問題は，モデルやシミュレーション等に基づく予測が行われていない，あるいは，仮にそれが行われていても批判的学習が予測プロセスに組み込まれていない場合である．批判的学習および予測の改善が行われず壮大な失敗となった事例の一つが日本国有鉄道（国鉄）であろう．政治の介入，労使関係の不安定等，多くの深刻な問題が背景にあったとはいえ，1960年代以降の自動車輸送の急増という旅客・貨物輸送の構造転換に対応できず，日本鉄道建設公団による建設と路線延長が1981年まで続き，国鉄の慢性的な経営不安の一因となった事実は，批判的学習の機能不全を物語る．国鉄の最終的な長期債務は民営化実施の1987年には37.1兆円にのぼった．

　国鉄ほど劇的で大規模な予測の失敗事例は少ないかもしれない．しかし，この

ように予測の失敗が見直されることなく事業や政策等が継続されているより小規模な事例は，現実には少なくないと推測される．具体的な言及は避けるが，管見の限りでは，モデルやシミュレーションに基づく利用予測も批判的学習による予測の改善も行われることなく，事業や政策が実施・継続されてきた事例がある．こうした事例がもたらす社会的損失は小さくないかもしれない．

●**人の支配ではなくルールの支配**　それでは，こうしたより小規模な事例における予測の失敗を改善するには，どのような方法が有効だろうか．答えはすでに明らかであろう．より小規模な事例においても，モデルやシミュレーションの活用が有効なのである．

　もちろん，より小規模な事例においては，気候変動予測等で用いられる高度な数理モデルの構築やシミュレーションに使う大量のデータの収集は，コストの点で不可能であることが多いだろう．しかし，それでも予測の改善は可能である．カーネマンほか（2021）が紹介する多数の興味深い実験事例が示すように，大量データが存在しない場合でも，（各予測変数に最適な重みづけを行う）単純な線形回帰モデルや，さらに単純な（各予測変数に均等な重みづけを行う）均等加重モデルが，人間（専門家を含む）の判断よりも高精度な予測を可能にする．ある研究では，被告の再犯行動予測のために二つの変数を使った場合と137変数を使った場合を比較したところ，前者は後者と同等の予測精度を示したとのことである．比較的大量のデータが利用できる場合，機械学習によるさらに高精度な予測の実現が期待できる．PC性能の向上により，機械学習は今やその気になれば誰でも取り組むことができる．

　高度な数理モデルだけでなく単純なモデルも予測改善に有効に機能する理由は，あらためていうまでもない．モデル（ルール，アルゴリズムと言い換えてもよい）に基づく判断は，人間の判断に比べると総じて誤差や不確実性が少ないためである．もちろん，モデルは万能ではない．事実，モデルに誤差や不確実性が忍び込むことや意図的に組み込まれることもある．しかし，モデルの誤差や不確実性は，人間の判断に潜むそれらよりも検証と改善が容易である．その点においても，モデルやシミュレーションの活用は有益である．

　人の支配ではなくルールの支配，これが予測の改善，ひいては政策の改善に，決定的に重要である．　　　　　　　　　　　　　　　　　　　　　　　［福井秀樹］

📖**さらに詳しく知るための文献**
カーネマン，D. ほか著，村井章子訳 2021.『Noise（ノイズ）』上・下．早川書房．
テトロック，P. E. & ガードナー，D. 著，土方奈美訳 2016.『超予測力』早川書房．
James, G. ほか著，落海 浩・首藤信通訳 2018.『R による統計的学習入門』朝倉書店．

費用便益分析

　費用便益分析（cost-benefit analysis）は，道路・公園・空港といった公共財や社会資本の整備のための公共投資を行う際に，その社会的な便益と費用を貨幣価値として分析・評価するものである．適正な公共投資の政策決定を行う一助にするためである．この理論および分析枠組みは，公共投資に限らず政策全般に応用し得るものであり，財政改革や規制緩和等の政策実施においても，その効果を計測できるものであれば，政策判断に活用することが期待される．

●**行政改革と費用便益分析**　費用便益分析が政策決定の過程で活用されるようになった背景には，先進各国の1970年代頃からの経済の停滞，政府の非効率化，財政の肥大化といった問題がある．日本でも利用されない社会資本や豪華すぎる公共施設が問題視され，行政改革の対象になってきた．1990年代にはニュー・パブリック・マネジメント（NPM）と呼ばれる行政改革の潮流が起こり，政策分析に基づく合理的な公共投資が叫ばれた．同時期，環境への関心も高まり，公共事業による環境への負荷や環境保全の社会的価値を評価する費用便益分析が活発化した．

　1990年代後半，橋本政権による行政改革への取組みの中で，長年塩漬けにされてきた公共事業の見直しが行われた．この頃から社会資本の各領域で費用便益分析を中心とした分析・評価マニュアルが用意され，それに基づいた予算配分の決定が行われるようになった．2001年に制定された政策評価法によって，各府省の施策・事業に対するPDCAに基づいた評価も制度化された．

●**費用便益分析の理論**　ある社会資本を整備する場合，その便益や費用は将来にわたって発生し得る．その現在から将来にわたって発生する社会的純便益（NPV）は次のように定義される．

$$\text{NPV} = \sum (B_t - C_t)/(1+r)^{t-1}$$

ここで，B_tはt時点の社会的便益，C_tはt時点の社会的費用である．その差である$B_t - C_t$がt時点の社会的純便益であり，それはn年間にわたって発生するものと仮定される．ただし，t時点の社会的純便益は社会的割引率（r）によって現在時点（t＝1）の価値に割り引いて計算する必要がある．すなわち，各時点の社会的純便益の割引現在価値をn年間について合計したNPVが求められる．

　その結果，NPVの値がプラスであれば，その社会資本への資源配分が社会全体の効率性，すなわち社会全体の効用を高めることに寄与するとされる．選択肢が複数ある場合には，最大のNPVを示す案が最も効率的ということになる．

●**社会的便益・費用の計測・評価方法**　費用便益分析では，社会の便益 B_t や費用 C_t を貨幣価値に置き換えて評価するところに最大のポイントがある．しかし便益や費用は直接観察されないため（うち整備費用は金額として観察可），さまざまな評価付けの理論・手法が開発されてきた．以下，代表的なものを紹介する．

(1) 消費者余剰法：ある政策の結果が市場で取引される財・サービスであれば，政策実施前後の社会の需要曲線と供給曲線を推定し，総余剰の変化分として社会的純便益を推計する．

(2) 市場代替法：ある政策による便益・費用を市場で取引される類似の財・サービスの情報から推計する．例えば，民間住宅の価格から公営住宅の便益を，労働市場の賃金から交通インフラ整備による移動時間節約の便益を推計する．

(3) ヘドニック価格法：土地・住宅の価格は，地盤・立地・アクセス・規制といった属性の合成価格である．その属性のひとつにその場所の社会資本や生活環境の要因を含め，その便益が土地・住宅価格に資本還元されると仮定して推計する．

(4) トラベルコスト法：ある場所への訪問に要する移動費用（移動時間と交通費）は人々がそこへ行きたいという支払意思額（便益）を表していると仮定し，そこへの訪問頻度を需要量，移動費用を価格とみなして社会的需要関数を推定し便益を計測する．例えば，公園や文化施設が分析対象になり得る．

(5) 仮想市場評価法（CVM）：ある自然環境の存在価値がどれだけあるか，それに関する顕在的な情報がない場合，その対象を保護・保全することへの人々の支払意思額をアンケートやインタビューを通して尋ね，社会的純便益を推計する．

●**費用便益分析の特徴と課題**　費用便益分析は直接観察されない便益や費用を貨幣価値に換算する．しかしそこでは多くの単純化あるいは恣意的な前提・仮定が置かれる．厚生経済学の基本3原則，すなわち個人の効用が基礎となり（個人主義），その効用は集計可能であり（厚生主義），政策の是非は仮説的補償基準（パレート原則）によって判断される．そのほかにも，部分均衡分析，政策の直接効果のみが対象，貨幣の限界効用が一定といった前提が置かれる．市場の情報を活用するうえで，市場は効率的に機能し市場の失敗は生じていないと前提される．費用便益分析の理論は相当に精緻化されているが，理論と実証分析の間には距離がある．

　したがって，費用便益分析にはメリットと限界があることを理解したうえで，政策決定の一助に活用していくことが肝要である．メリットのひとつに，分析モデルがいったん構築されれば，仮定や予測を変えた場合に社会的純便益がどう変化するかを感度分析によって見ることができる点がある．分析・評価の結果は，あくまで前提・仮定に基づいた計算例であり，唯一の答えではない．分析結果を参考に政策を論ずる場を構築していくことに意味があることを認識する必要がある．

[長峯純一]

政策デザインの考え方

　政策デザイン（policy design）とは，公共的問題を解決するための方針および具体的手段としての公共政策をつくるための活動を指す．最も代表的な活動が政策手段の選択に関わる助言だが，それ以外にも，政策目標の明確化，ステークホルダーとの合意形成など，さまざまな活動を含める考えも存在する．

●**完全合理性とインクリメンタリズム**　政策デザインという活動が提案される背景には，完全合理性（complete rationality）モデルとインクリメンタリズム（incrementalism）という両極端な政策決定論の対立がある．完全合理主義は政策目的を定めた後，あらゆる選択肢を検討し，あらゆる選択肢を取った場合のシナリオを完全に予測し，以上を踏まえた最善の選択肢を採用すべきとする主張である．それに対し，インクリメンタリズムは，すでに導入されている政策の微修正を通じた政策決定を支持し，それこそが失敗リスクの少ない合理的な政策決定を実現しうると主張した．

　政策デザインの提唱者は，完全合理主義に基づく政策決定は不可能だと考える．しかし同時に，インクリメンタリズムのような合理的決定への接近の試みを放棄する立場も，常に政策フィードバックを得られる保障がない以上，有効な問題解決をなし得ないと考えた．そこで，両者の中間的な案として，問題解決の方向性を構想しそれに適した手段を選択する，政策デザインの考え方が提案された．

●**政策目的と政策手段のマッチング**　リンダー（Linder, S. H.）とピーターズ（Peters, B. G.）は，政策デザインを，政策決定者の決める所与の政策目的に寄与するよう，適切な政策手段を選択する活動であると定式化した（Linder & Peters 1984）．この方針によれば，政策デザインの役割は，政策目的もしくは問題の原因と政策手段とのマッチングにある．

　この方針のもと，政策デザインは，政策手段とその特徴についての知見を蓄積させる形で発展した（Linder & Peters 1989）．フッド（Hood, C.）による政策手段（policy tool / policy instrument）の 4 分類（情報，権威，財政，組織）などを参照し，政府が利用可能な政策手段についての知見を深める方針である．個々の政策デザイン活動は動的なうえにそれぞれの文脈も異なるため，そのままでは比較・分析が困難である．政策手段に着目することにより，研究とそれに基づく知的資源の蓄積が容易になり，政策デザイン研究の隆盛がもたらされたという．

●**政策手段の組合わせ**　こうして政策デザイン研究は，政策手段の性質を精緻化していった．代表的なものが，手続的政策手段（procedural policy instrument）と

ポリシーミックス（policy mix）の研究である．

　政策手段は一般的には，社会に働きかけるために政府が利用可能な手段である．これを実質的政策手段（substantive policy instrument）と呼ぶ．それに対し，手続的政策手段は，政策過程で関連アクターに対して用いられ，合意形成や政策実施を円滑化するために用いられる．手続的政策手段の例としては，深刻な公共的問題に対処するための臨時組織を立ち上げたり（組織的政策手段），秘密保護法により秘匿の必要がある情報を公務員が漏らすことを防いだり（情報的政策手段），といったものが挙げられる．手続的政策手段を活用することで，グローバル化やネットワーク化が進む社会においても，政府が政策目的の達成可能性を高めることが可能になるとされた（Howlett 2000）．

　ポリシーミックスとは，複数の政策手段を組み合わせる活動，および組み合わせられた政策手段を指す．ひとつのポリシーミックスは，少なくとも一つ以上の実質的政策手段と手続的政策手段で構成される．提唱者のハウレット（Howlett, M.）らによれば，効果的なポリシーミックスとは，組み合わされる諸政策の目的同士，手段同士，目的と手段のいずれもが一貫したものである（Howlett & Rayner 2013）．そこで，ポリシーミックスを構成する諸要素が矛盾せず，可能であれば相互補完的に配置されるような組み合わせが推奨される（Howlett & del Rio 2015）．

●**政策過程への参加とウィキッド・プロブレム**　政策デザイン研究の中には，政策手段に限らない，政策デザインの過程に注目する提案も存在してきた．例えば，政策目標の明確化・指標化，利害関係者との合意形成，政策形成過程におけるデザイナーの創造性への考察が含まれる．

　ボブロウ（Bobrow, D. B.）とドライゼク（Dryzek, J. S.）は，政策デザイン過程のどこかで政策目的が実現する価値への合意形成が必要と述べ，そのための中立的仲介者の役割を政策分析者に求めた．政策提案をつくりあげる過程に身を置くことは，価値的問題のみならず，政策の置かれたコンテクストを把握するためにも求められる．特に，政策をとりまくステークホルダーや政策実施者の移行・関係におけるコンテクストは，合意形成の問題に直結する（ボブロウ＆ドライツェク 2000）．

　政策過程におけるデザイン作業に注目する考えは，ウィキッド・プロブレムに対処しようとするとき，特に重要となる．ウィキッド・プロブレムの性質のひとつは，関わりをもつステークホルダーの間でも問題の定義が共有されていない点に求められる．そのため，対処にあたっては彼らの価値や世界観を踏まえた合意形成が有力な選択肢となる．政策過程に身を置きステークホルダーたちの考えや関係を踏まえて政策をデザインするモデルは，政策手段とその組合せに焦点を当てる精緻なモデルとは別の利点があるといえよう．　　　　　　［奥田　恒］

📖**さらに詳しく知るための文献**

足立幸男編著 2005.『政策学的思考とは何か』勁草書房.

Howlett, M. 2023. *Designing Public Policies*, 3rd ed. Routledge.

政策のデザイナー

　政策のデザイナー（policy designer）とは，公共的問題を解決するための方針および具体的手段としての公共政策の企画立案（政策デザイン）の担い手である．狭義の「政策のデザイナー」は，政策手段の選択に関わる専門的助言者を指す．とはいえ，政策の企画立案においては，政治家から市民まで多様なアクターが関わりをもつ（窪田 2008）．本項目は彼らの多様性に焦点を当てる．

●政策デザインの担い手　まず，政策のデザイナーを，政策の企画立案過程に関わるすべてのアクターと捉える見方がある．窪田好男（2008）は，政治家と官僚，利益集団，マスコミ，NGO・NPO，シンクタンクなど「仕事として」政策過程に参加するアクターを「プロの公共政策の主体」と，研究者や市民など政策デザインを本業とせずとも政策に影響力を有する「ノン・プロの公共政策主体」の双方に向けた政策デザインのガイドラインを提案した．

　後続の議論と照らしたとき，この見方の特徴は，立法者たる政治家が含まれる点にある．窪田の想定するデザイナーとしては，「公職保持者としての首相や大臣，国会議員，都道府県知事，市町村長，地方議員などの政治家」が第一に念頭におかれている（窪田 2008）．政府・与党をはじめとする政治家は，重大事件の発生や世論の高まりを受けた問題提起，それを踏まえた法改正の提言といった政策の企画立案を行う代表的主体であり，その意味で政策のデザイナーとみなし得る．

●専門的助言者としてのデザイナー　以上の見方と対照的に，立法者を除外し，デザイナーを狭く捉える見方も存在する．リンダー（Linder, S. H.）とピーターズ（Peters, B. G.）は，政策のデザイナーをもっぱら専門的助言者と捉え，選挙で選ばれた政治家と区別した（Linder & Peters 1984）．この意味での政策のデザイナーは民主的正統性をもたないため，政策目的への提言を控え，所与の目的に適合的な政策手段の評価・提案のみを行うべきとリンダーとピーターズは主張した．

　くわえて，ボブロウ（Bobrow, D. B.）とドライゼク（Dryzek, J. S.）は，政策のデザイナーを，政策の企画立案における合意形成の仲介者と捉えた（ボブロウ＆ドライツェク 2000）．政策デザイン過程には，価値観や認識枠組みを異にする多数の利害関係者が関わる．ボブロウとドライゼクにとって，政策のデザイナーはこうした状況のなか，価値問題を踏まえた目的設定・政策コンテクストの把握・解決アプローチの選択といった活動を，中立的立場から仲介する人々である．

　以上紹介した見方はいずれも，政策のデザイナーとして専門的助言者を想定している．なお，彼らの「政策のデザイナー」像を理解するうえでは，例えば米国

において顕著な，人材が政府・民間企業・大学・シンクタンクなどの職場を行き来する「回転ドア」の人事慣行をあわせて想起する必要があるかもしれない．

●専門的助言者の実践とその多様性　そこで以下では，日本の中央・地方政府を念頭に，政策の企画立案過程で専門的役割を果たすデザイナーについて述べる．取り上げるのは，行政職員，審議会等委員，コンサルタントの三者である．

まず行政職員である．行政職員は行政内部の資源制約についての知見をデザイン過程に提供する．例えば予算制約や部署の人的資源の状況は，政策の実行可能性を大きく左右する重要な背景事情だが，行政職員が提供しなければデザイン過程で考慮できない専門的情報である．その他にも，政策の実務現場や対象者集団についての知識も，彼らの有する専門知識といえる．

次いで，審議会等委員が挙げられる．審議会等委員は官僚 OB や利害団体関係者，学識経験者などで構成され，多様な背景をもつ．これらの会議体は，第一には当該政策分野に関する高度の専門知識を有した諮問機関として機能する．しかし，審議会等には当該政策分野の専門家でない学識経験者（非・専門家）も参画しており，「専門知識」の諮問以外の役割ももつ（森田 2014）．このような非・専門家は審議会の場で，いわば学術的教養を有する「素人」として，政策サービス受給者等の立場から意見を述べ，政策デザイン過程に多様な視角を提供する．審議会等委員をこのように捉えると，彼らが行政内部の諸制約に過度な配慮を行い，結果として政策内容への批判的意見を控えることは好ましくない．ここに，行政職員とは異なる政策のデザイナーとしての役割を見出すことができる．

最後にコンサルタント職員である．彼らは，業務委託などの形態で政策の企画立案過程に参画し，外国や自治体における先行事例の調査を担う（吉川 2023）．この調査は，世界的な潮流や社会状況の変化の中での政策の位置づけ，他地域の先行事例からの含意といった基礎的情報をもたらす．それらの情報は行政現場・審議会等での検討促進や，成功事例の検討を通じた制約条件の改善に用いられる．ただし，コンサルタントらは業務委託の範囲内でしか政策デザインに参画しないため，実務現場にある摩擦・障壁には必ずしも詳しくなく，行政職員や審議会等委員からの情報共有に依存している．以上の点で，彼らは他の政策のデザイナーと異なる制約に服しつつ，独立した役割を担う．

政策立案過程に多くの主体が関わることにより，良質の政策提言と活発な政策論争がもたらされ，ひいては政策の質向上が期待できる（窪田 2008）．多様なデザイナーの相互関係や置かれた制度的状況を踏まえることで，政策の企画立案活動をより明快に把握することが可能になる．　　　　　　　　[奥田　恒・吉川和挟]

📖さらに詳しく知るための文献

ボブロウ，D. B. & ドライツェク，J. S. 2000.『デザイン思考の政策分析』昭和堂.
吉川和挟 2023. 自治体行政計画の政策デザイナーとはだれのことか.『四日市大学論集』36(1): 59-78.

政策波及

　政策波及（policy diffusion）とは，中央政府や地方政府といった主体によって導入された政策が，他の主体によっても導入されること，あるいはこのことが広がっていく過程を意味する．例えば，X県で導入された新しい政策Aが，時間的な間隔を置いてY県やZ県でも導入された場合，政策Aが波及したと見なされる．政策波及とよく似た概念として，「政策移転（policy transfer）」がある．政策移転は，政策波及とほとんど同じ意味で用いられることもある．しかし，特に，ある国から別の国への国際的な政策の波及を意味する概念として用いられることが多い．

●**研究の目的**　政策波及について，体系的に研究が行われるようになったのは1970年代の初め頃のことであった．そこにおいての主な研究関心は，例えば福祉分野での新たなサービスや人種差別の撤廃措置といった新たな政策をいち早く導入したのはどんな政策主体（例えば州政府）であったのか，さらに続いてそれらを導入したのはどのような政策主体だったのか，ということにあった．古典的なイノベーション研究では，新しいアイデアや技術が採用されたタイミングを基準として，最も早い採用者を「革新者（innovators）」，それに続く採用者を「初期の採用者（early adaptors）」などと分類してきた．初期の政策波及研究では，いわば政策においての「革新者」や「初期の採用者」を見つけ出した上で，経済的なリソースや政治的なリーダーシップなどの点において，それらの「先進的な」政策主体がどのような特徴を有しているのかを明らかにすることが主な目的とされた．

●**政策波及研究における主な関心**　政策波及研究における主たる関心のひとつは「波及の方向」である．「方向」とは，政策が「どこから，どこへと波及したか」ということである．波及の方向は次の二つに大別される．第1は「水平」である．これは，同じレベルの政策主体の間で，例えばある県から別の県へ，または市から市へ，あるいはある国から別の国へと，政策が波及することを意味する．第2は「垂直」である．すなわち，「上」から「下」（もしくは「下」から「上」．ただし，ここでの「上」「下」とは一般的な上下関係を意味するものではない）へと，政策が波及することを意味する．国が導入したある政策が，都道府県によってその後に採用されるようなケースがそれに当てはまる．

　波及の方向に加えて，政策が波及する理由についても研究上の大きな関心が寄せられてきた．すなわち，「どのような要因が，他の主体が導入した政策の導入を

促すのか」という問いに解答を与えることは，政策波及研究における大きな課題のひとつとなってきた．その要因として注目されてきたものとして，「教訓導出」がある．教訓導出とは，他の主体によって導入された政策が成功したか，あるいは失敗したかを他の主体が「学習」して，その結果に基づいて新たに政策を導入することを意味する．ある県が導入してうまくいった政策について他の県が学習し，自分のところもその政策を導入することがその例である．

　教訓導出が注目するのは，政策の波及を促す外部からの影響や刺激である．それに対して，内部の要因を重視するアプローチもある．他の主体が導入した政策について学ぶためには，一定の情報収集能力や情報の分析力が必要となる．専門性の高いスタッフのようなリソースが内部に備わっていないと，うまくいかない可能性が高い．また，新たな政策を推進するためには，政治指導者のリーダーシップも必要となる．それを後押しする政治的状況が，政策主体の内部に用意されていることも重要となる．このような内部要因と新たな政策の導入との関連についても，検証が行われてきた．

●モデル化と最近の動向　伊藤修一郎による「動的相互依存モデル」(2006) は上記の「教訓導出」「内部要因」「波及の方向」の三つの要素を組み合わせて，日本の地方政府における政策波及の様態を説明しようとするモデルである．そこでは，政策が導入されるためには，自治体に一定のリソースが備わっていることがまず条件となる（内部要因＝内生条件）．その条件が満たされた上で，自治体が他の自治体の動向を学ぶこと（相互参照＝教訓導出）によって政策の導入が促される．しかし，いったん国が政策を導入すると，未導入の自治体はこぞって同様の政策の採用を急ぐ（横並び競争＝水平的な波及方向）．国からの影響が強くなるため，この時には相互参照および内部要因が及ぼす影響は相対的に小さくなる．

　最近の政策波及の研究では，新たな政策の導入の有無だけでなく，政策が「どのような内容で」導入されたかも分析の対象となっている．ある主体が導入した政策関連の文書内容と他の主体によるそれとの類似度を数値化して，類似の程度から波及の経路を明らかにしようとするようなテキスト分析を利用した研究がある．また，政党による公約の国際的な移転，あるいは選挙キャンペーンの方法等，政府による政策以外の波及も分析の対象となっている．　　　　　　　　[岡本哲和]

📖さらに詳しく知るための文献

伊藤修一郎 2006.『自治体発の政策革新』木鐸社.

Jansa, J. M., et al. 2019. Copy and Paste Lawmaking. *American Politics Research*, 47(4): 739-767.

合理的政策決定モデル

　合理的政策決定モデルとは，決定者が「合理的（rational）」に行動するとの前提を置いた上で，決定された政策の内容の説明を行うための枠組みである．

　「合理的」という用語は，研究分野等によってやや異なった意味合いで用いられることがある．例えば，ゲーム理論の分野では，個人が有する各選好の関係が完備性と推移性を満たしているという前提で，その個人が自分にとって最も好ましい選択肢を選択することを「合理的」な選択と捉えることもある（浅古 2016）．一般的な合理的政策決定モデルは，「合理的」の意味をこれよりもやや広く捉えて，問題に直面したときには考えられ得る選択肢を探索して，その中から自らの目的を最大に達成するような選択肢を選ぶように行動することと捉える．すなわち，合理的政策決定モデルにおける決定とは，決定主体が目的達成の最大化を目指した結果であると説明される．

　公共政策学者のドロア（Dror, Y.）は，合理的政策決定モデルの理念型といえる「純粋合理的モデル」の特徴として，①最終的な目的を達成する上で，到達することが必要となる諸々の具体的な目標（操作的目標）を完全に知っており，それらの間の重み付けを設定していること，②あらゆる政策の選択肢を提示できること，③各々の選択肢の便益と費用について知っていること，④便益と費用が生じる確率等に基づいて，各選択肢を評価できること，⑤各選択肢を比較した上で，目標を達成するために最適の選択を選ぶことができること，などを挙げている．

　また，合理的政策決定モデルで有名なものとして，アメリカの政治学者であるアリソン（Allison, G. T.）の「合理的行為者モデル」（アリソンの第1モデル）がある．1971年に出版された政策決定研究の古典である『決定の本質』において，アリソンは1962年のキューバ危機におけるアメリカ政府の決定を合理的行為者モデルによって説明した．アリソンによるこのモデルの前提は，政府を単一の行為者とみなすことである．つまり，あたかも政府という1人の人間が存在していると想定した上で，それを決定者と考える．キューバにおけるソ連によるミサイル基地建設への対応として，アメリカ政府が行った海上封鎖は，アメリカの国益を最大化するという点で，最善の選択肢を決定者が選んだ結果とみなされる．

●**規範としての合理的政策決定モデル**　政策学を含む社会科学の諸分野において，合理的政策決定モデルは望ましい決定の仕方であるともみなされてきた．実際の政策決定においては，政治的な要因が影響を及ぼすことも多い．政策決定に影響力を有する主体の個別利益が，社会全体の利益に優先されることも起こり得

る．そこで，アメリカの政治学者であり，政策科学の基礎を築いた一人であるラスウェル（Lasswell, H. D.）は，決定を行うにあたってはデータ等を用いた高度な分析を重視すべきと説いた．決定から「政治」や裁量を排除することによって，いわば「自動的に」合理的な決定を行うことが，社会にとっての望ましい政策をつくりだすことに繋がるからである．合理的な決定を志向するこのような考え方は，「自動化への選好（the preference of automation）」と呼ばれる．すなわち，人間はできる限り合理的に決定を行おうとするが，それは情報や計算能力などの面における制約によって難しい．そこで，決定を行う際には最適な基準よりも「満足できる」基準を重視して，それを満たす選択肢を探索する．そのような選択肢が見つかった場合には，探索をそこで止め，その選択肢を選択することとなる．

●**合理的政策決定モデルへの批判**　合理的政策決定モデルおよびそれが前提とする考え方（完全合理性）に対しては，根強い批判もある．明確な目的がまずあって，選択肢が列挙されるとの前提について，決定においては目的と手段（選択肢）は必ずしも分離されないという批判がある．また，あらゆる（あるいは，ほぼすべての）選択肢を見つけ出して，その中から最適の選択肢を選ぶことができるという前提に対しては，人間の問題解決能力の限界を考慮していないとの批判がなされてきた．後者の代表的な批判として，サイモン（Simon, H. A.）によるものがある．サイモンは完全合理性に代えて，「限定合理性」の概念を提唱した．

　行動経済学の考え方に影響を受けた行動政策学からも，合理的行為者モデルの見方とは異なる政策決定についての視点が提供されている．例えば，行動政策学は決定主体が明確な目的をもってそれを追求すると考えるのではなく，決定主体の目的は文脈に大きく依存すると捉える．すなわち，どのような状況の下で決定を行うかによって，目的も変化することがある．また，より多くの選択肢の探索は，そこからの選択をより困難にすることがある．その結果として，問題解決にとって望ましい選択肢が選ばれなくなってしまうこともあり得る．

　しかし，前述のドロアは，より純粋合理的に近い政策決定が，科学の発展によって行われるようになる可能性を指摘している．この点について，発展著しいAI（人工知能）の技術が，政策決定にどう利用されるのか，またそれが社会に対してどのような影響を及ぼすかは，公共政策学でも大きな問題となる．

[岡本哲和]

📖**さらに詳しく知るための文献**
アリソン，G. & ゼリコウ，P. 著，漆嶋 稔訳 2016．『決定の本質』第2版，Ⅰ・Ⅱ．日経BP.
ドロア，Y. 著，足立幸男監訳，木下貴文訳 2006．『公共政策決定の理論』ミネルヴァ書房.
Lasswell, H. D. 1955. Current Studies of the Decision Process. *The Western Political Quarterly*, 8(3): 381-399.

アイデアの政治

　公共政策学では，アイデア（ideas）は「（政策）理念」「信念」「イデオロギー」といった意味で扱われる．公共政策学においてアイデアの概念が注目されるきっかけは，1970年代後半の米国で行われた規制緩和（deregulation）であった．航空輸送産業をはじめとする各産業で政府規制が大幅に緩和され，その政策決定過程において規制緩和というアイデアが一定の役割を果たしたことが政治学者によって示され（Derthick & Quirk 1985），「アイデアの政治（politics of ideas）」として注目された．そして，「三つのI」と称されるように，アイデアは利益（interests）や制度（institutions）とともに公共政策の決定に影響を及ぼす要因とされる．

●**アイデアと政策決定**　アイデアの概念は，政治学のみならず，国際政治学，国際関係論，比較政治学といった領域においても注目され，研究が進められた．その中で，アイデアは世界観から政策手段に関する信念まで重層的・多面的な概念であることが指摘された（Goldstein & Keohane eds. 1993）．公共政策学において，政策決定への影響を検討していくうえで重視されるのが，アイデアが有する2つの側面である．

　第1は，「道義的信念（principled beliefs）」と称される（Goldstein & Keohane eds. 1993），規範的な側面である．アイデアは個人が物事の善悪等を判断する基準を提供するとされる．公共政策は社会にとって望ましい状態を実現するために設計・決定されるため，何が望ましいかということに関する判断が必要となる．その規範的な判断を行う際に，アイデアが一定の影響を及ぼすこととなる．

　第2は，「因果的信念（causal beliefs）」と称される（Goldstein & Keohane eds. 1993），認知的な側面である．アイデアは理論的知識を基に，政策手段と政策結果との因果関係に関する信念を提供するとされる．すなわち，アイデアによって「特定の政策手段Aを選択すれば政策結果Bになる」という「信念」がもたらされるのである．公共政策は特定の社会問題を解決するために設計・決定されるため，どのような手段を選択すれば問題を解決できるかということに関する判断が必要となる．その認知的な判断を行う際に，アイデアが一定の影響を及ぼすこととなる．

●**政策決定への影響：アイデアの説得力と推進者**　アイデアはどのように政策決定に影響を及ぼすのか．公共政策学においてまず注目されたのが，「アイデアの政治」において示されたアイデアの「説得力」とアイデアの「推進者」による影響である（Derthick & Quirk 1985）．

アイデアは政策や制度の基盤を形成することになる．特定のアイデアが社会問題の解決といった「説得力」を他のアイデアよりも有していれば，米国での規制緩和のように，当該アイデアが注目され，政策決定へと繋がる．

また，「説得力」とあわせて重要になってくるのが，アイデアの「推進者」である．1970年代後半の米国において，カーター（Carter, J.）大統領やケネディ（Kennedy, E.）上院議員らが規制緩和の重要性を主張して政策決定の場で積極的に活動したように，特定のアイデアが政策に反映されるためにはそのような推進者の存在が重要になる．特に，既得権益を維持するために政治家・官僚・業界団体によって形成される「鉄の三角同盟（iron triangle）」といったアクター連合が存在する政策領域において，彼らの利益を打破する改革型の政策決定が行われた場合，改革アイデアの推進者は「政策起業家（policy entrepreneur）」と呼ばれることもある．また，アイデアの推進者としてその後注目されたのが「認識共同体（epistemic community）」（Haas 1992）をはじめとする専門家集団である．革新的な政策のアイデアの波及や受容において，当該政策分野の研究者をはじめとする複数の専門家によるネットワークが重要な役割を果たすことがある．

●**政策決定への影響：アクターの行動への影響**　公共政策学において政策決定へのアイデアの影響に関してさらに注目されたのが，政策決定に関与するアクターの行動に対して及ぼすさまざまな影響である（Goldstein & Keohane eds. 1993）．

第1が「道路地図（road maps）」と称されるように，アイデアはアクターの行動指針を提供するとされる．アクターは何が自分の利益になるということを判断したうえで行動を選択する．アイデアは，アクターが自身の利益を判断する際の枠組みに影響してくるのである．特に従来の政策による問題解決が困難になるといったように，政策決定において不確実性が高まった際，アイデアは規範的な側面や認知的な側面から行動指針となり，アクターが特定の政策の決定を進めるとされる．

第2が「焦点（focal point）」と称されるように，政策決定において複数の選択肢（代替案）が存在する際に，アイデアは共通の解をアクターに提供するとされる．さらに，アイデアによって共通の解が提示されることによって，複数のアクターが共通の行動を取ることが可能になり，特定の政策の決定へと繋がってくるのである．

第3が「制度化（institutionalization）」と称されるように，アイデアは特定の制度や政策の根幹を形成することによって，次の時点での政策決定にも一定の影響を及ぼすとされる．歴史的制度論において，過去の制度が次の制度に一定の影響を及ぼすことが指摘されているように，制度や政策に埋め込まれたアイデア自体が次の制度・政策の形成や決定の際に継承されたり，新しいアイデアの形成において参照されたりすることは少なくないのである．　　　　　　　　　　［秋吉貴雄］

制度論

　1980年代の後半にアメリカ政治学界において，ニューウェーブとなったのが，国家論である．その当時まで支配的であった，多元主義的なアメリカ政治の理解に対して，国家の重要性が指摘された．

　多元主義では，利益を核として集団が形成され，その利益集団・圧力集団の要求が競合する結果，政策が決定されると考える．ここでは，政府とはアリーナにすぎず，社会集団による決定を最終的に裁可する存在でしかなかった．またアメリカ政治の現実も，特に19世紀には，その主張を裏付ける状態であった．

　また，リベラルな多元主義とは区別されたマルクス主義的な政治経済理解においても，ある社会における生産関係の総体である下部構造が変化することによって，上部構造である法律・政治が決定されるという点では，多元主義と同じく，社会還元主義であると批判されたのである．

　国家論では，国家は社会に還元されない独自の利益や制度をもつとされた．日本やフランスなどが典型的に強い国，アメリカなどが弱い国とされ，比較政治学的観点がアメリカ政治中心のアメリカ政治学に強調された．国家の強弱だけでなく，国家が社会からどれだけ自律的であるか，国家がどれだけの能力をもっているか，などの分析に進み，さらに，国家にとどまらず，制度全体への注目が続いた．

●**制度とは**　論者によって制度の意味は一様ではない．国家論でいう国家や法律のあり方は最も狭義のもので，これが制度であることは言を俟たないだろう．憲法に規定されるような，元首のあり方，政治リーダーの決め方（大統領制か議院内閣制かなど），立法権，行政権，司法権のそれぞれのあり方と三者の関係（三権分立か），政治家の決め方（小選挙区制か比例代表選挙制か，大選挙区制か），所有権や特許制度のあり方，税制のあり方などは，政治的な結果に大きな影響を与えるであろう．これらはフォーマルな，成文形式となっていることが多い．

　つぎに，社会経済のあり方も多くは制度化されるに至っている．資本・金融のあり方や，労働運動・組合のあり方は，制度化されていて，簡単には変わらない．雇用や就職のあり方，家族制度も同様である．このようなものは非公式のもの，慣習といった方が良いものも多い．これを制度論の対象とする研究も多い．

　最後に，行政組織の標準作業手続きや規則や行動様式といったレベルのものも，制度と考えられることがある．ここまでくると，法律や規則，条例といった形式をとった政策自体も，制度のひとつと主張されることもある．過去に形成実施された政策が，次の時期の政策に影響を与えるという考え方は，政策フィード

バック論にたどり着く．

●**三つのアプローチ**　新制度論を大まかに分けると三つのアプローチに分かれる．第1は合理的選択制度論である．これは経済学における経済人のように，自己の利益（効用）を最大化しようとする個人からなる社会を想定する．この個人は，与えられた制度の中で合理的に選択を行うのであり，制度が異なれば何が合理的かも変わるため，選択のあり方も異なるという意味で，制度が重視される．しかし，この合理的な個人が制度を設計するとも考えられており，あくまでも方法論的個人主義の立場に立つ．社会現象は，個人の選択の結果として生じるものと考えられるのであるから，最終的には，社会に還元している考え方ともいえる．

　第2の歴史的制度論は，意図せざる結果や偶発性を制度形成の際に重視する．制度形成にはこのような事態が生じる重大な岐路（critical juncture）が存在し，そのように形成された制度がその後の政策の発展，および制度の発展を左右すると考える．過去に取られた政策や制度選択によって，その後の行動が拘束され，特定の行動がとりやすくなり，他の行動がとりにくくなる現象は，経路依存（path dependency）と呼ばれる．

　北山（2011）において，1938年の国民健康保険法の制定時に，市町村を単位として，戦後すぐには市町村直営として国民健康保険が運営され始め，その後も，介護保険，後期高齢者医療制度も市町村がこれを運営してきたことを歴史的制度論から論じられた．

　このような歴史的制度論は，ピアソン（Pierson, P.）によって，「ポリティクス・イン・タイム」という，歴史そのものというよりも，時間的要素を重視したパースペクティブとしても発展していった．

　第3のアプローチが社会学的制度論である．もっぱら社会における，規範，慣習，行動の標準，象徴などの非公式的な要素に着目し，人間が合理的な計算に基づく選択よりも，制度に従った適切な行動をとることに着目する．例えば，社会における多くの組織において，その環境がさまざまであるのにもかかわらず，官僚制という組織原理が採用されるのは，官僚制がふさわしいというような規範が存在するからというのである．小熊（2019）は，日本の職場での大部屋制度や，新卒一括採用，定期人事異動といった雇用慣行を，歴史的制度論と社会学的制度論の双方から論じているともいえるだろう．

　現在の公共政策を論じるうえで，どのような政治経済行政制度の下で政策が形成され，実施され，評価されているのかを考えることは当然の作業となっており，今や，われわれはみな制度論者であるといっても過言ではない．　　　［北山俊哉］

📖さらに詳しく知るための文献

北山俊哉 2011．『福祉国家の制度発展と地方政府』有斐閣．
小熊英二 2019．『日本社会のしくみ』講談社現代新書．

インクリメンタリズム

　インクリメンタリズム（Incrementalism；訳語として増分主義；漸進主義；漸変主義など）は，政策決定の戦略のひとつであり，施行済みの政策に対し若干の変更を行いつづけるような政策改善が望ましいとする考えである．インクリメンタリズムの提案は以下のようにまとめられる（足立 1994）．①既存の政策を微調整・微修正を加える政策案のみに考慮事項を限定する．②微調整・微修正によって生じる漸進的な変化についてのみ帰結を予測する．③複数の政策代替案を漸進的な変化の観点から比較する．④以上の分析は政府だけではなく自律的な個人や組織によっても行われる．⑤関連アクター間の取引・妥協を経て政策決定を行う，⑥政策実施後，予期しない弊害や対処不可能な事態が生じたときは，再検討を行いさらに漸進的な変更を行う．以上の提案を，中央政府などの中心をもたないさまざまなアクターの起こす小さな変化を支持する「分節的インクリメンタリズム（disjointed incrementalism）」と呼ぶ．

●**完全合理性モデル批判**　もともとインクリメンタリズムは，政策決定においてあらゆる要素を考慮し最善の選択肢を選ぶべきとする完全合理性モデルへの批判として提唱された．完全合理性モデルは，目的を定めた後，あらゆる政策案とそれらがもたらすあらゆる変化の完全な予測を行い，政策決定を行う戦略である（足立 1994）．

　完全合理主義モデルに対し，インクリメンタリズムの提唱者リンドブロム（Lindblom, C. E.）らは完全合理性モデルが次の2点を考慮していないとの批判を行う（Braybrooke & Lindblom 1963；Lindblom 1959）．第1に，政策立案における情報は常に不十分・不完全であり，われわれの認知能力も限られていることから，あらゆる選択肢の考慮やそれがもたらす帰結の予測は不可能である．第2に，政策目的がいかなる価値をどの程度実現すべきかについて，明確であるとは限らない．むしろ，有権者間・利害関係者間の価値観は大きく隔たり対立しているのが常態である．

　インクリメンタリズムが支持する漸進的な政策変更は，限られた情報と多様な価値観という2点の想定の下，できる限り実現可能かつ合理的な政策を行おうという関心を反映させたものである．

●**インクリメンタリズム批判**　とはいえ，インクリメンタリズムもさまざまな批判が加えられてきた．まず，インクリメンタリズムの支持する政策改善が妥当ではない状況は存在するという批判である．ドロア（Dror, Y.）は以下三つの状況を

指摘する（Dror 1964）．①既存の政策状況がまずまず満足できる状況でない限り，それに基づく微調整・微修正からなる政策案は不適切である．例えば，深刻な人種差別が蔓延する社会では，多少のリスクがあろうと大胆な政策変更が求められるだろう．その他，大不況もさまざまな政策革新による現状の刷新が求められる状況であり，事実，米国のニューディール政策が該当するとドロアは指摘する．

加えて，②対処すべき公共的問題が連続性を欠く場合，③政策手段が一貫性を欠く場合，が挙げられる（Dror 1964）．例えば，変化の速い状況ではインクリメンタリズムが妥当性を失う可能性が高い．なぜなら，政策関係者が問題や手段について知識を蓄積できず無知になりがちであり，それゆえ，破滅的な結果をもたらす政策に合意する可能性があるからである．別の例として，気候変動問題のような，目に見えづらいかたちで進行し，一定時間の後に深刻な災害をもたらすような問題が挙げられる．これもまた，政策状況が非連続的に変化するが故にインクリメンタリズムが妥当性を失う例である．

第2に，インクリメンタリズムは，理論的理解の放棄という点からも批判される（Goodin 1982）．一つの論点として，常に変化の小さな政策改善を目指す点が挙げられる．グッディン（Goodin, R. E.）によれば，一般論として，政策介入の規模の大小について，最適な規模というものは存在しない．政策作成に際しては，ある場合には大きな規模で考え，また別の場面では小さな規模で考えることが適切である．こうした介入規模の大小は，理論的理解に基づき検討されなければ判断できないはずだが，インクリメンタリズムはそれを拒否する点で問題がある．

グッディンによれば，そもそも，介入対象である社会のあり方について何の理論的理解ももっていなければ，インクリメンタリズムは意味をなさない．インクリメンタリズムであれ完全合理性モデルであれ，改善の方向性に関わる価値規範の根本問題に取り組むことが求められると彼は論じる．

●現在への知見　リンドブロムの見解は，現在においてもそれぞれ重要な知見を提供する．特に，情報不足と認知的限界についての指摘と，価値の多様性と対立について洞察は，その後の研究，例えば社会心理学や行動経済学によって一層支持されるようになっている（Bendor 2015）．とはいえ，分節的インクリメンタリズムという決定戦略が，リンドブロムの諸知見を統合したときに支持される（特に唯一の）戦略であるという主張は，ほとんど支持されない（Bendor 2015）．

ベンダー（Bendor, J.）は，インクリメンタリズムはさまざまな諸知見のパッケージであり，それらの知見を個別に使用可能なツールと捉えた方が適切だとする．そうであるならば，リンドブロムの諸知見は，完全合理性モデルに近い大量の情報を処理し不確実性に取り組む構想にも活用可能であろう（Bendor 2015）．　　　［奥田　恒］

📖さらに詳しく知るための文献

足立幸男 1994．『公共政策学入門』有斐閣．

リンドブロム，C. E. & ウッドハウス，E. J. 著，藪野祐三・案浦明子訳 2004．『政策形成の過程』東京大学出版会．

断続平衡論

　政策は変わるのか，それとも変わらないのか．公共政策学者が一度は頭を悩ませたことのある大問題のひとつである．これまでの政策過程研究は，そのいずれの側面を重視するのかによってアプローチの多様性を示してきた．これらに対して，実際の政策には変化と安定の両面が備わっていることに目を向け，政策過程を包括的に捉えようとする理論的枠組みが「断続平衡論（Punctuated Equilibrium Theory）」である（Baumgartner et al. 2023）．

●**断続平衡論の登場**　断続平衡論はアメリカの政治学者であるバウムガートナー（Baumgartner, F. R.）とジョーンズ（Jones, B. D.）が1990年代に提唱して以降，公共政策学で広まってきた政策過程分析モデルである（Baumgartner & Jones 1993；2009；Baumgartner et al. 2023；Workman et al. 2022；大藪 2007）．「断続平衡」とは，生物進化論の学説に由来する概念であり（大藪 2007），政策は変化が乏しい平衡状態が長期間続いた後，急激な変化が生じて平衡状態が途切れることを意味している．政策の長期的持続メカニズムと短期的政策転換メカニズムの双方を理論的に説明することを意図した理論である．

●**政策はなぜ変化しないのか**　断続平衡論がまず明らかにしているのが政策の持続的側面，平衡的メカニズムである．政策はなぜ持続性をもち，変化しにくいのだろうか．その謎を解き明かすカギは「政策独占体（policy monopoly）」にある．
　政策独占体とは「強力なアイデアによって支えられている構造的編制」のことである（Baumgartner & Jones 2009）．要するに，利害関係をもつ特定のアクターによって当該政策が「独占」され，既得権益が長期的に維持される構造のことを指す．政策独占体は制度的要素である「政策の場（policy venue）」とアイデア的要素である「政策のイメージ（policy image）」によって形成・維持される．前者は，ある政策分野に関して議論・決定がなされる制度上の舞台のことを指す．後者は，アクター間で共有される，政策に対する基本的理念や見方である．政策独占体には政治家，企業，業界団体，専門家，官僚機構といったアクターが参画している．これらのアクターは利害関係をともにし，共通の政策イメージをもつようになる．既得権益をもつアクターは政策イメージを共有しない新参者を受け入れず，変化に対して強い抵抗を示し，政策を独占する．アクターの利害と価値観を反映した制度的枠組みが形成され，政策の現状維持傾向が強まる．恒常状態に回帰しようとするネガティブ・フィードバックのメカニズムが機能する結果，政策は安定性を増す（Baumgartner & Jones 2002；2009）．

●政策はなぜ変化するのか　しかし，政策は終始一貫変わらずにいるのだろうか．実際にはそうではないだろう．政策独占体が盤石性を獲得し，政策は長期間にわたって平衡状態を保つものの，独占体が揺らぎ，政策が大きく転換される場合もある．対抗的なアクターによる新たな政策イメージの喚起，既存の場とは別の場でのアジェンダ・セッティングの成功，従来の政策イメージを覆すような事象の発生などが政策独占体を揺るがせ，平衡時とは逆にポジティブ・フィードバックが働き，短期間のうちに政策転換が果たされる（Baumgartner & Jones 2002；2009）．

●断続平衡の事例　バウムガートナーとジョーンズはアメリカの原発政策を断続平衡の代表的事例として取り上げている（Baumgartner & Jones 2009；大藪2007）．第二次世界大戦後，原子力の平和利用や安価なエネルギー源といった肯定的なイメージが流布されて原発政策が発展し，政策独占体が形成された．ところが，1970年代に入ると反原発を掲げる環境保護運動や消費者運動が興隆したことなどに加え，79年3月のスリーマイル島原発事故の発生などによって原子力に対するイメージが肯定的なものから否定的なものへと逆転した．その結果，既存の原子力政策独占体は事実上解体され，原発政策は大きく変化したのである．

●断続平衡論の発展と意義　1990年代に提唱されて以降，断続平衡論は政策過程研究の代表的な理論枠組みとして定着している（Baumgartner et al. 2023）．断続平衡論は元来，アメリカの政治制度下での政策過程の説明を意図して構築されたものだったが，近年では断続平衡論を発展させる形で，アメリカだけでなくヨーロッパやアジア諸国などをも含む「比較アジェンダ・プロジェクト」（https://www.comparativeagendas.net/）という国際共同研究が展開され，各国で断続平衡論を援用した研究が行われている（Baumgartner et al. eds. 2008；2019）．

　断続平衡論は単なる政策過程の実証分析の枠組みの役割を果たすだけにとどまらず，民主主義政治の理解にとっても重要な意義をもつ．政策は政策独占体の形成によって持続性が増し，アクターの既得権益が維持される傾向にある．しかしそれは，政策過程の一側面にすぎず，市民の声が政策を大きく動かすチャンスがあることを断続平衡論は教えてくれる．政治システムには民主的応答性が備わっており，動態的な性質をもつのである．断続平衡論は，今日，その危機が論じられることの多い民主主義政治の理解を深めることにも貢献するはずだ．［西岡　晋］

📖**さらに詳しく知るための文献**

Baumgartner, F. R. & Jones, B. D. 2009. *Agendas and Instability in American Politics*, 2nd ed. The University of Chicago Press.

縣　公一郎・藤井浩司編 2007.『コレーク政策研究』成文堂.

政策の窓モデル

　突然の重大な事件・事故の発生や政権交代などを契機に，それまで注目されることのなかった政策案がタイミング良く政策過程に登場したことで，政策の転換が図られることがある．「ステージ・モデル」は，アジェンダ・セッティングの後に，政策案を準備する段階が訪れると説明する．だが，実際には政策案の作成にかなりの歳月を要する場合もあるように，教科書的なモデルが常に政策過程を適切に説明できるわけではない（松田 2012b）．そこで本項目ではキングダン（Kingdon, J. W.）の「政策の窓モデル（policy window model）」を紹介することで（キングダン 2017），前決定過程と政策決定過程の関係について，より統合的な理解を深めることにしたい（森 2018）．

　政策の窓モデルによれば，解決策は問題や政治とは異なる流れの中で準備されており，活躍できそうな機会をいつも窺っているという（規制緩和によって解決できそうな問題の顕在化やこれに理解のある政権の誕生を待ちわびている規制緩和の推進者をイメージすればよい）．そして特定のタイミングに解決策，問題，政治が結び付くと，政策決定に向けた機運が熟し，政策の変化が生じやすい状況が訪れる．つまり政策案は，政府アジェンダから決定が差し迫った状況を指す，決定アジェンダへと歩み始めるのである（キングダン 2017）．政策の窓とは，こうした政策推進者にとっての好機を指す．

●**組織化された無秩序**　このモデルの着想は「ゴミ箱モデル（garbage can model）」の「組織化された無秩序（organized anarchy）」という概念（Cohen et al. 1972）に由来する．ゴミ箱モデルによれば，組織の決定は目的合理的に行われるというよりも，選択機会というゴミ箱の中での問題，解決策，参加者の混じり合いと処理の仕方に影響されるという（キングダン 2017）．意思決定の参加者は流動的で，選好を明確にはせず，組織運営に詳しいわけでもない．そのため組織に選択機会が漂うと，参加者がそこにやってきては自分に興味のある解決策を提案したり，私的で関心のある問題だけを提起したりする．そして問題が解決策を探すというよりも，解決策が問題を探すように組織の意思決定が図られる．キングダンは，このような政策決定の偶然性をアメリカ連邦政府に見出す．だが彼の政策の窓モデルは，政策過程を制約する構造的な諸要因を取り込むことで，無秩序よりも，以下に見るように「組織化された」という側面を強調するものになっている（宮川 2002；大藪 2007）．

●**三つの流れ**　政策の窓モデルでは，それぞれ独自のメカニズムをもつ「問題の

流れ（problems stream）」「政策の流れ（policy stream）」「政治の流れ（political stream）」が想定され，そこでは大統領，議会，官僚といった政府関係者のほか，利益集団，メディア，政党，研究者などの参加者たちが活動するとされる．

「問題の流れ」とは，政府関係者などによってある状況が問題として認識される過程を指す．社会経済指標の変化，劇的な出来事や危機の発生，既存の政府プログラムの評価結果などは，政府アジェンダに影響しやすい．

「政策の流れ」とは，特定の政策領域の専門家から構成される政策コミュニティでアイデアが生成される過程を指す．彼らが考案した選択肢や提案は地球生成時の「原始スープ」の中の分子のように，政策コミュニティの中を漂い，拡散し，他のアイデアとの衝突や結合を繰り返しながら合意を獲得する．意思決定者の真剣な検討の対象となるのは，技術的実行可能性，政策コミュニティ内の関係者の価値観との一致，政治家などからの受容可能性といった諸条件を満たすアイデアである．

「政治の流れ」とは，政治的な出来事や参加者の相互作用を通じて，政府アジェンダが変化する過程を指す．国民のムードの変化，選挙結果，政権交代，議会内勢力の変化，利益集団の活動などがそれに当たる．

●政策の窓　これら三つの流れは独自のメカニズムをもち，相対的に独立している．そのため，政策決定には届かない問題や解決策があることはこのモデルから想像できよう．ただ，特定のタイミングに，問題が認識され，解決策が成熟し，政治の変化が政策転換の機運を高めると，これらが「合流（coupling）」する機会がめぐってくる（宮川 2002）．政策の窓とは「さまざまな提案を主唱する人々にとってお気に入りの解決策を推したり，彼ら特有の問題に注意を促したりする好機」を指す（キングダン 2017）．政策の窓は，政治の流れや問題の流れの中で生じる出来事によって定期的または偶然に開く．そして窓の開放を知覚した「政策起業家（policy entrepreneur）」は，自らのリソースを活用して政策実現のために奔走する．彼らは政治家，公務員，研究者，ロビイストなどであり，特定の問題，解決策への関心や自己利益から，この瞬間のために日常的に活動を行うとされる．

政策の窓モデルはその後，「多元的流路フレームワーク（multiple streams framework）」として発展し，国の違いや政府のレベルを超えて，さまざまな政策過程の分析に用いられている（Herweg et al. 2018）．また一連の研究蓄積から，政策過程における知識活用のための教訓が得られる可能性も指摘されている（松田 2012b）．

〔石橋章市朗〕

📖 **さらに詳しく知るための文献**

キングダン，J. W. 著，笠 京子訳 2017.『アジェンダ・選択肢・公共政策』勁草書房（Kingdon, J. W. 2011. *Agendas, Alternatives, and Public Policies*. updated 2nd ed. Longman）．

森 道哉 2018．前決定過程論の展開．佐藤 満編『政策過程論』慈学社．

唱道連合モデル

　政策の変化は政策過程研究の主要なテーマのひとつである．特に本項目では，これまで多くのイシューの政策過程分析に用いられてきたサバティア（Sabatier, P. A.）の「唱道連合モデル（advocacy coalition model）」を取り上げる（Sabatier 1993；Jenkins-Smith et al. 2018）．このモデルは，政策の変化を引き起こす諸要因の中でも，「政策志向学習（policy-oriented learning）」に着目し，その結果として生じる長期的な政策の変化のメカニズムを解明しようとするところに特徴がある（宮川 2002）．以下，唱道連合モデルの分析枠組みを紹介し，次に政策志向学習について解説する．

●**政策サブシステムと外生変数群**　唱道連合モデルの分析枠組みは，「政策サブシステム（policy subsystem）」と外生変数群などから構成される．政策サブシステムは，政策の変化を分析する基礎的な単位であり，特定の政策問題に対して数多くのアクターが政策形成や実施，政策アイデアの進化に向けて積極的に活動する，制度を超えた領域だとされる（秋吉ほか 2020）．政策アクターには，中央政府の政治家・官僚・利益団体だけでなく，さまざまな政府レベルのアクター，ジャーナリスト，研究者，政策分析者，潜在的なアクターなども含まれる．それゆえ通説的な「鉄の三角形モデル」は，政策の変化を理解するのに必要な諸要因を見逃しているということになる．

　外生変数群には「比較的安定的なパラメータ」と「外的（システム）事象」がある．前者には，問題領域の基本特性，天然資源の基本的な分布，基本的な社会文化的価値と社会構造および基本的な憲政構造が含まれ，後者には，社会経済状況や技術の変化，統治連合グループの変化および他の政策サブシステムでの決定やその影響が含まれる．政権交代といった外生変数の変化は，政策サブシステム内のアクターの制約条件や資源に作用して，政策過程に影響を及ぼす．

　政策サブシステムの中で活動するアクターの多くは，理論上，分析上の理由から，特定の「信念システム（belief system）」を共有し，かなりの程度調整された活動を継続的に行う，いくつかの唱道連合に集約される．信念システムは，基本的価値，問題認識，因果的な仮定の集合であり，規範的・存在論的公理を中核に，基本的な政策信念，そしてそれを実現するための手段決定や情報探索に関する表層的な 2 次的要素へと階層的な構造をもつ（Sabatier 1993）．

　唱道連合は，外生変数群の影響を受けながら政治過程に参加し，政府の決定に働きかけることで，政策の変化やその維持のために戦略的に活動する．その際，

各唱道連合が政策信念をどの程度実現できるかは，それぞれが有する資金，専門的技術，支持者の数，法的権限などの政治的資源と関係する．「政策ブローカー（policy broker）」は，唱道連合間で生じた紛争のレベルの緩和や妥協案の模索に関心をもつアクターである．彼らは一定の政策選好をもつものの，唱道連合とは概念的に区別される（Sabatier 1993）．

●**政策志向学習**　政策志向学習とは「経験に起因し，個人や集団（唱道連合を含む）の信念システムの原理の実現と改訂に関わる思考や行動意図の比較的持続的な変化」のことであり，自らの政策信念を実現したいという政策アクターや唱道連合の願望に動機付けられる（Jenkins-Smith & Sabatier 1993）．重要な学習内容は次の3点である──①信念システムが重要視する状態変数（例えば環境保護グループにとっての大気の質）の理解の改善，②信念システムに内在する論理的・因果関係（交通混雑と自動車排気ガスとの関係）の理解の改善，③自身の信念システムに対する異議申し立ての特定化と対抗（秋吉ほか 2020）．政策志向学習が実現するかどうかは，問題の分析的な扱いの容易さ，専門家中心の討論の場，適度な信念対立などの諸条件に依存し，これにより信念システムの変化が生じるのは主に2次的要素だとされる（宮川 2002；大藪 2007）．

　政策志向学習は唱道連合内でも行われるが，政治過程という文脈に鑑みれば，注目すべきは唱道連合間の相互作用として展開される政策志向学習である．ここでは一つのシナリオを紹介する（Jenkins-Smith & Sabatier 1993；秋吉ほか 2020）．①特定問題の争点化：ある政策問題の重大性を認識した唱道連合Aが原因の特定に成功し，政治的支持を獲得した上で政策案を提示する．すると，同案を警戒するアクターが登場し（この集合を唱道連合Bとする），これに対抗すべく技術的政治的資源の探索を始める．②分析的討論：資源の獲得に成功した唱道連合Bは分析的討論を支援し，同じ信念を共有する政策分析者が，調査分析に基づき唱道連合Aの政策案に対して異議を申し立てる．唱道連合Aに属する政策分析者は，これに対し調査分析に基づき提案した政策案を擁護する討論を行う．③政策案の採択：分析的討論の結果，政策ブローカーの支援を受けつつ合意が成立すると政府行動プログラムが制定される．もし合意が成立しなければ，その時々の状況により，唱道連合による政治的資源拡大や政策問題の調査研究を主目的とした政府行動プログラムの開発といったシナリオが展開する．

　政治学が政策の変化を権力闘争の結果として捉えてきたのに対し，唱道連携モデルはそれに知識や政策分析の役割を統合した点で評価されており，また政策改善のための知識活用という公共政策学の課題への貢献も期待されている（宮川 2002）．　　　　　　　　　　　　　　　　　　　　　　　　　　　　[石橋章市朗]

📖**さらに詳しく知るための文献**
宮川公男 2002.『政策科学入門』第2版. 東洋経済新報社.

政策フィードバック

　公共政策研究のリサーチ・クエスチョンは，なぜこのような政策が決定されたのか，なされないのか，なぜこのような政策はうまく実施されたのか，されなかったのか，なぜ効果を生んだのか，生み出せなかったのか，という形式をとることが多い．このような問いが公共政策研究を推進してきた．

●**負のフィードバック**　公共政策は，「公共的問題を解決するための，解決の方向と具体的手段」（秋吉ほか 2020）とされる．正しい政策がうまく実施されれば，この公共的問題は解決される．ここで前提となっているのは，政策が問題を解決し，元の問題のない状態に復帰することである．これを負のフィードバック（negative feedback）という．これは生化学でいう，生体恒常性を維持しようとする動きである．

　例えば，高熱になったので，解熱剤を服用するという具合である．より公共政策的な例を使うと，不況になったので，低金利政策をとる，あるいは公共事業を増発するなど，財政発動をして，経済を元の状態に戻す，というものである．負のフィードバックを，望ましくない，という意味で使う場合もあるが，ここでは，生化学的な意味で使っていることに注意されたい．

　政策がこのような意味での望ましい，負のフィードバックを行えるようになるためには，専門的かつ執務的な知識が重要である．問題が起こった原因・メカニズムを構造化し，それに対抗する手段を選ぶわけである．経済的な格差問題が生じたならば，累進課税制度を採用したり，給付付き税額控除を取り入れたりする．この場合もさらに，これらの政策を実施するための，行政組織のしくみなどについての執務的知識も重要である．いずれにせよ，問題を解決し，元に戻すことが課題である．

●**正のフィードバック**　しかし政策フィードバックという言葉で議論になるのは，正のフィードバックの場合である．この場合，政策がある一定の方向へ，継続的に社会経済を変えてしまうことに着目する．政策は問題を解決する場合もあれば，解決できない場合もある．前者の場合でさえ，問題を解決して他には何も起こさないことはなさそうである．後者の場合も，特定の時点で解決できなかったことが，何らかの影響を，将来にわたって社会・経済に及ぼすと考えた方が良いだろう．政策の存在・不存在が，次の時期の政治に影響を与えると考えるのである．

　冒頭に示した，公共政策のリサーチ・クエスチョンの場合は，政策を従属変数

として捉えている．政策はあくまで説明される対象である．しかし，政策が正の
フィードバックを起こすと考えられるのであれば，今度は，政策の存否がどのよ
うな効果を社会経済に引き起こすかという，問いが必要となる．

　こうして，独立変数としての公共政策のあり方に焦点を当てた研究として政策
フィードバック論が登場した．中心人物は歴史的制度論や「時間の中の政治
（Politics in Time）」の重要性を提唱するピアソン（Pierson, P.）である．彼は，成
立した政策によって，平常の状態に戻るのではなく，特定の方向へと加速的な変
化が起こってしまうことを政策フィードバックと呼んでいる．

　この正のフィードバックによって影響を受けるアクターとしては，特に三つの
ものが考えられている．第1に政府エリートであり，第2に利益集団であり，第
3が一般大衆である．さらに，政策フィードバックが影響を与えるメカニズムと
しては，政策が関係アクターに資源やインセンティブを与えるという効果と，も
う一つ，解釈的な効果の2種類があるという．後者は，複雑かつ不確実な社会の
中で，アクターが世界の理解をしようとする際の解釈の仕方に政策が影響を与え
るというものである．こうして，3種類のアクターのそれぞれにこの2種類のメ
カニズムが働くために，6通りのフィードバックのあり方があることになる．

　政府のエリートに与える資源とインセンティブは，典型的には新しい行政組織
が作られることによって，この組織が行政能力を有し，あらたな政策をさらに推
し進めることが考えられる．政府エリートに対する解釈的なフィードバックのメ
カニズムとは，彼らが政策学習を行うことである．不確実性の中で彼らは他国や
他地域の経験から学ぼうとするのである．

　利益集団も，直接に政策によって資源を受け取り，集合行為のジレンマを克服
して政治参加へのインセンティブをもつことがあるだろう．受益集団は次の時期
の政治にも大きな影響を与えることになる．利益集団への解釈的なメカニズムで
いえば，政策学習を行うとともに，政策によって，何が正しいのかに関するシグ
ナルを受け取り，それに従って行動しようとするというものがある．

　一般大衆もまた，物質的な資源の配分を受け取り，政策学習はしないまでも，
同様のシグナルを政策から受け取るだろう．特に政策の成功が大きく喧伝され，
それが特定の政治家に結びつけて考えられた場合には，一般大衆に与える影響は
大きくなり，それに従った世論が形成されることとなる．このことは大きな影響
を政治に与える．

　このように政策フィードバック論は，行政学，利益集団論，世論研究などの幅
広い研究分野で，重要な研究課題となる．政策がどのように長期的なインパクト
をもつにいたるか，そしてある種の政策はそうならずに，尻すぼみに終わってし
まうか，などを多レベルにわたって考察することが重要となる．　　　［北山俊哉］

政策実施研究の歴史

●**遅れてやってきた政策実施研究**　政策実施研究が注目されるようになったのは，政策実施研究においては記念碑的研究成果といわれているプレスマン（Pressman. J.）とウィルダフスキー（Wildavsky, A.）が著した『実施（*Implementation*）』（Pressman & Wildavsky 1973）が出版されたことが契機になっているとするのが通説的理解である．同書の初版は1973年に出版されているので，政策実施研究が本格的に展開したのは1970年代半ば頃からということになる．それ以前に対しては，例えばアリソン（Alison, G. T.）はその著書『決定の本質（*Essence of Decision*）』の中で，政策実施研究は政策研究や政治学における「欠落した章（missing chapter）」であると述べ，十分な研究が行われていなかったことを指摘している（アリソン1977）．ラスウェル（Lasswell, H. D.）が政策科学を提唱して政策研究が活発化したのが1950年代半ば頃からであるが，当初は政策決定の研究が中心だった．政策実施研究は20年ほど遅れて政策研究に仲間入りしたことになる．

　政策実施研究があまり関心を集めていなかった理由としては，実施過程が長期間に及ぶことから，研究者にとって大きな負担となることがある．しかし，より大きな理由として挙げられるのは，政策決定過程では政治的な競合，交渉，取り引きが繰り広げられるが，決定後は自動的・機械的に実施されるはずだという暗黙の了解があったことである．そのため，マスメディアや多くの政治・行政の研究者の関心は，もっぱら政策決定過程に向けられ，実施過程は注目されなくなっていたのである．

●**政策実施過程の曖昧さ**　政策の決定から政策の結果（アウトプット）が生じるまでを政策実施過程と捉えるのが一般的である．しかし，政策の概念が曖昧で多義的であるため，何をもって政策決定というのかが明確ではない．つまり，政策実施過程の出発点について，共通の理解がないのである．また，いったん生まれた政策の寿命は長い．各種の行政計画を政策と考えると5年から10年の期間が想定されており，法律を政策と捉えると，時限立法以外は終期が定められていない．そのため，どの時点で政策の結果が生じていると捉えるのかも意見が分かれる．政策実施研究は政策研究のひとつの主要なアプローチとして認知されているものの，研究対象の中心である政策実施過程の範囲については曖昧さや混乱があることに留意する必要がある．

●**政策実施研究のもって生まれた性格**　上述のプレスマンらの問題関心は，ジョ

ンソン（Johnson, L.）大統領が展開した「偉大な社会（Great Society）」計画の中の経済開発プロジェクトが，多くの支持と期待の下に始まったにもかかわらず成果をあげることができていなかったことに対して，十分な研究や関心が払われず，かつその理由をこれまでの研究では説明できないことにあった．つまり，政策が決定された後，想定された（目標とされた）結果を生み出すことができていない実態を，理論的，実証的に明らかにすることが彼らの研究目的であった．そのことが，初期段階の政策実施研究に次のような性格付けをすることになった．

　第1に，政策の失敗ないし予期せざる結果に対する問題意識が強いことである．そもそも，決定時に想定されたとおりの結果が生まれたり，満足のいく効果が生じたりしていたら，政策実施過程に対する問題意識は生まれない．期待外れ，想定外だからこそ，人々の疑問や問題意識が生まれるのである．プレスマンらの研究はそのような問題意識から生まれた研究の典型であるのはいうまでもない．

　政策の失敗に関心があることから，第2の性格として事例研究が中心になり，政策実施過程を記述したり，失敗の原因を解明したりする研究が多くなった．事例研究の蓄積によって政策実施過程の構造や特徴が明らかになり，政策実施過程を表すモデルも精緻化されるようになった．しかし，政策実施の理論は生まれてこない．

　そして，これら二つの性格があるがゆえに，第3の性格として，政策決定の視点から政策実施過程を見ることが中心となり，決定の趣旨や政策決定者の意図を実現させるためには，政策実施過程をどのように設計したらよいかや，政策実施過程で政策の変容や失敗が起こらないようにするにはどうすればよいかというような研究が多くなった．このような研究上の性格は，政策決定者の立場から政策実施過程を見て，実施過程をうまくコントロールしようとすることになるため「トップダウン・アプローチ」と呼ばれる．

●**政策実施研究の意義と貢献**　政策実施過程の研究が進むことにより，政策は決定されただけではまだ絵に描いた餅であり，実施されてはじめて実質的，実体的な効果が生まれることが再認識されるようになった．また，政策が実施される社会・経済・政治・行政の環境が解明されるようになり，組織内，組織間，政府間の関係の実態をよりダイナミックに理解することに繋がった．さらに，第一線職員（英語では Street-level bureaucracy と呼ぶことが一般的である）の重要性や（☞「第一線職員」），政策は実施の現場で実質的に内容が決定されていることに対する注目が高まった．このような研究が蓄積されることによって，政策実施研究は新たな段階へと展開することになった．　　　　　　　　　　　　　　［真山達志］

📖**さらに詳しく知るための文献**
真山達志 2023．『行政は誰のためにあるのか』日本経済評論社．
髙橋克紀 2021．『政策実施論の再起動』第2版．デザインエッグ．

第一線職員

　政策自体が曖昧であるか，前提条件が現状と相違する等により，決定された政策の内容が政策実施段階において事後的に変化するケースもある．また，政策の決定段階においてすべてを事細かく定義しておくのは難しいため，政策の実施に携わる者（第一線職員）が裁量を行使し，社会経済情勢や現場の実情に即した形に変化させて政策を実施するケースもある．このことから，第一線職員の活動は，政策実施中の経過や変化を注視する政策実施論の分析との親和性が強くなる．本項目では，第一線職員とその行動様式，政策実施研究でとられる「ボトム・アップアプローチ」について紹介し，昨今の行政運営手法となる NPM との関係も説明する．

●**第一線職員と行動様式**　第一線職員とは，行政サービスを提供する公務員のうち，市民と直接的な相互作用を通じて業務を遂行し，その職務を進めるにあたり大きな裁量を任されている職員をいう（Lipsky 2010）．「ストリートレベルの官僚」ともいわれ，具体的には，教師，警官や法の執行に携わる職員，ソーシャル・ワーカー，判事，政府に雇用された弁護士，医療従事者，政府や自治体の施策の窓口でサービスの提供を行う公務員等が該当する．これらの第一線職員は組織の職務階層の中では下位に位置する公務員であり，このような職員が多く雇用され労働集約的に行政サービスを提供する組織を「ストリートレベル官僚組織」という．サービスを提供する第一線職員とその受け手となる対象者との間には極めて一方的な依存関係が生じ，第一線職員は対象者に対して大きな力をもつ関係となる．このような第一線職員の組織における行動を理論的に考察したのが，リプスキー（Lipsky, M.）の「ストリートレベルの官僚制」論である．

　そこでは，第一線職員は日常的にサービスの対象者に接し，サービスの資源を保有するため優勢な立場となり潜在的に大きな影響力を及ぼす．対象者との関係において強者の立場に立ち，自らの判断や指示に従わせ対象者を支配できる関係になる．このような対象者の支配（クライアント支配）の背後には，提供する資源の不足とその分配をめぐる第一線職員のジレンマが存在する．それは，提供できる資源は無限ではないため，すべての対象者に十分なサービスを提供できない一方で，対象者それぞれに公平なサービスを提供する規範が存在するので，第一線職員は板挟みとなり，深刻なストレスを抱え込むようになるからである．

　行政組織には，官僚制システムによる「命令の一元化」といった指揮系統が定義されている．しかし，対象者と接する第一線職員の職場では，官僚組織の中心

部ではない外部との境界において対象者との閉鎖的な環境で業務が遂行されるため，組織の管理者の介入が困難となり，第一線職員の組織と職場は管理者の思惑どおりに稼働しないケースも想定される．第一線職員の個々の意思決定がまとまると，それは組織の政策あるいは事実上の政策を意味するようになる．よって，第一線職員の行動の集合が政策となって現れる形になり，第一線職員を政策作成者とみなせるようになる．これは，政策実施段階において，当初決定されていたのとは相違した形で政策が実施されていく可能性があることを意味する．

●ボトム・アップアプローチ　政策実施を研究するにあたり，現場や第一線といわれる政策実施の末端から研究対象に迫っていくというヨーロッパに多く見られる手法をボトム・アップアプローチという．このアプローチでは，政策の実質的内容は実施過程を通じて形成されていくが，それを決定しているのは必ずしも中央の政策決定者ではなく，第一線職員の官僚であるという認識に立つ（真山1991）．政策の実施にあたっては，第一線職員が政策内容を現場の状況に適合するように積極的に解釈し，与えられた裁量に基づき一定の幅で自由な判断や行動により政策の適合可能性を高めていく．よって，ボトム・アップアプローチは，サービスを提供する第一線職員の日常業務の遂行ロジックや，そのサービスの提供を受ける対象者とどのような相互行為を行っているかを分析していくようになる．

● NPMとの関係　わが国では，オイルショックやバブル崩壊等による財政難から行政改革が行われてきた．新自由主義の潮流であるNPM改革により，民間のノウハウを活用して公共サービスを提供していく形がつくられ，NPOや民間団体への業務委託等が行われてきた．それとともにサービスの対象者と相互作用する第一線職員も削減されてきた．これらの行政外部の組織にも，第一線で顧客と直接関わり限られた資源でサービスを提供する職員がいるため，リプスキーたちは「新しいストリートレベルの官僚」（Smith & Lipsky 1993）と述べた．確かにそれらの前線職員は公共サービスの提供を担っているが，行政組織の官僚でなく政策をつくる立場の職員であるとも言い難く，第一線職員と考えるのは難しい．また，既存の公共サービスに係る行政需要の増加への対応や新たなサービス需要への対応のため，専門性をもった非正規職員が採用され続け非正規の第一線職員が増加している（上林2021）．今後のボトム・アップアプローチでは，非正規の第一線職員の現場での業務上の権限，業務の実施形態，行政組織内における専門性の継承等についても考察の対象に含め，政策実施論を展開していく必要があると見込まれる．

[藤井誠一郎]

📖さらに詳しく知るための文献

リプスキー，M. 著，田尾雅夫訳 1986.『行政サービスのディレンマ』木鐸社．

田尾雅夫 1994. 第一線職員の行動様式．西尾　勝・村松岐夫編『講座行政学』第5巻．有斐閣．

髙橋克紀 2021.『政策実施論の再起動』第2版．デザインエッグ．

ナショナル・レベルの政策実施

　ナショナル・レベルの政策実施は，主に中央政府（国），地方政府（自治体），民間組織によって担われている．国レベルで政策を実施するのは，中央府省の本省と地方支分部局（出先機関），所管する府省が深く関与する特殊法人や独立行政法人などである．特殊法人は事業計画や予算で主務大臣の認可を受ける．独立行政法人は主務大臣の監督の下で自律的に経営されることが期待されている（☞「独立行政法人」）．

　自治体は国のコントロールを受けながら幅広い政策を実施している．中央地方関係の理論によると，それぞれの地域で政策をどのように実施するかについて融合—分離の軸で整理できる（☞「中央-地方関係」）．融合とは，自治体が広範な政策実施を担っているが，国がルールや補助金などを通じて自治体をコントロールしていることである．分離とは，国が自治体の政策実施の範囲を制限したうえで，多くの政策を出先機関などで直接的に実施することである．日本では，自治体の権限は地方自治法によって包括的に規定されており，地方分権改革後も国のコントロール手段は残されている．自治体が歳出規模と公務員数で国を上回ることを踏まえると，より多くの政策実施を担っているのは自治体である．したがって，融合型の中央地方関係であると位置づけられる．

　国と自治体では，公益法人，NPO法人，業界団体，民間企業，自治会など民間組織も政策実施の一部を担っている（☞「公民連携」）．日本の行政は人材や金銭のリソースが不足しているからである．ほかの先進国と比べて，日本の公務員数は少なく，政府支出の規模は小さい．加えて，民間組織は政策実施に必要な情報をもっている．テクノロジーが急速に変化する中で，行政は業界団体や企業と協力しながら規制のルールを形成するようになっている（村上2016）．業界団体は行政と企業のコミュニケーションを仲介し，自主規制などの形で行政の規制活動を補完することもある（森田1988）．この，国と自治体だけでなく民間組織まで総動員して政策を実施する仕組みのことを最大動員システムと呼ぶ（村松1994）．

●**国による政策実施**　中央府省において，国家公務員による政策実施の業務量が大きいと考えられるのは防衛省，財務省，国土交通省，法務省，厚生労働省，農林水産省である．出先機関や外局の規模が大きく，多くの職員を抱えている．例えば，厚労省は出先機関として地方厚生局と都道府県労働局を置き，都道府県労働局の下に労働基準監督署と公共職業安定所を設置する．また，政策実施の権限や人材に関する仕組みは歴史的に形成される面がある．戦後の労働基準監督制度

は，戦前の工場監督制度から影響を受けて，労働基準監督官に司法警察権を与えることになったという（前田 2017-2019）．高度な専門人材を十分に確保できなかったことも戦前と戦後の制度創設期の共通点である．

出先機関は本省に対して一定の自律性をもっており，自治体と相互に影響を与えながら活動している（秋月 2000）．運輸省港湾建設局の事例では，本省，出先機関，自治体の三者関係に注目すると，出先機関を中央主導型と地方後方支援型に分けることができるという（山田 2020）．中央主導型は自治体より本省の意向を優先し，地方後方支援型は自治体の意向を重視する．前者は京浜港や阪神港といった大港を担当する出先機関が，後者はそれ以外の出先機関が当てはまる．さらに，港湾整備事業で自律的に活動したのは出先機関だけではない．1950〜1980年代，港湾の大規模化をめぐって自治体は住民を巻き込みながら激しい競争を繰り広げた（林 2020）．国レベルの運輸省，大蔵省，自治省，政権党，海運業界なども複雑な影響を及ぼし，港湾整備の帰結は不確実なものになった．

近年は，国の出先機関が自治体と連携して政策を実施するケースもある（伊藤編 2019）．石川労働局は石川県，金沢市とそれぞれ協定を結び，若者・女性向けの就労支援，生活保護受給者などへの就労支援を一体的に実施している．国と自治体の窓口を同じフロアに入れて，顔の見える関係づくりをするのが連携のポイントである．

●**国から自治体へのコントロール**　国は政策の目標を実現するために自治体の政策実施をコントロールしようとする（秋吉 2017）．例えば，生活保護政策では，厚労省が膨大なルールによって自治体を縛り，定期的に自治体の担当者を集めてルールを周知徹底する．自治体向けマニュアルである生活保護手帳，別冊問答集は合計で 1500 ページを超える．自治体はルールの解釈などで分からないことがあれば，厚労省に問い合わせることができる．また，厚労省は自治体を厳しく監査し，問題のある執行活動を是正する．都道府県や政令指定都市も独自に監査するが，全国的な監査方針を定めるのは厚労省である．

こうした国のコントロールを受けても，自治体は一定の裁量をもちながら政策を実施しているという（☞「ローカル・レベルの政策実施」）．自治体では，首長や地方議員，本庁の管理部門，第一線行政職員などが政策実施に影響を与える可能性がある（関 2014）．首長は生活保護行政の方針を示し，地方議員は生活保護の申請に同行するなど個別に介入できる．本庁の管理部門は現場に必要な金銭や人材を配分する．第一線行政職員のケースワーカーは，慢性的な人手不足の下で生活保護の資格審査や生活保護受給者の自立支援を担当しており，業務と時間の配分など裁量が生じるのは避けられない（☞「第一線職員」）．　　　　　［関 智弘］

📖**さらに詳しく知るための文献**
秋吉貴雄 2017.『入門公共政策学』中公新書.
森田 朗 1988.『許認可行政と官僚制』岩波書店.

ローカル・レベルの政策実施

☞「第一線職員」p.142,「ナショナル・レベルの政策実施」p.144

　日本では，政策の多くがローカル・レベルで実施される．まず，地方自治体は地域における事務を広範に担っており，そのための政策は地域において実施される．国が決定した政策の多くも，地方自治体が実施する．例えば，パスポートを取得するには都道府県の窓口で申請する．日本人の身分証明は外務大臣が所管する国の仕事であるが，その実務は都道府県に委任され，国が費用を負担する．

　このような仕組みは歴史的に形成されてきたが，今や一般行政だけでも国の倍の職員を抱え，さらに福祉，教育，警察などの専門職を擁する自治体を抜きに，国の政策は実施できない．例えば，新型コロナ対策の多くは自治体が担った．

●誰が何を実施するか　政策実施とは，政策目的の達成に向けて，政策に定められた手段を行使して社会に働きかける活動の総称だと定義される（伊藤 2020）．狭義には，現金給付や規制の取締まり，公共財の供給や減税など，行政組織が社会や対象集団に直接・間接に働きかける活動を指す．広義には，担当組織の編成や人員予算配分といった首長・議会の権限に属する活動から，行政内部で完結する，実施手順の決定や役割分担，対象集団の特定，法令の解釈までを含む．

　より具体的にみると，例えば生活困窮者に給付金を配るといった給付政策では，自治体のどの部署の誰が担当するか，どうやって管轄内の対象者を特定し，どのように支払うかを決めて給付を実行する．また，建設残土や産業廃棄物の投棄を防ぐといった規制政策なら，事業者への周知，パトロールや張り込みなどの方法を定め，そのために必要な人員を担当部署に配置したうえで実行する．摘発や処罰の厳しさがばらつかないように，マニュアル化しておく必要もある．

　政策実施には民間主体の力が欠かせない．例えば，道路建設には，調査，測量，設計，施工，施工管理等々の工程があるが，その多くは民間企業に発注される．保育所や介護施設は，かつて公立の直営施設が多数を占めていたが，量的充足やコスト削減のために，運営の民間委託や民設民営が多数となった．

　なお，実施主体が自治体だからといって，自治体が自由に実施できるわけではない．それは国の政策の実施にとどまらない．例えば，都道府県道や市区町村道は自治体の施設だが，国土交通省が道路構造令で技術基準を定めているし，国庫補助金を受ければ国の補助要綱にも縛られる．小中高等教育が自治体の政策として行われるのに，文部科学省の関与が大きいのと同様である．

●政策の失敗と自治体の実施構造　政策実施研究は，実施の不手際がいかに政策を失敗させるかという問いを中心に発展してきた（その先駆けとして Pressman

& Wildavsky 1973）．ローカル・レベルの政策実施に向けられる問題意識も，実施の不手際が引き起こす，政策の失敗に関するものである．

では実施の不手際は，なぜ，どのように起こるのか．そこには政策実施のために地方に配分される資源の不足とガバナンスの問題が関わってくる．

地方公務員数は，行政改革によって厳しく抑制されてきた．自治体は慢性的な人手不足の状態にある．他方で，社会問題への対応を迫られるたびに，新たな法律が制定され，予算事業が加わり，その執行・実施は自治体に委ねられる．

大量の事務を少ない人員で処理しようとすると何が起こるか．第一線職員研究によれば，類型化による大量一括処理，たらい回し，門前払いなど，処理速度や需要制限を優先した処理方法が編み出され，さらにストレス回避のために，定型業務の優先，問題先送り，目標引き下げなどが行われる（リプスキー 1986）．

こうした職員行動は，行政学でいうところの大部屋主義的な組織編成（大森 2006）によって強化される．自治体組織は，ひとつの室課で複数の政策を扱う．室課内では，一人が複数の政策に係る複数の業務を担当し，一つの業務を複数の担当者で分掌する．中央府省の編成も同様だが，規模が小さい自治体ほど，一つの室課，一人の担当者が扱う業務数は多くなる．また，自治体は中央府省縦割りの政策を総合化して地方の実情に合わせようとして，複数業務の組合せが増える．つまり，これはローカル・レベルでより顕著になる組織特性なのである．

このような組織が実施を担う構造の下で，事務量が増えるとどうなるか．まずは室課内の人員のやり繰りで対処を図るが，処理限界を超えると，優先して処理する政策や業務を選んで処理することになる．その選択は現場に近い執務単位，時には担当職員に委ねられる．その結果，どの業務が職員にとって負荷が小さく，評価につながりやすいかという基準で選択されることになる．これにより，定型業務志向やストレス回避の傾向が強化され，社会にとって必要な政策が実施されず，政策目的が十分に達成されない事態がもたらされる．

●政策実施ガバナンス　こうした実施の不手際による政策失敗を回避することは可能か．政策の優先順位を明示し，その順位に従って実施が行われるよう実施組織や担当職員を規律付けることが有効である．その役割を誰が果たすのか．究極的には市民・有権者であるが，間接民主制の下では，議会が果たすべき役割である．そして，議会はそのための権能をもつ．議会質問で取り上げられた問題を担当部局は優先して扱う．決算認定に向けて資料を要求し説明を求めれば，担当部局は応じなければならず，不備を突かれないよう緊張感をもって実施に当たるようになる．このような優先順位付けと規律付けができているかを捉える概念が政策実施ガバナンスである．
　　　　　　　　　　　　　　　　　　　　　　　　　　　　　　　　［伊藤修一郎］

📖さらに詳しく知るための文献

伊藤修一郎 2020．『政策実施の組織とガバナンス』東京大学出版会．

トランスナショナル・レベルの政策実施

　国内社会は統一政府による法整備や政策実施のおかげで秩序が安定している．それに比べて国際社会は主権国家が割拠したアナーキー状態にあるため国内社会のような秩序・平和は望みにくい．とはいえ，国家間で協力可能な政策分野から制度整備を徐々に拡張すれば，国際社会でも秩序・平和は実現可能だとの見解もある．その例証として EU（欧州連合）が存在する．本項目では欧州規模のトランスナショナルな秩序安定に寄与してきた EU の政策実施を紹介する．

●**間接実施と直接実施**　EU 機構の主要3機関は，行政府で EU 官僚集団を擁する欧州委員会と，立法府の欧州議会と閣僚理事会である．標準的な議院内閣制とは異なり，立法提案権（政策発議権）は基本的に行政府の欧州委員会だけが有する．両立法府で可決・成立した EU 政策（EU 立法）が政策実施の局面へと進む．政策実施は2通りある．加盟国当局を通じた間接実施と欧州委員会による直接実施である．加盟国主権に配慮して原則は間接実施とされているが，その履行状況の監視は欧州委員会が担当する．欧州委員会による直接実施は EU 域内単一市場での独占禁止規制などで見られるほか，技術的・専門的知識を活用して政策実施を担う欧州委員会直属のエージェンシーも増大している（庄司 2013）．

●**EU 法形式とソフトローの活用**　EU 法形式の類型自体にも政策実施の差異が実装されている．EU 法形式には「規則」「指令」「決定」「勧告」「意見」がある．「規則」は法的拘束力を有しすべての加盟国で直接適用される．「指令」は達成すべき結果の実現につき各加盟国に対して法的拘束力を有するが，その実現方式・手段は加盟国当局の裁量に委ねられる．「決定」は名宛人を特定して当該名宛人のみに対して法的拘束力を有する（浦川 2020）．「勧告」「意見」は法的拘束力がないソフトローで誘導的手法として活用される．以上の法形式を眺めると，なるほど「指令」は加盟国主権に配慮した先の間接実施に対応しそうではある．だが実際は，欧州委員会への委任立法も可能であるうえに，「指令」本体の規律密度の高さ次第でも，EU（欧州委員会）が加盟国の裁量を実質的に毀損しかねない．この事態の統制を目的として，EU 政策実施段階で，加盟国当局と欧州委員会の職員らが構成する小委員会が無数に増殖し，その総体はコミトロジーと称される．さらに今世紀からは誘導的手法である「勧告」の活用が目立ち，各加盟国が毎年度準拠する指標・数値目標付きの指針を EU 政策として設定・運用する形で駆使されている．この背景には加盟国数増大に伴う法的拘束力を有する立法の合意ハードル上昇と，加盟国主権に属する社会政策分野にも EU が関与し始めたこと

がある．EU 指針は相互参照と学習効果の効能がうたわれるソフトローによる政策実施だが，実質的なハードロー化傾向も危惧される．

●経済統合の政策モードとブリュッセル効果　EU の目標は長らく経済統合，特に欧州規模でのトランスナショナルな単一市場の創設であった．この単一市場を実現する政策モードには消極的統合と積極的統合の区分がある（Scharpf 1999）．消極的統合とは自由貿易の障壁を除去するもので，関税・数量規制の撤廃に加え，各国独自の社会的規制やさまざまな規格の差異（「非関税障壁」）の除去を通じて単一市場創出を目指す政策モードを指す．対して積極的統合とは，各国規制の除去ではなく共通標準設定による単一市場創出効果を狙う「調和」と呼ばれる政策モード，あるいは，創出された単一市場自体での「市場の失敗」を矯正する「再規制」的な政策モードを指す．「調和」は加盟国間での合意形成が困難であり，それに代替する知恵として 1980 年代前半に「他の加盟国で合法的に流通する商品の規格が自国規格と異なるものであろうと，加盟国は自国内での流通を禁じることができない」という「相互承認原則」が規範化されたことにより，単一市場の実現に弾みがついた．ただし，合意形成のハードルが高い積極的統合が停滞する一方で消極的統合ばかりが進展すると，それが「底辺への競争」となって各加盟国の福祉国家制度を掘り崩すことが危惧されてきた．それに対して，EU では「底辺への競争」は妥当せず，消費者保護規制や環境規制等において高水準での「調和」を達成してきた成果を積極的に肯定すべきとの見解もあり，高水準な EU 規制がグローバルな影響力をもつに至るメカニズムを「ブリュッセル効果」として理論的に精緻化して理解する議論も出てきている（ブラッドフォード 2022）．

●給付的政策実施とマルチレベル・ガバナンス　「規制か給付か」でいえば，EU 政策は給付を控えて規制に特化するのが正当との議論が一部でありながら（Majone 1999）も，EU 域内後進地域への構造基金等の開発援助や特定産業部門への補助金等を通じた給付的な EU 政策実施は行われてきた．特に構造基金は加盟国内の地方政府が EU 政策の恩恵を受ける受給主体であり，1990 年代前半には加盟国政府を飛び越して地方政府と欧州委員会とが交渉する動きも一部で見られ，それが EU でのマルチレベル・ガバナンス現象の嚆矢と目された（Marks et al. 1996）．構造基金については 1990 年代後半には加盟国当局がグリップを取り戻したが，スペインのカタルーニャ等の分離・独立志向の地方政府が，加盟国からの独立後の EU 加盟も視野に入れて欧州委員会と直接接触する構図もみられる．マルチレベル・ガバナンスの実務的概念には，「EU－国家－地方」という垂直的な政府間関係だけでなく，その垂直的次元に遍在する政策ネットワークに企業・NGO・個人らがトランスナショナルな水平的次元として参与する局面も含まれる．　　　　　　［原田　徹］

📖 **さらに詳しく知るための文献**
鷲江義勝編著 2020.『EU』第 4 版．創元社．
原田　徹 2018.『EU における政策過程と行政官僚制』晃洋書房．

政策評価の方法

　政策評価とは政策を評価するさまざまな方法の集合体である．多くの量的分析や質的調査の方法があって複雑であり，評価方法の選択にあたっては，評価目的に合う方法を採用する視点が必要になる．代表は事前・中間・事後の視点である．期待する効果を事前に見積もる方法，事後に実際の費用を再計算する方法，実施中に出ている効果をモニターして事前予測と比較する方法，長期に及ぶ政策の影響を調査する方法，対象地域の市民に意見を聞く方法などである．

●**応用社会科学としての政策評価**　評価方法に関わる学問分野は会計学，財政学，経済学，統計学，社会学，工学，法学などで，評価は応用社会科学の性格をもつ．評価対象の政策分野の変容，政策が対象とする範囲の拡大，人々の長寿命化，政策対象の地域特性の変化は，諸学の応用を迫り，伝統的な学問体系の見直しに繋がった．その結果が政策学と評価学の誕生である．

　他方で新しい政策評価方法の開発，活用は遅れてきた．その理由は評価文化の遅れで，積極的に取り組まない政治家や官公庁が多く，また市民がそれを黙認している．政権交代後に旧政権の政策評価をやらない．失敗事例を確認した評価結果は共有されない．巨大事業は実施を決めてから事前評価をする．官公庁が評価習熟者を評価に無関係な部署に異動させ，評価の素人を後任にあてる人事異動慣行も，評価を阻む文化を醸成する．多忙なため評価する余裕がない現場も多い．政策評価に対する逆風の中で府省が工夫したのは，適切な政策評価手法を見つける作業手続の設定である．

●**政策評価ポリシーとガイドライン**　この作業手続では評価担当者がまず評価ポリシーを策定する．評価目的を示す基本計画と評価方法を指定する実施計画で，このポリシーに基づき政策評価担当者に評価ガイドラインを示す．ガイドラインはその時点で行おうとしている政策評価の枠組みを示した後，政策評価の方法を選択する視点①〜⑦を提示する．

①評価の目的：評価学はアカウンタビリティの確保，マネジメントの支援，関連専門分野への知的貢献の三つを評価目的にあげる．アカウンタビリティの確保はアウトカムを見るので事後的な総括評価が中心になり，プログラム評価がよく知られる．プログラム評価は1960年代のアメリカ連邦政府の福祉・教育・医療の各プログラムの評価から始まり，国際的な評価分野で定着している．マネジメント支援目的の評価は，実施中の政策をマネージャーがモニターするプロセス評価で，実績評価（パフォーマンス測定）と呼ばれる方法が中心である．専門分野評

価とは，政策に関わる専門家が政策実践の現場知見を得る目的で行われるプロフェッショナル評価である．

②**評価対象**：政策システムの政策－プログラム－プロジェクトが対象である．政策レベルの評価は政権与党や内閣の重要政策を対象にすることが多く，政治的な視点を含む政治評価に近づく．事業評価はプロジェクト評価であるが数千億円の建設事業や学校の校舎改築事業など規模の大小，時間の長短がある．政策の方向を具体化して，現場のプロジェクト担当者に実施要領を指示するプログラムの評価が政策評価のイメージに近い．

③**評価規準**（criteria）：日本の政策評価は必要性，効率性，有効性，公平性，優先性を規準にしている．他方，経済協力開発機構の開発援助委員会は開発援助の評価規準として妥当性，有効性，インパクト，整合性，効率性，持続性を提示する．評価規準を選択すると評価方法が決まるので，複数の規準を選択すれば評価方法も複数準備する必要がある．それができないとき，目的に指標を設定してパフォーマンス測定を使う．

④**評価の時期**：評価理論には形成的評価（formative evaluation）と総括的評価（summative evaluation）があり，前者は事前評価（アセスメント）と中間評価（モニター）とに分かれ，後者には終了時評価（アウトプット測定）と一定期間経過後に成果を評価するアウトカム評価がある．長期的な視点のインパクト評価は，予期しなかった副次効果，予想できなかった波及効果までも調査する．歴史研究も評価の一種である．

⑤**評価者**：政策担当組織自身が行う内部評価と，第三者が行う外部評価とに分かれる．日本の政策評価は内部評価が多い．外部評価には国会，報道機関，市民NPOやNGO，学会，シンクタンクなどの評価がある．外部評価は，評価活動費や評価者の人件費を提供する者が誰なのかを考える必要がある．官公庁の評価有識者会議は委員の人選，謝金の出所を見ると，客観的な第三者評価とはいえない．

⑥**評価方法**：数量的情報を定量分析する方法，定性的な特徴に注目する定性調査がある．社会科学の幅広い知見を応用できる能力が問われる．そうした能力を必要としない簡便な評価方法として実績評価がある．

⑦**報告書**：評価者名，評価結果の公表時期，政策へのフィードバック方法，評価結果の妥当性の検証が明記されている簡便なシートが多い．論文形式の報告書もある．なお，①〜⑦に従わない評価もある．特別評価チームを立ち上げて行う方法である．

[山谷清志]

📖**さらに詳しく知るための文献**

山谷清志 2012.『政策評価』ミネルヴァ書房.

山谷清志監修 2020.『プログラム評価ハンドブック』晃洋書房.

政策評価の制度

政策評価はその国の統治体制，政治文化の影響を強く受けるので，制度化された政策評価にはその国の統治制度の特徴が表れる．したがって，日本の政策評価制度はアメリカやイギリスとは異なった形になっている．

●**政策評価の制度化**　日本ではじめて政策評価が制度化されたのは2001年である．総務省行政評価局「政策評価に関する標準的ガイドライン」（2001）によれば政策評価の目的は三つある．国民に対する行政の説明責任を徹底する，国民本位の効率的で質の高い行政を実現する，国民的視点に立った成果重視の行政への転換を図る，である．これらの目的で行なう評価とは，さまざまな研究分野が開発してきた調査分析手法を使って情報を収集・分析し，その結果を政策に反映するプロセスである．また，このプロセスを公開することで国民に対する説明責任（アカウンタビリティ）の確保を試みた制度である．

日本の政策評価制度導入に着手したのは，橋本龍太郎内閣が設置した行政改革会議（1996～1998年）である．その成果である中央省庁等改革基本法（1998年6月）は，改革の基本方針として政策評価機能の強化を求めた．「国民的視点に立ち，内外の社会経済情勢の変化を踏まえた客観的な政策評価機能を強化するとともに，評価の結果が政策に適切に反映されるようにする」（第4条6）．この法律に加えて1999年，三つの法律が政策評価の制度化を進めた．国家行政組織法改正法，内閣府設置法，総務省設置法である．これらの法律を受けて2001年6月，政策評価の本体を規定する「行政機関が行う政策の評価に関する法律」が衆参両院で可決され，政策評価制度は完成した．

●**政策評価制度の運用**　政策評価制度の運用は大きく二つに分けられる．第1は各府省が行う自己評価で，事業評価方式（project evaluation method），実績評価方式（performance evaluation method），総合評価方式（comprehensive evaluation method）である．第2は総務省行政評価局が行う客観性担保評価（各府省が行った政策評価の客観性点検），統一性確保評価（複数府省の政策を統一性の見地で評価），総合性確保評価（各府省の政策を総合的な推進を図る見地から評価）である．両者は補完関係にあり，そのうえで総務省行政評価局が各府省や外部有識者の意見を踏まえ政策評価制度の維持管理，改善を担っている．

1年間に行う政策評価の総数は，初年度2002年には1万930件，2003年度1万1771件だったが，政策評価の重点化と質の向上の要請をうけて2009年度以降は毎年2000～3000件で推移している．その中で多くの変化があった．代表は政策

をマネジメントする方向を強めた PDCA（Plan Do Check Action）への言及である．PDCA は企業の生産性向上運動にルーツをもち，2003 年 2 月 17 日の第 3 回経済財政諮問会議での奥田碩議員（当時トヨタ自動車会長）の発言が大きく影響し，政府全体の政策評価文書で見られるようになった．日本の政策評価はマネジメント改善ツールのイメージをもつようになる．また，2004 年には規制影響分析を試行的に実施し，その後 2007 年 12 月規制の事前評価の義務付けが閣議で決まる．2010 年度は成果志向の目標設定と租税特別措置に対する政策評価が始められ，規制や租税特別措置という政策手段も評価対象になった．2012 年度には実績評価方式を用いた目標管理型政策評価の取組みを開始し，あわせて行政事業レビューとの連携も打ち出される．予算制度の財務省，行政事業レビューの内閣府，政策評価の総務省が政策評価制度に関わっている．

●**政策評価制度の特徴**　日本の中央府省の政策評価制度は，予算編成との連携，政策への反映を重視するため行政内部の自己評価である．したがって，府省の政策評価制度は府省内部限りで実施する傾向があり，社会全体を包含する広がりがない．その代表例は地方自治体との連携の弱さである．1990 年代には三重県庁や静岡県庁をはじめとして地方自治体でも評価は行われ，多くの地方自治体には政策評価・行政評価・事務事業評価に関わる条例や制度が存在している（秋田県政策等の評価に関する条例 2002 年 4 月，岩手県政策等の評価に関する条例 2003 年 10 月）．ただ，地方自治体評価と国の政策評価との関係は議論されていないため，中央・地方両方に関わる政策の評価を考えるのは難しい．国・都道府県・市区町村からなる政府の多層性と政策システムの多層性は連動しており，これを前提とした政策評価の議論は避けられない．中央・地方の政府間関係評価である．地方自治体では市民主体の協働型評価や NPO 評価，参加型評価を積極的に取り入れているが，それは府省も無視できない．パブリック・コメント制度や総務省行政評価局の行政相談制度，オンブズマン制度など，市民の視点を取り入れた評価を考えると，さまざまな仕掛けをもつ制度構築が求められる．

●**シチズンシップ教育**　市民参加型評価には，政策とその評価に関する市民教育体制が不十分なところに課題がある．政策評価を行政機関だけに任せるのではなく，市民社会からも試みる必要があるだろう．その場合，シチズンシップ教育の一環として政策評価を学ぶのは有益で，市民の政策リテラシー向上に貢献する．日本の政策評価制度には，政府の行政改革や地方分権改革にとどまらず，シチズンシップ教育の改革や選挙制度改革などと連携した制度設計と実践が必要になる．

［山谷清志］

📖**さらに詳しく知るための文献**

山谷清志 2012.『政策評価』ミネルヴァ書房.

山谷清志 2006.『政策評価の実践とその課題』萌書房.

評価の組織

　公共部門において評価を実施する主要な組織としては，府省，都道府県・市区町村，図書館，指定管理者，非営利組織，府省や都道府県から認証を受けた評価機関が挙げられる．

●**府省による評価**　府省では「行政機関が行う政策の評価に関する法律」においてすべての府省に評価の実施が義務づけられている．効果的・効率的な行政の推進，政府の諸活動についての国民への説明を目的としている．各府省が自己評価と学識経験者による評価を行うとともに，総務省行政評価局が他の行政機関とは異なる評価専担組織として評価の実施と評価制度の基本的な企画立案等を担っており，評価の統一性や客観性を確保する役割を果たしている．府省の政策評価に関する情報は，総務省が運用する「政策評価ポータルサイト」に集約され，公開されている．

●**地方自治体による評価**　都道府県と市区町村は，個別の法律等で義務づけられているものや交付金や補助金を受けているものを除いて，評価の実施は義務付けられていないが，条例や規則，要綱などを根拠として行政評価や事務事業評価などの名称で約60％が評価を実施している．企画や財政，行政改革などに関する業務を所管する部署が評価制度の運用を担っている場合が多いが，評価専担組織ではない．各都道府県・市区町村がそれぞれに評価制度を導入しているため，評価制度の細部は異なるが，担当課による自己評価がまず実施される．組織内部での評価については，担当課による自己評価に加えて，二次評価や内部評価などの名称で幹部職員による評価が実施される場合もある．さらに，学識経験者や地域で活動する団体の代表者等，公募で選ばれた住民などから構成される委員会による外部評価が組み合わせて実施される場合もある．

　また，評価制度は導入していない場合でも，「地方教育行政の組織及び運営に関する法律」において教育に関する事務の管理および執行の状況の点検および評価等が義務付けられているため，教育委員会が評価を実施している．

　都道府県・市区町村は公の施設の設置目的を効果的に達成するために指定管理者に公の施設の管理を行わせることができ，条例などで評価について定めている場合が多い．指定管理者制度における評価は，指定管理者による自己評価，施設所管課による評価，学識経験者等から構成される評価委員会による外部評価のいずれかを組み合わせて実施される．評価制度の詳細は団体によって異なるが，評価のための詳細なマニュアルを作成している都道府県・市区町村もある．

●**分野別評価**　独立行政法人は，「独立行政法人通則法」または「地方独立行政法

人法」において目標管理のための評価が義務づけられている．独立行政法人評価については，総務省が独立行政法人の目標設定や業績評価の実施における統一的な指針を定めている．研究開発の事務および事業に係る指針については総合科学技術・イノベーション会議が案を作成する．また，総務省には独立行政法人評価制度委員会が設置されており，委員会は主務大臣の目標設定や業績評価，組織・業務の見直しに対して意見を述べるほか，特に必要と認められる場合は内閣総理大臣に対して意見具申を行うことができる．

　図書館（公立図書館・私立図書館）は「図書館法」において，図書館の運営状況に関する評価と運営状況に関する情報提供が努力義務とされている．また，その結果に基づいて運営の改善を図るために必要な措置を講ずることと，地域住民などの関係者の理解を深め，関係者との連携と協力を推進することに役立てるためにも運営状況に関する情報を図書館が積極的に提供することが努力義務とされている．日本の図書館では業績測定による評価が中心的であり，文部科学省が提示している「図書館の設置及び運営上の望ましい基準」や全国公共図書館協議会や日本図書館協会などが作成しているマニュアルに基づいて実施されている．

　非営利組織では評価の実施は任意だが，事業評価，財務評価，組織評価の三つが主要なものである．事業評価は活動の有効性や効率性を組織の内部で検証し，外部に示すために行われる評価である．また，財務評価は組織の持続可能性や資金使途の透明性を外部に示すための評価であり，組織評価は組織の信頼性やガバナンスの妥当性，事業実施能力などを外部に示すための評価である．非営利組織が評価を実施する目的は所轄庁や寄付者，助成団体，利害関係者に対するアカウンタビリティを果たすこと，事業の実施過程や成果の検証を通じて事業を改善すること，組織の能力や信頼性を向上させることである．日本の非営利組織における評価の実施状況に関する正確な調査結果はないが，分野によっては積極的に評価に取り組んでいる．例えば福祉分野の非営利組織に関しては研究・実践ともに盛んであり，体系的評価（プログラム評価）や社会的インパクト評価などの高度な手法の研究が進められている．また，第三者機関による社会的認証システムや表彰制度などによって評価の実施を促進している．

　府省や都道府県が認証した機関が第三者評価を行っている分野も存在する．例えば福祉サービスの質向上を目的とする福祉サービス第三者評価があり，厚生労働省が定めた指針に基づいて都道府県が認証した評価機関によって実施されている．また，高等教育の水準向上を目的とする認証評価もそのひとつであり，文部科学省が認証した評価機関によって実施されている．　　　　　　　［池田葉月］

📖さらに詳しく知るための文献
橋本圭多 2017.『公共部門における評価と統制』晃洋書房．
山谷清志編著 2010.『公共部門の評価と管理』晃洋書房．

政策評価の対象

●**対象としての公共政策** 政策評価の対象となるのは公共政策である．主に政府政策が対象となるが，非営利部門の活動も公共政策であり対象になる．政策体系を構成する政策，施策，事務事業，いずれのレベルの公共政策も政策評価の対象になる．政策体系から一部の政策分野や公共政策を選択して評価するか，全てを評価するかは，どちらの場合もある．

政策評価にはさまざまな評価手法や評価制度があり，何を評価の対象とするかはそれぞれ異なる．本来，評価とは評価対象がもつ価値の質と量を明らかにすること，できれば比較可能な形で示すことを意味するが，多くの手法や制度では異なっている．政策評価の目的としては政策の質の改善が重視される．政策の質の改善とは，政策に投じられる資源（人員，資金，時間）の量の改善ではなく，必要性，有効性，効率性等の規準に照らしてよい政策が企画立案され，実施され，必要性が乏しくなった公共政策や問題のある公共政策が改善されたり終了されたりすることを意味する．政策評価では体系的評価という考え方に基づき，公共政策のライフサイクルの各段階で，その段階に求められる評価手法を用いる．

●**セオリー評価の評価対象** セオリー評価は企画立案段階で行われる政策評価である．セオリー評価で評価の対象となるのは公共政策の案である．案を必要性，有効性，効率性，実行可能性，不確実性の規準で評価するために，投入予定の資源，それらにより実現しようとする目的と手段などの因果関係を示すセオリーまたはロジックモデルと呼ばれるものが評価の対象となる．

企画立案の前段階として議題設定があるが，セオリー評価は必要性を規準とすることにより議題設定の段階にも一定程度関わる．企画立案に続く段階は政策決定であるが，政策決定そのものを評価対象とする評価手法はない．

●**プロセス評価の評価対象** プロセス評価は政策実施段階で行われる政策評価である．公共政策が企画立案された通りに正確に実施されているかを中心に，無駄なく経済的，効率的に実施されているかについても評価する．政策実施を観察してチェックするということからモニタリングともいわれる．

プロセス評価で評価の対象となるのは，実際に投入された資源，それを用いて行われた業務，そしてアウトプットである．アウトプットとは業務を通じて産み出された財やサービスである．

●**インパクト評価と業績測定の評価対象** インパクト評価は政策実施が進んだ段階で行われる政策評価である．ロジックモデルが企画立案段階で意図した通りに

機能したかを明らかにすることを中心に，有効性や効率性の規準で実施した公共政策を評価する．評価結果は公共政策の継続，改善，終了の決定に利用される．

インパクト評価の対象となるのは公共政策のアウトプット，アウトカム，インパクトまたは公共政策が発生させた外部性である．インパクト評価では，評価対象の公共政策に起因し，公共政策と因果関係をもつ変化を明らかにする．

業績測定も政策実施が進んだ段階で行われる政策評価である．業績測定とはアウトプットやアウトカムについて企画立案段階で設定された指標と目標を尺度と基準とし，それがどの程度達成されたかを測定し，評価や改善提言や公表に利用するものである．業績測定で評価の対象となるのはインパクト評価と同様であるが，アウトプットやアウトカムの目標達成状況は測定されるものの，その原因は明らかにならない点がインパクト評価とは異なる．

●費用便益分析の評価対象　費用便益分析は，評価対象の公共政策について発生した費用と産み出された便益を明らかにし，貨幣単位に換算したうえで比較することにより，その公共政策の価値のサイズを明らかにするとともに，他の公共政策と比較できるようにする政策評価である．貨幣単位への換算を可能な範囲にとどめる費用有効性分析もある．

費用便益分析と費用有効性分析の対象となるのは，投入された資源，アウトプット，アウトカム，外部性である．

●メタ評価　政策評価の設計や実施が適切であるかを評価することをメタ評価という．メタ評価の対象となるのは，アドホックに実施された評価と国や地方自治体等が導入する評価制度である．アドホックな評価のメタ評価では，適切な主体により，適切な対象に対し，適切な手法で実施され，評価結果が適切に利用されたかが評価の対象となる．評価制度のメタ評価では，制度の目的，目的合理的な制度内容であるか，すなわち，自己評価か外部評価か，全数か選択的か，どのような評価手法を用いるか，評価結果の利用についてどのようなことを定めているかなどに加え，評価制度の適切が運用に行われているかが評価の対象となる．

●政策評価の対象は人や組織ではない　政策評価では評価対象となった公共政策の良し悪しや優劣を明らかにするため，ともすれば悪い公共政策や劣った公共政策の責任者を明らかにし，責任追及を行うための道具とされがちであり，不毛な争いを招き，行政職員を萎縮させてしまう．こうしたことを避けるため，公共政策学では，実用重視型政策評価といわれる政策評価を実施する者にとって使いやすい評価手法を開発したり，評価の利用者を具体的に想定し，その想定利用者に利用されやすくするような評価結果の見せ方やデザインを工夫したりするような研究が行われている．公共政策学における政策評価はそれ自体が目的ではなく，政策の質と公共政策決定システムの革新・改善という目的の手段である．

［窪田好男］

地方自治体における政策評価

　地方自治体（都道府県・市区町村）には，評価の実施は義務付けられていないが，条例や規則，要綱などを根拠として行政評価や事務事業評価などの名称で評価を実施しており，自治体評価と総称される．各地方自治体がそれぞれ評価制度を導入しているため，その細部は異なるが，以下では一般的な自治体評価を説明する．

●**評価制度の導入の背景と目的**　行財政改革の必要性やNPMへの注目，行政不信の払拭，行政改革に熱心な首長や行政職員の存在などを背景として1995年に三重県で初めて実施された．1990年代後半に多くの地方自治体で評価制度が導入され，約60％の地方自治体が評価制度を導入しており，人口が多い地方自治体ほど導入率が高い傾向がある．地方自治体で評価制度の導入が進んだことは，府省における評価制度導入のきっかけのひとつになった．

　導入の目的には，政策の質改善，総合計画の進行管理，住民に対するアカウンタビリティを果たすこと，歳出削減，職員の意識改革などが挙げられる．具体的な内容や優先順位は地方自治体によって異なる．自治体評価では，企画や財政，行政改革などに関する業務を所管する部署が評価制度の運用を担っている場合が多い．組織内部での評価は，担当課による自己評価がまず実施される．これに加えて，二次評価や内部評価などの名称で幹部職員による評価が実施される場合もある．さらに，学識経験者や地域で活動する団体の代表者等，公募で選ばれた住民などから構成される委員会による外部評価が組み合わされて実施される場合もある．

●**評価の対象と手法**　評価対象は，事務事業のみ，事務事業と施策，事務事業と施策と政策のいずれかであり，総合計画で示されている政策体系に基づいて評価対象が決定されている．評価制度を導入している場合，事務事業については必ず評価対象となっており，ほとんど全ての事務事業を評価対象としている場合が多いが予算額などの条件で数を絞っている場合もある．政策を評価対象としている地方自治体は少ない．

　評価の手法は，業績測定を中心とする簡易な体系的評価であり，評価表や評価シートと呼ばれる共通のフォーマットを用いて自己評価を行う．評価表の作成は自治体評価において大きな割合を占める作業である．評価表の作成を通じて，簡易な形ではあるが体系的評価におけるセオリー評価やプロセス評価に該当する評価が実施され，ロジックモデルが確認される．それらとアウトカム指標の測定を通じて評価対象の有効性や費用対効果が評価される．一般的に評価表には計画上の位置づけ，目的，目標，予算額・決算額，成果指標・実績，活動指標・実績，

担当課による自己評価，評価結果を踏まえた改善点などが記載されており，ホームページで公開している場合が多い．

2000年代には多くの地方自治体で事業仕分けが実施された．予算の単位で必要性や実施主体の妥当性を検討し，「継続」や「廃止」など評価結果を札でわかりやすく示すものであったことから，歳出削減を目的として実施されることが多かった．一方で，評価者と行政職員が必要以上に対立的になるなどの課題も指摘されるようになった．そのため，地域の事情に詳しい人や，無作為抽出または公募で集めた市民を評価者として参加させるなどの改善策も取られたが，現在も事業仕分けやそれに類似する手法を用いている地方自治体はほとんど見られない．

●**自治体評価の利用**　自治体評価は，主に総合計画の進行管理に利用されている．その他，当該年度の事業の執行や定員管理要求・査定，次年度の重点施策や重点方針，継続中の事務事業の見直しなどにおいて，評価から得られた情報を参考にするという利用もある．また，評価制度を導入した成果として地方自治体が認識していることは，主に成果の観点で施策や事業が検討された，職員の意識改革に寄与したなどである．さらに事務事業の廃止や予算削減につながった，個別の事務事業の有効性が向上したなどが挙げられる場合もある．

ただし，評価結果の利用については，評価制度の根拠である条例や規則，要綱などに規定されているが，どの評価結果をどのように利用したのかについては，整理されていない場合や，組織内部では整理していても公開していない場合が多い．

●**自治体評価の課題**　課題としては主に評価指標の設定，予算編成等への利用，評価に関する事務の効率化などが挙げられることが多い．業績測定を中心的な手法として用いていることから，適切な指標の設定は重要である．計画や予算への利用は成果としても挙げられることがあるが，現状では地方自治体ごとに差がある．

また，自治体評価は行政職員が中心的な役割を果たす評価制度であることから，評価についての行政職員の理解や技能を高めることの重要性も高いが，評価研修を継続的に実施している地方自治体は少ない．行政職員については，評価に関する業務の多さや，評価を実施した効果が見えないことによる徒労感などから評価の負担感や評価疲れなども指摘されている．

このような評価の有効性・妥当性に対する疑問や，評価制度の充実に向けた見直しの必要性などから評価制度の休止や廃止も見られる．一方で，評価の実施を通じて地方自治体の業務の全体像が詳細にわかることや，各事業の背景や目的からアウトカム，改善策まで含めた豊富な情報が得られること，EBPMが求められていることなどから評価制度の必要性・重要性は高いと言える．　　　　［池田葉月］

📖さらに詳しく知るための文献
池田葉月 2021.『自治体評価における実用重視評価の可能性』晃洋書房.
田中 啓 2014.『自治体評価の戦略』東洋経済新報社.

諸外国の政策評価制度

　日本と諸外国の政策評価の制度や取組を比較するのが評価文化論である．日本の政策評価制度は米国連邦政府の制度や取組に多くを学び，今も影響を受け続けてきた．なお，公共サービス改革の諸制度には評価が付随することが多いが，こちらは主に英国政府の取組に学んできたものである．

●**評価文化論**　日本の評価文化は歴史も蓄積も水準も浅いとされている．例えばFurubo et al. eds.（2002）やJacob et al.（2015）では，①多くの政策領域で評価が行われているか，②異なる専門分野から評価者が供給されているか，③評価に関する国内の議論は高い水準にあるか，④評価に関する学会があるか，⑤評価を実施しその結果を反映させるための政府部内の仕組みがあるか，⑥評価の実施・普及のための議会の制度が存在するか，⑦各政策分野の中に多元的評価が存在するか，⑧会計検査院が評価を行っているか，⑨インプット／アウトプット評価のみならずアウトカム重視型の評価が行われているかという9項目が掲げられ，国際比較が行われている．これらのメルクマールに基づき，日本は2001年にはOECD 19カ国中19位で，2011年には14位であったとされている．日本の評価文化は専門性や議会評価の制度化の水準に課題が残されている．

●**米国の評価制度**　米国の評価には立法府と行政府のそれぞれの取組の歴史的蓄積がある．行政府の取組については，① 1960年代以降のPPBS（Planning Programing, and Butgeting System）を中心とした動向，② 1993年のGPRA（Government Performance and Results Act）の登場や2010年代の評価関連制度改革の動向が注目される．立法府の取組については，③ 1970年代のGAO（米国会計検査院）によるプログラム評価が重要である．

① **PPBS**：PPBSは行政府内の予算要求に関連する仕組みであり，予算を取りまとめる大統領府のBOB（Bureau of Budget, 後にOMB〔Office of Management and Budget〕）を中心に取り組まれた．その特徴は部局ごとの断片化された予算要求を改善し，計画・企画（Plan）やこれに基づく省庁ごとの施策（Program）の下で予算（Budget）への統御を実現しようとした点にあった．PPBSは1961年のケネディ（Kennedy, J. F.）政権における国防総省の取組として登場し，1965年にジョンソン（Johnson, L.）政権で全連邦政府機関へと拡大された．当初，PPBSは科学的合理的な政策を指向するものとして期待されたが，現場への負担や統計部門の未整備，予算決定権をもつ連邦議会からの批判などを前に1971年のニクソン（Nixon, R.）政権下におけるOMB通達によって廃止された．

② GPRA：GPRA は 1993 年に制定された米国版の政策評価法であり，OMB を中心とした行政部内におけるプログラムの管理の改善を目的としている．GPRA 下では向こう 5 年間の戦略計画（3 年間で更新），単年度の年度業績計画，年次業績報告書の提出が義務づけられている．クリントン（Clinton, B.）政権下では GPRA の制度の導入・定着が目指され，ブッシュ（Bush, G. W.）政権下では OMB を中心に GPRA 下での予算との連携（Performance Budget）が目指された．オバマ（Obama, B.）政権下ではデータやエビデンスに基づく業績管理（Performance Management）が重視され，2010 年には GPRA の制度改革が行われ（GPRAMA：GPRA Modernization Act），評価対象の重点化が図られるなどした．2016 年には，OMB と連邦人事局（OPM：Office of Personnel Management）を中心とするプログラム管理ポリシーを定礎するためのプログラム管理改善と行政責任に関する法律（PMIAA：Program Management Improvement Accountability Act of 2016）が，2018 年には EBPM 基盤法（the Evidence Act: Foundations for Evidence-Based Policymaking Act of 2018）がそれぞれ登場し，GPRAMA とともに連邦政府全体の業績管理の改善が目指されている．

③ GAO のプログラム評価：GAO は 1921 年の予算会計法で OMB とともに設置された連邦議会付属機関で，「議会の番犬」とも呼ばれる．院長の任期は 15 年と長く，独立性，無党派性を誇る．その中核業務がプログラム評価である．GAO のプログラム評価は PPBS の廃止とともに始まり，現在では約 9 割の業務がプログラム評価となっている．2004 年には GAO の役割の変化を踏まえ，組織名称も General Accounting Office から Government Accountability Office へと変更された．立法府側が制定した予算や法律について行政府側の諸活動にかかるアカウンタビリティを追求するというのが，GAO に期待されている機能である．

● 英国の取組　英国政府の評価の取組では PSAs（Public Service Agreements）が注目されてきた．PSAs はブレア（Blair, T.）政権下で取り組まれたが，2010 年には廃止された．PSAs はアメリカの GPRAMA 改革の際に参考にされたほか，日本の民主党等連立政権下の政策達成目標明示制度（未導入）の検討のモデルともなった．このほか，執行エージェンシー制度，強制競争入札制度（CCT：Compulsory Competitive Tendering），PFI／PPP など公共サービス改革と呼ばれる一連の取組においても評価が行われている（英国の PFI は 2018 年に新規契約が終了している）．いずれの制度も，独立行政法人制度・国立大学法人制度・地方独立行政法人制度，市場化テスト，PFI／官民連携（PPP）の取組などの形で日本にも輸入されているといってよい．これらの制度に付随する評価については，主として有効性や効率性に注目した業績測定型の評価が行われており，政策実施過程の効率化が目指されているところである．　　　　　　　　　　　　　［南島和久］

政策終了の概念

　政策終了とはそもそも何か．その概念を捉えることはそう簡単ではない．主な理由は2点ある．1点目は，政策終了という事象は社会に与えるインパクトが大きいが故に，想起される一般的なイメージと実態との間にかなり乖離があるということである．2点目は，「終了」という概念の定義が難しいことである．順に見ていこう．

●**「政策終了」のインパクトの大きさ**　現代の日本において，政策や事業の終了と聞いて思い浮かぶ事例はそう多くはない．例えば，民主党政権時に八ッ場ダム事業の中止が発表されると，中止反対の声明が，建設予定地のみならず，流域の複数の自治体からも出された．その一方で，逆に建設反対，つまり終了賛成の意見も複数の団体が表明するなど，事業の終了か否かをめぐって事態は混乱した．最終的には，事業継続が決定したが，この問題は大型建造物の建設を途中で終了することの難しさを改めて顕在化したといえる．また終了するか否かだけではなく，終了したとしてもその時期が適切だったかが後に問われる場合もある．ひとつの例として，1996年に廃止されたらい予防法が挙げられる．ハンセン病患者・元患者を対象とした隔離政策をはじめとする医療・福祉政策は，1960年以降は違憲であったと2001年に司法から認定された．1960年より前に終了すべきであった政策はなぜ終了しなかったのか．この問題も社会に衝撃を与えた．

●**「政策終了」のイメージと実態の乖離**　このような事例を報道で知った人たちは「いったん始まった政策はなかなか終わらない」と考えるかもしれない．もう少し検討を進めてみよう．ある政策や事業が実施されれば，多くの利害関係者が生まれる．終了するにはこういった利害関係者との調整や合意調達，時には繰り返しの説得が必要となるため，終了するのは容易ではないと想像がつく．一方，政策の継続性という観点からも，終了と再開をいくども重ねるのは難しいため，終了には慎重にならざるを得ない一面もある．仮に終了するとしても，終了後，利害関係者に何らかのケアが必要な場合もあり，継続した場合の効果やコストの比較も重要である．また，その政策を立案した担当者の先見の明が不十分だったという批判が起きるかもしれない．こういったことを考えると，政策終了という概念については次のようなイメージが浮かぶのではないか．終了がいったん政治的アジェンダに上ると，それに賛成したり反対したりするさまざまなアクターが入り乱れて議論に参加する．その結果，終了を推進したい人たちとそうでない人たちが対立し，揉めて騒動になり，盛んに報道もされる．

しかし，本当にそうだろうか．これから述べていくのは実態としての政策や事業終了はそのイメージとはやや異なる姿であるということだ．報道される騒動や対立は政策終了の一面を物語りはするが，全体像を示してはいない．氷山のいわば水面下の部分，つまり，報道もされない，政治的なアジェンダにも上らないまま短期間に，いわばさらっと終了する事例も多く存在していることが研究で明らかになってきている．政策終了の概念は一般的なイメージで捉えることがかなり難しいのである．

●「終了」の定義の難しさ　終了の概念を理解することは終了の定義をどう捉えるのかと結び付く．定義が明確でないと概念を理解することは難しいからだ．例えば，どの時点で終了とみなすのかの判断もそう簡単ではない．例えばこれまで毎年 100 億円の予算が計上されていた事業が，ある年から 100 万円しか計上されなくなった場合，これを終了とみるか継続とみるかは人によって異なるだろう．また毎年少しずつ予算が減っていく事業を考えた場合，どの時点を終了だと考えるかも難しい．

　この定義の難しさをめぐってはこれまで研究者らが答えを出そうと試みてきた．そのいくつかを紹介しよう．ブルワー（Brewer, G. D.）は，政策終了を政策過程の最終段階だと捉えた（Brewer 1974）．具体的にはまず問題が認知され，解決へのコストや利益が比較され，その後，政策が立案，実施され，その評価が行われる．評価後，一部の政策は終了となると考えた．これに対してデレオン（DeLeon, P.）は，政策終了を特定の政府の組織，政策，プログラムが廃止されることと定義した（DeLeon 1978）．デレオンは，上位概念にいくほど終了が難しくなるとし，プログラムより政策，政策より組織，の方が終了するのは難しいという．さらにホグウッド（Hogwood, B. W.）は，政策終了を代替となる政策などが用意されることがない状況で，既存の政策やプログラムが終了されることとした（Hogwood & Peters 1982）．またどの地点が終了か判別しにくい点について，バーダック（Bardach, E.）は，いくつかの段階を経て少しずつ政策が終了していく「段階的終了」と，あるタイミングですべて終了してしまう「全面的終了」の2種類があると考えた（Bardach 1976）．

●「終了」という概念を把握することの重要性　人口減少社会を迎え，中央地方政府ともに財政規律の保持が求められる状況で，これまで実施されてきた政策や事業がすべて今後も継続されるとは限らない．そんな中，私たちが終了という概念を適切に捉えることは重要で，それができなければ，行政や政治への不信に繋がる可能性がある．社会における議論もまだ十分ではない．政策終了をテーマとした研究蓄積は最近増えてきてはいるが，絶対数はまだ少ない（☞「政策終了の理論」）．　　［戸田 香］

📖さらに詳しく知るための文献
岡本哲和 2021．政策終了．森本哲郎編『現代日本政治の展開』法律文化社．

政策終了の理論

　ここでは政策終了の代表的な研究を紹介する．政策終了を政策過程に位置づけて考えると，終了の研究は他の政策立案や形成の研究に比べて研究蓄積の速度は遅かった．1970年代にようやくアメリカなどで登場し，それまで不当に無視されてきた研究課題（Biller 1976）だとされた．研究の数が増えてこなかった理由について，デレオン（DeLeon, P.）は終了という言葉に否定的な意味があることや，そもそも終了した事例が少ないため一般化やモデル化が困難であるためと考えた（DeLeon 1978）．一方，研究の数こそ少なかったが，その中でも終了を阻害する要因，促進する要因の解明には取り組まれてきた．これらは「なぜ終わらないのか」あるいは「なぜ終わったのか」を規定する要因を探求するものとなる．海外，国内と順に見ていこう．

●**海外の研究から**　「なぜ終わらないのか」の理由として，デレオンは次のような要因を挙げている（DeLeon 1978）．まず官僚など政策形成に関わった者は自分の仕事が有効でなくなったことを認めたがらない傾向があるためという．次に制度はサービス受給者との間で，安定的に継続する特徴を有することもある．また組織は当初もっていたある目的を達成した後にも，別の目的をつくり，組織を存続させようとするうえに，政策の利益受給者は当然，終了には反対する．さらに組織の多くは法律に依拠していて，法律が存続している限り終了は難しく，加えてサンクコストの問題もあるという．またバーダック（Bardach, E.）は，終了に伴い起きてくる対立や紛争，失業者の発生を政治家が嫌がるためと指摘した（Bardach 1976）．一方「なぜ終わったのか」の理由は，政治的要因，統一政府かどうか，政策の持続時間，利害関係者の状況の変容（Lambright & Sapolsky 1976；Kirkpatrick et al. 1999；Lewis 2002；Haselswerdt 2014）などが要因として指摘された．政策過程論からも終了要因の説明が示された．「政策の窓」モデル（キングダン 2017）では，問題，政策，政治，という三つの要素が揃うと政策転換の好機が到来するとされるが，政策終了にもそれが援用され，複数の要素がそろった時に終了が促進されるという（Geva-May 2004）．

●**国内の研究から**　一方，日本で政策終了の研究が本格的に始まったのは，1990年代で，まず岡本哲和が海外の研究を紹介しつつ，政策終了研究の今後の課題を「規則性の発見と因果関係の究明」であるとした（岡本 1996；2003）．

　この「規則性の発見と因果関係の究明」は大きなテーマであり続け，そこで論点となったのはやはり終了促進あるいは阻害要因であった．都道府県営ダム事業

を対象に主に「終わった事例」が観察され，その理由を政治家の利益（三田2010），住民による反対運動と都道府県との関係（帯谷 2004），二元代表制や公益性（砂原 2011）からの説明がなされてきた．

2012 年の日本公共政策学会の『公共政策研究』では政策終了の特集が組まれた．国と地方の議員年金制度を事例に，財政的制約は必ずしも促進要因ではない（岡本 2012），日本では政策評価から終了に至るメカニズムは見当たらず，政治家によってアドホックに行われたプログラムの終了に過ぎない（山谷 2012）など新たな視点からの議論が提供された．最近では，三谷宗一郎が時限立法を検討し，時限立法が当初の予定を超えて存続している理由を政治的要因と合理的要因に分けて示している（三谷 2020）.

●終了プロセスはどのようなものか　一方，終了の検討が開始されてから終了決定に至るまで（あるいは終了がもたらした影響まで）のプロセスに着目する研究も出てきている．プロセスを明らかにする研究は複数の終了事例を比較し，事例間の共通点や相違点を導くものとなる．これが可能となったのは，これまで事例数が少ないとされてきた事業の終了が，実態としては一定数起きていたことが先行研究で明らかにされてきたことにあり，研究の進展に繋がった．宗前清貞は，公立病院の統廃合・再配置に着目し，決着までのプロセスが都道府県ごとに異なるとし（宗前 2008），柳至は，複数の都道府県営ダム事業を対象に，そのプロセスを段階に分けて，政策の存在理由を示す政策知識の有無が終了か否かに影響を与えるとした（柳 2018）.戸田香は，終了をめぐる一般的なイメージと異なり，政治的対立も発生せず，行政内部の議論のみで短期間にいわば粛々と終了が決定していく事例が多く存在することを明らかにした．また終了プロセスには一定のパターンがあり，そのパターンは終了主導者が知事か都道府県職員かに影響されると指摘した（戸田 2019）.

政策終了の理論は確実に蓄積されてきている．今後は社会情勢の変容に伴い，これまで実施されてきた政策や事業の継続の可否が検討されることも増えてくるであろう．公共政策学が問題解決型学問であることを踏まえると，終了がアジェンダに上った際，どのように進めていくのが妥当なのか，関係者からの民主的な合意調達はいかにして行うのか，社会からどのように理解を得ていくかという論点について，一定の解答を持ち合わせておくことは重要であろう．それゆえに，政策終了研究が蓄積される意義は大きいのである．　　　　　　　　　　[戸田　香]

📖さらに詳しく知るための文献

砂原庸介 2011.『地方政府の民主主義』有斐閣.

柳　至 2018.『不利益分配の政治学』有斐閣.

三田妃路佳 2010.『公共事業改革の政治過程』慶應義塾大学出版会.

政策終了の事例

　政策終了には，政府内で政策を終了するという案が議題に挙がるまでの前決定の段階や，議題に挙がってから政府内で意思決定し，実現に至るまでの段階がある．本項目では，この終了の過程や課題について事例を交えながら説明する．

●**政策終了の前決定過程**　この段階は，政府内で終了が具体案として組織的に検討される段階である．政策の終了は，政策の必要性がなくなったと判断するアクターが終了を検討し始めることによって動き始める．どのような場合に政策の必要性がなくなったと判断するかというと，社会経済状況の変化，他の政府の決定，有権者の態度変化などの環境の変化がある．例えば，都道府県のダム事業では，治水と利水の機能を有する多目的ダムについて，水需要の減少により事業の必要性がなくなったと判断した所管部署の職員が終了を議題に挙げたことがあった．また，ダム事業については国が存廃の再検証を求めたため，これをきっかけに議題に挙がったこともあった．さらに，ダム事業に否定的な有権者が増えたことを受けて，知事が終了を議題に挙げたこともある．終了が議題に挙がった際には，多くの場合は所管部署における検討が行われる．この時には，審議会等で終了の是非について議論されることも多い．なお，終了を議題に挙げるアクターは，職員や政治家だけではなく，審議会の委員の場合もある．

　ただし，外部環境の変化が起これば必ず終了が議題に挙がるわけではない．政策の性質や政治状況により議題に挙がるかが左右されることもある．終了するコストが高いという性質を有する場合は，終了が選択肢として現れないことがある．例えば，土地開発公社が大量の土地を保有している場合は，公社を解散することが難しい．これは公社が解散する際に，公共用地のために先行取得した土地は，自治体が直ちに再取得する必要があるが，財政難の自治体にとっては困難なためである．また，政治状況も影響する．例えば，都道府県の自治体病院事業においては，病院事業の廃止に否定的な有権者が多く，病院の経営難から経営形態の見直しを検討する中で，病院の閉鎖や民間譲渡を選択肢とすることはほとんどなかった．これは，有権者の支持を得ないと再選できない政治家にとって，廃止を選択肢とすることは再選に不利となるためである．終了時には，有権者の動向や，知事の交代や知事与党多数かといった政治状況を考慮しながら，廃止を議題に挙げるかが決められる．

●**政策終了の決定過程と実現**　この段階は，政府内で終了が決定されて，実現する段階である．終了が決定されるには終了を推進するアクターが，終了に反対す

るアクターに勝利する必要がある．どのようなアクター間関係となるかは，政策により異なってくる．終了をめぐるアクター間関係の帰結として，終了が行政府内で決まる．この際に，終了を推進するアクターは，当該政策の存在理由がなくなったことを政策知識に基づいて示して，自らの主張の正当性を示そうとする．多くの場合，これまで行ってきた政策を終了するには，法律や条例の改廃が必要となり，国会や地方議会の議決を得て，政策の終了が決定する．

終了が検討されてから，その実現には一定の時間がかかることが多い．例えば，神奈川県では，県土地開発公社の解散表明がなされたのは 2001 年 12 月であった．その後に，解散時に未償還である公社債等の償還，プロパー職員の処遇，保有代替地の処分などの解散に向けた課題への対応がなされて，2006 年 3 月に県議会にて解散の議決を得て，6 月に解散が認可された．

●**政策終了の課題**　政策の終了が議題に挙がるには，終了のコストといった政策の性質を考慮したり，政治状況を打開したりする必要がある．まず，終了のコストを低減する方策を活用することが必要となる．例えば，国は第三セクター等改革推進債を創設し，土地開発公社等の第三セクター等が解散をしやすいような仕組みを設けた．ここで重要なのが，政治状況により外部環境の変動にもかかわらず終了が議題に挙がらないという点である．

政治状況により，政策に関する問題が表面化しないこともある．政府のトップの交代により終了が起こりやすいが，これはそのトップの在任中に政策の状況が悪化した場合は，責任問題を回避するためにも，その在任中は抜本的な改革が先送りされていることを意味している．そこで，政治状況による抜本的な改革の先送りを防ぐには，政策の問題点を表に出さざるを得なくなるように，公文書管理制度を徹底し，情報公開制度を充実させることが必要となる．

次に，政策の終了を進めようとするならば，政府は前決定過程から有権者と向き合う必要がある．そもそも有権者が終了に否定的な政策については，終了が議題に挙がりにくい．終了が議題に挙がったとしても，その検討は職員や政治家，審議会委員といったアクターによって進められ，専門的な見地から終了の必要性を有権者に働きかける機会がないことが多い．民意に反して終了を議題に挙げることがあれば，有権者は自らの意向が政策に反映されていないと考え，代議制民主主義への不満は高まるであろう．そうした状況にしないためには，前決定の過程から有権者を巻き込んだ合意形成を行う必要があるが，多くの場合はそれがなされていない．
［柳　至］

📖**さらに詳しく知るための文献**
柳　至 2018．『不利益分配の政治学』有斐閣．

IV　経済と政策

［中川雅之］

市場の失敗

　財の市場を論じる際には，横軸に数量をとり，縦軸に価格をとって，通常は右下がりの需要曲線と右上がりの供給曲線を描く．そして価格の需給調整機能により，最終的に価格は需要量と供給量が一致する均衡価格に定まる．また，その際の需要量＝供給量を均衡生産量（取引量）と呼ぶ．

　ところで，各数量における需要曲線の高さは限界効用（需要量を追加的に1単位増加したときの効用の増加分）を表し，各数量における供給曲線の高さは限界費用（供給量を追加的に1単位増加したときの費用の増加分）を表すことから，均衡価格と均衡生産量が成立する市場均衡の下では，限界効用と限界費用が一致している．もし前者が大きければこの財の生産量を社会的に増やすべきであるし，後者が大きければ社会的に減らすべきであるが，両者が一致していることは，財の生産量が適正であることを意味する．言い換えれば，この財の生産のために必要な労働，資本，原材料等が社会的に適正な量だけ用いられているということであり，資源配分が効率的であるといえる．このように，分権的な意思決定が行われているにも関わらず，効率的な資源配分が自動的に達成されるという意味で市場は優れた機能を備えているが，市場取引の結果生じる所得分配が何らかの意味で公正なものになるということまでは保証されない点に注意が必要である．

　市場の失敗とは，特定の理由により市場が機能不全に陥り，先の意味で資源配分の効率性が満たされなくなる状況を指すのが通例であるが，広い意味では，市場が所得分配の公正を保証しない点も含まれ得るであろう．そして市場の失敗には独占，寡占のような不完全競争は含めずに，外部性，公共財等の存在に焦点を当てるのが標準的な説明であるが，紙幅の関係で情報非対称性は取り上げない．

●**外部性**　まず外部性とは，ある人の経済行動が，市場を経由しないで別の人に付随的に影響を与えることを指す．特に，良い影響を与える場合は正の外部性，悪い影響を与える場合は負の外部性と呼ばれる．例えば，直接的な応用が特に意識されない科学の基礎研究は，その成果が後の社会に多大な恩恵をもたらしたとしても，それは市場を経由した売り買いを伴うものではないという意味で，正の外部性の例といえる．また，河川の汚濁をもたらす工場排水による公害は，第三者に悪影響を及ぼしても市場を経由したものではないため，法律による規制がなければ工場側が支払いを求められることはなく，負の外部性の例といえる．

　ここで負の外部性が生じるケースを考えよう．生産者の関心はあくまで市場を通じた支払いに限られ，負の外部性がもたらす第三者の経済的損失や（金額換算

された）効用の低下に向けられないことから，負の外部性がもたらす費用をも含んだ限界費用である社会的限界費用を別に定める．すると社会的に望ましい生産量は，需要曲線と社会的限界費用曲線の交点に対応する生産量ということになる．このとき，各生産量に対して，社会的限界費用曲線は供給曲線の上方に位置することになり，その結果，市場の均衡生産量は社会的に望ましい生産量を上回る．すなわち，過剰生産がもたらされ，これは市場の失敗である．

こうした過剰生産を是正するためには，社会的限界費用曲線の位置まで供給曲線を上方にシフトさせるために，生産量1単位当たり，負の外部性に起因する限界費用の大きさ分だけ生産者に税を課す（ピグー税）か，政府が介入しない場合に選択されるであろう生産量から1単位減産するごとに，外部性に起因する限界費用の大きさの分だけ補助金を生産者に支給すれば良い．ただし，ピグー税を課す場合と減産補助金を支給する場合とでは，望ましい生産量を実現させるという点では同じだが，前者は生産者に課税するのに対して，後者は生産者に対して補助金を支給することから所等分配に与える影響は異なる．

なお正の外部性が生じた場合については，社会的限界効用曲線が需要曲線よりも上方に位置するため，需要と供給が一致する均衡生産量は社会的に望ましい生産量よりも過少になる．また，この過少生産を是正するためには，1単位当たり正の外部性に起因する限界効用の大きさの分だけ生産者に補助金を支給すれば良い．

●公共財とフリーライダー問題
次に公共財の問題に移る．通常の財であれば，消費するためには代価を支払わなければならないし，また消費するのは購入者か，購入者の許可を得た者に限られる．しかし国民の生命・財産を守る国防を考えると，代価を支払わない者の消費を排除できるかと言えば，それは現実には不可能であろう．この性質は消費の非排除性と呼ばれる．また多数の国民が同時に国防サービスを消費できるが，この性質は消費の非競合性と呼ばれる．そしてこれら二つの性質をよく満たしている財が純粋公共財である．これに対して，一般道は，消費の非排除性を満たすが，渋滞することがあるため消費の非競合性は満たされない例であり，逆にケーブルテレビは，消費の非競合性を満たすが，ケーブルテレビ会社と契約しない限り番組を観ることができないため消費の非排除性は満たされない例である．これら一般道やケーブルテレビは準公共財と呼ばれることがある．そして市場の失敗を論じる際に取り上げられる公共財は，多くの場合，純粋公共財であり，例としては，国防の他に，外交，司法などが挙げられる．

ところで純粋公共財を市場で提供することは現実には不可能である．なぜならば，多くの人が代価を支払わずに消費だけ行うならば，民間企業はそのような財を提供することができないからである．これはフリーライダー問題と呼ばれ，市場の失敗を引き起こす根本的な原因である．したがって，純粋公共財は政府により供給され，国や地方自治体の財政活動の重要な役割のひとつとなる．　　　［小澤太郎］

政府の機能（資源配分，所得再分配，経済安定化）とは何か

　公共政策の経済面における政府の機能は，経済体制や社会のあり方によって異なる．民主主義による資本主義体制の下では，政府の機能は「資源配分」「所得再分配」「経済安定化」とされる．

●経済体制と政府　政府の機能は国の経済体制によって異なる．日本は混合経済体制（mixed economy）であり，家計と企業という民間部門が参加する「市場」による資源配分と，政府が「非市場」で行う資源配分とが併存する．さらに，民間部門による生産要素の所有が前提となる資本主義経済では市場の役割は大きく，政府は市場による資源配分機能を活かしつつ，市場で解決できない部分を担う．この「政府」とは，民主主義の下では家計の意思が反映された「機能」であり，国民経済計算（SNA）では「その国で政府と認定される制度単位」と定義される．政府単位が支配する非市場生産者は「一般政府」，市場生産者は「公的企業」と呼ばれ，両者が公的部門として政府の機能を担う．一般政府とは，省庁等の「中央政府」，地方公共団体等の「地方政府」，社会保険制度のうち政府単位による賦課等の特徴をもつ「社会保障基金」の三つである．また公的企業は地方公営企業等の「公的非金融法人」と政府系金融機関等の「公的金融法人」に分類される．

●財政の3機能　マスグレイブ（Musgrave, R. A. 1959）は，従来，経済学で議論されてきた政府の役割を古典派財政学と統合し，新たな財政学の体系を次のように提示した．①政府の予算とは，規制とともに，経済全体における公的部門の位置づけを表す．②支出・税・規制という予算項目で実現される政府の機能は，資源配分・所得再分配・経済安定化に分類できる．③予算は，規範的な基準によって②の三つの機能に割り当てられるべきである．この体系化により，②の「財政3機能」が経済における政府の機能であるという見方が確立した．資源配分機能とは，市場機構に任せていては「市場の失敗」が生じるときに，政府が介入して資源配分の非効率を改善する機能である．代表例はインフラや警察・消防などの公共財の供給である．所得再分配機能とは，個人の所得格差を是正するために所得を再分配する機能である．市場機構では全体として効率的な資源配分が達成されるが，個々人の所得水準が公平・公正配分になるかはまったく保証されない．そこで，政府は税制や社会保険制度を用いて所得の再分配を行う．累進所得税，相続税，雇用保険，年金の支払いなどが代表的な手段である．経済安定化機能は，景気循環によって不安定となる市場に対して，財政政策や金融政策により貨幣価値を維持し景気変動を小さくする役割である．伸縮的財政政策（fiscal policy）と

して不況時に公共投資や減税を行ったり，金融政策として好況時に金融引き締めを行ったりする．また，累進課税制度や社会保障制度はビルト・イン・スタビライザーと呼ばれ，財政政策や金融政策を発動しなくても自動的に変動を緩和する働きをする．例えば，不況時には所得税負担が軽減されるとともに社会保障の給付が増えることで，景気の落ち込みが緩和される．

● **3機能の経済学的根拠**　3機能の根拠は，ミクロ経済学における規範的基準である厚生経済学の第一定理および第二定理で説明できる．第一定理は，完全競争均衡が成立しない経済環境では政府による非市場的介入が必要であることを含意し，資源配分機能と経済安定化機能の根拠となる．第二定理は，社会的に選好される公平な状態は，個人間の所得の初期配分を調整すれば，あとは市場機構により効率性を犠牲にせず達成できることを示唆し，所得再分配機能の根拠となる．

● **政府の機能の変遷**　財政3機能論は，政府の機能が資本主義や市民社会の発展とともに変化したことを反映している．市民革命後の資本主義社会の初期には，封建時代の慣習が市民階級の経済活動を妨げないよう，政府に最小限の治安維持機能のみを求める夜警国家観に基づく「安上りの政府（cheap government）」であった．その後，19世紀後半に社会問題が深刻化したことで，政府は給付や累進的所得税による所得再分配機能を社会政策として担うようになる．さらに，1929年の世界恐慌とケインズ（Keynes, J. M.）の「一般理論」（1936）により，政府は有効需要をコントロールして景気を調整する経済安定化機能を求められた．

　3機能論による政府の役割の拡大は，政府への見方を変えることにもなった．当初の3機能論では，政府は，利己的に行動する家計・企業と異なり，社会的厚生を最大化すると想定されていたが，ブキャナン（Buchanan, J. M. 1967）の公共選択論は異を唱えた．民主主義の下では政府を構成する政治家・官僚も利己的に行動するため，税負担によらない公債発行で政府支出を増やす誘因があることを指摘した．また，公共財の供給や政策形成における政府の関与も変化してきた．従来，公共財の供給や規制は，中央政府を中心とした一元的な上位下達の「階層統制型ガバナンス」で実施されてきた．しかし，公共サービスのニーズの多様化や「政府の失敗」への対応から，民間の経営手法を公的部門に適用するニュー・パブリック・マネジメント（NPM）や，市民の参加・協働や官公民連携による「ネットワーク型ガバナンス」が志向されるようになった．そこでは，政府も政策過程に参加する多様な主体の一員であり，政府の役割は公共財の直接供給だけではなく，連携や協力を促進するための条件整備や調整を担うことになる．政府の役割の変遷に伴って3機能の達成に必要な視座と手段は多様化しており，各機能において多様な主体との役割分担や効果検証の検討が求められる．　　［朝日ちさと］

📖 **さらに詳しく知るための文献**

赤井伸郎編 2017.『実践財政学』有斐閣.

佐藤主光 2017.『公共政策学15講』新世社.

政府間関係

　通常，一つの国の中には複数の政府が存在しており，一般的に中央政府と地方政府とで分けられている．そうすると，政府の機能をめぐってどちらの政府が担うのがより望ましいのか，そしてその実態はどうなっているのかという論点が浮かび上がる．本項目では，このような政府間関係の理論と実際を取り上げる．

●**財政連邦主義による「大きな中央政府」**　政府の機能には資源配分機能，所得再分配機能，および経済安定化機能があるが（☞「政府の機能」），これらを中央政府と地方政府のいずれが担うのがより望ましいのかという観点から，政府間関係の理論を展開したのがマスグレイブ（Musgrave, R. A.）やオーツ（Oates, W. E.）であった．彼らは，地方政府のなかでも州の権限が大きい連邦国家を念頭に置いていたことから，この理論は財政連邦主義（Fiscal Federalism）と呼ばれている．

　まず資源配分機能は，政府が提供する公共財がもたらす便益の範囲によって，いずれの政府が担うのがより望ましいのかが異なるとされる．特定の地域に便益がとどまる地方公共財の提供については，地方政府が担うのがより望ましいとされる．

　次に所得再分配機能は，中央政府が担うのがより望ましいとされる．なぜなら，とある地方政府が積極的な再分配政策を行った場合，他地域から低所得者が移動してくる一方で，そのための負担をより多く求められる高所得者は他地域へ移動してしまう結果，そのような再分配政策を行うことが難しくなるからである．

　最後に経済安定化機能も，中央政府が担うのがより望ましいとされる．例えば，地方政府が地域経済への波及効果を期待して公共事業を行った場合，事業規模が大きくなると，総じて大都市に本社がある業者が受注することが多い．この場合，利益が大都市へ漏れ出してしまう結果，波及効果が下がってしまうのである．

　以上のように財政連邦主義からは，政府の機能のうち資源配分機能の一部を除いて中央政府が担うのがより望ましいとする，「大きな中央政府」が導き出される．

●**政府間関係の実態：国際比較と日本の特徴**　それでは，政府間関係の実際はどうなっているのだろうか．ここでは，政府支出という財政資源の配分から見てみる．図1は一般政府支出のうち，中央政府と地方政府のそれぞれが対GDP（国内総生産）に占める割合を示している．ここから二つのことが読み取れる．その一つは，アメリカ，カナダ，およびドイツといった連邦国家については，州政府の権限が大きいことを反映して，地方政府の占める割合が高いことである．

　もう一つは，単一国家の中でも地方政府の割合が相対的に高い国が存在していることである．図1のうち，基礎自治体であるコミューンが教育や福祉などで大きな

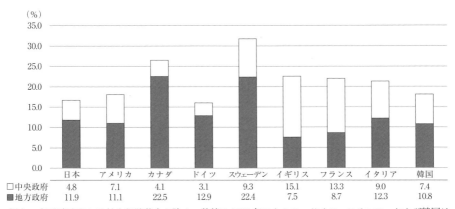

図1 一般政府支出（対GDP）に関する国際比較［総務省「一般政府支出（社会保障基金を除く）の対GDPの国際比較（2020）」より作成］

(注) 一般政府支出には社会保障基金を除く．数値は2020年のもので，ドイツ，フランス，および韓国は暫定値を使用．

役割を果たしてきたスウェーデンだけでなく，日本もそのような国の一つである．

日本の特徴について，目的別分類で見た政府支出（令和2年度決算）から捉えると，多くの費目において地方政府（都道府県と市町村）が過半を占めていることがわかる．具体的には，政府支出のうち最も大きな割合を占めている社会保障関係費（31.4％）を構成する民生費（年金関係を除く）では69％を，衛生費では76％を地方政府が占めている．また，国土保全および開発費（8.7％）を構成する国土開発費では72％を，国土保全費では67％を地方政府が占めている．さらに，教育費（9.8％）を構成する学校教育費では88％を，社会教育費等では71％を地方政府が占めている．ではなぜ，日本ではこのような「大きな地方政府」になっているのだろうか．

その理由は主に二つある．その一つは，政府間での事務配分の特徴に求めることができる．連邦国家で地方政府の支出が大きい国では，政府間での事務配分が明確に分けられたうえで，地方政府が政府の機能のうち多くを担ってきた．このような分離型に対して日本では，中央政府と地方政府とが分かちがたく結びついてきた融合型であり，この中で地方政府が政府の機能のうち多くを担ってきた．

もう一つは，そのために不可欠な財政資源が確保されてきたことに求めることができる．そこでは，ナショナル・ミニマムを満たすための財源保障や，地方政府間の財政力格差を是正するための財政調整などを目的とした，中央政府から地方政府への財源移転が，主に国庫支出金や地方交付税交付金を通して積極的に行われてきたのである．　　　　　　　　　　　　　　　　　　　　　　　　［八木信一］

 さらに詳しく知るための文献

諸富 徹・門野圭司 2007．『地方財政システム論』有斐閣．
曽我謙悟 2022．『行政学』新版．有斐閣．

政府の失敗

　厚生経済学の第一定理によると，ある条件下において，市場均衡はパレート効率的となる．しかし，その条件が満たされない場合，市場の失敗が生じる．市場の失敗が生じたとき，政府は，経済厚生を改善するように，政策を決定，実施することが期待される．ところが，政策の決定や実施に対して，さまざまなアクターが影響力を持ち，それぞれのアクターが利己的に行動すると考えると，政策が，必ずしも経済厚生の改善に向けて，決定，実施されるとは限らない．本項目では，このようなときに生じる問題をいくつか紹介する．

●政府の失敗の定義　政府の失敗（government failure）には，二つの側面がある．第1の側面は，政策過程において，政治家，官僚，利益団体，有権者などのアクターが利己的に行動することによって生じる問題である．第2の側面は，民主的な集合的意思決定ルールに内在する問題である．これらのうち，民主主義的政治システムにおいてのみ生じる問題を，政治の失敗（political failure）と呼ぶ場合もある．したがって，上記の第1の側面には，非民主主義的国家における同種の問題も含まれる．

　政府の失敗に関して，三つの基準を考えることができる．第1の基準は，政策の決定または実施により，パレート効率的状況が達成されるかどうか，または，現状と比較してパレート改善的状況が達成されるかどうかである．第2の基準は，政策の決定または実施により，分配上不公平な状況がもたらされるかどうかである．第3の基準は，民主的な集合的意思決定が合理的選択をもたらすかどうかである（Besley 2007）．

●政策過程における問題　代議制民主主義の政策過程において，政治家，官僚，または利益集団というアクターが関係する二つの事例を紹介する．

　官僚と政治家の間における公共サービスに関する情報の偏在を背景として，予算規模が過大になるという予算最大化仮説がある．官僚は，公共の利益に奉仕することが期待されるが，それだけではなく，自らの所得，権力，威信などからなる利己的動機ももっていると見なされる．さらに，官僚の利己的動機は，自らが所属する官僚組織の予算の増大によって満たされる．一方，政治家は，議会において予算編成権をもっているが，公共サービスに関する情報を十分にもっていない．つまり，政治家は，公共サービスの需要面に関する情報（公共サービスに対する有権者の評価）を把握しているが，公共サービスの供給面の情報（公共サービスの費用）は十分に把握できない．それに対して，官僚は，公共サービスの需

要面および供給面の情報を把握している．このような，公共サービスに関する情報把握における政治家に対する官僚の優位性により，予算編成過程において，政治家は受動的になり，官僚が選好する過大な予算規模が実現する．その結果，公共サービス供給量は，効率的な水準を上回り過大になる．

　利益集団が政治家に対して，投票，献金などの政治活動を通して，政府の優遇措置を求める行動は，レントシーキングと呼ばれ，効率面だけではなく，分配面でも問題が生じる．例えば，国内企業によるレントシーキングによって保護政策が実現した場合，経済理論によると，国内企業に独占利潤（レントと呼ばれる）をもたらすが，同時に社会的損失である死加重をもたらす．しかし，レントシーキングを考慮すると，社会的損失は死加重だけにとどまらず，レントシーキングに費やされた資源も社会的損失となる．なぜならば，レントシーキングに費やされた資源は，本来ならば生産的活動に用いられるべきものであるにもかかわらず非生産的活動に費やされ，効率性を低下させるからである．なお，レントシーキングに費やされる資源の上限はレントである．また，レントシーキングによって獲得されたレントは，消費者から企業への所得移転とも考えられ，分配面の問題も生じる．このように，レントシーキングを考慮することによって，政府の優遇措置は，経済理論が想定する以上の社会的損失をもたらすだけではなく，分配面の問題も生じることが明らかにされた．

●民主的な集合的意思決定ルールの問題　民主的な集合的意思決定ルールである多数決ルールに関して，社会的選好順序を確定することができないという，合理的でないケースが生じることがある．いま，3人の投票者A，B，Cは，三つの選択肢a，b，cのうちいずれかを選択する場合を考える．投票者Aは，a，b，cの順に選好し，投票者Bは，b，c，aの順に選好し，投票者Cは，c，a，bの順に選好する．このとき，任意の二つの選択肢に対して単純多数決ルールを適用し，一つの選択肢が選択されるものとする．さらに，いずれの選択肢に対しても，単純多数決ルールによって選択される選択肢（コンドルセ勝者と呼ばれる）を，社会的決定とする．この単純多数決ルールに従うと，aとbではaが選択され，aとcではcが選択され，bとcではbが選択される結果，コンドルセ勝者は存在しない．さらに，aがbより選好され，bがcより選好されるにもかかわらず，cがaよりも選好されるという循環が生じ，社会的選好順序が確定しないことは，投票のパラドックスと呼ばれる．また，このようなケースでは，集合的意思決定ルールとして単純多数決ルールを用いるにしても，議案設定者は，二つの選択の投票順序または投票回数を操作することによって，異なる社会的決定を導くことができるという問題も生じる．　　　　　　　　　　　　　　　　　　　　　　［飯島大邦］

📖**さらに詳しく知るための文献**

川野辺裕幸・中村まづる編著 2022.『公共選択論』勁草書房.

財政学と公共経済学

　学問分野には大きく分けて 2 種類のものがあると考えられる．一つは研究手法（ディシプリン，discipline）により自らを定めるものであり，物理学，化学，生物学等の自然科学や，（近代）経済学，心理学，そして社会学などもこちらに入ると考えられる．もう一つは研究対象（domain, field）により自らを定めるものであり，政治学，経営学，教育学などが挙げられよう．

　研究手法により自らを定める分野にはしばしば国際的な標準（の教科書）が存在するが，研究対象により自らを定める分野では，個々の研究者の独自性が発揮されやすく，公務員試験などの衆目に曝される客観テストでは，その独自性を避けるために，法制度，歴史，学史のみが問われ，暗記物とされたりもする．

　研究対象により自らを定める分野では，複数の研究手法が試みられることも多く，投票行動分析には，社会学派（Columbia School），心理学派（Michigan School），経済学派（合理的選択学派，Rational Choice）があるし，経営学でも，経済学，心理学，社会学の各ディシプリンを取る研究者が併存する．また，教育学部の講義科目には，研究対象を前，研究手法を後にした，教育心理学，教育社会学，教育の経済学などが設置されたりもする．

●**財政学**　ドイツ官房学を出自とする財政学は，研究対象により自らを定めた学問分野である．国家統治という研究対象のうち，公需のための租税，すなわち公の資金調達（public finance）から発展しており，財政学が研究手法として主に経済学に支えられるようになったのは当然であろう．

　公的分野の性格変化と拡張に伴って Public Finance という講義名が適切でなくなり，米国では Public Finance and Expenditure などといった名称が使われたこともあったようである．現代財政学を体系立てたとされるマスグレイブ（Musgrave, R. A.）は，その著書序文に刻んだように，1959 年の段階で公共経済学への改名を試みようとし断念しているが，国際経済学が国の間を対象とする経済学であり，農業経済学が農業に関わる経済学なのだから，公共部門の経済学が公共経済学と呼ばれることは自然である．しかし，特に日本では，Public Finance の邦訳が財政（価値あるものに関する政）とされていたこともあり，講義名の改名が成されることは少なかった．とはいえ，講ずべき内容は増える一方ということもあり，公共経済学が財政学に併設されることが多くなっていったと思われる．

●**公共経済学**　日本において，公共経済学が財政学各論といった形で設置された場合，伝統的な分野である税をはじめとした公需を賄う資源配分に関わることが

財政学で扱われ，拡張されていった再分配を含む応用ミクロ的分野が公共経済学で扱われるような分業が行われることが多いと思われる．逆に，公共経済学を先に出す場合は，経済学のディシプリンの中核であるミクロ経済学の市場の失敗からの連携が良くなり，財政学では，制度や歴史に関わる問題，更には異なるディシプリンの下にある財政社会学や，ナッジ（Nudge）といった財政心理学とも呼べるようなものも扱いやすくなるかもしれない．いずれにせよ，公共経済学が併置される場合でも，欧米のように Public Economics の中で Public Finace が扱われる場合でも，マスグレイブが研究対象としての財政に体系づけた三つの役割，資源配分，再分配，安定政策のうち，安定政策に関しては，これらの講義内では扱われなくなってきている．安定政策の両輪である財政政策と金融政策の一方のみを，分析手法に基づいた科目の中に取り入れるのは不適切であり，ミクロ経済学で登場する公共財，外部性，自然独占，情報の非対称性などの市場の失敗や，市場が解決しえない公平性に関わる介入を中心に取り上げるのが普通である．

●**公共選択論**　公共経済学は，分析手法としての経済学の採用が明確な分野であり，その流れは，非市場的意思決定（non-market decision making），すなわち政治過程への分析にも向かい，公共選択という分野を生み出した．純粋理論を扱う社会的選択は，公共選択と同じ川の上流部分ぐらいに考えて齟齬はない．政治学において経済学的研究手法を使う合理的選択学派とは完全に同じと考えてよい．ただし，経済学の分析手法において，選好に合理性（選択肢が比較できることを要求する完備性と，堂々巡りを引き起こさないことを要求する推移性）をおくことは，ユークリッド幾何学において平行線公理をおくようなもので，物理学においてまずは真空の世界を仮定して理論モデルを構築することにも等しい．したがって，合理的選択というと，研究手法としての経済学全体を指してしまうことからか，経済学者が合理的選択学派という用語を使うことはないと思われる．なお，公共選択論は政治経済学と呼ばれるべきかもしれないが，研究対象としての経済を扱う学派には，political economy から economics と改名したマーシャル（Marshall, A.）の頃に分派した歴史主義による用語使用があり，欧米では政治の経済への影響を分析する political economics（new political economy）という研究分野の隆盛はあるものの，日本では歴史主義のグループが非主流派というには力強すぎることもあってか，政治経済学という呼称は，研究手法としての（近代）経済学を採用して政治を分析する側では避けることも多いようにみえる．

[和田淳一郎]

📖**さらに詳しく知るための文献**
井堀利宏 2013．『財政学』第 4 版．新世社．
井堀利宏 2015．『基礎コース　公共経済学』第 2 版．新世社．
川野辺裕幸・中村まづる編著 2022．『公共選択論』勁草書房．

外部性

外部性（externality）とは，ある経済主体が行った意思決定が，その意思決定に直接関係しないほかの経済主体にも利益や不利益を発生させ，彼らの意思決定に影響を及ぼすことをいう．つまり外部性には好ましいものとそうでないものがあり，いかにして好ましくない外部性（負の外部性）を抑制し，好ましい外部性（正の外部性）を生み出していくかが重要な政策課題となる．以下では，負の外部性と正の外部性について，具体例を挙げながら生じる社会問題を紹介していく．

●**負の外部性：火力発電**　電力業界が火力発電で電気を生産する過程においては，化石燃料の購入・輸送，発電所の稼働・整備，またそれらに携わる従業員への人件費など，実にさまざまな費用がかかる．個々の電力会社はこれらの費用を踏まえて「もし電力料金がこの額なら，これだけ電気を供給すれば会社の利潤が最大になる」というふうに，価格（電力料金）に応じて会社にとって最適な供給量（発電量）を決定する．この価格と供給量との対応関係を表すものが供給曲線であり，多数の生産者（電力会社）と多数の消費者（家庭，工場，お店など）が取引を行う市場では，この供給曲線と需要曲線が交わる点で実際に売買される電気の総量と価格が決まる．以上はあくまで理論上の話ではあるが，このようにして市場で電力の取引数量と価格が調整されることで電力会社の利潤と電気の消費者の利益の合計が最大となるため，社会全体の富を最大化してくれるという意味で市場は優れた調整機能を有しているといわれる．

　ここで問題となるのは，通常，電力会社が考慮するのは会社が実際に負担する費用（私的費用）のみであり，火力発電によってCO_2が排出され，それによって電気の生産・消費に直接関わっていない人々にまで波及する地球温暖化という不利益（外部費用）は考慮していないことである．つまり，発電によって実際に生じる費用（私的費用と外部費用の合計）を電力会社が過少に見積もった状態で供給曲線が形成され，それによって外部費用を考慮した場合よりも電気が多量かつ安価に売買されることになる．より多く発電されることでCO_2の排出量が増える．それによって増加する地球温暖化の外部費用も換算すると，実は市場の調整機能では社会全体の富を最大化できないという結論に至る．これは要するに市場が外部費用を適切に考慮できる設計になっていないからである（☞「市場の失敗」）．

●**負の外部性にどう対処するか？**　ここでは直接規制と課税による対処について紹介する．他の対処法も含めてより詳しく知りたい方は栗山・馬奈木（2012）などを参照してほしい．

直接規制とは，政府が「CO_2の年間排出量を○○トンまで削減せよ」というように電力会社に規制をかけ，強制的に外部費用の発生を抑制する手法である．社会の不利益の発生を政府が取り締まるという構図が人々から受け入れられやすい面はあるが，直接規制特有の問題も指摘されている．その一つは，政府がCO_2排出の最適な削減目標を知り得ないことである．ここでは単純化のため，電力会社は発電量を減らすことでしかCO_2の排出を減らすことができないとしよう．CO_2の排出を減らせば減らすほど，地球温暖化による外部費用を抑制できるが，一方で電気の供給量も減るので，電力会社の利潤が減る，人々が安全・快適な生活を送ることが難しくなるなどの不利益も発生する．理想としては，電力会社の利潤と消費者の利益の合計から外部費用を差し引いた社会全体の富が最大になる点までCO_2を削減したい．その最適な削減目標値を設定するには電気の供給曲線と需要曲線，外部費用に関してできるだけ正確な情報が必要になるのだが，特に供給曲線についての正確な情報を政府が入手するのは難しい．というのも，供給曲線は電力会社の内部情報そのものであり，利潤追求の核心となる企業機密でもあるため，規制を受ける側の電力会社がおいそれと提供できる情報ではないからである．

　次に課税についてである．環境汚染物質の排出に対してペナルティとして課される税は環境税と呼ばれ，中でもCO_2の排出に課される税は炭素税と呼ばれる．課税の場合，CO_2の排出削減量は政府が決めて電力会社に強制するのではなく，電力会社自身が決めることになる．発電（してCO_2を排出）することにペナルティが課されるため，会社の利潤が最大になる発電量は課税前よりも少なくなり，ゆえにCO_2の排出量が減り，外部費用が抑制される．このようにして，それまで考慮されなかった外部費用を税という形で電力会社の意思決定の中に内部化することで市場の失敗を補うことが課税の狙いである．ただし，最適な税率（CO_2排出1トン当たりいくらの税金を払わせるか）を課税者である政府は知りえないという問題がある．その理由は直接規制と同様，最適な税率を設定するためには供給曲線に関する正確な情報が必要だからである．

●**正の外部性：防犯**　ある社会で窃盗犯罪が多発しているとしよう．そこで一人の住民が自宅を守るために警備員を雇ったとする．しかし，その恩恵はおそらく近所の住民にも及ぶはずである．窃盗犯は警備員がいる家だけでなく，その周辺にも近寄らなくなるからである．一方で，その社会の住民が揃って「警備の恩恵は受けたいが，自分はその費用を負担したくない」と考えれば，誰も警備員を雇わず，窃盗犯をのさばらせたままになるかもしれない．このように正の外部性の存在がむしろ社会問題を引き起こすこともある．この問題の対処法については公共財の項目を参照してほしい（☞「公共財」）．　　　　　　　　　　　［山根史博］

📖**さらに詳しく知るための文献**
栗山浩一・馬奈木俊介 2012.『環境経済学をつかむ』第2版．有斐閣．

情報の非対称性

☞「医薬品に関する政策」p. 240

　取引を行う際に，取引の対象となる商品やサービスの質などに関して，売り手と買い手の一方がよく知っているが，他方がよく知らない場合が発生する．このように売り手と買い手の間に情報量に差がある状況を，情報の非対称性が発生しているという．売り手と買い手の双方が取引の対象となる商品やサービスの質などについてよく知っている場合には，互いに不利益が生じず，効率的な状態が達成されるが，情報の非対称性が発生している状況では，情報量の少ない方が不利益を被ったり，市場自体が成立せず，情報量の多い方も不利益を被ったりするケースもあり得る．このような場合には，非効率状態を解消するために，政府が政策的に介入することが正当化される．

●**情報の非対称性は多くの市場で発生**　売り手と買い手の間の情報の非対称性は，多くの市場で発生する．具体的には，中古車市場，医療保険市場，年金保険市場，労働市場，金融市場，医療サービス市場，医薬品市場，住宅市場などである．よく知られた事例としては，中古車市場を取り上げ，質の悪い欠陥車が市場に残り，質のよい車が市場から駆逐されることを指摘したアカロフ（Akerlof, G.）の研究があるが，ここでは，医療に関する三つの市場を取り上げてみよう．

●**非対称情報下の医療保険市場**　医療保険市場では，保険を売る側の保険会社と保険を買う側の保険対象者の間で，保険対象者についての病気に関する情報が非対称になっていると考えられる．すなわち，保険対象者は自分の病気のリスクをよく知っているのに対して，保険会社は保険対象者の病気のリスクをよく知らない．このような状況下で，保険会社が平均的な病気のリスクに基づいて医療保険の商品を販売したとすると，自分のリスクが平均的なリスクより高いと考える保険対象者は加入し，自分のリスクが平均的なリスクより低いと考える保険対象者は加入しないであろう．このように，リスクの高い人が保険加入を選択し，リスクの低い人が保険加入を選択しないことを逆選択という．そして，保険加入者のリスクの予想がほぼ当たると，保険料収入より保険給付が多くなるので，保険会社は赤字になってしまう．保険会社がそれに対処するために，保険料を引き上げると，その保険料に比べ，さらに高リスクの人のみが残り，保険会社はまた赤字になる．このようなことの繰り返しで，結局，市場では，保険が提供されない可能性が生じる．保険が提供されれば，多くの人がリスクをシェアでき，少ない備えでリスクに対処できるというメリットがあるにもかかわらず，逆選択が生じると，保険が提供されないおそれが生じる．これに対する対応策として，逆選択を

防ぐために医療保険への加入を強制することが考えられる．日本では，医療保険が強制加入の社会保険として提供されているが，情報の非対称性にともなって生じる逆選択の防止がその根拠の一つと考えられる（☞「国民皆保険」）．

●**保険加入とモラル・ハザード**　保険が提供されると，それによって保険加入者の行動が変化する可能性がある．保険に入っていれば，病気になっても保険給付を受けられるため，病気に対する注意を怠る，軽い病気でも気軽に病院に行くような場合である．このような現象をモラル・ハザードと呼ぶ．モラル・ハザードを起こすか否かは，保険対象者自身は知っているが，保険を運営する側は知らないので，ここでも情報の非対称性が発生しているといえる．日本の医療保険制度では，リスクが生じたときに全額給付ではなく，一定の金額（一般的に3割程度）の自己負担を求めているが，これは過度のモラル・ハザードを防止するためであると考えられる．

●**非対称情報下の医療サービス市場**　情報の非対称性が生じている二つ目の事例として，医療サービス市場を取り上げてみよう．医者と患者の間の医療サービスに関する情報の非対称性は，アロー（Arrow, K.）によって指摘された．医者は医療サービスについてよく知っているが，患者はそれについてよく知らない．したがって，医者が有利な立場にあり，治療法などにおいて，医者の指示に従わざるを得ない可能性がある．患者にとって不利な状況を改善するための方策として，インフォームド・コンセントやインフォームド・チョイスがある．これらは，医者が患者に情報を提供して，患者の同意を求めたり，患者に選択してもらったりすることにより，情報の非対称性を軽減しようとする試みである．そのような場合でも，情報を提供する医者自身の質が担保されていることが前提となる．医者の質を保証する方策として，日本では，医者は免許制になっており，医者になるためには，国家試験に合格し，研修医としての経験を積まなければならない．

●**非対称情報下の医薬品市場**　医薬品に関しても，売り手と買い手の間に情報の非対称性が発生している．売り手は，医薬品の質について知っている一方で，買い手はそれについては知らない．このような状況では，買い手は医薬品の質に不安を感じて購入を控えることにより，市場が縮小し，市場自体が成立しない可能性が生じる．このような状況を改善するために，政府の役割が重要になる．日本では，厚生労働省がその役割を担っており，医薬品は，質，すなわち有効性や安全性についての審査を受け，それが適格であると証明されたものだけが製造・販売を許可される．　　　　　　　　　　　　　　　　　　　　　　　　　　　　［塚原康博］

📖さらに詳しく知るための文献

麻生良文 2012.『ミクロ経済学入門』ミネルヴァ書房.

八田達夫 2008.『ミクロ経済学Ⅰ』東洋経済新報社.

アセモグル，D. ほか著，岩本康志監訳，岩本千晴訳 2020.『ミクロ経済学』東京経済新報社（Acemoglu, D., et al. 2015. *Microeconomics*. Pearson Education）.

公共財

☞「外部性」p.180

　公共財（public goods）という用語は，国や地方自治体等が供給する重要で必要なものというイメージで使われることが一般的かもしれない．本来は経済学，中でも公共経済学や財政学の用語であり，その財の物理的性質によって定義され，対義語は私的財（private goods）である．「財」という用語が用いられているが，モノだけでなくサービスも含まれる．むしろ実際の公共財の大半は無形のサービスである．そして，一般的なイメージとは異なりその供給者が誰であるかは問わない．つまり，政府ではなく，民間企業等によって供給されていても物理的性質を備えていれば公共財である．逆に，政府が税金を用いて貧困者に食糧を供給する事業は，所得再分配を実現する公共性の高い政策といえるが，私的財の公的供給であって，公共財の供給ではない．また，経済学の定義における公共財においては，「重要なもの」，「良いもの」といった価値判断も伴わない．

　公共財を規定する物理的性質は，消費の非排除性（non-excludability in consumption）と消費の非競合性（non-rival in consumption）の二つであり，そのどちらかを備えていれば公共財であるとされる．経済学は限られた資源をいかに効率的に配分して人々の幸福（効用）を最大化させるか，ということに関心をもっており，一般には資源配分を市場メカニズムに委ねることでそれが実現するとされている．ところが，このような物理的性質をもった公共財の場合は，市場メカニズムに委ねているだけで最適な資源配分（＝人々の効用の最大化）が実現できない場合があるため，政府の関与が必要になる．

●**公共財の具体例**　消費の非排除性とは，費用負担をしない，すなわち料金を支払わない者の消費を排除できない性質を指す．料金を支払わなくてもただ乗りできてしまうケースである．このような場合，消費者に需要があったとしても，営利企業が市場でそれを供給することは難しくなる．具体例は街灯である．道路に街灯が灯されれば，道行く人々は料金を支払わなくてもその恩恵を受けられる．人々がどんなに街灯を望んでいたとしても，営利企業が街灯を供給して利益を得ることは困難である．

　消費の非競合性とは，誰かの消費が他の人の消費を妨げない性質を指す．別の見方をすると何人が消費しても供給費用が変わらない性質を指す．費用が不変であれば，その公共財から効用を得られる消費者ができるだけ多く享受できることが社会全体の幸福を最大化させるためには望ましいといえるが，市場で成立する需給量はその状態を下回る場合がある．例えば，10人が聴講しようとしている講

演会に，もう1人の聴講者が加わったとする．しかし，最初の10人の聴講者が受けるサービスには変化がない．これが私的財であるピザパイの場合には，10人で食べようとしていたところに1人が加われば，確実に1人当たりの取り分は減ってしまい競合する．講演会の場合は入り口で受講料を徴収することで，市場メカニズムによって供給することは可能である．しかし費用が同じであれば，市場における営利企業の判断ではなく，税金を投じて低料金，あるいは無料で提供した方が，限られた資源の下で人々の効用を最大化させることが可能になるかもしれない．

●**公共財の供給方法**　これまでみてきたとおり，公共財は市場に委ねているだけでは，最適供給が難しい面がある．そのため政府の関与が必要になる場合があるが，「公共財だから公的供給が必要だ」ということではない．最適な資源配分という観点からは，市場で取引される私的財も，それが難しい公共財も，消費者の選好に応じて供給されることが必要である．例えば，街灯と同じように消費の非排除性をもった公共財である路上のパブリックアート作品について考えてみよう．その鑑賞から効用を得る消費者が多いのならば，公的資金によって供給することが最適な資源配分に繋がるが，その作品から不快感や嫌悪感を受ける消費者が多いならば，公共財の公的供給が最適な資源配分には繋がらない．公共財だから公的供給すべきだ，ということではなく，人々が求めている（＝支払い意思をもっている）財であっても，公共財の性質をもつ場合には，市場では最適に供給できないから，公的な供給が必要になる，という論理である．人々の選好とは無関係に，「望ましいもの」だからというパターナリズムに基づく理由で公的供給される財のことは「価値財（merit goods）」と呼ばれており，公共財とは区別される．

　政府が公的費用負担によって公共財を供給することもあるが，これを民間企業等，民間主体との連携（PPP）のもとに供給することも多く行われている．地域の文化財を収蔵し，保存，研究，展示，教育事業等を行う博物館は，その地域の人々の地域アイデンティティの形成，という消費の非排除性の性質を持った公共財の供給に寄与することも多いが，博物館として使用する建物の建設については，PFI等の手法によって民間企業によって担わせることもできる．また，建設された博物館を通じて，地域アイデンティティという公共財を供給するための事業の運営を民間企業等に指定管理者として委ねることもできる．博物館は愛好家向けのサービスやミュージアムグッズ等の私的財も供給しており，これらについては消費者から料金を徴収することもできる．ところが，地域アイデンティティの形成，共生社会の実現に向けた人々の意識改革，調査研究の成果などといった消費の非排除性をもつ公共財の供給については，その受益者の範囲は来館者にとどまらないため，受益者からの料金徴収は技術的に困難になる．そのため，税金や民間寄付等によって費用負担されるのが一般的である．　　　　　　［片山泰輔］

不完全競争

　独占とは，生産者が1社のみで，密接な代替財をもたない財を供給している市場のことであり，寡占とは，生産者が2社から数社で，同質あるいはある程度の製品差別化された財を供給している市場のことである．社会では，さまざまな財は市場を通して取引されると想定され，その市場構造は，完全競争市場と不完全競争市場に分類される．完全競争市場で実現される市場均衡は効率的な資源配分となる．一方，独占や寡占などの不完全競争市場で実現される市場均衡は非効率的な資源配分となる．現実の社会では，完全競争はほとんど観察されず，不完全競争が一般的であり，その典型例として，電気・ガスなどの独占や，石油・自動車・ビールなどの寡占が挙げられる．

●独占の弊害　図1は独占市場の状況を表している．利潤最大化を目的とする独占企業は，限界費用と限界収入とが等しくなる水準（点F）で生産量 Q_M を選択し，その生産量を需要する価格 P_M が選ばれる．この組合せが独占の市場均衡（点M）となる．完全競争市場の市場均衡（点E）と比べて生産量は少なく，価格は高くなっている．経済学では，消費者が取引によって得をした金額を消費者余剰，生産者が取引によって得をした金額を生産者余剰，その両者の合計を総余剰と呼び，総余剰が正であれば，その財を生産することは社会的に望ましく，総余剰が最大となる資源配分（市場均衡）を効率的と評価する．余剰を基準に独占の市場均衡を評価すると，完全競争市場に比べて総余剰が面積 MEF だけ小さくなっている．この余剰の減少は資源配分上の損失を示し，独占市場の非効率性を表している．さらに独占によって，本来は消費者が獲得できた消費者余剰の一部（面積 $P_M MKP_C$）が生産余剰として生産者に移転している．この余剰の移転は分配上の問題も示している．伝統的な議論では，これら2点が独占の弊害として指摘されるが，レントシーキングに伴う損失や競争から隔離されることによる経営上のスラックであるX非効率性の問題も加える主張もある．寡占市場は，独占

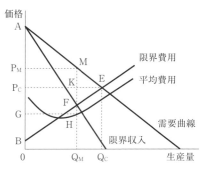

市場均衡	消費者余剰	生産者余剰	総余剰
点 M	AMP_M	$P_M MFB$	$AMFB$
点 E	AEP_C	$P_C EB$	AEB

図1　独占市場の均衡と余剰

市場と完全競争市場の間に位置し，市場均衡に関しては同様の問題点が示される．一方，独占の弊害についての伝統的な議論に対して，比較的小規模な競争的企業よりも，規模の大きな独占・寡占企業の方が新技術・新製品の開発能力が高い可能性があるとして，独占の弊害が緩和されるという主張もある．

●**独占の源泉**　独占市場では図1の面積 $P_M MHG$ の超過利潤が発生するため，新規企業が参入する誘因をもつが，政策的要因や技術的要因などによって独占が形成され，存続することがある．例えば，特許法や著作権法，商標権などの知的所有権制度は創造活動のインセンティブの維持のために，一定期間，その発明者や著述家，企業などに独占的地位を認めている．また，電力や水道などの公益事業はサービスの品質維持や非効率な投資の回避などのために，これら企業に独占的地位を認めている．一方，（回収不可能な）固定費用が巨額な産業では，生産量の増加とともに平均費用は逓減し，とくに市場全体の需要の規模を超えて平均費用が逓減し続けるような産業（平均費用逓減産業）では，規模の大きな企業が費用面で有利となり，既存企業が独占を維持しやすくなるため自然と独占が発生する（自然独占）．さらに OPEC（石油輸出国機構）が一定の独占的な力をもって振る舞うことができるように，特定の企業がある生産要素を独占的に保有することにより，その市場に対し実質的な影響力をもつこともある（資源の独占）．

●**独占の規制**　独占は完全競争市場に比べて非効率的な資源配分となるため，政府は市場に介入し，独占の問題に対応する．ひとつの対応策には，効率的な資源配分実現のため，市場の競争を維持・促進する政策を行うことであり，競争政策と呼ばれる．例えば，日本では独占禁止法（私的独占の禁止及び公正取引の確保に関する法律）を法律的根拠として，さまざまな競争制限行為（私的独占やカルテル，不公正な取引競争など）を禁止・防止することで，競争を維持・促進しようとする．もうひとつの対応策には，自然独占の場合に見られ，独占を認めつつ，料金などを規制する政策である．伝統的な規制方式には，需給を一致させ，料金を限界費用と等しくする規制（限界費用料金規制）や料金を平均費用と等しくする規制（平均費用料金規制）がある．しかし，費用削減のインセンティブを与えないという問題があり，近年は企業が達成した経営効率に応じて価格の上限を設定する規制（プライスキャップ規制）や複数の（地域）独占企業の中で最も効率的に運営している企業の費用構造を基準に価格を規制する（ヤードスティック規制）など，企業の経営努力のインセンティブを失わない規制を用いる場合もある．さらに民営化や規制緩和によって競争を導入する政策もあり，電電公社を民営化し（NTT），他の通信企業の参入を認めて通信産業に競争を導入した事例がある．一方，近年の経済のグローバル化に応じ，市場での競争度合いを国内市場にとどまらず海外市場をも考慮に入れて測るべきだとする主張もある．　　　　［越野泰成］

格差と貧困

　格差や貧困の定義やこれを測る指標はさまざまである．所得などの経済的な水準でみると，貧困には絶対的貧困と相対的貧困がある．絶対的貧困とは生存に必要な物資に欠けた状態のことをいい，その最低生活水準を貧困ラインと呼ぶ．世界銀行はこの貧困ラインを 2.15 ドル（1 人・1 日あたり）に設定しており，SDGs のターゲット 1.1 の指標に用いられている．他方，相対的貧困とは，ある社会における一般的生活水準よりも低位な状態のことをいう．この測定には，その社会の所得分配の不平等度を示すジニ係数や，所得階層別の所得シェアなどが用いられる．これらの指標は，格差を測定する指標としても用いられている．

●世界の格差の状況　『世界不平等レポート 2022』（World Inequality Report 2022）によれば，世界の所得は，上位 10％に 52％（上位 1％に 19％）が集中し，下位 50％には 8.5％が分配されるにすぎない．上位 10％の平均所得は 8 万 7200 ユーロであり，下位 50％の平均所得は 2800 ユーロである．世界の富の不平等はいっそう顕著である．世界の富は，上位 10％が 76％（上位 1％が 38％）を所有し，下位 50％はわずか 2％を所有するにすぎない．上位 10％が所有する平均的な富は 55 万 900 ユーロであり，下位 50％のそれは 2900 ユーロである．

　世界の不平等を論じたミラノヴィッチ（Milanovic, B.）によれば，世界の所得分布は，1988〜2008 年にかけて，先進国最上層や新興国の所得が大幅な増加をみせている反面，先進国中間層の所得はわずかしか増加していない（ミラノヴィッチ 2017，これを図示したのがエレファントカーブといわれる）．先進諸国の政治的な不安定性の背景をなすものと指摘される．

●日本の格差の状況　『2022 年国民生活基礎調査の概況』（厚生労働省）では，等価可処分所得の中央値の半分を貧困線とし，その貧困線に満たない世帯員の割合を相対的貧困率としている．2021 年の貧困線は 127 万円であり，相対的貧困率は 15.4％とされる．ただし，子どもがいる現役世帯のうち大人が一人（母子世帯や父子世帯）の世帯員では 44.5％と著しく高くなる．

　日本の格差を論じた熊倉・小嶋（2018）は，所得，資産，雇用について実態を検討している．所得については，1999〜2014 年にかけて日本全体として低所得化している．また現役層の当初所得の一部が高齢層の再分配所得として移転され，こうした若年層から高齢層への再分配を通じて全世代で不平等度が同程度に保たれている．資産については，金融資産を保有していない世帯比率が 1990 年代以降に増加し，若年層ほど金融資産非保有世帯の割合が高い傾向にある，また 2013

年以降の株価上昇により富裕層の多い一部の都市において株式等譲渡所得（キャピタルゲイン）が増加し，これによって地域間の所得格差が拡大している．雇用形態については，正規雇用の場合は年齢が上がるとともに所得分布が高位に推移していくのに対し，非正規雇用の場合は年齢が上がっても所得分布はあまり変化しない，また非正規社員数は若年・中堅の世代にも多く，この世代に対する職業訓練のみならず，この世代の子どもに対する教育など，人的資本蓄積の機会を得られない人々が多くいる．

●格差の影響　格差の影響はさまざまな面で研究が積み重ねられている．例えば，格差による教育への影響，格差による食事への影響，格差による健康への影響など個別分野の分析から，格差による経済成長への影響や政治的不安定性への影響，世代間連鎖への影響などより広い視点での分析もある．さらに最近では，格差による気候変動といった自然への影響も論じられている（Climate Inequality Report 2023）．例えば米国では所得の上位10％による1人あたり年間排出量は下位50％によるそれの7倍程度とされ，これを是正するために累進的な税制の必要性が提起されている．

　格差の影響の一例として，家計の最大の消費支出費目である食料を取り上げてみれば，所得階層に対応した「食の階層性」が量・質の両面でみられる．量的な面では，高所得層と低所得層において多くの食料品で消費数量に大きな開きがみられる（小嶋2019）．また，質的な面でも，低所得層ほど栄養素等摂取量が過半の項目で少なくなっている（『平成30年国民健康・栄養調査報告』厚生労働省）．こうした購買力不足による食料確保の問題は，先進国型のフード・インセキュリティの問題といわれる．可処分所得が低迷する中，食料価格が上昇局面を迎えると――国際的な需給要因と為替要因が同時発生するような事態ではいっそう――とりわけ低所得層に深刻な影響を与えることになる．

　こうした格差を是正する方策は，低所得層の所得確保（例えば，正規・非正規間の格差是正，物価上昇に連動する賃金引き上げ）など所得分配のあり方や，さらには事後的な所得再分配のあり方に繋がっていく問題である（☞「所得再分配」）．　　　　　　　　　　　　　　　　　　　　　　　　　　　　　［小嶋大造］

📖さらに詳しく知るための文献

熊倉誠和・小嶋大造 2018．格差と再分配をめぐる幾つかの論点．フィナンシャル・レビュー 134：110-132．

小嶋大造 2019．格差と食料．谷口信和編集代表・安藤光義編集担当『食と農の羅針盤のあり方を問う』農林統計協会．

ミラノヴィッチ，B. 著，立木 勝訳 2017．『大不平等』みすず書房．

所得再分配

　所得再分配とは，高所得者から低所得者へ所得を移転することにより所得を平準化することをいう．所得再分配機能は，資源配分機能，経済安定化機能とならぶ財政の三大機能のひとつとされる．市場経済の下では，市場経済メカニズムを通じて所得の（事前）分配がなされるが，そこでは所得の格差が生じるため，これを事後的に再分配することで所得格差を是正することが求められる．その主要な政策的な手段として，財政の歳入面では所得税，歳出面では社会保障支出が挙げられる．

●**所得再分配の現状**　『令和3年所得再分配調査報告書』（厚生労働省）によると，平均当初所得は 423.4 万円であり，平均再分配所得は 504.2 万円である．所得階層別でみると，再分配の前後において，100 万円未満と 1000 万円以上の所得階層の割合が減少し，100 万円以上 800 万円未満の所得階層の割合が増加している．所得分布の均等度を示す指標としてよく用いられるのがジニ係数である．当初所得のジニ係数は 0.57 であるのに対して，再分配所得のジニ係数は 0.38 である．このジニ係数の改善度（33.1%）が，税や社会保障を通じた所得再分配による所得格差是正効果である．ジニ係数の改善度（33.1%）のうち，社会保障による改善度は 29.8% であり，税による改善度は 4.7% となっており，日本の所得再分配は税よりも社会保障によるところが大きいことが分かる．

●**税・社会保険料の再分配効果**　OECD（2008）によると，日本の再分配効果は，現金給付においても，税・社会保険料負担においても，国際的に低いレベルに位置している．とりわけ税・社会保険料による再分配効果は国際的に最低レベルとされる．

　日本の労働所得課税は，他の主要国と比較して，最高税率が低いわけでも，税率構造がフラットなわけでもないものの，人的控除や社会保険料控除に加えて，給与所得控除として主要国でも高い水準の収入逓増的な概算控除を認めている．また，金融所得課税は原則一律 20% の分離課税を採用しており，所得が概ね1億円以上の富裕層では税負担率が低下する．これは「1億円の壁」といわれる．さらにこれに逆進性をもつ社会保険料を加味すると，負担の累進性が抑えられることになる（熊倉・小嶋 2018）．

　税・社会保険料の全体の負担構造を示した図1によれば，破線→実線→点線の順にみていくと，そのカーブが緩やかになっていく．つまり，所得税の累進的なカーブに消費税や社会保険料の逆進的な負担率を加味することにより，税・社会保険料の負担率はその累進構造を弱めている．点線と太線（仮に合計所得金額にそのまま労働所得税並みの累進税率を掛けた場合の負担率）の差にあたる網掛け

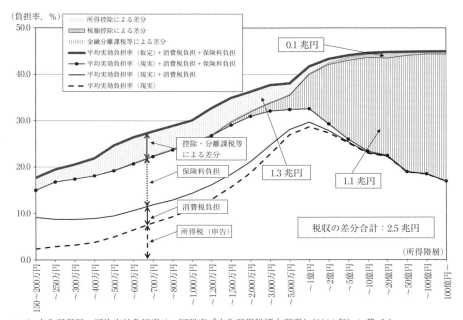

* 1) 申告所得税の平均実効負担率は，国税庁『申告所得税標本調査』(2014年) に基づく．
* 2) 保険料及び消費税の負担率は，総務省『全国消費実態調査』(2009年) の個票データに2009年11月現在の制度を適用することで，各所得階層の平均負担率を算出している．所得階層が1億円以上の保険料及び消費税に関しては，5,000万円以上1億円未満の保険料及び消費税で固定している．

図1 所得階層でみた税・社会保険料の負担構造 [熊倉・小嶋 2018, 129]

部分は，所得控除・税額控除や金融分離課税等によって生じている税収の差分を表しており，所得控除による差分は1.3兆円，税額控除による差分は0.1兆円，金融分離課税等による差分は1.1兆円となり，合計すると2.5兆円となる（申告所得税ベース）．この税収の差分は源泉所得税を加えればさらに大きくなる．

●**再分配のあり方**　所得階層でみると，労働所得課税の所得控除や，金融所得課税，さらに社会保険料の逆進性などによって，所得再分配の効果が減殺されている．また，国際レベルでは資産格差が著しいなか（☞「格差と貧困」），資産課税の強化の必要性が指摘されている（ピケティ 2023）．実効性のある所得再分配のためには累進性を機能させる税・社会保険料のあり方が求められる．さらに，こうした事後的な再分配に加えて，現物給付をセットにした事前的な再分配のあり方も提起されている（神野 2024）．　　　　　　　　　　　　　　　　　　[小嶋大造]

📖**さらに詳しく知るための文献**
熊倉誠和・小嶋大造 2018．格差と再分配をめぐる幾つかの論点．フィナンシャル・レビュー 134：110-132．
神野直彦 2024．『財政と民主主義』岩波新書．
ピケティ，T. 著，村井章子訳 2023．『自然，文化，そして不平等』文藝春秋．

所得再分配と労働供給

　資本主義社会では，失業等で収入を失うというリスクがあるため，雇用保護法制や労働基準法などの法整備，職業訓練といった労働市場政策，失業や病気の際の所得保障をはじめとした社会保障制度が必要となる．公共政策の中でも，このような労働・雇用政策や社会福祉を扱う政策は「社会政策」と定義される．

　労働者にとっては，失業のリスクに直面した際に，失業保険（日本では雇用保険）を受給することで，再就職するまでの期間，生活を維持することができ，所得再分配とセーフティネット，不況時の消費を支える「経済の自動安定化機能」といった特徴がある．一方で，失業保険の給付を手厚くすることにより，失業者の労働や求職活動に対するインセンティブが弱くなってしまう可能性もあり，所得再分配政策に必ず付随する問題でもあった．

　なお，デンマークやスウェーデンといった北欧の国々では，高福祉・高負担という独自の福祉政策を導入している．広井（1999）では，福祉国家を租税中心で平等志向である「普遍主義モデル」，社会保険中心で所得比例的な給付である「社会保険モデル」，民間保険中心で最低限の国家介入である「市場重視モデル」に分類している．スウェーデンなどの北欧諸国は「普遍主義モデル」に該当し，失業保険に対する国庫負担も大きい．特に，デンマークやスウェーデンにおいては，高水準の失業給付に加え，積極的労働市場政策を導入することにより，失業者の労働市場への復帰を促進するという試みが取り入れられている．

●**積極的労働市場政策の導入**　失業期間中の所得保障が受けられないと，十分な求職活動が行えず，不安定雇用に陥る可能性が高くなる．加えて，職業紹介などの政策的なサポートも必要となろう．さらに，労働に対するディスインセンティブを回避するうえでは，デンマークやスウェーデンにおいて導入されている積極的労働市場政策が重要となる．

　積極的労働市場政策には，公共職業安定所や職業訓練施設等を利用した，職業紹介や職業訓練があり，補助金付き雇用（雇用に対する助成金や賃金の補助など）も含まれる．前述のとおり，労働に対するディスインセンティブを回避するうえでは，失業保険と積極的労働市場政策の連携強化が必要となり，「アクティベーション」と呼ばれる政策がその代表例となる．「活動すること」という意味で，積極的労働市場政策への参加を義務付け，怠った場合は，失業手当の削減や打切りなどの制裁が行われるものであり，再就職に向け，失業者を活動的にすることを目的とした施策の総称である（山田 2015）．「ワークフェア」という類似の政策用

語が用いられることもあるが，こちらはアメリカ発祥の公的扶助の削減と就労の強制を目的とした政策となる．積極的労働市場政策は，1990 年代よりヨーロッパにおいて取られるようになった労働市場政策である「フレキシキュリティ・アプローチ」の一環として機能しており，柔軟な労働市場（雇用保護法制の緩和と非正規雇用の正規雇用化）に対して，手厚い社会保障，積極的な転職支援，就労可能性を高める生涯学習を拡充することによって，失業者の労働市場への復帰を促す政策といえる．

●**日本の雇用保険と積極的労働市場政策**　1974 年に雇用保険法が成立した．これは 1947 年に成立した失業保険法に代わるものとなり，失業等給付と雇用保険二事業からなる雇用保険制度となった．失業等給付には，失業給付にあたる求職者給付，育児休業給付など雇用継続を意図した雇用継続給付，厚生労働省が指定した講座を受講した加入者に受講料の一部を支給する教育訓練給付，早期の再就職者に対して，求職者給付の残期間分の給付の一部を支給する就職促進給付，雇用保険を受給できない人々の所得保障や求職支援の費用の一部を支給する求職者支援制度がある．雇用保険二事業のうち，能力開発事業には，事業主が行う教育訓練への支援制度であるキャリア形成促進助成金などが，雇用安定事業には，失業予防に努める事業主を支援し雇用維持を図る雇用調整助成金などがある．財源は労使折半の保険料と国庫負担であるが，就職促進給付や教育訓練給付など国庫負担がない給付もあり，雇用保険二事業については，事業主負担の保険料が財源となっている．また，求職者支援制度の財源の半分は国庫負担となる．

●**日本の社会保障の問題点**　求職者給付の給付期間は，90〜360 日で，年齢・被保険者期間・離職理由によって決められるが，自己都合の離職者は，給付開始まで 2〜3 か月の給付制限がある．また，適用範囲については，「1 年以上の雇用見込み」という要件が非正規雇用にとっては問題となるケースが見られたため，2010 年の雇用保険法改正では「31 日以上の雇用見込み」にまで緩和された．一方で，非正規雇用の中にはこの要件さえも厳しいケースがあること，パート・アルバイトを掛け持ちするマルチジョブホルダーが制度から排除されるケースがあること，OECD 平均よりも日本の給付期間は短く，受給期間が切れてしまう失業者も存在することなど，セーフティネットとしての課題が残っている．　　　［髙橋勇介］

📖さらに詳しく知るための文献
嶋内 健 2021．雇用保険と職業訓練．櫻井純理編著『どうする日本の労働政策』ミネルヴァ書房．
広井良典 1999．『日本の社会保障』岩波新書．
山田篤裕 2015．失業－雇用保険，能力開発と雇用保護法制．駒村康平ほか『社会政策』有斐閣．

経済安定化に関する考え方の変遷

●**経済安定化という機能の登場**　経済安定化という機能は20世紀に入ってから，政府の重要な役割だとみなされるようになった．そのきっかけは，1930年代の世界大恐慌と呼ばれる世界中を巻き込んだ大きな景気後退であった．米国の1929年の株価急落に端を発して，1933年の名目GDPは1919年から45%減少し，株価は80%以上下落し，工業生産は33%以上低下，1200万人に達する失業者を生み出し，失業率は25%に達したとされている．

そのような状況に対して，古典派経済学は有効な提案を出すことはできなかった．不況と呼ばれる現象は，労働力が過剰で，機械設備などの資本も過剰な状態を示しているため，長期的には賃金や資本のレンタル料にあたる利子率が低下し，需要と供給が均衡する状態がやがて自然にもたらされると考えた．それに対して，ケインズ（Keynes, J. M.）は「長期的にはみな死んでいる」という有名な言葉で，何も手を打てない古典派経済学を批判し，政府の介入による有効需要の創出を唱えた．

第二次世界大戦後，ケインズの主張は広く受け入れられ，多くの先進国でその主張に基づく経済政策が展開されるようになった．この背景には，IS-LMモデルの普及が大きく役割を果たしている．ヒックス（Hicks, J.）がモデルを構築し，サミュエルソン（Samuelson, P.）が著名な教科書で取り上げたことで，このモデルは広く知られることになった．このモデルは財市場，貨幣市場，債券市場が同時に均衡する点で，民間部門の総需要の水準が決まってくることを示唆する．そしてこの総需要が必ずしも労働市場で完全雇用を達成できるような水準には至らないという点が，このモデルのエッセンスである．

●**マクロ経済学の変化と経済安定化政策に対するスタンスの変化**　このIS-LMモデルには，大きく二つの特徴があった．一つは，名目賃金が変化しないことを前提としていることである．この名目賃金の硬直性のために，労働市場で失業が生じていても，賃金が低下し，超過供給を調整するという市場メカニズムがまったく働かない．もう一つは，資産市場が基本的に考慮されていないという点である．資産市場は，異時点間の資源配分，リスクシェアリング，将来に関する人々の期待を集約する機能をもつ．このため，これをほとんどモデル内で記述しないということは，IS-LMモデルは，将来の経済から切り離された現在の経済をモデル化したという性格を帯びることとなる．この点については，新古典派経済学から厳しい批判が行われるようになった．

このため，マクロ経済学では，モデルの中に時間の進行を明示的に取り入れる，

「マクロ経済モデルの動学化」と，経済主体の期待をモデルに取り入れることが取り組まれていく．さらに，IS-LMモデルには，モデルの中で経済主体の極大化行動が取り扱われていないことから，「マクロ経済学のミクロ経済学的基礎づけ」が取り組まれるようになった．このような新しいマクロ経済学の発展とあいまって，経済安定化に関する介入が当初の効果を上げないという経験が積み重ねられていった．

その結果，これまで不況という経済状況に陥った場合には，そのショックを軽減することが当然のように語られてきた．しかし，1980年代に入り，そのような介入自体に疑問が呈されるようになった．実際に日本の1990年代の財政出動は，伝統マクロモデルに従い，需要創出効果を狙って実行されたが，それに対しては，公共事業批判とあいまって厳しい批判が行われた．

例えば景気が低迷している，経済が大きく落ち込んだという事態は，これまでに述べたような消費・投資などのマクロ需要不足が原因となっている場合ばかりではない可能性がある．つまり，産業構造転換に失敗して，企業の新陳代謝が進んでいないために，そのような事態が起きている可能性も十分にあるであろう．そのような場合，「景気が低迷している，経済が大きく落ち込んだという時期」とは，「企業の新陳代謝が促されている」時期であると解釈できるかもしれない．その場合，景気安定化政策を講じることにより，中長期的には淘汰されるべき企業も救済してしまうという負の効果が付随してしまう可能性がある．

人口減少が激しい地方部での公共事業の実施，なかなか業績の上がらない中小企業の救済などを実施することが，日本で経済安定化政策が行われる一般的な手段である総合経済対策として盛り込まれることが多くみられる．このことは，短期対策としての景気安定化政策と中長期対策としての成長政策のバランスをとることが，いかに難しいかを示したものだと理解することができる．

特に，「経済的に困窮したら，政府が救済してくれる」という期待が民間部門に備わった場合には，民間部門が自身の生き残りに必要な構造改革などの努力が過少になってしまうことが知られている．つまり，景気対策に積極的で，「どんな企業でも救済する」ような優しい政府は，中長期的な成長力を棄損してしまう可能性がある．特に短期間でまとめあげなければならない補正予算の編成において，個々の事業採択のハードルが低くなり，細部までチェックが行き渡らないといわれている．そのようなシナリオは避けなければならないだろう．

確かに，大規模な不況下で非自発的失業を雇用することを目的とした政策は，ほとんどの者が支持するであろう．つまり，現時点でも経済安定化政策の意義自体は変わらずに認められている．しかし，資源配分機能や所得再分配機能を超越して経済安定化機能を考えることには，多くの研究者は疑問を呈するのではないだろうか．つまり，現在の経済安定化政策とは，資源配分機能と所得再分配機能との調和が，より厳しく求められているものと位置づけることができよう．　　［中川雅之］

財政政策

　政府の財政活動である財政の役割としては，①資源配分機能，②所得再分配機能，③経済安定化機能の三つが主に期待されるが，このうち③（経済安定化機能）の効果について，古典派経済学とケインズ経済学では本質的に異なる立場をとる。
●ケインズ派と古典派　古典派では，価格メカニズムが十分に機能することによって需要と供給が一致し，効率的な資源配分が実現すると考える。すなわち，供給が需要を決定するという「セイの法則」が成り立つ世界を想定し，例えば，何らかの理由で失業が発生しても賃金が減少し，企業の労働需要が増加することで失業は自動的に解消すると考えるため，財政が担う経済安定化機能は重視しない。

　これに対し，ケインズ派では，名目賃金の硬直性などで需要（有効需要）が不足している状況では，価格メカニズムで需要不足を解消できず，失業が継続すると考える。失業を解消し完全雇用に近付くためには，需要と供給を一致させるため，政府支出の増加や減税によって需要不足を穴埋めし，総需要を刺激することが必要だと考える。ケインズ派の理論的な中核をなすのが，政府支出の拡大や減税などは均衡国民所得を増加させる効果をもつとする「乗数理論」であり，このような政策は，総需要管理政策（あるいは有効需要政策）と呼ばれ，ケインズ派は財政が担う経済安定化機能を重視する。

　ケインズ派の理論の本質や課題を浮き彫りにするには，ケインズ派とは異なる古典派の考え方や，その理論的な前提の妥当性などを理解することが重要である。

　まず，古典派は，価格メカニズムが十分に機能することを前提とする。例えば，総需要が総供給を下回り，労働市場で失業が存在しても，価格や賃金が伸縮的に変化し，需給が自動的に調整され，市場の力で自動的に完全雇用が達成されると考える。

　これに対し，ケインズ派は，市場の機能不全を前提とし，価格や賃金はすぐに調整されるとは限らず，需給の不均衡が継続する場合があると考える。例えば，賃金の引き上げと異なり，引き下げに対して人々はなかなか合意しないと想定する。これを「賃金の下方硬直性」というが，このような市場の機能不全が存在する場合，古典派のように自動的に需給が均衡するとは限らず，労働市場では失業が解消されない。このため，例えば，総需要が総供給を下回るなら，政府は裁量的な財政政策（例：政府支出の拡大や減税）を実施するべきという結論が導かれる。

　では，ケインズ派でなく，古典派のモデルで，政府が裁量的な財政政策を実施すると，何が起こるだろうか。閉鎖経済では国民所得は経済全体の産出量と一致するが，古典派のモデルでは完全雇用が達成されており，その産出量は Y_f（完全雇用

に対応した産出量水準）に一致しなければならない．ケインズ派の理論の最も大きな前提は供給制約が存在しない点で，政府支出拡大で総需要が増加すれば必ず産出量が増加する．だが，古典派のモデルでは供給制約が存在するために総需要は増加しない．国民所得の水準は Y_f に固定されており，政府支出が増加しても，国民所得の水準は変化しない．すなわち，もし現実の経済が完全雇用状態にある場合，ケインズ派が期待する裁量的な財政政策の有効性は否定されてしまう．

もっとも，両者の考え方における大きな違いは，価格メカニズムの調整スピードであり，ケインズ派においても，短期的には価格や賃金が伸縮的に変化しないために，財政政策が一時的（短期的）に効果をもつと想定するが，長期的には価格や賃金の調整が進み，古典派的な世界が実現し，裁量的な財政政策は無効になると考える．すなわち，ケインズ派と古典派の本質的な違いは短期と長期の区別にある．

●**合理的期待形成仮説**　しかし，長期的だけでなく，短期的にも裁量的な経済政策が無に帰すとする理論もある．その代表が合理的期待形成仮説と呼ばれる理論である．「合理的期待」（rational expectations）とは，家計や企業などのさまざまな経済主体が経済モデルの構造を完全に理解したうえで，入手可能なすべての情報を効率的に利用して形成される期待（将来予測）をいい，そのような期待形成に基づいて各経済主体は合理的に行動するものとする仮説をいう．

裁量的な財政政策が一時的な効果をもつのは，家計や企業の錯誤によるもので，現在の意思決定において，将来の予想が重要となる．ケインズ派のモデルでは，民間部門の消費水準は今期の可処分所得のみに依存すると想定するが，それは家計の近視眼的な行動を前提にしている．しかし，これは単純な前提で，例えば，合理的期待仮説の理論で利用されることが多い「ライフサイクル・モデル」では，家計の消費は今期の可処分所得だけでなく，将来の可処分所得にも依存する．

例えば，今政府が政府支出を増加させたとする．この拡大に財源の裏付けがないとき，家計は，将来，政府が増税を実行すると予想する可能性がある．ケインズ派のモデルでは，政府支出の拡大が国民所得を増やすため，家計消費は必ず増加するが，ライフサイクル・モデルで家計が将来の可処分所得も考慮して生涯消費の経路を決定するとき，家計は今期の消費をそれほど増やさないかもしれない．政府支出の拡大で今期の可処分所得が増加しても，将来の増税は将来の可処分所得を減少させるため，一生涯を通じて得られる可処分所得の総額は増えないためである．

なお，合理的期待仮説では，家計や企業などの経済主体は完全に合理的に行動することを前提とするが，合理的に行動しようとしても，認識能力の限界もあることから，経済主体は限定的な合理性しかもちえないとする「限定合理性」（bounded rationality）という概念もある．よって，家計や企業がどのくらい合理的に行動しているかという問題は，財政政策などの経済政策の効果を予測するときに大きな違いをもたらす．

[小黒一正]

金融政策

　金融政策とは，政策目標の達成を政府から委託された中央銀行が行う政策である．手段として金利の変更や貨幣量の制御があり，その政策を通じて託された政策目標に近づくものである．

　委託される政策目標は中央銀行法に記載されており，目標が変更される場合には中央銀行法の改正をもって変更される．政策目標としては物価の安定が設定されることが一般的であり，その他，中央銀行によっては雇用の安定や為替レートの安定，信用秩序維持に強い関与を求められている．

●**伝統的政策**　伝統的な金融政策では中央銀行が政策金利を上下させる政策を中心に行われてきた．日本では日本銀行が金融機関に貸し出す日本銀行貸出の金利である公定歩合が政策金利とされてきた．しかし，金融調節が変化する中で，1998 年からは無担保コールレート翌日物が中心的な政策金利となった．

　ケインズ（Keynes, J.）が提唱した流動性選好を前提とすれば，名目金利 i が低下すると貨幣を保有する機会費用が減少し，名目金利 i が上昇すれば貨幣保有の機会費用が増加する．ここで金利であるが，フィッシャー（Fisher, I.）の唱えたフィッシャー方程式では，名目金利 i，実質金利 r，期待インフレ率 π_e の間には $i=r+\pi_e$ の関係がある．物価一定の時には $i=r$ となる．

　実物市場と貨幣市場の均衡を実質金利と所得で表した IS-LM 分析のフレームワーク（図 1）では金融を緩和すれば LM 曲線が右にシフトし，新しい均衡点では金利が低下し，所得が増加する．財政政策を拡張した時のように金利上昇が招くクラウディングアウトは起こらない．反対に金融を引き締めた時には新しい均衡点では金利が上昇し，所得が減少する．

　貨幣量を増やしてもそれ以上金利が下がらないような状況を「流動性のわな」と呼ぶ（図 2）．このような状況下では緩和的な金融政策で LM 曲線をシフトさせても所得は増えない．

●**非伝統的政策と大規模緩和**　名目金利の絶対水準を低くしても十分に効果が見られない際には次のような政策がとられた．

　1990 年代初頭にバブルが完全に崩壊した日本では日本銀行が金利を継続的に引き下げ，1999 年 2 月にはゼロ金利政策を開始した．その後一時的にゼロ金利を解除したが，2001 年 3 月から 2006 年 3 月に操作対象を金利から日銀当座預金に変える量的緩和政策が行われた．こうした動きは 2007 年にサブプライムローン問題に端を発した世界金融危機（GFC）で各国に広がった．各国の中央銀行は資

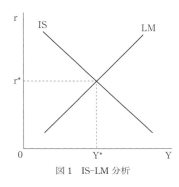
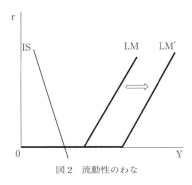

図1　IS-LM 分析　　　図2　流動性のわな

産側で国債を中心に社債，CP，証券化商品など信用リスクを伴う資産を購入する一方で，負債側のマネタリー・ベース（現金＋準備預金）を増加させている．

2013年4月以降の日本銀行の量的・質的緩和（QQE）も，量の拡大とともにETFやREITなど信用リスクを伴う資産を購入する質的緩和を行っている．

マネタリー・ベース×信用乗数＝マネー・ストックであるので，マネタリー・ベースを増加させれば，信用乗数が下落しない限り，マネー・ストックは増加する．信用乗数＝（現預金比率＋1）／（現預金比率＋預金準備率）であるので，預金準備率の低下や現金に対する預金の増加で信用乗数は上昇する．預金準備率の操作は伝統的な政策であるが，金融仲介機能が低下すると現預金比率が上昇し，効果は減殺され，制御は容易ではない．

フォワードガイダンスは将来の政策を予告，あるいは現在の政策をどのようになったら変えるのかをいうことにより，期待に働きかけ，中長期金利などに働きかける政策である．各国は量的緩和と併用することで緩和効果を強めた．

マイナス金利は名目金利をマイナスにする政策である．欧州，特に北欧などで一部の金利に適用されていたが，日本銀行も日銀当座預金の一部に2016年1月に適用を決定した．名目金利は通常ゼロが下限となるが，デフレ下では期待インフレ率が下がるために実質金利を景気に中立的な均衡実質金利（自然利子率）にしようとするとマイナス金利が必要になるという状況があった．

短期金利が下落する中で，中長期金利も下がり過ぎると金融機関の利鞘が減少してしまう．2016年9月には日本銀行が長期金利操作付き量的・質的金融緩和を導入し，長期国債金利を一定の水準に保とうとした．この政策はイールドカーブコントロール（YCC）と言われ，その後許容乖離幅も設定し，オーストラリア準備銀行も採用した．この政策には市場機能を弱めるとの批判もある．　［高橋智彦］

📖 さらに詳しく知るための文献

アセモグル，D. ほか著，岩本千晴訳 2019．『マクロ経済学』東洋経済新報社．
バーナンキ，B. 著，高遠裕子訳 2023．『21世紀の金融政策』日本経済新聞出版社．
高橋智彦 2023．『経済主体の日本金融論』国際書院．

経済成長

　経済成長は，人々の生活や企業活動の状況を示す重要な指標だ．各国政府は成長政策を重視しているが，政府による介入の正当性の検証が必要とされる．

●**アイデアと収穫逓増**　経済成長とは，GDP で測った一国の経済規模の拡大である．各国の成長は人口規模の影響を受けることから，それを除去するために人口 1 人当たりの GDP で図ることも多い．成長をめぐっては，なぜ，国による成長率が長期にわたって異なるのかが，謎であった．1956 年に公表されたソロー（Solow, R.）の新古典派の成長モデルでは，資本蓄積の限界収益は逓減し，最終的には資本のストックは一定となることから，資本の変化のみで長期の成長を説明することはできない．なぜか．経済成長は技術進歩，物的資本，人的資本によって定式化され，このうち技術進歩は外生で与えられる．また，それ以外の要素は収穫一定を仮定する．この仮定の下では，物的資本だけ増やしても他の投入要素が一定である限り，物的資本の限界生産力は逓減する．長期的には，新規投資は資本減耗分を相殺するだけのものとなり，各国の成長は止まる．

　1980 年代後半になると，技術進歩を内生的に決定する成長モデルの研究が進んだ．その嚆矢となったのが 1986 年のローマー（Romer, P.）の内生的成長モデルである．ローマーは，アイデアには，誰もが同じアイデアを使って同時に生産を行うことができるという非競合性があることに着目し，アイデアのもつスピルオーバー（漏出）効果によって規模に対する収穫逓増が働き，それが長期にわたる高い成長率を可能にしていることを理論的に説明した．さらに，アギオン（Aghion, P.）とホゥイット（Howitt, P.）は，シュンペーター（Schumpeter, J.）の創造的破壊の考え方を内生的成長モデルに取り入れた．なお，ソローとローマーは，成長論への貢献が高く評価され，それぞれ 1987 年と 2018 年にノーベル経済学賞を受賞している．

●**政府の介入**　政府の介入は市場の失敗（☞「市場の失敗」）が生じるときに許される．ローマーの説では，研究開発の成果には非競合性があり，一企業のアイデアは他企業にも波及し，外部効果（☞「外部性」）が生まれる．この状況で市場に任せると研究開発が過少投資となってしまうことから，政府による介入が正当化される．他方，アイデアが公共財（☞「公共財」）といえないのは，特許制度や著作権制度の下で新しい技術や著作に対する独占権を時限的に認めることで他者の利用を制限できるためである．つまり，純粋公共財が有する二つの条件のうちの非排除性を満たしていないため，民間企業による研究開発投資が行われている．

また，人的資本は，人間に体化された技能や熟練，知識を意味し，その育成には教育水準の向上が不可欠である．教育は，非競合性，非排除性が弱いことから公共財ではないが，十分な教育を受けた労働者が社会に提供されるなどの外部性をもち，その効果は個人の便益を超えるため，政府による教育への補助は妥当とされる．

さらに，政府は，貯蓄の奨励や投資の促進によって，物的資本の蓄積を加速させることができる．特に，途上国で一時的に高い成長を達成できるのは，資本蓄積の水準が低いために，資本の限界効率は高くなるからである．そのほか，競争政策の実施や自由貿易体制の確立，また，人口の規模拡大や国民の健康改善，さらに，既得権益に利益を集中させない民主的制度も成長を促すとされる．

●**日本の成長政策**　時々の政権によって，成長政策の内容は大きく変わる．市場機能を重視する新自由主義は，競争政策や市場の適正化，民営化によって資源配分の効率性を高め，経済成長を実現しようとする．すなわち，政府の支出を抑制し，減税と規制緩和を実施する．これに対し，所得の再分配を重視する社会民主主義は，政府の介入を認め，公的給付を手厚くして成長を確保する．国民負担を引き上げ，職業訓練や家族給付を充実させる．前者は「小さな政府」，後者は「大きな政府」といわれる．日本では，2001年に成立した小泉政権で「小さな政府」の政策が実行されていたが，その後に生じたリーマンショックや大震災，少子高齢化，地球規模的課題への対応などを背景に，「大きな政府」へと軸足を移しつつある．

日本の政府が，科学技術投資やイノベーションへの関与を強めているのもその一例である．科学技術関連については，5年間の基本計画に基づき，公的な研究機関や官民連携による研究開発投資，税制上の優遇措置，大学への研究支援などを行っている．特に，グリーン経済への移行に関しては，長期にわたるコミットメントを示すことにより，民間投資を促進する規制・支援一体型の投資促進策や，移行債による官民の連携投資，補助や出資金などの資金面での支援などを行っている．また，イノベーション政策では，官民出資による投資ファンドの設立や，ベンチャーキャピタルへの公的資本の投資などによるスタートアップのエコシステム（生態系）の形成を図っている．

加えて，政府は，成長政策として雇用政策や教育政策を位置付けている．デジタル人材の育成や社会人向けのリカレント教育（学び直し）の推進のほか，生産性の低い産業から高い産業へ労働を移動させるため，働き手への求職支援を強化している．さらに，同一労働同一賃金の実施による非正規雇用の待遇改善などにも取り組んでいる．

これらの成長政策を巡っては政府の失敗（☞「政府の失敗」）も起こり得る．そのため，専門家による，成長政策についての科学的検証が必要である．　[神田玲子]

財政の現状

●**政府活動の範囲**　政府の財政状況を正確に把握するには，政府の活動をどの範囲で定義するかが重要である．「政府」の予算を例に挙げると，2023年度は114.4兆円（当初予算）であり，多くの国民が114兆円もあるのだから国，都道府県や市区町村を合わせた政府全体の予算だと思っているのではないだろうか．しかし，その答えは「中央政府」の中の「一般会計」（図1のグレー部分）であり，世間で最も注目される「政府」の予算は一部でしかない．確かに中央政府の一般会計は国の行政サービスだけでなく，地方財政等の重要な財源を担っているが，それだけを見ていても，地方財政や社会保障を含めた財政状況は分からない．政府活動を国民生活と合致するように広く捉え，国際比較可能な形で定義された概念に「一般政府」があり，図1では「中央政府」，「地方政府」，「社会保障基金」を合わせた政府で定義される．「中央政府」は一般会計のほかに特別会計，独立行政法人等から構成される．「地方政府」は都道府県と市区町村の一般会計と地方公営事業会計等からなる．「社会保障基金」は国と地方の領域に跨っており，年金や労働保険といった国の特別会計，市区町村が保険者となる国民健康保険や介護保険等からなる．私たちは，国税と地方税，年金，医療，介護のために社会保険料を納め，それぞれのサービスを受けているため，一般政府は日頃関わりのある政府活動と合致する．

●**日本政府の財政状況**　政府の財政状況を知る財政指標として，財政の持続可能性に関わる政府債務残高とプライマリーバランスが重視されている（☞「財政赤字」）．政府債務残高は公債の利子率とプライマリーバランスに影響を受けるが，これを減らすには，前者は市場で決まるため，政府は後者を黒字にする（歳入を

図1　政府の範囲［内閣府 2022a より作成．2022年3月末現在］

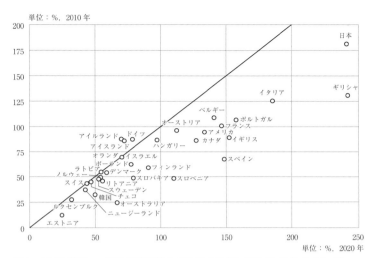

図2　OECD諸国の一般政府債務残高（対GDP比率）［OECD 2022より作成］

増やすか，歳出を減らすか）しかない．政府の債務返済能力を国際比較する場合は，各国の名目GDPに対する比率で見る必要があるため，図2の縦軸と横軸には，OECD諸国の2010年と2020年における一般政府債務残高対GDP比率を示している．2010年はリーマンショックによる世界金融危機への対応で同比率が悪化した後の財政状況であり，2020年と比較することでリーマンショック後からコロナ禍を経験した各国の政府債務残高の変化を知ることができる．日本は2010年は181.4%，2020年は241.3%で共に先進国最悪である．図2の45度線より上の領域は2010年よりも2020年で同比率が改善した国であり，ドイツ，アイルランド，アイスランドの3カ国しかない．下の領域は悪化した国であるが日本（59.9ポイント）は，ギリシャ，スペイン，イギリス，スロベニアに次いで5番目に悪化させた．

このように財政状況が悪化しなかった国（ドイツ，アイルランド，アイスランド，スイス，オランダ）と大きく悪化した国（日本，ギリシャ，スペイン，イギリス，スロベニア）の違いは何か．プライマリーバランス対GDP比率を見ると，前者のリーマンショック後の2012年から2019年までの年平均は1.3%の黒字，後者は2.1%の赤字であったことから，前者で非常時を経ても財政悪化が抑制された理由は平時の財政健全化であったことが分かる．日本は3.9%の赤字で最悪であり，パンデミックからの教訓は危機に備えて，平時においていかに財政健全化を実行するかが財政の持続可能性の確保に寄与するということである．

［鷲見英司］

財政赤字

●どの程度の財政赤字が許容できるのか　日本の公的債務残高は2021年に257%に達しており，先進国で突出して大きい．このような状態をどう受け止めるべきであろうか．

　そもそも財政制度の根幹を定めている財政法では，第4条で「建設国債」と呼ばれる国債の発行のみを認めている．建設国債とは典型的には，公共事業による社会資本整備の財源調達のためのものである．しかし，財政法第4条にかかわらず赤字国債で財源を調達できるようにして，赤字国債を発行し続けている．

　財政法第4条は，建設国債の発行をなぜ許容してきたのだろうか．国債で財源調達をした方がいいケースは，大きく二つある．
①便益が中長期にわたるものの財源を調達する場合（世代間負担の公平性の確保）
②何らかのショックへの対応のための財源を調達する場合（租税負担の平準化）

　このように公債で財源調達を行うこと自体には理由がある．しかし，経済活動の2倍を超える債務残高を抱える状態は，家計であれば，とっくに破産していてもおかしくない．なぜ日本政府は破綻していないのだろうか．最も大きな違いは「政府は死なない」ということだろう．有期の寿命しかない家計で，借金を返すために借り換えを行うのは，それほど簡単ではない．しかし，政府は期限にしばられることなく「返さなければならない額を」徴税して，借金を返済する財源を生み出すことができる．

　しかし，政府の返済能力への市場の信認は，その国の究極の返済能力を示すGDPと債務残高の比率によって決まるとされている．つまり，多額の公債を発行しても，GDPとの相対的な規模で安定していればよいということになる．予算編成過程でフローの数値である財政赤字の有無や大きさが，ストックの数値である債務残高／GDPにどのような影響を与えるかを判定するために，プライマリーバランスが用いられる．プライマリーバランスとは，「税収等―元利払い費を除く歳出（一般歳出）」を指す．日本の2022年度予算のプライマリーバランスは当初予算では，－12.6兆円のプライマリーバランス赤字となっている．

　プライマリーバランスが公債残高／GDPに与える影響は利子率と名目成長率によるとされており，それが表1に描かれている．この公債残高／GDP比率を安定させる条件をドーマー条件という．

●財政赤字がもたらす社会的な負担　通常，財政赤字の社会的な負担には，クラウディングアウト，財政の硬直化，負担の将来世代への転嫁などが挙げられる．

　まずクラウディングアウトとは，国民の限られた貯蓄を，政府は公債を発行して

表1 経済状況によるプライマリーバランスの意味

（経済状況とプライマリーバランスの組合わせで，公債残高／GDP がどう変化するか？）

	プライマリーバランス赤字	プライマリーバランス均衡	プライマリーバランス黒字
利子率＞成長率	上昇	上昇	上昇, 一定, 下降
利子率＝成長率	上昇	一定	下降
利子率＜成長率	上昇, 一定, 下降	下降	下降

民間企業と競合して借り入れることになるために利子率が上昇して，民間投資が減少してしまう現象を指す．次に財政の硬直化は公債費の増加により政策に充当できる経費が縮小することを指す．最後に将来世代への負担の転嫁とは，財政支出によって便益を得た世代がその負担をせずに，将来世代に付け回しをすることを指す．例えば，景気が悪化したためにある時期に減税を行ったとしよう．この財源は公債で賄ったため，財政赤字が発生している．この公債は後日その減税の恩恵を受けた世代に対する増税，または将来世代に対する増税で返済することになる．後者の場合，減税による付け回しが将来世代に行われていることになる．

しかし，公債で減税や消費支出の財源を調達しても，そもそも経済安定化に資する期待された効果は生じないとする議論がある．それはリカード（Ricard, D.）の中立命題，バロー（Barro, R. J.）の中立命題などと呼ばれる議論である．この議論によれば，景気安定化の効果が生じない反面，将来世代への負担の先送りの心配もないということになる．とはいえ，実際には乗数で予想されたような大きな GDP 拡大効果は観察されないものの，何らかの効果が観察されているとする研究が多い．そのような実証研究を前提とすれば，公債の発行は，便益を受けることのない世代への負担の転嫁はある程度発生していると考えるのが現実的であろう．

●現在の日本の財政赤字の評価　今の日本の状況は，財政赤字によって生じた国債を中央銀行が買い支える，財政ファイナンスと呼ばれる状況に近いところまで至っているという指摘がある．一方で日本の財政が，破綻の危機に今直面しているという人は必ずしも多くないかもしれない．それは，公的債務の GDP 比率が突出して高いにもかかわらず，中長期的に国債の利回りが極めて安定しているという事実もそのような判断を支えている．

近年 MMT（Modern Monetary Theory）という立場から，財政赤字は問題ではないという主張を聞く機会が多くなった．これらの主張は，日本銀行が国債を購入して，貨幣を市中に流通させても，多くは現預金として滞留し，消費に回らないためインフレにはならないという．しかし，インフレが何をきっかけに起きるかを正確に予想することは困難である．また一度起こったインフレをコントロールすることは，長い期間かけなければ困難かもしれない．このような予想不可能な結果をもたらすシナリオは避けた方がいいのではないだろうか．　　　　［中川雅之］

地方財政の健全化

2006年6月，北海道夕張市の深刻な財政破綻状況が明るみになり，自治体関係者や金融市場に激震が走った．自治体の財政破綻とは，「財政状況が極度に悪化した結果，必要最低限の行政サービスの提供と債務の返済が両立できなくなるような状態」である．地方財政の健全化の反対極にある財政破綻では，債務の大半を占める地方債の償還に危険信号が灯ることになるのである．

●**地方債制度**　地方債とは，「自治体が第三者から資金の借入れを行うことによって負担する一会計年度を超える長期の債務」と定義される．一方で，地方財政法では，自治体の歳出は地方債以外の歳入によることとされている．定義と法律とをつなぎ地方債制度を理解するための視点が「適債性」「許可・協議・届出制度」「安全性」の3点である．「適債性」とは，学校や道路などの公共施設等の建設や災害復旧事業，地方公営企業の経費の財源などのためならば，地方債発行ができるとすることである．適債性の視点から地方債の発行手続きを規定するのが「許可・協議・届出制度」であり，この制度は，地方財政の健全性を根拠とする地方債の「安全性」に大きく関わっている．まず，財政状況が悪化している自治体は，地方債発行に総務大臣又は都道府県知事（以下，国等）の許可を必要とするのが「許可制度」である．地方分権の観点から，財政状況が健全ならば協議による国等の同意によって地方債発行を可能（不同意でも発行は可能）とする「協議制度」が創設されて現在に至っている．なお，近年の地方債資金は，公的資金（財政融資資金，地方公共団体金融機構資金）から民間等資金（市場公募資金，銀行等引受資金）に比重が移されてきている．この民間等資金には，財政状況が健全であれば協議も不要とする「届出制度」が設けられている．民間金融機関が地方債に求めるのは，「安全性」であり，地方債の安全性は，国債と同様にリスク・ウェイトゼロとされる．その根拠は，地方債計画に連動して策定される地方財政計画によってマクロベースで地方債の元利償還が保証されていること，ミクロベースで各自治体の財政健全化を規律する法律が機能していることにある．

●**地方財政健全化制度**　戦後，地方財政は，国内景気の変動による税収減など，さまざまな環境変化によって何度か財政危機を経験してきた．1955年の深刻な財政危機状況に対し制定された法律「地方財政再建促進特別措置法（以下，旧法）によって財政健全化を規律していたものの，以後50年を経る中で，地方財政を取り巻く環境も大きく変化してきた．その変化に対応しようとしたのが，地方財政法による財政危機状況の早期是正措置と，国による介入措置を伴う「地方公共団

体の財政の健全化に関する法律（以下，新法）」である．

現行の地方財政法と新法による財政健全化の特徴は以下の4点である．①健全化の対象となる会計等を，一般会計等に加えて地方公営事業会計や外郭団体等（一部事務組合・広域連合等，地方三公社，第三セクター等）を含めた自治体財政全般としていること．②財政状況をさまざまな視点と対象会計等から判断するために「健全化判断比率」として4つの指標が設定されていること．4指標とは，収支の観点から「実質赤字比率」，「連結実質赤字比率」，地方債等の元利償還費用負担（公債費，準公債費）などの観点から「実質公債費比率」，地方債残高等の債務のストックなどの観点から「将来負担比率」である．③財政健全化の段階として，まず実質赤字額又は実質公債費比率等が一定水準以上となると，地方財政法によって地方債の発行に国等の許可を必要とする「許可団体」に指定される．さらに4つの指標値のいずれかが一定値を上回ると，新法によって地方議会の議決と外部監査が義務付けられる「財政健全化計画」を策定し自主的に財政健全化を進める「早期健全化団体」（イエローカード）に指定されること．④将来負担比率を除く三つの指標値のいずれかが③の数値よりも悪化し一定値を上回ると，国の管理下で財政再建を進める「財政再生団体」（レッドカード）に指定されることである．

現在（2024年3月），新法施行時（2009年度）に21団体あった上記4指標による早期健全化団体はなく，財政再生団体は新法施行時から夕張市のみである．

●**夕張市の破綻と再生**　財政再生団体に指定された自治体は，財政健全化計画とともに国との協議を要する「財政再生計画（以下，計画）」を策定することになる．計画の収入増加策（地方税を中心とする住民負担の引き上げ等），支出削減策（公共施設の統廃合やサービス水準の引き下げと，職員数の削減と給与水準の引き下げ等）の進捗状況によっては，国から予算の変更等が勧告される．

夕張市は2007年度に旧法による財政再建団体に指定されてからの2年間を経て，2009年度に新法によって財政再生団体に指定されてから21年間にわたる財政再生に取り組んでいる．不適切あるいは不透明な決算処理による財政悪化が重篤だったため，計画の実行当初においては，厳しい収入増加策と支出削減策によって住民数と職員数双方の大幅減少に見舞われるなど，市の存続自体が危ぶまれた時期もあったものの，徐々に，市独自の政策実施などによって当初の計画よりも市税収入が増加するなどの効果も現れてきた．こうした状況から，市外部の「夕張市の再生方策に関する検討委員会」から計画の再計算が提言され，現在は，財政再生と地方創生の実現という両立が見えてきている．　　　　　　［稲沢克祐］

📖**さらに詳しく知るための文献**

犬丸 淳 2017.『自治体破綻の財政学』日本経済評論社．
小西砂千夫 2019.『自治体財政健全化法のしくみと運営』学陽書房．

租税制度

　租税とは，国や地方の政府活動を賄うために個人や企業から強制的に徴収される金銭であり，課税対象や徴収方法などの仕組みが租税制度（税制）である．

　租税の根拠や課税のあり方，望ましい税制を規定するのが租税原則であり，それは国や時代により異なり，研究者たちも異なる原則を提示してきた．しばしば引用される原則は公平・中立・簡素であるが，経済の安定や活性化なども挙げられる．公平といっても，垂直的公平と水平的公平，応能原則と応益原則のどちらを重視するべきなのかは自明ではない．現実の税制改革は政治的な調整と妥協によるため理想のようにはならないが，租税原則は税制改革の方向を決定する．

　租税にはさまざまな種類があるが，国際的な共通分類としては，経済協力開発機構（OECD）の政府収入統計（Revenue Statistics）がある．これは一般政府を対象とするものであり，①所得や収益に課せられる税（個人所得税・法人所得税），②社会保険料，③給与税，④資産税，⑤財サービス税，⑥その他に分類される．また，一般政府の内訳として，国・地方の各政府（連邦国家の州政府も）がある．社会保険料は税とは区別されるが，強制徴収という意味では同じである．

　政府の収入構造は，租税原則，公平性等についての考え方を反映し，国により異なるが，福祉国家の特徴を反映している．社会保険を基盤とする「ビスマルク型」の国（ドイツ・フランス・日本など）においては，保険料の収入全体に対する割合が3〜4割を占める一方，所得課税の割合は低い．他方「ベバリッジ型」と呼ばれる普遍主義を重視する国等（保険料は逆進性が強くすべての国民をカバーできないことから）では，保険制度がないか（オーストラリア・デンマーク），あってもその割合は2割以下である（アメリカ・イギリス・スウェーデン）．ベバリッジ型の中でも，個人所得税の割合が高い国（デンマーク）や法人所得税が高い国（オーストラリア）などがある．また，税・保険料負担の対GDP比では，北欧諸国は40〜45%，イギリス等英語圏の国は25〜35%である．なお，ビスマルク型諸国は北欧諸国とほぼ同じ水準となっている（日本は30%程度）．

●**日本の特徴**　租税は国民や法人から強制徴収するものであることから，法律に基づくのが原則である（租税法定主義）．日本では所得税法や法人税法などが制定されている．毎年の予算編成過程においては，税制改正も行われる．しかし，それは歳出とは異なり，自民党政権においては，党の機関である税制調査会（党税調）が税制改正の内容を実質的に決定している．1960年代までは，旧大蔵省が政府税制調査会（審議会）と連携し，各府省の税制改正要望を踏まえて税制改正の内

容を決定していたが，70年代以降は，党税調が「与党税制改正大綱」として改正内容を決定し，それを政府がほぼ複写して「政府税制改正大綱」を作成するようになった．財務省主税局は党税調と適宜調整しているが，最終的な決定権限は党税調にある．近年の党税調は昔のような威光はないものの，税制は歳出予算以上に与党主導になっている．こうした仕組みは慣行に過ぎないが，与党が内容を決定するにもかかわらず，税法は議員立法ではなく，政府提案の法律になっている．

　特に政治による利益誘導と指摘されるのが租税特別措置（租特）である．税制の詳細な仕組みは，法人税法などの基本的な税法（本則）だけを見てもわからない．本則の例外的・臨時的な措置が「租税特別措置法」という別の法律に規定されているからである．それは，貯蓄奨励や産業振興などの政策目的のために，税負担の軽減や減免などを行うものであるが，政治的影響力の強い業界ほど恩恵を受けていると指摘されている．法人税関係の租特だけでも約2兆円が減収になっている．「租税特別措置の適用状況の透明化等に関する法律」（平成22年法律第8号）が制定され，法人税関係の租特の減収額などが公表されるようになったものの，その政策効果は十分に検証されているわけではなく，租特の透明性は低い．

●**税制の変化**　税制は，経済のグローバル化，労働市場の変化，人口高齢化，環境への配慮など経済社会の変化に応じて見直されている．そのひとつは経済活性化を重視するものであり，税率の引下げや税制のフラット化である．例えば，1990年代に北欧諸国で導入された「二元的所得税」である．これは，給与などの勤労所得に対しては従来どおり累進税率を適用する一方，利子・配当・株などのキャピタルゲインについては，比例税率（法人税率あるいは勤労所得課税の最低税率）で課税するものである（総合課税から分離課税への転換）．これは，資本の国際移動が活発化する中で貯蓄や投資を促進させつつ，政府収入や公平性を一定程度確保するための仕組みである．日本の配当課税（定率分離）もこれに類似する．

　日本における近年の抜本的な税制改革は「社会保障税一体改革」（2012年に関連法が制定）であり，その柱は社会保障財源を拡充するための消費税率の5％から10％への引上げであった．しかしながら，税制や社会保障の所得再分配機能は十分ではなく，日本の格差や貧困はアメリカに次いで高い．所得税の累進性は低下し，逆進的な社会保険料負担が一貫して増大しているからである．また，非正規雇用の増大など労働市場の変化に対して税制や社会保障の対応は遅れており，所得税や保険料の扶養を優遇する仕組みなどは労働を阻害している．マイナンバー制度は導入されたが，社会保障給付との連携は十分ではない．税と社会保険料を一体的に検討し，経済や社会の変化に適応するように改革する必要がある．　　［田中秀明］

📖**さらに詳しく知るための文献**
井堀利宏 2022. 『要説：日本の財政・税制』新版．税務経理協会．
三木義一 2018. 『日本の税金』第3版．岩波新書．
森信茂樹 2015. 『税で日本はよみがえる』日本経済新聞出版．

税の転嫁と帰着

　租税が個人や法人に課せられて納付されたとしても納税者が税を負担するとは限らない．実際の租税負担は他の経済主体へ移転されることがある．税の負担が移転する過程を転嫁と呼び，最終的に定着することを帰着という．
●**転嫁の諸形態**　例えば，ある商品に従量税のような税（個別消費税のように財やサービスの数量に応じて課税）が課され，納税義務者がその商品の製造業者（生産者）であるとき，製造業者は納税額を商品の価格に上乗せして卸売業者に売却したとしよう．卸売業者はその価格（卸売業者からみれば仕入れ価格）に経費や利潤分を上乗せして小売業者に売却する．小売業者も経費や利潤分を上乗せした価格で消費者に売却する．この場合，商品の流通過程において，租税負担は売り手から買い手へ転嫁され，消費者において帰着することになる．
　租税負担が生産から消費へと，いわば流通過程の前方へ転嫁されていくことを前転と呼ぶ．一方，租税負担が土地，資本，労働等の生産要素に，賃金の引下げのような要素価格の低下という形で転嫁される場合もある．租税負担が流通過程の後方（生産から生産要素）へ転嫁されていくことを後転と呼ぶ．また，技術革新などによって生産者や労働者の生産性が高まることにより租税負担が他者へ移転せずに内部で吸収されることを消転と呼ぶ．図1に転嫁と帰着の形態を図示した．
　租税論の重要な研究分野のひとつである転嫁論が理論的に体系化されるのは，ケネー（Quesnay, F.）やスミス（Smith, A.）の分配理論が形成された以降であり，セリグマン（Seligman, E. R. A.）やエッジワース（Edgeworth, F. Y.）らによって展開され，論点が整理されてきた．転嫁論の課題は，ある税が課されたとき実際には誰が負担しており，その負担の大きさは何によって決まるのかを明らかにすることにあ

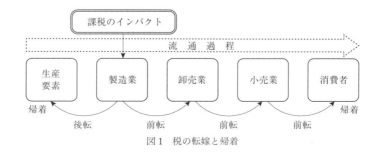

図1　税の転嫁と帰着

る．そのことを分析する方法は，部分均衡・一般均衡分析，短期・長期分析，計量分析等の発展とともに精緻化されてきた．以下では，分かりやすい分析例として，完全競争市場を前提とする部分均衡分析の枠組みを用いて従量税の負担についてみてみよう．

●**従量税の転嫁と帰着** 図2は，縦軸に価格，横軸に数量をとっており，ある財の需要曲線D_0は右下がりの直線として，課税前の供給曲線S_0は右上がりの直線として表されている．このとき，課税前の市場均衡は需要と供給が一致する均衡点Eで

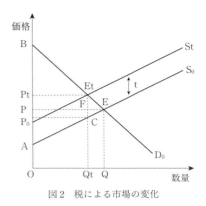

図2 税による市場の変化

あり，均衡価格はP，均衡数量はQである．この財に1単位あたり税額tの従量税が課されると，生産者の供給価格をtだけ上昇させることになるため，供給曲線はS_0からS_tにシフトする．課税後の均衡点はE_tとなり，均衡価格はPtに上昇し，均衡数量はQtまで減少する．納税義務者が生産者である場合，生産者が政府に収める納税額は□PtP_0CE_tになるが，このうち生産者の租税負担は□P_0CFPである一方，消費者負担は価格がPからPtになったことにより□PFE_tPtになる．すなわち，納税義務者が生産者であっても課税分のすべてを生産者が負担するのではなく，その一部は消費者に転嫁されていることがわかる．

●**価格弾力性と転嫁** さて，消費者と生産者の租税負担の割合がFE_tとFCであることから，転嫁の大きさは需要や供給の価格弾力性（価格の変化に対する需要量や供給量の変化の影響の大きさ）の違いに依存することになる．図3は，需要の価格弾力性が大きい財に同様の従量税が課された場合を表している．このとき，生産者が政府に収める納税額□PtP_0HE_tのうち生産者の負担は□P_0HIPであるのに対して，消費者負担は□PIE_tPtになっている．このこと

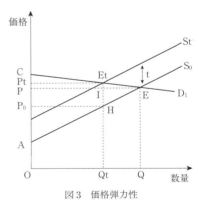

図3 価格弾力性

から一般的には，財やサービスの需要が弾力的である（価格の変化に対して需要が大きく反応する）ほど，従量税が課された際の生産者の租税負担は大きくなるといえる．もし，需要の価格弾力性が無限大（需要曲線が水平）であれば，租税負担はすべて生産者に帰着し，消費者はまったく負担しないことになる．

［稲田圭祐］

税の中立性

　税の中立性とは，税制が個人や企業の経済活動における選択（市場による資源配分）を可能な限り歪めないことを意味する．ただし，税制が個人や企業の経済活動における選択に何らかの影響を与え，資源配分の歪みをもたらす場合には，個人や企業への直接的な負担である租税負担以外の厚生上の損失が発生する．この厚生上の損失は，税収を超えた追加的な負担という意味で，超過負担または死荷重と呼ばれている．

●2財の選択と超過負担　例えば，上級財（所得が増加すると需要も増加する財）である2財の選択市場を考えたとき，一方の財のみに個別消費税のような税が課されると，消費者は効用の最大化を目指して課税された財の消費量を減らす代わりに，相対的に低価になった課税されていない財の消費量を増やすだろう．このような選択の変更に伴って生じる超過負担を図示すると，図1のように表すことができる．

　横軸は X 財の数量，縦軸は Y 財の数量であり，X 財と Y 財の2財に支出する消費者を想定している．予算制約線 AB は，課税前の選択可能な財の組合せであり，無差別曲線 U_1，U_2，U_3 は消費者が同じ水準の効用（満足度）を得られる財の組合せである．課税前において，この消費者が購入可能であり，かつ効用を最大化する選択は，予算制約線 AB と無差別曲線 U_3 との接点 E_3 となる．X 財に個別消費税が課されると X 財と Y 財の価格比が変化するため，予算制約線は当初の AB から AB" に時計回りに回転する．このとき，効用を最大化する選択は，予算制約線 AB" と無差別曲線 U_1 との接点 E_1 となる．もし，課税前の2財の価格比を変更せずに個別消費税と同額の税収を確保するような税（一般消費税や所得税）が課されると，効用を最大化する選択は，接点 E_1 を通りかつ予算制約線 AB に平行な予算制約線 A'B' と，無差別曲線 U_2 の接点 E_2 となる．すなわち，U_1 と U_2 の効用水準の差が超過負担を表している．

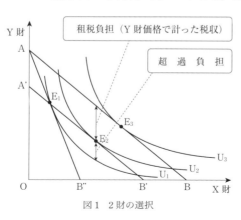

図1　2財の選択

●所得と余暇の選択と超過負担　また，労働所得税が課された場合にも

超過負担が生じる。個人の利用可能な時間（生涯時間）が労働時間と余暇時間に分けられるとすると，個人は所得の増加を望む場合には労働時間を増やす代わりに余暇時間を減らす必要があり，余暇の増加を望む場合には余暇時間を増やす代わりに労働時間を減らす必要がある。労働所得税が課されると，所得が強制的に減少するため労働時間と余暇時間の選択の変更を余儀なくされる。このような選択の変更に伴って生じる超過負担を図示すると，図2のように表すことができる。

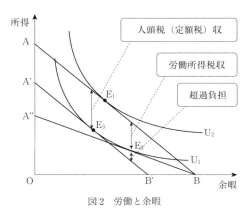

図2 労働と余暇

　横軸は余暇，縦軸は所得であり，予算制約線ABは課税前に個人が利用可能な時間をすべて労働時間に充てればAの所得を得ることができ，余暇時間に充てればBの余暇を得ることができることを示している。予算制約線ABと無差別曲線U_2との接点E_1は，課税前の効用を最大化する選択である。労働所得税が課されると予算制約線は当初のABからA"Bに反時計回りに回転する。このとき，効用を最大化する選択は，予算制約線A"Bと無差別曲線U_1との接点E_2となる。もし，労働所得税に代えてU_1と同じ効用水準を得るように担税力（税の負担能力）の差に関係なく，各個人から一律に同額を徴収する人頭税（定額税）が課されると個人の行動の変化が所得に影響を与えないため，予算制約線は当初のABからA'B'まで平行にシフトする。効用を最大化する選択は，予算制約線A'B'と無差別曲線U_1の接点E_3となる。同じ効用水準を得るように労働所得税と人頭税を課された場合，人頭税の方が徴収される税収が多いことになる。すなわち，人頭税と労働所得税の税収差が，得られたはずの税収が失われたという意味で超過負担を表している。

　こうしたことから，税の中立性の観点からは，人頭税が最も望ましい税といわれているが，担税力に関係なく税を徴収することは，税の垂直的公平（担税力のある人により大きな負担を求める考え方）の観点からは好ましくなく，所得の再分配機能も達せられない。つまり，人頭税の実行は現実的ではないため，超過負担を伴う課税は不可欠であり，税の中立性を確保するためには，超過負担を可能な限り小さくすることが求められる。再分配機能を満たしつつ，中立的な課税システムの構築を目指す考え方を最適課税論といい，社会全体の超過負担を小さくするためには，価格弾力性に応じて課税の軽重を判断していくことが望ましいとされている。

［稲田圭祐］

所得税の後退と再生の可能性

　所得税が長きにわたって「最良の税」として評価されてきたのは，課税の公平を実現するために最も優れた租税のひとつだと考えられてきたからである（川勝2016）．しかし，日本の個人所得課税が国税収入に占める割合は，ピーク時の1990年度に42.3%に達した後，2021年度には31.9%まで減少している．この数値をOECDが公表している2018年のデータで他の主要国と比較してみると，アメリカが83.3%で突出して高く，ドイツとフランスはそれぞれ39.9%，39.8%となっており，日本はイギリスの36.1%に次いで低い水準にある．

●**金融所得一体課税の拡充と課税ベースの浸食**　その要因のひとつとして考えられるのが，利子所得・配当所得・株式譲渡所得といった金融所得に対する所得税の低率分離課税である．所得税は本来，あらゆる所得を総合して累進課税されるべきものであるが，日本では2000年代初頭から金融所得については，本則である総合課税からむしろ分離課税する方向を強めるとともに，税率を統一して源泉徴収だけで納税を完了し，かつ金融所得間での損益通算できる範囲を拡大する仕組みの整備が進められている．これは，「貯蓄から投資へ」という政策的要請や金融商品間で税負担が異なる状況を統一して課税の中立性を確保し，投資リスクを軽減できる簡素でわかりやすい税制に改める「金融所得課税の一体化」に向けて行われてきた，さまざまな措置によるものである．

●**所得税の負担構造と「1億円の壁」**　所得税は累進税率構造を適用することによって，高所得者ほど負担が重く，低所得者ほど負担が軽くなるように設計されているため，確かに垂直的公平に最も適合しやすい．しかし，日本の現行所得税制では課税対象となる給与所得等の勤労所得に最高税率の45%が適用される一方で，前述のように金融所得については分離課税され，その税率よりもはるかに低い20%が適用されているに過ぎない．

　しかもそうした金融資産は高所得者層に集中しているので，図1のように，所得税の負担率は合計所得5000万円超から1億円以下（以下，1億円以下）の26.3%で頭打ちとなり，それを超える最高所得層ではむしろ逆進的な構造になっている．実際，合計所得に占める株式譲渡所得の割合は1億円以下では8.2%に過ぎないが，1億円を超えるとその割合は著しく大きくなり，100億円以下では8割を上回る水準に達している．つまり，日本の所得税は垂直的にも水平的にも負担の公平を欠いたものになっていると言わざるを得ない．

●**国際的な税務執行体制の整備**　現行所得税の財源調達機能と再分配機能を回復

するためには，金融所得を他の所得と合算して総合課税し，累進課税の適用対象とすることで高所得層への適切な課税を実現する必要がある．ところが日本では近年，金融所得を再び総合課税化する動きはほとんど見られなくなっている．金融所

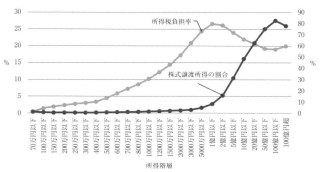

図1　所得階層別にみた所得税負担率および金融所得の割合［国税庁『申告所得税標本調査（令和3年分）』より作成］

得が勤労所得より低い税率で分離課税されているのは，税の効率性，つまりグローバルに取引される金融所得の国外への逃避を防ぐためとされてきた．

しかし今日，そうした議論の前提は変わりつつある．例えば，日本でも2015年に時価1億円以上の有価証券等を所有している国内居住者が国外に転出する場合，その含み益に課税する「出国税」が導入された．また，2017年には国際的な脱税や租税回避を防止するために，非居住者の金融口座情報をOECD各国の税務当局間で自動的に交換する仕組み（Common Reporting Standard：CRS）が施行されている．富裕層による国境を越える金融所得を適正に課税する納税環境は近年，大きく整備されてきているのである．

●「1億円の壁」は崩せるか　しかし，金融所得に対する税率を一律に引き上げると，中低所得で金融所得のある者は勤労所得よりはるかに重い税負担となる．したがって，一定以上の金融所得のある者について税率を引き上げることが考えられる．日本では2023年度税制改正によって，合計所得が30億円を上回る超富裕層に最低限の負担を求める措置，いわゆる「ミニマム税」が2025年から導入されることになった．この税は，①通常の所得税額と②法令が定めたミニマム税の水準（合計所得金額－特別控除額（3.3億円）×22.5％）を比較して，①が②を下回る場合には，その差額分を上乗せして課税し，税負担の適正化を図る仕組みである．しかし，この課税が発生する基準所得金額が3.3億円超という極めて高い水準に設定されたことは，その基準までは金融所得はやはり軽課される優遇税制との見方もできる（岡2023）．また，富裕層の実効税率のピークが図1で26.6％であったのに対して，その最低税率が22.5％にとどまっていることは，いかにも低いと言わざるを得ない．

いずれにせよ，グローバル化と国際的な租税競争の圧力に対し，一国レベルだけで対応することの限界はある．将来的には，資本所得の捕捉を可能にする国際機関による課税か，国際通貨取引税のような国際的な租税協調の前進が期待される．［川勝健志］

消費税

　消費課税は，一般に，税の負担者と納税義務者が異なる間接税である．大きく
分けると，酒税，たばこ税，揮発油税などの個別消費税と，原則としてすべての
財・サービスを課税対象とする一般消費税がある．日本の場合，後者に該当する
のが1989年に創設された消費税である．消費税は，事業者が事業として行う資
産の譲渡や貸付，サービスの提供等を対象にして課税される．

●**消費税の算出方法**　消費税は，各取引の段階で課税される税が蓄積されること
を防ぐため，納税額を計算する際に，売上げにかかる税額から仕入れにかかる税
額を差し引いて算出される．これを前段階税額控除という（林2023）．ここでい
う仕入れには，商品や原材料のほかに，機械等の購入や事務所の賃借，事務用品
の購入，派遣会社への支払い（外注費）も含まれる（伊藤2020）．なお中小規模の
事業者には免税や納税額の計算の特例がある．

　課税から外れるものとして，まず消費税法第4条の「国内において事業者が行
つた資産の譲渡等」という条件（課税要件）に当てはまらない取引がある．これ
を不課税取引といい，海外での取引，寄付金，給与や賃金がこれにあたる．一方，
形式的には課税要件に当てはまるが，課税の対象とならない取引を非課税取引と
いう．第一に，消費とはいえないもので，土地や有価証券，商品券の譲渡（売買）
などがある．第二に，社会政策的配慮から非課税となっているもので，学校の授
業料や住宅家賃，社会保険診療などがこれにあたる（鶴田・藤永編著2019）．

　免税については課税売上高1000万円以下の小規模事業者のほか，輸出業者にも
適用される．輸出品の場合，製造する段階で原料や部品にかかった消費税は還付
される．特にトヨタなど輸出大企業が多額の還付を受けていると推計されている．

●**消費税の歴史的経緯**　もともと日本では酒税などの個別消費税は存在したが，
1949年のシャウプ勧告以降，所得税が担税力に直結した近代的租税と位置付けら
れてきた（田中2022）．やがて1970年代半ばになると，赤字国債への依存が高ま
ることに危機感を覚えた当時の大平正芳首相が一般消費税を提案するも，撤回さ
れている．その後，1980年代にはアメリカのレーガン（Reagan, R.）大統領が打
ち出した税制改革などの影響を受け，日本でも所得課税の累進性の緩和が課題と
なる．そこで中曽根康弘首相は所得税減税を主眼に置いた税制改革を構想する．
そのなかで，減税分を補う財源として検討されたのが「広く薄い税負担」である
一般的な消費課税であった．ただし1987年に売上税の名称で国会審議が行われ
たものの，強い反対を受け審議未了で廃案となっている．

その後，竹下登内閣の下，売上税に反対した業界を懐柔するなど周到に準備を進め，1989年に所得税・法人税の減税と並行して実施されたのが3％の消費税である．なお，これと同時に複数の地方税が廃止または縮小されたため，消費税の一部を消費譲与税として地方に配分するほか，消費譲与税を除く消費税の24％を地方交付税の原資として，地方に配分する仕組みが設けられた．

1994年には，非自民の連立政権の下で当時の細川護熙首相が，所得税減税分のみならず高齢化社会の社会保障財源確保まで見通し，消費税を廃止して7％の国民福祉税とする案を提示したが，具体性を欠き，すぐに頓挫した．その後，自社さ連立政権となり，与党税制改革プロジェクトチームで議論が行われ，村山富市内閣は消費税率5％への引き上げを決定し，地方消費税を創設するとともに消費税収の一部を高齢者福祉に充てるとした．ただし，1995年に所得税の減税は行われたものの，経済低迷という状況下にあり，消費税の増税については2年後に実施すると計画された．そのため実際に消費税が引き上げられたのは自民党単独政権の1997年4月である．その際，従来の消費税における消費譲与税は廃止となり，新たに地方消費税が創設された．つまり厳密には消費税は4％に増税され，それに1％分の地方消費税を上乗せする形となった．なお，消費税収のうち国の財源分は1999年度から予算総則で「基礎年金，老人医療，介護」の社会保障分野に充てることとなっており，実務上は社会保障目的税となった．

その後，民主党政権となった2012年に，野田佳彦内閣は社会保障・税一体改革において，消費税率を10％へ段階的に引き上げることを，当時野党であった自民党・公明党と結託し三党合意で成立させた．消費税（国の財源分）は全額社会保障四経費（年金，医療，介護，少子化対策）に充てることが明確化され，消費税収入の使途が消費税法にも明記された．自公連立政権となった2014年4月に安倍晋三内閣は税率を8％に引き上げたが，さらなる引き上げは2度延期され，2019年10月に標準税率10％となった．国の消費税が7.8％，地方消費税は2.2％で，国の消費税の19.5％が地方交付税の原資となるため，実質配分は国6.28％，地方3.72％となっている．同時に，食料品等の軽減税率が設けられた．こちらは国の消費税が6.24％，地方消費税1.76％である．

●**消費税の位置づけ**　以上を踏まえると，消費税はグローバル化に伴う所得税のフラット化，および法人税の減税とセットで実施されてきた税といえよう．一方，社会保障財源という位置付けは増税を図るなかで強調され，2012年の社会保障・税一体改革において明確化された．広く薄い税として低所得層にも一定程度の負担を求めるものであり逆進性が指摘されるが，その用途を鑑みれば，社会保障費支出がもつ所得再分配的性格とあわせて考える必要がある．1989年以降，税収に占める消費課税（個別消費税を含む）の割合は高まってきている．

[宮本章史]

資産税

　租税を経済力の指標である課税ベースから分類すると，所得課税，消費課税，資産課税に分けられる．令和5年度の金額でみると（国税と地方税の合計118兆4048億円），所得課税による税収の割合は51.8%で，消費課税のそれは34.8%である．残りが資産課税等で13.3%の割合を占めている．税収の構成比は，消費税の導入以降は消費課税の割合が上昇し，所得課税の割合は下落の傾向にある．資産課税等の割合は，ここ30年ほど税収全体の13%〜18%で推移しており，比較的安定している（税収の数字は財務省ホームページ「税の種類に関する資料」を参照）．

　資産課税等の内訳は，固定資産税，相続税・贈与税，都市計画税，その他の資産課税等であり，そのうち約8割は固定資産税と相続税・贈与税である．以降，固定資産税と相続税に焦点を当てて説明する．

●固定資産税はなぜ必要なのか？　固定資産税（property tax）は，第二次世界大戦後にシャウプ勧告に基づいて創設された．それまでの土地に課せられた地租税と家屋に課せられた家屋税を統合し償却資産を加えることで誕生した．固定資産税は地方税の主要な税源であり，地方税に占める割合は約20%である．

　固定資産税は地方税の中の市町村税に該当する．そのため課税主体は全市町村（東京23区内は東京都が課税）であり，課税額は固定資産評価額を基に決められる．固定資産評価額は鑑定価格であり，土地および家屋については3年毎に評価替えが行われる．土地の評価額は公示地価の70%の水準に設定されており，土地の実勢価格のおよそ50%程度となっている．税率は標準税率が1.4%で，土地，家屋，償却資産毎に課税が免除される免税点制度が設けられている．また，一定の要件を満たす小規模な住宅用地や新築住宅については，課税標準や税額の軽減措置が設けられている．

　固定資産税の注目すべき特徴は，完全ではないが地方税として望ましい性質を満たしていることである．佐藤（2009）で示している望ましい地方税の条件は，①税収は景気に左右されにくいこと，②税源は地域間で偏在していないこと，③税源に地域間の移動可能性がないこと，④地域住民が受益に応じて税負担を負うこと，である．④の条件は課税の負担からみれば，応益負担（応益原則）を満たすことである．特に，課税ベースが土地のみであり，地方政府による公共サービスの充実が，正確に地価に反映されるという資本化仮説が成立するなら，土地への固定資産税は③と④の条件を十分に満たすので，地方税としてより望ましくなる．

このように，固定資産税は地方税として望ましい性質をもっており，税収に占める割合の高さからも，市町村にとっては必要不可欠な税金である．シャウプ勧告でも，固定資産税は基幹税として，地方税の中心的役割を果たすべきものとされた．また，古くは重農主義を唱えたケネー（Quesnay, F.）やアメリカの社会改革論者であるジョージ（George, H.）は，社会にとって土地に対する100％の単一課税が望ましいことを主張した．

●**土地保有税と譲渡税の効果**　土地に対する固定資産税は，土地保有税に該当する．土地の用途を宅地と農地に分けた場合，保有税率がどちらの用途に対しても同率で課せられ，かつ用途変更の造成費等の転用費用が無視できれば，土地保有税は用途配分に影響を与えないことが理論的に示される．これは，土地保有税が土地用途に対して中立的であることを示しており，資源配分に影響を与えないという意味では望ましい性質である．しかし，日本の場合には生産緑地制度により，生産緑地として認定されれば近隣の宅地よりも税の優遇措置が受けられる．そのため，現実的には土地保有税の中立性は当てはまらない．

土地の譲渡税は，土地の売却で生じる譲渡益への課税である．譲渡税は土地を売却しない限りは課税されないので，事実上の延納であり，売却を遅らせて土地供給を滞らせる凍結効果（ロックイン効果）があるといわれる．しかし，契約自由な土地賃貸市場が十分に存在すれば，凍結効果は生じないという指摘もある．

●**相続税に関する評価**　相続税（inheritance tax）は，相続，遺贈，死因贈与により財産を取得した者に対して，その財産の取得時における時価を課税価格として課される．相続税の根拠は，遺産の取得に担税力を見出し，支払い能力に応じて税負担を負うという応能負担（応能原則）に基づいている．そのため，相続税は所得税を補完するものとして考えられ，所得税同様に累進税率を適用することにより，富の再分配を図るという期待がある．また，贈与税は相続税の存在を前提にして，生前贈与による相続税回避を防止するという意味で，相続税の補完の役割を果たしている．

2015年には相続税の強化が図られた．それは，基礎控除額の引き下げ，税率の細分化と引き上げである．基礎控除額は，従来の5000万円＋（1000万円×法定相続人数）から，3000万円＋（600万円×法定相続人数）に引き下げられることになり，課税対象者数は増加した．また，現行の税率は10％から55％までの8段階の累進税率であり，従来よりも累進度はきつくなった．

なお，相続財産が土地の場合，その課税価格は相続税評価額（路線価）によって算出される．相続税評価額は公示地価の80％の水準に設定されるので，評価額は土地の実勢価格のおよそ60％程度になる．このことにより，土地は金融資産と比べ相続財産として税制上優遇されるので，土地保有の細分化を促進させ，土地の流動化を阻害するのではないかといわれている．　　　　　　　　　［矢口和宏］

V　社会と政策

[小西　敦・焦　従勉・中川雅之]

福祉国家

福祉国家についてはさまざまな定義があるが，社会政策などの取組みにより国民の福祉に責任を負う国家を指すことについては，ほぼ共通しているものと思われる．そして，福祉国家では，福祉は国民の権利として保障される．

より具体的には，福祉国家は，課税により財源を確保して，社会サービスや所得保障などを行う．それを通して，国民の生活環境が整えられるとともに，人生で直面しうるさまざまなリスクの影響を緩和することができる．結果として，社会の格差是正も促される．

●福祉国家の登場と発展　近代社会では，自由放任主義が理想とされ，国家が自由な経済活動や国民の生活に介入することはできる限り避けるべきことと考えられていた．しかし，自由な経済活動は，資本主義を発展させ，都市化・工業化を進めた一方，労働者の失業や貧困，劣悪な労働環境や生活環境といった深刻な社会問題を引き起こした．

このように自由放任主義の問題点が認識されるようになり，国家が，経済活動や国民の生活に介入し，社会問題に対応することが求められるようになった．めざす国家像が「夜警国家」から「福祉国家」へと転換したのだと言うこともできるだろう．

ドイツでは，19世紀後半に社会保険制度が整備された．これは，給付が権利である点，また，貧困に事後的に対応するのではなく前もって備える制度である点が画期的であった．ピアソン（Pierson, C.）は，社会保険制度の導入を福祉国家の起源の基準のひとつとしている（ピアソン 1996, 205）が，この後，社会保険制度は各国に広がっていき，対象範囲の拡大などその内容も充実していった．また，各国で普通選挙権が実現すると，労働者の支持を受けた政権が成立するようになり，労働者の生活向上に積極的に取り組んでいった．

第二次世界大戦後になると，西欧の資本主義諸国は黄金期とも呼ばれる経済成長期を迎え，それを背景に福祉制度を拡充していった．このようにして福祉国家は形成されていった．つまり，福祉国家は，第二次世界大戦後の主に西欧で，好景気や民主主義の成熟など一定の条件の下に生み出されたものだとされている．

やがて福祉国家は，見直しを迫られることになった．

1970年代に入りオイルショックが起きると，高度経済成長も終わりを迎えた．これは福祉の財政的基盤を揺るがすことになり，また，行政組織の肥大化，硬直性，非効率などが福祉国家の問題点として批判されるようになった．

各国で行政改革が行われた．特にアメリカ，イギリスなどでは，新自由主義の立場から福祉の見直しを目指す行政改革が行われ，規制緩和，給付水準の引き下げなどさまざまな制度の下方修正が行われた．しかし，これらの行政改革は必ずしも福祉国家の課題を解決したとはいえず，例えばイギリスでは，結果として，失業の増大，サービスの質の低下など深刻な問題が生じることになった．

　近年では，少子高齢化や経済のグローバル化，産業構造の変化など，地球規模で大きな変化が進行しており，各国は福祉国家のあり方をそれに対応させていくことが求められている．

●**類型論**　福祉国家は，それぞれの政治，経済，社会の状況などに影響を受けながら形成されてきたため，国によりその特徴は異なる．エスピン=アンデルセン（Esping-Andersen, G.）による福祉国家の分類は，今日の福祉国家類型論とそれに関わる議論の前提となり，大きな影響を与えている．

　福祉は，実際には，国家，市場，家族の三者が担っており，その組合わせのあり方は，国家によって異なる．エスピン=アンデルセンは，脱商品化（労働市場に参加しなくても一定水準の生活ができるか）と階層化（国家による所得分配効果はあるか．〔効果が高いほど小さい〕）を指標に，福祉国家を自由主義レジーム，保守主義レジーム，社会民主主義レジームの三つに類型化した．

　自由主義レジームは，アメリカ，カナダ，オーストラリアが典型例である．国家による保障は最低限であり，脱商品化の程度は低く，階層化は大きい．

　保守主義レジームは，ドイツ，フランス，イタリアなどが典型例である．家族がサービス提供に中心的な役割を果たし，国家はそれを補完する．脱商品化の程度は高く，階層化も大きい．

　社会民主主義レジームは，北欧諸国を典型例とし，国家が主な担い手である．脱商品化の程度は高く，階層化は小さい（☞「北欧の高福祉高負担」）．

　エスピン=アンデルセンのこの類型論に対しては，類型にあてはまらない国が存在すること，指標に家族（ジェンダー）の視点が不十分であることなどが指摘された．後者については，エスピン=アンデルセン自身により脱家族化という指標が採用されたほか，新たに脱家族化を反映させた類型が提案されるなど今日も議論は続いている．　　　　　　　　　　　　　　　　　　　　　　　[木下淑恵]

📖さらに詳しく知るための文献

エスピン-アンデルセン, G. 著，岡沢憲芙・宮本太郎監訳 2001．『福祉資本主義の三つの世界』ミネルヴァ書房（Esping-Andersen, G. 1990. *The Three Worlds of welfare Capitalism*. B. Blackwell）．

ピアソン, C. 著，田中 浩・神谷直樹訳 1996．『曲がり角にきた福祉国家』未來社（Pierson, C. 1991. *Beyond The Welfare State?*. B. Blackwell）．

福祉政策における主なアクター

　福祉国家の形成，確立，再編成という歴史的変化において，最初は民間の慈善団体や非営利団体が担った福祉サービスが，徐々に国家によって制度化されることにより福祉国家が形成されていく．その中で民間団体の比重はいったん低下するが，1980年代以降の福祉国家の再編成の中，再び民間非営利組織や民間企業の役割が浮上し，それらと行政との連携や役割分担が重視されることになった．

　日本においては福祉国家の形成は遅れ，1945年以降の占領下の戦後改革を起点に，戦時厚生事業の遺産を引き継ぎつつも，憲法25条などを根拠に行政主導で福祉政策が体系化されていった．その中で，社会福祉法人や医療法人などの民間非営利団体は主務官庁制の下で従属的，依存的な役割を果たすことが多かった．

　しかし，1980年代以降には，民間福祉事業やNPO団体が急速に増加し，政府における福祉政策の優先順位も高まり，1990年代以降は特定非営利活動促進法，公的介護保険制度，障害者総合支援法，子ども子育て新システム，社会福祉法など，いわゆる福祉多元主義に基づいた各分野の制度が導入されていった．同時に，福祉政策の分権化も進展していき，地方自治体の役割も増大した．

　以上の福祉政策の概略を前提に，現代日本の福祉政策における主なアクターを論じる．その際，政策決定の段階と実施の段階を分けて考えることが有効である．

●**福祉政策の決定主体**　1980年代までの日本においては，福祉政策の決定主体としては厚生省が中心であり，それに対して医師会や全国社会福祉協議会などの民間団体が圧力団体として一定の影響力をもち，厚生族といわれる議員たちもそれを支援する形であった．しかし，その後，二つの方向での大きな変化がみられた．

　ひとつは，1990年代半ば以降の地方分権改革によって，全体としての地方分権（特に団体自治の強化）が進展したことを背景に，福祉政策における地方自治体の権限が強化されたことである．具体的には，都道府県は，2020年以降の新型コロナ対策のように病床確保，感染症対策の中心であり，2018年以降は国民健康保険の運営主体となるなど，医療分野における権限が強い．一方で市町村は，介護保険の運営主体であるなど，高齢者福祉，児童福祉などにおける権限を強めている．

　もうひとつの変化は，官僚主導から政治主導への変化である．つまり，1990年代半ばに実施された政治改革（衆議院議員総選挙における小選挙区制の導入など）の直接の結果として衆議院の多数派が決まり，国民による政権選択が実質化し，政治家（首相，大臣など）の官僚に対する指導力が強化された．これに加えて，首相の内閣における指導力が強化され，首相を補佐する機構や人員が拡充さ

れたことにより，官邸主導が確立し，官僚機構内部でも官邸官僚の各省官僚に対する優位性が強まっている．

こうした変化の結果，福祉政策においても，従来どおり厚生労働省により企画立案される政策と並んで，首相の発案により内閣官房や内閣府において企画立案される官邸主導の福祉政策も増えている．

表1　福祉事業者の内訳

経営主体	訪問介護（％）	地域密着型通所介護（％）
地方公共団体	0.2	0.3
社会福祉法人	15.7	12.0
医療法人	5.4	3.7
社団・財団法人	1.4	1.0
協同組合	1.9	1.0
営利法人（会社）	70.3	75.9
特定非営利活動法人（NPO）	4.9	5.7
その他	0.3	0.4
合計	100.0	100.0

［厚生労働省 2022 より作成］

●**福祉政策の実施における制度**
福祉政策の実施過程（サービス提供過程）における主体に関しては，決定過程と同様の地方分権化が指摘できることに加えて，かつての行政による直営から，各種の民間非営利団体や民間企業による実施へと大きな転換が起こっていることが重要である．

その際には，行政から民間団体への事業委託契約を通じた委託制度，公の施設の管理運営を自治体から民間団体へ委託する指定管理者制度，政府が枠組みを設定し資金を確保したうえで実施は利用者が選択した民間団体が担うバウチャー制度（準市場）などの制度が活用されている．特に，日本では，以前から実施されている医療保険制度に加えて，2000年からの公的介護保険制度，障害者総合支援法，子ども子育て新システムなど多くの福祉分野におけるバウチャー制度の採用が注目される．

●**福祉政策の実施主体**　第二次世界大戦後に整備された日本の福祉政策の実施においては，当初から，社会福祉法人，医療法人，社団法人，財団法人などが主務官庁制の監督を受けながら大きな役割を果たしてきた．

ところが，1998年の特定非営利活動促進法や2005年の公益法人制度改革によって，主務官庁制から脱却した特定非営利活動法人（通称NPO法人），一般社団法人，一般財団法人，公益社団法人，公益財団法人が急激に増加する．

国税庁法人番号公表サイト（2023年4月7日）および内閣府NPOホームページ（2023年2月末）によると，依然として主務官庁制の監督の下にある社会福祉法人は2万1477法人，医療法人は6万1967法人であるのに対し，主務官庁制を脱却して自律性を高めている非営利法人は特定非営利活動法人5万441法人，一般社団法人6万1967法人，一般財団法人8144法人と増加が顕著である．公的介護保険における「訪問介護」と「地域密着型通所介護」の事業所の経営主体別の割合をみても表1のように（厚生労働省 2022）．福祉多元主義を多様な民間非営利団体や民間企業が担っていることが鮮明である．　　　　　［後 房雄］

国民皆保険

　日本では，全国民に何らかの公的な医療保険制度への加入が義務付けられている．これを国民皆保険と呼ぶ．医療保険は，傷病で家計が破綻するリスクに備えて，人々が保険集団を形成し，あらかじめ保険料を出し合い，医療費の自己負担額を軽減する仕組みである．多くの先進諸国で，国民の医療費を保障する制度が導入されているが，費用負担の方式には差があり，イギリスやスウェーデンでは租税を財源とする税方式が，日本やフランスでは社会保険方式が採用されている．

●**制度の仕組み**　日本の国民皆保険体制の特徴のひとつは，働き方，就労先，居住地域，年齢によって，どの医療保険制度に加入するかが決まる点にある．医療保険制度は，同じ職場，業種，職業の者の間で保険集団を形成する「職域保険」，同じ地域内で保険集団を形成する「地域保険」（国民健康保険），原則75歳以上の高齢者が加入する「後期高齢者医療制度」に大別される．国民は，このいずれか一つに加入する．

　職域保険は，次の4種に大別される．すなわち，①大企業の被用者とその家族（被扶養者）が加入する健康保険組合，②中小企業等の被用者とその家族（被扶養者）が加入する全国健康保険協会，③国家公務員，地方公務員，私立学校の教職員として雇用されている者とその家族（被扶養者）が加入する各種の共済組合，④医師や弁護士，土木建築など同種の事業・業務に従事する者とその家族（被扶養者）が加入する国民健康保険組合である．

　他方，都道府県・市区町村が運営する地域保険（国民健康保険）には，上記の職域保険もしくは後期高齢者医療制度に加入していない者，生活保護の被保護者ではない者，例えば，農業従事者，自営業者，無職者などが加入する．

　加入者が毎月支払う保険料の負担割合や金額は，加入する医療保険の財政状況や本人の収入等により異なるが，保険給付の内容には制度間で大きな差はない．国民は被保険者証（2024年からマイナンバーカードと一体化）を所持していれば，いつでも任意の医療機関を受診できる．

　医療保険制度などによる給付と，これに伴う患者の一部負担などによって支払われた金額を合算し，単年度内の医療機関などにおける保険診療の対象となり得る傷病の治療にかかった費用を推計したものを国民医療費と呼ぶ．財源比率は，保険料49%，患者負担12%，公費39%である．社会保険方式を採るにもかかわらず，じつは多額の公費が，各制度の財政力に応じて投入されている．公費は各制度の財政力に応じて傾斜配分されている．国民健康保険や後期高齢者医療制度

は，低所得者や高齢者が多く加入しているため財政基盤が脆弱である．そうした制度に手厚く公費を投入することで，国民皆保険体制は維持されている．

●**制度の歴史**　医療保険制度の歴史は1922年の健康保険法制定までさかのぼる．第一次世界大戦後，日本は深刻な不況に陥り，労働運動が激化したことを受け，労使協調を目的として導入された．当初の対象者は工場労働者などに限られていたが，やがて他職種にも拡大し，被用者を対象とする職域保険として発展していった．

他方，劣悪な健康・衛生状態にある農村の窮状に対し，1938年に農業従事者などを対象とする国民健康保険法が制定された．当時の運営主体は市町村ではなく組合で，設立も強制ではなく任意だったが，戦時下の健兵健民政策の一環で全国に普及した．しかし太平洋戦争の激化に伴い，医療保険制度は機能停止に陥った．

終戦後，医療保険制度の再建が進められる中で，約3000万人にのぼる保険未適用者の存在が問題視されるようになった．そこで1958年の国民健康保険法の全面改正により，全市町村に国民健康保険事業の運営が義務付けられた．そして1961年4月までに全国で事業の実施が始まり，国民皆保険が実現した．

国民皆保険達成後，保険診療を利用した受診者数は増加した．また医療機関の整備が進展し，保険給付の水準も徐々に引き上げられた．医療費は急激に増加し，財政基盤が脆弱な一部の保険財政はたびたび赤字に陥ったが，高度経済成長に伴う自然増収を背景として，保険料負担の引上げなどによる赤字対策がとられた．

しかし，1973年に70歳以上の高齢者の医療費のうち患者自己負担分を国が肩代わりする老人医療費無料化がスタートすると，高齢者の医療費は爆発的に増加した．同年の第一次石油危機を機に高度経済成長が終焉を迎えたことも相まって，保険財政は悪化していった．そこで1982年に制定された老人保健法によって，老人医療費無料化が廃止され（70歳以上の高齢者に定額の患者負担を導入），高齢者の医療費を保険者間で分担して負担する拠出金制度が創設された．

また増加し続ける医療費を抑制するため，1984年の健康保険法改正（被用者本人定率一部負担の導入等），1994年の健康保険法改正（入院時食事療養費の導入等），2002年の健康保険法改正（被用者本人定率一部負担の引き上げ等）などが実施された．

さらに国民皆保険体制を堅持するため，制度体系の見直しも進められた．2006年の医療制度改革によって，全国健康保険協会（旧・政府管掌健康保険）と後期高齢者医療制度（旧・老人保健制度）が創設された．また2015年の国民健康保険法改正によって，従来，市町村が運営してきた国民健康保険事業について，都道府県が財政運営の責任主体として中心的な役割を担うこととなった．　　[三谷宗一郎]

📖**さらに詳しく知るための文献**

島崎謙治 2020.『日本の医療』増補改訂版．東京大学出版会．

吉原健二・和田 勝 2020.『日本医療保険制度史』第3版．東洋経済新報社．

椋野美智子・田中耕太郎 2022.『はじめての社会保障』第19版．有斐閣．

介護保険と後期高齢者医療制度

　高齢化が急速に進展する日本において，高齢者に対する医療・介護サービスを確保しつつ，その費用を保障するための持続可能な仕組みは，社会保障政策の要の一つである．

●**介護保険制度の成り立ち**　日本では，1961年の国民皆保険達成後，給付水準の充実化が進められ，1973年には老人医療費無料化（70歳以上の高齢者の医療費のうち患者自己負担分を国が肩代わりする政策）も実施された．この間，人口の高齢化や医学の進歩による救命率の上昇などによって，介護を必要とする高齢者が増加していった．

　しかし，そうした高齢者を支える福祉政策は立ち遅れていた．租税を財源として市町村が運営する措置制度は，低所得者など一部の者に対する行政処分として特別養護老人ホームに入所させることを基本とし，サービスの提供体制は質・量ともに不十分だった．また医療保険制度の給付水準が充実化していったため，措置制度で特別養護老人ホームに入所するよりも，医療機関に入院した方が，高齢者の費用負担は少なく，手続きも簡便で，さらに家族は世間体を保つことができた．その結果，医療の必要性が低いにもかかわらず，これら社会的な理由で入院する，いわゆる社会的入院が増大した．

　こうして1980年代後半から，社会的入院などによって生じる医療費を適正化しつつ，高齢者本位の新たな介護システムを創設する機運が高まっていった．1989年の高齢者保健福祉推進十か年計画（ゴールド・プラン），1990年の福祉関係八法改正，1994年の新ゴールド・プランの策定などによって，高齢者の在宅・施設福祉サービスに関する質・量の両面にわたる整備が大きく進展した．そして1997年，契約をベースに提供された介護サービスの費用を社会保険方式で保障する介護保険法が制定され，2000年から施行された．

　医療保険制度とは異なり，介護保険制度は複数に分立していない．市町村が保険者となり，原則40歳以上の医療保険加入者は全員，被保険者となる．65歳以上は第1号被保険者，40歳以上65歳未満は第2号被保険者とされ，保険料の算定・徴収方法や受給者の範囲が異なる．給付に必要な費用のうち，被保険者や事業主の支払う保険料で賄われるのは50%だけで，残りの50%は公費で負担する．市町村に設置される介護認定審査会で要介護認定を受けると，要介護度に応じて，①施設サービス，②居宅サービス，③地域密着型サービス，④居宅介護支援，⑤介護予防支援の各サービスが給付される．サービスを利用して支払った額の原

則9割が保険から償還される仕組みだが，利便性の観点から，多くの場合，事業者が代理受領することで現物給付化されている．

●**後期高齢者医療制度の創設**　1973年から老人医療費無料化が始まると，高齢者の医療費は爆発的に増加した．ところが同年，第一次石油危機を機に高度経済成長が終焉を迎え，経済情勢は一変する．その結果，高齢者が多く加入している国民健康保険の財政は悪化した．

　そこで1982年に制定された老人保健法によって，老人医療費無料化は廃止され，70歳以上の高齢者に定額の患者負担が導入された．また，高齢者の医療費を保険者間で分担して負担する拠出金制度が創設された．これは高齢者の加入率が低い保険者はより多くの拠出金を負担し，高齢者の加入率が高い保険者はより少ない拠出金を負担する仕組みである．拠出金制度の導入によって，国民健康保険財政の危機的な状況は回避されることとなった．しかし年々，大企業の被用者とその家族（被扶養者）が加入する健康保険組合の拠出金は増加の一途をたどり，その不満は高まっていった．

　こうして2006年に制定された高齢者医療確保法によって，老人保健制度が廃止され，2008年から新たな高齢者医療制度が実施されることになった．新制度は，前期高齢者医療制度と後期高齢者医療制度から構成される．前期高齢者医療制度は，65歳から74歳までを対象とし，前期高齢者の加入率に応じて，各医療保険間での財政調整によって負担の公平化を図る仕組みがとられている．そして75歳以上の後期高齢者は，それまで加入していた医療保険から外れ，独立した制度である後期高齢者医療制度に加入することになる．

　医療機関を受診した場合，窓口で患者が支払う自己負担割合は，年齢によって異なる．義務教育就学前の子どもは2割で，就学後から69歳までは3割である．そして70〜74歳は2割，75歳以上の後期高齢者は1割（一定以上の所得がある者は2割）とされている．ただし，70歳以上の高齢者のうち，現役並みに所得のある者は3割を負担する．

　後期高齢者医療制度を運営する保険者は，都道府県の区域内の全市町村が参加して設立する後期高齢者医療広域連合である．財源は，後期高齢者自身の支払う保険料10％，公費50％，各医療保険制度からの支援金40％によって賄われる．このうち公費については，国，都道府県，市町村が4：1：1の割合で負担する．また後期高齢者支援金の額は，基本的に各医療保険制度の加入者数に応じて算定される．ただし，特定健康診査等の実施およびその成果に係る目標の達成状況を勘案して±10％の範囲で増減が行われることとなっている．　　　　［三谷宗一郎］

📖**さらに詳しく知るための文献**
大熊由紀子 2010.『物語 介護保険』上・下．岩波書店．
介護保険制度史研究会編著 2016.『介護保険制度史』社会保険研究所．
印南一路 2009.『「社会的入院」の研究』東洋経済新報社．

北欧の高福祉高負担

　北欧諸国（デンマーク，フィンランド，アイスランド，ノルウェー，スウェーデン）はいずれも，高度に福祉が整備されている国として定評がある．そして，「高福祉高負担」は，その北欧に見られる福祉モデルの特徴のひとつである．本項目では，北欧の福祉モデルはなぜ高福祉高負担になるのか，まず枠組みを説明する．次に，実際に行われている制度政策の一端を，北欧の福祉モデルに最も近いとされるスウェーデンを例に主に1990年代前半までを念頭において紹介する．

●福祉モデルの枠組み　ペタション（Petersson, O.）は『北欧の政治』で北欧諸国の特徴を他の民主主義国と比較分析している．そして，そのうち，福祉モデルの特徴として，①すべての市民を包括する，②大きな公的部門，③普遍的かつ再配分的，の3つを挙げている．そして，個人の権利としては社会権を強調すること，政治的支配としては社会民主党が強いことが，それぞれ指摘されている（ペタション 1998）．

　これらの特徴を踏まえ，北欧の福祉モデルは，次のようにまとめられる．

　まず，福祉政策は普遍主義的であり，必要度の証明なしにすべての市民が対象となる．福祉サービスないし制度を利用することは，一部の者だけに与えられる恩恵ではなく，すべての市民にとっての権利である．

　そして，福祉政策は包括的で広範にわたる．人生で何らかの困難に直面したとき，それに対応できるよう，幅広く多様な支援策が用意されている．

　広範で多様な福祉サービスは，もちろん，所得や居住地などの事情によらず市民の誰もが平等に受けられなければならない．このような考え方を基礎に置くならば，福祉サービスの担い手は，公的部門となる．したがって，福祉サービスの整備に伴い，公的部門は拡大していく．

　公的部門が供給するサービスは，基本的に税金で賄われる．したがって，福祉サービスを拡充するには増税が必要となる．高負担により高福祉が可能となるのであり，この福祉モデルでは，高福祉高負担は必然の結果といえる．つまり，高い租税負担率が，北欧諸国の手厚い社会保障制度を支えているのである．そして，税収を確保するうえで，経済成長と完全雇用が重視される．

　一方，平等は，実現すべき達成目標の中でも優先順位の高いひとつに位置づけられる．そこで，所得再分配は徹底して行われる．資本主義の枠内で徹底的な所得再分配をすることから，北欧の福祉モデルは，しばしば「中間の道」と表現される．

　このような特徴をもつ北欧の福祉モデルは，主に各国の社会民主主義政党に

よって進められてきた．アンデルセン（Esping-Andersen, G.）は，その福祉国家の類型で，北欧諸国を社会民主主義レジームの例に挙げている（☞「福祉国家」）．

●**スウェーデンにみる具体像**　上にみた福祉モデルがどの程度当てはまるかは，実際のところ，北欧諸国の中でも国により異なる．最も近いとされるのは，スウェーデンである（ペタション 1998）．スウェーデンでは，1910 年代にすでに基本的に全国民を対象とする社会保険が整備されている．また，1932 年からその後 44 年間という長期にわたり，ほぼ一貫して社会民主党が政権を担っていた．スウェーデン型福祉が北欧の福祉モデルの典型例になったのは，この長期政権が主導して進めた福祉政策の積み重ねがもたらした結果だと考えることができる．

スウェーデンの福祉政策は，妊娠・出産，育児，教育，労働・失業，結婚・離婚，病気，老後など，誰もが人生で経験し得るライフイベントや困難に対応できるよう多様なメニューが用意されている．福祉政策はすでに生まれる前から始まっているともいえる．教育は高等教育まで，また医療も原則として無料である．

また，税制や年金，さらに労働などに関わる制度は，基本的に個人を基礎に性中立的に設計されている．どのような生き方でも不合理な有利不利がないため，結婚や職業をはじめ人生設計は本人の選択次第ということになる．

スウェーデンでは，完全雇用が重視され，病気や学業などの理由がない限り，男女とも 20〜64 歳のほぼ全員が労働市場に参加している．公務員を含めて労働市場は流動的である．

労働環境をみると，基本的に労働時間は短く，有給休暇も長期休暇として完全消化が一般的である．それに加えて，育児休業はもちろん，教育を受けるための休暇などさまざまな場合を想定した休暇制度がある．現実には，家庭の役割は女性がより多く担う傾向にあるが，男女ともに，育児をはじめ家庭生活と仕事との両立や，転職などといった人生設計の変更が容易な環境がつくられている．

スウェーデンは，情報公開制度とオンブズマン制度の古い伝統があり，行政に対する市民の統制の歴史が長い．公務員の腐敗も少ない．自治体の社会的責任という考えが強く，また，市民は，戦後，納めた税金が福祉サービスなどとして戻ってくることを体験してきた．高福祉のためとはいえ高負担が受け入れられてきた背景には，こうした事情が指摘できるだろう．

●**これからの北欧型福祉**　北欧の福祉国家が全盛を迎えたのは，1960 年代のことだといわれている．しかしその後，国内外の状況は移民の流入や年齢比率の変動など大きく変化し，それまでの福祉モデルは，新たな課題に対応すべく各国で軌道修正を余儀なくされている．今後，北欧の福祉国家は，多様性を強めていく可能性がある．　　　　　　　　　　　　　　　　　　　　　　　［木下淑恵］

📖さらに詳しく知るための文献
岡沢憲芙 2009.『スウェーデンの政治』東京大学出版会.

ベーシックインカム

　ベーシックインカムは，資力調査や就労要請を課されることなく，政治的共同体によってすべての個人に対して無条件で定期的に給付される一定額の現金，ないしその現金を給付する政策を指す．社会政策における「普遍主義」の考え方を代表する政策のひとつとして知られている．日本においても，従来の社会保険制度や公的扶助制度を廃止し，ベーシックインカムによって置き換えようとする議論があるほか，欧州においてはベーシックインカムの導入実験が部分的に実施されている．給付額をはじめとした具体的な制度設計は導入を主張する論者によってさまざまで，現段階でははっきりとした合意は得られていない．

●**ベーシックインカムの無条件性**　社会保障政策としてのベーシックインカムの最大の特徴はその無条件性にあり，そして政策としての利点および難点も無条件性と密接に結びついている．冒頭で述べたように，ベーシックインカムにおいては資力調査が行われない．資力調査とは，社会保障給付の受給資格の審査のために個人や世帯の所得や資産を把握することであるが，ベーシックインカムは個人の所得や資産の有無を問わずに給付が行われる．どれだけ資産や所得があろうと給付の対象になるのがベーシックインカムである．また，ベーシックインカムの給付にあたっては，就労の有無が受給の条件にはならず，就労要請も行われない．失業保険制度や生活保護制度が就労意思を受給要件とするのに対し，ベーシックインカムは就労の意思が認められなくとも給付を実施する．つまり，どれだけ裕福な人であろうとも，また一切労働する意思のない人であろうとも，一定額の現金給付を必ず受けることができるのがベーシックインカムである．

　これらの特徴は，給付にあたってなんらかの給付制限を課す「選別主義」的な福祉政策と真っ向から対立するものとされており，そしてそうであるが故に，選別主義的な福祉政策が抱える問題点を克服する政策として期待されてきた．とりわけ注目されているのは，ベーシックインカムは選別主義的な福祉政策において不可避的に生じる「スティグマ」の問題を回避できるという点である．従来社会保障研究においては，選別にあたっての資力調査が審査対象者に強いスティグマを付与することが知られてきた．社会保障給付の受給を恥と思う感覚のことを指すスティグマの存在は，本来受給が必要とされる人々に給付が行き届かない「漏給」の問題に直結する．しかし，ベーシックインカムは資力調査を実施しないためスティグマが生じようがなく，給付もすべての個人に対して無条件で行われるため漏給も原理的に生じない．個人の自尊心を傷つけることなく，確実に必要な

人間に所得が給付されるのが最大の利点である．また，就労の意思がある困窮者が公的扶助制度を利用することによる「貧困の罠」に陥ることがないというのも魅力である．ベーシックインカムにおいては就労による給与収入を得ても給付額が減らされることはないため，失業者の労働市場への復帰が阻害されない．加えて，受給者に対する資力調査や就労要請は，実際には決して少なくない事務処理コストを生じさせることでも知られている．給付の実施にあたってのコストが比較的「安上がり」に思われる点も利点とされている．

●**ベーシックインカムに対する主要な反対論**　以上のような利点をもつベーシックインカムであるが，政策のアイデアとしては根強い反対意見もみられる．それらの反対意見は，おおむね次の2点に集約される．第1には，ベーシックインカムを実施するにあたっての予算制約，ひらたくいえば財源の問題である．全国民に対して無条件で一定額を定期給付するとなれば，当然それ相応の規模の財源を用意する必要がある．その財源をどこから調達するのかという点が政治的に大きなイシューとなるのである．現行の社会保険や社会保障の現金給付部分，各種所得控除などを廃止・整理したうえで，その予算をベーシックインカムにそのまま充てるという議論がなされることが多いが，そのためには大規模な社会保障改革が求められ，多大な政治的エネルギーを要することになるだろう．第2に提起されるのは，ベーシックインカムは社会の勤労倫理に反するという問題である．ベーシックインカムは給付にあたって就労の有無も意思も問わないが，そのことによって働かない人間が勤労者から搾取するという事態を招きかねず，それは納税者にとって承伏しがたいとする批判がある．無条件の所得保障は勤労意欲の喪失を引き起こし，社会から働き手がいなくなりかねないとの懸念が指摘されることも多い．これらはベーシックインカムに対する古典的な懐疑論であり，歴史的にも繰り返し提起されてきた．

●**近年の動向**　2010年代以降欧州においては，ベーシックインカムの導入を試みる社会実験がフィンランド，オランダ等複数の国で実施され，先進事例として注目されている．また，近年AIの台頭による労働市場への影響を踏まえたベーシックインカム論も提唱されている．AI技術の発展は失業の増加に繋がるという議論があるが，雇用の絶対量がAIによって減少することを鑑みれば，ベーシックインカムによる所得保障は単に望ましいだけでなく不可避であるというのである．ベーシックインカムは社会保障政策のひとつの「理念型」として盛んに議論されてきたが，今後も社会や技術の動向に合わせて繰り返し議論の俎上にあがるであろう．

[香月悠希]

📖**さらに詳しく知るための文献**

小沢修司 2002．『福祉社会と社会保障改革』高菅出版．

医療制度の発達

医療とは，科学技術である医学と受診保障の社会諸制度を融合したものである．患者への治療は医学の実践であり医師や看護師，薬剤師ら医療専門家による技術的行為であるが，医療職の質保障や疾病保険の運営管理，医療機関を整備して市民が実際に受診できるようにすることは，政府が関与することではじめて成立する社会制度であり公共政策である．そして現代医療は両者の存在を前提とする相互依存的な文脈で成立している．

●**医療制度史**　日本の医療は，1874（明治7）年に医制で西洋医学に一本化されるまでは漢方医学を主体としていた．近世医療では，医師の自宅兼用診療所で診察し，処方した漢方薬の薬礼で生計を立てた．近世社会には病院の原型がなかったため，病院は明治維新後に軍，鉄道などを含む政府セクター中心で開設された．衛生行政は内務省衛生局が管轄したが，地方衛生行政の実施は明治大正期には警察機構に依存した．1938年に厚生省が独立し，また府県で保健所設置，市町村で駐在保健婦制度や国民健康保険（国保）が導入され，専門性に基づく衛生行政が全国的にも地方でも展開されるようになった．第二次世界大戦後にはよりいっそう公衆衛生行政が重視されたほか，各市町村の国保事業が義務化されたことで国民皆保険制が実現し，国民の衛生環境は劇的に改善された．

わが国の疾病保険は被用者を対象とする社会保険と，被用者以外を対象として市町村単位で運営される国民健康保険に分かれている．保険とは予測されたリスクに対する金銭プールなので，保険加入者の年齢や所得が異なれば負担も異なる．とりわけ高齢加入者が多いうえに平均所得が低く雇用主負担もない国保の財政負担は重かった．そこで政府は国保事業の事務費全部や療養費の定率に国庫補助を行い被保険者の負担を軽減するほか，高齢者医療費に対する保険間財政調整制度などを導入し，負担の平準化を図ってきた．

保険間の給付率や負担に差がある一方で，保険医療価格である診療報酬や薬価基準は統一されている．価格案の答申は厚生労働大臣の諮問機関である中央社会保険医療協議会（中医協）が行うが，医療側・支払側・学識者から選任される委員相互の利害対立から機能不全に陥ることもあった．ただし合意形成を優先するバランス志向も強いので，価格水準は被用者・雇用主ら支払側と医療側の双方にとって概ね受け入れ可能なものとなる．また医療介入の権限が乏しい政府にとって，診療報酬という価格メカニズムを通じて医療を統制する志向が強い．

●**医療供給体制**　医療供給は政府が管理する．特に，教育訓練内容や免許制度な

ど人的管理は，医師法や保健師助産師看護師法などの身分法に基づき厳密に実施されている．一方，提供体制については医療法が規定している．医療機関は病床20床未満または無床の診療所と20床以上の病院に区別され，病院はさらに精神や療養，一般など病床区分や，公的医療機関・特定機能病院などの機能区分が設定されている．都道府県は医療計画を策定して医療提供体制を確保する責任を負う．都道府県内は医療圏と呼ばれる医療供給のゾーニングがなされ，日常的な医療需要への対処（プライマリ・ケア）を行う1次医療圏は市町村を単位とし，予防から入院治療に至る一般医療は複数市町村で構成される2次医療圏で完結する．さらに救命救急や感染症など専門的で高度な医療は全県単位の3次医療圏で対処する．病床整備は2次医療圏単位で行われている．

わが国は自由開業制を原則としているため，医療機関の開設や標榜する診療科は制約されない．2次医療圏ごとに定められた必要病床数を超えた地域では，病院の新規開院や増床は規制される．しかし個別の医療機関に診療内容を指示する権限をもたないため，政府セクターの供給体制に対する関与は極めて限定的である．また医療側で最も強力な利益集団は開業医会員を中心とする日本医師会であり，医師・医療側が中医協で追求する利益は診療所収益に集約される傾向が強く，病院利益は中医協に回路付けられていない．そのため，決着した診療報酬は病院に適合的とはいえず，病院の多くが赤字経営を余儀なくされている．

ところで医療供給体制は，社会における疾病構造を反映している．根治療法のない結核が国民病だった時代の医療は，患者が国公立療養所で長期の入院生活を送っていた．ところが1950年代に入り，化学療法の進化によって結核が克服されると，医療需要は呼吸器内科から交通外傷や脳疾患，がんなどへ移行し，医療内容自体も手術と短期入院によって対処するよう変化した．結核需要の減少は国公立病院の経営状態を悪化させ，また非都市部に配置されたそれら病院の機能転換は困難だった．そうした医療需要の変容に対応したのは私立病院であり，建設資金は1960年に設立された医療金融公庫によって賄われた．

1960年代から各地で左派系の革新首長が当選し，福祉医療の拡大が争点化した．当初はそれらの自治体で限定的に実施されていた老人医療費無料化は，1973年には国の政策へと拡大したが，その結果，福祉的ニーズに由来する高齢者の入院が増大し，医療費高騰と病床拡大が起きた．現在の日本では，8205病院約150万病床（厚生労働省2021）を数え，人口あたり病床は先進国最多である．しかし病院あたりスタッフ数は他国と比べ少なく，病院の多くは小規模の私立病院である．診療所は10万4000箇所あり，近隣で医療にアクセスできる点は日本医療の長所であるが，大規模な高度機能病院が少なく，また小規模病院の患者は高齢者が多かった点で，2020年に発生した新型コロナウイルス感染症（COVID-19）のパンデミックに対し，日本の医療は構造的に脆弱である特性が明らかになった． ［宗前清貞］

疾病保険制度

　疾病やケガの治癒や緩和を目指して施される医療へのアクセスを，保険という仕組みを利用することで確保する道を探ろうとするのが疾病保険制度である．「疾病は最大の貧困原因」と強調されることがあるが（岡光編著 1994），疾病保険制度は人々が貧困からの自由を獲得するためのひとつの制度である．

　疾病保険制度には公的・私的の別が存在し，前者は公的な医療保険と称されることがある．日本は公的な医療保険に基づく国民皆保険制度を選択したが，国によっては私的，すなわち民間の医療保険への加入者が多い，あるいは公私医療保険のバランスの中に医療保障を実現しようとするなど一様ではない（厚生労働省 2017）．

●**医療と保険と「労働者」**　国民皆保険制度を採用する日本にあって，疾病保険を活用しようとする試みは明治期にすでにみられる．当時内務官僚として日本の感染症対策に奔走していた後藤新平はドイツ留学から帰国すると，労働者がより容易に医療の恩恵に与ることができるよう「労働者疾病保険」の必要性を提唱する（後藤 1893）．ここではこの保険を必用とするのは「一般人民」ではなく「労工の社会」であった．

　1897（明治 30）年には労働者疾病保険法案が起草されるが，この時の法案は日の目を見ることはなく，日本の労働者が疾病保険を手にするのは大正期を待たねばならなかった（中静 1998）．明治期から大正期にあって「労働者」と貧困は密接な関係にあると目され，労働運動や産業振興などへの対策の一環として疾病保険制度が要求されるのであるが，これが普及することで防貧を招来することにも繋がっていく（日野 1988）．

●**保険者と被保険者**　保険という仕組みを通じて疾病対策に取り組もうとする時には保険者と被保険者が設定される．保険者は保険料を徴収し，保険の運営・管理が求められる．一方，保険に加入しサービスを受けるのが被保険者である．被保険者には保険料の支払いが求められる．公的扶助などが選択する税方式と比較した際に，保険のペナルティ性が取り上げられる所以である．

　保険者を政府が担当する場合もあれば，企業などが組合を組織し保険料の徴収等を担うこともある．一方，被保険者についても加入者本人だけがサービスの提供を受けるかあるいはその家族を含めるか，また業務上の災害を含めるか否かといったことなどが日本で疾病保険制度を取り入れていくに際して論点となってきた．大正期に成立する健康保険法では，保険サービスを受けることができるのは

当初は本人に限定された．加えて工場法でカバーしていた業務上の疾病も健康保険で対応することとしたが，後に業務に起因した疾病に対応するべく労働者災害補償保険法の制定をみた（椋野ほか 2023）．

被保険者の保険料の負担を巡っては，それまでの工場法とは異なり労働者の保険料負担が求められるようになったことからこれを批判する見解も出されたが，国庫負担を活用しながら被保険者と事業主双方で負担することとなった．負担割合をめぐっても調整が求められた．労働者への対応に加えて農業従事者などに対する疾病保険制度が求められるようになると，市町村を単位として組合をつくり保険者とすることや国庫負担のあり方などについて検討が加えられるようになる．

●**保険診療と自由診療**　医療へのアクセスを保障する際，貧困状態にある，あるいは貧困状態に陥る可能性が高い層に着目するならば，政府による制限がなされたとしても保険を使って医療の恩恵に与ることが重要となるが，富裕層に着目すれば負担する医療費の多寡は無視できないものの，より高度で先進的な医療に関心が寄せられることもあるだろう．米国のように，伝統的に民間の疾病保険の活用に期待する国では，加入者のライフプランを踏まえた保険を選択することが容易となるが，公的な医療保険を基軸にする国では，より高度で特殊な医療よりはより多くの人がその恩恵に与れるような，よりニーズの高い医療の提供の実現が目指される．こうした中，加入する保険が制限される人々と自身の要望に沿った保険を選択できる人々に区分して疾病保険制度を構想することが選択肢のひとつとなる場合がある．

保険という仕組みでは保険料の支払いが被保険者に求められることになるが，加入する保険を選択できる場合には，人々はより保険料が安価でより高度で多様なサービスを受けられる保険を選ぶだろう．加入者の疾病等のリスクが高ければ保険料は高く設定されることになり，そのリスクの低い人たちはこれを避けることになる．医療保険の「逆選択」の問題であり（池上ほか 1996），これを回避するべく日本では保険は複数用意されるものの加入できる保険を制限し，国庫の活用などを通じて相互の調整が進められた．

●**疾病保険制度と社会保障制度**　疾病等の予防に貢献する公衆衛生や健康増進事業，あるいは社会福祉，さらにはソーシャルセイフティネットの基層を構成する公的扶助などとともに人々の健康や社会的な自立を達成しようとするための取組みの一部を疾病保険制度は担うこととなる．疾病保険制度は社会保障制度の一角を占めるとされる所以であり（岡光編著 1994），そのため疾病保険制度を考察する際には，この他の社会保障制度との関係も視野に入れることが肝要となる．　［小島和貴］

📖**さらに詳しく知るための文献**
北山俊哉 2011.『福祉国家の制度発展と地方政府』有斐閣.
吉原健二・和田 勝 2020.『日本医療保険制度史』第3版. 東洋経済新報社.

医療政策におけるアクター

　医療政策とは，大きく分類すると，医療費保障に関する政策と医療提供体制に関する政策，医薬品・医療機器等に関する政策，健康増進に関する政策に分けられる．なお，医療費保障に関する政策とは，医療費の財源調達の仕組みを意味し，日本では公的医療保険に関する政策と同義である．このほか，高齢者医療や介護に関する政策を医療政策の範疇に入れることもある．

●**医療政策形成過程における主たるアクター**　まず，医療政策形成過程における主たるアクター／ステークホルダーとして，厚生労働省が挙げられる．厚生労働省は，日本における保健・医療・福祉・労働関係に係わる法律・制度を定める中央省庁のひとつである．多数の部局に分かれており，上述の公的医療保険の政策に関する担当部署は保険局である．

　このほか，診療側にあたる医療提供関係団体（医師会，薬剤師会，日本歯科医師会，日本看護協会，日本病院協会など），保険者の団体（被用者保険である健康保険組合連合会など，国民健康保険の保険者である市町村・都道府県など），被用者保険の支払者関連団体（連合，経団連など）が積極的な役割を果たす．

●**社会保障審議会医療保険部会と中医協**　厚生労働省には社会保障審議会をはじめ多数の審議会・部会がある．保険局には，社会保障審議会医療保険部会や医療部会があるほか，医療費の公定価格である診療報酬（薬価含む）のあり方を審議する厚生労働大臣の諮問機関である中央社会保険医療協議会（以下，中医協）がある．中医協は，支払側・診療側・公益を代表する学術関係者等による「三者構成」で行われている．なお，薬価改定においては，医薬品業界団体（日本製薬工業協会，医療用医薬品卸団体）もアクターとして挙げられる．

　ステークホルダー間の単純な構造としては，医療費は収入であることから増やすことを目指す診療側，医療費は支出であることから減らすことを目指す支払側というように，固定的に異なる利害構造があることから，利害調整は容易ではない．そのため，「公益」を代表する学術関係者である公益委員については，その両者の調整を行う役割が期待されており，委員就任前に国会の同意承認が求められる．

●**日本医師会の政治力**　診療側の中では，日本の開業医の約半数が加入する日本医師会が政治的に最も影響力の大きいアクターである．歴史的には武見太郎が日本医師会長時代の政治力が最大であったともいわれるが，公式な場のみならず，政府・与党や官僚機構と非公式な場で交渉を行っていることが知られる（最近では，後期高齢者医療における一定所得以上の2割負担の区分設定など）．

●**財務省の影響力**　このほか，社会保障の全体の予算を管轄する官庁である財務省（主計局）が医療政策における重要なアクターとして挙げられる．中医協では，診療報酬の点数などのミクロの配分を決めるが，マクロの総額の決定は，財務大臣・厚生労働大臣で調整が図られることもあり，国家予算を統制する財務省の影響力が大きい．

　財務省は，医療保険等における公費負担医療（国庫負担）の負担者であるのみならず，前期・後期高齢者医療制度の制度構造により公費負担が増える傾向にあることから，上述でいう支払側に近い立場をもつ．平成時代以降は，日本の国家財政の悪化が深刻化する中で，伸び続ける医療費の自然増の規律が重大な課題となっている．

●**そのほかのアクター**　現在，都道府県は，市町村とともに国民健康保険を共同で運営する保険者となっているだけではなく，医療提供体制を規定する医療計画の策定責任者でもある．医療機関の施設設備，人員，医薬品その他の物品の管理等に関する規則遵守の管理主体としての役割を担っている．だが，どこまでの役割を果たせるかは，首長である知事の裁量・リーダーシップによるところが少なくない．なお，医療提供体制に関する施策である地域医療構想や都道府県・市町村立など公立病院に関係する施策では，総務省との協力が求められる．このほか，医療提供体制に影響を与える医学部の定員設置など，医師の需供に関する施策について，厚生労働省は文部科学省と協力が求められる．同様に科学技術製品でもある医薬品の法・規制（医薬品，医薬品部外品等の有効性・安全性検証含む）については，厚生労働省医政局というよりは医薬食品局が所管しており，PMDA（医薬品医療機器総合機構）や文部科学省との協力も重要となる．医薬品の産業規制的側面については，経済産業省と協力が求められる．これらの官公庁も，具体的な政策の内容によってはアクターとして挙げられる．

　このほか，法案策定から制定までの流れを考えると，政党は重要なアクターである．特に与党である自由民主党は，法整備の推進を担う主体としての役割が少なくない．

●**国民の声が反映しにくい政策形成過程**　国民が本来，最も重要なアクターであるはずであるが，選挙を除くと，残念ながら国民の声を反映させる仕組みは医療政策決定過程ではほとんど見当たらない．人口オーナス社会に向かう中，現行のままでは，世代間の格差が拡大し，連帯意識の醸成が困難になるばかりである．年齢に関係なく，給付を必要に応じて受けられる全世代型社会保障への転換が求められる．
[堀　真奈美]

📖さらに詳しく知るための文献

池上直己 2017.『日本の医療と介護』日本経済新聞出版社.

島崎謙治 2011.『日本の医療』東京大学出版会.

医薬品に関する政策

医薬品に関する代表的な政策として，医薬分業，薬価制度（医薬品の価格），医薬品等の安全性・品質確保に関する施策に分けることができる．以下では，それぞれの政策について簡単に概要を述べる．

●医薬分業のルーツは明治時代　日本の医薬分業は，明治時代に起源をもつ．1874 年の「医制」において，医師は処方を直接するのではなく処方箋を発行し，診察料を受け取るということが明記されている．その後，薬事制度が制定され，薬局，薬剤師という呼称が一般化されるようになった．だが，開業医は診察料よりも薬剤料で生計を立ててきたという漢方医療からの伝統もあり，必ずしも完全に分業が徹底されていたわけではない．平成時代の 1990 年度においても医薬分業率（薬局への処方箋枚数を外来処方件数で除したもの）は 12 ％であった．

医薬分業が現在のように進んだのは，厚生省（当時）が 37 の国立病院に対して完全分業を指示した 1997 年以降のことである．21 世紀に入り，重複投薬や相互作用の発生の防止，薬剤費の適正化，医師と薬剤師それぞれの専門分野での業務分担による質の向上を図る視点から，診療報酬上でも医薬分業が推進された．2020 年度には医薬分業率は 75.7％となった．これに伴い，調剤薬局数も 1990 年の 3 万 6981 施設から 2020 年には 6 万 951 施設へと大幅に増加した．

●薬価制度と薬価基準　保険医療に使用できる医薬品の品目とその価格を厚生労働大臣が定めたものを薬価基準という．薬価は，公定価格であり，薬価基準にある品目表と価格表で決定される．

薬価基準で定められるこの価格は，医療機関や薬局に対する実際の販売価格（市場実勢価格）を調査（薬価調査）し，その結果に基づき定期的に改定される．

既収載品の薬価算定は，卸売り販売価格の加重平均値に消費税を加えたものに，薬剤流通安定化のための調整幅（2％）を加えた額が新薬価となる．長期収載品は後発品への切り替えが推奨されており，後発品収載後の薬価は 10 年を区切りとして置き換え率に応じて薬価の見直しが図られる．

従来は，診療報酬改定とともに 2 年に 1 回改定されてきたが，市場実勢価格との乖離が生じていることから，2021 年度より，改定の間の年度（中間年）にも全品を対象に薬価調査を実施し，結果に基づき薬価改定を行うことになった．これにより毎年薬価改定が行われることになった．

●画期的な新薬，イノベーションの評価　2010 年度に，革新的な医薬品におけるイノベーションの評価の観点から，新薬創出等加算制度が導入され，「既収載品に

ついて，新規収載時であれば有用性加算等に相当する効能・効果等が追加された
場合には，対象領域等の一定の要件を付したうえで，新薬創出等加算の対象とす
る」となっている．だが，対象品目の絞り込み，企業指標の達成度に応じた加算
など 2018 年度の要件見直しにより，薬価の維持が可能な対象製品の品目数が限
定されている．

　新薬創出加算により，同じ効果のある類似薬がある場合は，類似薬効比較方式
に基づいて薬価が算定，最終的には外国平均価格調整や規格間の調整をしたうえ
で薬価が決まる．

　一方，類似薬がない場合は，原価計算方式で薬価算定が行われる．原材料費や
製造経費等を積み上げて決めるものであるが，複数企業で共同製造するケースや
原材料費の高騰，原価計算方式で算定するのにも限界があると指摘されている．

　近年，現行の薬価制度では想定をしてこなかったような革新的な高額新薬（オ
プジーボ，ソバルティス，ハーボニー，キムリア，ゾレア，ゾルゲンスマなど）
が登場，遺伝子や再生医療等のモダリティ（治療方法，様式）が多様化する中，
既存の薬価制度のまま，多様なモダリティに対応できるのかには疑問がある．

●**医薬品等の品質，有効性および安全性の確保**　以前は，薬事法と呼ばれたが，
2014 年の法改正より，「医薬品，医療機器等の品質，有効性及び安全性の確保等に
関する法律（薬機法）」が制定されている．これは，医療提供体制における医療法
と同じように，医薬品等の製造や販売などに関するルールを定め，保健衛生の向
上を図ることを目的とした法律であり，医薬品等を製造・販売する事業者への広
告規制などさまざまな規制・ルールがある．

　この薬機法第 41 条により，医薬品の性状及び品質の適正を図るため，日本薬局
方と呼ばれる医薬品の規格基準書がある．医薬品とは，薬局方に定められたもの
といっても過言ではなく，初版はオランダ薬局方を参考に草案を作成，1877 年 6
月に公布され，現在に至るまで医薬品の開発，試験技術の向上に伴って改訂が重
ねられている．

　また，医薬品等の審査，安全対策や治験相談等は，厚生労働省（医薬食品局）
と PMDA（医薬品医療機器総合機構）が協力連携して対応をしている．しかし，
近年では，低分子医薬だけでなく，抗体医薬をはじめ，核酸医薬や遺伝子治療薬
のようなさまざまな分子（中分子〜高分子）が医薬品として実用化され始めてい
る．バイオ医薬品やバイオシミラーなど，医薬品のモダリティが多様化する中，
現代の社会環境の変化に即した医薬品の審査，安全対策，品質保証のあり方を検
討する重要性が非常に高まっている．　　　　　　　　　　　　　　[堀　真奈美]

📖**さらに詳しく知るための文献**
薬価政策研究会 2020.『皆保険と医薬品産業の未来に向けて』社会保険研究所.

諸外国の医療保障制度

　医療保障のあり方はそれぞれの国の文化・歴史的産物であり，かつ，その時々の政治経済的な情勢によって変容し得るものである．したがって，類型化することに限界があるが，基本的な制度の枠組みで便宜上，先進国の医療保障を分類するならば，社会保険方式か租税方式，その他で分けることができる．

●**社会保険方式：ドイツ**　ドイツは，世界で初めて社会保険としての疾病保険を創設した国である．社会保険料が主たる財源であるが，連邦政府からの補助金もある．国民の約9割が社会保険に加入しているが，自営業者や一定所得以上の被用者は社会保険から離脱可能である．だが，国民には，公的医療保険に任意加入するか，民間医療保険に加入する義務があるため，国民皆保険は達成している．法定給付に追加可能な「選択タリフ」が導入されており，その内容に応じた保険料を支払う．

　歴史的に，疾病保険は職域・地域別で6種類に分かれており，全国で90以上の疾病金庫と呼ばれる保険者が運営を担っている．1996年以降，疾病金庫選択の権限が拡大され，被用者は一定の範囲で自由に疾病金庫を選択できる．疾病金庫間の年齢，性別，罹患率等を加味した財政的なリスク構造調整の仕組みが，負担の公平性のために導入されている．

　入院，外来ともに患者負担は低く抑えられており，薬剤等への定率負担等があるだけである．医療提供体制は公的な医療機関が中心であるが，私立病院もある．専門医，外来医療を中心で行う開業医がおり，開業医の多くが保険医であるが，地域，診療科ごとに定員設定されている．

　2004年以降，任意で「家庭医制度」が導入された．患者はかかりつけ医を家庭医として選択でき，病院を受診する際にその紹介を求められる．

●**社会保険方式：フランス**　フランスにおいても，財源の中心は，社会保険料であるが，一般社会拠出金，社会保障関連の目的税やその他の拠出もある．公的医療保険に原則すべての国民がカバーされており，国民皆保険が達成している．被用者・自営業者等，特定職業の従事者，農業従事者を対象とした制度に分けられる．

　患者負担は，外来の場合，診療費の定率負担（3割）および一定の定額負担（年間50ユーロ）がある（償還払い）．入院の場合，入院費の定率負担（2割，30日まで）と，31日目以降は1日20ユーロの定額負担がある．薬剤には定率負担があり，種類により0〜100%まで複数区分がある．2005年から「主治医制度」が導入され，かかりつけ医（家庭医以外も選択可）を保険者に通知することが求められ，かかりつけ医以外を最初に受診すると，患者負担の償還率が下がる仕組みである．

●社会保険方式：日本

日本では，原則すべての国内居住者が社会保険である医療保険に強制加入することになっており，国民皆保険を達成している．被用者保険である健康保険，地域保険である国民健康保険に制度は大別されるが，高齢者医療保障のための独自の制度があり，複雑な財政調整の仕組みが採用され，公費負担も多く入っている．保険料算定やその負担などは制度によって異なるが，子どもと高齢者を除くと，入院，外来ともに，患者負担は制度を問わず3割である．

子どもと高齢者については定率負担が軽減されており，子どもについては自治体が独自に補助をすることで実質的に無料に近いところも少なくない．70～74歳の高齢者は2割，75歳以上の後期高齢者は1割（一定所得以上は2割）負担が基本であるが，いずれの場合も，現役世代並み所得の場合は，現役と同じく3割負担である．このほか，高額療養費制度という負担の上限設定がある．

日本では他の国と違い，医療機関の医療機能分化が必ずしも徹底していない．医療提供体制の主流は民間であり，病院と診療所の違いも曖昧である．2023年5月には，「かかりつけ医」機能の発揮できる制度整備を求める法案が成立した．

●租税方式：イギリス

イギリスは，NHS（ナショナルヘルスサービス）創設国として知られる．財源の8割が租税（国）であるが，社会保険からの拠出金も投入されている．租税方式であるが，北欧諸国とは地方税を主たる財源としていること，支払機関が地方自治体であることが大きな違いである．NHSは全国民を対象，国民皆保障が実現している．薬剤の一部負担はあるが，患者負担はなく無料である．NHSに加入しながら，民間保険で補足的な保険商品やNHSで適用されないサービスを対象とする保険商品に加入する者もいる．医療提供体制は，NHS傘下の公的病院が中心であるが，民間病院がNHSの委託を受けてサービスを提供することもある．

患者は，予約なしに救急サービスや診察可能な看護師のサービスなどを利用することもできるが，基本は，GPと呼ばれる一般医（家庭医）を最初に受診することが求められる．必要に応じてGPからの紹介により，2次医療等のサービスを受ける．患者は，登録したGP（多くはグループ開業のGP診療所）の変更，選択が可能である．

●その他：米国

米国は先進国では例外的に，全国民を対象とした統一的で公的な医療保障制度がない．オバマ（Obama, B.）政権時代に，国民皆保険が標榜されたが，基本は，民間医療保険をベースとしており，公的医療保障の対象者が，高齢者（メディケア），公的扶助対象や障害者（メディケイド）に限定されている．公的保障の運営も民間保険が委託をされるなど，民間の役割が大きい．　［堀 真奈美］

📖 さらに詳しく知るための文献

健康保険組合連合会 2022.『図表で見る医療保障』新装改訂版. 健康保険組合連合会政策部社会保障研究グループ.

OECD 編 2022.『図表でみる世界の保健医療』2021年版. 明石書店.

公衆衛生政策：健康づくり

　公衆衛生とは，集団全体の疾病予防や健康の増進を目的とした組織的な活動を意味する．病気やけがは個人の注意や努力だけでは回避できない．例えば水質汚染や感染症は個人の努力で制御できないし，栄養や育児の適正知識が市民間で正しく共有されなければ，疾病予防や健康維持，健全な発達は達成されない．そのため，厚生労働省や保健所，保健センターなど衛生の専門知識を有する公的機関（衛生機関）が，健康教育や健康診断，訪問指導などの介入を通じて，国民や市民の健康を達成する必要が生じる．これが公衆衛生行政である．

●諸側面と歴史　疾病は社会生活の大きな阻害要因となるため公衆衛生では疾病予防が重視される．だが現代社会における健康はより積極的な概念である．世界保健機構（WHO）憲章は，健康を「身体的，精神的，社会的に完全な良好な状態」と定義し，単なる疾病の不在とはみなしていない．1978年のWHOアルマ・アタ宣言では適切な医療を誰もが受けられるプライマリ・ヘルスケアの重要性を強調した．1986年のオタワ憲章では，固有の権利として健康を位置付け，国家や社会はその推進責任（ヘルス・プロモーション）を負うことが確認された．

　公衆衛生を具現化するためには，疾病予防として感染症対策が優先されるほか，ライフサイクルに応じ母子保健や成人・老人保健，そして精神保健の向上が追求される．また対象とする局面ごとに地域保健や学校保健，産業保健といった区分も存在しており，それぞれ関与する主体が異なる．効果的な社会介入のためには衛生状態の正確な因果推論を要する．そのため公衆衛生では疫学・統計学を基盤とし，医学・環境科学・社会学など諸科学のアプローチを活用する．

　わが国近代の国民衛生において最大の脅威は感染症のまん延だった．明治期のコレラや大正・昭和期の結核などに対処するため，国は伝染病予防法（1897年）や結核予防法（1919年）を制定した．ところが衛生行政では中央政府に内務省衛生局が置かれたものの，地方機関が存在せず，実働は警察機構に依存していた．昭和期に入り国防国家志向が強くなるにつれ，乳幼児死亡を抑制する必要が生じた．そこで保健所や駐在保健婦制などの地方機関が置かれ，母子保健が重視されるようになった．戦後のGHQ/PHW（公衆衛生福祉局）体制下でも地方公衆衛生機関は維持・強化され，根拠法として保健所法（1947年）や地域保健法（1994年）が制定された．また1958年には全市町村で国民健康保険の実施が義務化され，国民皆保険が実現した．このことで国民の受診機会は保障され，衛生状態は大きく改善された．

●**健康づくりと地域保健**　結核克服によって疾病構造が変化した1950年代後半に，脳卒中やがん，心臓病など40歳前後から死亡率が高まる疾患が急増していた．加齢で罹患率が上昇する糖尿病や腎臓病，肝臓病などを含め，こうした疾患群を国は「成人病」と定義し，大規模な実態調査を行うほか国立がんセンターを1961年に設立した．こうした疾病は喫煙や飲酒，運動に起因する生活習慣病であり，早期検診や予防接種など従来の感染症予防とは異なる手法が必要である．

　そこで展開されたのが健康づくり政策だった．1978年に成人病予防を核とする第1次国民健康づくり対策，1988年にはフィットネスに焦点を当てた第2次対策（アクティブ80ヘルスプラン）が，2000年には「21世紀における国民健康づくり運動（健康日本21）」が制定されたほか，2003年にはこれを法制化した健康増進法が施行された．健康日本21は9分野（栄養・運動・休養・たばこ・アルコール・歯科保健・糖尿病・循環器病・がん）に数値目標を設定しヘルス・プロモーションを進めるアウトカム志向の政策展開である．特に糖尿病領域ではメタボリック・シンドロームと呼ばれるリスク群に早期介入によって発症予防するため，2005年に特定健康診査や特定保健指導が導入された．

　学校や職域を通じた局面があるとはいえ，公衆衛生活動で最も包括的なのは地域保健である．地域保健は自治体レベルで推進され，保健所や保健センターなどの実施組織が重要な役割を果たしている．保健所は157自治体（都道府県・政令市・中核市ほか）に468カ所（2022年度）設置され，原則として医師所長を置く出先機関である．また全国の各市町村には2432カ所の保健センターが存在する．衛生機関は対人保健・対物保健・企画調整事務を所管するが，保健所が対物保健・企画調整事務・高度対人保健（難病や感染症，精神）を担当する一方，保健センターは母子や高齢者保健など一般対人保健を扱う．いずれも公衆衛生看護師である保健師を主力とし，行政改革で地方公務員総数が大きく減少する中，保健師総数は2.5万人（1997年）から3.6万人（2020年）へ増加している．これは1980年代より膨張した老人医療費の適正化が推進され，市町村の保健機能を拡大して高齢者保健を重視するようになったことの反映である．一方で保健所は機能縮小され，設置数も2002年度の852カ所（102自治体）から半減している．

　2000年には介護保険制度が導入され，介護サービス保障が制度化された．しかし高齢化が進むわが国では，地域で暮らす高齢者にとって生活支援や介護予防はもちろん，介護や医療のニーズも同時に存在している．在宅で高齢者保健を高めるには，それらを一体的に提供する必要が高まった．そのため，近年はこれらを総合的に調整し，サービスの切れ目を生じさせずに提供する地域包括ケアシステムの構築が各自治体で取り組まれるようになっている．　　　　　　　　［宗前清貞］

公衆衛生政策：公衆衛生

　徳川幕藩体制下では，人々は「養生」などの取組みを通じて健康の実現を図った．西洋諸国をモデルとして国家建設を進める明治政府下にあっても，早寝早起きの実践，暴飲暴食の回避など「養生」の大切さは説かれたものの，ここではさらに行政活動を通じた人々の「健康保護」が重要であるとされるようになる．1871（明治4）年の岩倉遣外使節団の調査を通じて強く認められるようになったのであるが（宗前 2020），これらの諸国では人々の「健康保護」を進めるべく地方行政と警察行政との連携を図りながら「国民の健康保護を担当する特殊の行政組織」の活動が観察された．公衆衛生は長与専斎初代内務省衛生局長のような「衛生官僚」の活動を踏まえながら形成されていく．

●「衛生警察」　公衆衛生は人々の「健康保護」を進めるべく医学等学術上の知見を踏まえた行政活動を招来する．こうした活動は西洋諸国では「衛生警察」と呼ばれた．明治期の比較的早い時期よりこの必要性を提唱するのが後に長与の「懐刀」と称される後藤新平である．

　後藤は1883（明治16）年より内務省衛生局官吏となるが，それ以前には名古屋の医師・医学者として活躍する．しかし医者─患者関係よりなる医療活動に満足することなく，お雇い外国人のローレッツ（Roretz, A. von）の影響を受けながら「健康警察医官ヲ設クベキノ儀」や「愛知県ニ於テ衛生警察ヲ設ケントスル概略」を認める（小島 2023）．

　「衛生警察」の含意は多義的であり，広義では国家の責任の下において人々の健康を達成するための活動となり，狭義では国家，とりわけ治安維持にあずかる警察機構を中心に推し進められる活動として理解される．そこで後藤が「衛生警察」を口にするとき，これに込めた思いは行政を活用して人々の健康の実現を目指すものであった．後藤は「猪鹿田圃ニ闖入シテ弓箭ヲ製シ，干戈辺陲ニ起リテ弾薬ヲ造クルニ異ナラズ」と表現しながら，疾病予防を進めるべく「衛生警察」の必要性を強調するのであった．

●健康のための第一線の行政機関　長与や後藤が「健康保護」の仕組みづくりに奔走していた時，天然痘やコレラなどの感染症により多くの人命が失われていた．天然痘に対しては徳川幕藩体制の時代より西洋の医学に学びながら種痘の普及が目指されていたが，コレラは明治初期の人々にとってはその発生のメカニズムを共有することができず，大いに混乱した．感染症対策のための行政改革が行われ，医学等学術の専門知識を政策化する際に貢献する諮詢機関としての中央衛

生会や，行政と住民とを媒介することが予定された衛生委員の設置などが進められた．ところが衛生委員は 1885（明治 18）年以降廃止され，以後の感染症対策には警察を活用する場面が多くなると，この事態に人々は行政に協力するのを避けるようになり，「官」と「民」の協調を実現するための取組みが重要となった（小島 2021a）．

　明治末期から大正期にかけて乳幼児死亡率の上昇が問題視されるようになると，健康のための第一線の行政機関を再編することの需要が高まる．これは「小児保健所」を設置しようという動きとして明らかとなってきた（小島 2020）．さらに結核対策のための機関や 1937（昭和 12）年の保健所法の制定を受けた保健所の設置などが求められるようになるが，同時に医療機関への立入りや防疫，飲食店の営業取締りなどの事務に関しては警察が所管するところとなり，健康のための第一線の行政機関の多元化が進む．1945（昭和 20）年以降，GHQ の間接統治が進められる中，日本側の意向もあわせて保健所法の改正が実現すると，全国保健所網の整備へと繋がっていった（サムス 2007）．新たな保健所には食中毒対策などの「対物保健」，感染症対策などの「対人保健」，そして医療機関などに対する「立入検査」への期待が寄せられた．

●**健康づくりへの関心の高まり**　健康を脅かす要因として感染症の流行等に関心が寄せられる一方，少子高齢化の進展とともに生活習慣病対策などへの取組みが重要視されるようになる（宗前 2022）．感染症対策では国民の健康の実現を図るべく行政権力の発動を伴うと同時に，住民との「協調」が求められる点は明治期より長与などによって唱えられてきた．しかし少子高齢化時代の健康づくりにおいては後者の役割が強調されることとなる．そこで住民生活により密接で，日頃より対策に取り組むことが効果的とされる事業のためには新たに行政機関を設置することが必要であるとされ，ここに従前の保健所に加えて保健センターの設置の決定をみる．ここでは専門的情報を有する保健所や医療機関等と連携し母子保健や健康増進事業等に取り組むことに加えて，地域で活動するボランティア団体や自治会などが有する「ソーシャルキャピタル」を活用することも求められる．

●**健康危機管理**　「健康危機事例」が頻発すると生活習慣病への対応に加えて健康危機管理が行政に求められるようになる．健康を脅かす「危機」として直ちに想起されるのが，新興感染症や食中毒などであるが，ここでの含意はこれらにとどまるものではなく，地震や津波などの自然災害，さらにはバイオテロや食品への毒物混入事件なども含まれる（小島 2021b）．また，健康の実現には，地方衛生研究所などとの連携による科学的な根拠の確認も重要となる．　　　　　　　［小島和貴］

📖さらに詳しく知るための文献
笠原英彦 1999.『日本の医療行政』慶應義塾大学出版会.
Porter, D. ed. 1994. *The History of Public Health and the Modern State*. Rodopi.

環境保護運動のはじまり

　環境保護運動は，各国の市民の環境意識の状態，国の政府や自治体政府による環境政策の取組みと密接な関係にある．1970年前後に世界的に地球環境問題が意識され，環境先駆国で環境政策が開始する時期にはじまりがあり，環境保護運動なしには環境政策は進展しない．各国の歴史的経路依存や政治的機会構造（政治的諸要因の構成）により，それぞれの環境保護運動は多様な形をとる．

●**多様な環境保護運動**　環境保護運動の強力な推進力となったアメリカ合衆国では，1950年代から，シエラ・クラブ，原生自然協会など自然保護運動が強力であり，1964年に原生自然法が制定された．また，カーソン（Carson, R. L.）は1962年に農薬調査に基づく『沈黙の春』を刊行し，農薬と化学薬品の人間への脅威を明らかにした．民主党主導の連邦議会が1969年に国家環境政策法（NEPA）を制定し，1970年に環境保護庁（EPA）が設立された．ブラウアー（Brauer, D.）が1969年に国際的環境団体となる「地球の友」を創設するが，その重要な理由はシエラ・クラブが原発計画に反対しなかったからである．彼は「グローバルに考え，ローカルで行動する」という環境運動の有名なスローガンを広めた．生活の質をめぐる環境保護運動が高まる中，多くの環境団体が連合し，1970年4月22日を「地球の日」とし，最初のアース・デイが開催され，2000万人が参加した．

　酸性雨による森の枯死に直面する環境先駆国スウェーデンの提唱で1972年に国連として初めての環境に関する国際会議として国連人間環境会議がストックホルムで開催された．また，1968年設立のローマクラブの報告書『成長の限界』（1972年）は，「宇宙船地球号」の資源とそのエコロジー的許容力に限界があることをデータ分析で明らかにし，大きな衝撃を与えた．

　西ドイツでは1960年代半ばに，固有の農業・手工業的な歴史の維持を目指す自然保護・国土保全運動から，産業による自然利用が人間の生活条件に与える帰結を環境問題と捉える環境保護運動へ転換する．自然と社会の関係をシステムとして捉え，環境保護は自然の維持の問題ではなく，産業社会の生活の質の問題であるとした．他方，環境先駆国の影響を受け，1969年にブラント（Brandt, W.）社会リベラル連立政権は突然，環境政策を開始する．この時期に，大気や河川の汚染，酸性雨，都市問題が注目され，生活の質の改善のための市民運動が拡がり，1972年に新しい環境団体である環境保護市民イニシアティブ同盟（BBU）が誕生し，重要な役割を果たす．反原発運動が環境保護運動の焦点になり，産業社会のリスクをめぐる論争が展開される．また，オイルショック後の1970年代半ばにエコ

ロジーと経済成長をめぐる激しい議論が展開する.

●**公害裁判と革新自治体**　日本では，農業から重化学工業中心の産業構造への転換，農村人口の三大都市圏への集中，大量高速輸送が始まる中で，住民の健康と生命を侵害する例のない深刻な公害問題が起こった．政府は公共財としての環境の保全を行わず，公共事業により環境破壊と公害を生みだした．このような公害問題の解決には，日本独自の方式が編み出された（宮本 2014）．第 1 は，被害者・被害者団体と支援団体による公害裁判である．1967 年に新潟水俣病裁判，四日市公害裁判，1968 年にイタイイタイ病裁判，最後に 1969 年に熊本水俣病裁判が起こされた．「公害の原点」といわれる熊本水俣病について，石牟礼道子が『苦海浄土――わが水俣病』で患者と家族の苦しみを記録した．自治体と企業が一体である「企業城下町」では，被害者は公害を告発できず，公害反対の世論も市民運動も弱い．そのため最後の手段として，公害裁判を闘った．こうした困難な公害裁判は，弁護士と研究者による新しい法理で勝訴し，民事裁判で救済を実現した．これを基に世界最初の公害健康被害補償法が 1973 年に制定された．

　第 2 に，1963〜64 年の静岡県三島・沼津・清水 2 市 1 町の公害反対運動により，政府と企業のコンビナート開発を事前に阻止して以来，独自の調査と学習会を積み重ねる三島・沼津型市民運動が全国に広まる．1967 年の公害対策基本法には「生活環境の保全は経済の健全な発展と調和が図られるようにするものとする」という経済調和条項があり，1970 年改正で削除されるが，その後も環境保護運動はこの調和論との闘いである．1970 年代後半以降は都市型公害が中心になり，自然・景観・歴史的町並み保存などアメニティに関心が高まり，環境保護運動は環境創造を含む多様なものになる．第 3 に，1960 年代半ばから市民運動や労働運動の強い大都市を中心に東京都，大阪府，京都府，横浜市，川崎市などで革新自治体が成立，国よりも厳しい環境基準を条例で制定し，地域の企業との間に日本独自の公害防止協定を締結した．この影響を受け政府も不十分ながら 1970 年公害国会で環境法体系を制定し，1971 年に環境庁（2001 年から環境省）を発足させる．

　最後に，環境保護運動のはじまりに関する重要な 3 要因を挙げよう．第 1 に，環境問題が特定地域の問題にとどまらず，1970 年前後の時期に地球レベルの政策課題になったことである．第 2 に，この時期に環境保護運動が台頭するとともに，環境先駆国で環境政策が始動し，国連の取り組みも始まる．国や自治体政府による環境政策の取り組みが不十分である場合は，日本の反公害運動やドイツの反原発運動など環境保護運動が先鋭化する．第 3 に，環境問題が産業システムや市場経済の問題として認識され，市場経済のエコロジー的構造転換が政策課題になることである．　　　　　　　　　　　　　　　　　　　　　　　　　　［坪郷　實］

📖**さらに詳しく知るための文献**

宮本憲一 2014.『戦後日本公害史論』岩波書店.

環境政策における主なアクター

　1980年代以降，環境問題は社会・経済問題と共に「持続可能な発展」の課題として認識され，近年では特にSDGsの国際的普及とともに議論や実践が進んでいる．持続可能な発展の概念の詳細はほかに譲るが，要点として，①環境・社会・経済の各課題への包括的な解決アプローチと，②利害関係者のパートナーシップによる取組み，を挙げることができる．このことは，現在の環境政策におけるアクターが多岐にわたり，その「環境」の捉え方によって異なることを意味する．本項目では，より具体的な議論を行うために，近年国際社会の主要課題となっている気候変動問題，特に地域レベルの脱炭素化政策を例に説明する．

　脱炭素化における主なアクターとしては，温室効果ガス削減の戦略策定や事業実施を行う政府・自治体，事業活動の脱炭素化により貢献する企業，気候問題をあらゆるレベルで喚起し市民とともに行動するNGO/NPO，温暖化の現状や課題の所在を社会に伝えるメディア，専門的知識を基に創造的な解決方策を提起する研究者，などが考えられる．また市民についても，環境的・社会的課題の解決を目指す商品（エシカル・プロダクツ）の購入や，ESG投資の選択，エネルギーの消費だけでなく再生可能エネルギーの生産も担う「プロシューマー」としての貢献など，主要なアクターとして担うべき重要な役割が次々と出現している．

●**日本における課題**　上述のとおり，地域の脱炭素化には，これらのアクターのパートナーシップを促し，地域全体の力を高めて対応していくことが不可欠だが，日本ではこれを主導するアクターが欠けていることが課題となっている．日本の地域運営はこれまで，戦後の政府セクターへの権限集中と高度経済成長による豊かな財政の恩恵を受け，自治体の強力なリーダーシップのもとに進んできた．しかし，経済停滞による財政悪化と，脱炭素化という新たな課題に対する知識やノウハウの欠如により，自治体のみの政策開発・実践は限界を迎えている．特に日本の自治体職員は，環境専門職などごく一部の例外を除いて数年ごとに異動があるため，どうしても専門的知識や経験が蓄積されていかないという問題がある．

　脱炭素化のような新たな分野については，ほかにも，地域における情報の拡散やミッションの共有，地域アクターのキャパシティ・ビルディングと人材の育成など，対応すべき役割は多い．これまでリーダーを担ってきた自治体に伴走し，地域における実践をサポートする役割を担う存在，いわゆる中間支援組織が，現在の日本では求められている．

●**中間支援組織への注目**　ここでいう中間支援組織とは，自治体，企業，NPO，

市民などのアクター間のネットワーキングや，アクターへの専門的知識の供与や政策策定・事業実践のサポートなどを行う強力な地域組織を指す．欧州諸国ではさまざまなレベルや分野で中間支援組織が活躍しているが，ここではオーストリア・フォアアールベルク州のエネルギー研究所を紹介する．

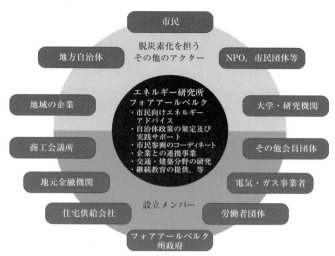

図1　地域脱炭素化への緩やかな連携を担うエネルギー研究所フォアアールベルク

エネルギー研究所フォアアールベルクは，地域エネルギー戦略を政治的・政策的偏りなく議論・実践する組織の必要性を共有した州内の13組織（州政府や地元金融機関，住宅供給会社，商工会議所，労働者団体，環境団体，電力・ガス事業者など）の出資により1985年に設立された．州のエネルギー政策担当大臣が代表を務めるが，州政府から完全に独立した民間非営利のシンクタンクである．50人を超える職員を抱えており，その多くは，エネルギー，都市計画，政治学，教育学，社会学などの修士号や博士号を有する専門家集団である（図1）．

研究所が担う業務は，市民や中小企業向けのエネルギー・アドバイス，自治体の政策策定アドバイス・市民参画コーディネート，企業との連携事業，建築物の環境性能評価基準の策定と評価，地域の専門家を育てるための継続教育の提供など，実に多岐にわたっている．複数の会員組織からのコアコストの提供のほか，専門的知識を活かしたコンサルタントなどの自主事業も行うことにより，継続的かつ独立性の高い活動の展開を可能にしている．

気候変動対策は，社会の根本的なあり方の転換を必要とする極めて難しい課題であり，社会のあらゆる主体が役割を認識し，主要なアクターとなる必要がある．そのようなアクターを育て，繋ぎ，地域の対応力を高める重要な役割をエネルギー研究所は担っており，実際に地域エネルギー政策の結節点として大きな成果を挙げている．専門人材や資金に乏しい日本の自治体・地域に重要な示唆を与えてくれる事例である．　　　　　　　　　　　　　　　　　　　　［的場信敬］

📖 さらに詳しく知るための文献

的場信敬ほか編 2021．『エネルギー自立と持続可能な地域づくり』昭和堂．

緑の党

　ドイツ連邦共和国の緑の党はエコロジーに適合する経済社会をつくることを目指す，参加型政治スタイルを実践する政党である．直訳では「緑の人々」である．正式名称は 90 年同盟・緑の党（Bündnis 90/Die Grünen）．ドイツ統一後，1993 年に緑の党と東ドイツの市民政治組織の連合体である 90 年同盟により成立した．

●**政党政治の刷新**　西ドイツの緑の党は，1970 年代に噴出した次のような新しい社会運動の結果集体として成立した．環境保護運動，反原発運動，フェミニズム運動，少数者保護・差別撤廃運動，社会的自助グループ運動，第三世界との連帯運動，反核・平和運動などである．西ドイツでは，カトリック対世俗化という宗教的紛争軸と，福祉国家対市場経済という福祉国家紛争軸により政党を位置づけるが，緑の党はエコロジー政治対成長政治という新たな紛争軸を定着させた．

　緑の党は当初「私たちは，右でもなく，左でもなく，前方にいる」といわれた．一方で元キリスト教民主同盟議員のグリュール（Gruhl, H.），ハウスライター（Haußleiter, A.）ら保守エコロジスト，他方でフィッシャー（Fischer, J.）ら議会外反対派の新左翼諸潮流など多様な政治グループが参加したからである．保守グループは早期に離脱する．1970 年代後半に各州で緑のリスト，多色のリスト，オルタナティブ・リストという候補者リストを作成し，1979 年欧州議会選挙を契機に「その他の政治団体緑の人々」を結成，1980 年にカールスルーエで連邦政党として緑の党が結成された．1983 年連邦議会選挙で初の議席を獲得する．1990 年ドイツ統一選挙で西ドイツで議席を失うが，1994 年選挙で復活を果たす．

　議会外活動も重視する「運動政党」，また初期に代表を務め人気のあったケリー（Kelly, P.）は「反政党的政党」と特徴づけた．既存政党とは異なる分権的政治スタイルをとり，当初，複数代表制，役職のローテーション制，党役員と議員の兼職の禁止をルールとした．その後議員の交代制は廃止され，一部は修正される．党役員，議員候補者には 50% の女性の割当制が実施される．党組織の専門化と共に，2013 年以降，党員参加を重視し，連邦議会選挙のトップ候補者（男女各 1 名）の決定，選挙綱領の重点，基本綱領，連立政権の決定などは，党員投票が実施される．

●**党綱領論争と連立政策**　緑の党の政治理念と政策は党綱領に表現されている．1980 年綱領では 4 原則として「エコロジー的，底辺民主主義的，社会的，非暴力」を挙げ，原発の即時停止，非武装が主張される．1980 年代は現実派と原理派の論争が続くが，1990 年のドイツ統一後，現実派と左派の論争はあるが，現実派が影

響力をもつ．1993年の基本合意で，議会制民主主義の下での改革政党と位置づけ，市場経済の下で産業社会の漸進的再構築の構想を明確にする．

原理派が重視した非暴力の原理は，人権を守るためにコソボ，アフガニスタンへの軍隊の投入に賛成し，断念された．2002年基本綱領「将来は緑」は，国連の承認の下で軍事力の適用を個別に判断するとしている．同綱領は基本的価値を「エコロジー，自己決定，拡大された公正，活き活きとしたデモクラシー」とし，将来世代のための政治の責任，エコロジー的目標と社会的市場経済の結合を主張する．2020年基本綱領「"…尊重することと保護すること…"変化が安定を生む」は，世界の平均気温上昇を産業革命期比1.5℃に抑える目標を実現する気候保護，エコロジー的・社会的経済，多様性の観点からの社会的公正の実現を挙げる．

1998年連邦議会選挙後，連邦で初めてシュレーダー（Schröder, G.）「赤と緑の連立政権」（シンボルカラーから赤と緑という：社会民主党SPDは赤，緑の党は緑）に参加した．フィッシャー外相，トリティーン（Tritin, J.）環境相，キューナスト（Künast, R.）農業相らが入閣した．緑の党は，エコロジー的近代化の観点から持続可能な産業社会への移行のために主導権を握り，脱原発，エコロジー税制改革，再生可能エネルギー促進法（固定価格買取制），国籍法改定・移民法，生活パートナーシップ法を実現した．

2011年の東京電力福島第一原発事故はドイツ政治に大きな影響を与え，直後のバーデン＝ヴュルテンベルク州議会選挙で緑の党のクレチュマン（Kretschmann, W.）が初の州首相を獲得した．各州で多様な州連立政権を成立させ，赤緑，黒緑（キリスト教民主・社会同盟：黒）に加え，SPD，緑の党，自由民主党（FDP：黄）の信号連立，ジャマイカ（黒緑黄，ジャマイカの国旗色）連立を組む可能性があり，政権創出政党である．

2018年からの世界的規模の「未来のための金曜日」運動は，緑の党に気候保護政策の先導者になる機会を再度与える．2021年連邦議会選挙で緑の党はこれまでで最高の14.8％を獲得，SPD，緑の党，FDP3党による初のショルツ（Scholz, O.）信号連立政権が成立，2度目の連邦政権への参加を果たした．ベアボック（Baerbock, A.）外相，ハーベック（Habeck, H.）副首相兼経済・気候保護相らが入閣した．近年の支持者は新中間層（教育・サービス業・技術職，自営業），高学歴者が中心で，18〜24歳，25〜35歳の年齢層の支持が高い．2018年以後若い党員が増え，2016年の6万1596人から2020年には12万5737人へ倍増する．

1980〜90年代にかけて，ヨーロッパの多くの国で緑の党が議席を獲得し，イタリアの「オリーブの木」中道左派政権，フランスのジョスパン（Jospin, L.）社会党主導政権などに参加した．2004年にヨーロッパ緑の党が設立された．2019年ヨーロッパ議会選挙後，12カ国13政党54議員が，他の政治グループとの統一会派緑の党・ヨーロッパ自由連盟に属している．　　　　　　　　　　　［坪郷　實］

環境ガバナンス

　環境ガバナンスとは，環境に関する政策課題やより良い環境管理を，狭い意味での政治や行政の世界だけではなく，企業や市民社会全体の適切な参加も得て取り込んでいこうという考え方である．すなわち，市民，民間団体，企業，地方公共団体，科学者，マスコミ，政府，国際機関など，多元的で多様性をもった主体（ステークホルダー）の存在とその役割を認識し，それぞれの主体が協同して複雑化した政策課題により良く対応していくという考え方だ（松下 2002）．気候変動問題や海洋プラスチックごみなど複雑化・多様化・長期化・重層化する現代の環境問題にはこのようなアプローチが必要である．本項目では，環境問題の特徴・ガバナンスを取り上げる背景を踏まえ，持続可能な社会の実現に向けて国際社会の動きを紹介する．

●**環境問題の特徴**　現代において環境問題では，経済活動が対象とする領域が拡大し，そのための技術的能力が発達してきたことに伴い，自然や生命を根底から破壊する危険性が現実のものになってきた（気候変動，生物の多様性など）．また，環境問題が個別的な対症療法では解決しがたい，いわば構造的に生ずる問題が中心になってきた（都市構造や交通体系を改革することなしには自動車公害をなくせないなど）．さらに，現代技術の性格とも関連して，環境影響の空間的・時間的スケールが拡大したことに伴う問題（黄砂，残留化学物質など）が生じている．

　環境問題では，負荷をかけていない他人への影響を含めて当事者がすべての責任を取るという汚染者負担原則という考え方がある．当事者の自発的な対策が行われない場合，あるいは当事者間の協力が難しい場合には，地域社会や行政などの社会全体が中心となって対策を行う必要がある．法学的には，人間の生存にかかわる環境問題は生存権や人格権の侵害として当事者の責任が法的に規定されている環境権の議論がある．法学以外にも環境問題を対象とする研究分野が多く，環境社会学，環境経済学，環境工学，環境倫理学，環境政策学などがある．

●**ガバナンスの概念**　「ガバナンス」の概念が世界で広く取り上げられるようになったきっかけのひとつは，国連の「グローバル・ガバナンス委員会」の報告書 "Our Global Neighborhood" である．当該委員会は，1992 年から活動を開始，冷戦終結後の新しい世界秩序を 3 年近くにわたって討議し，1995 年に報告書を発表した．

　報告書の内容は地球隣人社会の価値観，安全保障の推進，経済的相互依存の管

理，国連の改革，行動へのアピールなどが含まれる．その中心的概念はグローバル・ガバナンスであり，特徴としては，従来の国家主権論を離れ，大幅に市民社会の役割を取り入れていることといえる．

環境政治は，環境という公共的利益に関わる，権力を伴った多元的主体の活動を指すのに対して，環境ガバナンスは，関係する主体の多様性とその積極的な関与，持続可能な社会の実現を目指している．

●**環境ガバナンスを取り上げる背景**　高度経済成長期の日本では，経済成長と開発の促進が国家の至上目的だった．その後，産業公害が深刻になり，1970年代の環境行政では公害規制（法律やそれに基づく各種基準や規則による強制的規制）を中心とした対策が行われた．その後さらに生活排水による水質汚濁，自動車排気ガスによる大気汚染など都市・生活型公害が深刻になり，政府の対応だけでは問題が解決できないことが増えた．

情報化社会の進展とともに，市民，企業，マスコミ，専門家など多様な主体による意思決定過程への参加が拡大し，現代では環境問題をめぐって国家のみならず，地方公共団体，市民団体，国際機関，研究者グループやマスコミの果たす役割が大きくなっている．多様な主体が，それぞれの役割を分担しながら，より良い環境の管理，環境保全や持続可能な開発という目的を達成するための諸制度やルールを模索し政策問題を対応していく．

●**持続可能な社会の実現**　持続可能性の概念が最初に出てきたのは1987年，国連のブルントラント委員会である．報告書では貧困問題を克服するために開発が必要であり，環境保全も必要であると説き，この両立を目指すために持続可能な発展（Sustainable Development, SD）という概念を打ち出した．さらに1992年にブラジルで開催された地球サミットにおいて持続可能な発展を実現することが明記された．以後，この概念が多くの国・地域で浸透することになり，持続可能な発展を地球規模で考える場合には，国際社会全体が努力することが不可欠である．

2015年に開催の国連総会では，持続可能な開発のための2030アジェンダが採択された．持続可能な開発目標（Sustainable Development Goals, SDGs）は，経済発展，環境保全と社会的包摂の3側面に統合的対応を求める17のゴールと169のターゲットで構成されている．開発目標に「誰も置き去りにしないこと」を中心概念とし，貧困に終止符を打ち，不公平と闘い，気候変動をはじめとする環境問題に対応する取組みを進めるよう求めている．　　　　　　　　　　　［焦　従勉］

📖さらに詳しく知るための文献
足立幸男編著 2009.『持続可能な未来のための民主主義』ミネルヴァ書房.
長峯純一編著 2011.『比較環境ガバナンス』ミネルヴァ書房.
松下和夫 2002.『環境ガバナンス』岩波書店.

グリーン・リカバリー

　新型コロナウイルス感染症によってダメージを受けた経済と社会を，パリ協定やSDGsと整合した，災害や感染症にレジリエント（強靱）な社会・経済に，そして生態系と生物多様性を保全するよう，グリーンに復興していくことを「グリーン・リカバリー（Green Recovery）」という．新型コロナウイルス対策として，中国武漢市をはじめ各国で都市のロックダウンなど経済活動や人口の移動を制約する措置を導入した結果，短期的に世界のCO_2排出量が減少し大気汚染も改善した．これを一時的な現象で終わらせずに，以前よりも持続可能な経済につくり変えようという議論が世界的に広がった．

●**なぜグリーン・リカバリー**　グリーン・リカバリーという言葉は，2020年4月頃から欧米の研究者や国際機関が使い始めた．彼らの念頭にあったのは，2008年のリーマン・ショックの際のブラウン・リカバリーだ．すなわち，2009年に世界の温室効果ガス排出量は1%減少したにもかかわらず，2010年には4.5%増加し，その後の5年間は年平均2.4%の増加であった．つまり景気回復策によって温室効果ガス排出量はリバウンドしてしまった（明日香2021）．

　今回のコロナ禍で，雇用創出や景気回復を達成しつつ，温室効果ガス排出のリバウンドを防ぎ，気候変動やパンデミックのような危機に対して強靱性をもつ社会をつくるというのがグリーン・リカバリーの狙いだ．実は，コロナ前から，グリーン成長（Green Growth）やグリーン・ニューディール（Green New Deal）などグリーン・リカバリーのベースとなる考え方があった．

●**EUのグリーン・リカバリー政策**　EUは，2030年に1990年比で55%の温室効果ガス排出削減を実現し，2050年には実質排出量ゼロを達成するという削減目標を実現するため，「持続可能な欧州投資計画」と呼ばれる計画を策定した．これは，欧州グリーンディールの投資計画上の主柱をなすものである．2020年7月に開催された特別欧州理事会（EU首脳会議）で合意された復興パッケージは，予算規模が総額1兆8243億ユーロに及ぶ．内訳は多年度財政枠組みが1兆743億ユーロ，復興基金が7500億ユーロとなった．

　「次世代EU」と呼ばれる復興基金は，コロナ禍からの復興対策に充てる7500億ユーロ規模の臨時の特別予算となっており，EUの通常の中期予算である多年度財政枠組みとは別枠になる．欧州委員会はこの予算装置によって当面はコロナ禍からの復興，中長期的にはデジタル化と気候変動に対応する投資を実施し，持続的な成長の実現を目指すとの意図を読み取ることができる（諸富2021）．

●**米国のグリーン・リカバリー政策**　トランプ（Trump, D.）政権では，「温暖化は中国政府によるウソ」と公言し，政府文書からも温暖化という言葉を抹消させた．一方，バイデン（Biden, J.）大統領は就任後，政府を横断する組織として「ホワイトハウス環境正義委員会」を新たに設置し，気候変動に関する大統領令で頻繁に環境正義という言葉を使った．

　また，バイデン大統領は就任後100日以内で3つの大きな財政支出計画を相次いでまとめあげた．まとめられた財政支出計画は，第1に「米国救済計画（American Rescue Plan）」と呼ばれ，コロナ禍で打撃を受けた国民と企業を支える内容である．第2に「米国雇用計画（American Job Plan）」と呼ばれ，以後8年間でインフラ投資を中心に2.3兆円の支出が予定されている．第3に「米国家族計画（American Family Plan）」と呼ばれ，教育や子育てを中心に個人と家族に対して支援を行うもので，以後10年間で1.8兆ドルを費やす計画だ．特に「米国雇用計画」は，老朽化したインフラの改善はもちろんのこと，デジタル化，脱炭素化していく米国の未来に適合的なインフラを整備する未来志向の投資計画となっている点に大きな特徴がある（諸富 2021）．

●**中国のグリーン・リカバリー政策**　2020年9月，中国の習近平国家主席は国連総会で中国の温暖化対策に関して，① 2030年までにCO_2排出量をピークアウト，② 2060年にカーボンニュートラル，③世界にグリーン・リカバリーを求める，という内容のビデオ演説を行った．中国は2020年に発表された新型コロナ対策に関連する予算措置規模は9.2兆元（約147.2兆円）であり，そのうちのエネルギー環境関連は，非ガソリン自動車の普及と電気自動車充電スタンドの拡充，世代通信設備や5G技術などへの重点的な投資，EV補助金の2022年までの延長などである．また，新型インフラ，新規・既存都市基盤整備，重大社会インフラ事業には6兆元（約96.6兆円）の予算がついた．「中国にとって産業構造転換は不可欠で，同時に雇用創出も可能で，世界での技術覇権も狙える」という考えに基づいて中国政府や企業がエネルギー転換を進めているのは明らかである（明日香 2021）．

●**日本のグリーン・リカバリー政策課題**　2050年カーボンニュートラルの実現を経済成長と両立する形で成し遂げようとすれば，産業の構造転換は不可避である．欧米中国などではすでに起き始めている現実に対して，日本では2020年にカーボンニュートラル宣言を受け，表面的に脱炭素化を受け入れたようにみえるが，産業界は積極的な姿勢をとれず，産業構造転換が政策課題である．

［焦 従勉］

📖**さらに詳しく知るための文献**
明日香壽川 2021.『グリーン・ニューディール』岩波新書.
諸富 徹 2021. グリーン・リカバリーと日本の政策課題. 公共政策研究 21：64-79.

地球温暖化問題・気候変動問題

　地球温暖化・気候変動問題は，温室効果ガス（GHG）濃度の高まりにより，地球全体の平均気温（表面温度）が上昇することでもたらされる．石炭や石油等の化石燃料の燃焼による人為的な二酸化炭素（CO_2）の排出が主たる原因とされる．海面上昇，異常気象（豪雨，干ばつ），陸・海の生態系，食料生産，人の健康等，その影響は多岐にわたる．一般家庭の給湯から海運・空輸を含むサプライ・チェーンまで，ローカル・ナショナル・グローバルといった多次元スケールにわたる射程をもつことから，一国の政策対応を越えた各国政府間連携およびそれを媒介する国際機関，企業，NGO 等のコミットメントが不可欠となる．国連総会での採択後，「地球サミット（UNCED）」での署名（155 カ国）を経て，1994 年 3 月に発効した「気候変動枠組条約（UNFCCC）」が，国際的取組の枠組みを定める（日本は 1992 年 6 月に署名，1993 年 5 月に締結）．GHG 濃度の安定化を究極の目的とする本条約の締約国は，毎年開催の COP（締約国会議）に対して，削減計画に基づく排出量および吸収量の実績を報告・公表する義務を負う．COP には，政府，民間，市民社会から多様なステークホルダーが公式・非公式に参加する．

●**「京都議定書」にみる不合理**　1997 年 12 月，京都開催の COP3 で「京都議定書」が採択（192 カ国・地域）され，「共通だが差異ある責任」原則の下，日米欧といった先進国等に対して，数値目標を伴う GHG 削減義務が課された．2008 年から 2012 年を「第 1 約束期間」として，日本 6%，米国 7%，EU8%（1990 年比）の削減義務には条約上の法的拘束力があり，不遵守の場合の罰則も設けられた．排出量削減の実効性を担保するための措置といえる．ただし，国際交渉の末の政治的合意としての削減目標を先進国が受け入れた反面，途上国に分類される中国やインドといった大量排出国が規制対象外となるなど，政策スキームとしては合理性を欠くものとなった．当時最大排出国の米国は，議会承認が得られずに 2001 年に議定書から離脱し，2012 年までに削減目標を達成していた日本も，2013 年から 2020 年までの「第 2 約束期間」への参加は見送った．

●**「パリ協定」における合意とカーボンニュートラル**　2013 年以降のポスト京都議定書をめぐっては，途上国を含むすべての締約国が合意可能なスキーム構築が最大の課題となった．この点，COP16 での「カンクン合意」（2020 年まで）では，「京都議定書」のように排出削減量を義務として割り当てるのではなく，削減目標および行動策を各国が自ら決定することを許容し，成果の報告・検証についてルール化を図る点等が確認された．これを受け，2015 年の COP21 では，全締約

国（196 カ国）が削減等対策にコミットする，2020 年以降の枠組みとして「パリ協定」が採択に至った（2016 年 11 月に発効，日本は 2016 年 4 月に署名）．「パリ協定」の下，締約国は，排出削減目標を「国が決定する貢献（NDC）」として 5 年毎に提出・更新する条約上の法的義務を負う．ただし，NDC の達成自体は義務化されていない．提出された NDC は，「グローバル・ストックテイク（地球規模での取組み・削減状況の総括）」として，目標達成に向けた実施状況が隔年で評価される．ここでの評価を受け，各国は，NDC の更新にあたり従前の NDC を前進させることが求められる．プレッジ・アンド・レビュー方式を採用し，各種主体が行う評価の透明性を高めるとともに，国内外の世論や各国間の相互参照等が圧力あるいは後押しとなることで，削減目標達成の実効性を担保しようとするスキームとなっている．

「パリ協定」では，IPCC（気候変動に関する政府間パネル）による報告（第 5 次評価報告書）を受け，産業革命以前に比べ平均気温上昇を「2℃未満に十分に抑える」ことが削減目標とされた．さらに，第 6 次報告は，人間活動による温暖化には「疑う余地がない」として，第 5 次報告での「可能性が極めて高い（95％以上）」を超えた知見を示し，「1.5℃に抑えるには今世紀半ばまでに世界全体の人間活動による CO_2 排出が実質ゼロになる」必要があるとした．これに前後して，日本を含む多くの国において，2050 年までの「カーボンニュートラル」が政策目標として掲げられた（2021 年 4 月現在，125 カ国・1 地域）．

●**問われるべき国際的枠組としての実効性**　「パリ協定」が政策スキームとしての実効性を確保するには，いまだ解消しない南北対立を克服する必要がある．現に，COP26 時点（2021 年）での 2030 年までの NDC グローバル・ストックテイクは，1.5℃目標の達成までには遠く及ばないものであり，現最大排出国である中国や第 3 位のインドは，達成時期の設定が 2050 年よりも後ろ倒しのままとなった．南北間に見る乖離の背後には，「共通だが差異ある責任」あるいは「気候正義」をめぐる考え方の相違がある．CO_2 排出で叶う成長の果実を享受したい途上国は，先進国と同じ目線に立った急速な削減策を不公正なものして，目標達成にフリーライドすることを正統視する傾向にある．国際条約の下，主権国家間の交渉成果に基づく本枠組みは，求められる削減に要する費用負担をめぐり，集合行為問題を依然として解決できていない．かつ，このことは，地球温暖化問題に向き合う際の基本哲学である「持続可能な発展」の実現において，経済成長と環境保全とがデカップリングされていないトレードオフの関係に立つことの表れでもある．

今後は，CDM や JCM によるカーボン・クレジット，南北間資金配分のための基金，ESG 投資としてのグリーン・ボンドやトランジション・ボンド等，官民資本が絡み合う市場メカニズムやグローバル金融による対応策が「ウオッシュ（見せかけ）」に陥ることなく，この問題の改善に貢献するものなのかも問われる．　　　［青木一益］

カーボンプライシング

カーボンプライシングとは，人為的に排出される二酸化炭素に値付けする，気候変動問題に対する緩和策である．気候変動問題の主因である二酸化炭素の排出は，負の外部性に該当する．この外部費用を顕在化させ，排出者に支払わせることで，経済活動を通して排出が抑制される．代表的な手法として，炭素税と排出量（権）取引が挙げられる．

炭素税では，二酸化炭素の排出1トン当たりいくらという形で税金を払うことが求められる．例えば石炭火力発電所は，発電にかかる費用が増大するため，効率の悪い老朽設備が廃止されたり，原子力や再生可能エネルギーに置き換わったりすることになる．政府が設定する炭素税率が高ければ，その削減効果は大きくなるが，排出者の負担も大きくなる．

排出量取引では，二酸化炭素の排出企業などに政府が一定の排出枠を課したうえで，排出する権利の売買を認める．この方式をキャップ＆トレードと呼ぶ．より低コストで排出削減できる企業は排出権の余剰分を売り，そうでない企業はそれを買い取ることができる．この場合，全体としての排出量の見通しは立ちやすいが，炭素価格は排出権の取引を通してそのつど市場で決まる．

カーボンプライシングは環境政策の経済的手法に該当し，一律の排出基準を課す規制的手法と比べ，価格メカニズムを働かせることで，費用効率的に排出削減を促すとされる．さらに，税収などの形で政府に新たな収入をもたらす効果もあり，これを他の税金の削減や財政支出に回すことができるため，「二重の配当」と呼ばれる．他方，政府による炭素税率や排出枠の設定が難しいという問題がある．

炭素税や排出量取引以外に，化石燃料自体への課税や消費量に関する基準は，間接的に二酸化炭素の排出を抑制する効果があり，「暗示的炭素価格」と呼ばれる．これらは，道路財源など他の政策目的のために設定され，異なる化石燃料に対してCO_2トン当たり共通の価格が付くわけでないため，消費者・消費企業に排出費用を認識させる効果は低い．

●**諸外国の導入状況と日本の遅れ**　炭素税は，1990年のフィンランドを皮切りに，欧州を中心に導入が進んでいる．炭素税率は段階的に引き上げられ，スウェーデンやスイスなどでは1万円/tCO_2を超える．カナダやメキシコ，チリなどへも導入が拡大している．日本では，289円/tCO_2を地球温暖化対策税として，エネルギー税制である石油石炭税に上乗せする形で2012年から課税している．しかしその税率は諸外国と比べて低く，価格効果は極めて小さい．

排出量取引は，2002 年にイギリスが国の制度として開始し，2005 年に欧州連合が加盟 25 カ国を対象に導入した．この EU-ETS は，発電，石油精製，製鉄などのエネルギー多消費施設を対象とし，2012 年からは航空機輸送も加えられた．当初は各施設に排出枠の大半を無償で割り当てていたが，2013 年から有償割当（オークション）の割合を拡大し，2034 年までの無償割当の廃止が決まっている．米国の一部の州や韓国，中国なども排出量取引を導入している．日本では，2010 年度に東京都が導入し，埼玉県がこれに続いたが，国レベルでは導入されてこなかった．

このように日本では，欧州などと比べて本格的なカーボンプライシングの導入は遅れている．かねてより環境省は導入を訴えてきたものの，産業界やこれを所管する経済産業省の慎重姿勢が強かった．2011 年の東京電力福島第一原発事故により，電力の脱炭素化の中心的手段とされてきた原子力に頼れなくなったことも，緩和策の遅れに影響している．

一方で 2020 年に日本政府も 2050 年までのカーボンニュートラル（実質排出ゼロ）を宣言し，改めて国レベルでのカーボンプライシングの議論が始まった．その結果，GX リーグと呼ばれる排出量取引が，2023 年度から始まり，炭素税に近い化石燃料賦課金が 2028 年度から導入されることになった．GX リーグは，当面は有志企業による自主的取組みにとどまるが，2033 年度から発電事業者向けの有償割当を段階的に導入するという．

●経済成長を阻害するのか？　カーボンプライシング導入の最大の障壁は，経済成長を阻害する懸念であろう．確かにエネルギー多消費産業などは，短期的にはコスト増が避けられないだろう．また日本が導入したとして，導入していない国との間で価格競争上不利になり，製造工場がその国に移れば世界全体での排出削減に繋がらない，「炭素リーケージ」の問題も指摘されている．

一方で，欧州でカーボンプライシングが導入されてから 20 年以上が経過し，その効果についての実証研究が蓄積されている．導入国では排出削減が進み，同時に経済成長が確認されつつあり，導入国は増え続けている．炭素リーケージに対して，欧州は炭素国境調整措置（CBAM）を導入し，炭素制約の緩い地域からの輸入品に賦課金を課す方針を示しており，日本企業が影響を受ける可能性もある．

2015 年のパリ協定以降，気候変動対策の緊急度は高まっており，先進国はカーボンニュートラルを目指すことが一般的になった．その背景には，脱炭素社会への移行には大規模なイノベーションが不可欠であり，それが新たなビジネスチャンスを生むとの認識がある．世界の企業や投資家が，脱炭素化への投資を競って増やす中で，欧州と比べて脱炭素に消極的で，排出削減が進まない日本への視線は厳しさを増している．だからこそ日本もカーボンプライシングを始めることになったと考えられるが，GX リーグなどで十分なのか，それ以外にどのような政策を組み合わせるべきか，継続的な検証と議論が不可欠であろう．　　　［高橋 洋］

教育政策

●教育政策の性質と範囲　教育政策が公共政策の一部である理由は教育を受ける個人だけではなく社会にもその便益が波及する「外部性」が存在するからである．特に義務教育は国民国家の形成者，良質な労働者，そして納税者を育成する機能があるとされ，日本では明治維新以降重視されてきた．戦前の義務教育は小学校までとされ，戦後は中学校に拡大された．高校進学率は1950年代に40%台だったが2021年には99%となっており，今や事実上の義務教育といえる状況である．大学進学率は1990年代ですら30%台だったが2020年代に入って50%台後半まで上昇した．高校教育も大学教育も一定の外部性が認識され，いずれも2000年代以降無償化制度が導入されている．教育は公共性の高い政策分野であり，歴史的にみると特に義務教育への政府の関与が強かったが，進学率の上昇に伴って高校や大学へも政府の関与がなされるようになった．

　教育政策の基本的な目的は，学校制度を通じて教育サービスを提供し，サービスの受け手を経由して社会に便益をもたらすことである．労働集約的な性質の強い教育には巨額の資金が必要であり，その財源をめぐる対立を避けるため，例えば義務教育費国庫負担制度のような制度化が進んでいる．他方，学校以外での教育（学習）は日本ではあまり重視されてこなかった．

●教育政策の担い手と受け手　教育分野は大量の人員（教員）を必要とする点でヒューマンサービス分野の典型例である．基本的に市場原理が働きにくい分野であるため，政府が教員の雇用主となり，学校を設置・運営し，その管理機構（日本では教育委員会，文部科学省）を設ける．日本の場合，地方政府が主な教育の実施主体であり，地方公務員全体（約280万人，2022年）の実に三分の一以上が教員（小中高）である．教員のリクルートは量的にも質的にも極めて重要な政策課題である．2020年代に入って教員不足が深刻となっているが，これは一時的な問題ではなく歴史的に繰り返されてきた問題である．

　また，教員，学校というサプライサイドへの資源投入が重視されてきたのも教育政策の特徴である．ただし，日本では2000年代以降教職員組合が政策立案に深く関与することはなくなった．

　他方，教育政策の受け手（ディマンドサイド）である生徒は歴史的にあまり重視されてこなかった．近代公教育システムは効率的に教育サービスを提供することを主眼としてきたため，政策立案に生徒の意見が考慮されることはまれだった．つまり最大のステークホルダーである生徒の利益が表出しにくいという非対

称性が教育政策の特徴である．また，保護者団体も生徒が卒業するたび構成員が入れ替わるため政策立案に関与するノウハウは蓄積されない．

●**教育の政策過程**　日本では教育の政策立案・決定が政策実施よりも重視されてきた．多額の予算を必要とするため，財政負担は中央政府と地方政府が分担する（融合的政府間関係）．歴史的にみると財政制度を所管する文部（科学）省が政策立案・決定の主導権を握り，他方で地方政府が政策実施を担う構造であった．ところが2000年代に入り官邸主導に代表される集権化によって，政策立案・決定の主導権は官邸や与党に移った．そのことで幼児教育と高等教育の一部無償化，教育のデジタル化（GIGAスクール構想）が実現したのは事実であるが，政策の主たる実施主体は依然として地方政府である．たしかに中央政府の集権化によって財政制約を打破する政策決定のダイナミクスも起こりやすくなっているが，教育政策は長期間にわたり安定的に実施しなければならない．例えば，GIGAスクール構想で1人1台端末を配布した後のメンテナンス，更新費用を継続して確保しなければならないし，教員も使用方法に習熟しなければならない．一過性のコスト以外の安定的な政策実施を保証する責任は政権中枢ではなく文部科学省にある．

　こうした政策過程に関する研究は主に政治学によって担われており，政策決定過程への関心が強い反面，政策実施研究は低調である．また政策評価については経済学が費用効果分析を進めておりEBPMの潮流とも合致している．

●**教育の政策課題**　2020年代の教育分野の政策課題は格差，少子化，不登校・いじめ，教員の長時間労働である．国旗国歌の取扱いや教育内容をめぐる政策論議もあるにはあるが，もはやイデオロギー的対立よりも喫緊の課題に焦点が絞られている．2022年度の就学援助率は14％であり，2002年度以降1割を超えて推移している．日本語指導が必要な児童生徒は2021年時点で5万8000人であり，10年間で1.8倍になった．他方，東京都の私立中学進学者は公立小学校卒業者の2割であり，地域間格差だけではなく地域内の公私格差も存在する．少子化は深刻さを増し2037年には2023年と比べて15歳人口が3割減少するため，高校統廃合がさらに進むだろう．2022年度のいじめ認知件数（小中高）は68万2000件（対前年1割増），不登校（小中）は30万件（同2割増）であり深刻さを増している．教員の長時間労働をめぐっては，2023年に教員勤務実態調査結果が公表され，平日で小中教員1人当たり30分程度の労働時間が短縮したが，依然として長時間労働の状態である．学校の働き方改革，給与水準の引上げ，教職員数の増員といった対策が今後本格化する．　　　　　　　　　　　　　　　　［青木栄一］

📖さらに詳しく知るための文献

青木栄一 2021.『文部科学省』中公新書.

小川正人 2019.『日本社会の変動と教育政策』左右社.

村上祐介・橋野晶寛 2020.『教育政策・行政の考え方』有斐閣.

文化財の保存と継承

　文化遺産は，あるコミュニティや時代の文化や歴史を表象する意味をもつ．それに対して文化財という用語は，文化財保護法に由来する法概念である．重要文化財，国宝といった名称故に顕彰的な意味合いで報道される場合があるが，指定基準に沿った文化財を国内にとどめ，将来にわたって所有者に管理義務を負わせるための規制的な法律である．

●**保存の始まり**　文化財関係の施策が講じられるようになるのは明治期，近代国家建設の途上において最初の文化財保護政策として発せられた 1871（明治 4）年の「古器旧物各地方ニ於テ保存」という太政官布告にさかのぼる．布告の背景には，1868（明治元）年の神仏分離令に端を発する廃仏毀釈があった．「古器旧物各地方ニ於テ保存」は，各地の「古器旧物」を祭器，古書画，衣服装飾等 31 の品目に分類して保全し，品目および所蔵者を記載して提出するよう命じた．1872（明治 5）年には文部省による古美術調査（壬申調査）が行われ，日本の美術や工芸に対する再発見がなされ，保存思想が生まれたといわれる．1880（明治 13）年になると内務省より古社寺保存金が交付され，1888（明治 21）年には，臨時全国宝物取調局が設置され，1897（明治 30）年には監査が終了した．1895（明治 28）年に終結した日清戦争は，近代国家成立後初の対外戦争であり，民族意識高揚の必要性が認識されるようになり，古社寺保存法を制定する動きが出てくる．また，ヨーロッパ美術において 19 世紀末にジャポニズム（日本趣味）といわれる現象が起き，日本の美術や工芸に対する海外からの関心が高まった時代である．宝物調査の終了とともに，1897（明治 30）年に社寺が所有する建造物や宝物類の中から歴史の象徴または美術の模範となるものを「特別保護建造物」または「国宝」として指定し，その保存経費について国が補助する仕組みができあがった．宝物類の売却や海外流出を禁止する法的な制度となっていたが保存措置が講じられないなどの課題が残った．これを解決するために制定されたのが 1929（昭和 4）年の国宝保存法であり，古社寺保存法は廃止された．しかしながら国宝に指定されていな文化財の海外流出が相次ぎ，1933（昭和 8）年には，重要美術品等ノ保存ニ関スル法律が制定される．なお建造物，美術工芸品以外に，古墳や史跡・記念物については，史蹟名勝天然紀念物保存法が 1919（大正 8）年に制定されている．

●**文化財保護法と戦後の文化財行政**　戦後，戦前に整備された文化財関連の法律を統合して制定されたのが，1950（昭和 25）年の文化財保護法である．経緯は，1949（昭和 24）年 1 月 24 日に法隆寺において火災が発生し，修復中の金堂壁画が

蒸し焼きになったことがきっかけとなった．連日のように報道が行われたことから，重要な事件として捉えられ，1950（昭和25）年に文化財保護法は議員立法によって制定された．文化財保護法は，旧法をすべて統合したうえで，国の指定制度を改正し，さらに無形文化財を創設し，さらに行政委員会である文化財保護委員会が設置した．改正点は，重要文化財の中でも特に重要なものを国宝に指定しなおし，史跡名勝天然記念物についても同様の指定方法を採用した．指定は所有者に管理義務を生じさせ，譲渡の制限，現状変更等の制限，修理の届け出，輸出の禁止などの規制がかかる．そして修理は所有者あるいは管理団体が行うが，多額の費用がかかる場合は政府が補助金を交付することができる．重要有形文化財の大規模修理は100年に一度というサイクルで行われることが通例であり，文化財修理方法も研究が続けられている．その後文化財保護法はその時々の必要に応じて改正を繰り返し，規制を強化したり，新たな文化財概念として民俗文化財，文化的景観，伝統的建造物群保存地区などを創設したり，埋蔵文化財保護制度，登録制度，保存技術の選定を導入したりしながら，2021（令和3）年に行われた改正は第8次に至っている．

　現在国立文化財機構に属する四つの国立博物館，二つの文化財研究所，そしてアジア太平洋無形文化遺産センターは，「貴重な国民的財産である文化財の保存及び活用を図ることを目的」とした機関と位置付けられている．また，日本が世界に先駆けて創設した無形文化財という概念は，その後ユネスコの無形遺産条約の制定にも影響を与えている．無形文化財は「演劇，音楽，工芸技術その他の無形の文化的所産で我が国にとって歴史上又は芸術上価値の高いもの」と定義し，そのうちの重要なものについて重要無形文化財と指定する．重要無形文化財を担うのは生身の人間であり，その「技」をもつ者を，重要無形文化財保持者・保持団体と認定する．無形文化財の保護・継承において重要な役割を担うのが全国に六つある国立劇場である．現代舞台芸術を扱う新国立劇場を除く，五つの国立劇場は重要無形文化財を扱い，上演は基より，研修制度を備え，継承者を養成している．近年の改正で注目されたのは，2018（平成30）年のものである．過疎化・少子高齢化などを背景に，文化財の滅失や散逸等の防止が緊急の課題であり，未指定を含めた文化財をまちづくりに活かしつつ，地域社会が総がかりで，その継承に取り組んでいく必要性から，文化財保存活用地域計画を策定し，地方における文化財保護行政の強化を図る改正が行われた．さらに，文化財の持続可能な保存・継承体制の構築のために，用具・原材料の確保，人材養成と拠点整備が図られることになった．　　　　　　　　　　　　　　　　　　　　　　　　　［小林真理］

諸外国の文化政策

　国ごとに多様な文化政策の中から，日本にさまざまな影響や示唆を与えている英米独仏の4カ国について概観する．これら4国は先進国における文化政策の類型ともなっている．文化そのものの国際比較においては，日本と欧米の対比が注目されるが，文化に対する政府の関与という視点からみると，欧州大陸諸国とアメリカが対極にあり，日本やイギリスはむしろその中間的な位置づけにある．

　しかし，いずれにおいても，人々のアイデンティティの基点であり，価値観の表現手段である文化が，民主主義社会の維持・発展において極めて重要な政策対象であるという認識は共有されており，重要な国家戦略としての位置づけのもとに文化政策が推進されている．この点，文化が長年，社会教育の一分野として位置づけられ，不要不急の教養・趣味・娯楽として扱われてきた戦後の日本とは対照的である．

●**フランス**　フランスは自他ともに認める文化大国であり，政府がその保護・振興に強く関与してきている．フランス革命前におけるベルサイユ宮殿の豪華な芸術文化による国威発揚のイメージもあるが，国家による強大なパトロネージュは必ずしも連続してきたものではない．第二次世界大戦後の米ソ二大超大国による冷戦下で国際的な地位が低下してきたフランスでは，再び強いフランスを目指して第五共和制が始動する中，1959年に文化問題省が設立された．軍事，経済では米ソに及ばない中，文化大国としての地域を確立することで国際的な地位を維持することが重要戦略と位置づけられた．一方，流入するハリウッド映画をはじめとする外国文化に対し，保護主義的な政策をとってきたのも特徴であり，市場による文化の画一化を防ぎ，文化の多様性を維持するためには政府による保護と支援が必要であると捉えられている．フランスでは，中央政府が強い影響力をもっているが，地方自治体の文化政策予算の総額は中央政府を上回っている．また，中央政府においては，予算の大半は全国13か所に設置されている地域組織において執行されており，「中央政府＝パリ」という状況ではない．つまり，地方に分散している中央政府の出先機関が各地でリーダーシップを発揮し，地元の地方自治体と連携して文化施設や芸術団体の運営をはじめとした文化政策を推進しているのが特徴となっている．

●**ドイツ**　ドイツも政府が巨額の文化支援を行う国であるが，連邦政府ではなく，州・地方政府がその中心となっている．長年にわたり強大な王国が続いたフランスとは異なり，ドイツ等の中欧は神聖ローマ皇帝の下での分権的な体制にあった．19世紀以降，強大なドイツ帝国の台頭によって第一次世界大戦が，20世紀初めにはナチスの第三帝国によって第二次世界大戦が引き起こされた歴史か

ら，中央政府の強大化に対する内外からの警戒心が強い．特にナチスは，民主的な選挙で政権を掌握しながら，非民主的な文化統制，弾圧を行い，人権を侵害したことから，第二次世界大戦後の文化政策は，これらに対する反省が根底にある．そのため，教育を含む文化政策の権限は州政府にあるとされる（州の文化高権）．戦後は州・地方政府による手厚い公的支援により芸術活動が支えられてきたが，1990年代以降は，民営化が急速に進展し，公立文化施設や公立芸術団体が有限会社や財団法人等の民間組織に改組されてきている．東西統一後の財政逼迫により，政府以外からの収入獲得に積極的になってきているが，英米諸国と比較すれば今なお公的支援は手厚いものとなっている．

●**イギリス**　イギリスは，欧州大陸諸国とは異なり，王室による強大なパトロネージュの伝統は弱く，文化も自由放任主義の経済体制の下にあったが，第二次世界大戦後は，いちはやく公的支援制度を確立している．経済学者ケインズ（Keynes, J. M.）のリーダーシップによって1946年に設立されたアーツカウンシル（芸術評議会）は，現在に至るまで，イギリスの文化施設や芸術団体等に補助金を交付してきている．アーツカウンシルの予算総額は議会によって決定されるが，その使途については専門家による合議によって決定される．アームズ・レングスと呼ばれる政治的中立性を確保するための仕組みが作られた背景には，第二次世界大戦中のナチスドイツによる芸術の政治利用に対する批判と警戒心がある．アーツカウンシルによる助成は，1990年代初頭までは伝統的な有力芸術団体の支援に力点が置かれていたが，1990年代半ば以降は，社会包摂をはじめとしたさまざまな社会課題を意識した助成が増え，世界的な注目を集めた2012年のロンドンオリンピック・パラリンピックにおける文化プログラムの推進にも大きく貢献した．

●**アメリカ**　アメリカにおいては，自由を求めて植民地に移住してきた歴史から，文化や教育等，人々の価値観に関わる問題に対する連邦政府の関与に対する警戒心が強く，民間支援が基本となってきた．個人や企業からの寄付については税制上の優遇措置によって支えられてきている．こうした中，1965年の全米芸術基金（NEA）の設立以降は，連邦政府による公的助成が開始され，現在ではすべての州政府にも芸術支援機関が設置されている．しかし，その目的は政府自身が芸術のパトロンになることではなく，民間支援を促すための触媒になることである．そのため，公的資金を得るためには決められた比率で民間寄付等の資金を集めることが条件として課されるマッチンググラントの仕組みがとられることが多い．1980年代末には，前衛芸術に対する公的支援に対する批判をきっかけに，補助金の使途を制限しようとした連邦政府（NEA）が，憲法違反で訴えられて敗訴するなど，表現の自由の保障に強い関心が向けられているのもアメリカの文化政策の特徴といえる．　　　　　　　　　　　　　　　　　　　　　　　　　　［片山泰輔］

📖**さらに詳しく知るための文献**
文化庁.『諸外国の文化政策等に関する比較調査研究 報告書』各年度版.

スポーツ政策

●スポーツ基本法の制定とスポーツ庁の創設　1961 年に制定されたスポーツ振興法は 2011 年に大きく改正され，スポーツ基本法として生まれ変わった．スポーツ基本法には，スポーツに関わる基本理念や国や自治体の責務などが定められており，スポーツ政策の基本が記されている．このスポーツ基本法発足と，オリンピック・パラリンピック 2020 大会が東京で開催されることが契機となり，2015 年 10 月スポーツ庁が創設され，初代長官にはソウルオリンピック男子 100 メートル背泳ぎの金メダリストである鈴木大地が就任した．

　そもそもスポーツ振興は複数の省庁にまたがる政策分野である．子どもたちの心身の発達となれば文部科学省であるが，高齢者の健康長寿の実現のためにスポーツを利用すると厚生労働省の所管になり，スポーツビジネスを推進する場合は経済産業省となる．スポーツ基本法の制定，そしてスポーツ庁の設置は，そうした省庁間の縦割りの弊害をなくしていこうという動きといえる．

　日本ではまだ「スポーツは若者のもの」という意識が強い．そのため，スポーツは学生までのものとし，高校・大学卒業を機にスポーツから離れてしまう者は少なくない．スポーツ庁という目に見える変化は個別の政策の変化だけではなく，スポーツ政策が大きく変わるというシグナルであり，スポーツが老若男女すべての人々のものであると意識を変える効果も含んでいる．また，日本のスポーツ統一組織の日本体育協会が日本スポーツ協会へと 2018 年に名称し，国民体育大会（国体）もスポーツ基本法の一部を改正する法律の施行に伴い佐賀県で 2024 年秋に開催される第 78 回大会から国民スポーツ大会（国スポ）へ変更となった．

　2020 年東京大会開催が，日本のスポーツ政策の歴史的転換点だったのである．

●スポーツ政策推進の留意点　スポーツは非日常的な空間・時間を創出し，主義主張や嗜好を超越した一体感を醸成する力がある．また国際的なスポーツイベントには，遠くの他者との気持ちを結びつけ，絆を深める効果がある（鈴木・戸苅 2004）．そしてスポーツ政策は，スポーツのもつ諸価値を社会に体現させることを目的とする政策といえる（真山 2021）．

　ただ，スポーツ政策を推進するにあたっては，政策である以上，さまざまな立場のアクターがいる点に留意する必要がある．スポーツ政策の推進に距離がある住民もいるからである．場合によっては，多くの住民が共感をもてるナラティブを提示する必要もあるだろう（関連して，河村 2023）．「スポーツはいいものだから反対する人はいない」と独りよがりになってはいけないのである．

2024 年 4 月全国知事会から提示された「国スポ見直し論」は，そうした姿勢でスポーツ政策を捉えるべきであることを示す，わかりやすい事例である．2024 年 4 月 8 日，全国知事会会長を務める村井嘉浩宮城県知事は記者会見で「国スポ廃止も 1 つの考え方」と述べ，スポーツ界に衝撃が走った．毎年の選手団派遣に冠する費用だけではなく，開催準備にかかる人件費やスポーツ関連施設の整備・維持負担が重いことが発言の背景にある．

全国の都道府県持ち回りで行われてきた国体の開催は，地域スポーツ振興に貢献してきただけではなく，スポーツ施設及びその周辺インフラの整備・改修の機会として利用されてきた．「国体記念公園市民サッカー場（岩手県）」「国体記念体育館（福島県）」「国体道路（福島県ほか 10 県）」など，愛称に国体が冠されたところもある．しかし，人口減少社会の到来によって将来の税収が減ることが予想されている．知事会からの提案は，右肩上がりの時代の発想を変えていくことが，我々，とりわけスポーツ界に求めているといえるだろう．

●プロスポーツとの距離感　J リーグや B リーグなど，近年，プロスポーツチームが全国に誕生している．ただ，多くのプロチームが自治体の応援に依存しており，とりわけ，自治体に競技施設を依存しているところがほとんどである．J リーグのチームの中にはクラブライセンス制度を満たすため，自治体に整備を要望するも，自治体内の合意形成が困難で結論が長期化しているところもある．

スポーツ政策的に見て，地方自治体がプロチームに協力するのは，スポーツへの理解増進や地域に対する愛着の醸成，地域経済への貢献を考えれば妥当なことである．しかしながら，自治体の置かれている環境は千差万別であり，プロチームからの要望をすべて聞き入れることは難しい．財政的に豊かであったり，スポーツに対して理解がある住民が多い自治体はプロチームからの要望を多く受け止めることはできるかもしれないが，財源が厳しかったり，当該チームに対する期待が盛り上がっていない自治体はなかなか協力できないだろう．新スタジアムの建設ともなると，財源の担保や周辺のまちづくりとの一体性も求められるため，選挙の大きな争点になることもある（2015 年広島市長選挙や 2022 年栃木市長選挙など）．

プロスポーツチームが増加する中，自治体がチームにどこまで関与するか，これもスポーツ政策として重要なトピックといえるのである．　　　　［河村和徳］

📖さらに詳しく知るための文献

真山達志 2021．スポーツと公共政策．真山達志・成瀬和弥編著『公共政策の中のスポーツ』晃洋書房．

鈴木 守・戸苅晴彦編著 2004．『サッカー文化の構図』道和書院．

河村和徳 2023．新型コロナ禍に翻弄された復興五輪．日本スポーツ法学会編『東京 2020 オリンピック・パラリンピックを巡る法的課題』成文堂．

自治体の文化政策

2001（平成13）年12月，文化芸術振興基本法が議員立法により制定された．記念パーティでは，当時の与党・野党の国会議員が肩を組み，壇上でダンスを踊っていた．激しく対立する議案が多くある中，文化芸術に関しては意見の一致が見出しやすいことの現れであろう．

自治体の文化政策を顧みると，1980年代以降，各地で文化会館や美術館が建設された．例えば，宮城県中新田町（現加美町）の中新田バッハホールは，1981年の開館以来，田んぼの中のコンサートホールとして注目を集め，パイプオルガンも備えた音響の良さから世界の音楽家が公演や録音に利用するようになった．地方からの文化発信の象徴といわれ，市民オーケストラの創設や音楽教育施設の開校等，ホールを核とした町づくりが評価され，2017年に地域創造大賞を受賞した．日本には特徴ある美術館も多い．例えば，1997年10月に開館した新潟市新津美術館は，「花と遺跡のふるさと公園」内に立地し，正面玄関は鉄道の要衝地を象徴するラッセル車がモチーフとなっている．ここでは近現代の絵画展示にとどまらず，ウルトラマン創世記展等多様な展覧会を開催し，全国から観客を呼び込んだ．ただし施設の中には利用頻度が少ない例もあり，公演というソフト面の乏しい「ハコもの行政」と揶揄された．

文化芸術振興基本法制定を受けて，自治体が文化振興全般について規定する文化芸術振興条例を制定するようになった．都道府県では，1983年10月，東京都で初めて制定され，2023年9月，三重県で制定されたことにより，40年かけてすべての都道府県で制定された．同様に，八つの政令指定都市，28の中核市，105の市区町村で制定され，文化政策の計画等も多くの自治体で策定されている．都道府県・市区町村の文化関係経費（芸術文化経費と文化財保護経費）の集計額の推移は，1993年度の約9550億円をピークに，2007年度の3328億円まで低下傾向にあった．その後，漸増し，2020年度には5611億円となったものの1993年度の6割以下に過ぎない．

●**指定管理者制度の導入**　2003年6月，「地方自治法の一部を改正する法律」により，図書館や音楽ホール等公共施設の管理・運営に民間事業者が参入できるようになった．例えば，富良野市が建設した演劇専門のホールの管理・運営をNPO法人・ふらの演劇工房が受託した．前身の団体がホール建設に参画し，稽古に集中できる仕組みや親子で楽しめる部屋を設けることにより，芸術家や観客にも優しい施設となった．千代田区立図書館は，2017年4月より複数の企業からなる事

業体が指定管理者となった．5 館の区立図書館のうち千代田図書館は，平日は午後 10 時まで，週末も開館しており，利用しやすい．入場者・利用者が増えた一方，指定管理者は数年ごとに選定されるため，司書や学芸員といった専門家の賃金引下げや雇用不安定，作品収集や保存の停滞等，経営のノウハウが蓄積できないという負の側面も指摘されている．

●創造都市論の登場　創造都市（Creative City）とは，「科学や芸術における創造性に富み，同時に技術革新に富んだ産業を備えた都市」と定義され，創造都市の条件として，自由な創造活動ができること，大学等の教育機関や非営利セクターが充実していること，産業活力と生活文化のバランスがとれていること，都市景観の美しさを備えていること，住民参加のシステムがあること等がある（佐々木 1997）．創造都市として京都市や金沢市・横浜市等多くの例がある．横浜市では，銀行等の歴史的建造物や倉庫などを文化芸術に活用しながら，街を再生していくプロジェクトが 2004 年 3 月に始まった BankART（バンカート）1929 である．範囲はアート，建築，パフォーマンス，音楽，会議他あらゆるジャンルにわたる．現在は NPO 法人として，2021 年度からは旧市街地とみなとみらい 21 地区を拠点に活動を継続している．

●文化芸術基本法の制定　議員立法により，「文化芸術振興基本法」の改正が行われ（2017 年 6 月公布，施行），名称が文化芸術基本法となった．改正では，文化芸術そのものの振興に加え，観光・まちづくり・国際交流・福祉・教育・産業等文化芸術に関連する分野の施策についても新たに取り込むとともに，文化芸術により生み出されるさまざまな価値を，さらなる継承，発展及び創造に繋げていくことの重要性を明らかにした．また，文化芸術団体の果たす役割が明記され，障害者の創造的活動等への支援等が明記された．

●文化庁の京都移転　文化芸術基本法の附則により，2023 年，文化庁が京都へ移転した．明治維新以来約 150 年ぶりの官庁移転となった．作曲家として著名な都倉俊一長官の下，京都からの文化芸術の発信や創造都市としてのまちづくり等が期待される．文化庁の予算はここ 20 年近く 1000 億円程度にとどまっており，2024 年度（当初予算）も 1077 億円に過ぎない．この額は，イギリスやドイツの半分以下，フランスの 5 分の 1 以下である．今後は，新たな文化芸術の創造や若い芸術家の支援等にまで手を広げる必要があろう．　　　　　　　　　　［田中敬文］

📖さらに詳しく知るための文献

文化庁 2024．令和 5 年度地方における文化行政及び令和 4 年度文化関係経費の状況について．https://www.bunka.go.jp/tokei_hakusho_shuppan/tokeichosa/chiho_bunkagyosei/pdf/94065201_01.pdf（最終閲覧日：2024 年 7 月 12 日）

佐々木雅幸 1997．『創造都市の経済学』勁草書房．

野田邦弘 2014．『文化政策の展開』学芸出版社．

景観

　景観は時に人を癒し，観光資源となり地域活性化へと寄与する．景観は一度失われると二度と取り戻せない特徴を有するため，「開発か保全か」をめぐり訴訟が生じるケースもある．本項目では，景観の種類，景観法の制定（規制），歴史まちづくり法の制定（誘導），景観保全をめぐる訴訟を紹介する．

●**景観の種類**　「景観」という言葉は，物理的なものの眺め（景）と，人間が意識して視線を向ける（観）からなり，景観には人と視点という要素が不可欠となる．その景観には，自然景観，田園景観，都市景観，河川の景観，港の景観，集落景観，歴史的景観等がある．景観法の制定に合わせた文化財保護法の改正により，景観を人々の生活や生業や地域の風土から捉えていく「文化的景観」という概念も生まれた．価値が高い文化的景観を国が重要文化的景観として選定し，文化財として保全する．2023年9月時点で全国に72件の重要文化的景観が存在する．

●**景観法の制定**　景観や歴史的資源を用いたまちづくりのために，戦前から1919年の都市計画法に基づく「風致地区」や，1925年の市街地建築物法に基づく「美観地区」の制度が創設されていた．戦後の高度経済成長とともに自然環境の破壊や公害問題が発生し，それらを危惧する声により1966年に「古都保存法」が成立した．しかし京都等の古都に限定されたため，全国各地の歴史的な集落や町並みを保存していく制度にはならなかった．一方で，住民による町並み保存運動が展開され，その流れから1975年に文化財保護法の改正により「伝統的建造物群保存地区制度」が創設され，歴史的風致を形成している伝統的な建造物群を文化財であるとした．1980年には都市計画法，建築基準法の改正により「地区計画制度」が創設され，地区の実情に合ったよりきめ細かい景観への規制が可能となった．

　景観を破壊する開発行為に対し，先進的な地方自治体の中には自主的な景観条例を制定し景観を保全したが，法律の後ろ盾がなく強制力には限界があった．一方で，景観形成への国民的な意識の高まりから景観をめぐる訴訟も増加した．国立市マンション訴訟では，良好な景観の維持を相互に求める利益（景観利益）は法的保護に値すると認められた．また2003年には政府が「美しい国づくり政策大綱」を公表し，良好な景観の形成が重要課題として位置付けられた．

　これらを背景として2004年に「景観法」が制定された．その基本理念には，地域の自然，歴史，文化等と人々の生活，経済活動等との調和により形成された良好な景観は国民共通の資産であるため国民がその恵沢を享受できるよう整備・保全を図る，地域の固有の特性と密接に関連するため多様な形成を図る，観光や地域間

交流に資するため地域活性化に資するよう住民, 地方自治体, 事業者が一体的に取り組む, 点がうたわれている. 景観法に基づく事務の実施主体(地方自治体)を景観行政団体といい(2023年3月末806団体), 良好な景観の形成に関する計画(景観計画)を定める. そこでは, 景観計画の対象となる区域(景観計画区域)や, そこでの届出対象行為(建築物の建築, 工作物の建設, 開発行為), その行為ごとの景観形成基準(行為の制限)を定め景観の整備・保全を図る. 景観法の活用事例の一例を示すと, 広島県尾道市では特色ある眺望景観の保全を図るため, 構築物の形態意匠の制限や高さ制限について景観計画により細かな基準を設定し, 天寧寺からの尾道水道への景観や向島からの尾道水道越しの景観を保全している.

●**歴史まちづくり法の制定** 文化財指定されている歴史的建造物は適切な保存・活用がなされていったが, それ以外の歴史的建造物については維持管理への多額の費用に起因する滅失, 周辺との不釣り合いな建築物の発生, 所有者の高齢化等により, 歴史的な風情, 情緒, 佇まいを著しく損なう事例が発生した.

この状況に既存の制度では対応が難しかったため, 2008年に「歴史まちづくり法」が制定され, 文化財行政とまちづくり行政の連携により, 良好な景観や歴史的文化的遺産を保存・活用・再生したまちづくりの支援が展開されていった. そこでは, 地域の固有の歴史や伝統を反映した人々の活動と, その活動が展開される歴史上の構造物やその周辺の市街地とが一体となった環境を「歴史的風致」とし, その維持・向上を図るため市町村は歴史的風致維持向上計画を策定する. その計画を主務大臣が認定すれば, 当該計画に定めた歴史的風致を維持・向上させる取組みについて国から支援を受けられ, 個性豊かな地域社会の実現, 都市の健全な発展, 文化の向上が可能となる.

2023年6月19日時点で, 91都市の歴史的風致維持向上計画が認定されている. 歴史的風致の維持向上のため, 道路の美装化や電線の地中化等といったハード的な環境整備事業のみならず, 歴史的風致を形成する祭礼や伝統行事等に係る人々の活動自体を支援する取組みが幅広くなされている.

●**景観保全をめぐる実例(鞆の浦の埋立架橋計画)** 広島県福山市鞆町では, 風光明媚な鞆港の景観を損なう埋立架橋計画の是非をめぐり, 反対する住民が事業の差止訴訟を起こした. 「景観か利便性か」という争点で地域間紛争ともなっていたが, 2009年に広島地裁は「景観は国民の財産」とし, 景観利益が法律上保護に値するとした. これはわが国で初めて景観保全で公共工事が止まる判決であった.
[藤井誠一郎]

📖**さらに詳しく知るための文献**
伊藤修一郎 2020.『政策実施の組織とガバナンス』東京大学出版会.
土岐 寛 2015.『日本人の景観認識と景観政策』日本評論社.
藤井誠一郎 2013.『住民参加の現場と理論』公人社.

シャッター商店街と市街地活性化

　かつて，中心市街地に人を呼び込み賑わいを生み出していた商店街において，シャッターを閉めたままの店舗が1990年代初頭から地方都市を中心に目立ち始めた．それは，商店街内外の環境変化が要因となっている．外的な要因としては，モータリゼーションの進行および大規模小売店舗の出店に対する規制緩和により，郊外部における大型商業施設の新設が加速したことが挙げられる．また，商店街内部の要因としては，構成員である商店主の後継者の不足および高齢化が挙げられる．その後，日本は2014年から人口減少社会へ突入し，また，少子高齢化が進行したことにより，商店街を取り巻く環境はよりいっそう厳しい状況となっている．あわせて，個人消費の需要先の変化が進み，通信販売が占める需要額の割合が大きくなっており，商店街を取り巻く環境はさらに厳しいものとなっている．

●**商店街の現状**　商店街は，その組織形態別に商店街振興組合，事業協同組合等，左記以外のその他法人，そして，非法人である任意団体に分類されている．その数は，中小企業庁が行った「令和3年度商店街実態調査報告書」によると，1万3408件となっている．各商店街を構成する店舗数の平均は51.2店舗であるものの，1〜19店が23.6%と最も多く，続いて，20〜29店が16.4%，30〜39店が13.2%の順に多くなっており，構成数が40店舗に満たない商店街が過半数を占めている（中小企業庁 2022）．

　また，同調査で「シャッター商店街」の実態について，アンケートの集計対象である4044件の商店街の回答から把握している．まず，空き店舗数についてみると，商店街における空き店舗数は，平均で5.49店となっており，平成30年度の前回調査の5.33店と比較すると，0.16店舗の増加となっており，空き店舗が増加していることが分かる．さらに，空き店舗数が20店舗以上の商店街は前回調査の5.1%から5.8%へと0.7%増加している．その一方で，空き店舗数別の商店街数の分布で最も多い「0店（空き店舗が無い）」が27.7%となっていて，前回調査から3.2%増加している．ただ，全体的な傾向として前回調査を行った「3年前より空き店舗数が増えた」とする商店街が33.3%と全体の3分の1となっていて，1.4ポイント増加している（回答数4536件）．

●**中心市街地の活性化の鍵となるまちづくり会社**　上述のような現在の中心市街地の衰退の傾向が顕著となってきた1998年には，中心市街地の都市機能の増進および経済活力の向上を総合的かつ一体的に推進するため，「中心市街地活性化

の推進に関する法律」を制定し，市町村により策定された中心市街地活性化基本計画を国が認定し，活性化を促進する事業支援を行っている．具体的には道路や広場等の都市基盤の整備（国土交通省），商業を強化する施設等の整備（経済産業省），そして，賑わいを生み出すためのイベント等のソフト事業（総務省）等の実施が主なものである．2023年4月現在で累計153団体が中心市街地活性化基本計画の認定を受け，現在でも52団体が計画に基づく取組みを実施している．しかしながら，全国的にみると，中心市街地は依然として厳しい状況といわざるを得ない（国土交通省都市局まちづくり推進課 2021）．

　そこで，商店街が立地する中心市街地を活性化させるためには，多様な主体が地域の担い手となり，協働の取組みを行うことが重要である．まちづくり会社は，その協働の取組みを促進するための社会的な基盤としての役割が増している．高度経済成長期から連綿と取り組まれてきた商店街の活性化（高度化）においても，現在の「まちづくり会社」へとつながる認識が，1988年にまとめられた中小企業政策審議会高度化小委員会の報告書の中にある（中小企業事業団編 1994）．本報告書では，商業環境の大きな変化により，商店街は買い物をするための場所から，より多様なニーズに対応した暮らしの場へと変化させることが求められている．

　商店街，住民，民間企業，行政といった異なる目的や判断基準，価値を有する主体が混在する地域社会において，協働の取組みを実現させることは容易ではない．実際には，隣接する商店街組織同士の協力さえも困難なこともある．しかしながら，地域社会が抱える複雑で多様な課題を解決するには，行政に頼るだけ，あるいは，経済的な合理性を追求するだけでは不十分であり，多様な主体の連携により，地域の課題や目標を共有し，そして，その目標を実現するために，さまざまな地域資源を動員することが必要となる．

●**中心市街地活性化における「自助」「共助」「公助」**　災害への備えを考える際に用いられる「自助・共助・公助」という考え方があるが，街の活性化においても同様にこの三つの取組みおよびその連携が重要となる．まちづくり会社は，「公助」としての中心市街地活性化基本計画に基づく国の支援の受皿となると同時に，地域のさまざまな担い手の「共助」を創出するハブとなり，さらに，個々の商店や住民に対して伴走型支援を行うことによって「自助」の力を高めることが期待される．地域の実情に即してカスタマイズする必要のある「公助」および地域における断絶を抱えながら構築される「共助」を，中心市街地活性化のエネルギーとするためには，地域の担い手がもっている潜在的な「自助」の力を引き出すことによってダイナミックな活性化のプロセスが実現するのではないか．　　　　　[齋藤　博]

📖**さらに詳しく知るための文献**
宗田好史 2007．『中心市街地の創造力』学芸出版社．
小林重敬編著 2015．『最新エリアマネジメント』学芸出版社．

観光政策

　わが国の観光政策は観光立国推進基本法（平成十八年法律第百十七号）に基づいて実施されている．この基本法は，議員立法によって発議され2006年12月に全会一致で成立し，2007年1月に施行された．観光立国推進基本計画を定めて観光立国の実現に関する施策を総合的かつ計画的に推進することが規定されている．基本的施策は，国際競争力の高い魅力ある観光地の形成，観光産業の国際競争力の強化および観光の振興に寄与する人材の育成，国際観光の振興，観光旅行の促進のための環境の整備等である．国の観光に関する計画は観光立国推進基本計画が基本となる．講じられた施策は年次報告書（観光白書）によって国会に報告される．

●**第4次観光立国推進基本計画（2023-2025年度）**　コロナ禍のため世界中で人々の移動が停滞し旅行需要の予測が困難となり，基本計画を検討できない状況が続いた．この間に政府は感染防止と観光復活の準備のための諸施策を実施した．水際措置が緩和された2022年10月11日に，観光立国推進閣僚会議において岸田文雄首相からの指示があり，交通政策審議会観光分科会は次期基本計画の検討を再開した．交通政策審議会がまとめた基本計画案は，与党との調整を経て，2023年3月末に閣議決定された．この基本計画では，観光が成長戦略の柱であり，地域活性化の切り札であること，国際相互理解・国際平和にも重要な役割を果たすことを確認し，持続可能な観光，旅行消費額拡大，地方誘客促進をキーワードに，持続可能な観光地域づくり，インバウンド回復，国内交流拡大に戦略的に取り組むとした．持続可能な観光地域づくり戦略は，観光地・観光産業の再生・高付加価値化，観光DX推進，観光人材の育成・確保，自然・文化の保全と観光の両立等の施策で構成される．インバウンド回復戦略はコンテンツ整備，受入環境整備，高付加価値なインバウンドの誘致，アウトバウンド・国際相互交流の促進等，国内交流拡大戦略は国内需要喚起，ワーケーションの推進，第2のふるさとづくり，国内旅行需要の平準化等の施策である．また，これらの戦略の目標として，持続可能な観光地域づくりに取り組む地域100（うち国際認証・表彰地域50），訪日外国人旅行者1人あたり消費額20万円，訪日外国人旅行者1人あたり地方部宿泊数2泊，アジア最大の国際会議開催件数，日本人の地方部延べ宿泊者数3.2億人泊等の八つが定められた．

●**観光政策の推進体制**　観光振興には，観光ビジョン策定と合意形成，観光資源の開発・管理，競争力のある商品づくりと流通の確保，デスティネーション（観光目的地）のブランド構築・情報発信，現地での交通・案内や急病・自然災害等

への対応を含む旅行者の受入体制整備，観光産業の高度化，人材育成・確保等の広範な取組みが必要である．このため，国，地方公共団体，観光地域づくり法人（Destination Management Organization；DMO），経済界（旅行・宿泊・交通・小売・飲食・レジャー等の観光関係事業者や新たな観光ビジネスを創出する事業者），地域住民が連携して観光政策を推進することが求められる．なお，訪日外国人旅行者誘致の専門機関として国際観光振興機構（通称：日本政府観光局，JNTO）が設置されており，わが国の海外プロモーションを担っている．

●**ツーリズムの定義**　国連世界観光機関（UNWTO）は「レジャー，ビジネス，その他の目的で，連続して1年を超えない期間，通常の生活環境から離れた場所を旅行したり，そこで滞在したりする人の活動」をツーリズムと定義している．わが国を含む世界の多くの国・地域がこの定義を採用し，ツーリズムを観光・レジャー，ビジネス，帰省・知人訪問の三つの目的に分類し，さらに，目的ごとにツーリストの移動の方向によって入国者（インバウンド），出国者（アウトバウンド），国内を移動する自国民（ドメスティック）の三つに分類したうえで観光統計を整備している．なお，わが国では，ツーリズムに対応する言葉として旅行や観光等が使われるが，用語の区別が曖昧であることに留意が必要である．

●**世界はインバウンド・ツーリズム振興を重要視**　多くの国・地域はインバウンド振興に積極的である．旅行消費は交通，宿泊，飲食，ショッピング，アクティビティ等の多岐にわたり，インバウンド・ツーリズムを通じて外需が多様な産業に経済波及する．訪日外国人旅行者の増加が農産物輸出の拡大をもたらしたように，インバウンド振興は他産業の国際競争力を向上させる可能性をもつ．ツーリズムの現場には多様な雇用機会があり，国家資格をもたない人々や衰退した産業の解雇者等も容易に参入できる．輸出によって外貨を獲得する製造業は生産拠点を海外に移転することがあるが，外国人旅行者を惹きつける富士山や京都等は日本から動かせず，旅行消費は確実に日本で発生する．

●**持続可能な観光地域づくり**　観光需要は人気の観光地に集中しやすく，観光資源や地域の受入能力を超えた混雑や旅行者のマナーが問題となって地域住民の生活に支障が生じたり，自然環境がダメージを被ったりする事態，すなわち，オーバーツーリズムが発生する．また，フリーライダーが事業参入し，地域の景観を阻害したり地域のルールを軽視することもある．観光による経済活性化を進める主体は民間事業者であり，旅行者のニーズに基づいたビジネスが展開されるのは当然だが，これだけでは長年地域が維持し磨いてきた歴史・文化・自然資源や街並み・景観等の公共財ともいえる誘客の源を守り続けることが難しいだけでなく，地域住民が観光振興に抵抗感をもつことにもなりかねない．観光政策には多様な主体の活動を調整し，持続可能な観光地域づくりをマネジメントする役割が求められる．　　　　　　　　　　　　　　　　　　　　　　　　　　［矢ケ崎紀子］

公民連携

公民連携とは，PFI（Private Finance Initiative）や指定管理者制度など公共部門に民間事業者が関わる事業実施方法のことで PPP（Public-Private Partnership）とも呼ばれる．国と地方の公共部門の活動と民間事業者の活動の行動原理は異なっており，前者は公平性を，後者は効率性を重視する．また，公共部門は税でまかなわれ，民間事業者は収益でまかなわれる．公共部門の限界が訪れたのは，オイルショック後に財政が逼迫したイギリスにおいてであった．第二次世界大戦後にゆりかごから墓場までといわれた福祉国家運営が行き詰まり，1976 年の IMF の介入後に財政赤字の縮小に取り組んでいる．1979 年に誕生したサッチャー政権では小さな政府を目指し，国営企業の売却，官民強制競争入札制度（CCT：Compulsory Competitive Tendering）の導入など，新自由主義の国家運営を行った．公共部門の領域を民間事業者に委ねる民営化と民間事業者の活動を促進する規制緩和を行ったイギリスの取組みを参考に，日本でも行財政改革が進められ，今日の公民連携に繋がっている．

● PPP　公共部門と民間事業者が長期の契約に基づいて事業を実施する PFI や指定管理者制度等のことである．指定管理者制度では NPO 法人も事業の実施主体として受託している．公共部門が担っているサービスと同様のサービスを民間事業者が提供している分野では，公共部門がサービスを担う必要はない．公共部門が行ってきた事業を民間事業者に開放し，公共部門は民間事業者間の競争を促すよう準市場（quasi-market）の設計を行う．日本では準市場のことを官製市場とよび，競争によって委託する民間事業者を決定する．PPP によるサービスの提供には，民間事業者のノウハウを活用するメリットがある．

● PFI　社会資本整備を民間事業者主導で行う手法である．鉱物資源の開発等に使われるプロジェクト・ファイナンスを用いて社会資本整備を実施する．学校や道路など料金収入がない純公共財においても，公共部門の費用負担で事業が成り立つ．日本では 1999 年に通称 PFI 法が施行されている．PFI は，1992 年にメイジャー（Major, J.）政権下のイギリスで誕生した．シティは金融街として有名でプロジェクト・ファイナンス等の手法にも長けていた．前年にできた市民憲章（Citizen's Charter）では，VFM（Value for Money）として「支払った税に対して最も価値のあるサービスを提供する」ことが国民に約束されている．PFI では VFM を基準として入札を行うため，サービス内容の評価とコストの評価から総合評価を行う．イギリスの PFI では，建設・維持管理を終えて公共部門に社会資

本を引き渡す BOT 方式が一般的である．しかし，日本の PFI では，低金利の地方債を用いて資金調達し，固定資産税を回避するために公共が所有権をもつBTO が一般的である．2011 年の法改正では，コンセッション（公共施設等運営権）方式が加わり，例えば北海道の新千歳空港を含む 7 空港がコンセッション方式で運営されている．

●指定管理者制度　地方自治法の改正によって自治体の公の施設の管理方法が変更となり，指定管理者制度が誕生した．公の施設とは公園やスポーツ施設や図書館など住民が使用する施設で，庁舎等の自治業務のために使用する行政財産は対象ではない．地方自治法改正前の公の施設の管理方法は，自治体が職員を雇って直接管理をするか，自治体が 1/2 以上出資した法人等に委託をするかであった．改正では 1/2 以上出資という文言が削除されたので，資本関係のない民間事業者への管理委託が可能になった．それまでの管理団体は，指定管理者制度導入によって競争にさらされるため，2003 年 10 月から 2006 年 9 月まで 3 年間の移行期間が用意された．指定管理者となった民間事業者には，施設の料金徴収権と使用許可権が与えられる．選定方法などは施設ごとに条例で定めるので，指定管理者制度の運用は自治体の裁量による．街区公園など小さな施設の管理から，札幌ドームのような大きな施設まで指定管理者制度の対象は広い．また運営時間の延長，イベントの増加などサービスの改善に結びついている．

● BID（Business Improvement District）　1960 年代にカナダで始まり，1980 年代にアメリカで広まり，現在はイギリス等でも導入されている．都市の中心地では，自動車が普及するにつれてスプロール化現象が発生し，地価下落，低所得者層の流入，犯罪率の上昇，さらなる地価下落と住環境の悪循環による中心地の荒廃が進んだ．中心地のビジネスエリアでは，環境改善のために特別区（BID）を設定し，所有者が税を負担して資金を捻出し，オープンスペースの管理を NPO 等の団体に委託している．日本では大阪市で初めて BID が導入され，JR大阪駅北側の「うめきた先行開発区域」の事例がある．管理は「グランフロント大阪 TMO」である．また 2017 年から都市公園法改正によって公募管理設置制度（Park-PFI）が可能になり，公園内の施設からの収益で整備を進めるため建蔽率が実質的に 22％まで緩和され，許可期間が 20 年以内に延長された．日本版 BID 以前の通称中心市街地活性化法（1998 年施行）におけるエリア再開発の成功事例として香川県高松市の丸亀町商店街が有名である．また公共交通を用いた中心地の活性化事例として富山市の LRT を用いたコンパクトシティへの取組みが有名で，OECD『コンパクトシティ政策』(2013) で世界の五つの都市に選ばれ紹介されている．　　　　　　　　　　　　　　　　　　　　　　　　　　　　　　　［永井真也］

📖さらに詳しく知るための文献
坂井 文 2021.『イギリスとアメリカの公共空間マネジメント』学芸出版社．

多文化共生

　移民やマイノリティの存在は，人々の生活の集積地である都市・地域社会に成長や革新，活力などを生みだすと同時に，対立や摩擦，差別などの社会問題をもたらす可能性がある．多様性を前提にしてマイノリティをいかに包摂していくかについての，地域レベルでの実践の中から生まれてきた考え方が，「多文化共生」である．多文化共生が注目されるようになった背景には，グローバル化に伴って（移住者の子どもたち世代を含む）外国人住民の存在感が地域社会において高まったこと，これによりさまざまな政策課題が顕在化したこと，そして外国人やマイノリティの人権保障への関心が高まったこと，などがある．

　多文化共生に関する最初の政府文書である「多文化共生の推進に関する研究会報告書」（2006 年）では，「国籍や民族などの異なる人々が，互いの文化的違いを認め合い，対等な関係を築こうとしながら，地域社会の構成員として共に生きていくこと」と定義されている．また，総務省が同年に「地域における多文化共生推進プラン」を策定した際には，地域の国際化において「国際理解」「国際協力」とともに，「多文化共生」が三つ目の柱として位置づけられた．

●**同化主義，多文化主義との違い**　同化主義では，マイノリティ（移民など）側に対してのみ，ホスト（受け入れ側）社会の価値観や文化への同一化が求められることになる．こうした同化主義への反省から生まれた多文化主義（☞「多文化主義」）では，マイノリティの文化は変わらずに存在できるものの，マジョリティであるホスト社会との接点がなくなって孤立し，隔離された状態になるおそれがある．それに対して多文化共生では，マイノリティとマジョリティとが相互に対話・交流することを通じて両者がともに変容することを目指すものだとされ，その過程を通じて新たな価値や制度が生まれるとされる（図1，志水 2020）．

> A ＝マジョリティ　例：受け入れ側の社会
> B ＝マイノリティ　例：移民集団
> ■同化主義　A ＋ B → A
> ■多文化主義　A ＋ B → A ＋ B
> ■（多文化）共生社会　A ＋ B → A' ＋ B' ＋ a
> 　（a ＝新しく生み出されたもの）

図1　同化主義，多文化主義，多文化共生社会の違い［志水 2020 を一部改変］

●**日本における展開**　1980 年代までの日本において在日外国人の大半を占めたのは，旧植民地である朝鮮半島出身者とその子孫であった．在日コリアンが集住する都市において，教育や就労などの場面における差別解消と権利保障を求める活動から，多文化共生の言葉が使われるようになった．また，1995 年に起こった

阪神・淡路大震災での外国人被災者に対する支援活動を契機として各地で多文化共生センターが設立されたことから，この言葉が全国に広がったとされる．

1990年施行の「出入国管理及び難民認定法」改正で，日系3世までに就労制限のない「定住者」資格が与えられた．これにより，人手不足が深刻な製造業の下請け工場などでの労働力として，ブラジルほか南米系日系人の来日が急増し，工業地帯を擁する東海地域や大都市近郊の地方都市に集住するようになった．彼らは「ニューカマー」と呼ばれる．しかし日本政府は単純労働者を受け入れないという建前を維持したため，外国人住民を地域社会に統合していくための方針が存在しなかった．ただ，ニューカマーの雇用，教育，社会保障などの政策課題は，国の法律や制度に関係する．例えば外国籍の保護者には子どもを就学させる義務がないため，地方政府が外国人児童の不就学状況に取り組むための法的根拠が問題になった．そこで浜松市をはじめとするニューカマー集住地域の地方政府は2001年に，外国人住民との地域共生を掲げて「外国人集住都市会議」を結成し，国の関係省庁に対して連携して提言や要望を行った．こうした動きは，外国人を住民基本台帳に登録する法改正や前述の「地域における多文化共生推進プラン」の策定，「日本語教育の推進に関する法律」制定などの源流のひとつとなった．

●**欧州のインターカルチュラル・シティ**　移民受け入れの先行事例がドイツやフランスなどの欧州諸国である．しかし2000年代に入ると欧州では，ホスト社会から周縁に排除されていた，2世・3世を含む移民が関わる暴動やテロ事件が相次いだほか，反移民を掲げるポピュリスト政党も台頭するようになった．こうした経験から，同化主義と多文化主義への反省を踏まえて2008年の欧州文化間対話年を機に生まれたのが，欧州評議会のインターカルチュラル・シティ・プログラムである．移住者やマイノリティを含む住民が生み出す文化的多様性を脅威ではなく好機と捉え，都市の活力や革新，創造，成長の源泉とする理念と政策を推進するプログラムであり，地方政府のネットワークでもある（山脇・上野 2022）．日本からは浜松市が2017年にアジア初の加盟都市となり，交流を続けている．

●**移民的人口の拡大**　日本政府は正面からの移民の受け入れを行わない一方で，外国人技能実習生（1993年開始）や留学生の資格外活動（アルバイトやパート）などの形態で，農林水産業や福祉，サービス業などにおいても有期の労働者として外国人の受け入れを拡大させてきた．さらに2019年に新たな在留資格の「特定技能」が新設されたことなどから，外国にルーツをもつ移民的人口はさらに増えていくだろう．各地で異なる時期・規模と形態で進む「内なる国際化」によって，多文化共生はもはや一部の地域だけの課題ではなくなっている．　　［中井 歩］

📖**さらに詳しく知るための文献**
志水宏吉 2020．私たちが考える共生学．志水宏吉ほか編『共生学宣言』大阪大学出版会．
山脇啓造・上野貴彦編著 2022．『インターカルチュラル・シティ』明石書店．
吉富志津代 2008．『多文化共生社会と外国人コミュニティの力』現代人文社．

コンパクトシティと持続可能な地域づくり

　コンパクトシティという言葉が世界で最初に明示的に登場したのは 1973 年に公刊されたダンツィヒ（Dantzig, G. B.）とサティ（Saaty, T. L.）の共著『コンパクトシティ』であった．その後 1987 年に国連のブルントラント委員会の報告書「私たちの共通の未来」において持続可能な開発の重要性が指摘され，ヨーロッパを中心にコンパクトシティは注目されることになった．日本では 1990 年代の後半から関心が高まり都市計画マスタープランにも登場し始めた．海道清信著『コンパクトシティ』が公刊されたのは 2001 年であった．

●**定義と導入目的**　コンパクトシティの定義は研究者や立場により微妙に異なる．代表的な定義としては，「都市の郊外化を抑制し，市街地の広がりを狭くすることで，公共サービスの効率化，自動車交通の発生の抑止をめざす都市のあり方」（浅見・中川編著 2018）や「徒歩による移動性を重視し，様々な機能が比較的小さなエリアに高密に詰まっている都市形態」（饗庭 2015）がある．コンパクトシティとは都市のダイエットに取り組むもので，だらだらと広がった贅肉のような市街地を落としていくこと（饗庭 2021）と捉えてもよかろう．

　日本の地方都市がコンパクトシティに注目したきっかけは中心市街地空洞化とそれへの対応であった（鈴木 2007）という．現在では，①人口減少社会への対応，②公共施設やインフラ維持等の財政問題，③超高齢社会における自動車に依存しないまちの構築，④環境問題への対応などの多様な導入目的が提起されている．

●**コンパクトシティ政策の展開**　2006 年まちづくり三法の改正により日本の都市政策にコンパクトシティの考えが導入され，将来都市像として位置づけられた（海道 2007）．2012 年の「都市の低炭素化の促進に関する法律」では，環境面から都市のコンパクト化が推進されることになり，2014 年の「国土のグランドデザイン 2050」では，「コンパクト・プラス・ネットワーク」が提起された．コンパクト・プラス・ネットワークとは，人口減少・高齢化が進む中，各種サービスを確保するため人々の居住や都市機能をまちなか等の拠点に誘導し，それぞれの拠点を地域公共交通ネットワークで結ぶ考え方をさす．都市部ではコンパクトシティが，非都市部では集落との繋がりの核となり生活の持続可能性を担保するために「小さな拠点」が導入され，日本全域で持続可能な地域づくりが進められることになった．

　同年には「都市再生特別措置法」と「地域公共交通の活性化及び再生に関する法律」が改正され，土地利用と交通の連携により国レベルでコンパクトシティ政

策が推進されることになった．改正都市再生特別措置法では，各自治体で立地適正化計画を作成することになり，都市機能誘導区域（医療施設，福祉施設，商業施設等の生活サービス機能を有した施設の立地を誘導すべき区域）と居住誘導区域（住宅をつくり自動車を使わなくても生活できる区域）が導入された．

●**お団子と串でつくるコンパクトシティ**　コンパクトシティで一定の評価

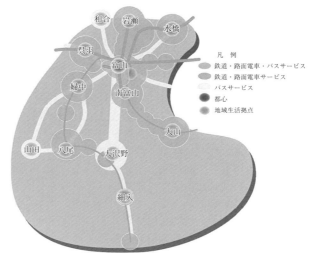

図1　富山市が目指す「お団子と串の都市構造」［富山市 2023, 13］

を得ている都市に富山市がある．富山市は，「公共交通を軸とした拠点集中型のコンパクトなまちづくり」を理念として掲げ，徒歩圏を「お団子」としそれを「串」（一定以上のサービス水準の公共交通）で貫くお団子と串のコンパクトシティ政策を展開している（図1）．徒歩や自転車を日常的に利用し，お団子間はLRT等の公共交通で移動することにより車が使えなくても生活に必要なサービスを享受できるまちづくりを目指しているのである．

●**コンパクトシティの問題点**　コンパクトシティは理論的には正しいように思えるが，実際に具体的な政策に落とし込んだときに実現性をなくしてしまう［饗庭 2015］．強制的ではないにしても人の移住を伴う政策である．移住先，移住した後地，移住する人の問題など，膨大な金銭的・時間的コストの問題が発生する．移住には金銭等の負担の問題が発生し，その負担を誰が担うかという問題が生ずる．移住先のコミュニティとのマッチングの問題も生じ得る．高齢者のみの超高齢コミュニティにならないようにミクストコミュニティ形成には十分配慮しなければならない．人の移住過程では，助け合い等のコミュニティ機能や行政サービス水準の低下の問題なども生じ得る．人がいなくなった地域には移住後の土地利用の問題も考えなければならないであろう．公共交通機関の整備・運営の問題，さらには都市のスポンジ化（空き地・空き家）への対応や具体的な都市像の形成を含めた住民との合意形成など，コンパクトシティの実現にはいまだ多くの課題が立ちはだかっている．　　　　　　　　　　　　　　　　　　　　　　［楢原真二］

地域公共交通

　地域公共交通とは，通勤，通学，通院，買い物など，日々の生活に欠かすことのできない移動を支える公共交通である．「地域公共交通の活性化及び再生に関する法律」（以下，地域交通法）では，「地域住民の日常生活若しくは社会生活における移動又は観光旅客その他の当該地域を来訪する者の移動のための交通手段として利用される公共交通機関」（第二条）と定義されている．

　典型的な公共交通機関には鉄道やバスがあるが，ここでいう「公共」は，運営主体が公営であるということでも，経済学でいう「公共財」であるということでもない．不特定の公衆が利用できるという意味で，個別主体が自らの交通手段を使う私的交通と対比される概念である．したがって，公共用交通とも呼ばれる．

●**日本における地域公共交通の現状**　地域公共交通は，日本の場合，民間事業者の商業輸送として運営されている．地方公共団体の交通局の運営もあるが，運賃収入で費用をカバーするという独立採算の原則は同じである．鉄道の場合，全国ネットワークの国有鉄道があった時代から，別途民間事業者が存在した．バスは以前より民間事業者が主体で，鉄道との兼営も多い．こうした民間事業者は，人口が増加し，都市化が進んだ高度経済成長期には，交通事業を中心に多角化によって利益を上げるなど，世界にも類のないビジネスモデルを成功させた．

　しかし，人口減少期になると，自家用車の普及もあり，地方圏では利用者は減少に転じ，大都市圏や都市間高速バスなど一部を除き，公共交通事業で利益を上げるのが難しくなった．また，2020 年以降のコロナ禍により，従前は利益が出ていた路線の収支も悪化し，地方圏では内部補助による路線ネットワークの維持も困難になっている．

●**地域公共交通の運営方法**　地域公共交通は，シビルミニマムとしての移動を支える観点から，単純に収支の悪化をもってなくすことはできない．日本でも，行政がコミュニティバスを「公共サービス」として提供するケースも多い．しかし交通市場は，そもそも市場メカニズムでは資源配分が最適化されない「市場の失敗」が発生する．自動車の場合，私的費用とは別に，大気汚染や地球環境への影響など，外部不経済による社会的費用が発生する．鉄道の場合は，設備などの固定費負担が大きいといった問題や，安全面などで供給者と需要者の間に「情報の非対称性」が存在する．したがって，2000 年以降，地域公共交通の規制緩和は進んだが，日本においても，安全規制などの社会的規制が厳格に適用されるほか，料金などの経済的規制も一定程度存在する．

諸外国では，シビルミニマムに加え「市場の失敗」という観点から，地域公共交通は，基本的に「公共サービス」として提供される．欧州連合の規則では，地域公共交通は商業輸送では通常成立しないため，公的資金を支えに「公共サービス」として提供することが要請されている．その際，欧州では，行政が定めたサービス水準に基づき，交通事業者に「公共サービス義務（PSO：Public Service Obligation）」を課すとともに，必要な公的資金と独占的な運行権を付与する契約を，行政と事業者の間で結ぶ．契約にあたっては原則入札を行い，契約締結後も，契約の履行状況をチェックすることで，サービスの品質が担保される．欧州の鉄道は，インフラを公的に管理する一方，運行サービスを民間事業者等に委ねる「上下分離」が一般的であるが，その際もこうした契約に基づいた運営となっている．

●**地域公共交通の課題**　自家用車の普及が進む中，先進国では地域公共交通の利用者が減少したが，日本の場合，収支の悪化によって公共交通のサービスが縮小し，自家用車依存がさらに加速している．2050年までに脱炭素を達成し，全員が公平に参加できる持続可能な社会を築くためには，過度な自家用車依存を改めなければいけない．そのため，欧州では，1990年頃から，自家用車の街中の乗り入れを規制する一方，LRT（Light Rail Transit，次世代型路面電車）やBRT（Bus Rapid Transit）といった快適で利便性の高い公共交通機関の導入を進めてきた．EUは，そうした経験をも踏まえ，将来のまちづくりのビジョンと目標値を明確にしたうえで，そこからバックキャスティングで地域の移動（モビリティ）を計画する「SUMP（Sustainable Urban Mobility Plan，持続可能な都市モビリティ計画，通称サンプ）という手法を，2013年に公表している．SUMPは，今ではEUのみならず，世界の約1000都市が検討を進める計画手法である．

日本においても，2013年に交通政策基本法が施行されて，まちづくり施策との連携がうたわれ，2020年の地域交通法の改正で，各都市の地域公共交通計画の策定が努力義務となった．さらに，2023年の同法の改正では，自治体と事業者が一定の区域・期間について，交通サービス水準や費用負担等の協定を締結する「エリア一括協定運行事業」も新設された．

しかし，商業輸送を前提とする鉄道事業法，道路運送法の体系に変更はなく，また，欧州のように，道路から公共交通への思い切った予算シフトも見られず，公共交通を支える公的資金は乏しい．そのため，各都市の地域公共交通計画においても，収支率の改善が重視され，公共交通による外部経済効果を生かしたまちづくりの視点が実効性を伴って現れていない．時代が大きく変化した今，従来の法的な枠組みの変更と，そのための財源の確保が課題である．　　　　　[宇都宮浄人]

📖**さらに詳しく知るための文献**
宇都宮浄人 2020．『地域公共交通の統合的政策』東洋経済新報社．

VI 危機と政策

[土屋大洋・清水唯一朗・川口貴久]

日本の安全保障・防衛政策

　日本の安全保障政策の史的変遷の座標軸となってきたのは，軍事力を中心とするパワーをどのように調達するか（日本の防衛力／同盟国である米国の軍事力／国際社会との協力），そしてそのパワーをどの空間で発揮するか（日本防衛／日本周辺／広域地域／グローバルな領域）という二つの領域である．上記に従えば，戦後初期に日本の防衛力が著しく限定され，もっぱら日米安保体制の下での米国の軍事力に依存した状態から，徐々に日本が自律的能力を備え，日本の領域防衛から地域／広域安全保障へと拡大させた過程として捉えることができる．

　第二次世界大戦後の日本国憲法の下，日本は専守防衛を基本的な方針として，自衛のための必要最小限度の実力を保持することとした．日本を取り巻く軍事的脅威と紛争生起の可能性に対して，日本の果たし得る役割は領域防衛の一部に限られ，紛争拡大局面においては，米国との安全保障体制を想定して組み立てられていた（「国防の基本方針」〔1957〕）．日本が専守防衛を掲げながら，所要防衛力（脅威の量的側面に注目して脅威に対抗するための防衛力整備）の整備を事実上回避し，基盤的防衛力（自らが力の空白となって周辺地域の不安定要因とならないための，必要最小限の防衛力整備）を長らく維持したことにも表れている．

　日本の防衛構想の転機となったのは，1960 年代後半のデタント期の米ソ冷戦の変化，米国のベトナム戦争からの撤退とニクソン・ドクトリンによる同盟国の役割分担論の浮上，米中和解による国際構造の変化など，アジアの戦略環境の変化である．1969 年 11 月の佐藤・ニクソン共同声明では，アジア地域の平和と安全のために日本の果たすべき役割の拡大がうたわれ，韓国および台湾の安全保障が日本の安全保障と緊密に関係することを確認している．

●政策空間の変容　日本の防衛政策と日米同盟の基本的な関係に変化が生じるのは，冷戦終結後の 1990 年代における同盟政策の再定義の政策過程である．冷戦終結後にソ連の脅威が大幅に後退すると，戦略環境の懸念は中小規模の地域紛争と大量破壊兵器の移転問題へと移行した．その中で，とりわけ北朝鮮の核開発問題（1993〜1994 年第 1 次核危機）と，台湾海峡をめぐる危機（1996 年ミサイル危機）など，日本を取り巻く安全保障環境が緊張を帯びると，日米同盟を地域の安定のためにどのように位置づけるかという議論が同盟再調整の最大の課題となった．

　2001 年 9 月 11 日の米国における同時多発テロと，その後の米国のグローバルな対テロ作戦は，日本の安全保障の関心領域をグローバル空間へ拡大した．日本の自衛隊は対テロ特別措置法（2001 年），イラク支援特別措置法（2003 年）を通

じて，インド洋での多国籍軍に対する給油活動や，イラクにおける人道復興支援
活動に従事した．日米安全保障協議委員会（2005年2月）が「世界における共通
の戦略目標」を掲げたことも，グローバルな安全保障協力を象徴していた．

2010年代に入り中国の軍事的台頭や，北朝鮮の核・ミサイル開発問題が深刻化
することに伴い，再び転換を余儀なくされる．とりわけ中国の軍事的台頭は，地域
の軍事バランスを大きく変化させたのみならず，米中の戦略的競争を熾烈化させ
ていった．日本はグローバルな自衛隊のミッションや国際平和維持活動（PKO）
などへの関与を低下させ，日本を取り巻く直接的な軍事的課題へと集中させるこ
ととなる．領域防衛から地域とグローバルな安全保障へと空間的に拡大を果たし
た日本の安全保障政策は，再び地域安全保障と領域防衛へと回帰していった．

●**積極拒否戦略の確立へ**　日本は安倍晋三政権の下で2015年9月に「平和安全
保障法制」を成立させ，集団的自衛権の限定的行使を可能とする法的基盤を整え
た．また岸田文雄政権は2022年12月に「国家安全保障戦略」，「国家防衛戦略」，
「防衛力整備計画」の三つの安全保障関連戦略文書（戦略3文書）を閣議決定し
た．同文書の閣議決定は，日本の防衛力を5年以内に抜本的に強化し，防衛関係
費を国内総生産（GDP）の2％に達する予算措置を講じ，長射程の「反撃能力」の
導入を決定したことなど，日本の戦後史に類例を見ない分水嶺となった．

戦略3文書の示す安全保障環境の認識の前提は，国際社会が「戦後最大の試練」
のときにあり，日本を取り巻く安全保障環境も「戦後最も厳しく複雑」という厳
しいものである．日本を取り巻く地域情勢について，中国を「最大の戦略的挑
戦」，北朝鮮を「従前よりも一層差し迫った脅威」，ロシアを「安全保障上の強い
懸念」として位置づけた．また脅威の特質も，通常戦力や核兵器に加え，サイ
バー，宇宙，電磁波領域を組み合わせたハイブリッド紛争，情報空間における認
知領域など多次元にわたる認識が示されている．

かつて米国が圧倒的な軍事的優位を保ち，日中関係では日本優勢だった戦略環
境は，21世紀初頭には米中のパワーが拮抗し，日本の対中劣勢を前提とした戦略
環境へと構造的な変化を遂げた．その中で日本の安全保障戦略は，相手との軍事
力の規模を競うのではなく，相手が軍事的手段では一方的な現状変更を達成でき
ず，「生じる損害というコストに見合わない」と認識させる能力の獲得を目指す方
向性（積極拒否戦略）を強めている．

日本は領域横断作戦能力の強化や，持続性・強靱・坑堪性の強化に取り組み，
宇宙・サイバー・電磁波領域を横断的に指揮・命令体系に取り入れ，無人化技術
や人工知能等の次世代技術の導入に取り組んでいる．また日米同盟とともに，
オーストラリア・韓国・フィリピン等のインド太平洋地域のパートナー国や，北
大西洋条約機構（NATO）との関係も強化することにより，ネットワーク型の安
全保障の構築を目指している．　　　　　　　　　　　　　　　　　　［神保　謙］

自衛隊

　自衛隊は，憲法が規定する「戦力」ではない．他方で，自衛隊は他国から見れば立派な「軍隊」である．一方で「戦わない軍隊」（スキャブランド 2022）を標榜して災害派遣や民生支援に取り組みながら，日本の防衛費は世界有数の水準を誇ってきた．こうした自衛隊をめぐる虚像と実像のギャップがどのようにして生まれ，内外環境が変化する中で，そのギャップはどこまで埋められたのであろうか．

●自衛隊の成立と発展　1945 年の敗戦で，戦前の帝国陸海軍は武装解除され，連合国の占領政策によって日本の民主化と非軍事化が進められた．1950 年に朝鮮戦争が勃発すると，韓国へ急派された駐留米軍の穴を埋める名目で警察予備隊が設置され，1952 年に保安隊・警備隊に改組された．1954 年，保安隊は陸上自衛隊に，警備隊は海上自衛隊となり，航空自衛隊（2027 年度までに航空宇宙自衛隊に改称予定）が新設された．警察組織の延長線上にあった保安隊は，外敵からの防衛を任務とする自衛隊に生まれ変わった．しかし，冷戦の出現と共に動き出した日本の再軍備は，平和憲法の制約と旧軍の復活と影響を排除する中で進行し，警察以上であって軍隊未満という特異なアイデンティティを自衛隊に埋め込んだ．

●憲法第 9 条と専守防衛　戦争と交戦権を放棄し，戦力不保持をうたう憲法第 9 条の下で，自衛隊は憲法上の「戦力」ではないが，外国からの侵略があった場合に，自衛のために認められた必要最小限度の実力を備えた行政組織と規定された．その結果，政治家・制服組と比して内局官僚が強い権限をもつ「文官統制」が成立した（佐道 2015）．そして，自衛隊法に規定された自衛隊の主な任務である①防衛出動，②治安出動，③災害派遣のうち，圧倒的な活動は国民が受け入れやすい③に集中した．

　元来，何が必要最低限の自衛力かは，科学技術の発展や戦略環境の変化に依存する．しかし，「専守防衛」の原則に基づき，自衛隊による武力行使の条件，地理的範囲，保有し得る装備・兵器が厳しく制約されてきた．武力を行使する他国の軍隊と自衛隊の活動が一体化することは許されない．いわゆる「武力行使との一体化」論である．そのため，自衛隊の活動地域は，現に戦闘行為が行われている現場以外に限定された．また，自衛のための必要最小限度にとどまる限り，核兵器の保有も可能であるが，一切の核兵器を「持たず，作らず，持ち込ませず」という原則（非核三原則）を採用してきた．さらに，他国に脅威を与える攻撃的兵器（大陸間弾道ミサイル，長距離戦略爆撃機，攻撃型空母）の保有も認めてこなかった．1967 年の閣議決定で，防衛費の上限を国民総生産（GNP）の 1%に設定

して以来，2022年度までは概ねその枠内に収まってきた.

●**防衛力の整備と役割の拡大**　警察予備隊は7万5000人で発足したが，1960年末の時点で自衛隊は約23万人規模に達した．1970年代前半までは，所要防衛力構想に基づく4次にわたる防衛力整備計画を通じて，本格的な限定侵略に対抗する防衛力の量的拡大が進んだ．2010年までは，基盤的防衛力構想に基づいて，限定的かつ小規模な侵略に対抗し得る防衛力の質的改善が続いた．冷戦が終わり，自衛隊の規模が縮小に転じると，国際協力へと任務が拡大した.

　1954年の参議院決議は，自衛隊の海外出動を禁じた．しかし，1992年の国際平和協力法に基づき，自衛隊の国連平和維持活動（PKO）への参加が開始された．1995年の周辺事態法では，自衛隊による米軍の後方支援や探索救助活動が可能になった．こうして自衛隊の任務が防衛から国際社会の平和と安全へと拡大するのに伴い，安全保障法制が整備された．特に従来タブー視されていた有事法制が2004年に整備され，その基本となる武力攻撃事態対処法で，外国の急迫不正な侵害を排除する活動とともに，国民を武力攻撃から保護する活動が初めて明記された.

●**2015年安保法制と集団的自衛権**　日本は主権国家として，国際法上は個別的自衛権と集団的自衛権の行使が認められる．しかし，憲法の制約により，「集団的自衛権を持っているが行使できない」としてきた．他国を防衛するための武力行使は自衛のための必要最小限の範囲を超えると解釈されたからである．2015年の安保法制により，自衛隊が防衛出動できるのは，日本への武力攻撃があった場合（武力攻撃事態）に加え，「我が国の存立が脅かされる事態」（存立危機事態）にまで拡大された．その結果，日本と密接な関係にある他国への攻撃が発生しただけでは不十分ながら，集団的自衛権の限定的な行使が可能になった（千々和2022）.

●**敵基地反撃能力と統合司令部の創設**　2022年12月，安保関連3文書（国家安全保障戦略，国家防衛戦略，防衛力整備計画）が閣議決定され，日本の防衛戦略は劇的に転換された．中でも，敵基地攻撃（反撃）能力の保有は，従来米軍に依存してきた抑止力の一部を自衛隊が担うという意味で，「戦わない軍隊」からの脱皮を象徴する．弾道ミサイルの迎撃が困難であれば，相手が攻撃に着手し，他に適当な手段がない場合には，スタンド・オフ防衛能力を活用した反撃能力の保有は可能であるとの政策判断に至った．そして，陸海空自衛隊の一体的運用を進めるとともに，日米間の連携を強化するため，常設の統合司令部を設置することにした．これにより，首相・防衛相への軍事的助言を行う統合幕僚長と自衛隊全体の作戦指揮を執る統合司令官との役割分担が可能になる．　　　　　[武田康裕]

📖さらに詳しく知るための文献

佐道明広 2015.『自衛隊史論』吉川弘文館.

千々和泰明 2021.『安全保障と防衛力の戦後史 1971〜2010』千倉書房.

木村草太 2022.『自衛隊と憲法』増補版. 晶文社.

日米同盟

　相互防衛条約に基づく米韓同盟や米比同盟とは異なり，安全保障条約に基づく日米同盟は独特な非対称性を有する．本項目では，この非対称性を構成する日米同盟の特徴（「物と人との協力」，「盾と矛」の関係）を概観したうえで，日米両国がどのようにこの非対称性に向き合い，「歴史上最も成功した同盟」を構築するに至ったのかを振り返ることにする．

●非対称な相互性　相互防衛条約に基づく同盟は，集団的自衛権を行使して相互に相手の領土を守り合う．実際，米韓同盟や米比同盟は，「太平洋」を共通の防衛区域に設定している．他方で，安全保障条約に立脚する日米同盟は，米国は日本の領土を守る義務を負うが，日本は施政下にある在日米軍とその基地を守るだけで，米国本土への防衛義務を負わない．憲法第9条の制約により，日本は集団的自衛権をもっていても行使できないからである．防衛負担や任務分担をめぐる米国から日本に対するただ乗り批判の原因はここにある．

　防衛区域の片務性を補填するため，日本の防衛と「極東における国際の平和と安全の維持に寄与するため」，米軍による日本国内の基地使用が認められている．いわゆる「物と人との協力」である．しかも，領土内の限定された地点だけに米軍の使用を許可する相互防衛条約下の基地協定とは異なり，日本が米国に提供する施設および区域は限定されず，日本全土を軍事作戦のための潜在区域に設定するという「全土基地方式」が採られた（明田川 1999）．

　この「物と人との協力」関係は，米国の日本に対する防衛義務という「片務的負担」に，日本の米国への基地提供という「片務的負担」をもって応える双務性で構成されている．日本が平和憲法を堅持する限り，日米同盟はこのような「非対称な相互性」（田中 2010）から脱却するのは困難で，相互防衛条約に基づく「対称な相互性」を実現することはできない．

●専守防衛と「盾と矛」の関係　1947年の平和憲法とも呼ばれた日本国憲法の施行と1951年のサンフランシスコ講和条約の締結を経て，戦後の日本は国際社会に復帰した．米英仏など西側諸国だけとの片面講和となった講和条約と，同時に締結された日米安保条約とは不可分一体の関係であった．平和憲法に基づく専守防衛と集団的自衛権の制約は，米軍の駐留継続を認める日米同盟とセットとなることで日本に安全を保障してきた．

　専守防衛とは，相手国から武力攻撃を受けたときにはじめて防衛力を行使する受動的な防衛戦略と定義される．したがって，「盾と矛」の関係と呼ばれるよう

に，日本の防勢と米国の攻勢とが補完的な役割を分担した．言い換えれば，日米同盟は，日本に対する武力攻撃の未然防止（抑止）と有事への対処（防衛）における米国の協力を保証する枠組みである．特に，米国が日本に提供する拡大抑止は，「核の傘」による拡大核抑止と，在日米軍と在日米軍基地を拠点とする前方展開部隊やミサイル防衛システムなどによる拡大通常抑止で構成される．

● 「物と人との協力」から「人と人との協力」へ　日米安保条約第 5 条は，日本の施政下にある領域における日米いずれかへの攻撃に共同対処するとうたっている．しかし，有事の際の自衛隊と米軍との具体的な協力と役割分担は，同盟結成から約四半世紀を経ても規定されず，日米同盟は文字通り「物と人との協力」にとどまった．1978 年の「日米防衛協力のための指針」（ガイドライン）でようやく共同作戦計画の研究や共同演習・共同訓練が実施可能になった．

　ソ連という共通の脅威を消失した日米同盟は，冷戦終結直後の「漂流」を経て，①適用範囲の地理的拡大，②協力分野の機能的拡大，③統合的な部隊運用という 3 方向への拡大と深化を続けた．こうして日米同盟のグローバル化と自衛隊の役割の拡大に伴って，「物と人との協力」から「人と人との協力」へと変化した．

　1996 年の「日米安保共同宣言」で，日米同盟の目的は「アジア太平洋地域の平和と安定の維持」へと変更され，翌 1997 年の新ガイドラインで，協力の力点が「日本有事」から「周辺事態」へと移行し，米軍の活動を自衛隊が支援することとなった．2001 年の米国同時多発テロを契機に，2006 年の日米首脳会議は「世界の中の日米同盟」として地球的規模の協力に合意した．2015 年のガイドラインの見直しでは，日米間の防衛協力の質と範囲がさらに広がり，平時からの情報共有と政策調整を行う「同盟調整メカニズム」も設置された．また，日本の存立が密接な関係にある国への攻撃で脅かされる事態（存立危機事態）の米軍への協力に加えて，「そのまま放置すれば我が国に対する直接の武力攻撃に至るおそれのある事態（重要影響事態）では，米軍以外の軍隊への支援も可能になった．

● 「盾と矛」から「盾盾・矛矛」の関係へ　オバマ（Obama, B.）政権以降，米国が世界の警察官たる役割を担う能力と意思を喪失するなかで，日本を取り巻く安全保障環境は急激に悪化した．バイデン（Biden, J.）米政権は，同盟諸国との連携を前提とする「統合抑止」を提起した．日本が発表した 2022 年 12 月の国家安全保障戦略は，日米同盟による「共同抑止」をうたい，長距離ミサイルの保有と敵基地反撃能力の確保に踏み込んだ．こうして，自衛隊が米軍の抑止力の一部を担うことで，従来の「盾と矛」の関係は「盾盾・矛矛」の関係に変化しようとしている．

[武田康裕]

📖さらに詳しく知るための文献

武田康裕 2019.『日米同盟のコスト』亜紀書房.

坂元一哉 2020.『日米同盟の絆』増補版. 有斐閣.

板山真弓 2020.『日米同盟における共同防衛体制の形成』ミネルヴァ書房.

国際連合

　国際連合の目的は，第1に「国際平和と安全」の維持にある．第2に国家間関係の友好促進，第3に社会的，文化的，人道的協力の促進，第4にこれらの目的のための調整をなすことである（憲章第1条）．しかしこの目的の多くは，第一次世界大戦の戦禍を経て設立された国際連盟でもうたわれていた．なぜ国際連合（以下，国連）は大戦を防げなかった国際連盟の二の舞にならなかったのか．その答えは第1に国連は安全保障理事会に，総会に対する機能的優位性をもたせ「国際の平和及び安全の維持に関する主要な責任を有する」（憲章第24条）と定め，第2に，五大国を常任理事国とし拒否権を与えることで，その政治的責任を正統化した．これが二重の機能と責任となっている．

●**国際連合の成立過程**　国際連合は1941年の大西洋憲章という米英の政治的合意を契機とする．それは，中小国連合に支えられた国際連盟の「逆投影」として，安全保障理事会に五大国の拒否権という制度を生む．これが国際連盟の反省による大国優先の原則ならば，主権平等の原則は総会に引き継がれた．ただし全会一致原則の下で国際連盟が，加盟国42か国という比較的小さな規模ながら機能不全に陥ったことは，諸国の政治的協力の可能性は国の数の多寡とは関係が薄いということを示唆する．では，全会一致を排して，国連は機能を強化できたのか．

●**国連の三つの問題**　国際公共政策の主体としての国連には，当初三つの問題が内包されていた（Claude 1956）．第1は加盟国の問題である．発足5年後の1950年の時点で，主権国家約70か国のうち60か国が国連に加盟していたが，敗戦国，旧植民地の多くが加盟していなかった．人口も全世界の約3分の1を包摂するに過ぎない（大陸中国の人口を除く）．加盟には安保理の勧告が必要で（憲章第4条），冷戦型政治の下では米ソ双方の合意がなければ新規加盟は難しかった．日本もサンフランシスコ講和条約後まもなくの加盟申請はソ連に拒否され，1956年の日ソ国交正常化後に加盟できた．1971年には，総会で，手続き事項としての解釈により中華民国から中華人民共和国に中国の代表権が移行し，米中デタント（緊張緩和）へと続く．欧州のデタントといえるCSCEプロセスと並行して，東西ドイツも加盟した．南北朝鮮の同時加盟は，冷戦後の1991年9月である．

　第2に地域主義や有志国との関係である．国連憲章は，紛争の平和的解決に際して地域的国際機構の存在を想定する（第33条）．国連とNATO，OSCE，OAU（現AU）との関係が大幅に拡大したのは，冷戦後である．国連が平和維持活動（PKO）を積極的に増やした1990年代には，紛争調停者に加えて平和執行者とし

て国連が期待され，湾岸戦争では安保理が有志国による多国籍軍に授権した．しかしユーゴ，ソマリア，ルワンダでの失敗から，国連離れが進んだ．2003年のイラク戦争では安保理決議なしに米英が開戦している．

第3に，投票と拒否権の問題である．拒否権を大国に与えた安保理は機能不全に陥りがちであった．主権国家の平等原則と大国優先の原理の折衷は，安保理における特定多数決制に現れている．拒否権の最初の事例は，冷戦開始直前の1946年2月だが，当時の米紙はソ連の拒否権行使に対して，拒否権行使の目的に合致すると余裕をもって評していた．つまり，冷戦期の拒否権合戦に伴う機能不全は想定外であった．対応策として，多数決主義を取り入れた国連総会での決議で政治的意思を反映する方法は，1956年のスエズ動乱（第二次中東戦争）以来たびたび行われてきたが，イラク戦争等では使われなかった．安保理に拒否権がある限り，冷戦型の国際政治では国連は影響力を発揮しづらい．

主権国家と国際機構との関係性は，クロード（Claude, I.）によってwe, they, itの三つに整理されている．weとは国際機構と主権国家が共通の利益を有する状態を指す．加盟国と国際機構とは原初的にこの関係を出発点とする．国連憲章の前文もWe, the peoplesで始まる．しかし主権国家の国益に反する決定や行為を国際機構が行う場合，主権国家にとって国際機構はtheyとなる．そして主権国家の国益に対して中立的利益を国際機構が推進するなら，itとして表現される．国連の専門機関等の国際行政連合がその例となる．

●**グローバル公共政策形成の場として**　公共政策立案の場として国連が機能してきたのは，憲章第9章が「経済的及び社会的国際協力」と題するように，国連設立時からの期待の反映である．冷戦型政治が終わった1990年代以降は，「平和の配当」の議論を経て人間の安全保障，MDGs，そしてSDGsといったグローバル目標が設定された．人道問題調整事務所（OCHA），人権理事会が設立された．

●**ウクライナ侵攻後の国連**　ウクライナ侵攻では，有効票数の3分の2以上の賛成を伴う国連総会決議を重ね，ロシアへの国際社会の非難を見せつけた．ただし，ユーラシア，アフリカに棄権・欠席の諸国が多い．グテーレス（Guterres, A.）事務総長は，当事国を訪問し両首脳と個別に会談したが，平和的解決に有効な手立てを示せていない．一方で国連の国際刑事裁判所（ICC）は2023年3月，占領地の子どもの誘拐等の容疑でプーチン（Putin, V.）を国際指名手配した．

ウクライナ侵攻は，国連発足当時の先述の三つの問題を再度浮き彫りにした．第1に，ソ連から国家承継したロシアは，「加盟」手続きを経ていない．そのためウクライナはロシアを国連から法的に追放すべきと主張した．第2に，国連は大国の関与する紛争には政治的に関与しづらく，OSCE等の地域機構に任せようとする．第3に，国連総会決議では少なからぬ国が棄権・欠席し，意思表示を避けた．国連と国家の三つの関係性の問題は，今も本質的には不変である．　［宮脇　昇］

経済安全保障

　第二次世界大戦後，国際経済秩序，少なくとも西側諸国の経済秩序はGATT-IMF体制に基づく自由貿易が基調となった．1970年代の石油ショックや1980～1990年代の日米貿易摩擦など政治的な摩擦が貿易に影響することはあったが，自由貿易の仕組みは概ね維持されてきた．冷戦が終焉することで，中国やロシアが自由貿易のネットワークに参加し，自由貿易と資本の自由移動がグローバルに広がり，国家間の政治的対立とは切り離された形で経済的相互依存は深まっていった．

　しかし，こうした政治と経済の分離（政経分離）に基づく自由貿易の拡大は，経済を手段として他国に影響力を行使しようとする「経済的威圧」ないしは「エコノミック・ステイトクラフト」という行為の出現により，政経分離から政治と経済の融合（政経融合）へと移行することとなった．こうした経済を「武器化」する行為から自らの安全保障を守ろうとするのが「経済安全保障」である．

●**日本の経済安全保障概念の特徴**　経済安全保障の概念は各国において若干の違いがあるが，まずは日本における概念の特徴をみてみよう．第一に，政経融合が進む世界において，経済的威圧を回避するために「戦略的自律性」を強化することが重視されている．戦略的自律性とは，他国への依存度を減らすことにより，特定の国と対立的な関係になっても耐えられるよう，自国での生産を強化したり，友好的な国から調達を可能にしたりすることを意味する．

　第二に，日本においては他国の影響を回避することが目的となっているため，経済安全保障上の措置は主として防御的なものであり，「守り」に徹したものである．これは，対中半導体輸出管理にみられるように，国家戦略として中国に対抗するために経済的手段を「武器」として用い，他国に対する「攻め」の手段を含むアメリカの経済安全保障概念とは異なるものである．

　第三に，経済安全保障は，他国との相互依存が前提となるが，相互依存が成立するのはそこに経済的合理性があるからである．しかし，他国の経済的威圧を回避するためにサプライチェーンを多元化するといった措置は，経済合理性に反してコストの高い選択をしなければならない．どこまでのコストを負担するのかが経済安保を進めるうえで重要な政策的判断となる．また，そうした政策を実現するうえで，日本は政府とビジネス界の戦略的対話を実施し，ビジネスにとって必ずしも合理的でない政策であっても円滑に実施することに配慮してきた．

　第四に，経済安全保障上の措置を取ることは，しばしば自由貿易の原則と対立する．特定の国家との貿易を制限し，特定の品目に関して制限をかけることは，

無差別・内国民待遇といった WTO の基本的な原則に反する可能性がある．WTO には安全保障例外はあるが，その解釈は限定的である．そのため「small yard, high fence」がスローガンとなり，管理されるべき対象は限りなく小さくすべきであることが規範とされた．

第五に，戦略的自律性を高める一方，サプライチェーンにおける不可欠性を高め，他国を依存させることで経済的威圧を実施しにくくする「戦略的不可欠性」の獲得が必要である．戦略的不可欠性の強化により，他国は報復を恐れて経済的威圧を仕掛けることが困難となり，一定の抑止力が期待されている．

最後に，官民の戦略的対話が挙げられる．2022 年の国家安全保障戦略では中国を「戦略的挑戦」と位置づけたが，企業や投資家にとって中国は巨大な市場であり，サプライチェーンに組み込まれた重要な国である．安全保障上の要請から中国への依存度を減らすことは，中国における企業活動を制約し，収益性の圧迫になりかねない．政府の戦略と企業の戦略は必ずしも一致しないため，国家の戦略としてちぐはぐになる可能性があるが，それを解決するために日本では積極的に官民の対話を行い，国家としての経済安全保障戦略の構築を図っている．

●経済安全保障時代の国際秩序　経済安全保障は日本だけでなく，G7 や OECD の議論で取り上げられるなど，今や世界的な関心を集めており，日本が 2022 年に経済安全保障推進法を成立させ，経済安全保障担当大臣を設置したことにより，日本が先進事例として扱われる機会も増えている．

しかし，多くの国では経済安全保障は米中対立の文脈の中で議論されており，その懸念は中国による経済的威圧だけでなく，米国が中国に対抗するために進める輸出規制や投資規制といったエコノミック・ステイトクラフトによる影響，さらには米国が自国の産業を守ろうとするためにとる保護主義的な措置についての懸念なども含まれる．

つまり，経済安全保障が重視されることによって，これまで WTO による自由貿易秩序が徐々に侵食され，自国の利益や経済的依存関係を「武器化」することができる力をもった国が新しい国際経済秩序を作ろうとしている．そうした中で，日本は米国が TPP から離脱した後，自らリーダーシップをとって CPTPP としてまとめ上げ，ルールに基づく自由で開かれた経済秩序を何とか維持することに尽力した．今後，力に基づく秩序を形成しようとする国々に対して，日本は「small yard, high fence」の原則を維持し，戦略的に重要な物資に関しては「戦略的自律性」を維持し，抑止力としての「戦略的不可欠性」を構築しつつも，フェンスの外側は自由貿易を維持するという原則を貫いていく方向性を示している．　［鈴木一人］

📖さらに詳しく知るための文献

国際文化会館地経学研究所編 2024.『経済安全保障とは何か』東洋経済新報社.

鈴木一人・西脇 修編著 2023.『経済安全保障と技術優位』勁草書房.

戦争

●戦争の歴史 戦争の歴史は，近代工業時代における三位（国民・政府・軍隊）一体化による国家間の総力戦から相互核抑止時代の脱三位一体化（クレフェルト〔Creveld, M.〕）によるテロ，ゲリラ戦など低強度紛争（LIC）を経て現代の情報時代におけるサイバー戦，AI戦争への変容の過程である．戦争の変容に合わせて戦争を制約する国際法もまた，国家間の戦争を対象とする戦時国際法から非国家主体間の武力紛争をも含む国際人道法へと発展した．18世紀以前の農業時代の欧州の戦争は，君主間の「官房戦争」（Cabinet War）と呼ばれる制限戦争であった．軍隊は歩兵や騎馬が中心で銃・砲の数も威力も限定的であった．18世紀末のフランス革命を契機に戦争は一変し，軍人や傭兵から国民が主体となる国民戦争へと変容を始める．19世紀に入り産業革命による工業時代を迎えた欧米諸国は軍事力を飛躍的に増強し，植民地を巻き込んで文字どおり国家の総力を挙げて第一次世界大戦を戦った．同大戦は機関銃や戦車など近代兵器を工場で労働者が大量生産し，戦場で兵士が命とともに大量消費する，クラウゼヴィッツ（Clausewitz, C. von）の「絶対戦争」の様相を呈する殲滅戦となった．戦場は水・陸の2次元から空中・海中へと3次元に拡大した．あまりの惨禍に1928年にパリ不戦条約が締結され，国家間戦争は原則違法化された．戦争に正邪を求めない19世紀の無差別戦争観から法に基づく戦争を容認する正戦論への回帰である．合法化されたのは，唯一国家の自衛権に基づく武力行使だけである．しかし，ヒットラー（Hitler, A.）の登場とともに，再び世界は第二次世界大戦の戦禍に見舞われ，そして1945年広島，長崎への2発の原爆が大戦に終止符を打った．それは同時に冷戦の号砲となった．無限の破壊力を秘めた核ミサイルの登場で地球全体が戦場と化し，軍事力の役割は物理的暴力から恐怖の均衡に基づく抑止の心理的暴力へと変質した．核保有国間の戦争は事実上封印された．破綻した国際連盟に代わり新たに組織された国際連合が，決議に基づく国連の武力行使と加盟国の集団的自衛権の行使も新たに容認し，集団安全保障体制を構築した．

●兵器の発達と国際法の発展 1962年のキューバ危機を契機に翌年部分的核実験禁止条約が締結され核軍縮が始まった．1968年に核拡散防止条約（NPT），1970年代には米ソ間で第一次戦略兵器制限交渉（SALT-I）や弾道弾迎撃ミサイル制限条約（ABM）などの軍縮・軍備管理を通じて相互核抑止体制が構築された．米ソや東西陣営間の直接衝突は回避される一方，東西陣営の周辺地域や第三世界で代理戦争が頻発するようになった．1950年代の朝鮮戦争，1960年代のベトナ

ム戦争，1970年代のアンゴラやエチオピアでのアフリカの内戦，チリやアルゼンチンでの軍事クーデターなどが典型である．そして1979年末にソ連がアフガニスタンに直接侵攻し第二次冷戦が始まった．米国は今日の宇宙戦，サイバー戦に繋がる戦略防衛構想（SDI，別名スター・ウォーズ計画）で戦闘空間を宇宙にまで拡大する大軍拡でソ連に対抗した．結局1987年に中距離核戦力全廃条約（INF）を契機に米ソの緊張緩和が進み，フランス革命からちょうど200年目にあたる1989年に米ソ首脳によるマルタ会談で冷戦は終焉した．世界は平和を迎えると思われた矢先，1990年にイラクがクウェートに侵攻，翌年，情報時代の現代戦争の先駆けとなる湾岸戦争が勃発した．

●**情報時代のAI戦争**　湾岸戦争（別名ニンテンドー・ウォー）は，三位一体化の軍事革命（RMA）をもたらしたフランス革命のようにコンピュータとインターネットが軍事革命をもたらした．航空交通網の発展は国境を越えて人々の流動化を促し，コンピュータ，インターネット，AIの秒進分歩の進化は個人や企業，NGOなど非国家主体の活動の場を劇的に増加させ，政府の機能は相対的に低下した．軍事においては戦闘領域がサイバー空間にまで及び，もはや従来の三位一体の国家間戦争は時代遅れになったかのように思われた．実際，湾岸戦争を除けば冷戦後の紛争は，ユーゴスラビア紛争，ソマリア紛争，ルワンダ紛争そして9.11同時多発テロなど脱三位一体化した低強度紛争がほとんどであった．21世紀に入り目覚ましい進歩を続けるAIを搭載したドローン，無人戦闘機，自律型致死兵器システム（LAWS）で戦場の無人化，無血化まで将来戦として予想されるようになった．国際法も国家間の戦争を制限することから，人間の安全保障や人権擁護の視点から，1999年の対人地雷全面禁止条約や2017年の核兵器禁止条約へと規制範囲を拡大し，また，国家を超えて国際社会全体に人々を「保護する責任」を負わせるようになった．

●**戦争の回帰と国際法の危機**　しかし，2022年2月，典型的な三位一体の国家間戦争が起きた．ロシアのウクライナ侵略である．ナポレオン戦争を彷彿とさせる軍事力だけが戦争の帰趨を決定する18〜19世紀欧州の古典的国家間戦争である．戦争の形態だけではない．戦争の目的もロシアの歴史に由来する歴史的秩序への回帰である．一見ハイブリッド戦争のようではあるが，現実にはナポレオン戦争を思わせる歩兵と砲兵による流血の肉弾戦である．戦争の手段，形態，目的は変わっても，クラウゼヴィッツの「戦争とは他の手段をもってする政治の継続にほかならない」という戦争の本質は変わらない． ［加藤 朗］

📖さらに詳しく知るための文献

クラウゼヴィッツ，C. von 著，加藤秀治郎訳 2024.『全訳 戦争論』上・下．日経BP 日本経済新聞社．

ファン・クレフェルト，M. 著，石津朋之監訳 2011.『戦争の変遷』原書房．

加藤 朗 1993.『現代戦争論』中公新書．

ハイブリッド戦

　ハイブリッド戦とは，政治的目的を達成するために軍事的脅迫とそれ以外のさまざまな手段，つまり，正規戦・非正規戦を組み合わせた戦争である．軍事的な戦闘に加え，政治，経済，外交，サイバー攻撃，プロパガンダを含む情報戦，認知戦などのツールや，テロや犯罪行為なども公式・非公式に組み合わさって展開する．

●**認識の経緯**　ハイブリッド戦争が世界の脅威として強く認識された契機は，2014 年のロシアによるクリミア併合であった．ロシアは，ウクライナ領クリミアの住民に対し，政治技術者などを使い，10 年以上かけて認知戦を仕掛け，親ロシア派の候補者が選挙で勝利するよう煽動したり，ロシアの統治下になった場合の利点を吹聴して洗脳したりして，クリミア住民がロシアを歓迎するムードを醸成しておいた．そのうえで，所属を隠したロシアの特殊任務部隊（リトル・グリーンメン）がクリミアに展開するも，攻撃などはしてこないという状況を続け，また，ウクライナ国境付近にロシア軍が集結するという軍事的脅迫を行った．そして，恐怖のもとで「住民投票」なる茶番劇が行われ，クリミアは自らの意思でウクライナからの離脱とロシアへの編入を決定し，ロシアがそれを受け入れたというストーリーでの法的偽装が展開されたのである．その際に，ロシアがとった手段こそがハイブリッド戦争として世界から注目されるようになった．

●**定義の至難さ**　しかし，ハイブリッド戦争はロシアだけが用いてきたものでもなければ，最近の現象でもないのも事実だ．例えば，中国はもとより，欧米諸国もハイブリッド戦争を用いているといわれている．また，第二次世界大戦での情報戦の重要性が指摘されるように，ハイブリッド戦争は決して現代的な現象ではなく，古代から行われていたと主張する論者もいるほどなのだ．

　そして，ハイブリッド戦争の展開には無限の可能性があるといっても過言ではない．近年科学技術の進歩が著しい中ではハイブリッド戦争の手段を限定することはほぼ不可能であり，また，それを実行する者も極めて多様となり得るため，ハイブリッド戦争のあらゆる可能性を想起し，準備しておく必要がある．そのため，ハイブリッド戦争の定義は不可能だと NATO のハイブリッド戦争担当官なども主張する．むしろ，定義によって，今後，さらに多様化することが確実なアクター，手段に対抗できなくなるというのだ．ハイブリッド戦争を緩く捉え，さまざまな状況を想定することこそが求められている対処方法だという．

　ハイブリッド戦争の目的は，相手にダメージを与えることであり，それが可能であるならば，大きな財政的，人的コストを要する正規戦（実戦）は極力避けたいと

ころである．例えば，ロシアのゲラシモフ（Gerasimov, V.）参謀総長は，正規戦と非正規戦の割合は1：4になるのが望ましいとしている．そのため，ハイブリッド戦争では，とりわけサイバー攻撃や情報戦・認知戦などのもつ意味が重いのである．これらが成功したとされる例が，トランプ（Trump, D.）が当選した2016年の米国大統領選挙にロシアが介入したとされる，いわゆる「ロシアゲート事件」である．それについては，民間軍事会社「ワグネル」や情報戦を展開する「インターネット・リサーチ・エージェンシー」の創設者であり，ロシアのプーチン（Putin, V.）大統領のシェフなどと称されているプリゴジン（Prigozhin, Y.）が2022年に自ら関与を認めている．だが，おそらく，同選挙では，ロシアの介入がなかったとしても，トランプが当選しただろうと言われている．それでも，ロシアの介入が米国政治をも揺るがすことができたという認識を国際社会がもつことは，ロシアにとっては自国の影響力を過度に見せることができ，都合の良いことなのである．

●**多様化するハイブリッド戦争**　ハイブリッド戦争の実例は極めて多様になっている．例えば，コロナ禍でロシアや中国が展開した「マスク外交」や「ワクチン外交」も，NATOからするとハイブリッド戦争ということになる．医療物資やワクチンが入手できない国への医療物資を提供，医療団派遣，またワクチンを供与など一見，善意の政策であるが，ロシアや中国がそれらを展開したのが，アフリカ，中東，東南アジア，南米などの反欧米的な国々であったり，EU加盟国やEU候補国でありながらEUからサポートが受けられなかった国々であったことから，これは「世界の分断」や「欧州の分断」を企図したハイブリッド戦争であるとみなされた．他方，ロシアは欧米がロシアに課している「経済制裁」をハイブリッド戦争だと規定し，ロシアの報復措置の対象に当たると主張する．このように，ありとあらゆる政策，事象がハイブリッド戦争になり得る．

　また，ハイブリッド戦争の場合は地理や国境の意味がかなり薄くなり得る．サイバー戦や情報戦は，地理的な影響を受けずに，世界中で展開することが可能だからだ．そのため，NATOは現在，ハイブリッド戦争の脅威として，ロシアはもとより，中国を注視している．

　ハイブリッド戦争への対抗には，軍事的な準備はもちろん，サイバー攻撃や情報戦・認知戦への準備を国民レベルで行うことが不可欠だ．特に，サイバー攻撃は，単に脅威に対して自分のネットワークを強化するだけではなく，攻撃者の正体を暴いたり，攻撃者のシステムを無効化したりすることを目的とした対策である能動的サイバー防御（ACD）が必要だと言われている．また，エンドポイント，ネットワーク，データなど，組織のさまざまなIT環境を調査し，脆弱性を検知し，管理していく行為を通じて達成されるとされる「サイバー衛生」の向上も必須だ．情報戦・認知戦に対しては，国民のメディアリテラシー能力を高めるだけでなく，それらに影響されない心構えをもたせることも重要である．　　［廣瀬陽子］

サイバー戦

　サイバー空間は陸・海・空・宇宙に続く，第5の「戦闘ドメイン」「戦場」として，安全保障研究・政策の中で注目を集めている．サイバー戦（cyber warfare）とは，狭義にはサイバー活動やその他コンピュータネットワーク技術によって遂行される戦争行為を指し，軍事行動や武力紛争の文脈で用いられる．しかし，実際の「サイバー戦」は広い意味でも用いられ，平時やグレーゾーン事態下のサイバー空間を通じた諜報・探索活動，産業スパイ，妨害・破壊活動，影響工作も含まれる．広義のサイバー戦は，サイバー攻撃（cyber attack）やサイバー活動（cyber operation）の意味にほぼ等しい．

●**技術がもたらす匿名性・不確実性**　サイバー空間は匿名性が高く，物理的攻撃と比べると，サイバー攻撃の発信源を特定することは難しい．サイバー攻撃そのものは目に見えず，攻撃が行われていること自体すら気付きにくい．またサイバー攻撃の被害が生じた場所，攻撃の指令を発した端末やサーバの位置，攻撃の中継地点や経路，攻撃者の所在地は国境を越え，複数国にまたがる．それ故，攻撃者は攻撃に関する責任を否定，または曖昧にすることが容易だ．あるサイバー攻撃について，その行為者・責任者や因果関係を特定することを「アトリビューション（attribution）」と呼ぶ．日米欧等の各国政府は重大なサイバー攻撃の実行者を調査し，対外的に発表すること（パブリック・アトリビューション）も少なくない．ただし，アトリビューションは白黒がはっきりする断定可能な問題ではなく，不確実性を伴う評価・判断であり，濃淡がある問題である．こうしたサイバー戦をとりまく匿名性や不確実性によって，サイバー攻撃を抑止することは難しい．

●**国際法との関係，武力攻撃の閾値を下回るサイバー戦**　サイバー戦と国際法の関係は自明ではない．サイバー犯罪に関する国際条約（ブダペスト条約）は2004年に発効したが，戦争行為としてのサイバー戦を対象とした国際条約は存在しない．そのような中，サイバー戦やより広範なサイバー活動に関する事実上の規範ともいえるのは，北大西洋条約機構（NATO）加盟国等の実務者・研究者らが作成した『タリン・マニュアル』である．タリン・マニュアルは，国連憲章を含む既存の国際法がサイバー空間に適用されるとの立場から，一定条件下のサイバー攻撃は武力攻撃に該当し得る，とする．日米政府は具体例として，原発のメルトダウンを引き起こす，人口密集地域上流のダムを決壊させる，航空機の墜落に繋がるようなサイバー攻撃は武力攻撃に該当し得るとの見解を示している．

しかし，これまでのところ「戦争行為」「武力攻撃」に該当するサイバー攻撃（あくまで物理的攻撃と連動せず，サイバー空間単独で行われたもの）は確認されていない．各国が直面してきたのは広義のサイバー戦，武力攻撃の閾値を下回るものであった．例えば，軍事機密や先端技術の強制的移転，外貨獲得，政治的威圧や軍事的威嚇，影響力行使のためのサイバー攻撃である．

　それ故，武力紛争の閾値を下回るサイバー戦にどう対処するかが，今日の重要課題だ．米国サイバー軍（CYBERCOM）は「前方防衛」「執拗な関与」といったコンセプトを掲げ，常時，敵対者に対するサイバー活動を行う．その活動は，自己の管理下にない（国外を含む）ネットワークや情報資産上での探索・情報収集・妨害活動が含まれる．日本は2022年12月，新たな『国家安全保障戦略』を閣議決定し，「能動的サイバー防御（ACD）」態勢を確保することを掲げた．ACD は「武力攻撃に至らないものの，国，重要インフラ等に対する安全保障上の懸念を生じさせる重大なサイバー攻撃」に対処するため，通信情報の活用や攻撃サーバの無害化等の措置を講じる．このように考えると，広義のサイバー戦は軍隊だけではなく，法執行機関や情報機関が果たす役割も大きい．

●国家が関与するサイバー戦とその効果　多くのサイバー攻撃は犯罪集団や個人によって行われるが，高度なサイバー攻撃や狭義のサイバー戦の背景に「高度で持続的な脅威（APT）」と呼ばれる国家の軍・情報機関の関与がある．日本政府は『サイバーセキュリティ戦略』（2021年9月）の中で，国家の関与が疑われるサイバー活動として中国，ロシア，北朝鮮によるものを名指している．

　各国はさまざまな目的でサイバー戦を展開しているものの，サイバー戦能力は万能のツールではない．最近では，破壊的なサイバー活動は生来的な制約があることが指摘される．2014年以降のロシア－ウクライナ間のサイバー攻撃事例を分析した研究（Maschmeyer 2021）では，破壊的なサイバー攻撃には「トリレンマ」があり，①攻撃準備のスピード，②効果の激しさと範囲，③制御可能性のどれか一つを高めようとすると他の二つを損う傾向がある．この研究はあくまでも平時やグレーゾーン事態下のサイバー破壊工作を対象としたものであるが，有事や正規軍同士が衝突するような状況でもトリレンマは適用されるだろう．

　こうしたサイバー戦に関する評価は暫定的なものにならざるを得ない．サイバー戦の意味と含意は，通信や人工知能等の技術革新，サイバー戦に関する国際法の深化，激化する地域紛争・大国間競争といった文脈で絶えず変化していくからである．　　　　　　　　　　　　　　　　　　　　　　　　　　　　　　　　［川口貴久］

📖**さらに詳しく知るための文献**
土屋大洋 2020.『サイバーグレートゲーム』千倉書房．
中谷和弘ほか 2018.『サイバー攻撃の国際法』信山社．
リッド，T. & ブキャナン，B. 著，土屋大洋訳 2016. サイバー攻撃を行うのは誰か. 戦略研究 18：59-98.

自主外交路線

　自主外交とは，「戦後日本外交の営為を，同盟国であるアメリカとの距離感を基準に意味づけることを前提に，日本の主体性を強調する外交」を指すと考えられる．

　例えば，戦後日本外交をめぐる路線対立を，「対米『自主』」／「対米『協調』」／「対米『独立』」の三つに整理した研究が知られている．この中で添谷芳秀は，対米「自主」路線を，「憲法9条改正と日米安全保障条約破棄による日本の再軍備や，中ソとの関係改善による『向米一辺倒』の修正を目指すなど，敗戦がもたらした『異常』事態から脱却することを求める路線」と定義している（添谷1995）．

●「吉田ドクトリン」と自主外交　このような自主外交の典型例とみなされるのは，1950年代の鳩山一郎政権の外交政策である．戦後日本の外交政策の基本となったのは，吉田茂総理の下で進められた，日米安全保障体制を前提とした軽武装・経済優先主義，いわゆる「吉田ドクトリン」であった．これに対し鳩山は，「向米一辺倒」との批判を加え，自主外交を掲げた．具体的には，ソ連との国交正常化に取り組んだ．また，岸信介政権による東南アジア外交も，自主外交に数える場合がある．

　また防衛面では，佐道明広による研究が，「自主防衛論」／「日米安保中心論」の対立軸を提起している（佐道2005）．例えば，1976年に策定された「防衛計画の大綱」では，日本の防衛力の大きさは「限定的かつ小規模の侵略」に日本が「独力」で対処できる程度で十分であるとする「限定小規模侵略独力対処」という考え方を取り入れた．ここで「独力」という考え方に着目すれば，70年代の日本の防衛政策における「自主」性が強調されることになる．

●「自主」をめぐる論争　一方，「自主」概念を「対米協調」と対比的にとらえる態度には，近年は批判的な見解も提示されている．

　例えば中島琢磨は，「従来，戦後日本の保守陣営における防衛論や外交路線を整理する際には，吉田派対鳩山派という対立構図が強く意識されてきた」としたうえで，「ただその反面において，この対立構図は，そのまま戦後日本の防衛政策をめぐる保守陣営内部での代表的な対立構図として半ば拡大的に適用されてきたようにも思われる」と指摘する（中島2005）．つまり，「自主」概念は吉田路線以外の選択もありえた50年代特有のものではないかとの指摘である．そうすると，吉田ドクトリンが定着した60年代以降の日本外交を分析する概念としての「自主」の妥当性が問われることになる．

　さらに，戦後日本外交の営為をアメリカとの距離感を基準に意味づけることの

問題点を正面から取り上げた論文では,「対米自主」/「対米協調」という分析枠組みが不適切であるとの主張がなされている. 保城広至は,「『協調』の反意語は『紛争』あるいは『対立』であって,『自主』ではない. 同様に『自律』『自立』の反対概念は『他律』『依存』である」として,「日本外交の『自律・自立』性の存否と日米の利害関係とは元来独立して分析すべきものなのに,『対米協調』/『対米自主』枠組みではそれが相対立する概念として論じられているのである」とする(保城 2007).

●「自主防衛論」をめぐって　また自主防衛論についても,高橋杉雄によって,「本来は,『自主』にも『日米』にも様々なバリエーションがあるのであって,『自主』において自己完結的な一定の能力を整備する方向を,『日米』において自衛隊の自己完結的な能力を前提として米国に補完的な役割を期待する協力を追求する場合,両者は矛盾なく両立しうるのである」との指摘がなされている(高橋 2006). 実際,一口に「自主」防衛といっても,防衛庁・自衛隊でも,反吉田路線や,70 年代に「自主」防衛を掲げた中曽根康弘防衛庁長官の構想を指すものに限られず,装備の国産化や,アメリカ軍の有事駐留といった,さまざまなイメージで理解されてきたのが実態であった.

　前述の限定小規模侵略独力対処にしても,限定小規模侵略の蓋然性が高いとか,実際のオペレーションとして限定小規模侵略独力対処作戦が用意されているとかいうことを意味しない. そうしたことから,限定小規模侵略独力対処とは自主防衛論というより,限定小規模侵略程度にはアメリカ軍の来援なしでも対処できる防衛力を将来整備していくという,「運用」とは別次元の「防衛力整備」の目標であった点を強調する研究もある(千々和 2021).

●分析概念としての「自主外交」の妥当性　分析概念としての「自主外交」への批判は,「非同盟」外交や「反米」外交でない限り,自主外交が対米協調外交と対比できる概念とは考えにくい,という点に集約されるだろう. 戦後日本はサンフランシスコ講和条約署名と同時に日米安保条約に署名しており,今日に至るまで非同盟であったことはない. また,アメリカと恒常的な同盟・友好関係を維持し,そのことを外交の前提に置いている以上,アメリカとの対立や不一致が生じた場合,それを自主外交というべきなのか,それとも「対米協調」外交のなかでの相対的な問題であるにすぎないものととらえるべきかについては,議論が分かれる. 添谷も,「自主」路線について,「日米協調関係の枠内で日本外交の自律性を拡大する試みに留まらざるを得なかった」と評している.

　自主外交をめぐっては,「対米協調と両立する外交地平の拡大」「対米協調のなかでの日米摩擦」など,限定的に理解しておく立場も考えられる. ［千々和泰明］

📖さらに詳しく知るための文献
千々和泰明 2021.『安全保障と防衛力の戦後史 1971-2010』千倉書房.

経済外交

　経済外交とは国家の対外関係において，経済的なイシューに関して交渉を行い，何らかの結果を得ることを指す．二国間の経済外交と多国間のそれとは大きな違いがある．二国間経済外交は，双方の経済的な利得をめぐる利害調整の側面が強い一方，多国間経済外交は，複数の国家に共通する問題を解決し，共通ルールを作ることが目的とされるが，同時に，多国間外交で誰がルールを作る主導権を握るかが各国の主要な関心となる．

　経済外交の中心的なテーマは貿易交渉であるが，インド太平洋経済枠組み（IPEF）の交渉にみられるように，ルール作りや標準の設定だけでなく，サプライチェーンの強靭化，デジタル貿易や通貨問題，投資規制などがテーマとなっている．

●**2レベルゲーム**　経済外交を論じるうえで，パットナム（Putnam, R. D. 1988）の唱えた「2レベルゲーム」を理解しておく必要があるだろう．2レベルゲームとは経済外交において，政府間協議（レベル1）は国内の利益団体などの政治プロセス（レベル2）と連動していることを定式化した分析枠組みであり，国内政治における「批准（承認）」プロセスの違いや利益団体の力関係などによって経済外交の行方が大きく変化するというものである．これは経済外交に限らないが，国内の利益団体が関与する度合いがとりわけ大きいのが貿易や投資に関する交渉であるため，経済外交を論じるうえでは不可欠な枠組みとなっている．

　中でも重要なのが「ウィンセット（win-set）」という考え方である．国内政治プロセスで利益団体などの力関係によって，双方の交渉者がどの程度交渉の余地をもつのか，ということを示し，交渉者が交渉を成立させるために補助金などのサイドペイメントを支払い，ウィンセットを広げることで，交渉成立を可能にすることを分析する概念として有用である．典型的なウィンセット拡大の例は，ウルグアイラウンド交渉において，コメの関税化を含めた貿易自由化を進めたことに対して，日本政府が「ウルグアイラウンド対策費」と呼ばれる予算を組んで，農村地域の開発などを進めるといったサイドペイメントを行ったケースである．

●**二国間経済外交**　二国間経済外交は双方の利害を調整する側面が強く，貿易摩擦のような形で厳しい政治的なやり取りが行われることが多い．1990年代までは貿易不均衡などで自国経済に打撃を受けた国が，政治的な影響力を用いて交渉し，譲歩を獲得するという形態の二国間経済外交が多かったが，近年では，「米中貿易戦争」にみられるように，貿易不均衡もあるが，それ以上に政治的に対立する国々が相手に力を行使する手段として貿易や投資が用いられることが多い．

その一例が米国による対中半導体輸出規制であろう．米国は中国が高性能の半導体生産能力がなく，その能力をつけさせないために，西側諸国と協力して中国が高性能半導体にアクセスすることを遮断するという政策をとったが，これは経済的な摩擦というよりは，政治的・軍事的な要請から行った政策である．また，他国による経済的威圧を回避するためのサプライチェーンの強靱化や技術的優位性を維持するための研究開発協力を目指す二国間経済外交も増えている．

ただ，同時に「グローバル化の影」と呼ばれる，自由貿易によって比較劣位の産業における失業や社会不安が起きることに伴う，保護主義的な措置を取る国や，自国のサプライチェーン強化のために産業誘致を行い，自国の産業を振興するための多額の補助金を拠出するといった，自由貿易の原則とは必ずしもそぐわない政策を行う事例も出てきている．今後の二国間経済外交においては，こうした保護主義的な措置に対する対抗や是正を求めるような二国間経済外交が主流になってくるかもしれない．

●多国間経済外交　多国間外交は多数の参加者がいるため，個別の利害調整よりは共通のルールや標準づくりを主として行う．第二次世界大戦後に設立した関税と貿易に関する一般協定（GATT）では，関税引き下げが重要なテーマであったため，二国間交渉の束としての多国間交渉という性格が強かった．これは関税引き下げのための「譲許表（関税率を示すリスト）」を，例えば日米間で交渉し，そこで合意された譲許表を基に他の交渉者（例えばEU）と交渉し，すべての交渉者と合意ができた時点で譲許表が成立する．

しかし，現代の多国間交渉は上述したIPEFにみられる，国際的な知的財産の保護やサプライチェーンの強靱化といった取り組みや，デジタル貿易の基準づくり（米国の反対により不成立）といったことが中心となる．多国間経済外交においても，市場アクセス，すなわち関税を引き下げ，どの程度自由に相互の市場に参入できるかが重要な論点であることは変わりない．こうした自由貿易は比較優位の産業が強化される一方，「グローバル化の影」も生み出すため，自由貿易反対の運動が激しくなり，それがウィンセットを狭める結果ともなっている．

そのひとつの事例が米国の環太平洋パートナーシップ（TPP）離脱である．日米を含む12か国で交渉してきたが，グローバル化によって被害を被ったと考える人たちに支持されたトランプ（Trump, D.）大統領は就任直後にTPPからの離脱を宣言した．しかし，環太平洋の自由貿易を重視する日本が環太平洋パートナーシップに関する包括的および先進的な協定（CPTPP）をまとめることにより，経済外交の秩序を取り戻した．　　　　　　　　　　　　　　［鈴木一人］

📖さらに詳しく知るための文献

Putnam, R. D. 1988. Diplomacy and Domestic Politics. *International Organization,* 42(3): 427-460.

Evans, P. B. et al. eds. 1993. *Double-Edged Diplomacy*. University of California Press.

自由で開かれたインド太平洋

　「自由で開かれたインド太平洋」とは，日本が目指す国際秩序のビジョンを三つの目標としてまとめた構想を指す．すなわち第1の目標は，法の支配，航行の自由，自由貿易の普及・定着といった普遍的価値の実現，第2の目標は，連結性強化や自由貿易などを通じた経済的繁栄の追求，第3の目標は，インド太平洋沿岸諸国との海洋安全保障等に関する協力を通じた平和と安定の確保である．

　2016年8月に安倍晋三首相が，ケニアのナイロビで開催された第6回アフリカ開発会議（TICAD VI）での演説において，「日本は，太平洋とインド洋，アジアとアフリカの交わりを，力や威圧と無縁で，自由と，法の支配，市場経済を重んじる場として育て，豊かにする責任をにないます」と論じた．また2017年の『外交青書』は，この演説で日本は「自由で開かれたインド太平洋」戦略を発表したとしている．

●**沿革**　この構想に反映されている考え方は，第1次安倍内閣および第2次安倍内閣の初期に打ち出された外交構想にその淵源がある．第1に，2006年11月に麻生太郎外務大臣が日本国際問題研究所の発足50周年記念セミナーでの演説で打ち出した「価値の外交」と「自由と繁栄の弧」というビジョンがある．民主主義，自由，人権，法の支配，そして市場経済といった「普遍的価値」を重視していくという「価値の外交」と，ユーラシア大陸の外周で成長する新興の民主主義国を帯のようにつなぎ，「自由と繁栄の弧」を作るという構想があった．

　第2に，2007年8月に安倍首相がインド国会で「二つの海の交わり」と題した演説で，「太平洋とインド洋は，今や自由の海，繁栄の海として，一つのダイナミックな結合をもたらして」いるとして，従来の地理的境界を突き破る「拡大アジア」を「広々と開き，どこまでも透明な海として豊かに育てていく力と，そして責任」が日本とインドにあると訴えた．

　第3に，2012年12月にやはり安倍首相が，『プロジェクト・シンジケート』に寄稿した「アジアの民主主義国よる安全保障ダイアモンド」と題した論考で，中国を念頭に，日本がアメリカやオーストラリア，インドと連携し，またイギリスとフランスとも協力して，太平洋とインド洋の平和と安定と航行の自由を守るべきとする考え方を披露した．

　その後も安倍首相は，2014年5月にシンガポールで，同年7月にはオーストラリアで，2015年12月にはインドの演説や共同声明などの中で，ルールに基づく自由で開かれた秩序を形成すべきとのテーマに繰り返し触れた．2016年初めか

ら外務省総合外交政策局が,「自由で開かれたインド太平洋」(FOIP) をまとめ,TICAD VI での安倍首相演説で打ち出されることとなった (竹中 2022).

●**アメリカへの働きかけと各国のインド太平洋戦略**　日本はアメリカ,オーストラリア,インド,東南アジア諸国連合 (ASEAN) をはじめとする諸外国に FOIP を説明し賛同を求めた.とりわけ重要だったのはアメリカに対する働きかけであった.トランプ (Trump, D. J.) 政権が地域への関与を後退させることが危惧される中,日本による働きかけは重要な意味をもつことになった (竹中 2022).また,トランプ政権は 2018 年 2 月には政権内で「インド太平洋地域に対するアメリカの戦略枠組み」を政策指針として策定した (政権末期にこれを機密指定解除して公開).さらに,2022 年 2 月にはバイデン (Biden, J. R.) 政権も「自由で開かれたインド太平洋戦略」を発表し,地域諸国が連接され,繁栄し,安全で,強靭になっている状態の実現を目指すとした.

このほか諸外国の間でも,インド太平洋を対象とする戦略文書を策定する動きが広がった.インドは「インド太平洋ビジョン」(2018 年 6 月),フランスは「インド太平洋戦略」(2018 年 10 月),ASEAN は「インド太平洋に関する ASEAN アウトルック」(2019 年 6 月),ドイツは「インド太平洋ガイドライン」(2020 年 9 月),EU は「インド太平洋における協力のための EU 戦略」(2021 年 9 月),韓国は「自由・平和・繁栄のインド太平洋戦略」(2022 年 11 月),カナダは「自由で開かれたインド太平洋戦略」(2022 年 11 月) をそれぞれ策定し発表している.

●**2023 年の FOIP 更新**　2023 年 3 月に岸田文雄首相は,インド世界問題評議会で,「インド太平洋の未来〜『自由で開かれたインド太平洋』のための日本の新たなプラン〜“必要不可欠なパートナーであるインドと共に”」と題する政策演説を行い,外務省は FOIP のための新たなプランを発表した.この新プランは,FOIP の中核的な理念を自由,開放性,多様性,包摂性,法の支配の尊重とした上で,①平和の原則と繁栄のルール (弱者が力でねじ伏せられない国際環境を醸成する),②インド太平洋流の課題対処 (国際公共財をめぐる協力を強化して各国社会の強靭性・持続可能性を高める),③多層的な連結性 (経済・ヒト・デジタル分野の連結性をさらに強化する),④「海」から「空」へ拡がる安全保障・安全利用の取組 (海・空という公域全体の安全・安定を確保する),という四つの柱を打ち出し,それぞれの分野で実施している事業の具体例を示した.これらの取り組みでは,対話によるルール作り,各国間の対等な立場でのパートナーシップ,個人の生存と繁栄,尊厳を守るアプローチがとられ,国際社会を分断と対立ではなく,協調に導くことが目指されている.　　　　　　　　　　　　　　　[森　聡]

📖**さらに詳しく知るための文献**
竹中治堅 2022.「自由で開かれたインド太平洋」構想と日本の統治機構.竹中治堅編著『「強国」中国と対峙するインド太平洋諸国』千倉書房.

国際機構と地域機構

●**国際機構とは**　国際機構（国際組織とも）は，主権国家間で特定の目的のために定立された組織である．主権国家のないところで国際機構は生まれない．しかし一旦形成された国際機構は主権国家を拘束することがある．両者の関係は可変的であるが，イギリスの EU 離脱のように国際機構からの主権国家の脱退によりその関係が終焉することはあっても，主権国家が国際機構の働きによって消滅することはない．ここに国際機構の政策過程における劣位性の本質がある．

●**国際公共政策・グローバル公共政策**　国際機構や主権国家等による国際公共性を促進する政策が国際公共政策である．そのうちグローバルな目標に関するものはグローバル公共政策と呼ばれる．国際・グローバル公共政策の意思決定主体や実施主体は，国際機構と国家であり，非政府組織（NGO）も主体となりうる．

●**国際行政連合と政治性**　最も国際機構の目的性を明確に示す中立的役割は国際行政連合に多く現れる．国際電気通信連合（ITU），国際民間航空機関（ICAO），万国郵便連合（UPU）等はその典型例である．福田耕治は，国際機構による国際行政の拡大により国内行政と国際行政の相互浸透に着目する（福田 2003）．ただし国際行政連合も政治性を帯びないわけではない．冷戦期に ITU ではソ連がラジオの周波数について同意せず政治化した．国連教育科学文化機関（UNESCO）はパレスチナ問題をめぐってアメリカやイギリスが 1980 年代に脱退した（後に復帰）．2018 年にアメリカは国連人権理事会を脱退し，2020 年には新型コロナウイルス対応をめぐる対立から世界保健機関（WHO）からも脱退すると通告した．このように国際機構の中立性が主権国家によって疑問を呈されることは少なくない．また戦間期の「パクトマニアの時代」（モーゲンソー 2022）には国際合意が量産され，大国間対立が激しい時代には国際機構を生む合意は生まれにくい．

●**グローバル公共政策の立案の場**　多くの国際機構や会議体がグローバル公共政策を立案する場となってきた．G7/G8 サミットは常設事務局をおかないため国際機構と分類されないものの，会議体として 1975 年以来先進国（後に主要国）の経済政策の調整の場であり，石油危機への対応，チョルノービリ（チェルノブイリ）原発事故への懸念の表明，WTO 設立の促進，国連の世界エイズ・結核・マラリア基金の設立の後押し等，グローバル公共政策を推進してきた．しかしサミットの合意は総花的になりがちで，その履行率は分野・国によって大きな差が生じている．

●**地域機構の特性**　主体が特定地域に限定される国際機構を地域機構と呼ぶ．地

域機構による国際公共政策の立案・実施は成功しやすいだろうか．ハース（Haas, E. B.）を旗手とする新機能主義は，三つの過程を経て国民国家が高次の政治共同体へと統合されると考えた．①波及過程：学習過程を経て分野Aから分野Bへの統合が進むという，自動的なスピルオーバー（波及効果）仮説を柱としていた．②非政治分野から政治的分野に統合が次第に深化する政治化過程，③官民問わず種々の利害対立を解消する，紛争解消過程である（Haas 1961）．しかし欧州共同体（EC）の統合が長い時間をかけながら進んだにもかかわらず，他の地域機構が1970年代には停滞していた現実をもとに，当時新機能主義の理論的限界が提示された（ハース 1984）．

● **EU の統合史と政策実施**　地域機構の中で最も成功した EU の統合の道程も，順風満帆ではなかった．1954年には欧州防衛共同体（EDC）が頓挫した．1970年に提案された共通通貨構想（ウェルナープラン）は1980年を共通通貨の目標としていたが翌年には早々に頓挫してしまう（鴨 1985）．現実にユーロが導入されるのはマーストリヒト条約を経た1999年（現金流通は2002年）を待たねばならない．第一次石油危機により，総エネルギー需要の63％という高い中東依存度を背景に共通エネルギー政策が期待されたときも，失敗に帰した（鴨 1985）．こうした政策統合の停滞とは裏腹に，共通農業政策（CAP）をはじめ着実に政策統合が進んだ分野がみられ，1992年のマーストリヒト条約により翌年に欧州連合（EU）が発足し，そのもとで共通外交・安全保障政策（CFSP）も進んだ．2000年代には欧州憲法条約の批准拒否を経てリスボン条約が成立し，EU理事会は全会一致でなく特定多数決となり，またEU大統領の地位を設けた．その成功とは，主権国家との関係において主権の一部を権限移譲し，欧州中央銀行の強さ，直接選挙である欧州議会の継続性，シェンゲン協定による国境管理の撤廃といった着実な政策実行に裏付けされている．そしてブリュッセルにある欧州委員会の官僚制が各国の民主主義の枠外にあるという「民主主義の赤字」の懸念を生むこととなった．

● **国際機構の劣化と硬化**　世界で最も成功した多国間軍事同盟であるNATOは，事務総長をトップとする事務局だけでなく，軍事委員会のもとで戦略級司令部のような独自の指揮組織を有する（広瀬編著 2023）．1990年代に欧州各地で予防外交を成功させた欧州安保協力機構（OSCE）は，民主制度・人権事務所，少数民族高等弁務官，メディアの自由代表等の動きやすい組織をもつ．

　しかし，いかなる制度も永遠ではない．国際制度もそれを支える諸国の意思と乖離が広まれば，たとえ高尚な規範の実現を目標に掲げようとも制度は機能不全に陥り，制度が硬化する．現実にあわせて目標を下げると制度の意義は減少し，劣化する可能性がある（宮脇 2021）．この制度の劣化と硬化のジレンマから脱出するには，主権国家の政治的連帯が欠かせないが，国際公益よりも国益が政治的に優先すると連帯は難しい． 　　　　　　　　　　　　　　　［宮脇 昇］

政府開発援助

　各国政府や国際機関，NGO や民間企業はしばしば他国の政府や民間団体に対して経済的，軍事的，あるいは人的援助を行う．これら対外援助のうち，各国政府が開発途上国の開発や民生の向上を目的として行う援助のことを政府開発援助（Official Development Assistance：ODA）という．ODA はその形態から，二国間援助と国際機関等への出資・拠出による多国間援助に分けられる．二国間援助は，技術協力，有償資金協力，無償資金協力，あるいはボランティア派遣などの方法で実施される．

●ODA の歴史と日本　現在の ODA の原型となったのは，アメリカによる欧州復興計画，いわゆるマーシャル・プランである．マーシャル・プランはヨーロッパ全域を対象としていた．しかし，ソ連はマーシャル・プランへの参加を拒否するだけでなく，東欧諸国にも参加しないよう圧力をかけた．アメリカでも，議会承認を得る際，ヨーロッパ諸国の経済復興が共産主義拡大抑制に資する点が強調された．他の多くの国も，人道目的のみならず，市場拡大や資源確保などの経済目的，政治外交目的を念頭に ODA を実施している．ODA は国益と無関係ではいられない．

　先進国と発展途上国間の経済格差が深刻化する中で，南北格差緩和が国際的な課題とみなされるようになった．1960 年に開発援助グループが設立され，1961年に開発援助委員会（Development Assistance Committee：DAC）に改組された．また，1961 年に国連総会は 1960 年代を国連開発の 10 年と宣言し，国連貿易開発会議，国連開発計画，アジア開発銀行など開発・援助に関する国連関係諸機関が整備された．国際的に途上国援助が本格的に実施されるようになっていった．

　日本は第二次世界大戦後，アメリカが占領地に与えたガリオア・エロア資金を受けている．また，世界銀行から有償資金援助を受けてインフラ整備を行った．経済復興とともに，日本も開発途上国支援に乗り出すようになっていった．1963年には DAC に参加し，1964 年には経済協力開発機構（OECD）に加盟した．高度経済成長を続ける中で，日本の ODA 拠出額は増加していった．日米経済摩擦が激化し国際的に「黒字還流」を求める声が高まると，日本は ODA 拠出額をさらに増加させ，1989 年にアメリカを抜いて世界最大の援助国となった．

　日本の ODA に対して国内外から「理念なき援助」との批判がしばしばなされた．湾岸戦争を機に，日本国内で国際貢献のあり方をめぐる議論が盛んに行われるようになった．1992 年，政府開発援助大綱（ODA 大綱）が閣議決定され，日本

の ODA に関する基本方針が定められた．大綱では，基本理念として人道的考慮，相互依存性の認識，環境保全，自助努力の支援が掲げられた．また，実施に際し，開発と環境の両立，平和的用途，受け入れ国の軍事面に対する注意，途上国の民主化促進の 4 原則を踏まえることが規定された．

● **ODA と国益**　グローバル化の急速な進展を受けて新たな開発課題への対応が急務となる中で，2003 年に ODA 大綱は改定された．新大綱では，国益重視が明記された点が注目に値する．既述の通り，どの国も国益と無関係に ODA を実施することは考えにくい．日本も，冷戦期，西側諸国の安全に貢献すべく「戦略援助」を行ったとの指摘もある．それでも，日本では援助と「国益」の関係に直接触れることが避けられる傾向があった．しかし，バブル経済崩壊後の長引く経済停滞の中で，ODA に対する国民の見方は否定的なものとなっていった．ODA 予算は 1998 年から減少の一途を辿り，2001 年に日本はトップドナーの地位をアメリカに譲った．そんな中，国益のため積極的に ODA を活用すべきとの声が高まった．

　2003 年大綱では，「人間の安全保障」重視も基本方針のひとつとして掲げられた．小渕恵三政権以降，「人間の安全保障」は日本外交のひとつの柱に据えられてきた．ODA の基本方針にも「人間の安全保障」重視を明記し，「人間の安全保障」分野において国際社会をリードしていく姿勢を明瞭に示した．

　日本を取り巻く安全保障環境が厳しさを増す中で，2013 年，国家安全保障戦略が策定された．これを受けて，関連政策である ODA についても，大綱を改定し開発協力大綱を 2015 年に閣議決定した．ODA 大綱から開発協力大綱へと名称変更をした背景には，DAC が定める ODA 対象国以外の国に対しても協力を行うことを含意している．また，狭義の開発だけでなく，平和構築・統治能力の強化・基本的人権の推進・人道支援なども「開発協力」に含まれている．2003 年大綱よりも，さらに戦略的・効果的な ODA 実施がうたわれている点も特徴的である．

　2020 年代に入り，新型コロナウイルス感染症の発生やロシアによるウクライナ侵攻など国際情勢が大きく変化する中，2022 年末に国家安全保障戦略が改定された．それに伴い 2023 年に開発協力大綱が改定された．そこでは，国際社会が複合的危機に直面する中で，日本外交の最重要ツールである ODA をさらに戦略的に活用する必要性が強調された．日本を取り巻く国際環境が厳しさを増し，また日本の相対的国力が低下する中で，ODA を国益のために有効に活用すべきという考え方は強まりつつある．しかし，あまりに国益が前面に出すぎると，ODA が政治化，安全保障化されてしまう．ODA 利用の目的を安易に拡大するのではなく，ODA の特質を踏まえつつ，いかに ODA を用いるべきなのかを検討することが肝要であろう．　　　　　　　　　　　　　　　　　　　　　　[足立研幾]

📖 **さらに詳しく知るための文献**
下村恭民 2022.『最大ドナー日本の登場とその後』東京大学出版会.

非政府組織

　NGO とは，Non-governmental Organization（非政府組織）の略称で，もともとは国際連合憲章第 71 条で用いられた言葉である．同条は，経済社会理事会が「その権限内にある事項に関係ある NGO と協議をするために，適当な取り決めを行うことができる」と定めている．非営利組織（Nonprofit Organization：NPO）も類似した概念であるが，NPO と比べ，NGO は政府や国際機関とは違う立場で国際的な問題に取り組む団体のことを指すことが多い．とはいえ，NGO も NPO も，非政府，非営利の市民社会団体である．両者とも国内外を問わず社会問題に取り組む団体が少なくなく，その差はあまりない．

●**国際公共政策過程における NGO**　国家中心のものの見方では捨象され問題視されなかった問題を，NGO が取り上げ国際問題化することがしばしばある．こうした先駆けは，「戦地軍隊に於ける傷者の状態改善に関するジュネーブ条約」の採択に貢献した赤十字国際委員会であろう．冷戦期にも，人権問題に取り組むNGO であるアムネスティ・インターナショナルによる訴えを受けて，1984 年に拷問禁止条約が採択されるなどした．グローバル化の進展とそれを支える通信・情報技術の目覚ましい進歩もあって，国際的に活躍する NGO の数が増加し，それら NGO の情報収集・発信能力が大きく向上した．

　冷戦が終焉すると，国際社会に対するその影響力も向上した．その結果，NGO の訴えを受けて，人道問題や地球環境問題などが国際会議等で議題に設定されることが増加した．国際交渉過程に NGO が積極的に関与することも増えた．対人地雷禁止条約形成過程はこうした例である．地雷禁止国際キャンペーンは，カナダ政府などと協働し，対人地雷全廃に賛同する国のみによる条約形成交渉プロセスを立ち上げた．例外・留保条件のない対人地雷禁止条約形成に貢献し，条約形成後も各国の履行状況を監視するなど，地雷問題において重要な役割を果たし続けている（足立 2004）．同様の国際交渉プロセスは，クラスター弾条約形成過程などにおいても成果を上げている．

　NGO の役割拡大は政策実施過程でも見受けられる．例えば，武器回収などの活動の多くが NGO に委託されている．これは，他国や国際機関ではなく NGO が実施することで，内政干渉に対する現地の抵抗感を和らげている側面がある．世界銀行の援助プロジェクトも，多くが NGO に委託されている．現地事情に精通した NGO が活動することで，各国，各地域の事情に即した活動が可能となる面がある．

グローバル化が加速する中で，一国では解決することが困難な問題が頻発し，その深刻度も増すようになった．国境にとらわれないで活動できる NGO への期待が高まりつつあるゆえんである．環境破壊や資源枯渇に繋がる活動を実際に行っているのは企業や個人である．それ故，国家間条約などだけではそうした活動を規制できない場合が少なくない．そうした中で，NGO が国家に頼らずに自ら国際問題解決に向けてイニシアティブを発揮することも増えてきた．望ましい製品・商品に認証マークを付ける活動を通して，環境破壊などを行う企業を淘汰しようとする活動はそうした例である．

● **NGO 活動の課題**　NGO の活動については，積極的に評価するものが多い．その一方で課題・問題も少なくない．そのひとつとして，NGO には，地域面においても，問題領域面においても偏りが存在することが挙げられる．国際的に活動する NGO の多くは先進国，とりわけ欧米に本拠を置くものである．発展途上国に拠点を置く NGO も多く存在するが，それらには，欧米出自のものや欧米から資金援助を受けているものが少なくない．発展途上国で活動する NGO を，欧米諸国の有する価値観を途上国に押し付けようとするものとして批判する声も存在する．

NGO が取り上げる問題自体にも偏りが存在する．欧米諸国の NGO が関心を有する問題や世論に訴えかけやすい問題が取り上げられやすい傾向がある．NGO の多くが，その活動資金を募金や寄付に頼っているため，寄付や募金を集めやすい問題をシンボリックな形で取り上げがちという批判もある．NGO が国家や企業などとグローバルな問題解決に向けて協働していることは事実である．しかし，中には協働しているというよりも，各国政府や企業が NGO を単なる経費削減手段として利用しているといったほうが適切な場合もある．あるいは，各国政府や企業が，NGO と協働することで自らの政策や行動の正当性を高めようとしているにすぎない場合も見受けられる．

グローバル化が進展する中で，国家のみでは十分に対応できない問題が増加しつつある．それだけに，国境にとらわれることなく活動可能な NGO が，国際公共政策に関与することへの期待も大きい．現在国際的に活動する NGO が抱える課題を，いかにすれば克服できるのかを検討することは重要である．市民社会組織ゆえの良さを生かしつつ，NGO が国際公共政策過程に対しどのように貢献できるのかを考察することの意義は，かつてなく高まっている．　　　［足立研幾］

📖**さらに詳しく知るための文献**
毛利聡子 2011．『NGO から見る国際関係』法律文化社．

平和活動

　平和活動は，紛争を予防，管理，解決するための国際的な取組みを指す用語である．日本では国連 PKO（国際連合平和維持活動）といった方が知名度は高いが，これは平和活動の一形態であり，完全に同じものではない．本項目では，平和活動を，統合，強制・強靱，協働の三つの展開から紐解く．

●国連平和維持活動の誕生　国連 PKO は，紛争後，あるいはその発生可能性のある地域で，平和プロセスを監視・支援する「平和維持」のために展開する平和活動である．国連安全保障理事会の授権によって設置される国連 PKO は，要員が国連旗の青いヘルメット・帽子をかぶる伝統から，通称ブルーヘルメットとしても知られる．誕生当初の 1950 年代に，主に国家間の停戦監視を目的に，対立する両軍の兵力を引き離す緩衝地帯を設ける形で設置され，各国から派遣された軽武装の軍隊によって構成された．こうして紛争当事者の合意に基づき，中立・公平の立場から自衛に限定した武力行使権限の三原則を持つ国連 PKO が始まった．

●冷戦後の国連平和維持活動の任務の拡大　対立勢力間の停戦監視・兵力分離から始まった国連 PKO だったが，冷戦終結前後より，その任務を拡大したミッションが現れる．停戦監視等に加えて，（武装勢力の）武装解除と兵力の動員解除，警察組織の監督と支援，行政組織の管理・確立，人権状況の向上，難民・避難民の帰還促進，選挙の実施，さらに人道支援や復興支援まで手掛けるようになったのである．典型的には内戦状態にあった国で，対峙する武装勢力・政府軍等の停戦を監視しながら持続的な平和の構築にあたる．1992 年のブトロス=ガリ（Boutros-Ghali, B.）国連事務総長が提出した「平和への課題（An Agenda for Peace）」で「紛争後の平和構築」とされた任務である．平和構築を担う国連 PKO は，各国軍隊のみならず警察，行政職員などの文民専門家，人権監視員などをも要員に地域の復興・建設を担う複合・多機能ミッションとなった．

●平和執行（強制）の失敗と挫折　紛争当事者が停戦に合意しても，時に違反行為は発生するし，和平プロセスそれ自体を破壊しようとする勢力も存在する．「平和への課題」は，これら和平の妨害者を排除・抑止するために重武装とその使用権限を持つ平和執行部隊の設置も提言した．国連 PKO 自身が紛争当事者となるこの試みは，ソマリアなどで PKO 要員に多くの犠牲者が出て失敗に終わり，ガリは 1995 年に「平和への課題：追補」を発表して，平和強制は国連 PKO の手に余ると指摘した．ルワンダなどで国連 PKO が展開しながらジェノサイドの発生を許した国連と PKO の威信は傷つき，21 世紀にかけて停滞した．

2 外交政策

●**国連 PKO の強靭化・統合化**　21 世紀に入ると，収まらない内戦と人道危機，9.11 以降の破綻国家の立て直し要請（国際テロ対策）の中で，国連 PKO の再生が進んだ．それは 2000 年にブラヒミ（Brahimi, L.）を座長に据えた国連平和活動特別パネルが提示した報告書，「ブラヒミ・レポート」に基礎を置く．同レポートは国連 PKO 三原則の解釈を，主要な紛争当事者の合意にもとづき，任務を踏まえて不偏的立場から任務に忠実な公平性に基づく武力行使へと拡大したことで知られる（傍点部筆者）．非人道的状況が蔓延し，維持すべき平和がそもそもない状況下で国連 PKO が展開するにあたり，実効的に文民の保護を行うことを射程に解釈を拡大したのである．これが後に，紛争地域等で平和構築に取り組みつつ，抑制的ながらも任務遂行に求められる場合には躊躇なく武力を用いる「強靭な（robust）PKO」の基盤を提供する．同時に，紛争要因の根本解決に向けて包括的に取り組むことを求めた同レポートは，21 世紀以降，持続可能な平和の構築に国連が丸抱えで取り組むために，大規模かつ国連の他の機関の活動も国連 PKO トップのリーダーシップのもとに置かれる統合ミッションの展開の道をも開いた．

●**平和活動の協働化**　ここまで見てきたように国連は，国連 PKO という形で平和活動を生み出し，発展させてきた．伝統的に国連 PKO は，展開地域に利害の薄い国々が担う形で展開したが，発展の過程で，周辺の国々や域内大国，地域機構などが主導するようになってきた．例えば西欧諸国は，ソ連崩壊後の東欧や旧植民地地域では平和維持や警察支援，選挙監視などに取り組んだ．大洋州地域では，オーストラリアが主導する平和活動が展開してきた．アフリカでは，アフリカ連合（AU）や西アフリカ経済共同体（ECOWAS）が平和活動の枠組みを設置し，東アフリカでは地域の経済共同体（政府間開発機構，IGAD）主導で平和活動が進められた．これら国連が統括しない形で，多種多様な平和活動がとくに 21 世紀に入って以降，各地で活発化してきた．現在ではこうした平和活動と国連 PKO との協力が一般化し，共同で展開したり相互に活動を引き継ぐ，平和活動における協働と協調が特徴となっている．

●**日本の国際平和協力**　日本はこれら平和活動に対し，その活動資金の主要な拠出国であるとともに，国際平和協力法を制定した 1990 年代からは「停戦合意」「紛争当事者の受入同意」「活動の中立性」「状況変化に伴う部隊の撤収」「最小限の武器使用」の 5 原則に基づいて参加してきた．2015 年の平和安全法制により国連以外の平和活動への参加の道も開かれたが，強靭化に向かう平和活動への参加のハードルは国内政治上高く，2010 年代以降，関与は停滞している．　［本多倫彬］

📖**さらに詳しく知るための文献**

山下 光 2022.『国際平和協力』創元社.

篠田英朗 2021.『パートナーシップ国際平和活動』勁草書房.

経済制裁

　経済制裁は国際ルール違反行為を行った国や個人に行動の変化を促す目的で経済的損失を与える措置を指す．外交・安全保障上の目的を物理的破壊力が大きい軍事力に頼らずに達成する狙いをもち特に米国政府は近年多用傾向にある．主な制裁は貿易制裁と金融制裁に分かれ，貿易制裁については兵器や技術，石油・天然ガスなどが禁輸・規制対象となる．金融制裁は資産の凍結，ドルの使用を禁じるなど金融サービスの提供拒否である．国家単独による制裁と先進国（G7）や欧州連合（EU）などの国家グループ，国連安全保障理事会が科す制裁がある．制裁理由は，他国への侵攻，虐殺，核・化学・生物兵器など大量破壊兵器や弾道ミサイルの開発，テロ行為およびその支援，著しい人権違反，民主化運動の弾圧，麻薬犯罪などに広がっている．

●**経済制裁の進化**　経済制裁は，ペロポネソス戦争（紀元前5世紀）で始まったとされ，有名なのはナポレオン（Napoleon）の大陸封鎖，第二次世界大戦期の対日石油制裁，冷戦時代の対共産圏輸出統制委員会（ココム）の規制，南アフリカのアパルトヘイト（人種隔離）政策への制裁，米国の対キューバ，対イラン制裁，湾岸危機・戦争の対イラク制裁などがある．これらはモノの輸出入を止める貿易制裁だったが，物品の輸出入は国境や海上での密貿易が容易であり効果は十分上がらなかった．国連安保理から制裁を科されたイラクのフセイン（Hussein, S.）政権が大量破壊兵器査察の完全受け入れなど行動の変化に踏み切らなかったのが一例である．北朝鮮も制裁にもかかわらず核・ミサイル実験を繰り返した．

　経済制裁の実行には大きな経済力や積極的に国際事案に介入する意志が必要で米国が主体となるものが多い．2001年に9・11テロが起きると，米国は国家でないテロ組織アルカイダを相手に貿易制裁は実効性がないとの理由から，米国の金融サービスの利用，具体的にはドルの使用を禁じてテロ資金の封じ込めを図る金融制裁を本格的に始めた．2006年には北朝鮮の偽札製造に関わり金正日総書記の私財を管理したマカオの銀行に金融制裁を科した．さらにこの頃からイランの核開発計画を止める目的でドルの使用を禁じる措置を科した．金融制裁はイランが核凍結合意JCPOAに応じるなど一定の成果を上げた．その後のロシアのクリミア併合（2014年）に対する制裁，トランプ（Trump, D.）米政権が復活したイラン制裁，中国の香港弾圧や新疆ウイグル地区の人権侵害に対する制裁，シリアのアサド（al-Assad, B.）政権への制裁などはいずれも金融制裁が中心となっている．

　米国の金融制裁への傾斜は，国連安保理制裁の役割を低下させた．制裁はでき

るだけ多くの国が参加することで効果が高まる．だが安保理は米国とロシア・中国の対立で決議を採択できず，また米国はドルという基軸通貨の利用を止めることで単独でありながらも世界全体に影響を及ぼす広範囲な制裁発動が可能となった．金融制裁は米国法に基づく措置だが被制裁国・個人に金融サービスを提供した第3国金融機関も制裁対象とするといった域外適用効果をもつ．中国とイランの貿易に関係した欧州の銀行が，米国から制裁違反を指摘され巨額の罰金を支払わされた例もあり，世界の金融機関は米国の制裁に協力している．

　イラク戦争やアフガニスタン戦争の長期化から米国民は軍事介入を嫌いオバマ（Obama, B.）政権以降，非軍事手段である経済制裁，特に金融制裁の比重が増した．同時に金融制裁を司る財務省の外交・安全保障政策における役割が飛躍的に拡大した．中国やロシアも貿易制裁を科している．日本は安保理やG7など国際的枠組みによる制裁に参加しているが，北朝鮮に対しては単独制裁も科した．

●**ウクライナ戦争と制裁**　2022年に始まったウクライナ戦争で，バイデン（Biden, J.）米大統領は「前例のない制裁を科す」と宣言し，EUや日本と協調して①金融制裁（ロシアの対外資産凍結とロシアの金融機関を金融決済サービスの国際銀行間通信協会〔SWIFT〕やドル・ネットワークから除外），②エネルギー・鉱物制裁（ロシアの石油・天然ガス，ダイアモンドの輸出を規制），③ハイテク制裁（軍事転用可能な半導体など高度技術の輸出禁止），④個人制裁（政権幹部や政商の渡航禁止，資産の凍結）を開始した．

　だがロシアの戦費を賄うエネルギーを西欧に代わって中国，インドが大量に購入したほか，制裁参加国も先進国を中心に45か国・地域に限られ，グローバル・サウスの国々はロシアとの貿易を続けるなど効果は限定的となった．また開戦前からプーチン（Putin, V.）大統領は米国債の大量売却などドル資産の大幅な縮小，人民元取引の拡大，SWIFTに代わる独自の銀行間通信サービスの創設などの対抗策を始めており，制裁効果を減じた．米国など制裁発動側も油価の高騰などによる自国経済への打撃，世界経済の混乱を恐れて，ロシアの継戦能力を消滅させるほどの厳しい制裁には踏み切れていない．

●**経済制裁への批判**　目的とする被制裁国の行動変容が実現しないという点が批判の大きなものだ．ほかに①被制裁国が助け合い被制裁国の反米ブロックと制裁実行主体の米国中心のブロックができ世界を分断する，②被制裁国の市民生活を破壊する，③人権軽視や民主化後退など制裁理由にイデオロギー色が入り制裁が半永久化するとの批判も出ている．ロシアや中国は金融制裁回避を目的にドル依存を下げており，基軸通貨ドルの優位性が損なわれるとも指摘されている．　［杉田弘毅］

📖**さらに詳しく知るための文献**
杉田弘毅 2020.『アメリカの制裁外交』岩波新書.
McDowell, D. 2022. *Bucking the Buck*. Oxford University Press.

核政策

　日本の核政策は，核政策の四本柱，三つの環境要因，二つのジレンマによって特徴づけられているといえるだろう．

　核政策の四本柱とは，非核三原則，核廃絶・核軍縮，米国の核抑止力への依存，核エネルギーの平和利用で，1968年に当時の佐藤栄作首相が国会での施政方針演説において表明した．この四本柱は，現在においても概ね維持されている．

　日本の核政策を規定する三つの環境要因は，広島・長崎・第五福竜丸事件などにより形成された「唯一の被爆国」としてのアイデンティティ，中国，北朝鮮，ロシアという三つの核保有国を抱える東アジアの厳しい戦略環境，そして国産資源が乏しい中でのエネルギーの安定供給確保というエネルギー安全保障上の要請である．

　二つのジレンマとは，第一が，国際的な核不拡散体制の優等生と自ら位置づけた核不拡散へのコミットメントと，核燃料サイクルを推進するうえで生じる核拡散上の懸念の間のジレンマである．第二は，核軍縮を推進し「核兵器なき世界」の実現を掲げつつ，自国の安全保障において日米同盟をその中核に据え，米国の拡大核抑止に依存していることである．

●原子力の平和的利用と不拡散　日本では，戦後しばらく連合国司令部（GHQ）の命令により原子力研究が禁止されてきた．しかし1953年に米国のアイゼンハワー（Eisenhower, D.）大統領が「平和のための原子力（Atoms for Peace）」演説を行い，原子力に関わる国際協力が進むと日本でも原子力利用の機運が高まった．1955年に原子力基本法が制定，原子力委員会が設置され，原子力の活用が開始された．1966年に最初の商業炉が運転を開始して以降，原子力発電は拡大し，2011年の東日本大震災に伴う東京電力福島第一原子力発電所の事故以前には，55基の原子炉が稼働していた．

　日本を太平洋戦争に駆り立てた要因の一つに資源の調達があり，1970年代には中東情勢の不安定化などによって2度のエネルギー危機を経験する中で，自前のエネルギー確保という観点から核燃料サイクル計画が推進された．日本では核燃料の原料となるウランは産出されないが，使用済みのウラン燃料を再処理してプルトニウムを取り出し，それを燃料製造に再利用し，さらにその使用済み燃料を再処理するというサイクルを繰り返すことで，「準国産」のエネルギー源を確保することができるとされた．しかし，高速増殖炉「もんじゅ」計画の中止もあって核燃料サイクル計画は想定通りに進まず，再処理によって製造されたプルトニウムが蓄積されていく状況は，国内外で核保有の懸念を高めることになった．

日本は，国際原子力機関（IAEA）の保障措置（平和目的の核物質や原子力活動が軍事目的に転用されないかどうかを監視・検認する措置）を積極的に受け入れ，IAEAにより強い権限を付与し浸透的な検認を可能にする包括的保障措置協定追加議定書に真っ先に署名するなど，核保有疑念の払しょくに努めてきた．また，核不拡散上重要な措置である原子力関連資機材の輸出管理では，原子力供給国グループ（NSG）のコンタクト・ポイントを務めるなど積極的な役割を果たしている．

●**安全保障における拡大核抑止と核軍縮**　近年中国や北朝鮮が急速に核戦力を増強し，また東アジアの安全保障環境が悪化する中，日米同盟の下での米国による拡大核抑止は日本の安全保障政策の中核に位置づけられ，その重要性は高まっている．

抑止とは，もし敵が攻撃的行動に出た場合，相応の反撃を行い相手に対して耐え難い損害を与える能力と意思があることを相手に認識させ，攻撃的行動に出ることを思いとどまらせることである．日米同盟の中で米国は，日本に対し他国が攻撃的行動に出るようなことがあれば，それを自国に対する攻撃とみなして集団的自衛権を行使し，核兵器を含むあらゆる手段によって報復する意思を明確にしている．これにより他国は日本に対して攻撃的行動を取らない．これがいわゆる「核の傘」といわれる，拡大核抑止のアレンジメントである．

言うまでもなく，同盟のコミットメントは核抑止の部分にとどまるものではない．双務的に日米両国がそれぞれに役割を果たしながら役割分担・協力を強化することによって，両国の安全や地域安全保障環境の安定化に貢献することが重要であり，そのような役割分担・協力が，拡大核抑止の信憑性をさらに向上させる．

日本の安全保障にとって米国の拡大核抑止が不可欠である一方，広島と長崎に原子爆弾を投下され，唯一の「戦争被爆国」となった日本は，核を「持たず，作らず，持ち込ませず」という非核三原則（1968年に国会で決議）を掲げ，核軍縮の促進を重視する．1968年に成立した核兵器不拡散条約（NPT）への署名・批准については，中国の核保有（1964年）などから自らの安全保障政策を縛ることに対し国内には懸念もあったが，1970年の発効直前に署名，1976年に批准した．NPTは，核不拡散の義務，原子力の平和的利用の奪いえない権利，そして核軍縮の誠実交渉義務を三本柱に据える．核兵器の拡散を防止し，核の脅威を低減するための国際的協調を維持するうえでNPTは重要であり，核実験の禁止に関する包括的核実験禁止条約（CTBT）およびIAEAとあわせ，日本はNPTを軍縮・不拡散外交の柱に据える．

2021年に発効した核兵器禁止条約（TPNW）に関しては，「核兵器のない世界」を目指すという目標はTPNW共有するものの，保有，使用はもとより，核兵器に係るあらゆる活動を禁止しているため，拡大核抑止を安全保障政策の中核に置く日本は，これに参加していない．　　　　　　　　　　　　　　　　　　　　　［秋山信将］

📖**さらに詳しく知るための文献**
武田　悠 2018.『日本の原子力外交』中央公論新社．
秋山信将 2020. 原子力・核問題．筒井清忠編『昭和史講義』戦後編 下．ちくま新書．

治安法制

　治安とは，「国家の統治が安泰に遂行され，公共の安寧秩序が保持されている状態」とされ（法令用語辞典〔第 10 次改訂版〕），治安立法とは，「広い意味のそれは，刑法をはじめ社会の秩序と治安を維持するための一切を含むが，普通用いられる狭義の概念では，体制変革の運動だけでなく，思想やその表現をも権力的に取り締まるための特殊立法を指す」とされる（新法律学辞典〔第三版〕）．このように，治安法制は戦前の治安維持法のように国家が国民を支配するための法制として理解されることが多く，今日でも，破壊活動防止法，ハイジャック防止法，オウム新法等のテロ対策法制を意味するものとして理解されることがある．他方で，成熟した民主主義社会においても，国民の安全を確保することは国家の国民に対する重要な義務のひとつである．

●**警察法**　行政法学上，「警察」とは，「社会公共の秩序を維持するために，一般的統治権に基づき，人民に命令強制し，その自然の自由を制限する行政作用」を指すものとされ（法令用語辞典），行政法学上の警察法は，いわゆる取締法規全般を指す．これに対し，実定法としての警察法（昭和二十九年法律第百六十二号）は，警察の組織を定める行政組織法のひとつである．

　実定法としての警察法は，職務執行を行うのは基本的に都道府県警察とし，国の警察たる警察庁は主として国の制度の企画や都道府県警察間の調整を行う機関である（例外として，一定のサイバー犯罪を直接に捜査するサイバー犯罪特別捜査部が警察庁の付属機関である関東管区警察局に設置されている）．また，警察の政治的中立性を保つため，独立行政委員会のひとつである公安委員会制度が導入され，警察庁は国家公安委員会に，都道府県警察は都道府県公安委員会によって管理されるという，世界的にも珍しい制度を採っている．

●**国民の安全を守るための法令**　21 世紀を迎える頃に，日本の治安情勢が急速に悪化したこと，犯罪被害者の深刻な実情が明らかにされてきたこと，警察が国民の生命，身体を守ることに失敗した事例が立て続けに生じたことなどを原因として，犯罪が生じた後の事後処罰よりも犯罪の未然防止によって国民の安全を守ることを求める国民世論が高まり，犯罪を未然防止する法令が次々に制定された．1999 年の児童買春・児童ポルノ禁止法，不正アクセス禁止法，2000 年のストーカー規制法，児童虐待防止法，2001 年の配偶者暴力防止法，2003 年の特殊開錠用具所持禁止法などがそれである．

　犯罪を未然防止する方法として，犯罪学は，犯罪原因を除去して犯罪者を生ま

ないようにする「発達的犯罪予防」と犯罪者に犯罪機会を与えないよう生活環境を整備する「状況的犯罪予防」を提案している．発達的犯罪予防の主たる政策は少年非行防止であり，警察による補導活動だけでなく，家庭，学校，地域社会における青少年の健全育成が重要である．また，状況的犯罪予防の政策は，街路灯の普及や駐車場・駐輪場の防犯対策，防犯ボランティア活動の支援などの犯罪の起きにくい街づくりなどが中心となり，いずれも警察以外の行政機関，さらには国の機関よりも自治体の役割が大きくなった．

そこで，2002年大阪府において，状況的犯罪予防の施策を推進するための枠組みを定める生活安全条例が初めて制定され，その後全国の自治体に広まり，都道府県や市町村にも生活安全課等の部署が設置された．発達的犯罪予防に関しては，かねてより全国の自治体で，いわゆる青少年健全育成条例が制定されてきたが，この時期さまざまな改正による強化が図られている．

また，国では，2003年に，内閣総理大臣を長とし全閣僚を構成員とする「犯罪対策閣僚会議」が設置され，同年政府の中長期の総合対策である「犯罪に強い社会の実現のための行動計画」が策定され，政府全体で犯罪対策に取り組むこととなった．同会議は，その後今日まで合計4回にわたり行動計画を策定している．

●**社会安全政策論**　戦後日本では，長らく国家からの国民の自由が重視され，治安法制は国家による国民支配の手段とみなされることが少なくなかったが（国家と国民の二面的関係），今日の成熟した民主主義社会では，国家権力の行使の行き過ぎに配意しつつも，国家等の政府機関の対策が過少となって保護されるべき国民の安全が守られない事態とならないよう適切な治安対策が求められることとなる（国家と国民の三面的関係）．

そこで，主権者国民自身が，治安対策によって得られる安全の利益と，これによって制限される自由や財政上の負担等の均衡を考慮して，適切な治安対策を判断するための理論枠組みとして，「社会安全政策論」が提唱されている．治安法制を，従来の刑事法学，行政法学の観点からだけでなく，公共政策学的な観点から検討しようとするものである．伝統的な刑事政策とは異なり，国だけでなく自治体の役割を重視する点，広義の公法の作用だけでなく市場や地域社会における民間活動をも重視する点が，社会安全政策論の特徴といえる．　　　　　　［四方　光］

📖**さらに詳しく知るための文献**
警察制度研究会編 2004．『警察法解説』全訂版．東京法令出版．
田村正博 2022．『警察行政法解説』全訂第3版．東京法令出版．
警察政策学会編 2018．『社会安全政策論』立花書房．

組織犯罪

　組織犯罪とは，一般に「犯罪を効率的に遂行することを目的として，分業と協力とを手段とする組織による犯罪形態」とされる（デジタル大辞泉）.

　組織犯罪対策は，一方では国内の暴力団対策として，他方では国際社会と協力した国際組織犯罪対策として，経済界をも巻き込んだ政策として進められた.

●暴力団　暴力団は，江戸時代の博徒，的屋等を源流とするとされ，戦後の混乱期に興隆した愚連隊を加え勢力を拡大した（暴力団対策法研究会編 1992）.

　暴力団の意義については，暴力団対策法第2条第2号は，「その団体の構成員（その団体の構成団体の構成員を含む.）が集団的に又は常習的に暴力的不法行為等を行うことを助長するおそれがある団体をいう.」と定義している. さらに同法第3条は，同法の各種規制の対象となる指定暴力団の要件として，①生計の維持，財産の形成又は事業の遂行のための資金を得るため，暴力団の威力をその暴力団員に利用させることを実質上の目的とすること，②暴力団の全暴力団員の人数のうちに占める犯罪経歴保有者の人数の比率等が一定以上であること，③暴力団の代表者等の統制の下に階層的に構成されている団体であることを挙げている.

　1993年に制定された暴力団対策法は，指定暴力団という団体に着目して，刑法等の罰則規定では検挙が難しい暴力的要求行為等を取り締まる行政作用法である.

●反社会的勢力　暴力団は，かねてより総会屋等の活動を通じて経済界と一定の関わりをもっていたが，バブル経済期に結びつきを一層強めたとされる. バブル経済崩壊後，経済界において反社会的勢力との決別に向けた動きが展開された.

　「反社会的勢力」という言葉を最初に公に用いたのは，日本経済団体連合会の「企業行動憲章」（1996年改訂版）であろう. 同憲章は，「市民社会の秩序や安全に脅威を与える反社会的勢力および団体とは断固として対決する」と明記する.

　政府は，「企業が反社会的勢力による被害を防止するための指針について」（2007年6月19日，犯罪対策閣僚会議幹事会申合せ）を定め，「反社会的勢力」とは，「暴力，威力と詐欺の手法を駆使して経済的利益を追求する集団又は個人である」と定義し，具体的には，「暴力団，暴力団関係企業，総会屋，社会運動標ぼうゴロ，政治活動標ぼうゴロ，特殊知能暴力集団等」であるとするとともに，「暴力的な要求行為，法的な責任を超えた不当な要求といった行為要件にも着目することが重要である」としている. 暴力団排除条例は，2009年に福岡県で初めて制定され，その後2011年までに全都道府県で制定された.

●**国際組織犯罪対策条約**　国際組織犯罪については，まずは薬物の密輸入組織の暗躍と肥大化が問題となり，1988年に麻薬新条約（麻薬及び向精神薬の不正取引の防止に関する国際連合条約）が策定され，マネーロンダリングの犯罪化，犯罪収益の没収など今日の組織犯罪対策の枠組みが国際薬物犯罪対策として基礎付けられた．さらに，薬物に限定されない国際組織犯罪の問題が冷戦終結後の国際社会における重要課題と位置付けられ，2000年に国際組織犯罪対策条約（国際的な組織犯罪の防止に関する国際連合条約）が策定され，マネーロンダリングや犯罪収益の没収の対象が薬物犯罪以外の組織犯罪にも拡張された．

　国際組織犯罪対策条約は，「組織的な犯罪集団」について，「三人以上の者から成る組織された集団であって，一定の期間存在し，かつ，金銭的利益その他の物質的利益を直接又は間接に得るため一又は二以上の重大な犯罪又はこの条約に従って定められる犯罪を行うことを目的として一体として行動するものをいう」と定義する（第2条（a））．同条約の批准に向けて1999年に制定された組織的犯罪処罰法は，「組織的な犯罪」について，同法第3条各号に掲げる組織的に行われやすい犯罪が，団体の活動（団体の意思決定に基づく行為であって，その効果又はこれによる利益が当該団体に帰属するものをいう．）として，当該罪に当たる行為を実行するための組織により行われるものと規定している．また，同法第10条は，マネーロンダリングを，犯罪収益等の取得若しくは処分につき事実を仮装し，又は犯罪収益等を隠匿する行為と規定し，犯罪収益等隠匿罪として10年以下の懲役若しくは500万円以下の罰金に処し，又はこれを併科する旨規定している．

●**マネーロンダリング対策**　OECD加盟国を中心とした国際的なマネーロンダリング対策の推進を目的とする国際的な枠組みである金融活動作業部会（FATF）が1989年のアルシュサミットにおいて設置され，さらに翌1990年には同部会が「40の勧告」を策定して，国際社会におけるマネーロンダリング対策を促進した．

　麻薬新条約に対応する法律として，1991年に麻薬特例法が制定され，薬物犯罪に関するマネーロンダリング対策や疑わしい取引の届出制度が定められた．その後，疑わしい取引の届出制度は，2007年に制定された犯罪収益移転防止法に一括して定められた．疑わしい取引の届出制度とは，金融機関などマネーロンダリングに利用される可能性のある取引を扱う特定事業者に対して，一定の基準を満たしマネーロンダリングである疑いのある取引を，所管行政庁を通じて我が国の資金情報機関（FIU）である国家公安委員会に報告することを義務付ける制度である．　　　　　　　　　　　　　　　　　　　　　　　　　　　　　　　[四方　光]

📖さらに詳しく知るための文献

暴力団対策法研究会編 1992.『暴力団対策法の解説』民事法研究会.

三浦　守ほか 2001.『組織的犯罪対策関連三法の解説』法曹会.

犯罪収益移転防止制度研究会編著 2009.『逐条解説犯罪収益移転防止法』東京法令出版.

サイバー犯罪

　サイバー犯罪とは，インターネット等の情報通信システムを利用した犯罪や，コンピュータや情報処理システム等を対象とした犯罪など，情報技術を利用した犯罪である．警察白書では，サイバー犯罪は「不正アクセス禁止法違反，コンピュータ・電磁的記録対象犯罪，その他犯罪の実行に不可欠な手段として高度情報通信ネットワークを利用する犯罪」とされており，その検挙件数も増加している．サイバー犯罪は，①不正アクセスの禁止法等に関する法律（以下，不正アクセス禁止法）違反，②コンピュータ・電磁的記録対象犯罪，③その他（ネットワーク利用犯罪）に分類される．

●**サイバー犯罪の３つの定義**　不正アクセス禁止法においては，他人のコンピュータへの侵入行為やID/パスワードを窃取する行為を禁止している．2014年には，フィッシング（銀行等の実在する企業を装って電子メールを送り，その企業のウェブサイトに見せかけて作成した偽のウェブサイト（フィッシングサイト）を受信者が閲覧するよう誘導し，当該サイトでクレジットカード番号や識別符号を入力させて金融情報や個人情報を不正に入手する行為）の増加を踏まえ，騙してID/パスワードを入力させるような偽サイトの設置や偽メールの送信についても罰則が設けられた．

　コンピュータ・電磁的記録対象犯罪は，刑法に規定されているコンピュータ又は電磁的記録を対象とした犯罪である．まず，刑法第2編第19章の2により，いわゆるコンピュータウイルス（刑法においては「不正指令電磁的記録」という．）の作成や提供が処罰される．次に，事務処理を誤らせる目的で電子データを不正に作ったり，それを利用させたりした場合も処罰される（刑法第161条の2〔電磁的記録不正作出及び供用〕）．電磁データの破壊（電磁的記録毀棄，刑法第258条・259条），コンピュータに不正な指令を与えて動作を誤らせ業務妨害を行うこと（電子計算機損壊等業務妨害，刑法第234条の2），情報システムを悪用した詐欺（電子計算機利用詐欺，刑法第246条の2），クレジットカードの偽造・不正使用・譲り渡し等（支払用カード電磁的記録不正作出等，刑法第163条の2）も処罰される．

　ネットワーク利用犯罪については，今や社会生活のあらゆる場面でインターネットや情報システムが利用されるようになったことに伴い，詐欺，児童買春・児童ポルノ禁止法違反，わいせつ物頒布等，青少年保護育成条例違反，犯罪収益移転防止法違反，脅迫，ストーカー規制法違反，商標法違反，名誉毀損など多様

な犯罪がネットワーク利用犯罪として検挙されている.

●サイバー脅威の状況と対応　サイバー犯罪者は,経済的利益入手や情報窃取,業務妨害などの目的達成を図るため,常に新たな手法を開発し,巧妙に攻撃を行ってくる.このような脅威に対応するためには,単に法令の適用を考えるだけではなく,犯罪者の準備段階も含めて脅威の全体像を把握する必要がある.警察においても「サイバー空間をめぐる脅威の情勢等」を半年ごとに発表し,サイバー犯罪としての統計に加え,ランサムウェア(感染すると端末等に保存されているデータを暗号化して使用できない状態にし,そのデータを復号する対価を要求するプログラム)の感染被害,インターネットバンキングに係る不正送金被害,企業システムへの不正アクセス,マルウェア(いわゆるコンピュータウイルス)感染,ウェブサイトへのアクセス障害を引き起こす妨害行為,攻撃の予備行為となり得るネット上の探索行為など,さまざまな脅威の高まりを報告している.

　サイバー犯罪については,さまざまな態様があり,被害者が必ずしも刑事処分を望むとは限らず,また情報流出については情報を窃取した者よりも盗まれた被害者を非難する風潮もあり被害申告をためらう例もある.更には知らない間にシステム侵入されて他者を攻撃する基盤として利用されているにもかかわらず,侵入された被害者が認知自体していないといったこともある.そこで,警察庁サイバー警察局が主催する「サイバー事案の被害の潜在化防止に向けた検討会報告書」では,被害の実態把握に向け,被害企業・組織,警察,関係省庁等が連携するとともに,都道府県警察の相談窓口に加え,警察庁が運営するインターネット上の統一的な通報・相談窓口を設けるものとされ,2024年3月より運用が開始された.また,通報・相談の促進のための連携の取組も進められており,2023年4月には警察庁と日本医師会,同年6月にはクレジットカード番号等の漏えい対応のため警察庁と経済産業省との間で,通報・相談に関する覚書が締結された.

　捜査や対策の強化に関しては,2022年4月,警察庁にサイバー警察局が新設され,重大事案への対処や国際連携を強化しており,2024年2月に我が国を含む国際共同捜査により,ランサムウェア攻撃グループLockBitメンバーがポーランドとウクライナで逮捕され,5月には同開発・運営メンバーの資産が凍結された.一人一人の個人としても,フィッシングにより個人の認証情報が窃取され攻撃に利用されているなどの実態があり,意識を高めていく必要がある.また,企業や組織には,現代における情報システムやデータの重要性に鑑み,サイバー犯罪による攻撃の防止のみならず,攻撃を受けた場合でも重要な事業の継続を確保できる態勢も期待される.このように,社会全体が,連携しつつサイバー犯罪に立ち向かうことが求められている.　　　　　　　　　　　　　　　　　　　　　　　　［坂 明］

国際犯罪

　国際犯罪には多様な形態が存在し，その定義は厳密な意味で確定しているものではないが，ここでは各国の捜査機関が協力を要する犯罪として取り扱う．

●**犯罪のグローバル化**　インターネットの急激な普及により，世界人口の半数以上がグローバルネットワークの恩恵を享受している．その一方で，匿名性と地理的制約を受けないサイバー空間は，犯罪者の活動を有利にする反面，捜査機関による捜査を一層と困難にするなどの非対称性をもたらしている．国際犯罪に起因する課題を解決するため，国連やG7等においてさまざまな議論がなされているが，各国警察機関から構成されている国際刑事警察機構（インターポール）においては，自らは捜査権を有しないが，各国要望に応じた調整役として，また情報共有の基盤としての役割を担っている．インターポールの発足は1923（大正12）年の国際刑事警察委員会にまで遡る．現在，日本を含む196か国が加盟，三つの特別代表部（国連，欧州連合，アフリカ連合）と六つの地域事務局（アルゼンチン，エルサルバドル，カメルーン，ケニア，コートジボワール，ジンバブエ），二つの連絡事務所（ユーロポール，タイ），そして総局（シンガポール）をもつ世界最大の警察機関である．加盟国にはNCB（National Central Bureau:国家中央事務局）と呼ばれる組織（日本では警察庁内）が設置され，各国の捜査機関同士の秘匿通信を可能としている．

●**国際手配書**　各国が必要とする支援や共有すべき情報を記載した要請書であり，その種類は被疑者逮捕を目的とするものから情報提供まで幅広く，内容に応じて色分けされている（赤，黄色，青，黒，緑，オレンジ，紫，そしてUN特別手配書の8種類が存在する）．

図1　国際手配書［インターポールHPより］

●**データベース**　先述した手配書のデータのほか，例えば指紋やDNAプロファイル，顔画像など犯罪者に

図2　データベース［インターポールHPより］

直接的に関係するデータ，その他，盗難・紛失旅券，盗難車両，美術品，銃器など水際対策を強化するためのデータベースなど，全部で19のシステムが稼働している．例えば，2021年の統計では，盗難紛失旅券データベースだけで年間約17億回の検索があり，そのうち約14万6000件がヒットするなど違法入国等の未然防止，犯罪者の追跡・特定などに貢献している．

●**インターポール・グローバル・コンプレックス（IGCI）**　高度化するサイバー犯罪に対処するため，インターポールは，2015年より高度な調整能力と技術力を提供するためのIGCI（INTERPOL Global Complex for Innovation）を新設した．グローバル視点でサイバー犯罪捜査の調整を担う組織をサイバー局として格上げ，同時にサイバーインテリジェンスの中核組織（サイバーフュージョンセンター）を新たに設置，民間企業との連携による人材交流やデータ共有により，国際オペレーションを自ら展開できる態勢を確保している．サイバーインテリジェンス機能は潜在する犯罪グループの動向を把握し，関係国へ能動的な支援を可能としている．

●**インターポールの役割と挑戦**　国際捜査共助等に関する法律には，外交ルートとは別にインターポールを通じた他国への証拠提供等の要請手続が定められている．捜査機関同士が直接連携することで，国境を越えた捜査共助がより迅速に進むよう期待されているが，各国の事件への関与の程度，捜査の優先度，体制の充実度によって対応に違いが生じることも少なくない．一方で，米国連邦捜査局（FBI）や欧州刑事警察機構（EUROPOL）に設置された欧州サイバー犯罪センター（EC3）のように，先進地域・国の取組みによってインターネット上の犯罪インフラのテイクダウン（閉鎖）を多数実現している例もある．こうした国・地域の成功例を評価し，地域間格差を埋めつつ，グローバルかつシームレスな連携を可能とすることが今，インターポールに求められている．

●**インターポールと日本との関わり**　インターポールには，各国の捜査機関からの出向者と直接雇用される職員が存在し，日本からは主として警察庁から出向者が派遣されている．グローバルなオペレーションを展開する起点としてインターポールと協働するメリットは大きい．日本は加盟国中3番目（米国，中国に次ぐ）に多い分担金を負担していることもあり，国際オペレーションに参画することで，より積極的にメリットを享受することが期待される．先述したIGCIでは，出向者だけでなく，発足当初から複数の日本企業がパートナーシップに参画し，専門家の派遣，捜査官向けのトレーニングの提供など，各国から高い評価を受けている．こうした政府と民間の積極的な貢献は，日本の国際社会におけるプレゼンス向上にもつながっている．　　　　　　　　　　　　　　　　　[中谷　昇・奥　隆行]

📖**さらに詳しく知るための文献**

Schjolberg, S. 2020. *The History of Cybercrime*, 3rd ed. CyberCrime Research Institute.
警察庁刑事局組織犯罪対策部国際捜査管理官 2023.　国際刑事警察機構 ICPO-INTEPOL．警察庁．

情報機関とインテリジェンス

　日本語では「情報」とひとくくりにされるが，インフォメーションとインテリジェンスは英語では別の概念である．料理に例えれば，インフォメーションとは素材のことであり，各種のソースから得られる事物や出来事についての様子や内容であるのに対し，インテリジェンスとは素材を調理してできあがる料理のことであり，判断や意思決定のために使われる情勢認識や知識である．インテリジェンスとは，インフォメーションを精製した結果としての製品であるともいわれる．ここでいう「精製」とは，インフォメーションを収集，評価，分析，統合，および解釈をすることである．

　特に国家の外交や安全保障に関わるインテリジェンスを生み出す組織・機関をインテリジェンス機関，情報機関，諜報機関などと呼ぶ．「諜報」とは，敵の様子をひそかに探り，味方に知らせること，あるいはその知らせのことを指すが，インテリジェンスの精製に当たっては公開情報も多用されるため，いわゆるスパイ活動だけを意味するわけではない．

●**多様なインテリジェンス活動**　インテリジェンスを生み出す活動のことをインテリジェンス活動と呼ぶが，そこにはさまざまな手法がある．主たるものとして，人間による観察やコミュニケーション，窃取によるヒューマン・インテリジェンス（HUMINT），航空写真や衛星写真などの各種の画像の分析によるイメージャリー・インテリジェンス（IMINT），通信信号の解析によるシグナル・インテリジェンス（SIGINT）がある．また，各種の公開情報を解析するオープンソース・インテリジェンス（OSINT），電波・電磁波の解析を行うエレクトロニック・インテリジェンス（ELINT）など，多様である．

●**インテリジェンス機関とコミュニティ**　各国政府はそれぞれの事情に応じたインテリジェンス機関を持っている．日本の場合，その中心的機関として内閣情報調査室があり，そのトップは内閣情報官と呼ばれ，他のインテリジェンス機関を統轄するとともに，内閣総理大臣をインテリジェンス面で直接的に補佐する役割を担う．その他に，防衛省の情報本部，法務省の下に設置されている公安調査庁，外務省の国際情報統括官組織，警察庁がインテリジェンス機関としての役割を担っている．このうち，警察庁は，本来は警察（法執行）業務を担うが，警備業務などがインテリジェンスの機能を持っている．

　こうした諸機関が形成するコミュニティ（共同体）をインテリジェンス・コミュニティと呼ぶ．コミュニティの運営は各国それぞれのやり方で行われるが，

専門特化した各機関の機能を適切に束ねることで国のトップの意思決定や合意形成に資することが目的である.

米国は世界で最も大きなインテリジェンス・コミュニティを有する. コミュニティは国家情報長官（DNI）によって統括され, 国家情報長官局, 中央情報局（CIA）, 連邦捜査局（FBI）, 国家安全保障局（NSA）, 国防情報局（DIA）, 陸軍, 海軍, 空軍, 海兵隊, 宇宙軍のインテリジェンス機関など18の機関で構成されている.

その他の国でもほとんどの場合は専門特化した複数のインテリジェンス機関が設置され, 複眼的な視点からインフォメーションを収集し, 総合的にインテリジェンスを生み出すことで外交や安全保障におけるサプライズ（予想外の出来事や奇襲）を避けるための活動を行っている.

●**インテリジェンスの失敗**　多大な予算と人員がインテリジェンス・コミュニティには投じられているが, それでもサプライズを回避できない場合がある. 2001年9月の対米同時多発（9.11）テロは, 各種のインフォメーションが検知されていたにもかかわらず, それらの点と点をつなぎ合わせることに失敗したため, テロを防ぐことができなかった. 2003年のイラク戦争開戦に当たっては, イラクが大量破壊兵器を保有していると米国と英国のインテリジェンス・コミュニティが誤認してしまったために戦争が行われたが, イラクは大量破壊兵器を保有していなかったことが後になって分かった.

しかし, インテリジェンス・コミュニティが適切にサプライズを回避することに成功した場合には, その成果は世に知られないことが多い. 事前にテロの兆候をつかみ, 政治指導者が適切な予防措置を執ったり, 高まる戦争の危機を外交によって回避したりすることができた場合は, インテリジェンスの成功だが, 成果は政治指導者のものになる. その点, インテリジェンス・コミュニティは影の存在とされることが多い. 逆に, 政治指導者がインテリジェンス・コミュニティを信頼しなかったり, その成果を活用しなかったりすれば, 外交・安全保障におけるサプライズが生じることになり, インテリジェンス・コミュニティがスケープゴートとして責任を追及される可能性がある.

近年のインテリジェンス・コミュニティにとっての課題のひとつは, ソーシャル・メディアや携帯電話, インターネットの普及などによってインフォメーションの量が爆発的に増えていることであり, それらを適切・適時に処理し, 必要なインテリジェンスを生み出すことが困難になっていることである.　　［土屋大洋］

📖**さらに詳しく知るための文献**
大森義夫 2005.『日本のインテリジェンス機関』文春新書.
北村　滋 2021.『情報と国家——憲政史上最長の政権を支えたインテリジェンスの原点』中央公論新社.

テロリズム

テロリズムの定義は，各国の法令，国際的な協定，研究者が示すものなど無数にあり国際的に統一されていない．あえて標準的な定義を示すならば，テロリズムとは政治的，社会的な主義主張を有する組織や個人が，その目的を達成するために不法な暴力と宣伝を用いて，国や敵対勢力に恐怖を与える行為である．テロリズムの接尾辞-ism は特定の主義ではなく，ここでは行為・状態を表す．語幹となるテロ（terror）は恐怖，それも漠然とした不安ではなく現実の出来事から感じる強い恐れのことだが，英語でも日本語でもテロリズムと互換的に使われる．

●**歴史**　テロリズムは政治的行為の一部であるから，その用語がない時代でも洋の東西を問わず普遍的に見られた．テロリズムの語源は 18 世紀末，フランス革命期の政治結社ジャコバン派による「恐怖政治」にあり，つまり当初は反対派を弾圧する統治方法を指していた．その後も，政府内の粛清や国民に対する大規模な抑圧は国家テロと表現されてきた（日本語ではテロルとも書く．例，ソ連のスターリンによる大テロル）．現在，国家テロといえば，国家機関の工作員が秘密裡に爆破や暗殺を実行したり，国がテロ組織を支援したりする行為（国家支援テロ）を指すことが多い．それ以上にテロリズムは，一般的には反体制派や非国家主体（non-state actors）による暴力のことであり，各国の，あるいは国際的なテロ対策は，テロ組織やテロリストなどの非国家主体に対する措置になる．

反体制派によるテロリズムの大きな潮流は，まず 19 世紀後半のアナーキスト（無政府主義者）によってもたらされた．アナーキストの理論は国際的に共有され，同志の人的交流も当時の移民の流れに乗って活発であった．ロシア，欧州各国，米国では政治指導者が暗殺され，市民が集まる劇場やカフェ，集会場所などが爆破された．こうしてアナーキストたちが最初の国際テロリズムを生み出した．

次に国際テロリズムが興隆するのは 1960 年代後半以降である．世界各地の民族解放組織がマルクス・レーニン主義のイデオロギーを装着し，ソ連など東側諸国がそれを支援した．またイスラエルに対しては，武装したパレスチナのテロ組織が戦いに挑んだ．その戦いに「日本赤軍」をはじめ世界の左翼革命グループも連帯を示すなど，中東，特にパレスチナが世界のテロリズム問題の中心になった．

パレスチナ解放は宗教対立以上にナショナリズムの闘争であり，同様の種類として，少数派が既存の国家から独立することを目指す分離主義運動を基盤とするものが挙げられる．スペインの「バスク祖国と自由」，スリランカの「タミール・イーラム解放の虎」，北アイルランドの「アイルランド共和軍暫定派」などが代表

的な組織であった．これら20世紀のテロ組織名にはnational（民族），liberation（解放），red（革命や共産主義を象徴する赤色）などが付されることが多かった．

1990年代になるとイスラーム過激派（Islamic extremists）が台頭し，国際テロリズムの中心となる．彼らは預言者ムハンマドと初期イスラームを範に，既存の民族国家，国民国家とは全く異なるイスラーム共同体の創設を目的とし，米国とイスラエル（彼らを十字軍と呼ぶ）を敵視し，ジハードの大義のもとに無差別大量に一般市民を巻き込むテロを厭わない．「アルカイダ」は2001年9月11日に米国同時多発テロ（9.11テロ）を引き起こした．この「アルカイダ」と，2014年に自称カリフを即位させてイラクとシリアの一帯を実効支配した「イスラーム国（IS）」は，世界各地の過激派にその組織名をのれん分けするなど特に影響力があった．一例だが「イスラーム・マグレブ諸国のアルカイダ」はアルジェリアの過激派が，「ISシナイ州」はエジプトの集団がそれぞれ改名したものである．

他方で極右テロリズムも21世紀に国際化する．欧米やロシアの排外主義者がその運動を牽引している．彼らの共通の敵は移民，イスラーム教徒，ユダヤ教徒，そして白人以外の者である．それらとの共存を志向する政権やリベラル派も敵視する．極右の場合，重大な事件を起こしてきたのは組織には属さない個人が多く，英語圏で彼らはlone-wolf, lone-offenderと表記される．

●宣伝と武器　時代や目的の違いを問わず，あらゆるテロリズムに宣伝は不可欠な要素である．政治的行為ゆえに自らの大義を多数の人々に知ってもらう必要があるからだ．仲間を増やすと同時に敵には恐れてもらわねばならない．19世紀のアナーキストは自家製の新聞やパンフレット，公開書簡などを配布し集会を開催した．19世紀から現在に至るまで，公判における被告人供述が，まるで所信表明の演説のようになることもままある．20世紀になるとテレビなどマスメディアが発展する．テロリストはその主張をマスメディアに載せることで全国，全世界的に知らせることができた．しかしマスメディアの利用は他力依存にすぎない．

それが21世紀のインターネット，SNSの急速な普及発展によって，テロリスト自身で配信し，また1対1の動画交信も可能になった．極右テロリズムでは，実行犯が「マニフェスト」（犯行声明以上の所信を記した檄文）をネットに投稿する．それを読んで影響を受けた者が次のテロを行うという悪の連鎖が確認できる．テロリストによる宣伝をいかに封じるのか，それが自由で民主的な国では表現の自由とも絡み，政府とソーシャルメディア業者との間で難しい課題になっている．

また，テロリズムで使用される武器は，爆発物，銃器，発火装置が常に上位を占めるのだが，既製品でも入手し易く，ローテクゆえに自ら製造も可能である．これら以外にも刀剣類が使われたり，車両を暴走突入させたり，民生品として普及している毒性物質も使用される．これらがテロに使われない規制は必要だが，ネット売買があり何でも凶器になる現実から規制にも限界がある．　　　［宮坂直史］

日本の消防・防災関連組織

　わが国の消防行政は市町村消防で，市町村中心主義であるが，国の管轄省庁として総務省消防庁が設置されている．制度上，都道府県が関与する余地は少ない．防災行政は，国レベルでは内閣府（防災担当）が管轄し，都道府県，市町村には防災行政担当部局が設置されているが，名称は多様である．

　消防行政は火災や事故への対応や救急を行う行政分野である．一方，防災行政は平常時における災害への備えや災害発生時の災害対応を行う行政分野である．ただ，消防行政の下位分野として災害時に消防が被災者の救出活動を行う消防防災行政等の行政分野があり，これは消防行政と防災行政が重複する部分となる．

　消防行政と防災行政はそれぞれ独立し，管轄官庁も異なり，上下関係はない．ただし，災害時は防災行政の管轄官庁である内閣府（防災担当）が総合調整機能を有するため，消防行政の監督官庁である総務省消防庁もその傘下に入る．

●日本の消防関連組織

・わが国の国，都道府県，市町村の消防行政　わが国の消防行政は市町村単位のため，消防隊等の実働部隊や消防車両等の装備や設備は市町村消防本部が保有しているが，国レベルの監督官庁として総務省消防庁が設置されている．消防行政は，制度上都道府県の関わる部分が少ない行政分野であるが，都道府県の役割としては消防学校の設置運営および防災ヘリコプターの管理運営等がある．ただし，大都市の消防は独自で消防学校やヘリコプター（市町村が独自で所有するヘリコプターは消防ヘリコプターという）等を保有している．また都道府県と市町村が消防学校および防災ヘリコプターや消防ヘリコプターを共同運用しているケース等もあり，近年は運営方法が多様化しつつある．

・国の消防組織　消防組織法第2条は，国に監督官庁として，総務省消防庁を置くと定めている．戦前は，内務省警保局が警察行政の一環として，消防行政を行っていた．しかし，戦後は警察行政から独立し，国家消防庁，国家消防本部と組織体制を変え，1960年に，地方行政を管轄する自治省発足と同時にその外局となった．これにより，国レベルの消防行政は，地方行政の一環として行われることとなった．そして，2001年の省庁再編により，自治省が総務省に統合されたことにより，総務省の外局となって，現在に至っている．附属機関として消防大学校があり，さらに消防大学校の下部組織として，消防研究センターを設置している．

　市町村の消防本部に対しては，指揮命令権はもっていない．

・市町村の消防組織　消防組織法第9条は市町村に対して，その消防事務を処理

するための機関として，消防本部，消防署，消防団のうち，その全部または一部を設けなければならないと定めている．この条文を見る限りでは，これら消防機関のいずれか一つを設置すればよいように思われるが，消防本部を設けずに，消防署のみを設置することはできないとする解釈が一般的である．

　消防本部は，市町村の消防事務を統括する機関で，一般的に予算，人事，庶務，企画，統制等の事務処理をするとともに，消防署が設置されていない場合には第一線的事務もあわせて行う．2022年4月時点で，約723の消防本部が全国にある．消防署は，火災の予防，警戒ならびに鎮圧，加えて救急事務その他災害の防除，災害被害の軽減等の消防活動を行う機関である．2022年4月時点で，1714消防署が全国に設置されている．

　また，消防組織法は，第9条で市町村に地域住民によって構成された消防組織である消防団の任意設置を認めるとともに，第15条で消防団の設置をする場合は，設置，その名称および区域は市町村の条例で定めるとしている．消防団は，主に火災の警戒および鎮圧，その他災害の防除および災害による被害の軽減等の消防活動に従事する．

●**日本の防災関連組織**

・**国の防災組織**　内閣府（防災担当）は，防災に関して行政各部の施策の統一を図る特命大臣である防災担当大臣の下，広範な分野において政府全体の見地から関係行政機関の連携の確保を図るため，内閣府政策統括官（防災担当）が防災に関する基本的な政策，大規模災害発生時の対処に関する企画立案および総合調整を行っている．

　戦前期，わが国の防災行政は国レベルでは内務省警保局消防係が，消防行政とともに管轄し，両事務の境界線は曖昧であった．1947年には内務省が解体され，国レベルの防災行政は，総理府の官房審議室に移った．しかし，当時，制度的にも災害関係の法律一本化はされておらず，事務も各省庁の中にバラバラに組み入れられていた．

　1959年9月26日に中部地域を襲った伊勢湾台風を契機に，1961年に災害対策基本法が制定され，わが国の国および地方自治体の防災行政体制の強化が図られた．1974年6月に国土庁が創設されたことにより，国の防災行政は国土庁長官官房災害対策室の所管となった．そして2001年の中央省庁再編によって，国土庁が廃止され防災行政は内閣府（防災担当）が所管することとなった．

・**地方公共団体の防災組織**　都道府県，市町村の防災行政担当部局に関しては，地方公共団体の長が所管する組織についての編成権を有するため，その名称も位置づけも多様である．名称に関しては，以前は「消防防災課」等の名称が多かったが，近年は「危機管理課・局」等の名称が増えている．　　　　　［永田尚三］

地域の消防・防災

　わが国の消防行政，防災行政は，地域住民に最も身近な市町村単位で，対応体制の整備が行われてきた．近年，大規模災害時の広域応援体制の強化も図られてきているが，広域応援体制の到着が危機時に遅れる危険性もあり，人口減少，高齢化時代における地域の消防体制，防災体制の維持，強化は大きな課題である．

●地域の消防

・市町村消防の原則　わが国の消防行政は，市町村消防で，市町村中心に運営されている．消防組織法第6条，第8条は，市町村が消防責任を負い，その費用を負担すると定めている．また第7条および第9条は，消防行政を市町村長が管理し，消防機関（消防本部および消防署，住民の消防組織である消防団）は，市町村が設置すると規定している．さらに第36条は，国や都道府県は消防責任を負わず，市町村消防を管理することもないと定めている．無論，国や都道府県も消防関係事務を行う（国に関しては第2条〜5条，都道府県に関しては第38条）が，市町村消防への関与は，指導・助言等にとどめられている．これら指導および助言による関与は，法的強制力を伴わないものである．

　また消防組織法は，市町村は消防本部ないしは消防署，消防団のいずれかを設置していなければならないと定めている．これに関して重要なのが，わが国の市町村消防の二本柱である常備消防と非常備消防という概念である．市町村の行政が消防本部ないしは消防署を中心に24時間体制で消防サービス，救急サービスを提供する部分が常備消防，地域住民で構成された義勇消防組織である消防団が，火災時，災害時に非常時参集して事にあたる部分が非常備消防である．

・市町村消防行政の現状と課題　2022年時点で，全国の消防本部数は723団体である．全国の市町村数（1724団体）より少ないが，約7割の市町村が広域行政の制度（一部事務組合，広域連合，事務委託）を用いて，複数の市町村で一つの消防本部を設置して消防事務の共同処理を行っているからである．また，主に中山間地域や離島地域の29町村が，財政上の理由等から消防本部を設置しての消防の常備化をしておらず，消防団のみの地域がある（消防の非常備町村）．ただ非常備町村は減少傾向にあり，現在わが国の常備化率は98.3％である．

　市町村消防行政の課題としては，主に①常備消防における小規模消防本部の保有資源不足，②非常備消防における消防団の衰退傾向が挙げられる．

　①について，わが国の消防本部の約6割を占める小規模消防本部では，保有する人的資源や組織資源の不足から，近年の高齢化社会を背景とした救急需要の急

増に十分に対応できない事態，予防の立ち入り検査が人員不足で不十分になる事態，さらには火災原因調査で原因を特定できない（小規模消防本部の多くで検証実験の環境が整っていない）事態等が生じている．また，建築材の不燃性向上により大火は減少傾向にあるとはいえ，2016年の糸魚川大火では，大規模火災への対応に小規模消防本部の保有する消防力では不十分という現状が改めて明らかとなった．大規模自然災害発生時の被災地への広域応援活動も，日常の消防活動をぎりぎりの組織資源で回す小規模消防本部にとっては大きな負担となっている．

②については，団員数の減少および消防団員の高齢化が止まっていない．総務省消防庁も，女性・学生の消防団員を増やす施策や，入団のハードルを下げる機能別分団や機能別団員の制度を導入しているが，衰退傾向に歯止めが掛からない．

●地域の防災

・被災地市町村による一次的責任の原則　従来，災害対策基本法は，被災地市町村による一次的責任の原則を強調していた．これは，憲法が定める地方自治の原則に基づき，災害への対応は地域の実情に最も精通した市町村中心に対応すべきであるとする考えに基づいている．ただ，阪神・淡路大震災では，被災地の行政も被災することが判明した．また，その保有する資源の限界から，被災地の市町村のみではすべての事態に対応するのは困難であることも明らかになった．

そのため防災では自助，共助，公助という考え方が重視されるようになった．自ら対応できる部分は被災者が個人で対応し，それで困難な部分を地域住民の助け合いで補完し，それでも不可能な部分を行政が補うべきとする考え方である．地域の災害対応能力（地域防災）の強化のため，これらそれぞれの体制強化が求められる．

・地域防災の現状と課題　地域の公助の部分に関しては，主に東日本大震災後，国や被災地以外の地方公共団体が被災地に応援を派遣する広域応援の制度が徐々に整備され，地域の公助は災害発生後しばらく持ちこたえれば，垂直補完や水平補完で人員や物資不足を補える体制が強化されつつある．ただ，広域応援は被災地以外の行政が被災地を助ける体制であるが，今後発生が危惧される南海トラフ地震においては半割れ（先発地震と後発地震の2度の地震発生）が生じる可能性が高いといわれている．その場合，被害が少ない地域も後発地震では被災地が大きくなるかもしれないという不確実性の状況下で，貸し渋りが自治体間で生じ，広域応援が遅れる事態も危惧される．そのような視点からは，広域応援体制の強化とあわせて地域の公助体制の強化もさらに進めていく必要がある．

また東日本大震災では，津波で沿岸地域の市町村が機能不全に陥った．発災後，広域応援はすぐには到着しない．地域の公助も機能不全に陥った場合，被災者を助けるのは共助しかなく重要ではあるが，前述の通り，その柱であるわが国の消防団は衰退傾向にある．消防団の弱体化は，わが国の共助体制の弱体化を意味する．消防団の衰退傾向をなんとか食い止める必要性がある．　　　　[永田尚三]

地震対策・地震対応

　2023 年，関東大震災発災から 100 年の節目の年を迎えた．関東大震災は日本の災害対策史の起点であり，その後，阪神・淡路大震災や東日本大震災などのたびに災害対策法制などが見直され，現在の防災・減災の取組みが強化されてきた（宮本・内山 2022）．

　ただ，東日本大震災という未曽有の大災害においては，災害対策法制の見直しや防災・減災インフラの整備が進められただけではなく，いかに災害に強い民主主義社会をつくるか，という論点も注目されるようになった．ここでは，危機に強い民主主義社会という視座からの地震対策・地震対応について紹介する．

●**危機に強い議会づくりの動き**　日本の地方制度は二元代表制を採用しているが，大規模自然災害やパンデミックが発生すると，危機対応の観点から，長による専決処分がどうしても増える．迅速に対応する必要性だけが理由ではなく，議員が議場に参集できないことも理由のひとつである．

　ただし，専決処分という制度は，地方議会の存在感を著しく低下させる両刃の剣である．そのため，危機下であってもできる限り議会が機能するよう，近年，地方議会版 BCP（Business Continuity Plan，業務継続計画）を策定する動きが見られる（表 1）．特に，南海トラフ地震や首都直下地震といった将来の大規模地震の発生が予想される地域の議会が積極的である．

　なお，オンライン環境を整備し，危機に強い議会をつくる動きもある．

●**評価につながる長の「初動対応の見える化」**　近年，インターネットを通じてリアルタイムに災害情報を得ることが容易になった．それは，災害発生時における長の初動対応に注目が集まる状況に繋がっている．

　2013 年，福島県の市町長選挙で現職候補が次々と落選した「現職落選ドミノ現象」が発生したが，これは現職候補たちが災害時の初動の見える化を軽視したことが要因とされる（辻中編 2016a）．

　危機に対応していることを可視化できる長は評価され，できない長は支持を失うことは古くから指摘されていることではある．ただ，定例記者会見をするなど平時から情報発信をしていなければ，危機の時に住民に向けた情報発信は難しい．SNS を利用した情報発信も，選挙に SNS を活用していない長が行うことは容易ではない．コロナ禍対応においても，平時から発信力のあった長が評価される傾向にあった．平時からの連続性が重要なのである．

●**平時のまちづくりからの連続性**　『復興への提言：悲惨の中の希望』の中で東日

表 1　近年の議会 BCP の策定状況

回答項目	市区	町	村	全体
策定しておらず、検討されたこともない	39.1%	69.5%	80.5%	55.1%
策定していないが策定に向けた検討を行ったことがある、もしくは行っているところ	18.0%	13.1%	9.8%	15.3%
大規模災害に対応する議会 BCP は策定しているがパンデミックは未対応	12.4%	4.5%	2.3%	8.3%
大規模自然災害ならびにパンデミックに対応する議会 BCP を策定している	18.0%	6.2%	0.8%	11.7%
その他	12.3%	6.0%	4.5%	9.0%
無回答	0.3%	0.6%	2.3%	0.6%
合計	100.0%	100.0%	100.0%	100.0%

[「地方議会のあり方とデジタル化に関するアンケート調査（全市区町村議会事務局対象, 2021 年実施, 回収率 87.1%]

　本大震災復興構想会議は，普段声を上げにくい女性や若者などの声が復興計画の策定に届くことを期待した．また，熟議民主主義を復興に活用することを主張する研究者も一部に見られた．熟議を重ねて復興を議論することは民主主義社会のあり方として望ましい．しかし，東日本大震災の津波被災地はもともと過疎高齢化が進む人口の退出圧力がかかった地域であり，議論に時間がかかればかかるほど人口流出が加速するというリスクを抱えていたため，熟議は敬遠された．住民参加のまちづくりに不慣れな被災自治体の中には，復興計画を議論する場が被災者たちのエゴがぶつかりあう場になったところもあった（河村 2014）．

　日本人にとって不動産の処分はデリケートな問題である．災害が起こってから議論するのではなく，災害が起きる前に人的・経済的被害を最小限にするよう対策を講じておく方が迅速な復興に結びつく．事前防災の観点から，平時から災害時も意識したまちづくりをすることが有効というのも震災の教訓である．

　なお，大規模災害では，被災者が災害公営住宅に入居するまで何年もかかる．「コミュニティは 3 度壊される」という指摘が津波被災地にはあったが，それは，最初の津波がコミュニティを壊しただけではなく，応急仮設住宅や災害公営住宅への入居を抽選で行ったことも，せっかくできたコミュニティを壊した事実を示唆している．抽選は公平ではあるが，コミュニティ再建コストを高くする副作用がある．抽選で入居者を決めるべきなのか，事前に考えた方がよいだろう．検討にあたっては，応急仮設住宅入居を集落単位で実施した岩沼市の事例が参考になる．

[河村和徳]

📖 さらに詳しく知るための文献

河村和徳ほか編著 2013.『被災地から考える日本の選挙』東北大学出版会.
河村和徳 2014.『東日本大震災と地方自治』ぎょうせい.

気象予報

　気象は，私たちの生活と切っても切れない存在であり，その変動は経済的・社会的に大きく影響を与える．例えば，気温の変動により，季節性が高い商品の売上が増減し，降水の有無により商業施設の集客状況が変わる．そして，時折発生する局地的豪雨や台風は，社会機能を停止させ，時に人命を奪う．よって，気象の予測は，社会にとって大きな公共性をもつ．本項目では，気象予報に関する現状と動向について，サービスプロセスや官民の役割分担，災害を予防するための防災気象情報の三つの観点で述べる．

●**気象予報のサービスプロセス**　気象予報を日々途切れなく社会に提供しながらその高度化を図るために，多くの国では気象予報を専門的に取り扱う行政機関が設置されており，日本では気象庁がそれにあたる．1884（明治17）年に日本で初めて気象予報が発表された当時は，1日3回の発表で全国の予報を一文で示したごく簡単なものであったが，今日の技術においては，250メートルメッシュ・5分刻みでの降水分布の予測（高解像度ナウキャスト）や大雨を起因とした災害の危険度予測（キキクル）など高度な予報も可能になっている．気象予報は，大まかな流れとして，観測・解析（予測）・伝達という3つの手順で提供される．観測は全国に約1300箇所の地上観測所からなるアメダス，上空の雨や雪の分布を広範囲に観測する気象レーダー，そして，気象衛星ひまわりなどによって行われ，解析はスーパーコンピュータで気象のシミュレーションモデル（数値予報モデル）を動かすことで行われる．モデルから得られた予報結果をもとに天気予報や防災気象情報が作成されて，テレビやインターネットなどのさまざまなメディアを通じて社会に伝達される．

●**気象庁と民間気象会社**　これらの気象業務は，かつては気象庁の専管業務であったが，1993年の気象業務法改正により1994年に気象予報士制度が導入され，一般向け天気予報業務について，提供しようとする事業者が気象庁の許可を得ることを条件に自由化された．公益のための一般的な天気予報や防災気象情報の提供は，引き続き気象庁が実施するものの，市場の多種多様なニーズに応えるきめ細かな気象予報については民間気象会社による提供が期待されており，実際に，船舶向けの航路上の安全情報や道路・鉄道管理に特化した予測情報などの特定の企業向けのピンポイントな予報や，「洗濯指数」「桜の開花予想」などの特定の生活シーンに即した消費者向け情報が民間気象会社各社から提供されている．加えて，社会のDX進展を受け，気象サービスにおいても民間のIoTセンサーなども

含む多様な観測データの流通を可能にする制度やビックデータとしての気象データへのアクセス向上に関する議論もなされている（国土交通省 2023a）．これにより，気象に関する情報・データは，提供者から利用者へと一方通行で流通するものという位置づけから発展し，他業界の多様なデータと気象データとを組み合わせて，企業での意思決定に利活用される等，高度な利用がますます増えていくことが期待される．

●気象防災情報と避難情報　大雨や土砂災害などの気象災害の発生が想定される際に公的機関から提供される情報としては，警報・注意報や5段階の警戒レベルなどがある．このうち，気象庁が提供を行うのは，警報・注意報などの自然現象としての気象の状況情報であり，警戒レベルなどの人の避難に関連する情報は私権を制限する行為にもなるため市町村等などの自治体が発令する．警戒レベルは，災害時にとるべき行動を直感的に理解できるよう5段階で示したもので，2019年5月から導入された．背景として，前年に発生し，死者・行方不明者数が200名を超えた平成30（2018）年7月豪雨にて，行政主導のソフト対策の限界と住民一人ひとりが各自の状況を踏まえた主体的な避難行動を行う必要性が明らかになったことがある（内閣府中央防災会議）．よって，警戒レベルは，気象庁が発信する大雨警報・土砂災害警戒情報などの各種防災気象情報は，それぞれがどの警戒レベルに相当するかが定められている．状況情報である防災気象情報は，自治体が発令する避難情報よりも先に発表されるケースが多く考えられるため，これらの情報を用いて住民自らが主体的に避難の判断をすることが期待されているということである．また，これまで，土砂災害や洪水などの防災に関連する予報に関しては，気象庁らの信頼できる公的な発信源からの責任ある情報に絞る「シングルボイス」で提供する方針としていたが，許可基準や事前の説明義務を設けた上で，民間気象会社等にも提供を認める方針に転換している（国土交通省2023b）．特に洪水や土砂災害に関しては，その場の標高や地形といった局所的な情報が防災上非常に重要であるため，この意義は大きい．今後は，情報の適切な取捨選択という観点で，民間事業者のリスクコミュニケーション能力や最終的な受け手となる住民一人一人の情報リテラシーが今より一層に問われるようになるといえるだろう．

[坪井淳子]

📖 さらに詳しく知るための文献

大西正光ほか 2019．気象情報のサービスプロセスにおける官民の役割に関する研究．災害情報 17(2)：191-200．

牛山素行 2020．特集 災害時の「避難」を考える．災害情報 18(2)：115-130．

内閣府中央防災会議 防災対策実行会議 平成30年7月豪雨による水害・土砂災害からの避難に関するワーキンググループ 2018．平成30年7月豪雨を踏まえた水害・土砂災害からの避難のあり方について（報告）．

大規模災害の被害想定と対策

　わが国では，巨大災害について被害想定を行い，その想定に基づいて対策を検討するという方法が 1995 年の阪神・淡路大震災以降定着している．政府がこれまで行った巨大災害の被害想定を表 1 に示す．諸外国においても防災対策を行う上で具体的な災害のシナリオを設定することは珍しくないが，日本ほど被害の量的規模を具体的に想定して対策を検討する国は例がない．こうした手法の政策的な意義は次の二つが挙げられる．

　第 1 に，災害がイメージしやすく具体的な対策の検討が容易になるということである．例えば，2009 年の首都圏大規模水害の被害想定において，最も被害が大きいとされた江東デルタ貯留型の浸水想定では，江東 5 区（墨田区・江東区・足立区・葛飾区・江戸川区）のほとんどのエリアが浸水し，孤立者は 104 万人にも

表 1　国による大規模災害の被害想定

対象災害	公表年月	人的被害（最大）	経済的被害（最大）		想定外力	外力の発生確率評価（30 年）
東海地震	2001 年 12 月 11 日	約 9,200 人		約 37 兆円	M8.0 程度	87%（参考値）[1]
宮城県沖地震	2003 年 6 月	約 240 人		約 1.3 兆円	M7.6	99%[1]
東海・東南海・南海地震	2003 年 12 月 16 日	約 25,000 人	直接被害　約 60 兆円 間接被害　約 21 兆円		M8.7	東南海地震　60〜70%[1] 南海地震　50%[1]
富士山ハザードマップ	2004 年 8 月	―		―	7 億㎥（宝永噴火と同程度の噴出量）	既往最大
首都直下地震	2004 年 12 月 15 日〜 2005 年 2 月 25 日	約 11,000 人	資産等の被害 66.6 兆円 経済活動への被害 45.2 兆円		東京湾北部（M7.3）	70% 程度[1,2]
日本海溝・千島海溝周辺海溝型地震	2006 年 1 月 25 日	2700 人 （明治三陸タイプ）	1.3 兆円（宮城県沖）		M8.2〜8.6	根室沖 M7.8〜M8.5 程度で 60% 程度[4]
中部圏・近畿圏における直下型地震	2006 年 12 月 7 日〜 2008 年 5 月 14 日	約 42,000 人	直接被害　約 61 兆円 間接被害　約 13 兆円		上町断層帯（M7.6）	2〜3%[1]
首都圏における大規模水害	2009 年 1 月 23 日	約 7,500 人			荒川右岸の破堤（江東デルタ貯留型）	1000 年に 1 回[3]
南海トラフ巨大地震	2013 年 3 月 18 日	約 323,000 人	資産等の被害 171.6 兆円 経済活動への被害 42.1 兆円[5]		M9.1	「その発生頻度は極めて低い」
首都直下地震	2013 年 12 月 19 日	約 23,000 人	資産等の被害　47.4 兆円 経済活動への被害　47.9 兆円		都心南部直下地震（Mw7.3）	70% 程度
富士山ハザードマップ	2021 年 3 月 26 日	―		―	13 億㎥（貞観噴火と同程度の噴出量）	既往最大
日本海溝・千島海溝周辺海溝型地震	2021 年 12 月 21 日	約 19 万 9 千人		約 31.3 兆円	Mw9.1（日本海溝モデル）	「最大クラスの津波の発生が切迫している状況」

注 1）2007 年 1 月 1 日を起点とした 30 年以内の発生確率
　　2）「その他の南関東の M7 程度の地震」の発生確率であり，必ずしも東京湾北部地震に限定しない．
　　3）昭和 22 年のカスリーン台風時に相当する降雨量による洪水を想定
　　4）地震調査研究推進本部「千島海溝沿いの地震活動の長期評価」
　　5）令和元年 6 月の再計算の値
［中央防災会議専門調査会資料より作成．人的被害，経済的被害はいずれも最悪のケースを記した］

及ぶことが示された．これを受けて中央防災会議が2018年に示した報告書では，域外避難が困難な人が一定数いることや，広域避難に伴う混乱なども考慮しつつ，全体としての避難行動の最適化を目指すといった考え方が示された．それ以降，今日に至るまで，広域避難計画作成支援のガイドラインの策定や，災害対策基本法の改正などが行われ，現在は広域避難計画の具体化が国や地方公共団体，ライフライン企業，民間団体等によって検討されている．こうした検討を可能にしたのは，被害想定によって被害のイメージと対策の必要性が社会的に共有されたことが大きい．

第2に科学的知見を防災対策に反映しやすいという点がある．例えば2021年に行われた富士山ハザードマップの改定は，それまで最大だと思われていた宝永噴火の規模を上回る噴火があることが科学的研究の結果明らかとなり，そうした火山学の最新の結果を反映した結果である．また，南海トラフ巨大地震については，想定震源域付近で何らかの現象の変化が見られ，定性的に地震発生の可能性が高まっているといった評価がなされた場合「南海トラフ巨大地震臨時情報」を発表し，想定被災エリアに対して警戒を呼びかける制度も2021年から開始されている．

●**被害想定の課題**　ただし，大規模な被害想定に基づく防災対策には課題もある．第1に巨大な被害想定が同時に社会の過剰反応をもたらす可能性もある．例えば，2013年の南海トラフ巨大地震の被害想定が発表された後には，津波の浸水想定が引き上げられた地域で人口が減少したことが明らかになっている（Naoi et al. 2020）．

第2にこうした大規模地震の被害想定に世間の関心が集まることで，他の地域では災害は起こらないと見なされるケースもある．例えば，2016年の熊本地震では，同地震を起こしたとされる布田川断層での30年間での地震発生確率が0～0.9％「やや高い」（Aランク）であったにもかかわらず，活断層の存在を知らなかった人々が圧倒的に多かった（入江 2017）．

そのような課題はあるものの，巨大な被害を想定することは，人々の注意を喚起し，強力な対策を推進するためのアドボカシーとしての機能を果たす．特に巨大災害は滅多に発生しないが故に，この意味は大きい．防災対策は他の政策課題と比較すれば，その利益やコストは社会全体に広く薄く拡がっているために，社会の側に対策を強力に求める団体や組織が少なく，それ故に政府が旗振り役にならざるを得ないという事情もある．そのため，社会全体として被害想定のもつ不確実性や恣意性についての理解を深めつつ，想定をうまく活用してゆかねばならない．　　　　　　　　　　　　　　　　　　　　　　　　　　　　　　　　［永松伸吾］

📖**さらに詳しく知るための文献**
永松伸吾 2008.『減災政策論入門』弘文堂.

国民保護

●国民保護法の成立と背景　「国民保護」とは，日本が国家間の武力紛争の当事者となったときなどに，国民の生命，身体及び財産の保護を図るとともに，武力攻撃の国民生活および国民経済に及ぼす影響を最小にすることを目的とした営み全般を指す言葉であり，その具体的な活動は「国民保護措置」と呼ばれる．

そのための法律を国民保護法といい，2004年6月に成立した．国民保護を含む有事対応については有名な三矢研究など昭和年代からさまざまな検討が行われてきたが，国民保護法制定の直接のきっかけとしては，2001年1月に森喜朗首相が施政方針演説の中で法制化を目指した有事対応の検討に言及したことが挙げられる．その後，小泉純一郎政権の下で検討は促進され，曲折を経て2003年6月に事態対処法（現在の「武力攻撃事態及び存立危機事態における我が国の平和と独立並びに国民の安全の確保に関する法律」）ほか有事関連3法が成立した．この際の事態対処法では，第24条で「国民保護法制整備本部」の設置が規定され（現在は削除），内閣官房長官を筆頭として国民保護法制の検討が本格化した．同年8月には国民保護に関する政府と都道府県知事との意見交換が開始され，政府と自治体との議論なども経て，上記の通り2004年6月に国民保護法が成立している．

●国民保護と文民保護　国民保護法が成立した2004年の防衛白書は，「国民の保護のための措置は，基本的には，国際人道法の主要な条約のひとつであるジュネーヴ諸条約第1追加議定書が規定する「文民保護」に該当するもの」（防衛省2004，170）と指摘している．このように，日本国内の活動である「国民保護」は国際的には「文民保護」として解されるものとなっている．ここには，二つの含意がある．まず，対象の問題である．「国民保護」の語は一見，国民とそれ以外を区別し，国民のみを保護するかに見える（実際に，SNS上ではそうした言説が散見される）が，そうではなく，保護の対象は外国人を含めた日本国内に所在する文民全般となっている（国民保護法第9条第1項）．次いで，国民保護措置と文民保護の原則との関係である．国民保護が国際人道法上の文民保護に該当する以上，その措置には，国際人道法上の原則に沿うことが求められる（国民保護法第9条第2項）．

●事態認定と国民保護　国民保護法の適用は，事態対処法に基づく事態認定と密接に関係している．具体的には，武力紛争を想定した「武力攻撃事態：武力攻撃が発生した事態又は武力攻撃が発生する明白な危険が切迫していると認められるに至った事態」および「武力攻撃予測事態：武力攻撃事態には至っていないが，

事態が緊迫し，武力攻撃が予測されるに至った事態」（法律上はこの二つをあわせて「武力攻撃事態等」と呼ぶ）と，主に警察力を超えるような大規模テロ等を想定した「緊急対処事態：武力攻撃の手段に準ずる手段を用いて多数の人を殺傷する行為が発生した事態または当該行為が発生する明白な危険が切迫していると認められるに至った事態で，国家として緊急に対処することが必要な事態」のいずれかが認定されてはじめて国民保護法が適用される．すなわち，日本周辺で懸念されている朝鮮半島有事や台湾有事などでは，これに関連して以上の規定の事態が認定されない限り，国民保護措置は行えないことになる．

●**国民保護措置の内容と課題**　国民保護措置は，住民の安全確保や生活維持から事後の復旧まで多岐に渡るが，特に，「警報・避難」と「避難住民等の救援」および武力攻撃等により発生した災害（武力攻撃災害）への対処（消防等）の三つが中心的な措置と考えられている．このうち，「救援」については，災害被災者に対する応急援助等の方法や経費負担を定めた災害救助法に準じたものとなっている．また，国民保護措置は国の事態認定に基づいて行われるべきものであることから，職員の人件費などを除けば国費によって賄うこととされている．

　さて，武力攻撃事態において想定される避難は，都道府県境をまたいで広域・大規模かつ長期にわたる「疎開」ともいうべきものである．戦後の日本でも，2000年の三宅島の噴火や2011年の東京電力福島第一原子力発電所事故など，疎開に近い避難を要した事態は発生したが，これらに対応すべき災害対策基本法でさえ，広域避難が明示されたのは2021年5月の改正においてであった．国民保護においても，こうした避難に関する具体的な訓練及び検討が開始されたのは，2021年度に，従来の「国−単独都道府県」による訓練から「国−複数都道府県ブロック」による訓練に移行し，武力攻撃事態等を想定した県境を超えた避難等の訓練・検討が可能になってからである．ここでは，地域で平素から活動している民間の輸送力を中心に，必要な輸送力を増強して可及的速やかに避難を実施することが基本方針となっている．現在までに指摘できる課題として，輸送力確保のための諸手続きの整理，移動自体が命のリスクになるような要配慮者の避難方法の確立，避難先での受け入れ態勢やその後の生活支援策を含めた救援等の充実，国際人道法上は文民との関わりに制限がある自衛隊の国民保護への関与のあり方などが挙げられる．

　専守防衛を国是とする日本において，国民の生命・財産や国民生活を守ることを目的とした国民保護は，日本が自衛のために武力を行使する際の目的に直結しており，上に例示したような課題に取り組み，国民保護の充実を図ることは，日本の安全保障政策全般の正当性にも関わる重要な取組みといえる．　　　　［中林啓修］

日本の感染症危機管理の体制

　公衆衛生危機管理が対象とする脅威は「CBRN＋自然災害」であり，感染症危機管理は，このうち「B」について対応する分野である．CBRNとは，化学（C）・生物（B）・放射性物質（R）・核（N）を指す．これらは，通常の自然災害とは異なる事態対処や装備品等が必要となるため，「特殊災害」とも呼ばれる．わが国の感染症危機管理に関する政策を①統治機構と②法律の観点から解説する．

●**統治機構**　2023年初頭の段階において，日本が近年経験した最大の感染症危機は，COVID-19パンデミックである．同年5月より，政府の事態対処は危機時の体制から平時の体制へと移行することとなったが，その前後において，統治機構が異なっている．その理由は，2023年の通常国会において，約3年間の事態対処の反省を踏まえ，感染症危機管理に関する統治機構改革が行われたためである．

【改革前】　2020年から2023年初頭にわたるCOVID-19パンデミック対応は，多いときで主に3人の閣僚が中心となって率いていた．感染症法および検疫法等を所管し，主に医療や渡航関係の措置を担当し厚生労働省を率いる厚生労働大臣，新型インフルエンザ等特別措置法を所管して主に公衆衛生関係の措置を担当する内閣官房新型コロナウイルス感染症対策推進室を率いる新型コロナウイルス感染症対策担当大臣，COVID-19ワクチン接種を担当する国務大臣の3人である．ワクチンが複数回にわたり広く国民に行き渡った後は，主に前者2名が率いた．

　このように，改革前の政府の統治機構は，厚生労働省及び内閣官房新型コロナウイルス感染症対策推進室に分かれていた．わが国の感染症危機管理に関する政府以外の主体は，地方公共団体がある．また，政府及び地方公共団体の事態対処を技術的に補佐する機関として，国レベルでは国立感染症研究所が存在した．これらの前線の機関として，医療分野の措置を行う医療機関，公衆衛生分野の措置を担う保健所及び地方衛生研究所，渡航関係の措置を担う検疫所がある．

【改革後】　上記のうち，複数の政府機関が存在したために，一つの指揮命令系統で事態対処を行うことが困難だった点が注目された．その教訓を踏まえ，2023年通常国会において，感染症危機管理の司令塔として内閣官房に内閣感染症危機管理統括庁の創設が決定した．また，同庁の指揮の下で事態対処の運用に従事する機関として厚生労働省感染症対策部が新設された．さらに，医療分野及び公衆衛生分野の措置および情報活動を統合し，効果的な事態対処を構築する観点から，政府の事態対処を技術的に補佐する機関として，国立国際医療研究センターと国立感染症研究所が統合され，国立健康危機管理研究機構を設立することが決定された．

これらの改革により，感染症危機管理に関する政府の統治機構は，一つの司令塔，一つの指揮命令系統，一つの技術的補佐機関となり，次なる感染症危機に対しては，より統合され効率的な事態対処が実現することが期待された．

●法律　感染症危機管理に関するわが国の国内法は，主に以下の七つである（国際法では，世界保健機関憲章，国際保健規則（IHR），ジュネーブ議定書及び生物兵器禁止条約等）．

(1)感染症の予防及び感染症の患者に対する医療に関する法律（感染症法）
(2)新型インフルエンザ等対策特別措置法（新型インフル特措法）
(3)予防接種法
(4)検疫法
(5)出入国管理及び難民認定法（入管法）
(6)細菌兵器（生物兵器）及び毒素兵器の開発，生産及び貯蔵の禁止並びに廃棄に関する条約等の実施に関する法律（生物兵器禁止法）
(7)武力攻撃事態等における国民の保護のための措置に関する法律（国民保護法）

　感染症法は，主に医療及び公衆衛生上の措置について定めている．新型インフル特措法は，特に強度の高い公衆衛生上の措置を主に規定している．ワクチンの使用等については，新型インフル特措法及び予防接種法が定めている．渡航関係の措置については，検疫法及び入管法が定めている．人為的に発生した感染症危機については，生物兵器禁止法及び国民保護法が重要となる．

　わが国の感染症は，感染症法によって次のとおり分類されており，危機に対する事態対処において取り得る措置は，これらの分類ごとに異なる．

・1類：危険性が極めて高い感染症（例：エボラ出血熱）
・2類：危険性が高い感染症（例：SARS，高病原性鳥インフルエンザ）
・3類：特定の職業への就業により集団発生を起こし得る感染症（例：コレラ）
・4類：動物や飲食物等の物件を介してヒトに感染する感染症（例：マラリア）
・5類：必要な情報を国民や医療関係者に提供・公開することで発生・蔓延を防止すべき感染症（例：季節性インフルエンザ）
・新型インフルエンザ等感染症：ヒト－ヒト感染をする新型及び再興型インフルエンザ
・指定感染症：現在感染症法に位置付けられていないが，1～3類や新型インフルエンザ等感染症と同等の危険性があり，措置を講ずる必要があるもの
・新感染症：人類にとって未知の感染症であり，ヒト－ヒト感染をし，重篤となるもの
　　　　　　　　　　　　　　　　　　　　　　　　　　　　　　　　［阿部圭史］

📖**さらに詳しく知るための文献**

阿部圭史 2021.『感染症の国家戦略』東洋経済新報社．

阿部圭史 2022．特殊災害「CBRN」をすべて経験した日本にリアリズムは根付くか．Foresight：2022年9月1日．https://www.fsight.jp/articles/-/49153（最終閲覧日：2024年8月30日）

日本の新型コロナウイルス対策

　新型コロナウイルス感染症は，国家が自らの国民の命と健康を守り切れるかを問うた．新型コロナは感染者が発熱や咳など症状を発症する前（presymptomatic）や無症状（asymptomatic）でも他の人へ感染させる特徴があり，感染力が極めて強い．グローバルな人の流れに乗って，あっという間に中国から世界へ広がった．世界中で約 700 万人が，日本でも 7 万人以上の国民の命が新型コロナで奪われた．

●**安倍政権の初動と緊急事態宣言**　2019 年の 12 月末，中国武漢で原因不明の肺炎の集団感染が発生した．アウトブレイクの第 1 報は WHO 中国事務所へ通知され世界中で報じられた．2020 年 1 月 15 日には日本で 1 例目の感染者が確認された．中国以外で感染者を検出したのはタイに次いで世界で 2 例目であった．新型コロナに対峙した安倍晋三政権にとって，最初の試練は 1 月 23 日の武漢ロックダウンに伴う邦人保護であった．1 月 28 日には新型コロナを感染症法上の指定感染症に定め，水際対策の実施，さらに入管法に基づく上陸拒否が漸進的に進められた．2 月にはクルーズ船ダイヤモンド・プリンセス号で乗客の感染が確認され，横浜港において乗客乗員の検疫，健康観察および医療提供が行われた．

　初動で活用されたのがクラスター対策であった．保健所の緻密な接触追跡により感染者や濃厚接触者を特定し隔離するとともに，小規模な患者の集団（クラスター）が次のクラスターを生み出すことを防止する対策である．クラスター対策を進める中で，専門家はクラスターが発生しやすい条件として「3 密（密閉・密集・密接）」を見出した．政府は感染対策のリスクコミュニケーションとして 3 密回避を国民へ呼びかけた．それでも 3 月には欧州や米国との人の往来に起因して感染者が急増し始め，医療逼迫が懸念されるようになった．このため政府は 2020 年 3 月に新型コロナ感染症を特措法の適用対象にすべく法改正を行った．

　2020 年 4 月，安倍政権は初の緊急事態宣言に踏み切った．国民や事業者に対し基本的な感染対策の徹底に加え，外出自粛を要請した．あわせて安倍政権は雇用の維持と事業の継続のため，雇用調整助成金，持続化給付金，特別定額給付金などの経済・財政・金融政策を通じた家計と企業への緊急経済支援を行った．こうした第 1 波の感染状況は 2020 年 5 月に落ち着き緊急事態宣言は一旦，解除された．

●**菅政権と岸田政権のコロナ対応**　安倍総理が 8 月に退陣した後，2020 年 9 月に菅義偉政権が発足した．菅総理は「国民の食い扶持をつくっていく」（2021 年 1 月施政方針演説）ことを政治信条のひとつとし，感染拡大防止とともに経済社会活動の再開に重心を置いた．菅政権は国際的な人の往来を再開するとともに，観

光需要の喚起策「GoToトラベル」事業を推進した．全国の知事もこれを歓迎した．しかし大都市の歓楽街において新規陽性者が再び増加する（第2波）．これが地方都市や家庭・職場等に伝播し，2020年の年末にかけ全国的な感染拡大に繋がった（第3波）．飲酒を伴う懇親会やマスク無しでの会話といった場面での感染拡大が主な要因であった．

　2021年1月，菅政権は2回目の緊急事態宣言を発出した．それまで経済社会活動にブレーキをかけるのに消極的だった東京都をはじめ1都3県の知事に促される形での発出となった．また，緊急事態宣言を発出する状況に至る前段階で感染拡大を抑える政策オプションとして政府は「まん延防止等重点措置」を創設した．この頃，英国で検出された変異株（アルファ株）が日本でも拡がっていた．菅政権は緊急事態措置を一旦終了するも感染再拡大に伴い4月1日に初めて「まん延防止等重点措置」を実施，さらに4月23日には3回目の緊急事態宣言を発出した（第4波）．7月から8月になると，それまでの株より重症化しやすいデルタ株への置き換わりが進んだ（第5波）．こうした中，菅総理はワクチン接種をコロナ対策の切り札と考え，2021年2月には医療従事者へ，4月には高齢者へのワクチン接種を開始した．省庁横断でワクチン接種を強力に推進し7月末までにワクチン接種を希望する高齢者への2回接種という目標を概ね達成した．それでも感染者と重症者の増加の勢いはなかなか止まらなかった．夏には重症者が増加し，コロナ医療および通常医療の両方で医療提供体制のひっ迫が生じた．菅政権は7月から，1年延期された東京2020オリンピック・パラリンピック競技大会を，原則無観客で開催した．入国者数の絞り込みや入国後の定期的な検査，入国者の行動管理や健康管理により，結果的に，大会期間を通じて保健所によりクラスターとされた事例や，大会関係者から市中に感染が広がった事例は報告されなかった．しかし五輪期間中も感染拡大は続き，五輪後も菅政権の支持率は上向かなかった．10月の衆議院議員任期満了が迫る中，9月3日，菅は自民党総裁選に立候補しないことを決断．菅政権は9月30日に緊急事態措置を終了し，退陣した．

　2021年秋には岸田文雄政権が発足した．発足後まもなく，伝播性が極めて高いオミクロン株が世界を席巻した．一方で，日本ではワクチン接種率が高く，追加（ブースター）接種も順調に進んだ．デルタ株と比べれば重症化リスクが低下したオミクロン株の特性にあわせ，岸田政権は医療提供体制を拡充し治療薬の確保とともに，濃厚接触者の待機期間を短縮するなど「ウィズコロナ」への移行を進めた．2022年初めから国内での感染が急速に進み，連日，過去最多の新規陽性者を記録した（第6波）．政府はまん延防止等重点措置を実施したが緊急事態宣言を発出することはなかった．こうした方針は2022年夏の第7波，2022年秋から2023年1月にかけての第8波でも維持された．政府は2023年5月に新型コロナを感染症法上の5類感染症に位置づけ，政府対策本部も廃止した．　　[相良祥之]

WHO

　保健医療分野のグローバル・ガバナンス（保健ガバナンス）とは人間の健康に関するグローバルな課題に、公式・非公式さまざまな方法を用いて取り組む協力体系を指す．もともとこの分野の協力体系は、国家間の公式の手続きに依拠していたため、「国際保健（international health）」と呼ばれてきたが、非国家アクターを含む多様なアクターによって構成される複雑なアリーナと化すにつれ、「グローバル・ヘルス（global health）」という呼称が広まっている．

　戦後の保健ガバナンスにおいて、牽引役を担ってきた組織が世界保健機関（World Health Organization：WHO）である．WHO は 1948 年に設立された国連の専門機関であり、世界すべての人が可能な限り最高水準の健康を享受できることを目的として、幅広い保健課題に取り組んでいる．しかし設立後 75 年を経て、WHO を取り巻く環境は大きく変化した．設立当初の重要課題であったコレラやチフスは、新型インフルエンザや HIV/AIDS 対策、喫煙対策等にとって代わられた．また、保健問題と安全保障、開発、人権など他分野との境界が不明瞭になるにつれ、世界銀行や国連児童基金（ユニセフ）、非政府組織（NGOs）など保健ガバナンスに関与するアクターは際限なく広がっており、WHO の独自性や求心力の低下が指摘されてきた．

●**保健ガバナンスの起源と WHO**　保健ガバナンスの起源は 19 世紀に遡る．国家間交流と植民地支配の増大・拡大の結果、感染症の国境を越えた広がりが見られ、ヨーロッパ帝国諸国の間で国際衛生会議の開催や地域的保健組織の設立など、協力枠組みが形成されていった．初期は、ヨーロッパ帝国諸国の政治的・経済的利益の保護に重点が置かれ、そのアプローチも検疫や感染症情報の共有に限定されていた．他方、第一次世界大戦後に設立された国際連盟保健機関（LNHO）のもとでは、より普遍的な健康の確保が試みられた．戦後、WHO は LNHO の活動と理念を引き継ぎつつも、新たな特徴を備えるようになった．第 1 はメンバーの普遍性が確保されたことである．国連非加盟国にも加盟の道が開かれたことに加え、敗戦国や非自治地域に対して、正式加盟国に次ぐ加盟資格として準加盟資格（Associate Members）が設置された．現在も 194 の加盟国を擁する．

　第 2 は、WHO が規範の設定に大きな裁量を得たことである．WHO 憲章 21 条では、WHO の世界保健総会が国際保健に関する各種条約を採択すること、第 22 条ではこれらの条約は当該政府が一定期間内に受諾しない旨を WHO に報告しない限り、全ての加盟国に対して法的拘束力を持つことを定めた．これにより、

WHOは保健分野の規範の設定に関して，大きな裁量を有することとなった．

　第3は，WHO憲章に「健康」について，単に病気にかからないという状態ではなく，「身体的，精神的，社会的に完全に良好な状態（Health is a state of complete physical, mental and social well-being）」という広義の解釈が記され，さらに「可能な限り，最高水準の『健康』を享受すること」が「人種・宗教・政治的信念・経済的社会的条件を問わず全ての人間の基本的権利のひとつ」と記されたことである．以上の定義は保健ガバナンスが多様な活動に従事していく際の論拠となってきたが，その反面，多分野から多くのアクターが保健領域に参画することを許してきた．とりわけ感染症が公衆衛生に限られない課題として位置付けられるようになった今日，WHOの独自性や求心力の低下が観察されている．もともとWHOは加盟国に対して強力な権限を有しておらず，2020年に始まった新型コロナウイルスパンデミックに際しては，各国の行動を調和させられず，グローバル保健ガバナンスにおけるWHOのリーダーシップの低下に一層の拍車をかけた．

●**パンデミックとWHO**　そのような中でも，保健分野の規範の設定は相変わらずWHOが主導している．その最たるものは国際保健規則（International Health Regulations：IHRs）である．IHRsとは感染症対応に関する国家とWHOの行動を定めた国際規則である．2005年に発効したタバコ規制枠組み条約（WHO Framework Convention on Tobacco Control：FCTC）も，規範の設定に関するWHOの功績とされている．FCTCは，タバコの広告に一定の規制をかけ，タバコ税を課すことで，受動喫煙の被害を最小限にとどめることを目指すものであり，タバコ規制に関する初の拘束力ある条約である．2020年までに182ヵ国が締約国となり，そのイニシアティブをとったWHOの役割は高く評価されている．

　新型コロナパンデミック以降はIHR改正と並んで，2021年11月のWHO総会でパンデミックの備えと対応を強化するための新たな装置，いわゆるパンデミック条約の創設に向けて交渉を開始することが合意された．他方，その具体的な内容に関しては，国際社会の分断を反映して，異なる各国の立場を調整するという難題が残っている．それでも国際社会の中で中心軸となる規範やルールを確立することが重要であることに変わりない．ポスト・コロナの保健協力における根幹となる規範——人間と動物，環境の健康を一体と捉えるワンヘルスや，パンデミックへの備えと対応（Pandemic Preparedness and Response：PPR）の土台としての公平性の原則など——は概ね盛り込まれると予想される．パンデミック条約におけるコンプライアンスの問題，IHRにおけるWHOの権限の問題など，各アクターの意見の調整が特に難しい争点も残るが，このような大まかな規範を盛り込み，パンデミック条約の成立，ならびにIHR改正を実現できれば，一応の前進といえる．規範の設定というWHOにとっての最も根幹の役割を適切に果たしていくことが，組織の信頼や求心力の回復につながるかもしれない．　　　　［詫摩佳代］

諸外国の感染症対策組織

●米国疾病管理・予防センター（The Centers for Disease Control and Prevention：CDC）　感染症対策組織として世界で最も知られている CDC は米国連邦政府の保健福祉省（HHS）傘下の組織である．創設は 1946 年．米国南部ジョージア州アトランタに本部を構え，人員は約 1 万 5000 名，文民のみならず軍の士官も所属する巨大な組織である．アトランタに本部を構えるのは，CDC 創設時のミッションがマラリア予防だったことに由来する．かつて米国南部はマラリア流行地域であった．その後，CDC は活動内容を飛躍的に拡大し，公衆衛生上のあらゆる危機を監視し検知するサーベイランスと感染症危機対応を担ってきた．近年，CDC が対応した主な健康危機として，2001 年の炭疽菌テロ，2003 年の重症急性呼吸器症候群（SARS），2009 年の新型インフルエンザ H1N1，2014 年のエボラ出血熱，そして 2020 年以降の新型コロナウイルス感染症が挙げられる．

　CDC のミッションは，米国内および世界の健康（health），安全（safety），安全保障（security）上の脅威から米国を守るべく 24 時間 365 日活動することである．疾病の発生源が米国内か海外か，慢性疾患か急性疾患か，治療可能か予防可能かを問わず，CDC は連邦政府の行政機関として疾病と戦い，また地域社会や市民が同様に対応できるよう支援する．米国の健康安全保障（health security）の推進も CDC のミッションである．

　CDC が創設以来，世界に誇ってきた役割がサーベイランスである．CDC の疫学インテリジェンスサービス（Epidemic Intelligence Service：EIS）の担当官は「疾病探偵（disease detectives）」と呼ばれる．EIS は米国内のみならず世界の新たな健康上の脅威や疾病の発生状況，その推移を監視している．公衆衛生対策の計画・実施・評価に不可欠なデータを継続的かつ体系的に収集し，公衆衛生に関するインテリジェンスとして分析する．ひとたび健康上の脅威を検知すれば，米国内のみならず WHO（世界保健機関）や世界中の公衆衛生の専門家とも共有する．

　CDC は常設の緊急オペレーションセンター（EOC）を有しており，有事に召集をかけられる専門家の名簿（ロスター）を管理している．有事には，平時から準備・訓練された緊急事態管理システム（Incident Management System：IMS）と呼ばれる危機対応モデルを稼働させ，EOC にスタッフが参集し大規模なオペレーションのハブとなる．EOC は病原体や感染状況など健康危機に関するあらゆる情報を組織的に集約し，リスクアセスメントを実施し，政府部局間および対外的なコミュニケーションを支援する．そして有事が収束すれば直ちに，何がうまく

いったか，何を改善すべきだったか，教訓や今後の提言をまとめる事後検証報告書（After-Action Report：AAR）を作成する．

その他の CDC の役割として，州・地方政府の公衆衛生担当部局や医療従事者向けの指針の発信，能力強化（訓練），州政府などの要請に基づく疫学支援（Epidemiologic Assistance：Epi-Aids）と呼ばれる即応チームの派遣，国民向けリスクコミュニケーション，そして調査研究が挙げられる．

●欧州疾病管理・予防センター（European Centre for Disease Prevention and Control：ECDC）　ECDC は欧州連合（EU）の人々を感染症から守るため 2005 年に設立された専門機関である．スウェーデンのストックホルムに本部を構え，人員は約 300 名．設立のきっかけは 2002 年から 2003 年にかけ流行した SARS であった．ECDC は米国 CDC と同様にサーベイランスと疫学インテリジェンス分析の役割を担い，欧州委員会および EU 加盟国に対する科学的助言や訓練を行う．

● CDC の限界　世界の模範とされてきた CDC がコロナ危機，特にトランプ政権下で限定的にしか機能できず多くの米国民が亡くなったことは CDC の存在意義を根幹から揺るがした．CDC は 2022 年に組織的な検証を実施し「前進する CDC（CDC Moving Forward）」という検証報告書を作成し，構造改革を進めることになった．

また CDC の役割は拡大解釈されがちである．まず CDC には州政府やローカルレベルの公衆衛生担当部局への指揮命令権限がない．政策指針を発信しても，その最終的な採否は州知事，あるいはローカルな公衆衛生担当官の判断に委ねられる．そして CDC は健康危機管理オペレーションの担当部局のひとつでしかない．保健福祉省の戦略的準備・対応部（Administration for Strategic Preparedness and Response：ASPR）はワシントン DC にオフィスを構え，米国内の医療および公衆衛生上の準備・対応・復興をリードする．また基礎研究や臨床研究については国立衛生研究所（NIH）の存在感が大きく，医薬品の薬事承認は食品医薬品局（FDA）が担当する．さらに，CDC には病院機能がない．エボラ出血熱の米国人患者は CDC に隣接するエモリー大学病院に搬送された．

なおシンガポール国立感染症センター（National Center for Infection Disease：NCID）は CDC のような感染症危機対応の機能に加え，感染症に特化した病院機能も有している．熱帯のためマラリアやデング熱などの感染症に対応しており平時から稼働率は高い．また有事のサージキャパシティとして，隣接するタントクセン病院の病床および医療スタッフも活用できる体制になっている．　［相良祥之］

📖さらに詳しく知るための文献

ルイス，M. 著，中山 宥訳 2021.『最悪の予感』早川書房（Lewis, M. 2021. *The Premonition*. W. W. Norton）．

パンデミック

●**エンデミック・エピデミック・パンデミック**　感染症の流行を表現する専門用語は複数ある．WHO は病気が広がる確率に応じてエンデミック，エピデミック，パンデミックという三つの区分を設けている．まず，エンデミックは特定の限定された地理的区域の中で感染症や病原体が恒常的に存在する状態を指す．この状態においては，病気の広がりがある程度予測可能となる．例えばアフリカにおけるマラリアはエンデミックに当たる．一方，エピデミックとは，特定の地理的区域において感染者の数が不意に増加する状態を指す．エピデミックはコミュニティ，人口，または地域内の多くの人々に影響を与える感染症の広がりを指し麻疹，ポリオなどがエピデミックの主要な事例となる．

　他方，パンデミックは病気のヒト－ヒト感染が世界大で指数関数的に起こり，広く社会に大きな影響を与える様相のことを指す．COVID-19 の感染が中国の武漢市に限定されていた時点ではエピデミックであったが，短期間でウイルスが世界を席巻する中，2020 年 3 月初旬に WHO 事務局長は「パンデミックの様相を呈している」と発表した．エピデミックは病気の広がりを予測し，コントロールすることがある程度可能だが，パンデミックは国際的に制御することが極めて難しい．歴史的なパンデミックとしては第一次世界大戦期のスペイン風邪のほか，1957～1958 年にかけてのアジアかぜ，1981 年以降のエイズの感染拡大が挙げられる．

　なお，エンデミックもエピデミックもパンデミックも，感染症の流行を意味する用語であるが，各用語の定義は非常に流動的であり，ひとつの感染症に関して，流行の経緯ともに三つの状態のいずれかを行き来することは十分にあり得る．

●**インフルエンザ・パンデミック**　とりわけインフルエンザの世界的流行をインフルエンザ・パンデミックと呼ぶ．この際のインフルエンザ・ウイルスは季節性のものではなく，それとは大きく異なる新しいインフルエンザ・ウイルスの世界的な発生と流行のことを指す．20 世紀以降，たびたび発生した中でも有名なものは 1918～1919 年に流行したインフルエンザ（スペイン風邪）であろう．1918 年にアメリカで発生した新型のインフルエンザは第一次世界大戦の兵士や船の移動とともに世界各地に感染拡大した．季節性のインフルエンザとは異なり，若者の死亡率が高かったこともあり，大規模な死者を出すこととなった．アメリカの参戦により，ヨーロッパ，南米，アジア太平洋，アフリカへとウイルスが蔓延し，このような中でウイルスは 1918 年 8 月に変異し，未曾有の威力をもつインフルエンザの爆発的な流行へと繋がり，戦場と一般市民の生活に大きな打撃を与えた．

現在，WHO はインフルエンザ・パンデミックに関して六つのフェーズを設けている．この基準は1999年に設立され，2005年の国際保健規則（IHR）改正に際して改訂され，現在に至っている．インフルエンザ・ウイルスは常に動物，とりわけ鳥の間で継続的に循環しているもので，動物の間でウイルス循環しているが，まだ人の間で感染が見られない段階がフェーズ1である．ヒトへ感染しパンデミックを引き起こす可能性をもつ動物のインフルエンザ・ウイルスが確認されるとフェーズ2となり，この時点でこのウイルスはパンデミックの潜在的な脅威となる．フェーズ3はヒトの間で散発的に流行が見られる，あるいは小さなクラスターが見られるものの，コミュニティレベルでのアウトブレイクを維持するのに十分なヒト－ヒト感染が見られるわけではない状況をさす．フェーズ4は共同体レベルでの流行を持続させ得る形に変異したウイルスのヒト－ヒト感染が確認される状態を指す．フェーズ4ではパンデミックが引き起こされる可能性がとても高くなるが，パンデミックが避けられないわけではない．

フェーズ5はWHO の一つの地域に属する2か国以上でコミュニティレベルの流行を持続させる感染が続く状態を指す．このフェーズが宣言されれば，パンデミックが差し迫っていること，準備のために残された時間が少ないことを意味する．フェーズ6は最高レベルの警戒フェーズであり，フェーズ5に定義された基準に加え，WHO の別の地域においても少なくとも1か国以上でコミュニティレベルでの流行を持続させる感染が続く状態を指す．このフェーズが指定されることは，世界的なパンデミックが進行中であることを示すものとなる．

なお，この1から6のフェーズは必ずしもこの数字の順番通りに推移するわけではなく，次にどのような状況に推移するかを予測するものでもない．例えばフェーズ2であっても，フェーズ3に至らないケースもあるということだ．

●**インフォデミック**　未知の感染症に対する不安や恐れはつきものであり，古くから感染症の流行に際しては，論拠に基づかない治療法がもてはやされたり，特定のグループが非難，攻撃されたりする事態が見られてきた．インターネットの普及により，情報が瞬時に拡散する今日の国際社会では，一層虚偽の情報や誤解を招く情報が拡散されやすく，それがウイルスのコントロールに大きなインパクトを与えるケースも少なくない．このような，病気に関する虚偽または誤解を招く情報があまりに多い状態のことをインフォデミックと呼ぶ．インフォデミックはウイルスのコントロールを妨げ，時に人々の健康を害し，また，人々の保健当局への不信感を引き起こす．新型コロナパンデミックに際しても，その治療法やワクチンについて，さまざまな虚偽の情報，あるいは誤解を招く可能性のある情報が世界各地で拡散され，ウイルスのコントロールに大きな影響を与えた．その意味で，保健当局がエビデンスに基づいた正確な情報を定期的に提供するなどのインフォデミック管理に取り組むことが今まで以上に必要になっている．　［託摩佳代］

日本の危機管理医薬品政策

　感染症危機管理の事態対処では，医療措置，公衆衛生措置及び渡航措置の三つの措置が必要となる．医療措置とは，臨床医療における医療行為を指し，生物学的脅威を直接的に攻撃する手段となる．医療措置の中で特に重要となるのが，危機管理医薬品（MCM）である．

● **MCM 三種の神器**　MCM には，三種の神器がある．診断薬（Dx）・治療薬（Tx）・ワクチン（Vx）の三つ（DTV）だ．現に発生している感染症危機に対し，その原因となる病原体に特化した診断薬・治療薬・ワクチンの三つが揃うことで，事態対処としての医療措置の効果が増大する．すなわち，感染症危機に対し，MCM が存在する場合と存在しない場合とでは，被害を低減する効果に大きな差が生まれるのである．

　MCM という概念には，狭義と広義の意味がある．三種の神器は「狭義」の MCM である．「狭義」の意味である三種の神器を「薬事的（Pharmaceutical）MCM」と呼び，「広義」の意味では「非薬事的（Non-pharmaceutical）MCM」として人工呼吸器・個人防護具・マスクといった医薬品以外の物品を含む．ただし，一般的に MCM と言えば狭義の MCM を指す．

● **MCM バリューチェーン**　実際に MCM を社会で使用するためには，上流・中流・下流の三つのコンポーネントから構成される「MCM バリューチェーン」に沿って政策を構築していく必要がある．

【上流】　平時における MCM 政策は，まずは生物学的脅威に対するわが国の脅威認識を明確化することから始まる．要するに，政府が，わが国とってどの生物学的脅威のリスクが高いのかという脅威の同定を行い，それらに対して政策的な優先順位付けを行い，社会における共通認識とするのである．

【中流】　次に，政府が決定した生物学的脅威に対する脅威認識とその優先順位に基づき，企業が DTV の３領域に関する危機管理医薬品の研究開発を実際に行う．

【下流】　最後に，企業が開発した危機管理医薬品について，政府の薬事承認・企業の製造・政府の調達（備蓄等を含む）・危機時の供給体制の確立・国民に実際に投与するためのロジスティクスの整備といった事項が必要となる．

　政府が学術機関，企業および国民に提供する価値は，上流・中流・下流の３段階で異なる．上流では，政府が MCM に関する国家的ニーズを提示し，学術機関・企業の研究開発における目標設定を支援するという価値を提供する．中流では，政府は，学術機関・企業の開発戦略支援を行う．MCM 政策体系の中で，いわ

ゆる「創薬」とは中流のことを指す．下流では，政府が提供する価値は，企業に対する事業戦略支援・インセンティブ付与が主となる．また，MCM政策体系は一般的に1か国のみで完結することはなく，研究開発や調達先が複数国に及ぶことが常である．すなわち，政府は，内政上の制度設計に加え，MCMバリューチェーンに沿った外政上の対応を行わねばならない．このように，MCMバリューチェーンには，三種の神器であるDTVのそれぞれに「上流・中流・下流」と，各々に応じた「内政・外政」上の施策が存在するため，$3 \times 3 \times 2 = 18$のコンポーネントについて政策ポートフォリオを構築する必要がある．

国家によるMCMの確保は，MCMを研究・開発・製造する企業活動にかかっている．しかし，いつ発生するともわからない危機に対して使用することを想定したMCMは，平時には広く市場に流通することはない．すなわち，企業の自然な経営判断では，危機時の使用のみを想定し平時に市場性がないMCMは，事業予測性が立たず，事業に参入するインセンティブがない．しがたって，政府は企業に対して適切なインセンティブを設計する必要があり，それらは「プッシュ型インセンティブ」と「プル型インセンティブ」に大別される．

【プッシュ型インセンティブ】　プッシュ型インセンティブは，学術機関や民間企業の研究開発を支援する施策で，政府が拠出する研究費や補助金などがある．これは，MCMバリューチェーンの中流を促進するインセンティブである．

【プル型インセンティブ】　プル型インセンティブは，民間企業がMCM市場に実際に事業として参入することを促す施策で，MCMバリューチェーンの下流を促進するインセンティブである．具体的には，以下の施策が例として挙げられる（必ずしもわが国で採用されていないものも含む）．

- 薬事上の緊急使用許可（EUA：Emergency Use Authorization）
- 製造販売承認取得報償制度（Market Entry Reward）
- 定期定額購買制度（Subscription Model）
- 特許独占期間延長（例:GAIN法（米国），Transferable Exclusivity Extension（欧州））
- 最低買取保証制度（例：Economic compensation model（スウェーデン））
- 国家備蓄制度　　　　　　　　　　　　　　　　　　　　　　　　［阿部圭史］

📖さらに詳しく知るための文献

阿部圭史 2021.『感染症の国家戦略』東洋経済新報社.

阿部圭史 2022．生物学的脅威から国民を守る「バイオディフェンス」戦略に遅れた日本．Foresight：2022年8月23日．https://www.fsight.jp/articles/-/49120（最終閲覧日：2024年8月30日）

7学会合同感染症治療・創薬促進検討委員会 2022．提言 パンデミック・サイレントパンデミックに対する治療薬・ワクチン・検査法の研究開発を継続できる制度の必要性.

VII 公共政策の主体

[野田 遊・岡本哲和・菊地端夫]

国会議員と政策形成

　義務投票制をとり高い投票率を誇るオーストラリアでは，投票所前で供される
ソーセージサンドイッチが選挙の風物詩である．今や「民主主義ソーセージ」と
命名されて面目躍如のソーセージだが，古くは民主主義が悪しき政体に分類され
たのに似て，政治的な比喩としては，製作過程の不透明さの連想から長らく否定
的文脈で口にされるのが常であった．曰く，法律とソーセージは作り方を知らな
い方が良い（しばしばビスマルクの言とされるが誤り）．

　これに対して日本国憲法第57条は，出席議員の3分の2以上の賛成により秘
密会を開く場合を例外として，衆参両院の会議を公開する旨を定めている．それ
でもなお，国会議員による政策形成過程のすべてがガラス張りになっているわけ
ではない．

●与党事前審査　内閣提出法案については閣議請議の前，（与党議員が関与する）
議員提出法案については国会提出前に，与党事前審査が行われる．自由民主党
（自民党）と公明党の連立政権においては，自民党では政務調査会（政調）部会→
政調審議会→総務会の順に審査が行われ，並行して公明党でも同様のプロセスを
経て，両党の政調会長などからなる与党政策責任者会議の了承を得る．

　党則で「（議事は）出席者の過半数で決し」と定められている総務会も含めて，
自民党の与党事前審査は全会一致を原則としている．反対論が続出したため，国
会審議で闊達な討議を期待するとの条件付きで党議決定した1991年の政治改革
関連法案は国会に提出されたものの審議未了・廃案となり，総務会で異例の多数
決が行われた2005年の郵政民営化関連法案は国会での採決時に多数の造反者を
生み，衆議院が解散されるなど混乱を招いた．

　このような全会一致の原則を利用して，自民党の国会議員は幹部ではなくても
政策決定過程に影響力を及ぼすことができる．政調部会ごとに仕切られた政策分
野に関して大きな権勢をもつ議員は「族議員」と呼ばれる．族議員への根回しを
含む与党事前審査はほとんど密室で行われる．しかも，政務三役（大臣・副大臣・
大臣政務官）や国会の役員・委員など職務権限を認められやすいポストに就いて
いなければ，族議員は汚職に問われにくい．2018〜2019年に発生した鶏卵汚職事
件では，当時の農林水産大臣が収賄罪に問われた一方，彼以上の実力者と目され
ていた農林族の重鎮は，同じく鶏卵生産会社から現金を受け取りながらも立件を
免れた．

●国会対策委員会　国会に提出された法案は，委員会に付託される．重要法案に

ついては，委員会付託前に本会議で趣旨説明が行われることもある．委員会審査は，概ね趣旨説明→質疑→討論→採決の順に進められるが，このうち質疑が大半の時間を占める．質疑時間は会派ごとの委員数に応じて決められるが，与党の持ち時間は議席率よりも短く設定され，野党議員による政府に対する質疑が中心となる．与党議員の意向は，主に与党事前審査を通じて反映されることになる．委員会審査を終えた法案は本会議に上程され，可決されたときは後議院に送付されて同様の審議を受け，衆参両院での可決を以て成立する．

国会の議事運営は正式には両院の議院運営委員会（議運）によって決定されるが，実質的な決定は各党の国会対策委員会（国対）間の非公式協議を通じて行われる．国対は所属議員を各委員会に配置したり，党議拘束を徹底したり，議案の処理方法について他党と話し合ったりする各党の内部機関であり，しばしば国対は「本国」，議運は「出先」に例えられる．公式協議に先立って水面下で調整をある程度済ませておく必要はあるにしても，2001 年に内閣官房長官経験者が認めたように，国対が内閣官房報償費（機密費）などを元手にした金銭授受の舞台になるに至っては，裏取引との批判を招きかねない．

国会審議において，野党は政府にもっぱら反対しているとは限らない．2022 年の第 208 回国会において，野党第一党の立憲民主党は内閣提出法案の 87％に賛成した．もっとも，55 年体制下で長らく筆頭野党であった日本社会党とて内閣提出法案への賛成率は約 7 割であったから（岩井 1988），どこまでが「反対のための反対党／批判型野党」で，どこからが「建設的／提案型野党」になるかの線引きは一義的ではない．

●**議員立法**　国会議員は衆議院ならば 20 人以上，参議院ならば 10 人以上の賛成を得て議案を発案できる（予算を伴う法律案については，衆議院ならば 50 人以上，参議院ならば 20 人以上の賛成が必要）．

ただし，与党議員はその代表である内閣総理大臣が率いる行政機関に政策を立案させられるから，議員立法を行うインセンティブは必ずしも高くない．一方，国会で過半数の議席を持たないときに野党議員が法律案を提出しても，与党の支持を得られなければ成立は見込めない．第 208 回国会では内閣提出法案はすべて成立したのに対し，議員提出法案の成立率は 2 割足らずであった．

議員立法の例としては，国会・選挙関連法や特定分野の基本理念や方策を定める基本法，超党派の議員集団により推進された法律などがあり（茅野 2017），特に後者は国会活性化の観点から更なる充実が期待される．　　　　　［谷口将紀］

📖さらに詳しく知るための文献

濱本真輔 2022．『日本の国会議員』中公新書．
中島　誠 2020．『立法学』第 4 版．法律文化社．
茅野千江子 2017．『議員立法の実際』第一法規．

地方議員と政策形成

　日本国憲法第93条は，各自治体に議事機関として地方議会（以下，議会）を置くことを，その2項は首長とともに住民の直接選挙によって地方議員（以下，議員）を選出することを，それぞれ定めている．そのため，憲法を改正しないかぎり首長と議会の双方が住民の代表として役割を果たす二元代表制の形態を変えることはできない．

●**地方議員の選挙**　議員の選挙制度は自治体の種別によって異なる．都道府県や政令指定都市（基本的に道府県の処理する事務のうち，自らが処理できる割合が最も高い，政令で指定する人口50万人以上の市）では，原則として市町村や行政区を単位に選挙区が設定されるため，そのほとんどが小選挙区か中選挙区であり，比較的政党色の強い選挙となりやすい．それに対して政令指定都市以外の市町村では当該自治体をひとつの選挙区とする大選挙区制であり，政党の果たす役割は限定され比較的少ない得票で当選することが可能である．そのため，議員は，地盤とする地域や出身組織などの小規模な利益を代表する存在となりやすく，自治体全体の利益や財政制約を意識する首長とは異なる論理で行動すると考えられている．

●**地方議員の構成**　議員の構成は，男性かつ高齢に著しく偏っている．都道府県，特別区を除く市，町村では，8割以上を男性が占めている．また，50歳未満の議員の割合は，都道府県では3割近くに達しているが，市区では約2割，町村では1割未満となっている．4年に1度行われる統一地方選挙において，投票率は70年にわたり低下を続けてついに5割を切り，無投票当選者数の改選定数に占める割合も都道府県で4分の1，町村で約3割に上っている（2023年）．住民の代表性に問題を抱える議会は，議員のなり手不足という課題にも直面している．

●**議会の権能**　議会が政策形成に関わる範囲は限られている．というのも，首長に比してその権限が限定的であるためである．地方自治法は議会の権能や首長との関係を具体的に規定している．議会は，条例の制定・改廃や予算，決算の認定工事請負契約などといった議案に対する議決権を有し，事務の管理・遂行や出納について検査を行う権限ももつ．また，監査委員に対し事務執行についての監査を求める権限や，必要があると認めるときに関係者の出頭及び証言，記録の提出を求める，いわゆる百条調査権も有している．

　他方，同法は，首長に対し，議会の招集権や条例案の提出権を認めているほか，予算案を調製・提出する権限を独占させている．さらに，議会の議決結果に異議

がある場合に首長は，議会に再度審議・議決を求める再議権も行使できる（条例案や予算案の再議の場合，地方議会が前の議決を確定させるには，出席議員の3分の2以上の賛成を得る必要がある）．そして，議会を招集する時間的余裕がないときや議会が議決すべき事件を議決しない場合に，首長が議会に代わって当該事件の議決を代行する，専決処分の権限もある．

　つまり，日本の地方自治において，議会は基本的に受け身の態勢にあるといってよい．議会を招集する権限を第一義的に有するのも首長であるし，首長は政策形成の段階から広範に関わり，それを予算案もしくは条例案といった形で議会に提出し，議会がそれを議決する（十分な時間がとれないときには議会にかけず首長が専決処分する）流れになっているためである．もちろん，提出された議案を否決したり，修正可決したりすることもできるが，議会が政策形成過程のきっかけをつくる場は限られる．予算を伴う政策を実現するためには，予算編成に差し掛かる時期に首長に対して要望を行い，その実現のための金額を予算案に盛り込んでもらい，その予算案を議会として可決することが必要なためである．

●**市民相談・政務活動費を用いた一般質問**　各議員は，地域や団体の利益を代表して議会活動を行うことにより次の選挙での再選を目指す．そのため，地盤とする地域住民や自らが所属する団体から直にその声を聴き（市民相談），その要望を議会での一般質問を通じて行政に届けることで，政策の実現に努めようとする．

　また，政務活動費を利用して先進事例の視察を行い，あるいは各自治体の経験をまとめた書籍を購入し，当該自治体における政策実施に向けてのヒントを得る方法もある．それを一般質問の場で披露し，行政担当者に実施の見通しについて見解を尋ねることで，政策課題の提案と解決方法の提示を試みることもできる．

●**政策条例の制定と意見書・決議**　議会が政策形成に関わるもう一つの方法として，議員が政策条例を提案し可決するというものがある．地場産品の振興を図る，住民の健康促進を目指す，各種差別を防止することなどをうたった条例や，議会基本条例のように，実行のために特に予算を必要としないものが多い．

　また，当該自治体の政治的意思表明として意見書を採択したり，決議を行ったりすることで，議会は政策に影響を及ぼすための行動をとりうる．議会は，公益に関する事件について可決した意見書を，国会や関係行政庁に提出することができる．また，当該自治体において問題となっている政策について決議することで，その政策についての態度を議会として明らかにすることも可能である．とはいえ，意見書や決議は可決されても法的拘束力をもつものでないため，国や自治体の政策形成に及ぼす影響が大きいとまではいえないだろう．　　　　　［辻　陽］

📖**さらに詳しく知るための文献**

辻　陽 2019．『日本の地方議会』中公新書．

政党システムと政策形成

　政党は，政策形成，政策決定，政策実施の段階で主な役割を果たしており，政策過程における主要なアクターとして位置づけられる．政党はひとつの政治集団であり，政治権力の獲得を目指して他の政党と競合する．二党制や多党制という区別は政党システムで競合する政党の数や形状を示している．政党システムは，選挙や議会での政党間競合のように，政党間の相互作用により形づくられる．

●**綱領**　政党の綱領には，各党の政策に関わる基本的な立場が明示されている．例えば，1955年11月5日の自由民主党（自民党）の結党時の綱領には，「わが党は，民主主義の理念を基調として諸般の制度，機構を刷新改善し，文化的民主国家の完成を期する」，「わが党は，平和と自由を希求する人類普遍の正義に立脚して，国際関係を是正し，調整し，自主独立の完成を期する」，「わが党は，公共の福祉を規範とし，個人の創意と企業の自由を基底とする経済の総合計画を策定実施し，民生の安定と福祉国家の完成を期する」という3点が掲げられていた．それに基づき，自民党は政策を立案して選挙で戦い，自党の政策を実現しようとしてきた．1955年以降の日本では，自民党による単独政権ないし自民党を中心とする連立政権が長期的に存続したという意味で，この間に形成され，決定され，実施されてきた政策には，自民党の政策的な立場が反映されてきたといえる．

　2009年8月の衆議院総選挙の結果，それまで政権与党であった自民党と公明党は大幅に議席を失い，（社民党と国民新党を含む）民主党を中心とする連立政権が誕生した．自民党は選挙での敗北を受け，新たに「平成22年（2010年）綱領」を策定した．結党時の自民党は，共産主義や社会主義勢力などの階級政党とは異なる「国民政党」として自党を位置づけていたが，新しい綱領では「保守政党」であることを明確にうたっている．政党の基本的な立場は綱領などで示され，個別の具体的な政策は，その時々の状況に応じてつくられたり，更新されたりする．各党のホームページでは，それぞれがどのような綱領をもち，節目ごとにどのような政策的な立場を採ってきたのかが紹介されている．もちろん，現在の政策についても，自民党の「政策パンフレット」や立憲民主党の「政策集」，日本共産党の「政策トピックス」などのように，常に最新のものが示されている．

●**政策とイデオロギー**　政党は，それぞれ異なる政策を打ち出している．政党の違いは政策の違いでもある．したがって，政党間の対立は，政権獲得をめぐる対立であるとはいえ，実質的には，異なる政策をめぐる対立である．人々（有権者）は，どの政党がどのような政策を提示するかを理解することにより，どの政党に

どの政策を実現してもらいたいのかを選挙を通じて表明する.

政党間の政策の差異は, 一次元的な左右のイデオロギー軸上のどこに政党が位置しているのかによって識別できる. イデオロギー軸の真ん中を中道とし, 中道よりも右側に位置する政党は右派政党, 中道にあれば中道政党, 中道よりも左側に位置する政党は左派政党となる. これらの配置は右から左にかけて順に, 保守主義, 自由主義, 中道, 社会主義, 共産主義という並びになる. 五つの差異は政策の違いを意味し, 右派政党と左派政党とでは政策がまったく異なる. 右派の保守政党は保守主義のイデオロギーに沿った政策を掲げるのに対して, 左派の共産党は共産主義のイデオロギーに沿った政策を掲げる.

●**政策と政党システム**　ダウンズ（Downs, A.）は『民主主義の経済理論』で, 民主主義における政党や有権者の合理的選択という点からこれを説明している. 彼によれば, 政党が関心をもっているのは, より良い社会なり理想的な社会を実現することではなく, 政権を獲得することであり, そのためにイデオロギーを武器として使用する. ここでいうイデオロギーとは,「よい社会, およびそのような社会を建設する主要手段に関する言葉によるイメージ」である. 政党とともに, 有権者もまた政党を選ぶためにイデオロギーを利用する. 政党も有権者も自己の利益の最大化を目的として合理的選択を行うためにイデオロギーを道具として利用する. 左右のイデオロギー軸は, 政党にとっては選挙市場における有権者の分布を把握するために役立つ尺度であり, 有権者にとっては政党間の違いを, 言い換えるなら政党間の政策の違いを容易に把握するための尺度となる.

政党は, 有権者の分布が多いイデオロギー軸上の立場に合わせて自党の政策を提示し, 支持の拡大を目指す. 結果的に支持が拡大すれば, 政党にとっては最小の努力で最大の利益が得られる. 有権者も同様に, 自分にとって望ましい政策を実現しそうな政党を選択し, その結果, 政策が実現すれば, 自らの一票を無駄にしないで済む. イデオロギー軸上の左右両極に政党が一つずつ存在するような「二党制」において, 右派政党から左派政党へと政権交代が起こると, 政策に大きな変更が生じる可能性が高まる.「多党制」では, しばしば複数の政党が連立政権を構成するが, その場合はイデオロギー軸上の比較的に広い範囲を包含するため, 極端な立場の政策が形成されにくく, 政権交代がみられたとしても, 急激な政策の変更は起こり難い. このように, 政党と政策, 政策とイデオロギー, 政党システムと政策形成とは関わっており, 政党や政党システムに焦点を向けることによっても公共政策学について理解することができるのである. 　　　　［岩崎正洋］

📖**さらに詳しく知るための文献**

ダウンズ, A. 著, 古田精司監訳 1980.『民主主義の経済理論』成文堂.

サルトーリ, G. 著, 岡沢憲芙・川野秀之訳 1980.『現代政党学』早稲田大学出版部.

政策をめぐる国会議員と首長

　1990 年代の地方分権改革を経て，地方分権一括法が制定される以前，いわゆる機関委任事務制度が国と地方自治体の関係にとって重要な意味をもっていたとされる．中央省庁が地方自治体に対して一般的な指揮監督権をもつことを規定するこの制度のもとでは，地方自治体の首長は，しばしば国が決めたことを地方レベルで実施する存在，いわば下請け機関にとどまると理解されてきた．機関委任事務に加えて，国庫補助負担金を中心とした地方財政制度による金銭的な統制，そして中央省庁から地方自治体への出向制度による人的な統制は，国が決めた政策を自治体に確実に行わせる制度を構成していたと考えられる．このような制度においては，どのような政策を作るのかを決めるのは，国会議員とそれを補佐する中央省庁であり，首長をはじめとした地方自治体はあらかじめ決められた政策を実施する，自律性に乏しい主体であると位置づけられる．

●**垂直的統制と水平的競争**　　上記のような理解は，典型的に国から地方への垂直的統制を強調したものである．戦前からの連続性を重視する研究では，国会議員よりもむしろ中央省庁の官僚が，機関委任事務・補助金・出向人事などを通じて地方自治体の首長を行政的に統制することが批判的に論じられる．加えて，戦後進められた地域開発政策では，官僚だけではなく，国会議員の開発志向が地方政府に開発を強いることも論点となる．その中では，地方自治体の首長は中央政府に従属しつつ，地域の意思を排して過度な開発を進める存在とみなされることもあった．

　しかし，果たして地方自治体は単に国に従属するのみだろうか．地方分権改革以前に地方自治体の自律性を強調した研究では，首長を中心とした地方自治体間での水平的競争が重視されてきた．このような見方に基づけば，開発の果実を狙う首長は，国会議員と連合して中央省庁に圧力をかけて，補助金を中心とした国の資源を用いて地方レベルで自らの望む政策を実現しようとしたと理解された．

　また，地域開発への反発として位置づけられる公害対策のような分野において，社会党や共産党に支持された革新首長が，地域住民の要望に応じて国の基準を大きく超えた規制を実施するようなことが注目された．さらに，医療費補助や情報公開，個人情報保護などの分野において，国が行っていない政策を地方自治体の首長が先導し，それを先進的な政策として多くの地方自治体が模倣し，さらにそれを国会議員が国の政策として全国的に広げるということも観察された．首長を中心に地方自治体が競って独自の政策を実現しようとする中で，成功した先

行事例とみなされれば，他の首長や国会議員にとっても魅力的な政策として採用されるのである．

●**地方分権改革と首長の台頭**　1990 年代に行われた地方分権改革では，国の権限を特に都道府県に移譲していく傾向があった．また，2000 年代の三位一体改革で，部分的ながら税源移譲が進められたことで，財政力の強い都道府県を中心に，知事の政策的な裁量，そしてそれを源泉とした求心力が強まっていると考えられる．市町村への権限移譲はさらなる課題となっているが，それでも 2000 年代後半に市町村合併が進んだことで，市の規模が大きくなり，地方政治における市長の存在感が大きくなっている．例えば，従来は市長経験者が都道府県議会議員に立候補するようなことがしばしば見られたが，近年では反対に，都道府県議会議員が市長に転身する事例が増加している．台頭する首長の中には，自らが主導する政党を結成して，地方議会での影響力を強めるものもいる．

　他方で，国会議員が政策に与える影響も変わりつつある．1990 年代の政治改革以前は，必ずしも政府の役職に就かない国会議員が，族議員とも呼ばれながら，中央省庁の官僚と結びつき，公共政策に影響を与えることが注目された．政治改革以降，政治主導と呼ばれる取り組みが続く中で，内閣あるいは政権党の執行部への集権が進み，一般の国会議員が政策に与える影響力は低下している．野党議員も含め，政府で昇進することが難しいと考える，政権から周辺化された国会議員には，都道府県知事や市長へと転身することで政策の実現を図ろうとするものも増えている．これは，言い換えれば，国レベルの意思決定が内閣や政権の中枢に集中する一方で，地方レベルの意思決定は知事や市長といった首長へと集中するという棲み分けが起きつつあると理解できるだろう．

　政治改革後のこのような変化は，2020 年以降の新型コロナウイルス感染症への対応の過程で明瞭になっていると考えられる．一方で，首相やそれを補佐する内閣官房を中心に感染症対応が行われ，国境の管理や学校の一斉休校のように，多くの人々に影響のある措置が実施された．他方で，東京都や大阪府などでは地方政党のリーダーを兼ねる知事や市長が対策の先頭に立ち，場合によっては国と異なる独自の方針を発信した．それ以外の地方自治体でも，感染予防行動の呼びかけやワクチン接種などで首長を中心に独自の取組みが目立った．新型コロナウイルス感染症への対応のように，不確実性が高い分野では，首長のリーダーシップがより重要になると考えられる．それに対して，国の側も 2024 年の地方自治法改正で，自治体への補充的な指示を制度化した．今後，国と地方自治体がリーダーシップをめぐってどのような関係を築くかが注目される．　　　　　［砂原庸介］

📖**さらに詳しく知るための文献**

伊藤修一郎 2002.『自治体政策過程の動態』慶應義塾大学出版会.

砂原庸介 2017.『分裂と統合の日本政治』千倉書房.

議会スタッフと政策形成

　議会スタッフとは，国会議員の立法調査活動を補佐する国会職員を指す．モデルとなったのは，米国議会が 1946 年立法府改革法によって拡充した委員会スタッフや立法考査局（現議会調査局）である．国会法では，常任委員会に専門の知識を有する専門員および調査員を置くことを規定し，各委員会に調査室が設置されている．新憲法下の国会に委員会中心主義を導入したことにより，その補佐体制を構築する必要があったからである．また，議員の法制に関する立案に資するため法制局が設けられたのは，政府立法に対する議員立法の増加を予測して法律案の立案を補佐する体制を強化するためであった．さらに，国会図書館の部局として，法律案の分析・評価，立法資料の提供などの業務を議員に対して行う調査立法考査局が，新たに設置された．今日では，衆議院調査局に予算定員（令和 5 年度予算）で 303 人，参議院常任委員会調査室に 222 人，衆参両院法制局にそれぞれ 88 人と 76 人が配置されており，米国議会の委員会スタッフ 2385 人（2022 年）には及ばないものの，国会図書館調査立法考査局 190 人を加えると 900 名近い人員が議員の立法調査活動を補佐するスタッフとして活動していることになる．

●**政策形成における議会スタッフ**　政策形成における国会の主要な役割は，議員立法を通じての政策立案と内閣提出法案（閣法）や予算の審議による政策決定，そして，国政調査権や行政監視に基づく政策評価にあるといえよう．まず，議員立法の立案に関しては，議員からの依頼を受け，議院法制局が依頼議員との協議を重ねながら，事実・法令の調査，法政策の形成，条文化を一貫して担当する．さらに，党内手続きや国会での審議においても，想定問答の作成や修正案の起草などを通じて議員をサポートする．一方，閣法や予算審議においては，調査局・調査室が議員の依頼に応じた調査・レクや質疑のための資料の作成を通じて，議員の委員会活動をサポートする．附帯決議の原案の作成や予算経費の見積もり，委員会審査報告書の作成なども調査室によって行われる．国政調査においては，委員派遣や参考人からの意見聴取のアレンジ，報告書の作成等を行う．衆議院の場合，さらに，官公署に対して資料提出等の必要な協力を求め，調査結果を報告書として委員会に提出する予備的調査事務が加わる．他方で，政策評価に関しては，提出法案に関する事前評価書に基づく国会での法案審議や，政策の事後評価に対するチェックに法案所管の委員会が体系的に取り組むことは行われていない．行政評価は（決算）行政監視委員会の所管事項であるものの，政策評価の面での議会スタッフの役割は限定的と考えられる．これに対して，国会に初めて設

置された非議員による東京電力福島原子力発電所事故調査委員会では，任期付きで雇用された常勤職員によって構成される調査統括チームに衆参両院や国会図書館の議会スタッフも参加し，国会独自の調査報告書の作成に寄与した．議会スタッフは，米国議会の委員会スタッフとは異なり，党派的任用はなされておらず，行政官僚と同様に政治的行為が禁止され，議員に対する補佐では，どの会派の議員に対しても公平中立に専門的見地からサービスを提供することが求められる．このことは，議員に対する立法補佐において，政策内容の価値判断に関する提案は行わず，選択肢の提示を通じての助言的立場に留めるという議会スタッフの原則的姿勢にも反映されている．もっとも，合憲性審査や法体系との整合性に関する議院法制局の意見は強力で，議院法制局長の決裁のない議員提出法案は，議院事務局において受理しない取り扱いとなっている．

●議員から見た議会スタッフの活用度合い こうした議会スタッフの活用度合いを衆参両院議員からみたアンケート調査（蒔田 2013）では，議員立法における利用頻度として非常によく利用する割合が，議院法制局（6割），調査室（3割）に対し，政策担当秘書（4割），政党政策調査機関（4割），行政官僚（2割）であった．国会質問での同割合は，調査室（6割弱），国会図書館（6割）に対し，政策担当秘書（8割），行政官僚（4割），政党政策調査機関（2割）であった．議員立法における情報収集では，野党においても行政官僚の活用が可能である一方で，国会質問については，与党議員が野党議員に比して，行政官僚を利用する頻度が有意に高いという結果が示された．以上の結果から，議員の立法活動において，調査室や議院法制局が活用されているものの，議員立法の情報収集や国会質問では，行政官僚が議員の立法補佐を担う面も有していると考えられる．

●低調な国会の立法調査活動と議会スタッフ 国際的な比較でみた場合，委員会スタッフの国会議員に対する人員比（下院について算出）は，米国（2.6人）に対して，日本（0.7人）は及ばないものの，同じ議院内閣制のイギリス（0.1人），ドイツ（0.3人）に比べて，相対的に多くの人員を要している．にもかかわらず，日本の国会議員による議員立法の成立法律数に占める比率は16%と圧倒的に閣法の方が多い．また，国政調査権に基づく調査特別委員会の設置や調査報告書の作成は，各国議会と比べて極端に少ない．このことは，せっかくの議会の立法補佐機関やそのスタッフが十分に活用されず，国会の立法調査活動の業績に反映されていないことを意味する．ドイツの少数者調査権やイギリスの議員立法審査日のように，野党にも議会での一定の審議設定権を付与する等の議会改革を通じて，議会スタッフの活用機会の拡充を具体化する必要があるといえよう．

［武蔵勝宏］

📖 **さらに詳しく知るための文献**
蒔田 純 2013.『立法補佐機関の制度と機能』晃洋書房．

政権公約と政策形成

1994 年，衆議院に小選挙区比例代表並立制が導入されたが，政策中心の選挙を通じて政権交代可能な政党制を実現することが目的のひとつであった．イギリスでは二大政党が政権公約（マニフェスト）を掲げて選挙を戦い，政権を獲得した政党が公約に基づいて政策を形成し，実行するという考え方がある．こうしたイギリスのモデルが理想とされた．飯尾（2007）によると，政党が首相候補と政権公約を選挙で示し，有権者が選択することで民主的統制を確保することも重要であった．

●**日本における政権公約**　日本で政党が政権公約を掲げて選挙に臨むようになったのは，2003 年総選挙からである．同年 4 月の統一地方選挙では「ローカル・マニフェスト」を掲げる候補者があらわれ，それが国政に波及した．あわせて公職選挙法が改正され，選挙運動期間中にパンフレットを配布できるようになった．かつて衆議院の中選挙区制では，自民党の候補者が同一選挙区に複数立候補して互いに争う状況が生じ，しばしば政党間の競争より耳目を集めてきた．小選挙区制では，一政党から候補者一名が立候補するので（そうでなければ共倒れしてしまう），政党間の競争が明瞭となった．「マニフェスト選挙」とは，こうした選挙制度改革の一つの帰結であったといえる．

2009 年総選挙では政権交代が実現し，民主党を中心とする連立政権が発足したことで，政権公約には大きな注目が集まった．データを分析してみると，民主党と支持者の政策的な立場の一致率は相対的に高く（53.5%），マニフェストに対する支持は一定程度えられていたといえる（上神 2010）．しかし，民主党政権はマニフェストで掲げた政策を実現するのに必要な財源の捻出に失敗してしまう．他方で民主党のマニフェストは消費税増税を否定しており，財源をめぐる激しい党内対立を招くことになった．それも一因となって同党は分裂し，2012 年総選挙で敗北した．そもそも政権公約は政策形成にどの程度まで反映されるべきだったのだろうか．

●**政権公約の理論**　政治的代表とは有権者に従う代理人 agent として委任 mandate を実行すべきか，独立した受託者 trustee として行動すべきか．ピトキン（2017）によると，代表とは単なる代理人ではなく，受託者でもない．この両極の間に位置して，有権者の利益を自ら判断して行動する自律性を備えており，通常は有権者との一致が保たれるような存在である．代表をして有権者の要求に応答的とする重要な契機が選挙である．ここで注意すべきは，代表のあり方には依然

として大きな幅が許容されている点である．「政権公約は政策形成に反映されるべき」という考え方を代理人と受託者の間に位置づけると，代理人寄りの立場となる．有権者から政権公約を実行するよう委任されるのだから，受託者に許されるような自由裁量の余地はない．しかし，代理人そのものでもない．なぜなら政権公約の作成は政党・政治家の側に留保されている．その限りで政党・政治家は有権者の利益とは何か，自ら判断して選挙で提示する．

ただし，政党・政治家が備えるべき自律性の程度は，依拠する政党のモデルに応じて異なる．空間競争モデルによると，政党は有権者からの支持を最大化するべく，政策位置を変える（ダウンズ 1980）．政権公約の作成では，政党・政治家により大きな裁量が与えられなければならない．他方，社会亀裂理論によると，政党の配置は近代化に伴って発生した，中心と周辺，都市と農村，資本と労働など，社会における対立関係に基づく（Lipset & Rokkan 1967）．政党は社会における諸利益を反映しなければならない．したがって，空間競争モデルと比べると，政党・政治家が行使し得る自由裁量の余地は小さい．

●**政権公約の実際**　政権公約が政策形成に及ぼす影響は，政党・政治家が次の選挙で有権者にどう向き合うかに応じても異なる（Mansbridge 2003）．政党・政治家は有権者との約束を守ろうとするだけではない（promissory representation）．有権者が業績評価に基づく投票を行うならば，それを予想して代表しようとする（anticipatory representation）．次の選挙では有権者の構成が異なっているかもしれないし，外的環境の変化，例えば世界的な不況の影響により，有権者が求める政策は変わるかもしれない．次の選挙で有権者から支持を集めるために，政権公約を修正したり，実施しなかったりすることもあり得る．

それでは，政権公約はどの程度まで政策形成に影響を及ぼしたのだろうか．Powell（2020）や Thomson（2020）など西欧を中心とする各国比較に基づく実証研究の成果をまとめると，政府支出の変化の 50%は公約で言及された政策領域の変化と関連しており，公約の数でみるとその 60%は実現している．また，いわゆる中位投票者の政策選好は長期的にはかなえられやすい．連立政権よりも単独政権の方が公約は実現されやすい．政党のイデオロギーが分極化していると，政権交代に伴い，中位投票者と政権担当政党との政策距離がかえって広がることもある．

理論的にも経験的にも政権公約は政策形成に反映される（べき）ものであるが，依拠する前提や状況に応じて，その程度は異なるといえる．　　　　　［上神貴佳］

📖**さらに詳しく知るための文献**
飯尾 潤 2007.『日本の統治構造』中公新書.
上神貴佳 2010. 政権交代と政策過程. 公共政策研究 10：45-58.
ピトキン, H. 著, 早川 誠訳 2017.『代表の概念』名古屋大学出版会.

裁判所と政策形成

わが国の司法権は、原告、被告という当事者の権利利益を審判の対象とする（板まんだら判決、最判 1981 年 4 月 7 日民集 35 巻 3 号 443 頁）。裁判所がその裁判によって、国・地方の政府における公共政策の内容を確定したり、変更したり、廃止したりすることは、司法の本来的目的ではない。

だが、その当事者の権利に関する争いの原因が政府の政策内容の適法性や立法の憲法適合性にあるときは、裁判所は、その根拠となる政策などについて判断する必要がある。そして、裁判所の判決が争点となった政策や立法について、違法あるいは憲法違反と判断したときには、関係機関は、その政策・立法を適法な、または憲法に適合するようなものに改めなければならない。和解で事件が終わったときでも、和解内容に沿った政策の立案執行がなされることもある（和解を踏まえ補償制度を立法化する場合など）。つまり、裁判作用が公共政策の形成に一定の役割の機能を果たすことは、疑いのない事柄なのである。

●**制度改革訴訟（公共訴訟・政策形成訴訟）**　裁判が政策形成機能を果たすことは日本特有のものではなく、現代型裁判における傾向として指摘されている。アメリカでは、1950 年代に公立学校における黒人と白人の別学を解消する訴えが連邦最高裁判所で認められてから、こうした訴訟が制度改革訴訟（公共訴訟・政策形成訴訟：Public Law Litigation）として、頻繁に提起されるようになった（川嶋2016）。

わが国でも、四大公害（イタイイタイ病、新潟水俣病、四日市公害、熊本水俣病）裁判など、1970 年代以降、制度改革・公共・政策形成訴訟が活発に提起されるようになっている（吉村 2021）。

●**裁判所による違憲審査権の行使**　日本国憲法第 81 条は、裁判所に、いわゆる違憲審査権を与えている（高橋 2017）。（本来的な）司法権と違憲審査権との関係についてはいくつかの考え方があるが、重要なことは、この違憲審査権により、裁判所が立法そのものについて違憲と判断したときは、その立法に関わる政策・施策が否定されるということである。違憲審査権の行使は、直接的な裁判所による公共政策の形成作用であるといえるだろう。そして、その判決内容は、特に、わが国の基幹的制度・重要な政策形成に大きな影響をもたらす。

例えば、最判 2015 年 12 月 16 日民集 69 巻 8 号 2427 頁は、離婚のときに、女性だけに課されていた 6 か月の再婚禁止期間（民法旧 733 条）について、100 日を超える禁止期間部分を憲法違反と判断した。この判決の後、2016 年の民法改正に

2 司 法 府

よって，女性の再婚禁止期間は 100 日に短縮された（妊娠していなければただちに再婚可）．さらに 2022 年 12 月の民法改正によって，再婚禁止期間の制度自体が廃止された（2024 年 4 月 1 日施行）．

このように違憲判決は政府の政策に極めて大きな影響を及ぼすことが見込まれることもあって，最高裁における法令の違憲判決は，過去 12 件しかない．違憲判断は極めて慎重であるということになろう．

●**民衆訴訟と機関訴訟**　違憲審査権行使以外にも，当事者の自己の権利利益を対象としない訴訟制度が，法律によって個別に設けられている．これらは，客観訴訟と呼ばれる（山岸 2019）．

一つは，民衆訴訟である．これは，法規に適合しない行為の是正を求める訴訟で，当事者個人の法律上の利益にかかわらない資格で提起できるものである．民衆訴訟のうち，政策形成にとって特に重要なものが住民訴訟である（地方自治法242 条の 2〜）．これは，地方公共団体の住民が，その団体に対する自己の権利利益とは関わりなく，その団体の違法な財務会計行為について，行為の差止めや違法支出の責任者に対する損害賠償請求権の行使をその団体に義務づけることなどを求める訴訟である．

政策の遂行は予算の執行などの財務会計行為を伴うことが一般的である．それゆえ，住民訴訟においては，その財務会計行為の原因である政策そのものについて，裁判所は，一定の範囲でその違法性を審理判断することになる．

ただ，住民訴訟制度の対象は地方公共団体の財務会計行為に限られている．このため，国の行政機関における違法な財務会計行為を正すために，住民訴訟と同じような国民訴訟制度を導入することが，提案されている．

もう一つは，機関訴訟制度である．これは，行政機関同士の権限の存否などを審理の対象とするものである．特に国（中央政府）と地方公共団体（地方政府）の間における関与に対する係争処理制度（国地方係争処理制度．地方自治法 251条の 5〜）は，国と地方公共団体における政策的利害が対立するときに，政策形成を図る制度として機能する．例えば，沖縄・辺野古沖の基地建設は，防衛政策（☞日本の安全保障・防衛政策）と地方自治が重なる政策テーマであるが，公有水面埋立法，漁業法など，関連する法律の執行権限をめぐる争いとして，この国地方係争処理制度も利用されつつ，さまざまな裁判事件が起きている．　　　［田中孝男］

📖**さらに詳しく知るための文献**
川嶋四郎 2016．『公共訴訟の救済法理』有斐閣．
髙橋和之 2017．『体系 憲法訴訟』岩波書店．
山岸敬子 2019．『客観訴訟制度の存在理由』信山社．

行政救済法と違法是正

　行政活動によって何らかの不利益を受けた人を救済するための訴訟制度は，大きく二つに分かれる．①違法な行政活動につき，その効力を争うための仕組みとしての行政事件訴訟法に基づく抗告訴訟（取消訴訟や差止訴訟，義務付け訴訟など）や当事者訴訟（公法上の権利関係に関する訴訟）と，②救済として金銭賠償を求める仕組みとしての国家賠償法に基づく損害賠償請求である．

　これらの訴訟で行政活動の違法性が認定されると，当該事件原告の救済としても，また同種の事件で違法な取扱いをしないようにするという違法是正と平等原則の観点からも，行政過程で見直しが行われる．しかしそれは判決効ではなく，法令の趣旨・解釈が示されたことによる副次的なものである．

●**違法認定後の対応**　特に法令が違法・違憲とされた場合には波及効果が大きい．医薬品のネット販売を禁止する厚生労働省令の違法を理由とする地位確認判決（最判平成 25・1・11 民集 67 巻 1 号 1 頁）は，判決効自体は提訴した原告会社にしか及ばないが，省令が違法とされ改正されたことで，多数の競業者がネット販売に参入した．在外邦人選挙権訴訟（最大判平成 17・9・14 民集 59 巻 7 号 2087 頁）や在外邦人最高裁裁判官国民審査権訴訟（最大判令和 4・5・25 民集 76 巻 4 号 711 頁）は，支払われた賠償金はごくわずかであったが，判決後の法改正により原告らだけでなく，今後すべての在外邦人が結果として権利を行使できるようになった．

　さらに，訴訟を契機に法改正がされる際に，訴訟に参加しなかった者やすでに敗訴した者まで救済対象となることがある．ハンセン病国家賠償訴訟では立法者の不作為の違法・過失が認定され（熊本地判平成 13 年 5 月 11 日判時 1748 号 30 頁），後に家族が差別で受けた被害の賠償請求も認容された（熊本地判令和 1・6・28 判時 2439 号 4 頁）ところ，両訴訟においていずれも当時の首相が控訴を断念した．そして 2019（令和元）年 11 月に，ハンセン病元家族補償法・ハンセン病問題解決促進法が成立施行され，被害者全体につき救済が図られた（阿部 2021）．

●**公共訴訟の活性化**　個別的な紛争解決や訴訟当事者自身の救済だけでなく，政策に影響を与えることを意図した訴訟は「政策形成訴訟」や「現代型訴訟」と呼ばれてきた（☞「裁判所と政策形成」）．

　近時，行政（国・地方公共団体）を相手方とする訴訟のうち，社会問題の解決を目指すものを「公共訴訟」と銘打ち，それらの支援を行う活動が活発となっている．例えば，公共訴訟プラットフォーム CALL4（コール・フォー）は，訴訟の

背景を語る場やクラウドファンディングによる経済的支援，訴訟資料データベース等を提供することにより，公共訴訟を行おうとする者を費用面・時間面・精神面から支援することで，社会問題の解決を促進しようとする認定特定非営利活動法人である（https://www.call4.jp/）．前掲の在外邦人関連訴訟だけでなく，入管収容における人権侵害や，2020年からのコロナ危機下における営業停止命令，夫婦別姓問題や性的マイノリティの訴訟などが支援対象となっている．また，訴訟資料が公開されることを通じて，公共訴訟に関連した研究・判例評釈が進展するきっかけにもなっている．

●**違法主張に対する制度上の障害**　しかしながら，このような取組みを通じても課題は多い．そもそも，司法制度そのものに存在する問題としての裁判の長期化（最高裁まで争う場合は10年程度）や費用負担問題（訴訟費用だけでなく，弁護士費用も）はそのままである．

　さらにいえば，行政活動のすべての違法が訴訟制度の枠組みに載せられる仕組みにはなっていない．日本の裁判制度は，自己の法律上の利益に関わる主観訴訟と，そうではない客観訴訟に分かれるが，法律上の争訟ではないとされる後者については「法律において特に定める」場合にのみ提訴可能である（裁判所法3条1項）．そして，客観訴訟が認められる場合は，地方公共団体における違法な財務会計行為を争う住民訴訟（地方自治法242条の2）と，選挙訴訟（公職選挙法）などに限られている．そのため，国の政策が違法・違憲なものだとしても，その違法性・違憲性により自己の法律上の利益が侵害されている者（原告適格のある者）しか提訴できないという構造は残っている．さらに，取消訴訟に適用される行政事件訴訟法10条1項は，「自己の法律上の利益」に関係のない違法を主張することを禁じているため，提訴する者がいる場合であっても，一定範囲の違法事由は裁判での議論に出てこないこととなってしまう．

　このことは，とりわけ環境法分野においては喫緊の課題となっている．「自己の法律上の利益」という権利救済を中心とした裁判制度だけでは，例えば気候変動や種の保存のような，人間の権利利益を超えた主張をすることが極めて難しいからである．諸外国においては環境公益訴訟・環境団体訴訟が法制化されているにもかかわらず，日本においてはそれがないという現状を変えるためには，法政策論・立法論を進展させ，法改正をしなければならない．　　　［横田明美］

📖**さらに詳しく知るための文献**
阿部泰隆 2021．公益訴訟原告勝訴報奨金等の提案．自治研究 97(2)：3-25.
谷口太規 2022．「法の使われ方」の変容をめぐって．法学教室 499：27-32.
正木宏長ほか 2023．『入門行政法』有斐閣．

裁判所の人事

　日本の裁判所では，当初から裁判官として採用した者を裁判実務や研修によって育成するキャリア・システムと呼ばれる人事制度がとられている．すなわち，司法修習終了者の中から判事補が任命され，その者が10年務めるとほとんどの場合判事に任命される．判事補に限らず，検察官，弁護士，大学教授などの職に通算で10年以上あった者も判事の有資格者である．判事の任期は10年であり任命後は10年ごとの再任手続を経て，その者が65歳に達した日に定年退官となる．

●**任官**　新任（司法修習終了者から判事補への任命）・再任（判事補から判事への任命および判事から判事への任命）に際しては，任官希望者は最高裁判所（最高裁）に任官願を提出し，提出者全員が下級裁判所裁判官指名諮問委員会による審査にかけられる．その答申を尊重して最高裁が任官者名簿を作成する．

　判事補および判事は任官者名簿に基づき内閣により任命され，任官から定年までほぼ3年から5年ごとに異動・補職を繰り返す．その過程で高等裁判所（高裁）長官に任命される者もいる．定年年齢は判事と同じである．高裁長官の中からさらに最高裁の裁判官（最高裁裁判官）に任命される者もいる．その定年年齢は70歳である．最高裁裁判官に再任手続はないが，彼らは後述する国民審査に付される．簡易裁判所判事は10年ごとの再任手続を経て70歳で定年退官となる．

●**最高裁裁判官**　最高裁裁判官は最高裁判所長官1人（内閣が指名し天皇が任命する）と最高裁判所判事14人（内閣が任命する）の合計15人からなる．彼らには慣例的に出身枠比率が存在し，半世紀以上前からその比率は事実上ほぼ固定されている．具体的にはキャリア裁判官枠6：弁護士枠4：学識経験者枠5である．

　戦前の最高裁に当たる大審院の裁判官は全員がキャリア裁判官であったものの，大審院は行政官庁である司法省の下に置かれその地位は低かった．これを反省して，日本国憲法の附属法である裁判所法の起草にあたっては，最高裁を「極めて高度の国家機関」とすることが目指された．「一流の人材」「識見の高い人々」を最高裁に迎えて，「法律的にかたよらない様にしたい」と法案の起草者たちは考えた．それは最高裁裁判官の任命資格を定めた裁判所法第41条に反映されている．同条は最高裁裁判官の必ずしも全員に法曹資格を求めていないのである．

　こうした最高裁裁判官のうち6枠を占めるキャリア裁判官出身者の経歴をたどると，ある共通性をくくり出せる．彼らの前職は圧倒的に高裁長官である．その経歴をさらにさかのぼると，最高裁事務総長，司法研修所長，最高裁首席調査官，または法務省民事局長のうち一つを経由している者が多い．

最高裁事務総長は，裁判所の総務・人事・経理などを扱う司法行政の司令塔である最高裁事務総局の長である．また事務総局の幹部ポストには裁判官が就いている．司法研修所長は司法修習生の修習を統轄する．最高裁には最高裁裁判官を補佐する裁判所調査官が40人程度存在する（定員の定めはない）．みな選り抜きの裁判官である．彼らの「事務を総括する」のが最高裁首席調査官である．あるいは，裁判官の中には任官後比較的早期に検察官に身分を変えて法務省に出向する者がいる．彼らが法務省で到達する最高峰ポストが法務省民事局長である．その後再び裁判官に転じて裁判所内でエリートコースを進む．弁護士枠4枠にはかつてはいわゆる東京三会（東京弁護士会・第一東京弁護士会・第二東京弁護士会）と大阪弁護士会（例外的に名古屋弁護士会あるいは神戸弁護士会）から，会務経験の豊富な者が4枠を分け合う形で就いていた．いまではその慣行は確認されない．学識経験者枠5枠のうち各2枠は検察官出身者（東京高等検察庁もしくは大阪高等検察庁の検事長または次長検事の場合が多い）と行政官出身者（うち1枠は外交官の場合が多い），残り1枠は法学者出身者が就くのが通例である．

●**高裁長官，地・家裁所長**　次に高裁長官の人事をみていく．東京，大阪，名古屋，広島，福岡，仙台，札幌，および高松の合計8ポストがある．これらのうち，東京高裁長官の歴代就任者のほとんどは最高裁事務総局での勤務経験をもつ．大阪になるとその割合は3分の2程度に下がる．名古屋，広島，福岡，仙台，札幌は6割から半分程度であり，高松は3分の1弱でしかない．これはほぼそのまま各高裁長官ポストの暗黙の格付けを示している．東京と大阪の場合，そのあと最高裁裁判官へと栄進する可能性が高いが，名古屋以下ではそれは例外的である．

　地方裁判所長（地裁所長）および家庭裁判所長（家裁所長）には各地裁・家裁の判事のうちから最高裁が補職する．46都府県に一つずつ，そして北海道に四つの所長ポストがある．地裁所長と家裁所長を兼務する事例は29ある．実際の格付けとしては東京地裁所長が極めて高い．これを経ると高裁長官就任はまず確実でありその4割弱が最高裁裁判官になっている．東京地裁所長に続くのが東京家裁所長と横浜地裁所長である．次はたいてい高裁長官に上る．大阪地裁所長もほぼ同格だが，前二者と異なり最高裁裁判官に達した者はいない．

●**法曹一元制度，国民審査**　日本では，法律に関する職務経験や社会的経験を豊富に積んだ弁護士から裁判官を任用する法曹一元制度はとられていない．その導入はしばしば提案されてきたが，依然実現されないままである．弁護士をキャリア裁判官に編入させる弁護士任官という例外的な制度があるにとどまる．

　最高裁裁判官に民主的正統性を与えるルートとして，衆議院議員総選挙と同時に行われる国民審査がある．その結果罷免を可とする票が多数となり罷免された者はこれまでいない．だから無意味なのではなく，むしろ憂慮すべきはこの制度の形骸化が著しいことである．実質化に向けた改革が求められる．　　［西川伸一］

国民の司法参加

　2001 年 6 月に内閣に提出された「司法制度改革審議会意見書」に基づく平成の司法制度改革のひとつとして，裁判員制度が 2009 年 5 月から実施されているが，実は，それ以前からもわが国における国民の司法参加の制度は存在する．例えば，民事司法において，民事調停委員・家事調停委員，司法委員，参与員は，一般の国民から選任され，私人間の身近な紛争の解決に寄与してきた．刑事司法においても，一般の国民からくじで選ばれた 11 人の検察審査員により構成される検察審査会が検察官による不当な不起訴処分の当否を審査し議決する制度が，終戦後の司法制度の再編期に導入され，1948 年 7 月から実施されている（司法制度改革によって起訴議決に基づく強制起訴が行えるようになるなど，この制度は強化された）．以下，本項目では，国民の司法参加の制度の中で最も注目されている裁判員制度について解説することとする．

●**裁判員制度の概要・意義**　裁判員制度とは，一般の国民からくじで選ばれた裁判員が，一定の重大な犯罪についての刑事裁判に，裁判官と協働して，事実の認定や法令の適用，刑の量定の判断を行うものである．死刑・無期拘禁刑に当たる罪に係る事件と，法定合議事件のうち故意の犯罪行為により被害者を死亡させた罪に係る事件が対象である．衆議院議員の選挙権を有する者から一事件ごとに選任された裁判員 6 人が，裁判官 3 人とともに合議体を構成して行う．

　裁判員制度の意義について，裁判官のみによる従前の刑事司法を批判する立場からは，一般の国民（あるいは，「市民」）が主権者として裁判を行うための制度であるなどと説明されることがある．しかしながら，そのようなイデオロギッシュな理解は明らかに誤りである（池田ほか 2016）．裁判員法（裁判員の参加する刑事裁判に関する法律）1 条には，制度の趣旨として，「国民の中から選任された裁判員が裁判官と共に刑事訴訟手続に関与することが司法に対する国民の理解の増進とその信頼の向上に資することにかんがみ」導入する旨が明確に規定されており，そこには，司法の民主化などのスローガンは挙げられていない．裁判員制度の意義は，あくまで，一般の国民が裁判官と協働して裁判を行うことを通じて，司法に対する国民の理解を増進させ信頼を向上させることであり，これによって，一般の国民にとって裁判が身近でわかりやすくなり，裁判内容に国民の視点・感覚が反映されるようになることが期待される．

●**裁判員制度の特徴**　諸外国における国民の司法参加の制度としては，一般の国民から選任された陪審員が裁判官から独立して裁判過程に参加する陪審制度（刑

事事件において，被疑者を起訴するか否かを陪審員のみで判断する大陪審〔起訴陪審〕と，民事・刑事事件において，陪審員のみで事実認定を行う小陪審〔審理陪審〕とに分けられる）と，一般の国民から選任された参審員が裁判官とともに合議体を構成し，裁判を行う参審制度とがあり，前者はアメリカ合衆国など英米法の国々で，後者はドイツなどヨーロッパ大陸法の国々で，行われてきた．

裁判員制度は，裁判員が個別の事件ごとに国民の中から無作為に選任され，裁判官のような身分を有しないという点で，陪審制度に類似する（参審員には一定の任期があり，選考委員会によって選任される）が，他方，裁判官とともに事実認定・法令の適用・刑の量定を行うという点で，参審制度と共通する（刑事裁判における陪審員は，裁判官と協働せず，事実認定のみを行い量刑は判断しない）．

なお，わが国では，1928年10月から陪審の答申に裁判官に対する法的拘束力のない陪審制度が存在し，実際の裁判件数自体はごく少ないものの，一定の重大な刑事事件について，一般の男性国民から選任された陪審員による陪審裁判が実施されていたが，裁判員制度との関係では連続性はない（陪審法はまだ廃止されておらず，1943年4月に施行停止されたままである一方，裁判員法は陪審法とはまったく無関係に制定されている）．

●**裁判員制度の運用と課題**　裁判員裁判（裁判員の参加する裁判）は，裁判員法施行日（2009年5月21日）以後に起訴された対象事件について行われており，施行10年のうちに，すでに1万件超が行われ，約9万人の国民が裁判員等（補充裁判員を含む）を務めている．アンケート調査によれば，9割以上の裁判員経験者が「（非常に）よい経験」であったと回答している．また，裁判員裁判では，精密司法から核心司法へ，調書裁判から公判中心主義へと，刑事訴訟の本旨に沿った裁判が実現していると評価されている（最高裁判所事務総局 2019）．日本国憲法には国民の司法参加を認める明文の規定が置かれていないが，そのことは国民の司法参加の禁止を意味するものではなく，また，法と証拠に基づく適正な裁判を行いうる裁判員制度が憲法の諸規定に違反しないことは，2011年11月16日の最高裁判所の大法廷判決で確定した．

もっとも，法律上の義務に従い選任手続期日に出頭する裁判員候補者の割合（出席率）は，制度発足当初の83.9%から次第に低下し，2022年には69.8%に至った．また，裁判員の参加した第一審の判決を裁判官のみで構成される控訴審が破棄した事例もあり，それは制度上認められていることとはいえ，参加する国民の側からみれば，参加意欲を削ぐような判決もある．10年以上の運用を経て定着した裁判員制度にも，国民の司法参加という点で課題は少なくない．　［柳瀬　昇］

📖**さらに詳しく知るための文献**
池田　修ほか 2016．『解説 裁判員法』第3版．弘文堂．
最高裁判所事務総局 2019．『裁判員制度10年の総括報告書』最高裁判所．
柳瀬　昇 2009．『裁判員制度の立法学』日本評論社．

中央省庁における政策形成

　第二次世界大戦後の日本では，省庁体制が安定する中で，各省庁のおかれた環境条件，歴史的条件に対応する形で，固有の政策形成過程とそれを支えるシステムが構築されてきた．日本の省庁については，公式的な稟議制の仕組みに基づく個別積み上げ型の意思決定過程（辻 1969）に着目されてきたが，その運用の実態は多様であった（城山ほか編著 1999）．その後，1996 年以降の「橋本行革」を踏まえて 2001 年より省庁再編が実施されており，内閣機能も強化されたが，従来の省庁体系の下での各省庁の対応する課題に応じた各省庁の政策形成の特色には現在でも維持されている面が多い．ここでは，中央省庁における政策形成過程の多様性を類型的に提示するとともに，省庁再編後の変容とその限界について説明する．

●中央省庁における政策形成過程の類型　政策形成を省庁内で進める過程は，課題の多様性，組織の特質に対応して多様である．各省庁の政策形成過程における行動様式に関して五つの類型を示すことができる（城山・細野編著 2002）．

　第一の類型は企画型である．旧通商産業省（現経済産業省），旧科学技術庁（現文部科学省の一部）における政策形成がその例に当たる．企画型では，縦割りの担当の原局・原課が政策を創発するだけではなく，官房系統組織，すなわち，官房・横割り政策局や各局総務課が新たなアイディアを主導して，原局・原課に投げかけてくる．また，官房系統組織は原局・原課の創発に対して口を挟み，修正を加える（共鳴板としての機能）．企画型では，いかにして官房系統組織のスタッフ機能における敏感性を維持するかが課題となる．

　第二の類型は現場型である．旧建設省（現国土交通省の一部）の河川局，旧文部省（現文部科学省の一部）における政策形成がその例に当たる．現場型では，原局・原課における現場が新たなアイディアを主導し創発する．現場の新たな実験的取組に対しては，上司は比較的寛容であり，実験的取組を許容する．実験的取組の中で残ったものの熟度が上がり臨界点に達すると，主に原局・原課によって新たな制度革新が試みられる．現場型では，政策実施と政策立案を同一組織が担っている．これは，現場における実施に基づくフィードバックを可能にするメカニズムであるともいえるが，政策立案が政策実施に引きずられる可能性を内包している．

　第三の類型は査定型である．旧大蔵省（現財務省）の主計局における政策形成がその例に当たる．査定型では，アイディアは常に被査定側によって提供されるのであり，受動的創発となる．また，判断の基礎となる情報も相手方が提供する

ものに依存し，提供された大量の情報を各方面から検討して一定の判断を行うことが求められる．そのため，実務処理上の能力の限界から，査定側は被査定側の担当者と「握る」（＝合意する）必要がある．

第四の類型は渉外型である．外務省における政策形成がその例に当たる．渉外型では，自律性が高く多様な外部主体との調整を行うこととなるため，状況判断が重要な基礎作業となる．多面的観点から状況判断を行うため，情報回路は重複的に設計される．創発は各レベルでの外部からのインプットに基づき分散的受動的に行われ，共鳴と最終承認は組織内のハイレベルの部分で集中的に行われる．

第五の類型は制度官庁型である．法務省，旧自治省（現総務省の一部）における政策形成がその例に当たる．制度官庁型では，創発は個別の基本的諸制度ごとにアドホックに行われることになる．また，このような基本的諸制度に関しては，予算のように毎年決定が行われるということはなく，見直しの周期は長期となる．

●中央省庁における政策形成過程の変容と限界　「橋本行革」においては内閣機能の強化が課題とされ，内閣法の改正，内閣府の設置，経済財政諮問会議等四つの重要政策のための会議の設置という制度的対応がとられた．その結果，内閣官房，内閣府が主導する政府全体レベルでの政策形成過程が強化された（城山2006）．

内閣官房，内閣府の主導する政策形成過程は，新たな政府大での企画型の政策形成過程の試みという側面をもつ．ただし，内閣官房，内閣府では内部人材が不足していたため，外部者を利用することで新たなアイディアの導入を可能にした．経済財政諮問会議等における民間議員の活用，内閣府等における外部者の活用がその例に当たる．また，内閣官房，内閣府への出向が各省庁におけるキャリアパスとして配慮されることにより，各省庁からの出向者も重要な役割を果たした．

ただし，政治主導により内閣官房，内閣府を中心とした政策形成が肥大化する方向に対しては，政策の安定的実施等の観点から問題視する議論も提起された．そのため，2015年には内閣官房，内閣府の機能の一定のスリム化の方針も決定され，実施に移された（城山2018）．また，企画型の旧科学技術庁と現場型の旧文部省が合併した文部科学省等においては，異なる政策形成過程の相互浸透も一定程度起こりつつあるが，制度型の旧自治省，査定型の旧総務省，旧郵政省が合併した総務省等においては，多様な政策形成過程が併存している．このような状況の中で，従来からの多様な日常的な政策形成過程は継続している．　　　［城山英明］

📖さらに詳しく知るための文献
城山英明ほか編著 1999.『中央省庁の政策形成過程』中央大学出版部.
城山英明・細野助博編著 2002.『続・中央省庁の政策形成過程』中央大学出版部.

地方自治体における政策形成

●**政策形成と政策執行**　地方自治体（以下，自治体）は，国が決定した政策を，地方現場で執行する役割を担うことがある．国から見れば，自治体と地方出先機関は，政策執行という機能面では同じ役割である．国が政策形成を担い，自治体が政策執行を行う分業は，自治体を地方出先機関と同じように位置づける点で，集権体制である．そのため，自治体は「地方団体」あるいは「地方行政」とも呼ばれてきた．これだけでは，自治体に独自の政策形成は存在するとは限らない．

　政策執行を自治体が担うことは，国は自治体に政策執行を依存していることでもある．自治体が政策執行をしなければ困るのは国である．このような執行依存の状態を自治体が利用すれば，自治体は国に対して一定の影響力を持ち得る．つまり，集権体制であっても，運用によって自治実践は可能である．

　自治実践のためには，第1に，自治体が何らかの独自の政策形成を行うことが必要である．政策形成がなければ，執行依存の状態を利用できない．第2に，自治体が影響力をもつのは，国が地方出先機関に政策執行を委ねられないときである．自治体は，広く政策執行を担うことが重要な戦術となる．しかし，国の政策執行の負担が大きすぎれば，独自の政策形成の余裕がなくなる．

●**独自の政策形成**　自治体の独自の政策形成は，第1に，国の政策執行の機会を活用しつつの，現場での細かい調節である．しばしば，国も，自治体による微調節を期待している．なぜならば，自治体が現場の実情に合わせず，機械的に国の方針のまま政策執行すれば，人々や地域社会に適切な作用を及ぼせず，国の政策自体が失敗することもあるからである．この点からすれば，国と自治体の政策形成は両立関係にある．地方出先機関でも政策執行での微調整は必要であるが，地方出先機関は民主的正統性によって微調整を正当化できない限界がある．

　第2に，国の政策形成とは関係なく，独自に自治体が政策形成を行う．この場合は，もはや地方出先機関と同じ役割ではない．自治体が独自の政策形成を行うときには，通常自治体が政策執行を担う．さらに，国の執行依存を活用して，国に対して影響力を発揮し得る．そのときには，自治体の政策形成に沿って，国の政策も，政策執行の中で軌道修正・換骨奪胎や「上乗せ・横出し」できる．

●**政策形成と首長・議員**　自治体が政策形成するときにも，首長，行政職員，議員，利益集団，専門家，報道機関，地域住民などが関わる政策過程が展開される．国の首相・内閣・大臣などに比べて，首長が政策形成に与える影響力は相当に大きい（首長制）．首長は，住民から直接公選される民主的正統性がある，独任制執

政首長として意思決定を個人で行える，行政の予算・人事を掌握している，1期4年の任期が制度的に安定しており，さらに，実態として再選・三選などが見込まれている，などの要因から政策形成の中心にいる．

これに対して，議会・議員は，現場政党組織が弱体であり，首長の選出を行えず（二元代表制），予算・職員人事を握る首長に依存しなければ議員自身の望む政策が実現できない．その結果として議員は，首長側の議会対策に屈して，首長の政策形成の主導性に対して，受動的になることが多い．しかし，首長に対して，多数派議員が一丸となれば，予算否決などで首長の政策形成を阻止できる．とはいえ，多数派議員が政策形成をして，首長に政策執行をさせることは，容易ではない．議会は首長に対して執行依存の状態だからである．

●**政策形成と行政職員**　行政職員は，首長の主導性を借りて，実質的に政策形成に大きな影響力をもち得る．また，行政職員が立案・執行しなければ首長は政策形成・執行ができないから，職員は首長に対しても一定の影響力をもち得る．とはいえ，首長は人事権をもっているので，首長の意にあまり沿わない職員は左遷されかねない．行政職員は，首長が了承することを予測し，あるいは，説得できる範囲で，政策立案を行うにとどまる．逆に，首長は行政職員に，自分自身の方針や構想に沿って，具体的な政策立案をするよう指示を出せる．

また，国の行政職員が政策分野別で専門分化が進んでいるのに対して，自治体の行政職員はすべての政策分野にジェネラリスト的に配置転換するため，特定の政策分野に精通することは容易ではない．そのため，職員が政策研究を行って，政策形成のアイデアを積み上げて，政策形成を成就することは容易ではない．むしろ，国・専門家などの政策情報を収集・分析することが多くなる．

●**外部との関係での政策形成**　自治体の政策形成では，自治体内部の当事者だけではなく，国・世論・他自治体の政策動向も，非常に大きな影響力をもつ．国や他自治体では政策形成に至っていない課題に対して，先駆的に政策形成を行うこともある．逆に，他自治体で政策形成がされても，政策形成に至らないこともある．また，他自治体での政策形成を参照して，あるいは，追従して，自治体が政策形成を行うこともある．この現象は政策波及・伝播と呼ばれる．

自治体の政策形成は，独自色を発揮する場合と，周囲に同調する場合と，両方があり得る．自治体の政策形成における検討では，国や他自治体の動向を調査し，全体の中で，政策形成に関してどのような位置（ポジション）を占めるかも重視される．しかし，このような自治体外の周囲を重視する場合は，地域住民のニーズが的確に反映されないことにも繋がる．　　　　　　　　　　［金井利之］

📖さらに詳しく知るための文献
金井利之 2007.『自治制度』東京大学出版会.
金井利之 2010.『実践自治体行政学』第一法規.
金井利之 2019.『自治体議会の取扱説明書』第一法規.

国の予算編成

　政府の活動を金銭面から捉えたのが「財政」であり，その中心的な手段が「予算」である．予算とは，一般的には，1 年間における収入と支出の見積りであり，議会がこれを承認することを通じて政府活動を統制する機能を果たす．

●**予算制度**　国の予算に関連する制度や仕組みは，法的には財政法（昭和 22 年法律第 34 号）に規定されている．歳入とは一会計年度における一切の収入であり，歳出とは一会計年度における一切の支出である（同法第 2 条第 4 項）．歳入・歳出とは会計年度を特定した概念である．会計年度は，毎年 4 月 1 日に始まり，翌年 3 月 31 日に終わる（同法第 11 条）．重要な原則として，会計年度独立の原則（各年度の経費はその年度の歳入をもって支弁する：財政法第 12 条），予算の単年度主義（予算は毎会計年度作成し国会の議決を受ける：憲法第 86 条）がある．

　予算は，国会の議決が必要という法的な意味では，歳入・歳出だけではなく，予算総則，継続費，繰越明許費，国庫債務負担行為も含まれ，これらは政府が国会に提出する「予算書」に規定される．また，時期により，当初予算，補正予算，暫定予算の区別があり，会計や対象により，一般会計，特別会計，政府関係機関（2024 年度では日本政策金融公庫など 4 つの政府系金融機関）の区別がある．

　2024 年度当初予算の歳出総額は，一般会計約 113 兆円，特別会計約 436 兆円，両会計の重複額等を控除した純計約 259 兆円となっている．

●**予算編成**　さて，予算をつくる作業が予算編成であるが，財政法には，各省大臣が歳入歳出の見積を作製し財務大臣に送付すること（第 17 条），財務大臣は当該見積を検討して必要な調整を行い，閣議決定を経ること（第 18 条），前年度の 1 月中に内閣が国会に提出するのを常例とすること（第 27 条）などとしか書かれていない．

　実際の新年度の予算編成作業は，通常，7 月末に，各府省が予算を要求するにあたっての方針を示す「概算要求基準」を閣議了解の形で承認することから開始される．これは，1961 年度の「予算概算要求枠」に由来する仕組みであり，各府省が要求する上限を規定する「シーリング」（例えば，歳出の要求は前年度に比べて 5% 増以下とする）を設定する（ただし例外項目も多い）．これを受けて，各府省は 8 月末までに概算要求を財務省に提出し，その後，その内容について財務省と各府省の間で折衝が行われる．最後は必要に応じて大臣折衝も行われ，12 月半ばには政府予算案が閣議決定される．

　これらは公式な予算編成過程であるが，実際にはかなり複雑であり，一般国民

の目には見えないことが多い．予算編成とは，希少資源を巡る政治的な調整過程だからである．法令には，与党の役割は書かれていないが，実際には，各府省の応援団となって（しばしば「族議員」と呼ばれる），予算の増額に向けて大きな影響力を行使している．与党の協力がなければ，予算案を国会で承認できないためである．過去には，整備新幹線の新規着工や米価引上げを巡って，族議員や陳情団が首相官邸に殺到したこともあった．これは，キャンベル（1984）が「予算ぶんどり」と指摘した日本型予算の利益誘導政治である．

●**予算の意思決定と透明性**　予算編成に関し財務省（旧大蔵省）が強力な権限を有しているといわれるが，実態は異なる．財務省には関係者の利害を調整する能力はあっても，与党や族議員の要求を拒否できるほどの力はない．財務省が強力な権限を有していれば，先進諸国最悪の債務残高にはなっていないだろう．

　こうした問題の根源は予算制度にある．それは予算編成過程におけるルール・手続き・慣習などを意味する．財務大臣の法的，慣習上の役割や権限などもそれに含まれる．近年，この予算制度と財政赤字の関係を統計的に分析する研究が発展しており，それによれば，財政規律を高めるためには，意思決定を集権化することと透明性を高めることが重要であると指摘されている．

　この二つの側面のいずれについても，日本の予算制度は脆弱である．日本の財務大臣に与党や族議員を抑える力は乏しい．例えば，ドイツの財務大臣には予算を決める閣議において拒否権が認められているし，イギリスの財務大臣は首相に次ぐ力を有している．日本でも，昭和や平成初期においては，大蔵大臣経験者はしばしば首相になるなど党内の実力者であったが，近年はそうとは言えない．

　予算の透明性も低い．財政規律を維持しているスウェーデンやオランダなどで導入されているのが，将来の歳出を拘束する中期財政フレーム，予算の前提となる経済成長率や税収などの予測と結果の乖離の分析，財政上のリスクに関する分析，独立財政機関による検証，長期財政推計などであるが，これらは日本にはほぼない．日本にも中期財政フレームに相当する「中長期の経済財政に関する試算」（内閣府作成）はあるが，将来の歳出を拘束しているわけではない．

　近年，国際機関が導入を推奨しているのが独立財政機関であり，政府内に設置する場合と議会に設置する場合などがある．機能は国により異なるが，経済財政見通しの作成，政府の財政政策に対する勧告，財政状況の分析などを行う．予算編成には政治的なバイアスがあるため，これを是正する機能が期待されている．欧州では，2009年のギリシャ危機を経て独立財政機関の設置が義務付けられているが，現在，主要先進諸国で導入していない国は日本だけである．　　　　［田中秀明］

📖**さらに詳しく知るための文献**

キャンベル，J. 著，小島 昭・佐藤和義訳 1984.『予算ぶんどり』サイマル出版会.

小村 武 2016.『予算と財政法』第5訂版. 新日本法規出版.

田中秀明 2011.『財政規律と予算制度改革』日本評論社.

自治体の予算編成

●**予算編成という制度**　自治体の予算編成制度の大枠は，地方自治法とその施行令また施行規則で定められる．地方自治法では，議会の議決事項（96条2項）とされ，9章2節（210～222条）を「予算」に割いている．予算を編成し議決を得ること，その際説明書も提出すること（211条），予算の内容（215条），歳入歳出予算の区分（216条），また財務上必要な費目や処理のルールが定められ，施行令と施行規則では予算の説明書の作成仕様が定められている．

　年度を越えるという設定がなかった自治体の予算制度に，1963年，継続費（212条）・繰越明許費（213条）・債務負担行為（214条）また地方債（230条）などが加えられたが，他には大きな改正もなく，安定して運用されてきた制度といえる．

●**歳入決算額からみる予算の動き**　制度としては安定していた一方で，予算編成は，時代の変化の影響を強く受けてきた．まずその規模では，1963年には約2兆5000億円だった歳入決算額が，2024年には約128兆3000億と40倍の規模にふくらんでいる．自治体は任意で行う自治事務だけでなく，国からさまざまな法定受託事務を執行しているため，それに必要な資源が配分される．

　図1は1961年度を100とした自治体の歳入と対前年度増加率の推移である．1973年のオイルショックごろまでの高度成長期は急速に増加し，バブル期はブレはあるものの伸びが縮小していき，1997年には初めてマイナスを記録し，2000年代からは縮小傾向が鮮明になっていく．2020年度は前後に比べて特異な伸びとなっているが，新型コロナウイルス感染症対策が主な要因である．この大きなインパクトが今後にどう影響するか未知数であるが，少なくとも，予算編成をめぐる状況は厳しさを増しているといえる．

●**予算編成の行程**　編成される予算の規模は拡大し，かつ自治体間でも大きな差はあるがその行程はどの自治体も概ね①予算編成方針の決定（10月中旬から下旬に決定

（注）決算額からは，特定資金公共事業債償還時補助金，特定資金公共投資事業債償還時補助金及びこれら補助金と相殺された償還金を除いている．

図1　自治体の歳入決算額の拡大（1961年度＝100）と対前年度比推移［令和5年度版地方財政白書に加筆］

され，財政担当部局から各部局に示す），②予算要求書の作成と提出（各部局から財政担当部局へ），③予算要求の内容ヒアリング（財政担当部局が各部局にヒアリングを行い，原案を作成），④予算査定（交渉を重ねながら原案を調整していく），⑤首長による予算案の決定，⑥議会への提出，と進んでいく（松木 2017）．

編成された予算案は，都道府県と政令市では年度開始前 30 日，それ以外の市町村では 20 日前に議会に提出することとなっており（地自法 201 条），2 月末から 3 月初めごろに行われる第 1 定例会は予算議会ともいわれる．予算の提出権は首長のみが持っており，審査期間は予算規模の拡大にもかかわらず 2 週間程度しかない．これもあって，予算案が修正されることは稀有なことだった．ただし近年の議会改革の潮流のなかで，予算決算審議の体制が充実したり，附帯決議がついたり，限定的にではあるが予算案の修正もみられたりしている．

●**予算編成の手法と課題**　自治体の予算編成は，一般的に，各部局からの要求を財政部局が査定し調整を積み重ねていく手法がとられている．使途を加算していくこうした方式はやや批判的に「大福帳方式」などと呼ばれていた．2018 年には複式簿記・発生主義にたつ統一基準による財務書類をすべての自治体が作成することとなったが，予算編成方式がそれで大きく変わったとはいえない．急速に予算が伸長し行政需要を織り込んでいく時期には有効であったとしても，伸びが止まり減少していく時代には，多くの課題がある（小西 2020）．

市民の暮らしの現場に最も近い政府である自治体の政策課題は無限にあり，あまたの事業が行われている．一方，資源は有限であるので，優先順位をつけて配分していく必要がある．だが，財政部局と現場部局の折衝だけでは全体調整は難しい．予算規模が伸び止まり減少を始めた時代に，資源配分の検証ではなく，部や課単位での予算の一律削減や退職者不補充など安易なコストカットでしのいできたともいえる．

「操縦士のいないジャンボジェット機」ともいわれるほど膨らんだ自治体の事業執行の全体を制御し，人々に必要不可欠な政策・制度（「シビル・ミニマム」，松下 1991）を整備するためには，地自法（215 条）で規定された款・項・目・節の区分ではなく（日本都市センター編 2012）人件費や労力（工数）も含めた事業別予算・決算の作成と公表（例えば兵庫県川西市），財政と連動し事業が体系化された自治体計画（例えば岐阜県多治見市）が必要であろう．そうした情報が，予算編成時だけでなく，また行政内部だけでなく，議会にも市民にも共有され議論されることが望ましい．しかし，多くの自治体がそうした体制を実現できないでいるうえに，社会や経済また政策資源の縮小に向かい合い，災害や感染症といった緊急事態対応に悩む厳しい状況にある．　　　　　　　　　　　　［土山希美枝］

📖さらに詳しく知るための文献

小西砂千夫 2020.『地方財政改革の現代史』有斐閣.

松木茂弘 2017.『一般財源の縮小時代に機能する自治体予算編成の実務』学陽書房.

行政組織の理論・構造，官邸との関係

　行政活動にあたって，政策目的に応じて係，課，部，局といった部署が設置され，それらの部署の集合体ないしは複数の集合体を行政組織という．中央府省には，財政，経済政策，環境政策，教育政策のように政策分野ごとに専門分化して事務を所掌する省庁と，その時々の政権の重要政策を自ら所掌しつつ，省庁に対して指示を与え，政府全体としての総合調整を行う内閣官房，内閣府がある．

●法制度からみる行政組織　法制度に基づいて行政組織を捉えると，行政機関ともいわれる．行政機関は，立法機関，司法機関に対応して用いられ，立法機関が制定した法を，国民，住民に対して執行する機関として位置づけられる．

　中央府省の行政組織は，憲法を基盤として，内閣法，内閣府設置法，国家行政組織法，各省設置法といった国会が制定する法律で，大枠が定められる．これらの法律では，府，省，委員会，庁の設置，それぞれの行政組織に置かれる職（各省大臣，副大臣，大臣政務官，事務次官等）と，組織（審議会等，地方支分部局，外局等）とともに，所掌事務が規定される．各府省庁には，この所掌事務の記載を法的根拠として権限が付与され，各府省庁の内部部局（大臣官房，局，部，課）が具体的に何を所掌するかは，内閣が制定する政令（組織令）で定められる．

●組織論からみる行政組織　行政組織の役割は，社会経済環境の変化に対応して，公共政策を形成し，実行することである．組織論では，組織は，環境からの入力（インプット）に対応して再編される．入力に対して，組織内で垂直的・水平的なやり取りが行われ，再び環境に対して出力（アウトプット）が行われる．環境との相互作用により，組織内で分化と統合（専門化と統制・調整）が変化し，環境に適合する．これをコンティンジェンシー理論（条件適合理論）という．

　安定した環境下では，予測可能性が高まり，規則や手続きが整備されやすく，組織の権限や責任を明確にすることができ，専門化が強まる．官僚制組織にみられるように，階統制的（ピラミッド型）に整備され，上から下への統制が働く．不安定な環境下では，逆に非官僚制組織の形成が促進される．

●官僚制と縦割り行政　権限や責任を明確にした階統制の組織構造は，専門的な行政を展開するには利点があるが，過度の専門化は新たに縦割り行政の問題を生じさせる．このように，官僚制の利点であったことが，かえってマイナスの影響をもたらすことを，官僚制の逆機能という．

　逆機能を抑制し，省庁間での政策的な連携を目的として，内閣官房，内閣府といった首相や内閣のリーダーシップを支える組織の強化が進められてきた．内閣

官房には，内閣官房長官を補佐する同副長官，同副長官補のもとに，内閣官房副長官補室（補室）が組織され，内閣としての政策形成を実質的に担う．補室は，基本的には府省庁からの出向者で構成され，その組織と人員は強化されている．内閣府は，首相が管理するにふさわしい政府全体での対応が必要な事務を所管し，その方針に基づいて省庁の政策が展開される．

　近年，首相の執務室でもある官邸で，首相と密接に勤務する内閣官房の一部を，「官邸」と呼ぶことがある．危機管理の面から官邸での執務者は限定されているが，内閣官房長官，同副長官とともに，各省庁からの出向者による首相秘書官が政策形成で影響力をもつことがある．首相秘書官や内閣官房副長官補ら出向による内閣官房の役職者は「官邸官僚」と呼ばれ，官邸主導の政策形成を支える．

●**行政資源の管理**　行政組織には，政策を展開し，国民，住民にサービスを提供する事業官庁・政策官庁と，その活動を支えるために，政府全体に共通する制度を構築し，行政資源の管理を行う制度官庁がある．事業・政策官庁の内部にも，行政資源の管理を行う官房系統組織がある．制度官庁および官房系統組織は，行政資源であるヒト・モノ・カネ・情報（人員，技能・設備，オフィス環境・会計，給与・文書，統計等）を有効に運用，活用することを目的とする．

　1969 年に制定された総定員法（行政機関の職員の定員に関する法律）は，府省横断的に行政資源（人員）を管理するために，中央府省の定員の総数の最高限度を定める．行政需要の変化に対応して，行政組織を新設するには，それと同規模の組織を改廃し，組織と定員の膨張を抑制する．これを，スクラップ・アンド・ビルド原則という．内閣人事局は，各各省から組織と定員の要求を受け付け，政府全体として効率的に組織と人員を配置するよう，機構・定員等審査を行う．

　官房系統組織の中心は，大臣官房の官房三課（人事，総務，会計課）である．官邸，首相秘書官，内閣官房，他省庁との情報伝達，調整も大臣官房が担う．新たな行政資源の管理として，政策評価，サイバーセキュリティ・情報化，公文書に関する部署も置かれることが一般的である．

●**行政改革（行政組織の再編）**　行政組織の大規模な再編も行われる．2001 年には，総理府と外局を再編し内閣府を新設するとともに，複数の省庁を統合して，総務省，厚生労働省，国土交通省を設置する中央省庁等改革が行われた．さらに，特殊法人が見直され，独立行政法人，国立大学法人が新設された．法人化では，運営費等により引き続き政府による一定の関与は行われるが，その関与を必要最小限とし，その職員を非公務員とする法人もあるなど，中央府省と切り離した運営が求められた．行政改革では，行政組織の形態だけでなく，民間企業の活動領域との関係での行政の活動領域の見直しも議論される．　　　　　　　［出雲明子］

📖さらに詳しく知るための文献

今村都南雄 2006.『官庁セクショナリズム』東京大学出版会.
田尾雅夫 2012.『現代組織論』勁草書房.

自治体組織の構造と理論

　日本の地方自治体は都道府県と市町村の二層制であり，日本国憲法において自治権を行使する主体として位置づけられている．地方自治体は国の領土の一定の地域を自らの区域とし，その区域内の住民に対して国から認められた範囲で統治権をもつ．その地域における住民の福祉の増進のための活動を行うことを目的として，地域の政治・行政について地域住民の意思と責任に基づいて自主的・自立的に処理するための自治権が憲法によって保障されている．地方自治体は国家の統治構造の一環をなすものだが，国の機関の一部としてではなく，完全に独立した公法人として法人格を有し，自らの意思と責任の下に活動を行う．

　基礎自治体である市町村は住民に最も身近な政府であり，都道府県はこれら市町村を包括する広域自治体である．市町村は主に住民に対し直接福祉や教育などの行政サービスを提供するのに対し，都道府県は広域事務，市町村に関する連絡調整事務，補完事務を処理する．ただし，市町村と都道府県は上下の関係性にあるのではなく，法律上はまったく対等である．

●**世界における自治の構造と自由度**　世界に目を向ければ，日本におけるこうした二層制の構造が主流というわけでもない．例えばフランスでは，市町村（コミューン），県（デパルトマン），州（レジオン）による三層制になっている．加えて，市町村合併が進まなかったことから人口数百人規模の小さな市町村が多数存在するため，経済開発や地域整備などの広域で行う事務は別途形成された広域連合体が担っている．

　イギリス（UK）を構成する地域のひとつであるイングランドでは，歴史的な経緯から主に大都市圏では一層制（県と市町村の機能を有する大都市圏ディストリクト），非大都市圏では一層制（県と市町村の機能を有するユニタリー）と二層制（県機能を有するカウンティ及び市町村機能を有するディストリクト）が混在しており，多様な制度が容認されている．

　またアメリカの統治機構は連邦制であり，単一国家である日本と単純な比較はできないが，連邦政府と50の州政府が分有する主権のもと，カウンティ，シティ，タウン，特別区政府などが存在する．合衆国憲法は地方自治制度に関して特段の規定を持たず，各州の権限として留保されているため，地方自治制度は各州によって異なっている．つまり地域住民が多額の納税をしてでもよりきめ細かな行政サービスを求める場合には住民によって自治体が新たに設立され，州憲法に定める手続きにより承認され法人格を得る．このように住民が自分たちの地域

の自治の形を選択できる仕組みになっており，こうした多様性が許容されていることがアメリカでの自治における重要な要素といえる．

●自治体組織の法的，政策体系的理解　日本における自治体組織機関の基本構造の特徴は，長の公選制，執行機関の多元主義，組織の画一性の三点が挙げられ，「民主・自治」および「能率化・合理化」が組織運営における基本原則とされている．

　自治体の長は，その権限に属する事務を分掌させるために必要な内部組織を設けることができ，その場合，長の直近下位の内部組織の設置およびその分掌する事務については条例で定めるものとされている．なお，都道府県に関しては，長の直近下位の組織について，地方自治法において組織名称や数が規定されていた時期があった．これを，国による自治組織権の制約・統制だとする研究がある一方で，国による制約は限定的であり，自治体は組織内外の不確実性に対応するため，自ら制約的に組織を編成してきたとする研究もある（稲垣 2015）．

　このように，法的，政策体系的観点から自治体組織を理解する際には，中央地方関係の枠組みの中で位置づけることが有効である．中央地方を取り巻く法令，税財政などの諸制度，かつての機関委任事務制度に特徴的な政策形成・執行過程や都道府県・市町村間での事務分担などを前提にすると，一つの自治体組織内で完結する業務は非常に少ない．内部組織である部・課・係といった体制は，法や一連の業務（政策）の流れの中で，機関間の手続きに応じた形で構成されていることから，自治体組織は経路依存性の高い組織だといえる．

●組織論やマネジメントの観点からのアプローチ　上記のようなアプローチ以外に，自治体組織に対しては組織論の観点から環境や制度を踏まえた理解や，マネジメントの観点からのアプローチによる研究もある．組織構造を目的達成と運営のための行為を引き出す仕組みや規則として捉えると，行政組織とは「行政目的を実現するために体系化された人間の協働的活動」（宇都宮・新川編著 1991）である．組織は単体で存在するものではなく，制度の中に埋め込まれており，かつ開放的に存在するとみなせば，中央地方関係だけでなく，その時代の社会経済環境，自治体を取り巻くさまざまな法的・制度的環境，ガバナンスなど外的な環境や関係性の変化によって，自治体の組織構造も影響を受けることになる（入江 2020）．

　また，自治体組織の内的構成要素としては，階層制などの組織構造や内部部局などの組織編成，職務構造，人事管理などがあり，運営に必要な行為の内容は職務として規定され，職位・職権・職責がそれに付随する．とりわけ日本の地方自治体ではピラミッド型の階層構造が昇進構造や賃金体系などのインセンティブ・システムと深く関わっている（稲継 1996）．組織のマネジメントに重点を置く研究としては，人的資源管理論（HRM）や公務モチベーション（PSM）研究などがあり，より生産性の高い組織づくりや職員の人材育成などに活かすことが期待される．　［入江容子］

📖**さらに詳しく知るための文献**
曽我謙悟 2022．『行政学』新版．有斐閣．

行政委員会と公共政策

　行政組織の形態をその統制機能の点から分類すると，首長や大統領などを長とする独任制行政組織と合議制行政組織に分類することができる．前者の行動や判断には，首長や大統領といったトップの意向が強く反映されやすい．一方，複数人の合議によって決定がなされる後者においては，一つの政治的意思が全体の決定に常に反映するとは限らない．行政委員会は，こうした合議制行政組織のひとつとして，専門性や政治的中立性，公平性などが求められる業務を担当する組織として設置されてきた．

●**行政委員会をめぐる歴史**　行政委員会制度は，行政官僚制の発達が遅れたアメリカやイギリスなどで発達した制度である．立法権・司法権・行政権の分立が強いアメリカでは，行政機能が拡大するにつれて行政部内で執行機能と共に，準則などを制定する準立法機能や，裁決を伴う準司法機能が求められるようになった．長や政党などの政治的な影響力が強くなる独任制行政組織では適切に対応できないことから，制度的に独立させた組織として行政委員会を設置した．こうして，複数の州間にまたがって運行される鉄道の運賃設定などの規制を行う州際通商委員会（ICC）を嚆矢として，さまざまな独立規制委員会が設置されるようになった（伊藤 2003）．

　日本における行政委員会制度は，占領期の GHQ による行政組織の民主化の一環として，国・地方の双方で導入が進められた．行政委員会には，委員による職権行使の独立性や規則制定権が認められ，相対的に各府省や首長から独立した機関として設置されている．

　例えば国においては，人事院や会計検査院，中央労働委員会，公正取引委員会などの行政委員会が設置されてきた．現在では，日本国憲法第 90 条第 2 項，国家公務員法第 3 条あるいは内閣府設置法第 49 条および第 64 条に基づいて，11 の行政委員会が設置されている．

　また，地方では，地方自治法第 138 条の 4 第 1 項で，いわゆる「執行機関多元主義」が規定されたことから，後述の教育委員会などの行政委員会が設置された．現在では，同第 180 条の 5 以下の規定に基づいて，都道府県で 9，市町村で 6 の行政委員会が設置されている．

●**行政委員会の制度設計**　独立した機関である行政委員会の決定や判断は，時として大統領や政権与党，首長の意思に反したものとなる場合がある．このため，行政委員会の制度設計をめぐっては，府省や首長による政策への統制を維持・拡

大しようとする動きと，公平性や中立性，専門性を確保しようとする動きとの間で緊張関係が発生する．

　例えば，国においては，人事院は使用者側（国）と労働者側（公務員）との間の第三者機関として政治的中立性が求められているが，「行政権は，内閣に属する．」とする憲法第65条の問題から内閣の所轄となっている．

　地方では，教育行政における政治的中立性の必要から教育委員会が設置され，首長や議会からの独立性が保たれている．一方で，かつては教育委員の承認制や各種補助金などに基づく国（文部科学省）からの指揮監督や政治的影響が強く，地域の意向が教育政策に反映しにくい制度になっていることが指摘され，教育委員会制度の改廃を求める声が挙がっていた（礒崎ほか 2020）．

●**行政委員会と公共政策**　こうした政治的中立性の問題などから，国における行政委員会の設置はその後 2000 年代前半頃まであまり見られなかった（伊藤ほか 2022）．しかし，その間本来行政委員会がもつ特徴が政府機能として重要でなかったわけではなく，また時代状況に応じて変化してきた．

　例えば，会計検査院による会計検査は，政府の事務事業や予算執行の正確性や合規性のチェック機能を果たしてきた．また，政策評価に対する重要性の高まりの中で，経済性・効率性や有効性にまで観点を広げて実施されるようになってきている（金井 2002）．

　また，近年では，新たな行政委員会の新設も多くみられる．例えば，東日本大震災による原発事故を受けて，原子力政策に関する行政組織の再編が検討された．そこでは，規制と利用の分離，利益相反の回避や透明性の確保などが論点となり，最終的に原子力規制委員会が 2012 年に環境省の外局として発足した（城山 2012；武智 2021）．2020 年には，特定複合観光施設区域整備法（IR 整備法）に基づき，事業免許の審査や事業者の監督などカジノ施設の設置及び運営に関する規制行政を所管する機関として，カジノ管理委員会が内閣府の外局として設置されている（武智 2021）．

　こうした一連の動きは，その多くがさまざまな不確実性をもつ新しいリスクを回避するために，行政委員会の持つ専門性や独立性・中立性に目が向けられるようになったことに起因している．このように，公共政策の形成・実施における行政委員会の存在は以前よりも大きくなっており，また研究対象としても重要になりつつある．　　　　　　　　　　　　　　　　　　　　　　　　　　　　［稲垣　浩］

📖さらに詳しく知るための文献

伊藤正次 2003.『日本型行政委員会制度の形成』東京大学出版会.

新藤宗幸 2013.『原子力規制委員会』岩波新書.

大畠菜穂子 2015.『戦後日本の教育委員会』勁草書房.

独立行政法人

　独立行政法人とは，2001年4月から発足した半自律型公的組織を指す．公共サービスの中には，国が直接主体となってサービス提供を実施する必要はないが，民間にゆだねると，適正な実施がなされないおそれがあるものがある．こうした事業について，府省から一定の運営裁量を与えられた公的組織を設け，その裁量の範囲内で，特定事業や事務の運営を効率的かつ効果的に行わせようとするのが，独立行政法人制度である（独立行政法人通則法第2条）．独立行政法人には，歴代政権が掲げる行政改革方針変更に伴い，数回の制度改革が実施されている．

●**比較類型論上の位置づけ**　比較類型論的にみると，独立行政法人は，1980年代以降に広まったNew Public Management（以下，NPM）型政府組織構造改革の一手法であるエージェンシー制度の一類型である．中央政府の親府省から半自律した公的組織を設立し，特定サービスの運営について一定の裁量を与えつつも，政策全体の方向性は，親府省が統制する構造を特徴とする．民営化や民間委託と異なり，公共性の高いサービスについて，あくまで公共組織が提供する形を維持しつつ，分権化・効率化を実現できることから，1989年に英国で発案され，2000年代初頭にかけ，世界各国で模倣された．その汎用性の広さ故に「エージェンシー」と称されるものの制度実態は，各国により大きく異なる．しかしながら，その組織の親府省との自律性の程度，組織設置の法律的根拠から3種類に分類できる（表1）．独立行政法人は，法律上，親府省と独立した人格が付与されるため，類型

表1　エージェンシー類型論

類型	定義	該当する組織の例
I	**独立した法人格を持たないエージェンシー** 府省から独立した法人格を持たずに，親府省から半自律性を維持しているもの【最狭義のエージェンシー】	（英）Next Step Agencies （北欧諸国）エージェンシー （独連邦）Direct Administration
II	**独立した法人格を持つエージェンシー** 親府省とは独立した法人格が付与されているが，親府省の統制を受けながら自律的活動を行うもの 【狭義のエージェンシー】	（英）Non-departmental Public Bodies （NDPBs） （蘭）Zelfstandige Bestuursorganen （ZBOs） （仏・伊）エージェンシー
III	**広く非営利部門で自律的に公益活動を行う公的組織** 独立した法人格に加え，公益を目的とする事業を行う為，政府からより高度な自律性が認められているものを「エージェンシー」と呼ぶ国もある 【広義のエージェンシー】	（日）特殊法人 （各国）公営企業

[James & Van Thiel（2010）より作成]

Ⅱに分類できる．組織の自律性を高め，より企業的経営手法を導入できる点が，独立行政法人の特徴といえる．

●**パフォーマンス統制構造**　独立行政法人のパフォーマンスは，行政目標管理制度によって統制される．まず，親府省の主務大臣が，業務運営全体の効率化や，行政サービスの向上に関する一定期間の「目標」を設定する．法人の長は，この目標実現のための「計画」を作成し，主務大臣の認可を得る．策定された「目標」「計画」の実施状況は，法人及び府省内外の機関によって多層的に監視・統制される．法人レベルでは，各法人内に，民間企業の監査に相当する「監事」が設置される．府省レベルでは，実施主務大臣および外部有識者からなる独立行政法人評価制度委員会（府省評価委員会）が，定期的に業務実績の評価を行う．さらに，第三者評価機能の強化として，2015年からは，総務省内に，独立行政法人行政評価委員会が設置され，各府省の独立行政法人を横断的に評価する仕組みが設けられている．

●**行政改革としての制度の変遷**　エージェンシー制度がNPM型改革の一端とされる特徴は，その制度改変や組織改廃が，政治的リーダーシップの影響を受けやすい点である．独立行政法人制度も，橋本龍太郎内閣の指揮下で制度設計がなされたことに端を発し，2001年の制度発足以降，政権交代に伴い幾度か制度改革と組織改廃がなされた．まず，2004年から2005年の間，小泉純一郎内閣（自民党）下で，「第1期中期目標期間」が終了した法人の見直しが行われた．これにより，2007年1月までに11法人が「特定独立法人」，ほかすべての法人が「非特定独立法人」へと移行した．これに伴い，非特定法人の職員の地位は非公務員となった．

　小泉政権以降，麻生太郎内閣まで，基本的な制度改革方針は変わらず，小規模法人の統廃合により，2005年に113法人まで増加した法人数は，2009年4月には，99法人に減少した．続く，2009年9月発足の民主党政権下では，独立行政法人の事務・事業ごとの大幅な見直しが決定されたが，この期間に一時，104法人にまで増加した．

　現行制度は，2013年末に発足した，第二次安倍晋三内閣下の改革に基づいている．主な制度変更点として，法人分類が従来の2分類から，「国立研究開発法人」「中期目標管理法人」「行政執行法人」の3分類に変更され，各類型の特性に応じた目標管理制度の期間と目標作成義務付けが決定された．さらに，組織効率の向上のため，法人数を87法人に減らすことが掲げられた（2017年4月到達）．

　近年，世界的にエージェンシー制度が行政実務及び研究の主眼から外れてきており，国内でも政治的リーダーシップが，本制度に大きな影響を与える現象は顕著ではない．独立行政法人の動向はひと段落したようである．　　　　　［中村絢子］

📖**さらに詳しく知るための文献**
縣 公一朗ほか編 2022．『検証 独立行政法人』勁草書房．
James, O. & Van Thiel, S. 2010. Structural Devolution to Agencies. In Christensen, T. & Lægreid, P. eds. *The Ashgate Research Companion to New Public Management.* Ashgate.

地方公営企業と公共政策

　政策実施や公共サービス提供に必要となる組織のひとつに公企業がある．公企業は，法人格のあり方，設置の根拠，設置母体の種類等を基準として区別され得るが，日本の地方公営企業は，自治体が直接経営する企業であり，地方公営企業法によって規定される．

●地方公営企業の仕組み　地方公営企業の特徴は，法人格こそ自治体から独立していないが，財政的・組織的に一定程度の独立性が与えられている点にある．地方公営企業では，複式簿記に基づく公営企業会計が適用されるとともに，特別会計が設置され，独立採算制が採用される．その際，行政的経費と不採算経費を一般会計が負担するという経費負担区分が前提となっている．また，特別職である管理者の設置が原則として義務づけられ，地方公営企業の経営に影響を及ぼしている．

　地方公営企業法が制定された1952年当時に重要であったのは，施設整備・拡張のための資金調達手段の確立であった．調達資金を税以外によって償還することを明確にするために独立採算制が必要となり，また，取得した資産の更新財源の確保のために減価償却費の料金原価算入が必要となるなどの理由から，発生主義会計に基づく公営企業会計が導入された．

　法制定当初に法適用の対象となった事業は，生活に必須であり，地域独占性をもち，そのため公的な統制が必要とされる「公益事業」であり，かつ，自立的な経営が可能であり，また，公営企業会計に習熟する能力をもつ大規模な事業に限定されていた．独立採算制もそれに合わせ，完全なものであった．

　しかし，1960年代に入ると，地方公営企業の財政悪化が問題となる中で地方公営企業法は大改正され，管理者の機能強化，一般会計との経費負担区分を前提とする独立採算制の再編，また，法適用される事業範囲の整理が行われ，現行制度の原型が作られた．

　現行の地方公営企業法では，地方財政法第6条を受けた同法施行令第46条に挙げられ，特別会計の設置と独立採算制が原則的に適用される「公営企業」のうち，水道事業（簡易水道事業を除く），工業用水道事業，交通事業のうち軌道事業・自動車運送事業・鉄道事業，電気事業，ガス事業の7事業には同法が当然適用される．病院事業については財務規定等のみが適用され，また，その他の事業であっても条例により同法を適用できる．

●地方公営企業の改革　1980年代から1990年代にかけて地域振興等に地方公営企業を積極的に活用しようとする流れが見られたが，バブル崩壊後の不況や財政

状況の悪化を背景に，必要性が薄れている事業を中心に民間譲渡等が集中的に進められたが，2014年頃になるとそうした動きも一段落した．その一方，人口減少と施設の老朽化が顕在化しつつある中で住民生活に必要不可欠なサービスを維持していくことが課題となっている．それゆえ，各地方公営企業が中長期的な視点に立った経営改革を推進していくために，投資試算と財源試算に基づく経営戦略の策定が進められている．

　また，施設更新の財源を確保するために，料金設定のあり方も議論されている．水道料金は原価に基づくものとされているが，そこに資産維持費と呼ばれる利益相当額を上乗せする方式が推奨されるようになっている．

　より抜本的な改革としては，広域連携が進められている．例えば，香川県では，県と直島町を除く8市8町を構成団体とする企業団を設立し，県内水道一元化が実現されている．もっとも，事業統合を行うためには市街地が隣接するなどの地理的条件が整わなければならないことから簡単ではない．そのため，施設管理委託や資材購入を共同化するなど，よりソフトな形での広域連携も進められてきている．

　官民連携も進められている．例えば，広島県では広島県企業局と民間企業の出資により設立した第三セクターが企業局の用水供給事業を担い，さらに，第三セクターを受け皿とした広域化が目指されている．また，宮城県では，PFI法に基づく公共施設等運営権を活用し，用水供給事業，工業用水事業，流域下水道事業の一部を20年間の契約期間で民間企業グループに包括的に委ねている．もっともその場合でも，配水管の更新等については県が担い，料金改定も県が行うなど，民間企業の事業リスクを軽減させつつ，県の役割を残している点には留意が必要である．

　一方，地方公営企業の中には，更新費用に充てる資金を料金に上乗せできないほどに料金が高くなっているものも見られる．住民サービスの質や価格に関してあまりに大きな地域差が生まれないように低廉な供給に努めることも大切である．そこで，地形などの条件不利によって生じている高料金の原因，すなわち高い資本費（施設建設に係る費用）を軽減するための公費負担が継続されると同時に，そうした自治体でも耐震化を進めていけるような公費負担が拡充されてきている．

　近年では，新型コロナウイルス感染症の流行の影響から乗客数が減少したままになっている交通事業を中心に，駅ナカ事業など附帯事業に取り組むことが求められている．また，官民問わず脱炭素化が求められる中，二酸化炭素排出量の多い活動を多く含む地方公営企業でも脱炭素経営が求められるようになっている．さらに，地域資金循環を生み出す複合経営のあり方も議論されている．　　　[宇野二朗]

📖さらに詳しく知るための文献

宇野二朗 2023.『公営企業の論理』勁草書房.

大坂　健 1992.『地方公営企業の独立採算制』昭和堂.

関根則之 1998.『改訂地方公営企業法逐条解説』地方財務協会.

中央－地方関係

　中央－地方関係とは，中央政府と地方自治体の関係であり，日本の場合は，中央政府－都道府県－市町村の関係を意味する．このうち，都道府県－市町村関係は，自治体間関係であり中央－地方関係ではないが，それが後述の「媒介機能」である場合，中央－地方関係の一部を成すものとして捉えられる．

●**中央－地方関係の諸相**　中央－地方関係は，国と自治体の織り成すさまざまな関係の複合体である．中央政府には複数の府省庁があり，自治体とのあいだでさまざまな関係を形成している．これを理解するうえで有用なのが，「個別行政」と「一般的事項」という類型である．前者に関して，自治体は，例えば，教育，福祉，農政，土木などのさまざまな個別の行政分野に関わる事務を実施しており，それぞれについて，文部科学省，厚生労働省，農林水産省，国土交通省などのいわゆる事業官庁が，当該分野に関する法律や補助金などを所管しており，自治体との関係を形成している．実際には，より細分化された生活保護，高齢者福祉，河川管理，都市計画などといった専門分野ごとに，中央府省庁－都道府県－市町村の担当部課を通じたタテの緊密なコミュニケーション回路が成立している．コミュニケーション回路の粗密の程度は，行政分野によって異なっている．

　しかし，国と自治体の関係は，このような「個別行政」をめぐる関係のみではない．自治体の組織や運営をめぐる「一般的事項」については，総務省（旧自治省）が，地方自治の制度官庁として，地方自治法等の法律や地方交付税（地方財政調整制度）などを所管し，やはり自治体との緊密な関係を形成している．

　以上は「行政ルート」であるが，中央－地方関係には「政治ルート」も存在する．地元選出国会議員や自治体の長や議員などが，地域や自治体の利益の擁護と増進のために，国に対してさまざまな働きかけを行っている．

　このほか，全国知事会や全国市長会などのいわゆる「地方六団体」も重要な役割を果たしている．地方自治制度や自治体が実施しているさまざまな政策に関して，中央政府に対して法制度の制定・改正や運用の改善等をめぐる要望などを行なっており，一定の影響力を行使している．

●**都道府県の媒介機能**　日本の中央－地方関係のひとつの大きな特徴は，都道府県の媒介機能が大きいことである．都道府県は，広域的自治体として市町村の規模と能力を超える行政課題や行政需要に対応する一方で，中央府省庁と市町村の中間に位置する団体として，両者の媒介機能を果たしている（媒介機能の具体例は，村松 1988, 117-134；市川 2011, 188-191 参照）．かつて機関委任事務制度

（2000年の地方分権改革で廃止）が存在していたときは，機関委任事務の管理・執行に関して，主務大臣－都道府県知事－市町村長という包括的指揮監督権が及んでおり，都道府県は市町村の上位機関としての役割を果たしていた．

●**日本は中央集権的か**　日本の中央－地方関係を中央集権的とみるか地方分権的とみるかについては，大きく対立する二つの見解が存在してきた．戦後しばらくのあいだは，日本は他の先進諸国と比べて特殊に集権的であるとする見解が支配的であった．この見解は，戦後改革の不十分性を指摘し，戦前の集権体制が温存されたため戦後の地方自治は大きな制約を負ってスタートしたと理解し，具体的には，前述の機関委任事務制度などを問題視していた．これに対して，1970年代の後半以降，村松岐夫らが異を唱え，日本は他の先進諸国と同程度に分権的であるとした．また，一般に行財政制度が中央集権化するのは現代福祉国家に共通する現象であるが，そのような集権的な行財政制度の下でも，自治体は国に対して実質的な影響力を行使しており，また活発な地方自治が展開されていると主張した．両者の対立はその後も長く存続した．なお，かつては，機関委任事務が都道府県事務の約8割，市町村事務の約5割を占めるといういわゆる機関委任事務8割説が広く信じられていたが，現在ではこの説の妥当性は強く疑われており，これよりもはるかに少なかった可能性が強いと考えられている（市川 2012）．

●**天川モデル**　天川モデルは，天川晃が提示した2軸モデルである．このモデルの意義は，地方自治制度や中央－地方関係を理解するうえで，〈集権〉－〈分権〉という軸とともに，〈分離〉－〈融合〉という軸が重要であることを明らかにしたことである．この2軸により，「集権・分離」，「集権・融合」，「分権・分離」，「分権・融合」の4類型が得られる．このうち，〈分離〉－〈融合〉は，地域における中央政府の行政機能の実施方式に関わる軸である．中央政府がその行政機能を実施するにあたって，自らの出先機関によって実施する方式が〈分離〉であり，そうではなく，地方自治体をつうじて実施させる方式が〈融合〉である．

　天川モデルを個別の政策分野に応用すると次のようになる．公的扶助（生活保護）を例にとると，例えば，日本では国の関与の下に自治体が実施しており，〈融合〉型である．これに対して，英国では自治体ではなく国の出先機関が実施しており，〈分離〉型である．多くの政策領域が〈融合〉型であれば，その国はマクロな特徴として〈融合〉的になり，逆に，多くの政策領域が〈分離〉型であれば，その国はマクロな特徴として〈分離〉的となる（市川 2023）．

　天川は，戦前期日本の「集権・融合」型が，占領期の改革を経て「分権・融合」型に変わったと捉えている．これに対して，西尾勝は，機関委任事務制度の存続を重視し，戦後の日本も「集権・融合」型であると捉えていた．　　　　［市川喜崇］

📖**さらに詳しく知るための文献**
市川喜崇 2012．『日本の中央-地方関係』法律文化社．

リージョナル・ガバナンス

　リージョナル・ガバナンス（以下，RG）とは，ある圏域を構成する複数自治体の連携を通じた政策管理のことである．日本の RG 研究においては，市町村合併の実証研究は進展してきたものの，広域連携に関しては，制度や事例を論じるものが多い一方，連携の条件や効果を検証する研究は少ない．欧米の RG 研究は範囲が広く，自治体の合併，広域自治体と基礎自治体の統合（City-county consolidation），シェアードサービス，シティ・リージョン，自治体間の制度的集合行為（Institutional Collective Action：ICA）を対象とする研究を包括する．RG 研究の源流には，統合的政府体系（Consolidation）と分節的政府体系（Fragmentation）のいずれが効率的かつ民主的かを論じる地方政府体系の論議がある．統合的政府体系の支持者は，合併による政府規模の拡大がスケールメリットや財政効率の向上を生む点を主張する．一方，分節的政府体系の支持者は，住民が望ましいと思うサービスや税の水準を実現する自治体に移動する現象（ティブー仮説）を前提に，自治体間競争が促進されることで財政効率が向上し，有効な政府体系になるとする．これらの効果や仮説の検証については，地域や分析時期によりさまざまな結果が提示されてきた．他方，広域自治体と基礎自治体の統合研究では，丹念な事例研究を通じて，統合による経済発展効果が示されている．

●**シェアードサービス**　シェアードサービス研究は，自治体単独によるサービスの維持が困難な場合に，他の自治体のサービス，人材等を共有する効果，ならびに政治的コストを議論してきた．また，行政編成の類型も提案されてきた．例えば，サービスの管理と生産，組織間の水平的・垂直的連携，組織の連携から統合への発展段階に着目した類型がある．シェアードサービスは，自治体間で資源をシェアするのでサービスの応答性が向上するが，受益と負担の関係が複雑になるため市民へのアカウンタビリティは脆弱になる．なお，シェアードサービス研究が資源共有というミクロな視点からアプローチするのに対して，圏域というマクロな視点からアプローチするシティ・リージョン研究では，都市圏帰属意識や連携志向といった都市圏主義（City-regionalism）と，中心・郊外都市関係や市民の属性がいかに関連付けられるかを探究する．

●**RIGOs**　ところで，自治体間の連携組織には，Council of Government（COG），Metropolitan Planning Organization（MPO），Planning Commission など多様なものがあり把握が難しい．そこで，統一的アプローチのために提案された概念として Regional Intergovernmental Organizations（RIGOs）がある．これは，境界を越

えて設立された組織のうち一般目的の自治体（広域自治体か基礎自治体は問わない）で構成され，広範囲の政策課題をもち，州政府や連邦政府など上位政府から組織の正統性が認知され，地域の声に基づく政策課題を保持するとともに，構成自治体が代表性をもつ最大の地理をカバーしたものである（Miller & Nelles 2019）．RIGOs とは，要するに地域の政策課題を明確にもち，上位政府にその代表性を認識された自立した組織である．

●**ICA**　RG 研究でとりわけ重要な研究領域が ICA である．これは，自治体の水平的，垂直的関係を同時に踏まえ，取引費用で連携条件の特性を導出しようとする点で斬新なフレームワークを有する．ICA は，①集合行為論，②地方公共経済学，③取引費用の経済学，④ソーシャルネットワーク，ソーシャルキャピタル，政策手段の相互作用，⑤政治市場の五つの理論的伝統に基づいている（Kim et al. 2022）．具体的には，連携による期待利益からコストを差し引いた正味の期待利益を念頭に，連携実現の可能性が判断される．正味の期待利益に影響する要因である連携リスクは，連携により対応しようとする問題の本質や関係するアクターの選好，既存制度といったコンテクストから影響を受ける．他方，正味の期待利益は，統合メカニズム（連携する際の組織形態）の選択を経て，メカニズムコストが算定され，それが連携リスクの背景のコンテクストにフィードバックされる．こうした変数間の関係を想定のうえ，連携自治体数，自治体間の経済格差，信頼関係，あるいは上位政府との良好な垂直的関係が，連携リスクの軽減，連携実現，連携成果にいかに繋がるかが探究される．例えば，自治体数が多かったり，自治体間の経済格差が大きい場合に連携がなされにくいことが確証されている．また，連携の成果には，サービスの質の向上，個々の自治体や地域全体の政策対応能力の向上，財政の効率化があり，最初の三つは市町村間の水平的連携で改善されるが，財政効率は上位政府との連携による効果が高い点が検証されている（Noda 2023）．

　RG 研究は多岐にわたるが，とりわけ ICA は広範な理論を包括し，応用研究もさまざまな国で進められ，今後発展する研究領域である．従来，適用される分野は経済，環境，消防，ゴミ処理が多かったが，今後は福祉，保健，社会インフラ，文化，観光といった分野への適用のほか，上位政府と基礎自治体間の政府間関係の制度的特徴が異なる国家間での研究蓄積が ICA 研究の発展に欠かせない．

［野田　遊］

📖さらに詳しく知るための文献

Miller, D. & Nelles, J. 2019. *Discovering American Regionalism*. Routledge.

Kim, S. Y., et al. 2022. Updating the Institutional Collective Action Framework. *Policy Studies Journal*, 50(1): 9–34.

Noda, Y. 2023. Intermunicipal Cooperation, Integration Forms, and Vertical and Horizontal Effects in Japan. *Public Administration Review*, 83(3): 654–678.

公務員の人事管理

　日本の公務員の人事管理は，長期雇用を前提に新卒採用した職員を，OJT（On-the-Job Training）で育成する仕組みである．人事部門の権限が強く，職員はジョブローテーションにより数年おきに異動する．ライン部門の上位の職位は，組織内部で育成された職員が占めることが多い．ジョブ型／メンバーシップ型（濱口2009）という類型論に照らし合わせるならば，公務員の人事管理はメンバーシップ型の典型であり，日本的雇用と呼ばれる人事管理に相当する．

●昇進と給与による動機づけ　日本の公務員の人事管理の特色としては，遅い選抜（昇進）と積み上げ型褒賞が挙げられる．

　遅い選抜とは，同期の職員の間で昇進速度の差が明示的になる時期を，キャリア中期以降に遅らせる仕組みである．外観上，昇進の差がつく時期を遅くすることで，昇進競争のインセンティブが長期間作用するようになる．キャリア初期に幹部候補の選抜が行われ，昇進競争の敗者復活がないトーナメント型の昇進管理とは対照的な仕組みである．

　国家公務員の場合，採用直後は同期同時昇進だが，キャリアの後半になると昇進が頭打ちになる職員が増加し，上位の職位まで到達できる職員の数が減少するため，その昇進管理のあり方は将棋の駒の形状に例えられる．また，キャリア官僚（国家総合職試験合格者）と呼ばれる幹部候補の職員は，ノンキャリア（国家一般職試験合格者）の職員より昇進が早く，最終的に到達する地位も高い．ノンエリートにも昇進競争を導入し，全員の勤労意欲を引き出す昇進管理は日本特有のもので，エリートとノンエリートの昇進管理を重ね合わせ「二重の駒形（稲継1996）」の昇進モデルと呼ばれている．

　積み上げ型褒賞とは，短期的な働きぶりの良し悪しに応じて褒賞を上下させるのではなく，人事評価を長期間積み重ね，上述の「遅い選抜」と同時期のキャリアの中盤以降で徐々に褒賞の差をつける仕組みである．最終的に到達した職位により，退職後の再雇用先にも格差が生じるため，良い待遇を得るには長期間にわたり熱心に働く必要がある．

●最大動員型の人事管理　日本の公務員における人事管理の特質を理解するうえで，あいまいな職務区分と大部屋主義の執務態勢は重要な要素である．各人の職務内容が相対的に明確なアメリカと比べると，日本の行政組織は，職務の区分があいまいで，職員それぞれの担当業務の分担はあるものの，状況に応じて担当の垣根を超え，協力して課・係の業務にあたることが一般的である．

また，大部屋に上司・部下が机を並べて業務に従事する大部屋主義の執務形態がとられており，忙しい職員，手の空いた職員が可視化されやすい（大森2006）．互いの仕事ぶりがよく見える環境で勤務するため，業務の繁閑に応じた職員間の助け合いが容易であり，フリーライダーが生じにくく，限られた人員を最大限に動員することができる．こうした特徴は，公務員数が他国に比べ少ない日本の行政組織が有効に機能する要因の一つとして考えられており（稲継1996），限られた資源を最大動員する行政システム（村松2001）の重要な要素を構成している．

なお，2007年の国家公務員法改正に伴い，再就職（いわゆる天下り）が難しくなったことで変化も生じている．遅い選抜については，以前より昇進時期の遅れが生じつつも，現在も機能していることが確認されている（河合2019）．一方，再就職による隠れた褒賞が減少したことで，積み上げ型褒賞のインセンティブは弱まっていると考えられる．昇進競争の圧力は変わらないものの褒賞は低下し，過酷な労働環境とも相まって，近年は国家総合職試験の志願者が減少傾向にある．

●**地方公務員の人事管理**　地方自治体は組織の規模が多様であり，その人事管理を一括りに論じることは難しい．都道府県・政令市のように大規模な自治体は，メンバーシップ型の働き方が当てはまると推測される．近年の研究では，学歴による入口選抜を厳格に行う学歴主義モデル，昇任試験による強力な選抜を行う試験主義モデル，選抜のタイミングを後ろ倒しにする平等主義モデルと，多様なモデルが存在することが示されている（林2020）．

●**現在の課題**　メンバーシップ型の人事管理に起因する課題として正規雇用と非正規雇用の待遇格差が挙げられる．会計年度任用職員に代表される，いわゆる非正規雇用の職員の増加は「官製ワーキングプア」とも呼ばれている．一方，正規雇用の職員に関しても，主に国の本府省を中心に，若手の離職，就職先としての人気低下が問題視されている．最大動員型の人事管理において，正規雇用の定員枠は希少な資源であり，職員は生活時間のすべてを仕事に費やすことが前提とされてきた．しかし，これからの人口減少社会では，育児，病気の療養，介護等の事情を抱えていても柔軟に働くことができる環境へのニーズが高まっており，公務員の人事管理のあり方も転機を迎えている．　　　　　　　　　［小田勇樹］

📖**さらに詳しく知るための文献**

稲継裕昭 1996．『日本の官僚人事システム』東洋経済新報社．
河合晃一 2019．官僚人事システムの変化と実態．大谷基道・河合晃一編『現代日本の公務員人事』第一法規．
林　嶺那 2020．『学歴・試験・平等』東京大学出版会．

公務員の専門性

　高度に複雑化した現代社会においては，公共政策に携わる公務員にも相応の専門性が求められる．公務員の専門性を一義的に定義することは困難であるため，ここでは四つの側面から論じる．また，公務員に求められる専門性は，社会環境の変動や科学技術の進歩に応じて変化していることも示す．

●**組織管理に関わる専門性**　19世紀後半以降の行政活動の拡大に伴い，政府が雇用する公共サービス従事者の種類と数が増え，予算も増大した．そのため，大規模化した政府組織を統制する管理職をプロフェッションのひとつとする見方が生じた（Larson 1977）．その後，20世紀前半の米国における行政学の発展や1980年代以降，英国から先進各国に普及したニュー・パブリック・マネジメント改革などに見られるように，行政の組織管理に関わる専門性は民間の組織経営手法からの影響を受けて発達した．人事や財務等は伝統的な組織管理の対象分野であるが，後述するように，近年は技術革新やそれに伴う環境変動によって対象分野が新しく生じたり，より専門分化されたりする傾向にある．

●**政策内容に関わる専門性**　公共サービスの領域が拡大し，内容も複雑化するに伴い，公務員には政策領域ごとに蓄積される固有の知識や技術が求められるようになった．絶えず更新される最先端の科学的・技術的知見を外部の専門家から調達しなければならない分野に携わる公務員は，大学・研究機関や学会・専門職団体等を通じて形成される専門家のネットワークに通じ，先端的研究の内容を理解できるリテラシーを持つことも必要である．しかし，最先端の知見を用いたとしても，政策決定には不確実性を伴うことが多い．そのため，当該分野の研究動向，新しい技術の長所短所を理解し，生じうるリスクを課題として捉える能力，その課題への対応に適切な専門家を選定する能力，専門家から得た知見を行政的な文脈で理解し，その内容を的確に評価する能力なども必要である（藤田2008）．なお，近年は証拠に基づく政策形成（Evidence-Based Policy Making：EBPM）（☞「EBPM」）が推奨されており，政策の立案や評価を支える統計，社会調査，データ分析など，個別の政策領域を越えて汎用性のある専門分野の重要度が高まっている．

●**政策過程に関わる専門性**　政策過程を円滑に進行させるための執務知識も公務員に必要な専門性である．特に立案のプロセスにおいては，政治家や利益集団，利害関係者，関係行政機関等との調整や支持の調達，予算の確保，文書・法案の作成，工程管理などを行う能力が重要である．それらは実際の職務経験（On the

Job Training：OJT）を通じて個人に蓄積される知識や能力であり，暗黙知とされてきたものもある．

●執行活動に関わる専門性　いかに厳密に制度設計をしても，公共政策の実施の側面では裁量の領域が出現する．規制行政や給付行政等の執行活動における意思決定に必要な専門性とは，科学的知見，関連法令の解釈や運用，OJT を通じて得られる執務知識やスキルなどにより構成される．日本の府省や地方自治体では，執行活動を担う公務員を特定の名称（食品衛生監視員，労働基準監督官など）や職種（建築職，福祉職など）によりグループ化し，独自の人事管理を行うことが多い．そうした手法は専門性の蓄積，共有，継承にも寄与している（伊藤 2019）．

●求められる専門性の変化　公務員に求められる専門性は時代により変化してきた．近年の情報通信技術の発達により，公務員にもデジタル分野の専門性が求められるようになったのは顕著な例である．公務員に新たな専門性が求められるようになると，その専門性を有する人材をいかに行政内部で育成するか，あるいは，行政外部から確保するかが重要な課題となる．

　公務員の専門性を向上させるための取組みとして，海外に目を転じると，英国では 2005 年から専門分野ごとに府省横断的グループを設置し，専門性の定義，能力開発，キャリアパスの構築，ネットワークの形成などを行わせる「専門職化」が推進された．一連の取組みの中で，従来からの暗黙知の定式化も試みられている．例えば，政策立案に携わる公務員は「政策職」という専門職としてグループ化され，政策を成功させるためには証拠（Evidence），政治（Politics），実施（Delivery）の 3 要素が不可欠であることなどが明示された（藤田 2015）．2013 年以降は，緊縮財政下における最優先課題であるコスト削減に資する専門性の活用が目指され，既存の専門職グループよりも包括的な，財務，広報，人事，内部監査，法務，分析などの機能グループが設置された．それらの中でも特に重点が置かれたのはプロジェクト執行，商務（契約・調達），DDT（デジタル・データ・テクノロジー）の 3 機能であった．近年は，不動産管理，不正（詐欺）対策，セキュリティ，債権管理，助成金管理などの機能グループが新設されたが，そうした動向は，財務管理分野の専門分化や，リスク対応の強化などを目指す英国政府の方針と一致するものである（藤田 2023）．このように，外部環境の変化や政府の方針に対応するために，公務員に求められる専門性も変化している．

　これまで述べてきたように，公務員の専門性の内容は多岐にわたり，重要とされる専門性が推移したり，新たな専門性が形成されたりすることもある．民間の組織経営や経済活動における専門性を行政に適用できる場合もあるが，その一方で，特に公共政策の立案や執行に関わる領域などでは，行政に固有の専門性が求められる場合も少なくない．後者においては，公務員自らが専門性の蓄積と更新を行い，人材の育成を担う必要がある．

［藤田由紀子］

パブリック・リーダーシップ

　パブリック・リーダーシップとは，社会や公的組織を導き，時に変革させていく人物や機能を指す．リーダー個人やその資質，役割に関する文献は洋の東西を問わず古代より数多く存在する．しかし，科学的，体系的に研究が進められるようになったのは 20 世紀以降である．以下，リーダーシップ研究の展開についてみてみたい．

●研究の進展　リーダーシップ研究の初期は，個人の資質がリーダーシップの優劣に影響を及ぼすという資質アプローチ（Trait Approach）が中心であった．それらの研究では，優れたリーダーがもつ特性を明らかにすることに関心が寄せられた．しかし，個人の特性に注目し過ぎると，才能を生まれつきもった人物以外はリーダーには不向きとされてしまう．そこで，リーダーシップをスキル（技量）として捉え，修得可能な能力とするスキル・アプローチ（Skill Approach）が発展する．さらにその後，組織におけるリーダーの行動様式に焦点を当てた行動アプローチ（Behavioral Approach）が注目を集めた．

　上記三つのアプローチは，組織における人間関係や業務の困難さなどには関係なく，リーダーのあり方を議論してきた．しかし，研究が進むにつれて，どのような状況においても適合可能なリーダーシップのあり方は存在しないことが明らかになってくる．そこで，リーダーはさまざまな状況下で異なる行動様式を選択しなくてはならないというアプローチが出現する．例えばシチュエーショナル・リーダーシップ理論（Situational Leadership Theory）では，メンバーの成熟度を 4 段階に分け，各メンバーの段階に応じてリーダーは行動を変えるべきとする．また，パス・ゴール理論（Path-Goal Theory）では，目標を達成するためにリーダーがフォロワーをいかに動機づけるかについて，リーダーが取るべき行動様式を，フォロワーの特徴や業務の特徴と組み合わせて論じている．

　ここまでの議論は，主にリーダーのあり方に焦点を当てたものであったが，そこから発展し，リーダーとフォロワー間の関係性に関心が及ぶようになる．リーダー・メンバー交換理論（Leader-Member Exchange Theory）では，リーダーと各メンバー間の関係性に着目し，親密さの違いにより互酬性の程度に差が生じるとする．変革型リーダーシップ理論（Transformational Leadership Theory）は，リーダーによりフォロワーの思考や行動が変化し，最終的には社会や組織が変革していくとする．

　さらに，リーダーの規範性を重視する理論も出てくる．オーセンティック・リーダーシップ理論（Authentic Leadership Theory）は，リーダーには倫理観や価

値観，信念などが求められるとする．また，サーバント・リーダーシップ理論（Servant Leadership Theory）は，リーダーの役割の重要な点として，フォロワーに耳を傾け，そのニーズを捉え，支えることにあるとする．

●**パブリック・リーダーシップの多様性**　政治や行政におけるリーダーシップの議論では，国家のトップである首相や大統領，大臣などの政治家の動態に関心が集まりがちである．しかし，テハルト（t'Hart）らはパブリック・リーダーシップには，政治的リーダーシップ（Political Leadership）以外にも，行政的リーダーシップ（Administrative Leadership），市民的リーダーシップ（Civic Leadership）があると指摘とする（t' Hart & Tummers 2019）．特に民主主義国家では，政策アリーナへの参加者は多様化しており，政治的リーダーのみが影響力を独占しているわけではない．例えば，行政的リーダーには，公的組織の幹部らが該当するが，彼らはアジェンダ設定や政策立案，政策実施において重要な役割を果たす．NPO（非営利組織）や労働組合，マスメディアの幹部など市民的リーダーは，時にSNSなどの新たなコミュニケーション手段も使いつつ，自らが感心をもつ社会問題を争点化し，それらの解決に大きな影響力をもつことがある．

●**日本のパブリック・リーダーシップの現状と課題**　日本のパブリック・リーダーシップの現状をジェンダーの観点からみると，女性の政治参画，経済参画は遅れている．スイスの非営利団体「世界経済フォーラム」が公表したジェンダー・ギャップ指数（GGI）（2024年）によると，146か国中，日本の女性の政治参画は113位，経済参画は120位となっている．また，「グローバル・ガバメント・フォーラム」が公表した女性リーダーズ指数（Women Leaders Index）によると，日本はG20諸国中19位となっている．さらに，OECD諸国の行政組織における幹部職の女性割合では，日本は最下位となっている．

　将来のリーダーの育成という点でも課題がある．近年，中央レベルではいわゆる「官僚離れ」が課題となっている．国家公務員総合職試験への申込者数の減少や退職者の増加が進んでいる．地方レベルでは公務員採用試験の倍率の低下や地方議会議員のなり手不足が深刻化している．

　パブリック・リーダーシップの議論では，その負の側面にも留意しなくてはならない．強力な権力を少数者に独占させることにはリスクも存在する．独裁的なリーダーが，自己利益を追求するために社会や組織を動員し，惨禍をもたらした事例は数多ある．その点で，リーダーシップには高い倫理性や道徳性が求められる．リーダーの暴走を制御するためには，市民による監視と制御が必要となる．

[佐々木一如]

📖さらに詳しく知るための文献

Rainey, H., et al. 2021. *Understanding and Managing Public Organizations*, 6th ed. Jossey-Bass.

't Hart, P & Tummers, L. 2019. *Understanding Public Leadership*, 2nd ed. Red Globe Press.

Van Wart, M. 2017. *Leadership in Public Organizations*, 3rd ed. Routledge.

PSM 研究

Public Service Motivation（以下，PSM）研究は，「経済合理的な人間」を前提とした業績給の公共部門への導入に反発する行政学者によって開始された．言い換えれば，「金銭的報酬をインセンティヴにしてモチベーションを引き出す」という New Public Management（ニュー・パブリック・マネジメント：以下，NPM）的な処方箋に対する違和感が PSM 研究の出発点にある．PSM 研究者は，「望ましい社会の実現への関与」「公共的利益への奉仕」「博愛的精神」といった点にこそ，公務員の動機づけの独自性があるとし，それを PSM と名付ける一方，NPM 的な処方箋は効果がないばかりか，逆効果である可能性があると主張したのであった．

●**研究の出発点**　PSM 研究の出発点として記念碑的作品とされるのが，Perry & Wise（1990）である．しかし，PSM 研究が一気に花開いたのは，Perry（1996）による PSM の測定尺度の開発の影響が大きかった．これにより，実証研究への道筋が付けられ，多くの国で PSM に関する研究が活発に行われ，国際比較がなされるようになった．Perry & Vandenabeele（2015）によれば，2015 年時点で，少なくとも世界 43 か国で，当該尺度もしくは代替的尺度に基づいた実証研究がなされている．

しかし，世界的な PSM 研究の隆盛にも関わらず，それに対する日本の研究者の関心は高くなく，比較的最近まで，欧米における PSM 研究の体系的な紹介すら十分になされてこなかった．この壁を突破したのが，田井（2017）であり，当該論考は PSM に関する先行研究を網羅的に整理した理論研究となっている．

●**国内の実証研究**　一方で，他国で行われてきたような PSM に関する実証研究もまた，近年，ようやく行われるようになってきた．そのうち，国の官僚を対象とした研究としては，官僚意識調査研究会（代表：北村亘）が 2019 年に実施したサーベイに基づく分析がある（北村編 2022）．次に，自治体の職員を対象とした研究としては，福岡県地方自治研究所の研究プロジェクト（主査：嶋田暁文）が 2017 年に福岡県内の自治体に勤務する職員を対象にサーベイを実施しているほか，2019 年には特別区協議会と特別区人事委員会が特別区の職員を対象にサーベイを実施している（前者の詳細は，田井〔2020〕，後者の詳細は，林ほか〔2021〕に詳しい）．

上記の研究は，PSM が職務パフォーマンスや職務満足度，組織コミットメントといった，人的資源管理上の重要な変数と PSM との関連を分析している点で共

通しているが，福岡県地方自治研究所のサーベイ（以下，福岡県内調査）では，職員の PSM の水準を規定する先行要因についても探索が行われている．そこでは，例えば「同じ職場における在籍年数が長くなっても PSM の低下にはつながらない」「職員の PSM は入庁後 3 年間の間に顕著に低下する」といった興味深い発見が示されている．また，福岡県内調査では，前述の Perry（1996）の尺度が日本の自治体職員に対して直接には適用できないなど，海外の研究知見との相違も指摘されている．

　もっとも，データや研究の蓄積はいまだ乏しいため，これらの研究から得られた結果が再現されるかどうかも定かではない．2023 年現在，国内で複数の研究グループが PSM の実証研究に取り組んでおり，今後の進展が待たれるところである．

●注目すべき研究動向　最後に，再び世界の PSM 研究に目を移そう．そこには二つの注目すべき新たな研究動向が見られる．

　第 1 に，PSM の存在を前提とした上で，組織成員の PSM を高めるための具体的方策を論じる研究の登場である．Perry（2021）がそれであり，そこでは，①高い PSM を有した人材を獲得（採用）するためにはどうすればよいのか，②伝わりにくくなっている「公務の意義」を組織成員に伝えるためにはどうすればよいのか，③支援的な業務環境をどのように創出するのか，④報酬システムをどのように構築すべきか，⑤新人の学習機会のあり方，⑥リーダーシップのあり方など，PSM 研究が実践論へと接続されているのである．

　第 2 に，PSM の概念・理論・実証研究に対する根本的な批判とそれを踏まえたオルタナティブを提示する研究の登場である．O'Leary（2022）がそれであり，そこでは，「自己表出的に動機づけられた公務員（expressively motivated public employees）」という概念が提示されている．「公共の利益の増進が公務員の願望である」というのが PSM の基本的な発想であるのに対し，「自己表出的に動機づけられた公務員」は，「自らの行為の結果として実際に公共の利益が増進されるかどうか」には無関心である．なぜなら，彼（女）らにとって重要なのは，「公共の利益増進のために働くことが大事であり，自分はそういう人間なのだ」という自らの価値観・アイデンティティが（自身もしくは他者によって）確認されることで得られる自己表出的効用だからである．それゆえ，行為の結果ではなく，公共部門で働いていること自体が重要な内発的動機づけになっているのである．仮にこれが公務員の実像だとすれば，公務員の PSM が高いという結果が出たとしても，自己表出的効用に陶酔しているだけかもしれず，必ずしも好ましいことだとは言えなくなる．「自己表出的に動機づけられている」ことを実証することは容易ではないが，当該研究の鋭い批判により，PSM 研究は新たな局面を迎えている．

［嶋田暁文］

利益団体と政策形成

　利益団体は政策過程の中で正式に決定には参加はできない．しかし，少なからず政策に影響力を発揮するのはなぜだろうか．利益団体の特徴を明確にしたうえで，他のアクターとの関係から考察する．

●利益団体とは

・利益団体の定義と機能　利益団体と似た言葉として，利益集団がある．利益集団とは，政治に関心を持った国家と社会に存在するすべての集団である（辻中編著 2002）．これに対し，利益団体は，継続的かつ形式的な規則を有している組織であることに特徴がある．政府の決定と執行に関心をもつ活動に携わる組織化された人々の集合体である（辻中 1988）．他方で，利益団体が自らの利益を守ったり，推進したりするために，議会や政府に働きかけを行う場合，圧力団体と呼ぶことがある（伊藤ほか 2000）．

　利益団体の機能として，社会におけるさまざまな主張や要求を政治過程へ表出する利益表出機能がある．選挙は，人々を代表する最も基本的な手段であるが，主に地域を基礎とした利益であり，利益団体は地域代表では反映されにくい利益を表出し，制度的な代表を補完する．

　また，政治過程における多元性の確保という機能もある．ダール（Dahl, R.）は，多元主義理論から，公共政策は多種多様な利益団体の対立，競争，調整の中から生まれるとする．多数の団体が政治過程に存在し，それらが相互に競争・牽制しあう状態があれば，一つの社会集団のみが権力を独占しにくくなり，多元主義的均衡が得られるとする．これに対し，組織化には多大なコストがかかるために，一つの団体の力が高まったとしても，それに対抗できる団体ができることは難しいという見解もある．

・利益団体の分類と例　利益団体の目的から分類すると，第1に，セクター団体である．職業や業種といった経済的属性を基礎として形成され，メンバーの物質的な利益の促進を目的とする．日本を例にすると，企業や経営者の利益を基礎とする経済団体では，日本経済団体連合会（経団連），日本商工会議所（日商）などがある．業種を基礎とする業界団体では，建設業では，全国建設業協会，運輸・情報通信業では，全国ハイヤー・タクシー連合会（全タク連）といったものがある．また，専門職を基礎とした団体では，日本医師会などがある．労働者を基礎とした団体では，日本労働組合総連合会（連合）などが挙げられる．第2に，政策受益団体は，政府の政策や活動に関連して存在する団体で，特定の政策プログ

ラムの対象者から構成されるなど，経済以外の区分に基礎に置いている．福祉団体や教育団体，行政関連団体が例としてある．また，全国知事会のように地方自治体の種類を基に組織されたものもある．第3に，価値推進団体であり，社会の特定部分や団体のメンバーに限定されないような目的を追求する例として，環境団体，平和団体，人権団体がある．

　利益団体の分類や接触の対象といった研究の中で日本については辻中豊（辻中1988；辻中編著 2002；辻中・伊藤 2010；辻中編 2016b など）が牽引してきた．

●利益団体と他のアクターとの関係　政策の公式な決定権をもつ政治家は，利益団体の重要な働きかけの対象となる．利益団体は，政治家に接触して自らが望む政策となるよう働きかける．国レベルでは特に与党の有力議員が重要な存在である．ただし，団体の性格や主張によっては野党の議員も働きかけの対象となる．また，地元選出の国会議員に働きかけを行う場合もある．政治家にとっては，一般の有権者よりも主張がはっきりしており，組織化され一丸となって行動する利益団体の要望をかなえた方が，票や資金提供が期待できると考えるため，数で優る多数者の利益よりも，少数の利益の方が守られやすくなるという「少数の優位」が生じる．

　例えば，酒造組合と政治との関係では，2016 年に量販店などによるビール 6 本売りの激安販売を防止するために，酒税法が議員立法で改正された．小規模店の保護も目的としており，背景には町の酒屋を中心とする酒販店業界からの要望があったとされる．改正後，ビールの売り上げは減少した．この改正がビール業界全体にとって良かったものとはいえない．また，消費者のニーズを反映したともいえない．

　また，官僚は利益団体が活動する領域に関わる権限や財源をもつ．官僚は，政策の立案から実施までさまざまな局面で政策に影響を与えることができる．このため行政機関は利益団体にとって重要な標的となる．利益団体は，政策に関わる情報提供に加え，官僚の天下りを受け入れ，人的ネットワークを築く．行政機関は利益団体との接触を通じ，業務に必要な情報の収集や政策実施への協力を利益団体との接触を通じて得る．

●利益団体についての対立的見解　利益団体は，社会の諸集団そのまま反映したわけではなく，限られた範囲の人々の団体である．そのため，利益団体は少数者の利益を多数者の利益に優先させ公共政策の内容を歪めているという批判がある．

　こうした批判もあるが，利益団体の活動は，集会・結社の自由や表現の自由などの市民的権利に基づくものである．また，その活動は政治過程にさまざまな意見を入力する機能をもち，政策に多様性をもたらすこともある．利益団体を悪とし抑圧してしまうのは民主政治にとって望ましくない．政治制度を通じて，利益団体を民主政治にコントロールしていくことも重要であろう．　　　　［三田妃路佳］

📖さらに詳しく知るための文献
辻中 豊・森 裕城編著 2000．『現代社会集団の政治機能』木鐸社．
Baumgartner, F. R. & Leech, B. L. 1998. *Basic Interests*. Princeton University Press.

NPO（Nonprofit Organization）と政策形成

　NPO は，一般には「組織化された」「民間」の「利潤を利害関係者間で分配しない」「自己統治的」「自発的」な組織を指す（Salamon & Anheier 1997）．この定義には協同組合や社会運動体などは含まれないが，本項目ではこれらも視野にいれながら，NPO の活動と公共政策の可能性について述べることとする．公共政策（☞「政策」）は，一言でいえば，公共的問題を解決するための指針・行動案である．公共的問題解決のための方策を構想し，その解決に取り組んでいる主体は，市民，NPO，地域コミュニティ，企業などさまざまであり，政府だけには限られない．特に，近年は，政府や企業，家族のあり方が大きく変わる中で，NPO 等の問題発見力や課題解決力に大きな期待が寄せられている（坂本編 2017 など）．

●**NPO と政策過程**　政府政策としての公共政策は，①政策課題設定，②立案，③決定，④実施，⑤評価という動態的な過程をたどる．このうち政策課題の設定から決定までが本項目で扱う政策形成過程である．NPO は，アドボカシーを通じて，この過程で大きな役割を果たす（Jenkins 2006）．わが国においても，動物愛護管理法，NPO 法，容器包装リサイクル法，環境教育推進法，自殺対策基本法などの立法過程で，NPO が大きな役割を果たしたことが明らかにされてきた（尾野 2002；シーズ＝市民活動を支える制度をつくる会 1998；小島 2003；寄本 2009；藤村 2009；小牧 2019；辻中ほか編著 2012）．

●**問題の発見と NPO**　公共政策は，社会で解決すべき問題と認識された「公共的問題」を対象とするが，何がそのような公共的問題であるかは自明ではなく，その範囲や内容は時代や社会状況によって異なってくる．問題の認識枠組（フレーム）が大きく変わることによって公共的問題が発見されることはしばしばあるが，このようなフレーミングの転換は，従来の政策システムが環境条件の変化に対応できなくなった場合に政策システムの外部者によってもたらされることが多い（城山・前田 2008；城山 2008）．NPO など市民社会は，時に，新たなフレーミングを提起し，これまで「公共的問題」だとされてこなかったような事象を「公共的問題」として公衆や政策システム内のアクターに認知させ，フレーミング転換のきっかけをつくり，その方向性に大きな影響を与えるのである．ここでは，かつて，フェミニズム運動が，「個人的なことは政治的である（The personal is political）」をスローガンとして，公共性を正面から問い直したことが想起される．

●**政策課題の設定と NPO**　ところで，政府が使えるリソースにはかぎりがあるため，無数にあるといってもよい公共的問題のすべてが，「政府が真剣に考慮する

政策課題」となるわけではない．一方，政策課題とならなければ，政府で解決案が検討されることはなく，また，どのような形で課題設定されるのかによって解決の方向性は大きく異なってくる．

　一般的にいえば，NPO は，既存の利益団体と比較すると人的・財的リソースが多いとは言えない．しかし，NPO は，時には，アウトサイド・ロビイングと呼ばれる戦略によってマスメディアを触媒としながら，一般市民の関心を呼び起こし，世論を味方につけて，NPO が重視する公共的問題について，NPO が望む方向で，政策課題にのせることに成功する．署名活動，集会，デモ，シンポジウム，情報リーク，広告掲載，マスメディアへのアピールなどその手法はさまざまあるが，NPO は，これらにより，人々の認知や選好・態度を変え世論に影響を及ぼそうとし（紛争拡大戦術），あるいは，政策システム内のアクターに対してその問題が重要だとシグナルを送る（シグナリング戦術）（坂本 2012）．

●**政策立案・決定過程と NPO**　政策立案過程においても，NPO は重要な役割を果たす．今日，NPO は，自ら法案作成のコーディネーターとなり，政策実現のイニシアティブを握りうる存在にまでそのプレゼンスを高めている（尾野 2002）．その重要なリソースとなるのが情報とネットワークである（坂本 2012）．

　多くの NPO は，現場を持ち，ネットワークを組みながら，日々の活動の中でさまざまな情報を収集している．それらのいわば「生の情報」は，専門家の専門知とは異なり，現場での活動経験からフィードバックし共有・蓄積されていく現場知である．藤井（2004）はこのような NPO 固有の知の枠組を，市民的専門性と呼び，これらが NPO による問題解決やイノベーション，アドボカシーを可能にすると指摘した．実際，これらの情報や NPO が提起する政策案は，政策立案を担う行政にとっても有益な政策情報になる（坂本 2012）．さらに，政策の決定過程においても NPO はそのような情報を用いた活動を行うことによって，国会での審議過程や政策の方向性に影響を与える（尾野 2002；シーズ＝市民活動を支える制度をつくる会 1998；小島 2003；寄本 2009；藤村 2009；小牧 2019 など）．

●**NPO の活動と公共政策の可能性**　以上のように，NPO は，政策形成過程に深く関わることを通して，政策の実現と内容に大きな影響を与え得る．特に，NPOの政策システム外での活動は，フレーミングの転換や公共的問題の発見のきっかけになるとともに，市民的専門性に基づいた効果的で具体的な政策提言にも繋がる．ハーバーマス（2003）は，核兵器軍拡競争，エコロジーの危機，第三世界の窮乏化，ジェンダーの問題などがいずれも市民社会から提起され「公共的課題」となったと指摘し，公共圏・市民社会における意見形成機能の重要性を強調した．環境変化著しい現代において，NPO をはじめとする市民社会が公共政策に果たす役割は益々大きくなっているといえるだろう．　　　　　　　［今里佳奈子］

📖**さらに詳しく知るための文献**
辻中 豊ほか編著 2012.『現代日本の NPO 政治』木鐸社.

市民参加

　市民参加には，①政府・自治体の行動を制御するための政策決定や政策評価の段階への参加，②社会的課題を解決するための政策実施段階での政府・自治体への参加，③住民相互の自己決定により地域の環境を制御するための参加，④司法権への参加の四つの領域がある．

●**市民参加の四つの領域**　①において，現在の日本の自治体（首長部局）では，審議会への公募・団体委員としての参加，地区別・テーマ別での説明会やワークショップへの参加，そして，条例・計画案へのパブリックコメントを通じての参加が標準的な仕様である．一方，地方自治法は議会に対して陳情・請願の審査のほかに公聴会や参考人制度を通じた市民参加も設定している．また，当事者参加も重要であり，都市計画法では自治体が土地という私有財産を制約する土地利用規制や開発を行う都市計画決定において住民および利害関係人に意見書提出権を定めるとともに説明会・公聴会開催を定めている．障害者総合支援法では"障害者等及びその家族"を含む協議会の設置を市町村の努力義務としている．

　政策評価への参加では事務事業評価が主な場である．総務省統計（「地方公共団体における行政評価の取組状況等に関する調査結果（平成28年10月1日現在）」）によれば，約四分の一の市町村で事務事業評価の外部評価組織に住民が委員として参加している．また，評価への当事者参加では認知症患者自身も委員となる世田谷区認知症施策評価委員会のような事例も登場している．

　②には無給で従事することが民生委員法で定められている民生委員のような個人のボランティア参加と，公共サービスの民間開放とパブリック・プライベート・パートナーシップの政策潮流の下での協働事業提案制度により市民活動団体・NPO組織が提案・実施者として参加するものがある．ハッカソン等を設定してのシビックテックを通じたサービス開発も成果である．

　③の日本における代表例が街並み保全で活用される建築協定制度（建築基準法）である．これは条例が指定する区域内の土地所有者・借地権者の全員合意による協定が特定行政庁（自治体）の認可を受けることで，協定締結後に当該区域で協定に署名していない主体が新たに土地を取得しても効力を持つ制度である．④の領域にはくじで選ばれた市民が裁判に従事する陪審制度（1928〜1943年．陪審法）・裁判員制度（2009年以降）と検察審査会制度がある．

●**政策決定手続きへの市民参加の重層化**　日本の政府・自治体への市民参加では憲法・地方自治法成立（1947年）により骨格が形成されるが，1960年代末がひと

つの転換点となった．1968年の都市計画法改正で都市計画決定へ既述の各種参加手続が法定化された．同時期に革新自治体と呼ばれた自治体では首長と住民との直接対話の場や審議会へ多様な主体の参画を図る取組みが始まる．ただし，こうした首長側の動きは"首長・住民直結"により「議会を迂回（バイパス）しようとするもの」だとする批判を議会側より招くことともなった（西尾 1977）．

1990年代には建築・都市計画領域で培われてきたワークショップ技術が総合計画を中心に自治体計画策定へ活用されるようになる．制度面では行政手続法によるパブリックコメント手続，そして公共事業計画（環境アセスメントを含む）でのパブリックインボルブメント手続も市民参加手続きを重層化させた．

2000年代には住民基本台帳から年齢や性別等に基づき無作為に抽出し，招聘に応じた市民で熟議を期すミニ・パブリックスの手法が広まる（OECD 2023）．自治体議会にも議会報告会や議会モニター・サポーター制度などの取組みが普及する（廣瀬編著 2018）．ICT技術の進展から政策アイデア募集や議論を促すための Decidim（輿石ほか 2022）などのオンラインプラットフォームツールの利用も広がった．

●**市民参加の効果と課題**　市民参加には当事者のニーズや市民の生活知あるいは職能に基づく専門知が表出されることで適切な政策選択に役立つとする価値と，参加する中で自ら考え，他者と議論し，さらに省察が深まることで市民自身が成長することへの教育的価値が期待されてきた（ペイトマン 1977）．1990年代以降，参加する市民相互，そして，市民と政府・自治体の間でのソーシャル・キャピタルの醸成効果も重視されるようになった．実施過程への市民参加には，無償労働の提供による政府・自治体の財政負担削減と並び，市民がもつ創意工夫の活用によりイノベーティブな公共サービスを可能とすることへの期待がある．

一方で，市民参加の担い手には生活の糧を得る職業生活や育児（介護）の日常生活から時間を割くことができる経済（時間）的余裕が必要である．また，情報・知識の不足（"よくわからない"感）は参加の躊躇につながる．これら資源の不足からの参加の偏りへの対応が，参加者を住民登録システムから性別・年齢などが比例的になるよう抽出・招聘し，学習の機会を踏まえた議論のファシリテーションを行うとともに一定の補償（謝金や託児サービス提供など）を行う工夫である．

市民参加を政治公職者側からみれば，市民の意見を積極的に聞く姿勢をアピールする場とする側面や，特定の業界・団体へ審議会委員の"指定席"を用意することで当事者からの支持を得て実施の円滑化を図る側面（Brown 1955）も存在する．市民参加は政治リーダーによる支持調達の場ともなり得るのである．

市民参加による政策検討は選挙に基づく政治過程と，時に緊張関係をもつ．ある時点の参加手続きを踏まえた政策が，次の時点の選挙で有権者の支持を得た（次期）政権によって変更されることは選挙を通じた政策選択の原則から正統性をもつものだ．ただし，その政策転換での説明責任は求められるであろう．　　［長野　基］

公共政策と信頼

☞「ソーシャル・キャピタル
と公共政策」p.420

　公共政策における信頼は，かつてルーマン（Luhman, N.）が信頼を複雑性に対する社会の縮減メカニズムと指摘したように，政策の範囲や手段，またその担い手が多様化する中で，政策の実効性を高めるために重要な概念となりつつある．一方で信頼は，獲得するのは難しく失うのは一瞬という非対称性をもち，国際公共政策において政府は信頼される側のみならず信頼する側の立場でもある．本項目では，公共政策と信頼に関わる議論や取組みを紹介する．

●公共政策における信頼の役割　公共政策において信頼は，政策が決定されるときのみならず，政策の形成，そして実施においても，広く国民の信頼の存在が不可欠である（田中・岡田編著 2006）．公共政策の範囲や手段，またその担い手が複雑多様化する中で，政策の実効性の担保は最終的には国民の信頼と協力に委ねられる．こういった信頼の役割については，ルーマンが信頼を複雑性に対する社会の縮減メカニズムとしてその機能性を概念化している．またパットナム（Putnam, R. D.）は，イタリアの地方分権を事例に，人々の間での相互信頼や規範が制度のパフォーマンスに影響を与えることを明らかにし，社会関係資本（Social Capital）が注目されるようになった．信頼を資本として捉えているように，公共政策において信頼は必要不可欠な存在であることにあらためて注目が集まるようになった．

　社会的組織がその活動に対する信頼を維持できなかった場合，どのような問題が起こるだろうか．不祥事などで消費者の信頼を失い，市場から撤退した民間企業の事例は枚挙にいとまがない．一方，これまでは恒久的な存在として捉えられてきた行政組織も，年金記録の不備や職員の不祥事，無駄遣いなどが相次いで指摘され国民からの信頼が大きく失墜し廃止された社会保険庁など，信頼を失いつつある組織は，たとえ行政であってもその存廃が厳しく問われる．廃止に至らない場合でも，信頼の低下は，公務員志望者数の減少による優秀な人材の確保難，脱税の増加，警察活動などの執行行政への自発的協力の拒否など，行政活動にとって決定的である人的・金銭的資源の提供と，モラルコミットメントを拒むことに繋がるであろう．信頼を失った組織に待ち受ける行く末は，もはや民間企業も公的組織も同様になりつつある．

　ルーマンは，信頼をシステム信頼と人格的信頼に分類しているが，公共政策における信頼も，社会の公共的課題に対応するシステムの機能の評価に基づいた信頼と，政策の主たる担い手である政治家や官僚集団の資質や行動様式が国民の望む方向性で規定され，実際に行われるという期待によって成立する信頼に整理が

可能である（ルーマン 1990）．信頼とはそもそも多義的な概念であり，どのような意味合いの信頼が政府と国民の間に成立するのかを検討することにより，公共政策における信頼の内実に迫ることが可能となる．

●信頼と改革　今日の公共政策の多くは，協働のように国民の協力が重視されることから，国民による政策への信頼が，政策そのものの実効性に大きく関わってくる．そのため各国の政府は，信頼の維持向上のさまざまな取組みを行っている．OECD は，政府への信頼向上自体を政府の活動の主要な成果（core government result）として位置づけ，定期的なモニタリングと検討を始めている（OECD 2021）．

　一方，信頼は，維持向上するのが難しい反面，失うのは一瞬（trust arrives on foot, and leaves on horseback）という非対称性の特性を有し，一度失った信頼の回復は容易ではない．さらには，具体的にはどのような活動や改革が信頼の向上に繋がるのかは自明なものとはなっていない．例えば NPM（New Public Management）流の改革は組織を細分化し運営の自律的な裁量を与え組織の効率化を促すが，監査の強化など基本は主体間の不信を前提としている．政府の業績や公共サービスに対する満足度の向上も，信頼との関係は単線的なものではなく，より複雑である（ナイ 2002；野田 2013）．また，信頼向上のための情報公開や透明性の向上は，これまでの"隠れた"事例を詳らかにすることにより，さらなる信頼の低下を招くかもしれない．信頼と改革の複雑な関係に加えて，信頼をどの程度まで向上あるいは回復させるのかという論点も重要である．公共政策や政府に対する信頼の最大化ではなく，信頼の機能の最適化が目指すべき姿であろう（Bouckaert 2012）．

●信頼される主体，信頼する主体　ここまで，公共政策において政府を信頼される側，国民を信頼する側という観点から議論を紹介してきたが，国際公共政策や国際関係においては，政府は信頼される側の主体であると同時に信頼する側の主体としての位置づけも同等に重要であり，求められる信頼の双方向性の有無が国内を前提とした公共政策とは異なる（宮脇 2019）．国際公共政策においては，政府は国民や他国から信頼される主体であると同時に，他国の政府を信頼する側の立場でもある．この点を敷衍すれば，国内の公共政策にとっても，政府もまた国民を信頼することが肝要となってくる．協働など政府以外との連携が強調される中では，政府の国民に対する信頼もまた政策の効果や成否に影響を与える．公共政策における政府の位置づけを，信頼される側の主体としてのみならず，信頼する側の主体としても検討していくことが今後求められる．　　　　　　［菊地端夫］

さらに詳しく知るための文献

田中一昭・岡田 彰編著 2006.『信頼のガバナンス』ぎょうせい.

ナイ, J. S. ほか編著，嶋本恵美訳 2002.『なぜ政府は信頼されないのか』英治出版.

自治会・町内会と政策形成

　自治会町内会（以下，町内会）は，広くいえば非営利組織であるが，その中でも政府部門と密接な関係をもつ存在である．その理由はその歴史を紐解くと明らかとなる．

●**行政媒介型市民社会組織**　近代国家の形成の中で，政府部門と市民社会の関係のあり方は国際比較をすると極めて多様だが，日本の場合は市民社会に政府が介入する方式，つまりある部門は抑圧されるが，特定団体部門に政府が焦点を当て，重視し育てるという方式を採用した．その一つが町内会だった．その目的は，当該団体を国家統治の基盤とし，国家のエージェントを創造することである．その代わり，政府からの手厚い有形無形の支援を受けることも許される面がある．このような性格の団体であることから，政府部門と市民社会との両方に立脚するという意味で「行政媒介型市民社会組織（straddler associations）」（Read 2009；辻中ほか 2009）といわれることもある．こうした背景から，町内会は公共政策の形成に深く関与し影響力をもつことが多い．

　歴史を振り返ると，町内会が官民の媒介を行う団体としての地位を与えられた決定的な出来事が1889年の市制町村制の施行である．この施行にあたって，これまでの自治団体だった町村が合併（明治の大合併）され，新しい市町村が生まれた．一方で，この新制市町村を支えるために，旧町村領域（集落）の貢献が期待された．そのために市制町村制では，各集落に「区長」を設置し，市町村行政を補助する仕組みを各地で整備できるようにした．区長には地域共同体の指導層が当てられ，国家の統治安定化と行政効率化が期待されたのである．以降，第二次世界大戦前の「部落会町内会等整備要領」（1940年内務省訓令第17号）などを経て，町内会団体が行政補助団体としての性格を強めた．そして，第二次世界大戦後の憲法制定や地方制度の刷新の中で，部落会町内会は公式の制度として廃止された（1947年政令第15号）．しかし，徐々に各地域では戦後復興の中で人々の生活上必要だったため町内会組織は復活していき，1950年代以降は，各自治体はそれらを民間の任意団体と位置づけながら，行政執行上重要な部門として重用し続けた．

●**公共政策過程と町内会**　上記のような歴史があるために，町内会は多岐にわたって公共政策の形成に関わることがそもそも政府部門から期待され認められている．特に期待が大きいのは政策形成の上でアウトプットに直結する政策実施過程である．行政業務の実施は広くいえば3種類にわたる．第1に，窓口業務代行，第2に，行政とのパイプ役，そして第3に公共的サービスの実施である（日

高 2018）．現在は，窓口業務（住民票関連等）は極めてわずかな例しかないが，町内会の貢献でとりわけ重要なのが行政とのパイプ役である．これは，主として情報の伝達，つまり行政情報を地域に伝達し，地域情報を自治体行政部署に伝達する業務である．前者の典型例が自治体広報誌や犯罪発生マップなどの回覧物の配布・回付である．後者の事例として，民生委員・児童委員に代表される各種委員の推薦が挙げられる．お互いがもつ情報を交換することによって，行政サービス内容を改良し，また行政費用を低減することに繋がる．

　他方で，地域要望の陳情伝達も町内会は担っている．市区町村においては，年度ごとに町内会からの要望書を受け付けることを定式化する例が多く，この類の要望伝達は地域情報伝達の一部となりやすい．しかし，場合によっては，請願活動とか施設設置反対運動など地域問題に関して純粋な政治過程での圧力団体機能を町内会がもつこともある．

●**町内会による政策実施関与の正当性問題**　ここで取り上げたいのがゴミ集積所である．一般家庭ゴミの回収で，戸建て住宅地はゴミ集積所（またはゴミステーション）方式が全国的に主流である（環境省一般廃棄物処理実態調査結果）．市区町村ごとに異なるものの，ゴミ集積所の設置等に町内会が関与する傾向にある．集積所の新設や移動の際には置き場所の利害調整が伴うために町内会の地域情報が果たす役割が大きい．また，ゴミ当番の班分けや放置ごみ対応などごみ収集行政の補完として公共的サービス実施を行う面もある．

　しかし，これは徐々に地域社会の中で問題を引き起こし始めている．町内会の加入率が低下しているからである．加入率の低下は地域ごとにその程度に差はあるが，全国的な動向である．そのため，各地で，町内会が設置したゴミ集積所を未加入者に利用させないというトラブルが多発するようになった（例：「自治会退会増，ごみ出しは」中日新聞，2022年7月31日付）．この種の問題は，税負担に基づく行政サービスが自主的な任意加入による町内会を媒介して実施されるという融合型の仕組みに起因している．それは町内会の加入率が高いという前提の下に成り立つ様式であり，町内会を経由する政策実施過程のあり方は徐々にその正当性を失いつつある．

●**地域運営組織の結成**　近年は，町内会の弱まりをひとつの背景として，小学校中学校などの学区程度の広さに地域運営組織（または地域自治組織）を結成する市区町村が増えている．地域の問題解決やコミュニティビジネスなど新しい取組みを通じて，自治体との協働（コプロダクション，パートナーシップ）という面から政策実施過程への住民参加を刷新する役割が期待されている．同時に市区町村予算を提案する権能（参加型予算提案制度）をもつ事例もあり，政策立案過程への参加もこれまでの町内会を媒介した政策過程とまた異なる形での期待が高まっている．
　　　　　　　　　　　　　　　　　　　　　　　　　　　　　　［森　裕亮］

ソーシャル・キャピタルと
公共政策

☞「公共政策と信頼」p.416

　ソーシャル・キャピタル（social capital）の定義は必ずしも明確ではない．とはいえそれが人々の間に存在するネットワーク（繋がり）や信頼，互酬性の規範などによって特徴づけられるものであり，蓄積されることで社会活動の効率性に（主として良い）影響を与えるという点は多くの論者の間で概ね一致している．訳語についても定訳はない．直訳すれば「社会資本」だが，それでは道路や上下水道といった物質的なインフラストラクチャーとの混同が避けがたい．そのため「社会関係資本」や「人間関係資本」などの訳語も工夫されている．「ソーシャル・キャピタル（ソーシャルキャピタル）」とカタカナで表記されることも多い．

●概念の誕生と発展　信頼（trust）や仲間への配慮（concern for one's associates）が良き統治に不可欠であるとする考え方は，古代ギリシアのアリストテレスや中世のアクィナスなどにもみられる．またルソー（Rousseau, J.-J.）の市民共同体論やトクヴィル（Tocqueville, A.）の市民社会論の系譜と関連づけてソーシャル・キャピタルが論じられることもある．ソーシャル・キャピタルという用語が現在のような意味で用いられたのはアメリカの教育者ハニファン（Hanifan, L. J.）による 1916 年の論文であるとされる．その中でハニファンは，近隣住民との接触によってソーシャル・キャピタルが蓄積され，それがコミュニティ全体の生活の改善に繋がると論じた．1960 年代にはアメリカの作家兼ジャーナリストで都市問題を多く扱ったジェイコブズ（Jacobs, J.）が，都市における近隣ネットワークの重要性を指摘する際にソーシャル・キャピタルの用語を用いた．1980 年代にはフランスの社会学者ブルデュー（Bourdieu, P.）が，権力と支配をめぐる研究の中で支配者層が経済的資本（economic capital）や文化的資本（cultural capital）とともにソーシャル・キャピタルを用いて特権的地位を維持し，それが階級や不平等を再生産していると論じた．その後アメリカの社会学者コールマン（Coleman, J.）は合理的選択理論を踏まえつつ，人が必ずしも目先の利益を選ばず他者と協力する要因としてソーシャル・キャピタルを捉えた．それを教育分野の実証研究に適用し学校間の学力差は各学校に蓄積されたソーシャル・キャピタルによるとした．

　ソーシャル・キャピタルの概念が広く普及するきっかけとなったのがアメリカの政治学者パットナム（Putnam, R. D.）による *Making Democracy Work*（1993）（邦題『哲学する民主主義』2001 年）である．パットナムは「民主的な政府がうまくいったり，逆に失敗したりするのはなぜか」というリサーチ・クエスチョンを提起し，イタリアの 20 州を対象に分析を行った．まず州ごとの 12 の政策分野の

データを因子分析して制度パフォーマンス指数を作成しこれを従属変数とした．次に各州の優先投票，国民投票への参加度，新聞購読，スポーツ・文化団体の不足の四つの指標を因子分析して市民共同体指数を作成し独立変数とした．そして両変数の間にある相関の強さから，市民共同体の高低が地方政府の制度パフォーマンスの成否に影響を与えることを検証した．そして市民共同体が歴史的に育まれソーシャル・キャピタルが多く蓄積された地域は，人々の自発的協調が促進されて集合行為のジレンマが解決されるため，社会の効率性が改善され地方政府の高い制度パフォーマンスに結び付くと結論づけた．

　パットナムは後にアメリカのソーシャル・キャピタルを分析した *Bowling Alone* (2000)（邦題『孤独なボウリング』2006 年）を発表し，アメリカのソーシャル・キャピタルが数十年にわたって衰退傾向にあることを実証した．パットナムの一連の研究は政治学や行政学だけでなく経済学，社会学，経営学，心理学など多くの研究分野にインパクトを与えた．そしてさまざまな論争が繰り広げられつつ，世界中の研究者や政策実務家によって用いられるようになっている．

●**類型と負の側面**　研究が蓄積されるにつれ，ソーシャル・キャピタルは単一の概念ではなく複数の類型があるという議論がなされるようになった．さまざまな類型が提起されているが，ここではパットナムによる「結束型（bonding social capital）」と「橋渡し型（bridging social capital）」を取り上げる．結束型ソーシャル・キャピタルは肉親や親族，隣人など近しい集団において内向き志向で排他的なアイデンティと等質性を強化していくものであり，構成員の精神的・社会的支えとなる．それに対して橋渡し型ソーシャル・キャピタルは外向き志向でさまざまな社会的亀裂をまたいで人々を包含するネットワークであり，外部資源との連携や情報伝達において優れているとされる．一方ソーシャル・キャピタルの負の側面に着目するという議論もある．ソーシャル・キャピタルが反社会的な目的に向けられる可能性や，排他主義や非寛容性と結び付く可能性などが論じられている．

●**公共政策における意義**　ソーシャル・キャピタルの概念は多方面に影響を与えているが，公共政策における意義として次の二つを挙げる．第 1 に信頼や社会的結社の活発な活動といったそれまでは印象論的あるいは規範論的に論じられがちであった概念を計量的に把握することで実証的な分析を可能にしたことである．第 2 に多様な政策のパフォーマンスを説明する汎用性の高い変数を提供したことである．ソーシャル・キャピタルが影響を与えるとする政策分野は経済，開発，犯罪，防災，教育，健康など多岐にわたる．また分析の単位も国家，自治体，同一自治体内の地区などマクロレベルからミクロレベルまでさまざまである．こうした汎用性の高さから研究だけでなく政策実務の場でも活用されている．世界銀行などの国際機関が開発プロジェクトにこの概念を取り入れる事例や，神戸市のように自治体の計画等に盛り込まれる事例（神戸市 2011）などがみられる．　　　　［砂金祐年］

シンクタンク

　シンクタンクのあり方は多様であり，定義も容易でない．ここでは広めの定義を採用し，政界，経済界，メディア，学界と関係をもち，政治の場での認知，経済界からの財政支援，メディア・学界での注目等を目的として活動する知識人・専門家の組織とする．

　実際，シンクタンクのあり方は次のような広がりをもつ．

・**専門性**　外交・安全保障から財政など，特定の分野のみを対象とする専門店的なシンクタンクもあれば，多種多様な問題を扱う総合百貨店的なものも存在する．政策提言的機能に徹する組織と，学術的研究を行う組織との違いも存在する．

・**財政基盤**　営利・非営利両方の場合がある．営利組織の場合，コンサルティング会社とほぼ同義で使用されることもあるが（コンサルティング会社がシンクタンクと自称する場合も少なくない），財政基盤は収益である．非営利の場合，収入源は，寄付，会費，金利収入，政府ないし民間からの補助金・助成金，事業収入などとなる．収入源によって，シンクタンクの性格も左右される．経済団体あるいは政党などがシンクタンクを所有する場合もある．

・**党派性**　特定の政策を提案・唱導すれば，それは現実政治において，党派性から逃れることを困難にする．とはいえ，専門性・学術性・客観性と，党派性あるいは業界利益のどちらを重視するかでシンクタンクの性格は大きく異なってくる．

　本項目では，主として政策問題を扱う非営利のシンクタンクを念頭に説明を行いたい．まず，現実政治においてシンクタンクが重要な存在となっているアメリカ政治における状況について叙述し，その後他国の状況について比較検討する．

●**アメリカ政治におけるシンクタンク**　20世紀初めからシンクタンクが存在したが（例えばブルッキングス研究所は1916年創設），今日知られているシンクタンクが活発になったのは，主として保守／共和党系のシンクタンクが誕生ないし活動を強化した1970年代からである（1943年設立のアメリカ企業研究所が1971年に活動強化，1973年ヘリテージ財団・1977年ケイトー研究所設立）．1981年発足のレーガン（Reagan, R.）政権には，ヘリテージ財団などの研究員が多数登用された．2003年にはリベラル／民主党系のアメリカ進歩的研究所が発足した．

　アメリカ政治においてシンクタンクは以下のような機能を果たしている．

1.　**政策の研究・提言**　シンクタンクの中心的機能である．基本的には単なる研究ではなく，政策として採用されるための実践的研究である．純粋な研究であっても政策的含意をもち，具体的提案を伴っていることが多い．この活動には，問題に

対する政界での認知を強めるといった議題設定（agenda-setting）機能も含まれる.

2. 情報の伝播・伝達　アメリカ政治は, 議会ひとつみても権力が分散し, 多元的である. 無数の法案が提出され, 多数の小委員会でおびただしい数の証言が行われる. このような中で, 一部のシンクタンクは, 喫緊の政治課題について, 迅速にその動向・政治的意味・解釈を, 立場を共有する議員や関係者に提供している.

3. 政府高官の供給と養成　これはアメリカの官僚制の特徴と表裏一体の機能である. アメリカの政権交代では, 日本の局長相当以上の官僚はほぼ全員が退任し, 新大統領が任命する官僚と入れ替わる. この時, シンクタンクから多数が政権入りし, 退任した官僚の一部はシンクタンクに（再）就職する.

4. 政治運動の推進・支持　以上の機能の帰結でもあるが, アメリカのシンクタンクの多くは, 政治運動の一部として政治色・党派色が強い研究・提言を行う. 政策を実現するためには, 選挙で勝利する必要があるが, 同時に魅力的な政策案を用意する必要があるからである. 支持する政治家・高級官僚あるいはその予備軍の研究活動と生活を支える必要もある.

●比較政治的考察　以上の特徴は, アメリカ政治の特殊事情に由来する面が大きい. 政治任用制を大幅に取り入れた官僚制, あるいはシンクタンクが保守あるいはリベラルといった巨大な政治運動の一翼を担っていること, 逆に政党そのものの政策研究能力は高くないことなどは, アメリカの特徴であろう. イデオロギー的情熱に支えられているが故に, 巨額の寄付を獲得することが可能になる. 寄付の文化が根付いていることも重要であるが, シンクタンクは税制上も優遇されている（所得控除および非課税）. ただし, 狭い意味での政治活動（選挙への関与など）は禁止されている.

　それに対して, 日本やヨーロッパのシンクタンクは概して規模はそれほど大きくない. 中立ないし中道系の立場をとり, また唱道より分析・研究を重視する場合もある. 民間・非営利のシンクタンクは少数であり, 民間であっても, 政府ないし政党との結びつきが強いことが多い. 例えば, ドイツのコンラート・アデナウアー財団はキリスト教民主同盟と独立性をもちつつも密接な関係にあり, 同財団の収入の90％以上は連邦および州政府に由来する. 上記の四つの機能という観点からみると, 多くのシンクタンクがもっぱら1の政策提言機能を果たしている.

　日本でもシンクタンクの重要性についての認識は高まりつつある. 公益財団法人として認定されると税制上の優遇も得られる. ただし, 政治領域での非営利シンクタンクに限定すると, 財政的には小規模なものが多く, 政府補助金に多少とも依存しているものが多い. 政党がシンクタンクを立ち上げたこともあったが, 長続きしなかった.　　　　　　　　　　　　　　　　　　　　　　　［久保文明］

さらに詳しく知るための文献

宮田智之 2017.『アメリカ政治とシンクタンク』東京大学出版会.

船橋洋一 2019.『シンクタンクとは何か』中公新書.

民間企業と公共政策

　民間企業は，一義的にはプライベートセクターの経済主体であり，その活動の目的は自社の私的利益の最大化である．対照的に，社会セクターの代表的な主体は NGO/NPO であり，その活動の目的は社会課題の解決である（☞「NPO と政策形成」）．しかしながら民間企業でも，社会セクターにおける政策主体のひとつとして，公共の利益の実現を目的として活動することがある．

　その背景には，民間企業も社会の一構成員であるという現実がある．民間企業は，経済的・法的には株主のものであるが，顧客，従業員，取引先，市民，政府などさまざまな主体と関係をもつ．「株主資本主義」に対して，「ステークホルダー資本主義」という語句があるように，これら多様な主体との関係を適切に維持することは，企業経営の継続の観点からも重要である．そのため，必ずしも短期的な利益に繋がらなくとも，民間企業が社会課題の解決に協力したり，公共政策の実施の一部を担ったりすることがある．

● **CSR と SDGs**　例えば，近年民間企業にとって，CSR（企業の社会的責任）の概念は，ますます重要になっている．民間企業は，法令が許す範囲内であれば，利益のために何をしても良いということにならない．民間企業が社会的存在である以上，その規範に従うことは当然に求められる．例えば，社員に健全な労働環境を提供することや，環境に配慮した製品を販売することは，法律で義務付けられずとも社会的要請が強い．これらを忘れれば，社員のやる気を下げ，あるいは顧客から不買運動を起こされるリスクもある．そうならないよう，一定のコストを払っても，民間企業はこれら課題への対応に留意するのである．

　SDGs（持続可能な開発目標）も，民間企業が注目するキーワードである．これは，2015 年に国際連合が採択した，貧困の克服，健康と福祉の確保，ジェンダー平等，気候変動対策といった，17 の社会課題とその解消に向けた行動目標である．これらは，国連が社会一般に呼びかけたものであり，国際的にも国内的にも法的拘束力はない．にもかかわらず，今や多くの民間企業がこれに賛同し，社会に対して自主的に標榜し，部分的にせよ企業活動の中で実践しようとしている．

　SDGs と関係するのが，ESG 投資である．ESG とは，環境・社会課題・ガバナンスの三つを指し，これらに配慮した投資を行う姿勢を表す．近年，企業に資金を提供する投資家も，社会課題や環境問題の解決に前向きな企業を選ぶ傾向が強まっている．少なくとも長期的には，そのような企業の方が好業績を維持できるというデータもあるという．ESG 投資は規制や義務ではないが，投資家の自主的

な判断として行われており，企業経営にも影響を与えている．

●**環境ビジネスとソーシャルビジネス**　CSR や SDGs は，本業の傍らで一部の社員や部署が，一定のコストを払って担当するという事例が，実際には少なくない．本業で得た利益の一部を，社会に還元するという発想である．これに対して，社会課題の解決自体が民間企業のひとつの事業になったり，さらに本業の柱となったりする場合がある．

例えば環境ビジネスは，環境問題の解決策を事業化したものである．環境汚染の防止装置や太陽光パネルの製造，廃棄物処理やリサイクルなど，環境に配慮した製品やサービスに対する需要は拡大している．そのため，これらを市場で取引する事業として展開することは，大きなビジネスチャンスとなっている．

これがさらに進むと，ソーシャルビジネスとなる．ソーシャルビジネスとは，貧困や差別，環境問題などの社会課題の解決自体を目的とした企業による事業活動である．社会課題を対象とするが，NGO/NPO による寄付金などに基づいた非営利活動ではなく，企業による収益を伴うビジネスを指す．自ら収益を上げるため外部資金に依存せず，NGO/NPO と比べて事業の安定性・継続性が高まる一方で，株主利益の最大化を目指さない．特定の社会課題の解決が，自社のミッションとなっている．ノーベル平和賞を受賞したユヌス（Yunus, M.）によるグラミン銀行が，貧困層の女性などに対して無担保低利のマイクロファイナンスを行うことで，社会的自立を促した事例が，知られている．

●**公共政策から見た民間企業の役割**　CSR や SDGs が注目される背景には，近年経済活動がグローバル化し，一部の企業が大規模化した結果，民間企業が社会に及ぼす影響が大きくなったこと，環境問題などが複雑化・ボーダーレス化した結果，行政だけでは解決が難しくなったことなどの要因がある．行政と民間企業の関係が構造的に変化しているともいえる．

公共政策の観点からは，このような社会課題の解決に寄与する企業活動を支援し，促進することが考えられる．例えば，企業における育休取得に努力義務を課す，環境技術の開発やエコカーの購入に対して補助金を支給する，炭素税を賦課することで二酸化炭素を排出しない製品の価格競争力を高めるといった施策が考えられ，実施されている．

民間企業の観点からは，社会の一員としての自らの役割をより意識する必要がある．「企業市民」という言葉もあるが，組織的にも財務的にも技術的にも大きな影響力をもつ社会セクターの一つとして，自社のステークホルダーに配慮して，あるいは自社にとって良好なビジネス環境の維持のため，公共の利益の実現に協力する動機が存在する．民間企業は，経済主体として公共政策に規制される対象であるだけでなく，部分的にせよ公共政策に能動的に協力する主体になり得るのである．

[高橋　洋]

Ⅷ　公共政策のツール

[岡本哲和・小西 敦]

政策と法律との関係

　政策と法律の関係は，多様な視点からの議論が可能であるが，公共政策学の視点からは，法律は政策の手段又は政策の形式のひとつと理解されることが多い（秋吉ほか 2020，☞「政策の形式」）．本事典においても，法律を公共政策のツールのひとつとして把握して，憲法と公共政策，行政法と公共政策，政策法務などについて，解説がなされる．本項目は，こうした各項目へのイントロダクションとして，政策と法律の関係について概説する．

●**政策評価法における「政策」の定義**　「政策」という多義的な概念をわが国の実定法上で初めて定義した法律が，行政機関が行う政策の評価に関する法律（政策評価法）である（行政管理研究センター編 2008）．同法 2 条 2 項は，「政策」を「行政機関が，その任務又は所掌事務の範囲内において，一定の行政目的を実現するために企画及び立案をする行政上の一連の行為についての方針，方策その他これらに類するもの」と定義する．この「方針，方策その他これらに類するもの」とは，典型的には，意思決定が文書の形式で表現されているものを指すが，実質的に行政機関の意思・判断が一定の体系的まとまりをもったものと認識され得るものも該当するとされている（行政管理研究センター編 2008）．

　この定義は，政策評価法という範囲での定義ではあるものの，政策を法的に考察する際に，ひとつの手がかりになる．また，この定義では，法律そのものは，政策とされていない．これは，政策評価法が，その題名にあるように，「行政機関が行う」ものに関するものであるからであろう．

●**政策と法律の関係の変遷**　冒頭に記したように，公共政策学の視点からは，法律は政策の手段として把握されることが多い．しかし，法学の視点からは，かつては，次のような扱いであったとされる．①法学的方法は政策論を排除する，②政策論に立ち入ることは解釈中心の法学においては禁忌のごとき扱いを受けてきた，③（私）法の成立の過程においては，先例や慣習等が法典化され，政策的要素は希薄，民法を模倣した形で形作られた公法においても，その成立当初は，政策は軽視ないし無視された（小早川ほか 1998）．

　このように，政策から距離を置いた法律（公法）は，国家活動が人民の自由と財産の保護という消極的なものにとどまる時代に適合的なものであったといえよう（小早川ほか 1998）．

　ところが，20 世紀の福祉国家の時代となると，法律（公法）は政策とは無縁ではなくなる（小早川ほか 1998）．政策（≒政府の活動）の範囲が拡大するとともに

に，法律が次のような政策のために必要となり，政策法学や法政策学が提唱される（阿部 2022；平井 1995；小早川ほか 1998）．特に阿部泰隆は，1980 年代から，政策法学の考え方を提示していた（阿部 2022）．

第 1 に，規制を手段とする政策のために，義務を課し，権利を制限する法律が必要となる．

第 2 に，租税特別措置のような誘導を手段とする政策のために，租税法律主義の観点から，法律の根拠が必要となる．

第 3 に，より一般的に，政策を実現するために必要な資源の調達や配分に関する計画・手続を措置する技術的な法律が必要となる．

以上は，立法論としての法律と政策の接近である．解釈論上も，次の点で，法律と政策が結び付く．

第 1 に，法律に適合または反しない政策の立案のために，その解釈が必要である．

第 2 に，新しい政策や政策の改善を目的として法律を新規制定または改正するために，現行法の限界を認識する前提として，その解釈が不可欠である．

第 3 に，政策志向型訴訟，すなわち，将来において生じるであろう多数の潜在的当事者の利害に関わる判断を求める裁判における解釈論で，「望ましい」政策の判断が求められる（平井 1995）．

●**政策法務の展開**　以上のような政策と法律の関係の変化は，地方自治体における次のような政策法務の進展という現象からも，把握することができよう．

まず，立法面では，地方分権改革の成果である国の関与の縮小による地方自治体の立法権の拡大を利用した，独自の政策条例等の立案を行うための政策法務である．地方分権改革前から，公害対策や情報公開などの分野で，こうした独自の条例等は存在していたが，最近でも，例えば，「新型コロナウイルス感染症に関する条例」として，2023 年 9 月 1 日時点で，73 条例が制定（地方自治研究機構「条例の動き」）されるなど，喫緊の課題に対応した政策条例の制定が確認できる．

次に，解釈面では，法律の範囲内という制約条件がある地方自治体において，その範囲内で，どこまで，前述の政策条例等を制定できるかを模索する政策法務である．また，中央省庁の法律解釈権の優越性の否定という地方分権改革の成果を活かして，地方自治体としての政策に適合するような解釈を追求する政策法務もある．現在のところ，数は多くないが，例えば，いわゆるふるさと納税をめぐる訴訟のように，地方自治体と国との間で，政策的判断の違いを基礎とする法律解釈の違いがある場合に，最終的には，地方自治体の解釈および政策が法的に正当化または許容されるのかを裁判で争うことも出てきている．　　　［小西　敦］

📖**さらに詳しく知るための文献**

阿部泰隆 2022．『政策法学の理論と実践』信山社．
平井宜雄 1995．『法政策学』第 2 版．有斐閣．

憲法と公共政策

　憲法は，形式的意味においては，「憲法」という名称の成文の法典であって，法形式として（法律や命令ではなく）憲法であるものを指し，現在の日本では，「日本国憲法」がそれにあたる．一方，実質的意味で憲法を理解するならば，名称・形態・法形式にかかわらず，憲法で規定されるべき内容が規定されている法規範をいう．では，憲法で規定されるべき内容とは何か．それは，そもそも，国家権力の組織・作用および相互関係を規律する法規範（固有の意味の憲法）をいうが，今日では，自由主義に基づき，人権を保障するために，公権力を抑制することを定めた基本法（立憲的意味の憲法）と理解される．これは，18世紀末の近代市民革命期に主張された，専断的な権力を制限して，広く国民の権利を保障するという立憲主義の思想に基づくものである．

●**公共政策学にとっての憲法の意義**　行政活動は，民主的な政治部門である国会が制定した法律に基づき，それに従って行われなければならない（法律による行政の原理）．特に，個人の権利を制限し義務を課するような侵害行政には，自由主義の見地から法律の根拠が必要であると解される（侵害留保説）．個人の自由を制約する政策を規定する法律は，最高法規である憲法に矛盾・抵触するように制定されてはならず，もし矛盾・抵触するように制定された場合には，そのことゆえに無効とされるべきである（日本国憲法98条1項）．つまり，憲法は，政策の限界を画するものであるといえる．

　なお，個人に便益を与える給付行政は，必ずしも法律の根拠を要しないとしても，日本国憲法14条（法の下の平等）などの要請に反することはできない．

●**公共政策と違憲審査**　日本国憲法81条によってわが国に導入された違憲審査制度とは，法律，命令（行政機関が制定する法規範），それらに基づく処分など，すべての国家行為（不作為を含む）の憲法適合性を審査することである．付随的違憲審査制の下では，裁判所は司法権の範囲内でのみ違憲審査権を行使し得るので，ある政策の憲法適合性が裁判所に審査されるためには，民事（行政事件を含む）・刑事の訴訟手続において，適切な形で争点化される必要がある．そして，いかなる政策であっても，最高裁判所によって憲法の趣旨や規定に違反すると判断されれば，原則として無効となる．

　公共政策学にとっては，違憲審査は，個別の政策の憲法適合性の判断という現象面だけでなく，その政策の背景が精査されるという点でも注目に値する．例えば，尊属殺人罪の法定刑を加重する刑法の規定が法の下の平等を定める憲法14

条に違反すると判示した 1973 年 4 月 4 日の大法廷判決は，戦前のわが国の封建的な家制度の残滓を新たな日本国憲法体制下で許容し得るかが問われたものといえる．また，旧薬事法が定めていた薬局の適正配置規制が憲法 22 条 1 項の保障する職業の自由を侵害するとした 1975 年 4 月 30 日の大法廷判決は，既存薬局の既得権保護のための議員立法の政策的妥当性が実質的に争われたものである．

　現代では，裁判所による違憲審査は，個別の事件における紛争解決を通じた個人の主観的権利の救済としてのみならず，公共訴訟として，広く社会における政策課題を解決するためにも機能し得るものであり，実際に，そのような観点から裁判が提起されることもある．米国の連邦最高裁判所における，公立学校での人種別学制度をめぐる Brown 判決（1954 年 5 月 17 日）や人工妊娠中絶の規制をめぐる Roe 判決（1973 年 1 月 22 日）は，論争的な政策争点について裁判所が画期的な判断を示したことによって，社会的に大きな変革をもたらすこととなった．わが国でも，1970 年代以降，さまざまな政策課題をめぐって，政治部門における解決を模索するだけでなく，争点化や政治過程への波及効果を期待して，裁判所による憲法判断を求める動きが顕著となってきた．例えば，わが国における近時の例としては，女性の再婚禁止期間を定めていた民法旧 733 条 1 項や，夫婦同氏制を定める民法 750 条をめぐって，最高裁判所の大法廷は 2015 年 12 月 16 日，前者につき 100 日を超える制限部分につき憲法 14 条 1 項・24 条 2 項に違反と，後者につき合憲と，それぞれ判示した．

●政策課題としての憲法　憲法は，前述のとおり，公共政策の限界を画するものであるが，同時に，日本国憲法の擁護および改正それ自体がひとつの重要な政策課題であるといえる．いわゆる 55 年体制下において，改憲を党是とする自由民主党に対抗して，日本社会党をはじめとする野党の多くが護憲を主張し，衆参両議院の両方または一方で野党が憲法改正の発議を阻止し得る議席を占めていたため，憲法改正が現実の政治過程には乗っていなかった．しかし，2000 年 1 月，衆参両議院に憲法調査会が設置されて以降，憲法改正は現実味を帯びてきた．

　もっとも，憲法の規律密度の低いわが国において，形式的意味の憲法の改正（日本国憲法という憲法典の明文の改正）を経ずに，憲法改正が実質的な意味では何度も実現してきたといわれている．例えば，小選挙区比例代表並立制の導入のための公職選挙法の改正，中央省庁等改革基本法等の制定，地方分権推進法・地方分権一括法の制定，一連の司法制度改革関連立法など，基幹的な統治の制度の変革は，憲法改正ではなく通常の法律によってなされてきた．したがって，どのような制度改革が憲法改正によってでしかなし得ないのか，そして，それが必要かつ合理的といえるのかが真に問われることとなるだろう．　　　　　　［柳瀬　昇］

📖さらに詳しく知るための文献
芦部信喜著，高橋和之補訂 2023.『憲法』第 8 版．岩波書店．

行政法と公共政策

　行政法は，憲法，民法，刑法のような一つの法律ではなく，行政に関する法律や条例などの総称である．行政法には，行政の組織に関する行政組織法（内閣法，国家行政組織法など），行政が国民・住民に対して行う許認可，命令，給付などの活動に関する行政作用法（建築基準法，道路交通法，生活保護法，景観条例など），行政の活動によって国民・住民の権利や利益が侵害された場合の救済に関する行政救済法（行政不服審査法，行政事件訴訟法，国家賠償法など）の３種類がある．
　行政作用法には，道路交通法，建築基準法，食品衛生法，景観条例などさまざまな政策分野の法律・条例がある．これらの法律や条例は，各政策の目的や施策の体系を示すとともに，国や自治体の行政機関が施策を実施する根拠や手続等を定めており，公共政策の規範として機能している．行政作用法は，国や自治体の行政機関の活動を法的に制御する側面と，国民や住民の権利を制限し，または義務を課す側面の両面を有している．行政の活動を民主的にコントロールするため行政法総論と呼ばれる理論が形成されており，この理論に従って法律や条例の立法・解釈・運用がされている．この背景には，日本国憲法の国民主権，基本的人権の尊重，権力分立などの価値の実現を図る意図が存在している．

●**行政行為と行政指導**　行政の活動には，法律・条例に根拠規定が絶対に必要なものと，必ずしも必要ではないものがある．前者の代表例は行政行為であり，後者の代表例は行政指導である．行政の活動のうち特定の国民・住民に対して権利を制限する行為（例えば営業の許可），または義務（例えば税）を課す行為を「行政行為」という．国民・住民が法的に従う義務を負うため，法律・条例にその根拠規定が必要とされている．これを「侵害留保の原則」という．
　行政指導は，法律に根拠規定があるか否かにかかわらず，国民や住民は法的に従う義務はなく，従わない場合に罰則等の不利益を受けることはない．例えば，新型コロナウイルス感染症のまん延防止対策で行われた飲食店等への休業等の「要請」は行政指導であるので法的には従う義務はなく協力するか否かは任意である．一方，「指示」や「命令」の場合は行政行為であるので法的に従う義務がある．

●**行政行為の効力**　許認可や命令等の行政行為を行う機関を「行政庁」という．行政庁が法律・条例に基づいて許可，不許可，命令等の行政行為を行った場合，行政行為に人違いなど明白かつ重大な瑕疵（欠陥）があるために無効な場合を除き，権限のある行政機関または裁判所が当該行政行為を取り消すまでは，違法な

行政行為も有効なものとして法的効力を有し，行政行為の相手方となった国民・住民は従う義務を負う．これを「行政行為の公定力」という．公定力は行政行為が当然に有する効力ではなく，後述する取消訴訟の制度によるものである．

　行政庁が許可するか不許可とするかなど，行政庁が意思決定をする際の判断の自由度（余地）を「行政裁量」という．行政裁量は，行政行為の種類によって裁量の有無や裁量の大小が異なっている．行政裁量に逸脱や濫用がある場合には，当該行政行為は瑕疵のある違法な行政行為として，取り消されるべきものとなる．

　行政庁が違法な行政行為をしたために権利・利益を侵害された者（行政行為の相手方となった国民・住民等）は，行政事件訴訟法に基づいて裁判所に対し，行政行為の取消等を求める訴訟を起こすことができる．また，行政行為が違法な場合は元より，違法でなくとも妥当性を欠くために不当な場合も，行政不服審査法に基づいて行政行為をした行政庁の上級行政庁等に対し，行政行為の取消等を求める審査請求等をすることができる．逆に言えば，行政行為に不服がある場合には，明白かつ重大な瑕疵があるために行政行為が無効な場合や行政行為の不作為を問題とする場合を除き，行政事件訴訟法に基づく訴訟または行政不服審査法に基づく審査請求等をこれらの法律で定める期間内にしなければならない．これを「行政行為の不可争力」という．なお，国家賠償法に基づく損害賠償請求訴訟は民法で定める期間内にすることができる．

　行政庁は，行政行為の相手方が義務を果たさないなど一定の条件を満たす場合には，行政行為の目的とする状態を実現するための措置を自力で強制的に行うことができる．これを「行政行為の自力執行力」という．自力執行には，行政目的実現のために，行政行為の相手方の財産・身体に強制力を加える「行政強制」と相手方の行政上の義務違反に対し制裁を科す「行政罰」があり，いずれも法律または条例に根拠規定が必要である．行政強制には，法的な義務違反の場合に行う「行政上の強制執行」と，泥酔者の保護のように法的な義務違反がなくとも行う「即時強制」がある．行政上の強制執行には，代執行（違法建築物の除却など），直接強制（国外退去処分など），間接強制（賦課金制度），強制徴収（税金の滞納処分など）の4種類があり，義務違反の性質等に応じて法律または条例で手段が定められている．

　公共政策が行政法を活用して効果を発揮するためには，法律や条例で行政機関に必要な手段を付与し，行政機関が行政行為等の手段を機動的に実施する必要がある．2021年の熱海土石流災害はその重要性を示唆している．　　　　［小泉祐一郎］

📖さらに詳しく知るための文献

塩野　宏 2015.『行政法Ⅰ』第6版．有斐閣．
宇賀克也 2023.『行政法概説Ⅰ』第8版．有斐閣．

政策法務

　政策法務とは，政策実現のための法律実務（立法，法執行，争訟評価）のあり方を考え，その可能性を追求する取組みである．現代の法（法律や条例）は，何らかの政策を実現するために制定される政策法が多い．そうした法については，立法，執行，争訟評価のいずれの段階でも政策実現につながるよう工夫する必要がある．特に自治体の法務は，従来，国の政策の忠実な執行という側面が強かったが，1990年代以降の地方分権の進展の中で独自政策の実現が重視され，政策法務の取組みが広がっている．従来の自治体法務は法律論中心であったが，法律論と政策論の融合としての政策法務論が求められているのである．

　なお，類似の概念として法政策学（平井宜雄）や政策法学（阿部泰隆）も提唱されているし，立法学（中島誠ほか）の提案も同様の問題意識を有している．

●**政策法務のプロセス**　政策法務は，図1のとおり①立法，②法執行，③争訟評価の3段階に分けられるが，いずれの段階でも政策的な考慮が必要になる．

　立法段階では，政策実現のための合理的な制度設計が求められる．国（省庁，内閣法制局等）には，制度設計と法制執務のノウハウはあったが，政策論を汲み入れた政策法務の理論は欠けていた．自治体では政策的条例をつくる経験自体が少なく，制度設計のノウハウも乏しかった．そもそも法律学（実定法学）は法解釈論が中心であり，立法論は科学的客観性の乏しいものとして避けられる傾向もあった．しかし，政策実現のためには立法段階で合理的な制度を設計する必要がある．政策法務では「立法論」が重要なのである．

　法執行段階では，政策実現のための合理的な法解釈や運用が求められる．従来の法律学（特に行政法学）でも，適法性とともに合理的な問題解決や行政機関の裁量は配慮されてきたが，さらに政策実現を重視し，執行体制の整備，執行細則（マニュアル）の制定，違反行為の効果的な防止と是正指導，ケースワーカー等の「第一線職員」の対応などを検討・工夫する必要がある．

　争訟評価段階のうち争訟（不服審査や訴訟）では，政策実現を図るた

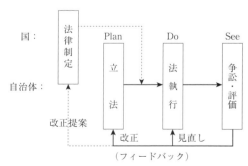

図1　自治体における政策法務のプロセス

め対象行為の適法性を主張し応答責任を果たすとともに，明らかになった問題点を立法や法執行の見直しに反映させる必要がある．評価では，法執行の結果に基づき法制評価の基準に即して検証し，立法や法執行の見直しにつなげる必要がある．こうしたフィードバックによって，政策法務のサイクルを回すのである．

●**自治体政策法務の変遷**　自治体政策法務には約60年の歴史がある．特徴的な展開をみせてきた立法（条例制定）に注目して，その変遷を振り返ろう．

①創成期（1960〜1974年）は，経済成長に伴う工業化・都市化に対して，公害防止条例，県土保全条例，開発指導要綱などの立法が広がったため，環境保全型法務の時代といえる．②展開期（1975〜1989年）は，安定成長期に入って「地方の時代」が提唱され，環境アセスメント条例，景観条例，公文書公開条例など住民参加を進める立法が広がったため，住民参加型法務の時代といえる．

③発展期（1990〜2009年）は，地方分権の潮流の中で，まちづくり条例，住民投票条例，自治基本条例，議会基本条例など自治体の自主性を拡大する立法が広がったため，分権推進型法務の時代といえる．④転換期（2010年〜現在）は，本格的な人口減少を受けて，空き家対策条例，新型コロナ対策条例などの立法が注目され，今後，限界集落の対策，公共施設の見直し，コミュニティ支援などの課題が想定されるため，地域再編型法務の時代といえる．

●**自治体政策法務の課題**　自治体政策法務の課題としては，第1に政策論としての精緻化を図る必要がある．例えば法制評価の基準，立法事実の探索，政策手法の選択など「すぐれた法制度」をつくるための理論が求められよう．

第2に条例の制定可能性を拡大する必要がある．分権改革によって条例制定の対象は拡大したが，「法令に違反しない限り」（地方自治法14条1項）という制限があることは変わらない．今後，条例制定権を柔軟に認める解釈論や，「条例の上書き権」の法制化などの立法論によってこれを拡大することが求められる．

第3に自治体職員の法的・政策的能力を育成する必要がある．従来の職員は政策的発想の乏しさが問題であったが，近年は職員採用試験の難易度の低下や専門試験の比率の低下もあって法的知識の低下が懸念されているため，法務研修の強化，自己学習の支援などの対策が求められている．

第4に自治体議会の政策法務能力を強化する必要がある．自治体の政策的条例の多くは首長提案であるが，今後は多様な条例づくりを可能にする意味で，議員の政策能力と議会の検討体制を整備して議員提案条例を増やすことが求められる．

政策法務を一時的なブームに終わらせず，さらに発展させるには，条例制定の理論的課題と実務的課題に取り組む必要がある．　　　　　　　　［礒崎初仁］

📖さらに詳しく知るための文献

礒崎初仁 2018.『自治体政策法務講義』改訂版．第一法規．

北村喜宣ほか編 2011.『自治体政策法務』有斐閣．

誘導型の政策手段(1)

　政府が直接に手をくだしたり規制したりするのではなく，政策目的達成のための誘因を与える仕組みが誘導型の政策手段である．誘因を与えるものによく金銭が用いられるので経済的手段ともいう．こうした政策が必要な理由を経済学では市場の失敗（☞「市場の失敗」）によく求める．人々の自由な取引では支障が生じるために，政府がそれを是正しなければならない，と考えるのである．特に，経済的手段と関係が深いのが外部性（☞「外部性」）で，市場の失敗のひとつである．外部性とは，ある経済主体の行動が別の経済主体に影響を及ぼすことである．その影響が有利に作用する場合を外部経済といい，不利に作用する場合を外部不経済という．

●**外部経済とピグー補助金**　ここでは前者を考えよう．経済学者ミード（Meade, J. E.）の例（Meade 1952）がよく使われる．

　果樹園と養蜂園が隣同士に並んでいる．すると蜂蜜はすぐ隣のりんごの花から容易に吸蜜できるから，養蜂園の蜂蜜の生産量は隣に果樹園がない場合より多くなる．養蜂園はその分だけ果樹園から外部経済を享受している．この状態を経済学者ピグー（Pigou, A. C.）は彼の代表的著作『厚生経済学』（Pigou 1920）において，社会的限界生産物と私的限界生産物との乖離とよんだ．限界生産物とは一つの生産要素を1単位増やしたときの生産量の増加分である．果樹園の生産活動は養蜂園の生産に貢献しているものの，その対価は支払われない．この分が乖離である．

　これを図1の需要曲線と供給曲線を用いて説明しよう．養蜂園に及ぼす影響を考慮に入れる前のりんごの供給曲線がSS曲線，りんごの需要曲線がDD曲線で示されている．市場均衡点がE_0，市場価格がP_0，市場取引量がQ_0となる．しかし，このりんご取引量Q_0は最適な生産量ではない．養蜂園に及ぼす便益が考慮に入れられていないからである．養蜂園に及ぼす便益がりんご1個を生産するにあたりαで測

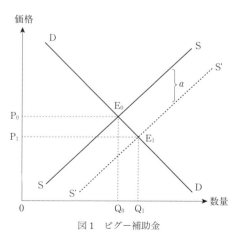

図1　ピグー補助金

られるものとすると，この便益を考慮に入れたりんごの社会的供給曲線はSS曲線からαだけ下方にシフトしたS'S'曲線となる．りんご生産のための社会全体の費用が果樹園農家の支払わなければならない費用よりαだけ低くなるからである．このとき，りんごの社会全体の最適量はQ_1となる．Q_0より多く，市場で実現するりんごの取引量は過少となる．市場の失敗が生じている．

このような場合，養蜂園に及ぼす便益の分を政府が補助金として与えることによって，社会全体の最適量Q_1を実現することができる．果樹園農家にりんご1単位の生産に対してαの補助金を与えると，今までよりαだけ低い価格で売っても同じだけの収入を得ることができるので，果樹園農家の供給曲線がS'S'にシフトする．このとき，市場均衡点がE_1，市場価格がP_1，市場取引量がQ_1となるからである．このような補助金をピグー補助金と呼んでいる．

●**実際の経済的手段**　こうした市場の失敗が起こる理由は，果樹園農家が自身の社会的貢献にみあう対価を受け取らずに意思決定をしているからである．したがって，こうした外部への便益を意思決定主体内部の便益にうつしかえることが解決策になる．これを外部性の内部化という．ピグー補助金は外部性を内部化する手段である．環境によい太陽光発電への補助金はこの例である．

こうして金銭を与えて政策目的につながる行為をとってもらう補助金には，技術開発を支援するためのもの，人材育成のためのもの，文化振興のためのもの，上位政府から下位政府への政府間補助金などさまざまある．補給金，助成金，交付金，負担金といった名称が使われることもある．バウチャー（引換券）やクーポン（割引券）という形をとることもある．上記補助金と同様の効果をねらった金銭補助に優遇税制や政策融資がある．再生エネルギー発電設備を導入した企業の法人税を減税するのは前者の，この設備導入資金を日本政策金融公庫のような政府系金融機関が低利で融資するのは後者の例になる．

●**ナッジ**　経済的手段とは別に，最近，誘導型の政策手段として注目されているのが行動経済学の政策実践であるナッジ（「肘でつつく」が元の意味で，誘導と解釈するとよい）である．ナッジとは，人々の選択の自由を保障しながら，彼らを社会的に望ましい行動に誘導させるように設計された選択の枠組みのことである．ナッジは，基本的に，誘因を与えるために金銭を用いない．周りの人の電力使用量と本人のそれを通知するプログラムは，社会全体の節電を促したことを示す研究結果が報告されている．このプログラムは多数派の行動に自身の行動を合わせるという人間特性を利用したナッジの例である．このように選択の自由を確保しながら，人々の行動特性を考慮したうえで，個人の選択を社会的によりよいものに導こうとする考え方は，リバタリアン・パターナリズムと呼ばれる．

[奥井克美]

誘導型の政策手段(2)

　ある経済主体の行動が別の経済主体に不利な影響を与える外部不経済を考え，この場合に用いられる誘導型の政策手段を解説していく．外部不経済の典型的な例が公害である．工場での生産活動による大気汚染が近隣住民に被害を与えている場合を例に取り上げる．

●**外部不経済とピグー税**　この工場で生産された財の需要曲線 DD と同財の供給曲線 SS が図1に示されている．市場均衡点が E_0，市場価格が P_0，市場取引量が Q_0 となる．しかし，この生産量 Q_0 は最適な生産量ではない．大気汚染被害が考慮に入れられていないからである．大気汚染被害が生産1単位あたり β であるとすると，公害被害を考慮に入れたこの財の社会的供給曲線は SS 曲線から β だけ上方にシフトした S"S" 曲線となる．財生産のための社会全体の費用が工場稼働のための費用より β だけ高くなるからである．このとき，財の社会全体の最適量は Q_2 となる．Q_0 より少なく，市場で実現する取引量は過大となる．市場の失敗が生じている．

　市場の失敗是正策を検討しよう．第1は直接規制である．政府が最適生産量 Q_2 を企業に強制するのである．これが守られない場合，制裁措置などがとられる．例えば，ごみの不法投棄罰金や新型コロナウイルス対策のため設けられた政府の休業命令に従わなかった者への過料は制裁措置の例である．

　第2は当事者間の直接交渉である．政府が権利の所在を確定し，工場と住民が生産量と金銭について交渉するならば，交渉結果が最適量 Q_2 となることが経済学者コース（Coase, R. H.）によって主張された．工場に自由に生産する権利があろうと，住民に大気汚染のない環境を享受する権利があろうと，交渉の結果が社会全体の最適量になるとの内容をコースの定理（Coase 1960）という．

　第3は工場への課税である．生産1単位あたりに β だけの税金を工場に課すことで工場の払う費用が増加する

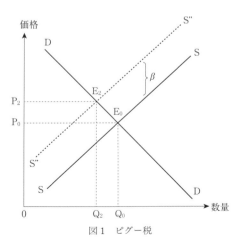

図1　ピグー税

ため図1の供給曲線がS"S"にシフトする. このとき, 市場均衡点がE_2, 市場価格がP_2, 市場取引量がQ_2となる. 財の最適量が実現する. こうした外部不経済を発生させている主体に課する税をピグー税といい, 外部性を内部化する誘導型の政策手段である.

●**環境税としてのピグー税** 化石燃料を使用すると二酸化炭素が排出される. これによってもたらされる温暖化は急激な気候変動の要因となり, さまざまな被害を引き起こす. しかし, 個々の化石燃料使用者の多くは, 二酸化炭素排出のことまで考慮せず, 使用量を決定する. こうした環境問題も外部性のひとつである. 解決策に石油・石炭・天然ガスなどの炭素含有分に課税することによって, これら化石燃料使用者に二酸化炭素排出の費用を炭素税として負担させる, というものがある. 炭素税はピグー税の一種である. 実際には, 二酸化炭素排出による被害額の算出は難しく, 最適量を実現させるための税額の計算も難しい. そこで税額を変えて二酸化炭素排出量がどのように変化するかをみて, こうした試行錯誤の末に望ましい税額をみつけていこうという提案が経済学者のボーモル (Baumol, W. J.) とオーツ (Oates, W. E.) によってなされている. ピグー税の実際運用を意識したこの提案はボーモル・オーツ税 (Baumol & Oates 1971) と呼ばれている. これら環境負荷の軽減を目指した税を総称して環境税という.

●**その他の経済的手段** 環境問題について別の誘導型の政策手段として注目されているのが排出量取引制度である. これは排出枠を決めて, この上限を超過した企業が排出枠の余った企業から排出枠を購入するという仕組みである. 企業が二酸化炭素を多く排出すれば, それだけ金銭的な負担を負うことになるため, 排出削減の取組みを強めることが期待される. また, 排出量取引制度では双方が得をしながら, 全体としても二酸化炭素削減費用を抑えることができる点も注目されている. 例えば, 1単位あたり排出削減コストがA社4万円でB社6万円であるとする. 排出枠をB社がA社に5万円で売ると, A社は1万円の得, B社も1万円節約できて得, それでいて社会全体でもその1単位の削減コストが6万円から4万円に減る. 排出量取引制度と炭素税はどちらも炭素の価格付けの面をもつため, 2つ合わせてカーボンプライシングと呼ばれている.

ごみ処理問題でとりあげられるデポジット制度はピグー税とピグー補助金を組み合わせたものといえる. デポジット制度とは預かり金を払い戻す仕組みである. 缶飲料を例にとると, 預かり金 (デポジット) を上乗せして缶飲料を販売し, 購入者が缶を捨てずに返却すると預り金を購入者に戻す. デポジット制度は缶飲料への課税と空き缶回収に対する消費者への補助金支給の意味をもっており, リサイクルせず投棄する数を減少させる効果が期待できる. [奥井克美]

誘因型公共政策

　公共政策学においては，経済的インセンティブを用いて人々や，企業の行動を変えようとする政策を，「誘導型」と「誘因型」に分けて観念している．このうち，「誘因型」とされるものについては，「インセンティブを継続的にもたせるような仕組みを構築する政策手段」（秋吉ほか 2020）として整理されている．

●**誘因型政策の根拠**　このように継続的に人々や企業の行動に影響を与え続けなければならない状況の典型例としては，外部性が発生している場合を挙げることができよう．外部性とは，市場を通すことなく，ある経済主体から他の経済主体に対して，便益や損失を与えている状況を指す．例えば，ある財を生産している企業が，その生産過程において公害を発生させているとする．健康被害を受けた住民に補償を行わない場合，この企業は市場を通さずに周辺住民に損失を与えていることになる．このようなケースを外部不経済という．一方，非常に美しい庭を備えた住宅を建設し，きれいに維持している家計は，地域全体の景観を向上させることによって，他の家計の資産価値も上昇させている．しかし，その住宅の所有者は，資産価値を向上させた分を受け取れるわけではない．このようなケースを外部経済という．

　このような外部性が存在する場合，市場は望ましい水準の財の供給に失敗する．外部不経済の例をとれば，それは市場に参加している企業が，健康被害分を自らが発生させているコストとして認識することができないことに基づく．このような場合，利潤最大化を目指す企業のインセンティブ構造の中に，健康被害分をコストとしてビルトインさせることが求められることになる．つまり，「インセンティブを継続的に」変化させることが求められる．

　このような場合，公共部門が介入しなくても，①初期の権利配分が明確である，②交渉費用が0または非常に低額である，という条件が成立している場合には，当事者同士の交渉で社会的に最適な状態がもたらされることがコースの定理として知られている．しかし，このような条件が成立することが一般にはないので，規制的な手段あるいは誘因型の公共政策が求められることになる．

●**ピグー税**　このようなケースで最も典型的な誘因型の公共政策として知られているものは，ピグー税であろう．ピグー税は外部不経済に相当する額の課税を行うことで，企業に対して社会に対して与えている損失を自身のコストとして認識させるものである．企業は自身が負担しなければならない，賃金，利子率などに加えて外部不経済も考慮した生産を行う．このため，市場均衡は社会的余剰を最

大にする最適な状況を達成することができる.

しかし, 公共部門に外部不経済に関する正確な情報がない場合には, 例えば過少な額のピグー税が課税された場合には, 過大な生産量とともに, 過少な汚染物質の抑制が行われることになる. 逆に過大なピグー税が課税された場合には, 過少な生産量, 過大な汚染物質の抑制が行われることになる.

●**所有権の割り当て**　このようなピグー税などによるインセンティブ構造の変更とともに, 誘因型の公共政策として分類されるものが所有権の割り当てである. これまで説明してきた外部不経済の文脈で説明を行ってみよう. 公共部門が正確な生産量と外部不経済の関係を知っている場合には, 社会的余剰を最大化する最適な状態をもたらすピグー税を課税できるのと同様に, 最適な状態をもたらす汚染物質の排出量規制を行うことができる. 各企業の生産量が同じであるような, やや極端な場合を考えてみよう. この場合の規制は, 各企業に一律の生産量限度, あるいは排出量限度を割り当てるのと同義である.

ここで実際の制度化の状況を考えて, 汚染物質を温室効果ガスと読み替えてみよう. 各企業に一律の温室効果ガスの排出規制を行うことは, マクロにみた場合には社会的に最適な状態をもたらすことになる. しかし, その状態を社会全体として最小の費用で達成するという観点からもう一度眺めてみよう. 温室効果ガスの排出抑制が非常に低コストでできる企業とそうではない企業が存在すると仮定することは, 自然なことであろう. この場合, 規制に割り当てられた排出量限度を所有権のように, 温室効果ガスを排出する権利として観念して, それを売買することを認めたとしよう. その場合, 温室効果ガスを抑制するために大きな費用がかかる企業は, 自身の効率の悪い技術を使って温室効果ガスの抑制を行うよりも, それを排出する権利を他の企業から買って, 当初の割り当てよりも多くの温室効果ガス排出を行うことを選択することになろう. 一方, 非常に低コストで抑制を行うことのできる企業は, 自らの排出する権利を売って, 当初の割り当てよりも少ない温室効果ガスの排出を行うことになる. このようなプロセスを経て, 社会としては最小の費用で社会的に最適な温室効果ガスの抑制を達成することが可能になる.

このようなタイプの誘因型公共政策は, コースの定理が成立する条件の初期の権利配分をはっきりさせたうえで, 交渉の費用を低下させるために, 排出量, あるいは排出権の市場を創設するものである. 一方, このような所有権を割り当てるタイプの政策は, 自然保護, 資源の過剰な消費の抑制をめぐってさまざまな提案が行われているが, そもそも権利を割り当てて, 売買の対象とすることに倫理的な面から批判が行われることがある.　　　　　　　　　　　　　　　　[中川雅之]

電子政府

電子政府（E-Government）とは，ICT 技術を活用して政府がもつデータと情報を効率的に管理し，政府機関内外のワークフローを合理化し透明化することで，既存の政府ガバナンスを革新させた，より民主的な政府の形を意味する．重要なキーワードとしては単純な「効率化」や「合理化」だけではなく，「透明化」を通じて「民主化」された政府を目標にしているという点である．

電子政府の議論は 90 年代から行われてきたが，90 年代後半に米国を始めとして IT 革命が起きると，各国政府は積極的にこれを取り入れるようになった．この背景には，戦後から続く政府組織の巨大化によるデータの膨大化や業務の複雑化がある．これらの問題を解決するため，民間の経営手法を取り入れて行政業務の見直しと効率化を図る New Public Management の議論が進んだのだが，これに ICT 技術を取り入れた形が電子政府であった．

しかし，ICT 技術をただ取り入れ，紙の情報をデジタル化するだけが電子政府化の目的ではない．技術の導入により電子化に合わせて政府組織や組織の文化を改革する行政改革，中でも業務の見直し（Business Process Reengineering）を行うのが目的といえる．また，最終的には組織や考え方までも変えることをデジタル・トランスフォーメーション（DX）という（☞「中央政府の DX」）．

デジタル化されたデータと行政過程は，紙やアナログな過程よりも外部からの監視が容易となる．また，電子政府は時と場所を選ばずにアクセスできるため，より直接民主主義に近い形で政治参加も行えるようになる．そのため，国民からの政府の監視はより簡単になり，より民主的な政府運営が可能となるのである．

●**各国の電子政府化**　電子政府の概念をいち早く取り入れたのは米国だった．当時のクリントン（Clinton, B.）政権は，副大統領であり，行政の情報化関連の論文も著述した経験もあったゴア（Gore, A.）を中心にプロジェクトチームを立ち上げ，行政改革と電子政府化を推進した．これにより政府レベルで業務フローは改革されて政府の組織構造も再構築された．行政機関のデータが紙からデジタル情報へと変わることによって政府機関の情報共有ができるようになったのである．

米国の成功事例と各国の ICT 環境の発展により 2000 年代初頭からは次々と電子政府化を表明する国が現れ始めた．電子政府化によって，それまで必要だった社会的費用を下げ，行政業務の効率性を向上させようとしたのである．

その代表的な国がエストニアと韓国であった．エストニアは，1991 年にソ連からの独立を果たしたが，人材も資源も不足していたため効率的に政府を運用する

必要があった．2001年には中央政府・地方自治体・民間企業のデータベースを
ネットワークでつなぐ「X-Road（エックス・ロード）」プロジェクトが開始され，
エストニアの電子政府はこのX-Roadを基に成立した．今では，納税・保健・選
挙・裁判・居住など行政業務の99％をブロックチェーン基盤の電子政府システム
で行えるようになっている．

　韓国は90年代後半に外貨危機に直面し，政府組織の簡素化と効率化を求められ
た．そのため，当時の大統領であった金大中（キム・デジュン）は電子政府化を積
極的に導入することを決める．2001年に電子政府法が制定されると，原則的に行
政情報はすべてデジタルで保存されるようになった．このおかげで，2010年以
降，韓国の電子政府は国連の評価にて10年以上もトップ3以内を維持している．

●日本の電子政府化　日本では，米国からの影響もあり，1994年から行政情報化
推進基本計画を閣議決定するなど早い段階で電子政府化を目指していた．しか
し，当時はまだIT関連のインフラが不足していただけではなく，デジタル化の
ための行政改革の意識が不足していたため積極的な改革には至らなかった．

　2000年になって「e-Japan戦略」が樹立されると，IT基本法や行政手続オンラ
イン化関係三法など電子政府化に向けた法案が制定された．しかし，これらの過
程はDXが伴うものでもなく，情報の管理も紙とデジタルの両方を許したため日
本の電子政府化は進まなかった．

　2021年になりデジタル改革関連6法が成立すると，政府のIT化・DX化を担う
デジタル庁が設置され，デジタル社会の実現に向けた改革が実施されるように
なった．また，それまで自治体が各自で導入していた電子自治体のシステムを標
準化するための取組みも同時に行われ始めている（☞「電子自治体」）．

●電子政府の否定的な側面　国民が電子政府を使うためには，パソコンやスマー
トフォンなどのデジタルデバイスをそろえる必要がある．また，電子化された情
報を正しく利用するためには，ITに関する知識などのリテラシーも必要となるが
すべての市民が平等に享受できているわけではない．これを「情報格差（デジタ
ルデバイド）」問題という．この問題は電子政府を導入するためにも政府が積極
的に解消の努力をしなければならない．

　一方で，個人の情報が電子化，統合されているため，プライバシーの侵害が行
われやすいという問題もある．加えて，非民主的な政府組織によって情報の隠ぺ
いや独占が行われる可能性もある．この問題に対しては，国民が積極的に政治過
程に直接参加できるような制度をつくるように政府に求め，それに参加すること
で電子政府の民主性を高める必要がある．　　　　　　　　　　　　［河　昇彬］

📖さらに詳しく知るための文献
廉　宗淳 2009.『行政改革を導く電子政府・電子自治体への戦略』時事通信出版局.
上村　進ほか 2012.『e-ガバメント論』三恵社.

電子自治体

　一般的に電子政府が ICT 技術を使って中央政府の省庁がもつ情報の電子化やネットワーク化，もしくは国民のためのユニバーサルな行政サービスに関連したデジタル化を意味するのに対し，電子自治体（Local E-Government）は，中央の電子政府のシステムに加え，地方公共団体が各自の特性に合わせて導入した ICT 技術や電子システムまでも含む広い概念であるといえる．中央政府が電子政府化を進めたとしても，地域の住民や企業がそのサービスを直接受けられなければ意味がないため，電子自治体はその国全体の電子政府化においても重要な役割を果たしている．

●電子自治体の目標設定　一方で，地方公共団体側も地域経済の活性化や住民の生活の質の向上を含む地域発展のためにも地域の電子化を進めようとする．そのため，電子自治体化にはいくつかの目標が設定される．

　まず，地域の情報化を推進してネットワークを構築することで地域コミュニティをより積極的に行政活動に参加させることを目標にする．住民たちが参加することによって，医療，環境，教育，文化活動など住民の生活環境が改善されるだけではなく，人口の増加も期待できる．

　次に，地方行政の電子化を通じて行政業務を効率的に運用し，住民に対するサービスの向上を目標とする．窓口業務の電子化によるワンストップ化は地方公務員の業務満足度を高める．また，住民としては行政手続きが簡素化されるため，それまで掛かっていた社会的費用の削減に繋がる．

　最後に，地方公共団体が主導して電子化を進めることによって情報格差（デジタルデバイド）問題を解消させることが目標として設定される．住民の情報へのアクセスの向上は地域格差の解消へと繋がり，生産性の向上や新しい産業の可能性も高める．また電子自治体は地域の産業化にも貢献し，企業の誘致にも繋がっている．実際に，多くの自治体ではデジタル化を通じてサテライトオフィスを誘致するなどして地域経済の活性化を図っている．

●電子自治体の課題と対処　現状，電子自治体にはいくつかの問題がある．地方公共団体の業務の電子化を優先したため，実際に使う住民としては使い勝手の悪い場合があったり，震災などによって住民データが流失してしまったりする可能性もある．また，地方公共団体各自が別のシステムを導入したため関連費用が高くなり，システムを提供するベンダーにロックインされてしまい，効率化を図るどころかむしろ非効率的になってしまうケースもある．

これらの問題の原因は，電子自治体の推進を誰が担うのか，また何を目標にするのかの議論が十分でない際に起きてしまう．電子自治体の推進主体には中央政府，地方自治体だけではなく，地域住民や地域の民間企業までも含まれる．また，目標は，地方政府の行政，住民生活，地域経済など幅広い分野で設定される．これらをどう組み合わせて対応させるかは，その地域の状況によって違うため，地方公共団体ごとに「電子自治体推進計画」を策定する必要がある．また，自治体CIO（Chief Information Officer，最高情報責任者）などを置いてその役割を任せるのだが，その際には，民間のICT専門家が起用される場合もある．

自治体業務の標準化も，もうひとつの課題といえる．地方公共団体が独自でシステムを導入しているため，情報の電子化のフォーマットが統一されておらず，業務フローが標準化されていないケースも多い．この課題に対しては，クラウドシステムなどを導入することでフォーマットと業務フローを標準化するだけではなく，もしもの際のデータ紛失を防ぐ効果などを期待されている．

●**日本の電子自治体とその課題**　日本では少子高齢化が進んでおり，電子化による自治体の効率化の必要性はさらに高まっている．そのため，まず2021年に「地方公共団体情報システムの標準化に関する法律」を制定し，①住民基本台帳，②選挙人名簿管理，③固定資産税，④個人住民税，⑤法人住民税，⑥軽自動車税，⑦国民健康保険，⑧国民年金，⑨障害者福祉，⑩後期高齢者医療，⑪介護保険，⑫児童手当，⑬生活保護，⑭健康管理，⑮就学，⑯児童扶養手当，⑰子ども・子育て支援の17項目の自治体の基幹業務を2025年までに標準化するための手続きを行っている．これによって地方公務員には窓口対応などの事務負担が軽減されることが期待され，住民も引っ越しなどによって住む自治体が変わったとしても，オンラインで手続きが済ませられるため時間やコスト削減が見込まれている．

もうひとつ残る課題としてはマイナンバーカードの普及がある．それまで何度も導入に失敗してきた番号制だが，2013年にマイナンバー法が制定されると，希望する市民に個人番号が振り当てられたマイナンバーカードが交付されるようになった．カードをデバイスで読み込むことによって電子化されたデータを住民が利用できるようになり，税務や医療などに関連した情報の取得や書類の提出などがオンラインで完結できるようになった．

しかし，国民背番号制に対する批判は根強く，マイナンバーカードの申請は中々進まなかった．これに対し政府は，補助金などを使ってカードの普及率を高めようとしている．

[河　昇彬]

📖**さらに詳しく知るための文献**

田畑暁生 2022.『「平成の大合併」と地域情報化政策』北樹出版.

西本秀樹編著 2014.『地方政府の効率性と電子政府』日本経済評論社.

中央政府の DX(デジタル・トランスフォーメーション)

DX(デジタル・トランスフォーメーション)とは,ビジネス用語で個人や組織が ICT などのデジタル技術を通じて業務・組織・思考をデジタルマインドへと転換させることを意味する言葉である.

世界経済フォーラム(World Economic Forum)を主宰する経済学者のシュワブ(Schwab, K.)は,デジタル技術革命を基盤とする第 4 次産業革命が産業構造および経済モデルに大きな影響を与えると予想した(シュワブ 2016).このデジタル技術革命が引き起こすのが,個人・企業・社会(政府を含む)のデジタル・トランスフォーメーションだといえる.個人は単なるユーザーから参加者へと変わり,企業は新たなビジネスモデルを構築することでさらなる発展を図り,社会は個人や企業などの構成員が活動しやすい環境作りを行う姿こそ DX 化された第 4 次産業革命後の社会像といえる.

社会の ICT 化の発展に伴う個人や企業の DX 化が進む中,それらを支えるためにも中央政府は DX 化を図らなくてはならない.特に,政府側の業務全体の見直しを前提とした改革は不可欠である.

● BPR と DX　ICT を前提とした行政業務改革として BPR と DX が議論されることが多い.BPR(Business Process Reengineering)とは「業務体系の見直し」を行う経営手法である.BPR では各組織が既存の業務フローを見直すことで効率化を図り,コストの削減を目指す.例えば,住民が申請書類の提出を紙で行っていた場合,この書類自体をデジタル化してオンラインで提出できるようにすることで社会的コストの削減に成功したとする.これは,「紙の書類を提出する業務」を見直した BPR の事例といえる.今までの電子政府や電子自治体はこのレベルを想定し,目標としていた.

しかし,この場合だと「書類を提出する」という業務自体はそのまま残ってしまう.政府における DX 化の考えでは,ICT 技術によって情報を統合化し,住民に関する情報を必要な組織内で自動的にネットワークするため,書類の提出自体を無くすことを目標とする.さらにはビッグデータを活用することで住民自身が申請をする前に必要な行政サービスを先に提供することも可能となる.このように住民や企業などのユーザー目線で政府のあらゆる組織や業務を見直すことが政府 DX 化である.

● 政府 DX 化のための取組み　官僚制における行政の手続きには,どうしても前例主義や経路依存化になりやすいという特徴がある.そのため,既存の業務やそ

れに慣れてしまった人材そのものが DX 化の抵抗勢力として存在してしまう.

　この問題を解決するためには組織のトップ, もしくはトップに直属する人材や組織が十分な予算とトップダウンが可能な権限をもち, 主体的な役割を果たす必要がある. 例えば米国の場合, 行政管理予算局（Office of Management and Budget）に連邦政府全体の情報最高責任者（Federal Chief Information Officer）を置き DX 化をトップダウンで行っている. 韓国では, 大統領直属機関としてデジタルプラットフォーム政府委員会が政府 DX 化を担当する部署として設置されており, この委員会がトップダウンで省庁横断的な電子政府化を主導している. 日本の場合は, この役割をデジタル庁が担っており, トップダウン型の政策を推進している段階である.

　組織だけではなく, 各省庁での DX 化を促進するためには, デジタル人材を確保する必要がある. ICT に関する知識があり, システムの構築も出来る民間人材を積極的に採用する. また, それと並行して, 内部人材の DX 教育を行う事でデジタルマインドを習得した人材を育成し, 政府内の DX 化の理解を高める.

　また, データの標準化とオープン化も欠かせない. 政府と住民の間はもちろん, 省庁間でのネットワーク化のためにも情報は標準化し共同で利用できる形にする必要がある. また, 行政データをオープン化し住民や企業に活用してもらうことによって新たなアイデアやビジネスを生み出すことに繋げる. この際にデータのセキュリティは欠かせない.

●「2025 年の崖」問題　　しかし, 日本の場合, 中央政府を含む社会全般の DX 化が遅れているため, 経済産業省は「2025 年の崖」の危険性を訴えている（デジタルトランスフォーメーションに向けた研究会 2018）. 2025 年の崖とは, 既存システムが老朽化・複雑化・ブラックボックス化したためデジタル技術を導入しても効果が限定的になるだけではなく, 既存システムの維持のために資金や人材を割かれてしまい, 2025 年以降, 日本社会全体で最大年間 12 兆円もの損失が発生する危険性を指摘したものである.

　これは企業の問題として取り扱われる場合が多いが, 中央政府や自治体も同じ状況である. 長年の経路依存によって省庁内, 自治体内の基幹システムがブラックボックス化したにもかかわらずそれに手が出ないケースも少なくない. また, 外部ベンダーに任せていたため, 直接手が出せない場合もある. それによってセキュリティ問題まで発生する可能性もあるため, 官民共同で DX 化を急ぐ必要があるといえる. 　　　　　　　　　　　　　　　　　　　　　　　　　　　　　　[河　昇彬]

📖さらに詳しく知るための文献

シュワブ, K. 著, 世界経済フォーラム訳 2016.『第四次産業革命』日本経済新聞出版.
デジタルトランスフォーメーションに向けた研究会 2018.『DX レポート』経済産業省.
グリーンウェイ, A. ほか著, 川﨑千歳訳 2022.『PUBLIC DIGITAL』英治出版.

デジタル化

　近年の急速なデジタル技術の革新を背景として，国・地方自治体双方において
これらの技術を活用することで行政サービスの質の向上と業務の効率化を図るデ
ジタル化の取組が進行しつつある．本項目では，行政におけるデジタル化をめぐ
る政策動向を紹介するとともに，主な論点について解説する．

●**デジタル化の政策動向**　2017 年 5 月の「デジタル・ガバメント推進方針」を萌
芽とする行政におけるデジタル化の取組は，2020 年 9 月に誕生した菅義偉政権で
加速した．同年 12 月にはデジタル社会の将来像，IT 基本法の見直しの考え方，
デジタル庁設置の考え方等を示した「デジタル社会の実現に向けた改革の基本方
針」を決定し，基本方針に基づき 2021 年 5 月にはデジタル社会形成基本法等 6 法
からなるデジタル改革関連法が成立した．同年 6 月にはデジタル化に関する新た
な戦略として「デジタル社会の実現に向けた重点計画」が策定され，9 月にはデジ
タル化の司令塔の役割を担うデジタル庁が発足し，重点計画の改訂を行いつつ取
組を進めている．

　上述の通り，デジタル化の取組自体は 2017 年から着手されていたものである
が，この動きを加速する大きな要因となったのが新型コロナウイルスの感染拡大
であった．非対面・非接触を求めるニーズが高まり，出勤者数削減の要請に基づ
くテレワークの実施と相まって従来の対面・書面・押印を基本とする手続の見直
しが急務となった．また，迅速さが求められる特別定額給付金の給付までに多く
の時間を要したことも，デジタル化を通じた行政サービス改革の必要性を広く認
識させる契機となった．

●**自治体情報システムの標準化・共通化**　自治体のデジタル化においては情報シ
ステムの標準化・共通化が大きな柱となっている．総務省に設置された自治体戦
略 2040 構想研究会が 2018 年 7 月に公表した第 2 次報告では，従来の半分の職員
でも自治体が本来担うべき機能が発揮できるよう，AI・ロボティクスが処理でき
る事務作業はすべて自動処理することにより，職員が企画立案業務や直接的な
サービス提供などに注力するスマート自治体の考え方が示された．その方策とし
て，行政内部における共通の情報システムの活用，インターフェースの一元化，
業務プロセスの共通化が示され，続くスマート自治体研究会および自治体システ
ム等標準化検討会で検討が進められた．また，2020 年 6 月に公表された第 32 次
地方制度調査会答申においても，地方行政のデジタル化の取組の方向性として
国・地方を通じた行政手続のデジタル化や AI 等の活用などと並んで情報システ

ムの標準化が提起された．これらを踏まえ，デジタル改革関連法のひとつとして地方公共団体情報システムの標準化に関する法律が成立し，基幹20業務を対象に2025年度までの標準化が進められている．

標準化・共通化をめぐっては，システムおよびデータ連携による業務の迅速化・効率化，カスタマイズ抑制によるコスト削減といった効果に注目する主張が見られる一方，「上乗せ」や「横出し」といった自治体独自の政策を行う余地が狭められることを懸念する主張も見られる．

●デジタル人材の育成・確保とシビックテック　官民問わずデジタル化の動きが進む中，行政においてもデジタル人材の育成・確保は大きな課題である．司令塔組織であるデジタル庁では民間出身職員の割合が比較的高いが（2023年7月時点で1013人のうち民間出身が約43％），その採用にあたってはジョブ・ディスクリプションの明示やマトリックス組織の導入といった取組を行っている．行政のデジタル化推進に必要となる人材をめぐり，米国型のリボルビングドアの仕組みの導入有無を含め，これまでの閉鎖型任用制を基礎とする公務員制度は転機にさしかかっている．

自治体（特に基礎自治体）においては，各種研修の活用やデジタル専門の採用区分の新設による内部人材の育成・確保と並行して外部人材の活用が進められているが，人材の総数から見て自治体ごとに外部人材を確保することは困難な状況にある．このような状況に対応するため，自治体デジタル・トランスフォーメーション推進計画等において複数自治体間での外部人材共有の方針が示されており，広島県や愛媛県などで広域自治体と基礎自治体が連携して人材共有の取組みが行われている．これら共有人材を媒介として政策移転・波及が行われ，同種の政策が広がる可能性が高まるものと考えられる．

上述したような行政機関のデジタル人材育成・確保の動きの一方で，デジタル技術を活用したガバナンスの新たな形として注目されているのが，市民自らがデジタル技術を活用して行政サービスの改善や地域課題解決に貢献する動きを指すシビックテックである．例として，東京都が2020年3月に開設した新型コロナウイルス感染症対策サイトは非営利団体が中心となってサイトを構築し，開設後もソースコードを公開し専門知識を持つ市民が改善可能な仕組みをとっている．デジタル技術革新により，企業や団体に所属しない個人が公共ガバナンスのアクターとなる可能性は高まりつつある．　　　　　　　　　　　　　［松岡清志］

📖さらに詳しく知るための文献

稲継裕昭 2018.『AIで変わる自治体業務』ぎょうせい.

グリーンウェイ, A. ほか著，川﨑千歳訳 2022.『PUBLIC DIGITAL』英治出版（Greenway, A., et al. 2019. *Digital Transformation at Scale*, 2nd ed. London Publishing Partnership）.

吉田泰己 2021.『行政をハックしよう』ぎょうせい.

AI と政策

　AI（人工知能）は，人類の世界を大きく変貌させることが予想される技術である．本項目では，AI の開発や利用に関する政策，政府や自治体における AI の利用と課題，AI が政策を決定することの可能性等について解説する．

●**日本政府の政策**　日本政府は，AI に関して，技術開発や利活用の全般的な法的規制を行うのではなく，社会的・経済的・倫理的・法的課題について検討を行い，それに基づいて開発と利活用の原則をガイドラインとして公表し，国際社会にも提唱するという立場を取ってきた．総務省情報通信政策研究所は，2016 年から AI ネットワーク社会推進会議を開催し，2017 年に「国際的な議論のための AI 開発ガイドライン案」を公開した．その中では，AI ネットワーク化の健全な進展および AI システムの便益の増進に関する原則として，連携，透明性，制御可能性，安全，セキュリティ，プライバシーおよび倫理の各原則，主に利用者等の受容性の向上に関する原則として利用者支援およびアカウンタビリティの各原則を提唱している（総務省 AI ネットワーク社会推進会議 2017）．2019 年には「AI 利活用ガイドライン」を公表し，10 原則を提唱した．

　2022 年には「AI 戦略 2022」が公表され，2023 年には AI 戦略会議が設置された．しかし，AI の利活用促進，開発力強化のために AI の安全性を確保する必要性が認識されるようになり，利用や開発に対する政府の一定の規制が求められるようになった．2024 年に公表された「統合イノベーション戦略 2024」では，AI 分野の競争力強化と安全・安心の確保のため，制度（規制）のあり方を検討することが明示された．

●**政府・自治体における利用**　政府・自治体における AI の利活用は，自動化，業務効率化，住民サービス向上，高度化という四つの目的のために進められており，少子高齢化や財政状況の悪化という状況において，職員の業務効率化，リソースの集中（高度業務），安定したサービス・持続可能なサービスの住民への提供を実現することを目指している．

　実際に AI が導入されている業務の例として，巡回経路の効率化，会議議事録の作成，問い合わせへの自動応答，窓口業務の自動化・高度化，道路や橋梁などの自動管理や省力化，各種サービスのマッチング等がある．またアメリカの一部の州裁判所では，裁判官による被告人の量刑決定を支援する COMPAS という被告人の再犯確率予想ツールが導入されている．また 2022 年頃から急速に普及した生成 AI（Generative AI）は文章や画像等さまざまな内容を自動的に生成できるため，行政における利用可能性は大きい．もっとも，AI の学習や推論過程は一般の国民や市民

にとっては一種のブラックボックスとなりかねず，誤った判断や不適切な判断の排除，AI による判断や決定に関するアカウンタビリティ（国民や住民への説明責任）のあり方が課題として残っている．医療機器や自動車の誤作動，偽情報や誤情報による人権侵害や詐欺，AI の軍事利用等の AI 利用の危険性も顕在化してきている．

● **AI と人権侵害**　AI の利活用が進むことに対する懸念として，プライバシー侵害やプロファイリングなどによる人権侵害の恐れが挙げられる．AI 政策に関して，2023 年に採択された「G7 デジタル・技術閣僚宣言」では人権と基本的自由の保護，プライバシーと個人データの保護を含む民主主義的価値観に基づくべきであると強調されている（G7 群馬高崎デジタル技術・大臣会合 2023）．EU は，2016 年に制定した一般データ保護規則（GDPR）で個人データと AI を利用した自動的意思決定（プロファイリング）を規制し，その後に制定されたアメリカのカリフォルニア州プライバシー権利法（CRPA）や中国の個人情報保護法にも同様の規制がある．

　また EU は，2024 年に AI 利活用を規制する AI 規則を採択し，2026 年に施行する見通しであり，ハイリスクの場合は AI の利活用が禁止され，生成 AI が生成した文章や画像には表示義務が課されることになる．

● **AI とデータ規制**　AI 関連技術の研究開発には，学習の対象となるデータが不可欠である．従来，データそれ自体は法的に所有権の対象とならず著作権法などで保護されることが多かった．しかし各国において個人情報やプライバシーに関する情報の保護が強化され，個人に関する情報やデータを保護するための法整備が急速に進んでいる．

　さらに，安全保障に関する領域でも，AI やデータに対する規制が導入されるようになった．特に中国では，2021 年にデータセキュリティ法が施行され，データ利活用の促進による経済発展にとどまらず自国の経済的権益確保，国家の安全保障や主権維持を図ろうとするという狙いの下で，データ分類・等級付け保護，リスク評価，監視・早期警報，緊急対応等について規定し，データ取扱いの際に履行すべき各義務を定めている．他国でも同様の動きが見られる．

● **AI と政治参加・政策決定**　AI と政策に関する諸論点のうち，問題となるのは世論形成，政治参加や政策決定である．2016 年のアメリカ大統領選挙を契機として SNS を利用した世論誘導や選挙干渉，偽情報拡散（ディスインフォメーション）が各国で問題視されるようになったが，ディスインフォメーションにも AI が利用されているとみられており，対策がサイバーセキュリティの課題の一つともなっている．　　　　　　　　　　　　　　　　　　　　　　　　　　　　［湯淺墾道］

📖 **さらに詳しく知るための文献**

総務省 AI ネットワーク社会推進会議 2017．国際的な議論のための AI 開発ガイドライン案．https://www.soumu.go.jp/main_content/000499625.pdf（最終閲覧日：2023 年 12 月 1 日）

G7 群馬高崎デジタル技術・大臣会合 2023．G7 デジタル技術・大臣会合閣僚宣言．https://www.soumu.go.jp/menu_news/s-news/01tsushin06_02000268.html（最終閲覧日：2023 年 12 月 1 日）

統計制度

●統計制度の集中型・分散型　統計制度の発展は各国で異なる．通説的な分類では集中型と分散型がある（川崎 2019）．集中型とは中央統計機構が統計調査を一元的に行う国であり，カナダ，オーストラリア，オランダ等がある．他方，分散型とは中央統計機構は置かれるものの，各行政機関も統計調査を行う国である．アメリカ，フランス，インド等である．日本は分散型であり，総務省が中央統計機構となり基本となる調査を作成し，他府省でも統計を作成している．

　集中型と分散型には利点と課題がある．集中型は，予算・人員を効率的・機能的に用いやすいこと，職員が統計技術の専門性を習得しやすいこと，統計調査の重複を回避し体系性を確保できるとされる．分散型は，行政分野ごとの需要を反映した統計調査を行いやすいこと，各行政分野の専門的知見を統計調査に反映しやすいとされる．他方，課題はそれぞれの利点の裏返しになる．集中型は行政ニーズを的確・迅速には把握し難く，分散型は各統計の重複が生じ相互比較が軽視されやすいとされる．

　もちろんすべての国を集中型と分散型のいずれかに分けることはできない．ドイツは，国（連邦政府）では集中型だが地方（各州）は分散型である．イギリスの統計院のように行政府からの独立性を高めた国もある．ただし統計制度改革が議論される場合，集中型の利点が強調されてきたきらいがある（佐藤 2022）．G7諸国では上記のカナダを除けばすべての国が分散型であるように，実際には分散型の要素を組み入れながら，国ごとに統計制度の発展を遂げている．

●統計制度改革と統計法　内閣総理大臣の吉田茂が「戦前にわが国の統計が完備していたならば，あんな無茶な戦争はやらなかっただろうし，またやれば戦争に勝っていたかもしれない」とマッカーサー（MacArthur, D.）に述べたというエピソードは，統計制度の正確性を強調する際にしばしば引用されてきた．

　いわずもがな，統計制度は国民が合理的な意思決定をするためには基盤となる情報である．そのため正確性の確保が前提となる．日本では，1947 年には統計法が制定された．しかし統計制度に関わる職員や予算が拡充するまでには至らず，資源制約のもとで進められてきた．とりわけ，経済社会の変化に対応する統計整備の遅れが認識されてきた（美添 2019）．2007 年の統計法改正では，基盤行政の一種である統計は，その正確さ，体系性の確保，国民負担の最小限化と効率化，調査情報の利活用，秘密保護の徹底を目指された．同法改正の背景には，分散型では府省横断的な課題となる社会経済動向を正確には把握がしきれないとの認識

もあった（岡本 2022）．そこで，統計委員会を設置し，基本計画を通じて各府省が作成する統計を改善する方針が示された．これらにより制度上は分散型を維持しつつ，機能的には計画を通じた政府全体での統計体系性を調整している．

●**日本の公的統計の区分**　現在の統計法では，国の行政機関，地方公共団体，独立行政法人等が作成する統計を公的統計と定めている．公的統計には，統計調査で作成される調査統計だけではなく，業務データを集計し作成される業務統計，他の統計を加工して作成される加工統計を含めている．

公的統計のうち，特に重要な統計が基幹統計である．基幹統計は，まずは，法律で直接規定された統計であり，国勢統計と国民経済計算の二つがある．さらに，全国的な政策を企画立案・実施するうえで特に必要な統計，民間の意思決定や研究活動に広く利用される統計，国際条約や国際機関が策定する計画に基づき作成が求められている統計，国際比較を行ううえで特に重要な統計から総務大臣が指定する統計が基幹統計となる．2024 年 1 月現在 54 ある基幹統計の大半は調査統計だが，国民経済計算，人口推計，生命表のような加工統計もある．

基幹統計の調査を実施する場合，総務大臣に調査計画を提出し審査と承認が必要となる．総務大臣は承認基準に基づき審査するが，その際，統計委員会の意見を聞かねばならない．また，承認後の変更や中止も総務大臣の承認が必要となる．さらに，重要性を踏まえて正確な報告を求めるためにも，報告の拒否や虚偽を禁止している．さらに基幹統計調査に紛らわしい表示や説明をすること（かたり調査）を禁止している．これらにより質と量の管理が行われている．

公的統計には，基幹統計調査以外の統計調査がある．まずは一般統計調査である．行政機関が実施する基幹統計調査以外は一般統計調査となる．一般統計調査は基幹統計調査に準じた手続きが必要となるが，軽微な変更は総務大臣の承認を受ける必要がなく，報告の義務はない．次に，届出統計調査がある．指定地方公共団体，指定独立行政法人等が実施する統計調査である．総務大臣に所定の事項を提出する必要がある．最後に，正確な統計作成の目的実現とあわせて効率的な作成と被調査者の負担軽減のために事業所母集団データベースや行政記録情報の活用も行われている．このように公的統計の正確性を確保しつつ，体系的な統計制度が整備されている．　　　　　　　　　　　　　　　　　　　　　　　　　[松井 望]

📖**さらに詳しく知るための文献**
岡本哲和 2022．政府による情報資源の管理体制．岡本哲和編著『政策と情報』ミネルヴァ書房．
佐藤正広 2022．『数字はつくられた』東京外国語大学出版会．
川崎 茂 2019．統計制度の国際比較．国友直人・山本 拓編『統計と日本社会』東京大学出版会．

統計組織

●中央統計機構　日本の中央統計機構には，総務省政策統括官（統計制度担当），総務省統計局，統計研究研修所，統計センターがある.

　総務省政策統括官（統計制度担当）は，統計行政に関する基本的事項の企画・立案・推進，統計調査の審査・調整，産業分類その他統計基準の設定，国際統計事務の統括を担当する．政府内での統計間の調整役である.

　総務省統計局は，特定行政分野に限定されない政府横断的な統計を作成する．例えば，基幹統計である国勢調査，経済センサス（基礎調査・活動調査），住宅・土地統計調査，就業構造基本調査等，労働力調査，家計調査，小売物価統計調査等である.

　統計センターは，国勢調査等の集計や各府省が実施した統計調査の集計委託を受けている.

　中央統計機構には，専門性を有する職員が配置されている．そのため，上記の統計作成とともに，各府省が行う統計業務を支援する役割がある.

●統計委員会　統計委員会は，2007 年の統計法改正で設置された．公的統計の司令塔と呼ばれている．当初は内閣府に設置されていたが，2016 年の内閣・内閣府の業務減量化を受けて，総務省に移管された．同委員会は，総務大臣からの諮問を受けて，基幹統計の指定，基幹統計調査の承認を審議する．「公的統計の整備に関する基本的な計画」案を検討する（統計情報研究センター 2023）.

　統計法改正以前の統計審議会と比べると，同委員会の役割は大きい．まず，内閣総理大臣，総務大臣，関係行政機関の長に対して意見を述べる権限がある．次に，統計審議会では一次統計である指定統計を対象としてきたが，統計委員会では一次統計である基幹統計に加えて，加工統計・業務統計となる国民経済計算や産業連関表等が含まれた．このように総合的な調整を果たす組織となっている.

　他方，分散型の統計制度では，同委員会が一元的・集中的に公的統計を管理・運営するには難しさが残った．同委員会では諮問を受けて審議する，という受動的な仕組みであったためだ（西村ほか 2020）．2016 年の総務省への移管に伴い同委員会の権限が拡充された．さらに 2018 年の統計法改正では，法施行型審議会から基本政策型審議会に変更された．これらにより同委員会自らが統計の改善を建議し，基本計画の実施状況に対する各府省への勧告が可能となった．分散型の統計組織の中でも，体系的な統計整備に向けた取り組みが進みつつある.

●各府省の統計担当組織　各府省には統計担当組織がある．各府省内では概ね 2

種類の統計担当組織がある．まずは，当該府省での基幹的な統計を作成する統計専管組織である．もう一つは，行政分野ごとの統計を作成する組織である．

前者の統計専管組織の設置部署は各府省で異なる．まずは大臣官房に設置する場合がある．例えば，経済産業省では，大臣官房調査統計グループの統計作成組織が，経済産業省企業活動基本統計，経済産業省生産動態統計，商業動態統計等を担当する．個別統計は各府省の各局や外局が担当する．農林水産省は大臣官房統計部が統計専管組織である．ただし，農林水産省では地方農政局に統計部を置き，統計専従の出先機関をもつ点は特徴的である．

この他に各府省のいわゆる筆頭局に設置する場合がある．例えば，文科省では総合教育政策局に調査企画課があり，学校基本統計，学校保健統計，学校教員統計，社会教育統計等を担当する．国土交通省は，総合政策局情報政策課が港湾統計，自動車輸送統計，建築着工統計，建設工事統計を担当する．また，各局や地方運輸局等の出先機関，観光庁等の外局でも統計を作成している．

各府省の統計担当組織はそれぞれで異なるが，公的統計の知識と経験を備えた職員が各部署では不足していることは共通している（原田 2021）．そのため，専門性の不足は，統計の正確性の確保に影響を及ぼすおそれもある．

●**地方統計組織**　統計の作成は，国の組織だけでは完結しない．都道府県，市区町村の役割が極めて大きい．第1次ライス統計使節団が作成した報告書を基に，1947年に閣議決定された「地方統計機構整備要綱」では，統計の真実性と統一性を確保するため，統計調査は全国にわたり末端部まで調査網が必要であり，地方公共団体と密な関係が必要とされた．現在では，調査統計ごとに，都道府県，都道府県と市区町村，国の出先機関等が実施する（統計情報研究センター 2023）．

都道府県の統計主管課では，主に基幹統計を中心に担当する．知事部局，教育委員会，福祉事務所，保健所等が調査を実施する．市区町村では，統計専管組織を置かず他業務と兼務する場合が多い．基幹統計以外にも自らが必要とする調査もある地方統計組織では，恒常的に職員不足が切実な問題である．

調査方法には，調査員調査，郵送，オンラインがある．従来，調査員調査が多く採用されてきた．統計調査員は非常勤の公務員であり，任命権者が大臣又は国の機関の長の場合は国家公務員，都道府県知事等の場合は地方公務員となる．調査委員は，調査の最前線に立ち，調査の正確性に影響をもつ最も重要な役割がある．だが，現在では職員の高齢化等により担い手の減少は著しい．そのため，今後はオンラインなどによる調査方法の変更が必要となる．　　　　　　　　［松井 望］

📖さらに詳しく知るための文献

統計情報研究センター 2023.『統計実務基礎知識』令和5年3月改訂．統計情報研究センター．
西村清彦ほか 2020.『統計 危機と改革』日本経済新聞出版．
原田 久 2022.『行政学』第2版．法律文化社．

EBPM

EBPM（Evidence-Based Policy Making）とは，日本語で「エビデンスに基づく政策立案／形成／決定」などと訳され，科学的な根拠＝エビデンスによって政策を改善させようとする一連の動きのことを指す．その起源は，英国の EBM（Evidence-Based Medicine，エビデンスに基づく医療）に求められることが多い．EBM とは，大量の RCT（Randomized Controlled Trial ＝ランダム化比較試験）を解析したシステマティック・レビューやメタ・アナリシスを通じて得られた知見を「エビデンス」と規定することによって，医療の質や医者のアカウンタビリティを向上させる取り組みである．これを公共政策の分野にも応用しようとする試みが，EBPM にほかならない．

● 「エビデンス」導出のための高度な方法　RCT（☞「政策分析」）とは，ある特定のグループをランダムに「介入群」と「対照群」に分け，前者に対してだけ処置を行い，後者にはそれらを行わないという検証方法である．この方法によって，当該処置にどれほど効果があったかどうかについて吟味することができる（大竹ほか編著 2022）．更に，大量にこれらを行い，得られた結果を統合し，より確かなエビデンスを導出するのが可能になる．このように，エビデンスをランク付けする発想は，「エビデンスのハイアラーキー」と呼ばれ，公共政策でもこの考えを応用しようとする機運がある．

EBPM はこれを政策に応用するもので，特に国際協力分野や教育政策，刑事政策でエビデンスが明らかにされてきた．元来，政策での実験には困難が伴うのだが，ビッグデータの活用をはじめとした技術の進歩によって，それらが急速に進展しつつある．EBPM 推進におけるスローガンの一つが，「What Works」（何が役に立つか）であることからも分かるように，ここでのエビデンスとは，政策の有効性を担保するものだとされており，政策と結果を結び付ける因果関係に焦点が当てられた概念である（杉谷 2022）．

●日本における EBPM の展開と課題　しかし，このような理想的なエビデンスがいつも利用可能かというと，そういうわけではない．EBPM 先進国として知られる米英においても，さまざまな情報がエビデンスとして取り扱われている実態があり，他国の後塵を拝しながら取組みが進んでいる日本においても，こうした指摘はかなりの程度，該当する．

日本における EBPM の特徴として，ロジックモデルの活用が挙げられる（大橋編 2020）．ロジックモデルとは図 1 のように，政策のインプットからインパクト

図1　ロジックモデルの基本形

に至るまでを図式化したもので，政策の想定するセオリーを表している．日本政府の一部をはじめ，地方自治体などにおいても，こうしたロジックモデルの作成と活用を EBPM と呼称しているケースが見られる．

こういったタイプの EBPM において「エビデンス」は，重要な業績に関する数値やデータ，政策が想定するセオリーの整合性といった，さまざまな要素を指す．しかし，これらを「エビデンス」と呼称してよいかについては議論の余地がある．あまりにも融通無碍に解釈を拡大すると，EBPM と従来の取組みの区別がつかなくなり，EBPM の意義が失われるおそれが出てくるからである．

このように，EBPM と一口に言っても，どういった要素を「エビデンス」とするかは論者やそれが実施される局面によって違いがある．この点については，学術的にも実践的にも議論の余地がある（☞「政策評価の方法」「政策評価の制度」「地方自治体における政策評価」）．

● **EBPM と EIPM**　EBPM の主張の中には，エビデンスさえあれば政策が自動的に改善するという，単純な発想が見受けられる．これに対し，EIPM（Evidence-Informed Policy Making，エビデンスを踏まえた政策形成）という用語を積極的に使うべきとの立場もある．EIPM は，因果関係だけに注目する考えを否定し，エビデンスの多様性を認めるべきとの立場をとり，エビデンスと政策形成が必ずしも直線的に結びつかないことを前提とする．そして，エビデンスをより広い視野で検討することに注意を促し，エビデンスのハイアラーキーを否定する．EIPM は一言でいうと，EBPM が内包しがちなエビデンスに関する楽観論や単純化した見立てを中和することで，政策と科学の関係の改善を企てる立場であり，最近ではこちらを積極的に使用する議論もある（加納ほか 2020）．

このように，発案当初は，政策がうまくいくためのエビデンスを導出することに注力し，それが明らかであれば政策が自動的に改善するとの単純な発想に立っていた EBPM だが，今日ではエビデンスの多様性に目を向けるようになっている．この他にも，政策過程の複雑さに注目することによる，効果的な政策助言を可能にするシステムのデザインや，専門家に求められる倫理，エビデンスのさまざまな役割に注目した議論などが展開されてきている（Cairney 2016；Parkhurst 2017）． ［杉谷和哉］

📖 **さらに詳しく知るための文献**

大橋 弘編 2020．『EBPM の経済学』東京大学出版会．
大竹文雄ほか編著 2022．『EBPM』日本経済新聞出版．
杉谷和哉 2022．『政策にエビデンスは必要なのか』ミネルヴァ書房．

オープン・ガバメント

　オープン・ガバメント（open government）とは，広義では「外部に対して開かれた政府の形態，あるいはそのような政府を目指すとの考え方」を意味する．ここで言う「開かれた」とは，政策や人事などについての決定が政府内部で閉鎖的に行われることなく，決定の過程がどのようになっているかが政府の外に対しても明らかになっている状態を指す．

　このような政府のあり方を，「オープン・ガバメント」という用語を用いて擁護した最も早い例のひとつは，1957年のパークス（Parks, W.）によるものといわれる．第二次世界大戦以降，アメリカ政府が保有する情報の外部への提供が制限されるようになってきているとパークスは指摘した．その理由として，政府機能の拡大，大統領がもつ権力の増大，国際政治状況における対立の高まりなどを挙げる．このような状況で，国民が容易に政府情報を入手できるように，政府をより開かれた（open）ものにすべきというのがオープン・ガバメントの考え方であった．

●オープン・ガバメントの原則　より最近では，オープン・ガバメントの定義が論じられる場合には，アメリカのオバマ（Obama, B.）大統領が提示したオープン・ガバメントについての考え方が参照されることが多い．オバマ大統領は就任式翌日の2009年1月21日に，「透明性とオープン・ガバメントについての覚書」と題する政府文書に署名を行った．その中では，オープン・ガバメントの原則として①政府は透明的（transparent）であらねばならない，②政府は参加型（participatory）であらねばならない，③政府は協働的（collaborative）であらねばならない，の三つが指摘されている．①の「透明的」とは，政府が保有する情報を国民に提供することを意味する．政府が「開かれている」という場合に一般的にイメージされてきたのは，この透明性の高さである．②の「参加型」とは，国民の側が有する専門知識や情報を有効活用するために，国民の政策形成への参加を促すことである．この場合，透明性の確保により国民に対して十分な情報が提供されていることが，より質の高い政策の形成という形での国民から政府へのフィードバックにつながることになる．そして③の「協働的」とは，政府業務への国民の関わりを促進することである．各政府機関は政府機関の間のみでなく自らと民間セクターとの協力を進めるために，革新的なツールや方法等を使用せねばならないとされている．上記のパークスによるオープン・ガバメントについての議論では，最も強調されていたのは「透明性」を高めるという点であった．より新し

いオープン・ガバメントの捉え方においては，透明性の確保とともに，それがもたらす社会からのフィードバックとしての国民による質の高い政策形成への参加，そして国民と政府との協働が強調されていることが特徴である．

●**オープン・ガバメントとオープンデータ**　オープン・ガバメントの重要性については，世界的にも認識が高まっている．それを示す動きのひとつとして，オープン・ガバメント・パートナーシップ（the Open Government Partnership）の発足（2011年）が挙げられる．これはオープン・ガバメントの推進を目的とする多国間の取り組みであり，2023年3月現在で76カ国（アメリカや韓国など）と106の各国における地方政府（ソウルやパリなど）が参加している（2023年3月時点では，日本は未参加）．そこで目的のひとつとして掲げられているのが，オープンデータ（open data）の社会への提供である．オープンデータとは，誰もが利用できるだけでなく，修正や再配布も行うことのできるデータを意味する．政府が保有するデータをオープンデータとして提供することの意義は，政府の透明化を進めることのみならず，社会問題の解決を促進すること，また経済を活性化することにもある．例えば，提供されたデータが民間セクターで分析されることにより，公的な問題の解決策が民間から提案される可能性が高まる．また，オープンデータを利用した新たなビジネスが生み出されることも期待される．

　2000年代以降の各国におけるオープン・ガバメントの推進は，オープンデータの提供・利用と結びついている．日本では2016年に制定された「官民データ活用推進基本法」で，国と地方自治体にオープンデータへの取組みが義務づけられている．それにより，オープンデータに取り組む地方自治体数も増加している．デジタル庁が公表するデータによると，2018年3月の時点で，すべての都道府県が「オープンデータとしての利用規約を適用し，データを公開」もしくは「オープンデータであることを表示し，データの公開先を提示」している．また，同様の形でオープンデータに取り組んでいる市町村の割合は，2023年6月の時点で80.5パーセントであった．人口の少ない小規模自治体において，取り組みが遅い傾向が見いだされている（デジタル庁Webページ）．

　また，2020年初頭頃からの新型コロナウイルス感染症の世界的な流行は，各国におけるオープンデータの提供・利用を促進させた．例えば，世界中の保健当局等から提供された感染状況についてのデータを収集する試みは，さまざまな研究機関等でなされ，そこから提供されたデータは，感染者数の予測等に用いられてきた． ［岡本哲和］

📖さらに詳しく知るための文献
上田昌史 2022．オープンデータと公共政策．岡本哲和編著『政策と情報』ミネルヴァ書房．

知識活用

　政策研究は，新たな知識の提供を通して社会の改善に寄与することが期待される．この期待の実現には，その知識の政策形成の場での活用が必要とされる．以下では，政策研究と政策形成との関係性を，知識活用の観点から描出する．

●**知識活用という局面**　知識活用という局面が社会の中で顕在化した政策の事例として，COVID-19対策の検討過程がある．そこでは，新たな社会的脅威に対処するために最新の科学的知見の重要性が強調され，とりわけ医学や疫学等の専門家が参加する専門家会議の役割に注目が集まった．同様の事例としては，経済政策の形成において，経済学等の専門知識が提供される経済財政諮問会議も挙げられる．

　政策研究の成果である専門知識が政策形成に及ぼす影響をめぐって，多様な見解が見受けられる（宮川 2002；松田 2022b）．専門知識は合意形成への方向性を提示したり，長期的に啓蒙的効果をもたらしたりするという肯定的な見方もあれば，専門知識には政策形成に対して有効な影響力は期待できないという否定的な認識もある．前者については，1986年の米国の税制改革において政党間対立の克服に経済学的知見が貢献したとする分析がある．後者の例としては，COVID-19対策をめぐる知識活用の政治化が挙げられ，専門知識が特定の政策案の正当化や政策形成者の責任回避のために政治的に利用されたことが指摘されている．

　ここで留意すべきは，政策研究の専門知識は，政策形成者に寄せられるさまざまな情報のひとつにすぎないという点である．それ故，政策形成者が専門知識に十分に目を向けるとは限らない（松田 2022a）．とはいえ，専門知識は政策選択に伴う将来予測等の不確実性の低減等に寄与する情報を含むが故に，政策形成者は専門知識の活用に戦略的意義を見出すことができる．また，政策研究の究極的目標のひとつとして社会の改善への貢献を位置づける限り，政策形成のプロセスにおける政策研究の成果の活用はその目標の達成に向けて重要な意味をもつ．では，いかにすれば専門知識は政策形成のプロセスにおいて活用されるのであろうか．知識が具体的な社会問題等に適用されるための諸条件を探究することに，知識活用研究の焦点は向けられている（Dunn & Holzner 1988）．

●**知識活用への視点**　知識活用のプロセスにおいて知識は，知識の生産の段階から活用の段階へと一方向的に移送されると伝統的にみられてきた．その一方で，知識活用を，異なる知識を提供する複数のアクターによるインタラクティブな知識交換が行われる場と捉える主張がある（Kotler & Zaltman 1971）．知識交換とい

う視点の前提には，知識の活用が期待されるアクター（ユーザー）のニーズ，能力，環境等を踏まえた形で知識を提供することがその知識の活用を促すとする認識（「ユーザー指向」）がある．ユーザー指向に従えば，知識の生産者は自らの知識を提供するにあたり，ユーザーに関する知識を入手し活用することになる．こうして生産者とユーザーとのあいだで知識交換が行われるのである．

知識交換の描出には，知識の分類の観点が有用である．知識とは，学術的研究の成果としての知識（理論知），政策立案や政策実施といった実務経験を通じて蓄積される知識（経験知），政策の需要者としての経験から蓄積される知識（現場知）に分類できる（秋吉 2015）．医療政策を例に挙げると，医療政策についての学術的知識が理論知，病院等での医療サービスの提供を通じて医療関係者が獲得する知識が経験知，医療サービスを受ける中で患者等が感じる思いが現場知となる．医療政策の理論知が経験知や現場知と結び付かない限り，現場の医療関係者も患者もその理論知に着目し活用することは難しい．そこで重要となるのが，専門家が参加する政策審議の場や，市民との直接的な対話の場等での知識交換を通じて，理論知が他の知識と結び付けられることである．また，理論知が社会全体で活用されることを目指すのであれば，社会全体をユーザーと捉えて，メディアや教育等の場を利用して知識交換を促進させることは，注目に値するであろう．

●**知識活用からの示唆**　知識活用には多様なアクターによる知識交換というインタラクションが伴う．この知識活用の捉え方には二つの示唆が含意される．第1に，政策研究の成果の活用は他の多様な知識との交換を必要とすることを踏まえれば，政策研究は，政策の決定，実施，評価等と同じく，政策過程という大きなプロセスを構成する一要素であるといえよう．それ故，政策研究では学術的厳密性だけでなく，研究成果の活用に向けて社会全体との繋がりも強調される必要がある．政策研究は，「政策の窓モデル」の表現に従えば，まさに政策形成に大きな影響を及ぼす「流れ」の一つ（「政策の流れ」）として位置付けられるのである（☞「政策の窓モデル」）．

第2に，政策研究におけるデータ解釈の多様性や価値判断の主観性が不可避であることや，知識活用をめぐっては先述の政治化が伴い得ることを踏まえると，知識交換に関わる多様なアクターが「知識」にいかに向き合うべきかが検討される必要がある．すなわち，知識活用に着目することは，政策形成のあり方の探究に向けた一つのアプローチとして重要な意味をもつといえよう．　　　　［松田憲忠］

📖さらに詳しく知るための文献
岡本哲和編著 2022.『政策と情報』ミネルヴァ書房.
日本公共政策学会編 2022. 特集：政策形成と知識活用. 公共政策研究 22：6-140.

行動経済学の知見とナッジの政策活用

　私たちの手元には日々自治体から郵送物が届くが，すぐに開封して中身を確認しているだろうか？後回しにして行政サービスを受ける権利を失った人も多いだろう．これまでの行政コミュニケーションは，郵送物が届けばすぐに開封して内容を理解し，期限までに手続きを完了するような人間像を前提にしていた．しかし，行動経済学や心理学が明らかにしてきたように，現実の人間は大量の情報を常に冷静に処理し，理想的な選択を実行できるわけではない．そのため，政策や行政サービスを必要とする人にあと一歩届かない，ラストワンマイル問題が発生している．

　逆に言えば，人間の現実的な意思決定の特性を踏まえてコミュニケーション手法を工夫すれば，この問題解決に繋がる可能性がある．そのような期待から，行動経済学の知見に基づく手法であるナッジが政策に活用される機会が増えている．ナッジは，「人々の好みや意思決定の特徴を踏まえたり活用したりして，強制や高額の金銭的報酬を用いることなく，本人や社会にとって最適な選択を自発的に実行できるように促すためのメッセージやデザイン・仕組み・制度」と定義できる．

●現状維持バイアスとデフォルトナッジ　私たちの選択は，デフォルト（初期設定）の違いに左右される．これを現状維持バイアスと呼ぶ．日本のように，臓器提供したい場合に免許証等の裏面に記入して意思表明する必要がある国では，臓器提供の同意者の割合は1~2割だが，提供したくない場合に記入して意思表明する設定にしている国の同意者割合は9割を超える．デフォルトが「提供しない」に設定されると，書き込むというちょっとした行為が重い負担となって，それがそのまま本人の選択になる傾向にある．

　現状維持バイアスを踏まえたデフォルトナッジを使って，日本の中部・関東管区の警察局は宿直明けの休暇取得を促進することに成功している．従来は，休暇を取得する場合に申し出る手続きになっていたが，警察局はデフォルトを「取得しない」から「取得する」に変えて，休暇を取得しない場合にのみ記入する新しい書式を導入した．結果として，宿直明けの休暇取得者の人数と年間休暇取得日数が増加したと報告されている．関連して，千葉市等では，男性育休の取得率向上策としても同様のアプローチが採用されている．

●他者配慮と社会比較ナッジ　私たちの選択は，他人の行動にも左右される．他人が特定の行動を取っているという情報は，その行動が社会的規範であるという認識を強める効果やその行動の信頼性を高める効果をもつため，他人の情報を受

け取った私たちは同じ行動を取りたくなる傾向をもつ.

　他者配慮の特性を踏まえた社会比較ナッジを使って，日本の環境省と民間事業者は家庭の節電行動を促した．ホームエナジーレポートと呼ばれる案内を各世帯に郵送し，その中で，近隣のよく似た家庭や省エネ上手な家庭の電力使用量と，自宅の電力使用量を比較できるデザインを採用した．結果として，レポートを受け取った家庭は，受け取っていない家庭に比べて，平均2%程度電力使用量が減少したと報告されている．元々の電力使用量が多かった家庭での減少幅はより大きかったという.

●ナッジの適切な政策活用　理想の選択の実行を補助することがナッジの目的だが，理想かどうかの判断は難しい．第1に，理想の選択は同じ人間でも時間を通じて変化するため，どの時点の理想を優先するかは簡単に決まらない．第2に，本人の理想の選択と社会の理想の選択が現時点で一致しないとき，両者をすり合わせるのも簡単でない.

　政策活用の正当性を三つの状況別に整理する．①政策側と人々の理想は一致しているが人々が自力では実行しづらいときは，制度・手続き等がネックになっていると考えられるので，ナッジの活用は正当化できる．②現時点で両者の理想は一致していないが，十分な時間を取って冷静に検討すれば一致すると予想できるときも，人々が理想の選択を認識できるように働きかけることは正当化できる．一方，③人々が冷静に検討しても一致しないときに，金銭的な補償もなく人々の理想と異なる選択に導くことは正当化が難しい.

　現実の政策的支援の対象となりやすいのは②と③の状況にある人である．ただ，②（十分な時間を取り冷静に検討すれば一致する）と③（一致しない）の状況を識別するのは現実には難しい．実際はまだ検討しておらず，検討した場合の選択が観察できないからである.

　正当性を簡単に評価できない状況だからこそ，法令等の強制的手段ではなく，まずは選択の自由を保障するナッジを採用するという考え方もできる．ナッジの効果が期待と異なるときには，推薦した選択が人々にとって理想的でなかった可能性がある．その反応を受けて推薦する選択の方向性や中身を改善して，改めて推薦するというように，PDCAサイクルを回しながら政策側と人々の理想をすり合わせる姿勢をもつことが重要である.

　日本国内には，ナッジの適切な政策活用を支援するための組織「ナッジ・ユニット」が，中央省庁・都道府県・市町村それぞれで発足している．また，実務者と研究者が協働して，活用事例や教育コンテンツを提供するウェブサイト「自治体ナッジシェア」を運営している．　　　　　　　　　　［佐々木周作］

📖**さらに詳しく知るための文献**
セイラー, R.＆サンスティーン, C. 著, 遠藤真美訳 2022. 『NUDGE 実践 行動経済学』完全版, 日経 BP.
大竹文雄 2019. 『行動経済学の使い方』岩波新書.

文書の作成過程

　文書主義といわれるように，行政は文書を用いて執務を行う．文書が作成されるのは，主に意思決定と報告の場面である．本項目では，意思決定の場面に焦点を当てて文書の作成過程を説明する．

●**稟議制における文書作成**　行政機関は，自らの発意により，あるいは外部から受領した文書（接受や収受と言われる）に対応・応答するために，さまざまな意思決定をしている．それは多くの場合，「稟議制」と言われる日本独自の意思決定過程を通じて行われる．稟議制とは「行政における計画や決定が，末端のものによって起案された稟議書を関係官に順次回議して，その印判を求め，さらに上位者に回送して，最後に決裁者に至る方式である」（辻 1969）．意思決定におけるこうした文書の作成を現場では「起案」という．そして作成された文書は「稟議書」「起案文書」「伺い書」等さまざまな言い方がなされる．ただし，実際の運用は，末端の事務官が起案文書を作成し決裁に至る，というような単純なものではない．決裁の過程で上位者により起案文書の修正がなされることがある．また，重要事案については，起案する前に関係者の意見を垂直的・水平的に調整し，関係者全員の合意形成を図る原案作成の段階があるため，末端の事務官が作成する起案文書は，最終合意された原案について体裁を整えたものに過ぎないものとなる（井上 1981）．では，実際の文書作成過程はどのようなものであろうか．

　起案文書には，基本的に鑑（鏡）文として件名・標題（「…について」）と伺い文（「…してよろしいか」）が記され，これに続いて，その理由，処理方針，根拠法令，関係資料等が添付される．農林水産省による「土地改良法施行令の一部を改正する政令案について（閣議請議）」を一例に文書の作成過程を見ると，次のようである．この文書は鑑文（図 1）と別紙（政令案）からなり，鑑文からは 1979（昭和 54）年 6 月 29 日に起案し，同 7 月 3 日に決裁されたことがわかる．しかし，これは予算成立と同時に政令改正を行う必要のある案件であったため，農水省内の動きは前年の 1978（昭和 53）年から始まっていた．まず 9 月に省内調整を経て，昭和 54 年度の概算要求を行った．12 月に要求が認められ政府原案に予算が盛り込まれたことから，翌 1979（昭和 54）年に入ると法令担当課は内閣法制局による政令案の予備審査を受けつつ，関係する建設省（当時）との事前調整に入った．しかし，建設省との調整は難航し，関係者全員の合意を取り付け，この文書が起案できたのは，ようやく 6 月 29 日のことであった．そして，7 月 3 日までの 5 日間で担当者とその代理人は関係者のテーブルを回る，いわゆる「持ち回り決裁」

で了解を取ったのである.

しかし，こうした経緯は起案文書に記されておらず聴き取り調査をしない限りわからない．また，農林水産省は，これに関連して建設省と覚書を交わしているが，このことも起案文書からはわからない．起案文書は，経緯ではなく，結論にポイントを置いて作成されているのである．これは多くの起案文書に共通して見られる傾向である．

図1　起案文書［国立公文書館デジタルアーカイブ，平3農水00012100］

●**行政文書・起案文書・メモ**　起案の前段階にあたる原案作成の段階では，大量のメモが作成されている．2011年に施行された公文書管理法は，第2条で「当該行政機関の職員が組織的に用いるものとして，当該行政機関が保有しているもの」を「行政文書」と規定し，起案文書は勿論のこと，メモについても組織で共用しているものであれば「行政文書」としている．しかし，メモが組織的なものか，個人的なものかを判断するのは当該行政機関である．メモが個人的なもの，すなわち組織で共用していないものと見做された場合，それは「行政文書」に当たらず，情報公開の対象にもならない．多くの場合，メモは，職員が割り当てられた業務を円滑に処理するために個人的に作成しているものと認識されている．

しかし，この一方で，メモは，意思決定にいたるプロセスを跡付ける上で重要な意味をもつ．公文書管理法第4条は「当該行政機関における経緯も含めた意思決定に至る過程…を合理的に跡付け，又は検証することができるよう…文書を作成しなければならない」と規定している．この意味で，起案文書の作成にあたりメモを資料として適切に添付することが求められているといえるが，何を起案文書に添付するかは起案者の裁量である．実際，起案文書には意思決定の結論（内容）しか記されておらず，関係者以外，結論にいたるプロセスがわからないことが多い．なお，メモは，起案文書に綴じ込まれることで，起案文書の一部として保存されることはあり得るが，それ自体で保存対象になることはない．関係者個々人が手控えとして机の引き出しに仕舞い込んでいるのが通例である．

以上のほかに，行政機関では，上司の指示を受けて参加した会議等の内容を報告する「復命書」等の報告書も作成されている．重要案件を含む報告では，内容を伝えつつ，それについて次にどのように対応するかを上司に伺う必要（意思決定する必要）があるため，別途，起案文書が作成されることもある．　［箕住弘久］

公文書管理

●公文書管理の重要性　行政文書は，大きく，文書の作成→保存→廃棄・移管というライフサイクルを描き，その管理は，国の場合，法律・府省庁に共通するガイドライン・府省庁ごとの文書管理規則等（自治体の場合，条例・規則・訓令等）に基づいて行われる．2011年4月に施行された公文書管理法第1条は，「国及び独立行政法人等の諸活動や歴史的事実の記録である公文書等」を「健全な民主主義の根幹を支える国民共有の知的資源として，主権者である国民が主体的に利用し得るもの」と位置づけた．

　しかし，公文書管理法が施行された後も，文書管理の問題は発生し続けている．例えば，2010年代後半には，森友学園への国有地売却，加計学園の獣医学部新設，「桜を見る会」の招待者名簿の取り扱い等をめぐり，公文書管理のあり方が大きな問題となった．こうした公文書管理の問題は，自治体においても発生している．

　公文書管理は，情報公開と表裏一体の関係にある．公文書管理が適切に行われていなければ，行政文書の開示請求がなされたとしても，行政活動の検証は不可能になってしまう．この意味で，公文書管理は，まさに民主主義を支える基盤の一つといえる．

　本項目では，行政文書のライフサイクルのうち，保存・廃棄・移管を中心に公文書管理を説明する（☞文書の作成については「文書の作成過程」）．

●行政文書の保存　起案・決裁を経た行政文書には，文書管理規則等に基づき，永年・30年・10年・5年・3年・1年・1年未満等の保存期間が設けられる（永年や1年未満を設定していないところもある）．保存期間を設定するのは基本的に行政文書を作成する起案者である．ルーティン的な業務では前例を踏襲し，新たに発生した業務では文書管理規則の基準表等に基づき保存期間が設定される．保存期間の設定された行政文書のうち，基本的に保存年限が同じで，関係性のあるものが一つの「簿冊」（行政文書ファイル等と言われることもある）に整理される．こうした作業をファイリングと言う．なお，ファイリングには，「簿冊」によるものと「フォルダー」によるものがある．そして，帳簿（行政文書ファイル管理簿等とも言われる）を通じて簿冊の管理がなされる．簿冊等に整理された行政文書は，保存期間満了まで庁舎内や外部の書庫等で保存される．

　ちなみに，担当課の事務室内のキャビネットや書庫等に収納することを「保管」，事務室以外の場所に収納することを「保存」と区別している自治体もある．完結処理された行政文書が電子文書の場合，その文書はサーバー内で保存される．

●行政文書の廃棄　保存期間が満了した行政文書は，多くの場合，保存期間の延長／廃棄処分という二つの道を辿る．執務等で将来的にも必要とされるものは，保存期間を延長することで行政機関内で保存され続けることになる（現用文書として，情報公開制度の対象となる）．これに対し執務等で必要とされなくなった行政文書は廃棄される．現状では，行政文書のほとんどが廃棄処分となっている．廃棄の判断は，保存期間が満了した段階で，担当課で行われることが多いが，国や一部の自治体のように，文書作成段階において保存期間満了後の措置（廃棄・移管）を決めているところもある（「レコードスケジュール」の設定と言われる）．文書が廃棄されることで，行政活動の検証は不可能になる．そのため，廃棄を決めるにあたって担当課の職員だけでなく，外部からのチェックを取り入れ（パブリックコメントの実施や第三者委員会の開催等），廃棄を慎重に行っている自治体もある．

　なお，保存や廃棄の対象となるのは起案・決裁を経た行政文書である．メモは組織で共用する行政文書に当たるものであっても，それ自体が単体で文書管理の帳簿等に記載されることはないので，事実上残ることはあっても，管理対象にはならない．

●行政文書の移管　公文書館が設置されている場合，廃棄が決まった行政文書の一部は公文書館に移管され，歴史的に価値のある文書として保存・公開される（非現用文書と言われ，情報公開制度の対象にはならない）．ただし，移管される文書は，行政文書（簿冊等）のごくわずかにとどまる．廃棄する行政文書のすべてが公文書館に移管されるわけではない．その際，移管する文書の評価選別を行うのは公文書館であるが，その方法はさまざまであり，とりわけ自治体レベルでは工夫が見られる．ちなみに，移管先については，国レベルでは国立公文書館等が設置されているが，自治体レベルでの設置は進んでいないのが現状である．もっとも，1700を超えるすべての自治体が公文書館をもつことは現実的でないともいえる．このことについて一つの方法を示しているのが2012年に開館した「福岡共同公文書館」である．同館は，正式には福岡県立公文書館と福岡県市町村公文書館からなるが，福岡県内の公文書館をもたないすべての自治体を対象とするもので，同館によって福岡県内の基礎自治体はすべて移管先をもつことになった．

　なお，公文書館に関する法律としては，公文書館法（1987年制定）と国立公文書館法（1999年制定）がある．現在，公文書館等で文書の管理等を担う専門職員（アーキビスト）についての国家資格はないが，アーキビストとしての専門性を有する者を国立公文書館が審査し，館長が認証する「認証アーキビスト」制度が2020年度から始まっている．　　　　　　　　　　　　　　　　　　　　　　　[奥住弘久]

📖**さらに詳しく知るための文献**
関東弁護士連合会編 2020.『未来への記録』第一法規.

情報公開法

●意義　情報公開法は，行政機関の保有する情報の公開に関する法律（平成 11 年法律第 42 号，以下「法」）のことを指すことが多いが，独立行政法人等の保有する情報の公開に関する法律（平成 13 年法律第 140 号）とあわせて情報公開法と呼ぶこともある．情報公開制度は，国や地方公共団体の機関が管理している情報を，自らが積極的にあるいは国民・市民の請求に基づき開示する制度である．制度の中心は請求に基づく開示である．目的は，国民・住民の信託を受けて活動を行う政府が，その諸活動の状況を国民・住民に対する「説明責任（アカウンタビリティ，accountability）」を果たすこと（法 1 条）と説明できる．わが国の行政に従来欠けていたものである．情報公開は，いわゆる「知る権利」を実現するための制度と説明されることも多いが，情報公開法は，「知る権利」概念の法律用語としての成熟性という観点からこれを明記していない．

●制度の歴史・展開　公文書へのアクセスという意味での情報公開制度が確立したのは，18 世紀の半ば，1766 年のスウェーデンの出版の自由に関する法律によってである．その影響もあり情報公開法の制定は北欧諸国において先行するが，この制度において，わが国を始めとして多くの国に影響を与えているのは，1966 年に制定されたアメリカ合衆国の情報自由法（Freedom of Information Act, FOIA と略される）である．わが国の情報公開制度においては地方公共団体の条例（☞「情報公開条例」）が先行したのであるが，国のレベルでは，1976 年のロッキード事件等情報公開制度の整備の必要性が議論となることはたびたびあったものの，具体的な情報公開法制定の動きは，1994（平成 6）年の自民・社会（当時）・さきがけ（当時）の 3 党連立政権の成立による，行政改革委員会および行政改革委員会情報公開部会の設置に始まるといってよい．同部会は 1996 年 11 月に情報公開法要綱案を示し，これを原案として政府の情報公開法案が国会に上程され，1999 年 5 月 14 日に法律が成立した．法律は，2001 年 4 月 1 日から施行されている．

●制度の特色と概略　情報公開の制度化にあたっては，目的のほかに，請求権者，情報公開の対象，情報公開を実施する機関，不開示とする情報の範囲，請求の手続，費用負担，救済手続，そして文書管理等が検討課題となる．

　情報公開制度は，誰にでも，理由のいかんを問わずに，政府が保有する情報を公開する制度であるといわれるように，請求権は「何人」にも認められる．外国に住む外国人をも含む文字通りの「何人」である．情報公開の対象となる文書概念について，法は，文書の要件として決済供覧という事案決定手続の終了を要件

とせず，「行政機関の職員が組織的に用いるものとして，当該行政機関が保有するもの」すなわち組織共用文書であれば行政文書に該当するとする．エイズ薬害事件で重要な文書が決済等を経ていない課長個人のファイルであったこと等に鑑みたものであるが，このような行政文書概念の拡張は行政の意思形成の過程の透明性に資するものである．情報公開の対象機関として，法は公安委員会を含むすべての行政機関を挙げている．なお，行政代行機関的な役割を果たしているといわれ，その実態の透明性が求められていた特殊法人については，特殊法人改革の結果を受けて，これを情報公開法の実施機関とせず，別途，独立法人等の保有する情報公開に関する法律（国立大学も対象機関である）が制定された．

　情報公開制度の成否は不開示情報の範囲に左右されるといってもよい．法5条は，不開示事由として定性的なものと事項的なものを組み合わせている．個人情報（法は個人が識別されれば不開示（黒塗り）とすることを出発点とするが，条例ではプライバシー侵害を重視する定義もある），法人情報（法人等の権利・競争上の地位等が害されるおそれのある情報をいうが，人の生命・健康等を保護するために公にする必要のある情報は除かれる），国の安全等に関する情報・公共の安全等に関する情報（この両者については，行政裁量が認められており裁判における統制密度の議論がある），審議・検討・協議に関する情報，事務事業に関する情報である．不開示情報については，この他に，存否応答拒否情報（行政文書のあるなしをいわない応答が必要な場合）がある．

　制度の運用の費用を誰が負担するかという閲覧手数料・複写費用のあり方をめぐって議論の対立がある．無料の制度は適正でない利用を招くことが多いという事実と行政の説明責務を果たすという情報公開の制度目的との調和をどこに求めるかという問題である．法は，閲覧手数料（300円）も取るという立場であるが，多くの自治体は複写費用のみの徴収に留めている．

　開示拒否処分・文書不存在処分に対する救済手続としては，不服申立て，取消訴訟が許されるが，その過程では不服審査会が重要な役割を担うことになる．そこで，法は，明文で，開示請求対象文書を委員が直接見分することができるインカメラ審理等の権限を，総務省（当初内閣府）に設置されている情報公開・個人情報保護審査会に認めている．インカメラ審理は，民事訴訟法の基本原則との関係でわが国では，訴訟の段階では導入されていないものである．

　情報公開制度が実際に機能するためには，車の両輪としての文書管理の整備が重要であるが，この点については，公文書管理法（平成21年法律第66号）が制定されている．

●**課題等**　施行以来四半世紀が経過したが，デジタル化時代（行政文書ではなくシステム内のデータによる業務遂行など）への対応，他方，制度趣旨を逸脱するような濫用的請求をどう処理するかということが喫緊の課題である．　［藤原静雄］

情報公開条例

●**意義**　情報公開条例は，地方公共団体が保有，管理する情報を住民に公開する制度を定めた条例を指す．内容的には，住民の請求を待たずに地方公共団体の裁量により行われる情報提供と，住民の情報開示請求権の行使に応じて行われる情報開示請求制度を含むが，一般的には，情報開示請求制度を中心にして組み立てられている．現在は，情報公開条例という名称がほとんどであるが，制度発足の当初は，情報ではなく公文書を公開する制度であるという理由で公文書公開条例という名称も多かった．また，地方公共団体には普通地方公共団体のみならず，一部事務組合・広域連合のような特別地方公共団体も含む．現在，すべての都道府県，指定都市，市区町村で条例が制定されている（北海道の一つの町のみが未制定）．特別地方公共団体の条例制定率は 62.5% である（2017 年 10 月時点の総務省の調査）．

　わが国においては，情報公開制度は地方公共団体が国に先行した．その背景として特筆すべきは，1970 年代後半の「地方の時代」の提唱の一人である長洲一二知事の下で政策の目玉としてなされた神奈川県における情報公開条例制定の動きである．官庁革命と呼ばれた行政保有情報を開示する制度は，1982 年 10 月にFOIA 等の検討も踏まえて神奈川県情報公開条例として結実し，制度の立案過程から多くの地方公共団体に影響を与えた（年代的には同年 3 月に山形県金山町がわが国で最初の情報公開条例を制定し話題を提供している）．その後，情報公開条例は，地方公共団体の交際費・食料費の支出，入札価格など多くの行政分野で，市民運動としてのオンブズマン等によって監視のために利用され，さらに，住民訴訟制度と連動することにより，市民が行政のあり方を問うための有力な武器とされている．また，情報の不開示等について不服がある場合の，情報公開の不服審査会における認容率は通常の行政不服審査よりも高いことが知られている．

●**制度の概略**　情報提供等を含めた総合的情報公開施策を進めることが国・地方を通じての課題であるが，情報開示請求制度については，その制度化にあたり，目的規定，請求権者，情報公開の対象，情報公開を実施する機関，不開示とする情報の範囲，費用負担などに国と地方の考え方の相違がある．単純化すれば，制度化にあたっては，国が先行した地方の条例を補正し，地方がその補正を受け入れて条例をヴァージョンアップし，国と地方の制度が改善されたという経緯が認められるといってよい．

　国の情報公開法は国民主権に基づく政府の説明責任という考え方を基礎に制度

設計されており，知る権利という言葉を使用していないが，情報公開条例の場合には，目的規定に説明責任のみを置くもの（東京都等），知る権利のみが置かれるもの（埼玉県等），説明責任と知る権利が併存するもの（神奈川県等），知る権利を本文ではなく前文に置くもの（大阪府）など，目的規定における知る権利の扱いはさまざまである．民主主義の学校といわれる地方自治制度の情報公開制度への投影ということもできよう．請求権者については，制度発足当初は，当該地方公共団体の住民や利害関係者に限られるという考え方もあったが，今日では，理由のいかんを問わずに，請求権は「何人」にも認められるのが通常である．

　行政文書概念については，地方公共団体の条例の場合，当初，決済供覧を要件とする団体が多数であったが，今日では国と同様，組織共用文書とされている．情報公開の実施機関（法律は対象機関という）として，情報公開条例の場合は都道府県公安委員会を入れていなかった（開示不開示の判断と警察活動の全国的斉合性の関係）が，情報公開法制定後は，これを実施機関に含めている．実施機関に地方議会を入れるか否かは各団体で異なっているが，首長部局の行政機関とともにではなく議会独自の情報公開条例を制定している団体も少なくない．制度の運用の費用を誰が負担するかという問題についても情報公開法と情報公開条例は異なる態度をとる．情報公開法が複写費用のみならず一定の閲覧手数料も取るという立場をとるのに対し，地方公共団体のレベルでは，複写費用のみの徴収に留めている団体が多い．地方公共団体の首長の政策判断によるところが多い事項であるといえる．

●**制度の課題**　地方公共団体の情報公開条例については，制度の発足当初から濫用的請求がみられたが，今日，これが一層問題となっている．濫用をめぐる訴訟もみられるようになり，条例の中には，濫用への対応を盛り込む条例も出てきた．また，国のみならず地方のレベルにおいても，情報公開審査会（名称は審議会という場合，個人情報保護審査会や行政不服審査会を兼ねる場合などさまざまである）という不服審査機関が救済制度（時には制度運用についても）の要となっているといえるが，地方公共団体の場合にはこれに適切な人材を得ることが困難な場合も少なくない．他の団体と共同設置するなどの工夫もされているが，人材の偏在が大きな問題となっているのは事実である．さらに，個人情報保護法制の国と地方の制度の一元化（個人情報の保護と利活用のバランスをとる必要性から，個人情報保護については，国の法律で全国一律の共通ルールが定められ，各地方公共団体独自の個人情報保護条例は廃止され，個人情報保護法施行条例が制定されている．一元化を含む個人情報保護条例は2023年4月1日から施行）が地方公共団体の情報公開と個人情報保護の関係に及ぼす影響を見極める必要がある．

［藤原靜雄］

公会計と監査

　公会計とは，公的主体が営む経済活動およびこれに関連して発生する経済事象について，貨幣額によって測定・記録・報告する行為のことである．公的主体には国，地方公共団体，政府出資法人等が含まれる．また，公的主体に対する監査は公監査と呼ばれ，監査主体として，国には会計検査院が，地方公共団体には監査委員および外部監査人がそれぞれ置かれている．本項目では，国および地方公共団体の公会計および公監査を紹介する．

●**公会計の仕組み**　国および地方公共団体の経済活動は財政と呼ばれ，予算によって統制されている．国および地方公共団体の会計は，一般会計と特別会計に区分され，予算は一般会計および特別会計別に作成される．特別会計は，特定の事業を行う場合や，その他特定の歳入をもって特定の歳出に充て一般の歳入歳出と区分して経理する必要がある場合などに限り法律または条例により設置される．

　国および地方公共団体では，基本的に認識基準として現金主義を，簿記法として単式簿記をそれぞれ採用している．国および地方公共団体は予算執行に伴い資産を取得したり，負債を負ったりするが，現金主義を採用している場合，現金以外の資産および負債については，会計的認識の対象からは除外されることから，予算執行を記録した決算以外に，別途，財産管理を記録した財務報告が作成される．

　国および地方公共団体では近年，現行の現金主義・単式簿記による財務報告を補完することを目的に，発生主義・複式簿記の考え方を取り入れた財務書類を作成している．発生主義・複式簿記を採用することで，現金主義・単式簿記だけでは見えにくい減価償却費，退職給付引当金繰入額といったコスト情報や，資産，負債といったストック情報の把握が可能となった．国および地方公共団体には財務書類を国民・住民に対する説明責任の履行や，財政の効率化等に活用することが期待されている．

●**会計検査制度**　会計検査院による監査は会計検査制度と呼ばれている．会計検査院は日本国憲法第90条にその設置根拠をもつ国の財政監督機関であり，国の統治機構において国会，内閣および裁判所のいずれにも属さない憲法上の独立機関となっている．会計検査院は3人の検査官で構成する検査官会議と事務総局により組織されている．検査官は衆・参両議院の同意を経て内閣が任命し，天皇がこれを認証する．検査官の任期は5年で1回に限り再任されることができ，満70才に達したときは退官する．

会計検査院は常時会計検査を行い，会計経理を監督することにより，会計経理の適正を期するとともに，是正を図るとされている．この目的を達成するため，会計検査院は正確性，合規性，経済性，効率性，有効性の観点その他会計検査上必要な観点から検査を行う．また，会計検査院は検査の結果によって国の収入支出の決算を確認している．会計検査院が決算を確認することにより，内閣は決算を国会に提出することが可能になる．

●**監査委員制度**　監査委員による監査は監査委員制度と呼ばれている．監査委員は首長が議会の同意を得て，人格が高潔で，地方公共団体の財務管理，事業の経営管理その他行政運営に関し優れた識見を有する者および議員から選任する．監査委員の任期は，識見を有する者のうちから選任される者については4年，議員のうちから選任される者については議員の任期となっている．定数は，原則として都道府県および人口25万人以上の市については4人，その他の市および町村については2人となっている．

監査委員の業務には，地方自治法等の定めにより毎年度または定期的に行うことが義務付けられている定期業務と，監査委員の判断により必要に応じてまたは地方自治法等の定めにより地方公共団体の議会，首長および住民の請求・要求に応じて行う随時業務がある．このうち定期業務には，①財務監査，②決算審査，③例月出納検査，④基金運用状況審査，⑤健全化判断比率等審査，⑥内部統制評価報告書審査が含まれる．

●**外部監査制度**　外部監査人による監査は外部監査制度と呼ばれている．外部監査は外部監査人が首長と締結した外部監査契約に基づいて行われ，包括外部監査と個別外部監査に区分される．包括外部監査では，毎会計年度または条例で定める会計年度において外部監査人が自己の判断で選定した監査テーマについて監査を行う．一方，個別外部監査では，地方公共団体の選挙権を有する者（有権者）の代表者，議会，首長または住民から請求あるいは要求があった場合において外部監査人による監査を行うことが適当であるときに，外部監査人が当該監査テーマについて監査を行う．

●**住民監査請求制度**　住民による財政統制のひとつとして住民監査請求制度がある．住民監査請求制度とは，住民が監査委員に対し当該地方公共団体の首長その他の執行機関または職員の違法または不当な公金の支出等の行為に関し監査や，当該行為を防止，是正等するために必要な措置を求めることできる制度のことである．住民監査請求があった場合，監査委員は監査を行い，請求に理由がないと認めるときは，理由を付してその旨を書面により請求人に通知する．請求に理由があると認めるときは，当該地方公共団体の議会，首長その他の執行機関または職員に対し期間を示して必要な措置を講ずべきことを勧告する．監査委員による監査および勧告は，請求があった日から60日以内に行われる．　　　　［東　信男］

Ⅸ　公共政策研究の方法

[中川雅之・野田 遊・林 嶺那]

公共政策研究における数理分析の歴史

　公共政策研究は，社会科学分野はもちろん，自然科学分野でも主要な研究テーマである．自然科学分野で，数理分析が普遍的に用いられている分析手法であることは言を俟たないが，ここでは社会科学分野における数理分析の歴史を概観することとしたい．まずその学問の成り立ちから最も早く数理分析を主要な分析手法として取り入れた，経済学におけるそれをみていくこととする．

●**価格理論**　価格がさまざまな財・サービスの生産，消費を調整する資本主義経済の発展とともに経済学が成立，発展してきたため，数理分析はその成立段階から主要な分析手法であった．特にその傾向が顕著になったのは，一般均衡論を築いた19世紀後半のワルラス（Walras, M. L.）以降だといえよう．ワルラスは，日常的言語では困難な「様々な財・サービスの生産，消費を調整する価格の存在や機能に関する」理論的な展開を行う．

　一般均衡論は消費者や生産者の効用関数や生産関数を特定化しなくても，不動点定理などの数学的な手法を用いることで，一般性を有する社会全体の記述を行っている．例えば，すべての財の需給が均衡する競争均衡価格が存在することや，競争均衡では資源配分が社会的に最適になっているという「厚生経済学の第一定理」など，曖昧性のない豊かなインプリケーションが数理分析を通じて示されている．このため，一般均衡論は現代経済学の理論的支柱となっていく．

●**ゲーム理論**　公共政策研究で最も重要な数理分析手法は，フォン・ノイマン（von Neuman, J.），モルゲンシュテルン（Morgenstern, O.）によって提唱されたゲーム理論であろう．ゲーム理論は，フォン・ノイマンがその分析対象を，「プレイヤーがお互いに及ぼす影響，つまり，たとえ各プレイヤーは自分自身の結果にのみ関心があるにもかかわらず，各プレイヤーが他のすべてのプレイヤーの結果に影響を及ぼすという事実（これはあらゆる社会事象の特徴である）の帰結を考察することを試みる．」（野原ほか 2019）と述べているように，非常に広範な事象についての説明能力を持つ理論であった．その後もナッシュ（Nash, J. F.）の非協力ゲーム概念の提唱などを経て，ゲーム理論は1980年代には経済学の主要な理論となった．

●**行動経済学**　数理分析を支えた個人観の修正を迫るものとして行動経済学の発展について付け加える．経済学における数理分析の導入を支えてきた大きな前提として，「合理的な個人」の仮定というものがある．「合理的な個人」は，何らかの選択を行う場合に，情報を可能な限り収集し，整合的なプロセスで検討し，自

分の目的を達成するために，利己的に行動する人である．このような個人観は，数理分析を導入するにあたり，必須のものであった．しかし，このような人が現実にいるだろうか．心理学実験の成果を活用するなど，より現実的な人間像を前提にした分析が，行動経済学として大きく発展し，1990年代以降は大きな影響力を持つようになった．このことは公共政策研究で，数理分析のみならず実験的な手法の導入の必要性を強く訴えるものとなっている．

●**政治学等における数理分析の導入**　政治学をはじめとした集合的な意思決定の分析を重要視する学問領域においても，数理分析は大きな位置を占めている．経済学において，政府は国民にとって好ましい政策を実施してくれるブラックボックス的な存在として扱われてきたが，そのような前提は「合理的な個人」の仮定と同様に疑わしいものであろう．このため，新たな学問領域として，数理政治学，政治方法論，公共選択論，政治経済学などさまざまな名称のものが誕生している．

　これらの公共政策研究の分野の始まりとしては，1950年代のアロー（Arrow, K.）の不可能性定理と呼ばれる研究が大きな端緒となっている．つまりアローは，いくつかの合理的と思われる集合的意思決定プロセスに関する条件（普遍性，パレート最適性，無関係な選択肢からの独立性）について，数理分析を適用することにより，「合理的と思われる集合的意思決定プロセスに関する条件を満たす集合的意思決定手法の中で，社会の選好関係が推移性を満たす方法は独裁制のみである」ことを証明している．さまざまな批判も寄せられたが，これをひとつの端緒として集合的意思決定に対する数理分析の導入は大きく進んだ．

　また，ゲーム理論というプレイヤー間の戦略的行動を広く取り扱うことのできる分析手法は，集合的意思決定への数理分析の導入を大きく進めた．例えば選挙における政党間の競争や，有権者のふるまいなどにおいて，よりクリアな含意が得られるようになった．そしてそれらを背景とした選挙制度，議会制度に関する研究ばかりではなく，官僚制度が果たす役割なども分析されるようになった．

●**法学における数理分析の導入**　法学における数理分析手法の導入は，法と経済学という形でその研究が行われている．1960年代以降，ポズナー（Posner, R. A.）など米国を中心に，「個々の法律が人々の行動とその結果に与える影響」を広範に分析し，「個々の法律が社会にとって好ましいものか」をより明確に分析する手法として急速に発展してきた．財産法，不法行為法，契約，民事訴訟，刑法などの分野で新しい貢献が行われた．一方，伝統的な公正の概念と異なる含意が生じること，例えば，刑罰は対象となる行為の摘発可能性に応じた抑止力の観点から決定されるという主張において，罪刑均衡の観念と両立しないことなどが批判されることもある．

[中川雅之]

📖さらに詳しく知るための文献

浅古泰史 2016.『政治の数理分析入門』木鐸社.

野原慎司ほか 2019.『経済学史』日本評論社.

公共政策研究における計量分析の展開

　1978 年に刊行されたイントリリゲーター（Intriligator, M.）の応用計量経済学の教科書には，計量分析の目的は構造分析，予測，政策評価にあると記されている．公共政策の射程となる社会現象を測定可能な諸関係の体系とみなし，その構造を定量的に捉えることを構造分析と呼ぶ．具体的には，入手可能なデータから推定可能な計量モデルを推定し，その妥当性の検証が行われる．予測は捉えた構造の統計的性質より導かれる．構造の中に時間的な前後関係や内生・外生性が埋め込まれていることを利用し，推定された計量モデルを前提に予測を行うのである．

　また，政策がその意図にかない，社会現象に何らかの変化をもたらすものであれば，推定された計量モデルにも何らかの変更を迫ることになるであろう．公共政策がどのような変更を計量モデルに与えるかを検討した上で，推定された計量モデルの枠組みで公共政策の効果を捉えようとするのが，ここで想定されている政策評価となる．

　社会現象へのこのようなアプローチは実証研究の一典型例である．実証研究においては，社会現象を正確かつ想像力豊かに観察し，現象を生み出す過程に思いをはせて，観察された現象を派生させ得る単純なモデルをたて，そのモデルから導き出し得る含意や予測を現実に照らして間接的にモデルの妥当性を検証するという手順がとられる．その際に，モデルとして計量モデルを用いることが，他の実証研究と計量分析の違いである．

　上記の古典的な計量分析のアプローチは現在でもとられているが，その限界が指摘されるとともに，現在因果推論という方法論的な革新も進行し，近年大きな広がりをみせている．その様子を以下で紹介することにしたい．

●**機械論的構造分析の限界**　上記の政策評価の基盤は計量モデルで捉えた構造である．この基盤がもろければ，有益な政策評価を十分に行えないことは自明である．一般にモデルというものは複雑な現実世界の一部を単純化したものである．公共政策研究で扱う計量モデルは，関連する二つの制約を受ける．一つは社会現象の測定可能性の制約，もう一つは社会科学の理論の不完全さによる制約である．観測できるものすべてが測定はされ得ない．さらに，観測できるものが社会現象を生み出しているすべてではない．それを了解したうえで社会現象を説明しようとするのが社会科学の理論であるとしても，多彩な文脈の中で多様な主体が相互に影響を与え合って生じる社会現象の多様性を十分に扱いうるほどには，今

をもって社会科学の理論は成熟していない．その結果，計量モデルはよくてある種の経験則やあるいは見せかけの関係の混合物である可能性がある．あるいはたまたま撮られた社会現象のスナップショットの一枚に過ぎず，それをもって分析の基盤となる構造とみなしていいものかという疑問が生じるのである．同様の議論は，マクロ計量モデルによる政策分析に対するルーカス批判が有名である．ルーカス（Lucas, R. E.）は，経済主体が先見的であれば，マクロ計量モデルを構成する諸関係が変わる可能性があるので，政策評価はより安定した構造のモデルに依拠すべきであるとしたのである．

●**因果推論による計量分析の新展開**　さて安定した構造のモデルとは何であろうか．その候補の一つは因果関係，すなわち原因と結果の関係を表現したモデルであろう．不思議なことに，科学は古くから因果関係の解明を希求しながら，科学の文法ともいわれる統計学の世界において，因果関係という言葉を冠した論文はあまりなく，統計入門の講義でよく語られる相関関係と因果関係は異なるという警句以外，因果関係について語ることは長らくタブーとされるような状況にあった．しかし，この事態は近年大きく変わりはじめ，この動きは因果革命とも呼ばれる大波となって，諸科学に影響を及ぼしつつある．

　因果関係，すなわちある結果について，その原因をどう定めるかには複数のアプローチがある．現在，社会科学において標準的と考えられるルービン（Rubin, D. B.）のアプローチにおいては，原因の有無が結果を表す潜在的アウトカムに違いを生じさせるかどうかによって，因果関係を決める．

　政策評価においては公共政策が公共問題の解決にどの程度寄与しているかに関心がある場合が多い．その際，公共問題の解決を表すアウトカムの観察が可能であれば，ルービンのアプローチに則って，公共政策を原因とみなし，その因果関係を見れば，それが政策効果の把握となる．

　公共政策研究において，このアプローチを用いる際の大きな障害となるのが，アウトカムに影響を与える他の要因の除去と反実仮想を作り出すことである．潜在的アウトカムの違いが他の要因によるものではないといえなければならないし，潜在的アウトカムはそのままではいつも自然に観察できるとは限らない．

　これらの障害に対する最も有効な手段がランダム化比較試験である．具体的には，ある政策の恩恵を受けられるかどうかを無作為に割り当て，割り当てられた集団と割り当てられなかった集団のアウトカムの違いを見るのである．社会を対象にするランダム化比較試験は，社会実験とも呼ばれ，費用がかさむという問題や倫理的な問題があるともいわれるが，昔からまったく行われなかったわけではない．しかし，ランダム化ができない場合はお手上げである．ただその場合でも，パネル・データ分析や回帰不連続デザインといったさまざまな自然実験の方法が準備され，公共政策研究に応用されているのが現代である．　　　　［浅野耕太］

傾向スコアマッチング

　調査・研究の関心が，ある政策（処置）が期待された効果を生んだかという因果関係，つまり，処置効果（Treatment Effect）を検証することにあるとしよう．例えば，地方自治体の健康増進プログラムが高齢者の健康状態の改善に寄与したかという処置効果を検証するには，ある高齢者がプログラムに参加した場合の健康状態と同じ高齢者がプログラムに参加しなかった場合の健康状態を比較すればよい．

●因果関係を計測する方法　しかし，実際には参加したのに，参加しなかった場合の健康状態（反実仮想）は，観察することはできない．そのため，因果効果は，個人の処置効果の平均値である平均処置効果によって計測される（Rubin 1974）．平均処置効果を正しく計測するには，処置を実施したグループ（以下，処置群）と実施しなかったグループ（以下，対照群）との間の割り付けがランダム，つまり，二つの群が処置の有無以外は共に同じ属性をもつ個人の集合でなければならない．

　だが実際には，プログラムの処置効果を計測したいと考えたときには，多くの場合すでにプログラムが実施されているうえに，プログラムに手を挙げた参加者は社交性が高く，日頃から積極的に友人や社会的活動に関わっている健康状態が良い個人である可能性がある．この場合，プログラムに参加する判断が個人の意志（自己選択）であるために，参加するか否かがランダムに割り付けられた状態になっていない．割り付けがランダムでない場合に起こしてしまうミスは，参加グループと参加していない別のグループの健康状態とを単純に比較することであり，これによって生じる問題は参加者の元々良好な健康状態が処置効果として過大に計測されてしまうことである．これはセレクションバイアス（Selection Bias）といわれる．セレクションバイアスを取り除き処置効果を検証する手段として，ランダム化比較試験（Randomized Controlled Trial）がある．例えば，クジに当たった者だけがプログラムへの参加が許可され，当たらなかった者は参加しないという実験を行えば，セレクションバイアスを取り除き処置効果を検証できる．しかし，実験には費用がかかることや社会科学分野では社会経済において観察された（実験データではない）データを扱うために，ランダム化比較試験の実施が困難である場合が多い．そのため，あたかも実験が行われたような状況を作り出し，処置効果を推定する代替的方法として，準実験が採用される（伊藤2017）．準実験には，回帰不連続デザイン等のさまざまなものがあるが，ここでは

Rosenbaum & Rubin（1983）によって提唱された傾向スコア（Propensity Score）法に焦点を当てる．

●傾向スコアマッチング　傾向スコア法は，傾向スコアを用いたマッチング，層別化，重み付け，交絡調整等によって，割り付け（処置の有無）に影響を与える変数（交絡変数や共変量と呼ばれる）の群間の偏りを無くし，セレクションバイアスを低減するために採用される．

　傾向スコアとは，上記の例でいえば，各個人のプログラムへの参加と非参加の予測確率のことであり，傾向スコアマッチングとは，プログラムへの参加者と非参加者の中で，属性等（傾向スコア）がよく似た個人を見つけて，あたかもランダムに参加者と非参加者が選ばれたような状況を作りだす方法である．

　具体的な手順は，①交絡変数を説明変数，プログラムへの参加の有無を被説明変数とするロジットモデル（あるいはプロビットモデル）で傾向スコアを推定する．②ある参加者について，それと同程度の傾向スコア（参加確率）をもつ非参加者をマッチングさせ，それぞれ処置群と対照群に分類する．マッチングには，最近傍マッチングやキャリパーマッチング等の多数の手法がある．このように参加者と同程度の参加確率をもつマッチングされた非参加者は上述の「実際に参加した高齢者が参加しなかった場合の健康状態（反実仮想）」を作り出すものと見なされる．③両群の平均値の差と標準偏差の比で定義される標準化バイアスを用いて，傾向スコアでマッチングした結果が，処置群と対照群でよく似た属性をもつ参加者と非参加者が選択されたか，つまり，バイアスが低減されたかをチェックする（バランステスト）．④最後に，これらの過程によって得られたマッチング後のサンプルから平均処置効果を推定する．

　傾向スコア法を用いる場合には注意点がある（Bai & Clark 2018）．傾向スコア法は，割り付けと成果変数とは無視できるほどに無関係であること（無視できる処置条件）を満たしていることが求められる．この条件は割り付けが交絡変数のみによって決まることを意味しているため，傾向スコアの推定にあたり，適合度検定や判別度評価を実施して，交絡変数を適切に選択する必要がある（岡本 2012）．またマッチングには共通サポート（傾向スコアの分布の十分な重なり）が必要であるが，それが十分でない場合は，処置効果が母集団を代表しないものになってしまう．傾向スコアマッチングは最も活用されている傾向スコアによる調整法であるが，これらの前提が満たされてはじめて，セレクションバイアスを低減できる点に留意し，採用する必要がある．　　　　　　　　　　　　　［鷲見英司］

📖さらに詳しく知るための文献

バイ, H. & クラーク, M. H. 著, 大久保将貴・黒川博文訳 2023. 『傾向スコア』共立出版（Bai, H. & Clark, M. H. 2018. *Propensity Score Methods and Applications*. Sage Publications）．

操作変数法・回帰不連続デザイン・差分の差分法

●**操作変数法（Instrumental Variable Method：IV 法）**　IV 法は，データに未測定や未知の交絡が存在するため，共変量の調整で条件付き交換可能性（Conditional Exchangeability：CE）を満たすことができない場合であっても，因果推論が可能となる手法である．図 1 より基本的な考え方をみてみよう．処置変数 D から結果変数 Y への効果を測るとき，もし共変量に交絡変数 X が観測できるのであれば，X をモデルに組み込んで共分散分析や傾向スコアマッチングで除去することができる．しかし，X が未測定

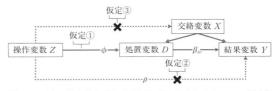

図 1　IV 法の基本的な考え方（D 及び Z がそれぞれ 1 つの場合）

かつ D と相関がある場合はバイアスが生じる可能性があり，適切な処置効果を得ることができない．IV 法による解決策は，D には直接影響を与える（仮定①）が，Y に対しては D を通してのみ間接的に影響し（仮定②），X とは関連しない（仮定③）操作変数 Z を投入することで，未測定の交絡の影響を除去しようというものである．IV 法は，政策的介入（D）と相関をもつ個人レベル変数の観測がほぼ不可能な社会科学のデータを扱う経済学でよく使われている．Angrist & Kruger（1991）は，処置変数（D）である教育年数とは関連するが，結果変数（Y）となる賃金水準とは関連のない出生時期（どの四半期に生まれたかを示すダミー変数）を操作変数（Z）として投入するという巧妙な識別戦略で高い関心を呼び，多くの研究がそれに続いた．しかし IV 法では，weak instrument（弱い操作変数）問題に代表されるように，必要な仮定を精査する必要がある．特に操作変数と処置変数の相関が弱い場合には不一致推定量となる．Angrist & Kruger（1991）で起きた「弱い操作変数問題」についての検証は Bound et al.（1995）を参照．

●**回帰不連続デザイン（Regression Discontinuity Design：RDD）**　RDD は，擬似実験（quasi-experiment）では最も内的妥当性が高いとされる手法であり，近年幅広い分野で活用が進んでいる．嚆矢は教育心理学の Thistlehwaite & Campbell（1960）だが，採用事例が爆発的に増加したのは教育経済学の Angrist & Lavy（1999）や Black（1999）以降である．RDD は，観察可能な連続変数（割当変数，ランニング変数）上で政策介入（処置）により発生した境界線の前後で線形回帰を行い，介入の因果効果を推定するというものだが，それは割当変数が連続的で閾値が

外生的なものであれば，閾値付近の値は同質の共変量をもつことに依拠している（図2）．RDDには2種類あり，閾値での割当が決定論的（0から1へと変化する）な場合はシャープRDD（SRD），確率論的な場合はファジーRDD（FRD）と呼ばれる．Shigeoka (2014)は，70歳を境に軽減される公的医療保険の自己負担額が及ぼす医療利用への影響について，SRDを用いて分析し，閾値

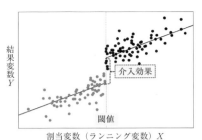

図2　RDD：閾値付近での不連続

70（歳）で外来利用者数が非連続的にジャンプしていること，つまり自己負担額が低下すると医療サービス利用が増加するという因果関係を明らかにした．RDDにより得られる効果は閾値付近に限定されており，母集団全体については自明ではない．政策評価に際しては，推定対象の範囲についての検討が必要である．

● **差分の差分法（Difference-in-Differences：DID）** 　DIDは，処置群と統制群のどちらにも介入前後の2時点以上のデータがある場合に用いられる．図3にあるように，政策介入の効果は処置群にのみ存在し，地域や経済社会要因の時間的変化（時間変化）はどちらの集団にも含まれる．したがって介入の因果効果は，処置群で観察される効果（$\hat{Y}_b - \hat{Y}_a$）から，統制群に反映さ

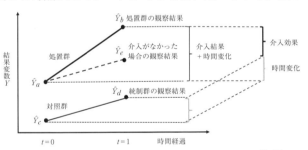

図3　DID：介入効果［Fredriksson & Oliveira 2019 より作成］

れた時間効（$\hat{Y}_d - \hat{Y}_c$）を差し引くことで推定することができる．ただしその際，結果変数（Y）のトレンドは処置群と対照群で一致するという，平行トレンドの仮定（parallel-trends assumption）を満たす必要がある．DIDの古典ともいえるCard & Kruger（1994）では，最低賃金制度の及ぼす雇用への影響について，最低賃金が引上げされた州と（隣り合わせの）されなかった州の二つ地域を対象に推計したところ，最低賃金の引き上げは雇用量を増やすという経済理論とは不整合の結果を得て大きな反響を呼んだ．近年DIDは，介入タイミングのずれを考慮したstaggered DID designsなど，有力なモデルが次々と提案されており，今後いっそうの活用が期待される． ［野崎祐子］

📖 **さらに詳しく知るための文献**

Cunningham, S. 著，加藤真大ほか訳 2023．『因果推論入門』技術評論社．

構造方程式モデリング

　政策効果の要因を特定するうえでは，社会経済的環境や政治的状況，市民ニーズ，政府の財政状況などの変数間関係をモデルに含むのが望ましい．独立変数Aと B から従属変数 C への影響を推定する回帰分析とは異なり，構造方程式モデリング（Structural Equation Modeling：SEM）では，A → B → C というように独立変数と従属変数間を連続の関係として捉える．A から C に至る効果に A → C と A → B → C の別々のパスを描く場合，前者を直接効果，後者を間接効果（A → B の係数 × B → C の係数）とよび，両効果合計が A から C への総合効果となる．

● **SEM の特徴**　SEM とよく似たものとして重回帰分析を繰り返すパス解析がある．ただし，SEM は潜在変数（構成概念）と観測変数を同時に扱い，モデル全体の適合度の計算ができ，双方向の因果や誤差共分散を含めた分析が可能な点でパス解析とは異なる．共分散構造分析という名称もあるが，平均構造を扱うことができる SEM の呼称がより一般的である．SEM の分析手続きでは，最初に変数間の論理を想定のうえパス図を描く．図1は，情報管理や公共の福祉志向といった構成概念が地域の信頼性という構成概念に影響を与える研究例である．モデルに潜在変数を含める場合，潜在変数を導くための観測変数により因子分析か主成分分析を行う．図1では丸で囲まれた潜在変数が四角で囲まれた観測変数により因子として導かれている．例えば，地域の信頼性は，アンケートで測定した知事や府県，他の住民に対する信頼のデータを基にした因子として推定される．変数の分散，他の変数への因果を示すパス係数，他の変数との因果のない両側矢印で示された共分散の値を母数という．変数の情報量は分散で把握され，分散と共分散からパス係数などのパラメータが決定される．モデル内の従属変数に対して，想定されている独立変数以外の要因は誤差変数として描かれる．なお，複数の観測変数から規定された構成概念が別の観測変数を規定する MIMIC モデル（Multiple Indicator Multiple Cause Model），ある構成概念が別の構成概念を規定する PLS モデル（Partial Least Squares Model）のほか，異質な母集団を検証する多母集団分析があるなど，モデルや分析には多様なものが提案されている．

　推定方法は，観測変数が正規分布に従う前提の下，点推定の一種である最尤推定法を用いるのが一般的である．図1では，情報管理の程度が高いほど地域の信頼性が向上するが，公共の福祉志向が高まると地域の中で個人の自由を主張しすぎる人たちにネガティブな影響を与えるため，地域の信頼性へはマイナス 0.1 の影響を与えると解釈できる．推定結果は，単位の影響が反映される状態で得られ

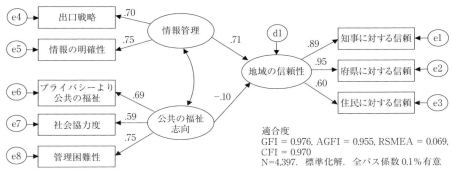

図1 公共の福祉と地域の信頼［野田 2022，173 の図を一部改変］

る非標準化解と，単位の影響を取り除いた標準化解の双方を把握できる．

モデルの適合度には，パス図のモデルは正しいという帰無仮説が棄却されないことを期待する χ^2 検定，推定値と観測値が等しいことを示す1にどの程度近いかを判断する AGFI (Adjusted Goodness of Fit Index)，推定値と観測値の誤差平均を算出して0に近いかを判断する RMSEA (Root Mean Square Error of Approximation) などがある．LISREL や SPSS Amos，STATA，M-plus，R（パッケージ lavaan）などの統計ソフトでは適合度を自動的に算出できる．正規性や異常値の把握，母数間の差の検定，推定値の相関を判断しつつ，特定の因果や共分散の修正による適合度の改善状況からパス図の修正を繰り返し，モデルを確定する．なお，母数の推定値が無数にある識別問題が生じた場合，自由度がマイナスにならないようにパスや母数の削減，潜在変数の因子のうち任意の一つの母数を1に固定するなどの方法で対処する．

● SEM の課題　課題はパス図の根拠が不明瞭な点にある．パス図を作成すればどのような連関でも推定結果が得られ，共分散を多数設定すればそれなりに適合度が改善される．このため，明確な理論に根付いたパス図の構築が前提となる．また，時系列解析やパネル分析に適切に対応できない点も SEM が万能ではないことを示している．ただし，潜在変数を含めることができ，回帰分析や因子分析などを同時に扱えるとともに，パス図による変数間の構造の視覚化により結果の解釈がわかりやすいため，分析結果は市民への広報面でも優れている．

［野田　遊］

📖 さらに詳しく知るための文献

豊田秀樹編著 2007-2014．『共分散構造分析』Amos 編・R 編．東京図書．
村上　隆・行廣隆次監修，伊藤大幸編著，谷　伊織・平島太郎 2018．『心理学・社会科学研究のための構造方程式モデリング』基礎編．ナカニシヤ出版．

公共政策研究における実験アプローチの歴史

　人間社会の歴史において，政策策定のために厳密な証拠を求めるようになったのは20世紀以降である．それまで感染症や飢餓などに対する政策は，現場で観察可能な効果から評価されていた．実験アプローチによる政策研究は，1940年代から感染症対策の効果を評価するため，英米の医療分野において始まった．その後1970年代までに，貧困対策や家賃補助などさまざまな分野で実験による政策効果の評価が報告された．1980年代から1990年代にかけて，広く欧米圏において社会実験を実際の政策策定に用いる事例が出始める．アメリカでは，フォード財団と連邦政府が連携し職業訓練などの大規模な社会実験が実施された（Baron 2018）．

　21世紀において，実験アプローチを用いた Evidence-Based Policy Making（EBPM）は，政策実務において中心的役割を担っている．ノーベル経済学賞を受賞したサイモン（Simon, H.）が指摘したように人間の合理性は限定的であり，政策実務者も市民も実際の政策効果を認識できず，現場の経験則だけでは誤った政策選択をする可能性がある．実験アプローチは，ある政策を受けた対象（例えば就学補助）と，受けていない対象とを政策実施前後で比較することにより，厳密な政策評価を可能にする．客観的な政策評価を探求する実務者そして市民にとって，実験を用いた政策研究は今後も欠かせない証拠を提供するだろう．

●**制御されない実験**　これまで多くの国で，デモンストレーションと呼ばれる，いわば「試しにやってみた」実験的な評価手法が用いられてきた．政策の効果を表すと考えられる指標に関する時系列比較，クロスセクション比較，専門家等による評価を経て，本格的な実施に結び付けられた．しかし統計的な制御を行わない実験結果から，政策のパフォーマンスを判断することは容易ではない．

　例えば，職業訓練プログラムを受けた者とそうではない者の賃金を比べて職業訓練プログラムの効果を測定した場合のことを考えてみよう．この評価手法は，セレクションバイアスと呼ばれる問題を抱えていることが知られている．プログラムが適用されるグループは，プログラムへの参加を自己選択したグループであり，モチベーション等の点において，参加しなかったグループと系統的に違っている可能性がある．これらの要因は，就業率，賃金にも影響を及ぼすため，二つのグループの属性の差異を，プログラムの効果として捉えてしまう可能性がある．

　また同一人物のアウトカムの比較も，労働市場の環境の変化などプログラム外要因を政策の効果として捉えてしまう可能性が指摘されている．

●**自然実験**　自然実験は，自然に発生した条件を利用して，ある現象の因果関係を

推定する手法である．例えば，自然実験の祖ともされるスノウ（Snow, J.）は，1854年に感染症コレラの原因究明のため，井戸近くの街区と井戸のない街区では，井戸近くの街区で死亡率が高いことを報告し，井戸の汚水とコレラの因果関係を指摘した．近年では，くじ引きにより対象者が決まる軍役や学習補助のように，人間の意図を介せず無作為に割り当てられる政策の効果を測る際にも利用されている．

●**フィールド実験**　フィールド実験は，人間が意図的にデザインし実施する実験である．EBPM など政策策定を目的に，医療，教育，雇用などさまざまな分野で大規模な実験が実施されてきた．ランダム化比較試験（Randomised Controlled Trial）という手法が用いられる．

　ランダム化比較試験では，被験者の母集団をランダムに措置グループと制御グループに分けることにより，モチベーションなど観察できない要素に関しても同質なグループを二つ作り上げる．この二つのグループのうち措置グループにだけ政策的介入を行うため，二つのグループのアウトカムの差は，政策的介入に帰することができるものと考えられている．これらの実験及びそれを用いた研究は，欧米を中心に 1980 年代及び 1990 年代に大きく進展した．フィールド実験は多くのコストがかかるものの，EBPM など政策の企画立案に厳格な理由を求める傾向が一般的になったことや，政府に限らず資金拠出が多様化しており，公共政策の企画立案で重要性を増している．学問的にも人間の心理的特性に目配りをした公共政策研究，比較的コストを抑制できる開発政策の研究などで注目を集めている．

●**実験室実験**　公共政策研究の背後のメカニズムの把握に大きく貢献する手法としてラボ実験がある．スミス（Smith, V. L.）のノーベル経済学賞受賞（2002 年）に象徴されるように，実験経済学は急速な発展を遂げている．実験室実験では，理論モデルに沿った環境を実験室の中で構築し，謝金などのインセンティブで被験者の合理的な行動を誘発している．例えば排出権取引実験においては，排出権および温室効果ガスの削減コストが割り当てられ，被験者同士の排出権の取引が行われる．相対取引，ダブルオークションなどさまざまにデザインされた市場環境の下で実験が行われ，温室効果ガスの削減量などが理論の予測と比較され，取引手法の効率性評価が行われる．

●**サーベイ実験**　サーベイ実験は，世論調査の中に実験的措置を盛り込むものである．ここでは調査方法や質問内容を変え，それらを実験条件としてサンプルにランダムに分け，各条件における回答傾向を比較する．米国では Time Sharing Experiments in the Social Sciences（TESS）と呼ばれる，政治学，経済学，心理学等の実験計画を公募し，審査を通過した計画についてそれをサポートする取組みが行われ，大きな成果をあげている．世論調査による研究蓄積が豊富な政治学では，このサーベイ実験が積極的に取り入れられている．　　　　［中川雅之・篠原舟吾］

📖さらに詳しく知るための文献

Cunningham, S. 著，加藤真大ほか訳 2023.『因果推論入門』技術評論社.

ラボ実験

　公共政策の効果を検証する実験手法として直感的に理解しやすいのはフィールド実験やサーベイ実験であるが（☞「フィールド実験」「サーベイ実験」），被験者を研究機関やフィールドに準備した実験室（ラボ）に集めて行動を観察するタイプの実験もまた，公共政策の設計と実施に対して多くの示唆を与える．本項目では，このような「ラボ実験」と呼ばれる手法が活用されてきたいくつかの研究領域と公共政策との関わりについて述べる．

●**マーケット・デザイン**　価格などのシグナルを通じて経済主体が利己的に行動することが社会厚生の最大化にもつながる市場メカニズムは，個々の政策領域において必ずしも存在・機能しているとは限らず，また，それを利用することが適切ではない場合もある．特に，実社会の意思決定においては，各主体が自身の選好を偽って表明したり，談合やカルテルなどの提携を結んだりすることによって社会的に望ましくない帰結を生むことがあるが，このような状況を防ぐための制度設計を論じる分野をマーケット・デザインと呼ぶ．マーケット・デザインのうち，現実の公共政策とも関わりの深いものとして，周波数帯利用免許の割当や入札制度の設計に知見が参照されているオークション理論や，研修医制度や学校選択制度の設計に応用のあるマッチング理論を挙げることができる．

　マーケット・デザインは，メカニズム・デザインと呼ばれる理論にその基礎を置くものであるが，同時にラボ実験による検証が多数行われており，制度設計への応用に向けた理論の精緻化や現実の適用に資する知見を蓄積している（これらの詳細については川越〔2015〕に詳しい）．例えば複数財オークションで望ましい性質をもつとされる VCG メカニズムは，ラボ実験での観察ではその性質を必ずしも発揮しないことが報告されており，実際にアメリカで研究者がその設計に関与し成功した周波数オークションでもこれとは異なるルールが採用されている．

●**公共財供給と社会的意思決定**　公共政策に関わりの深いラボ実験のもう一つの潮流として，公共財供給をめぐる実証研究を挙げることができる．これらの研究では，マーケット・デザインに関する実験と同様，多主体間における相互作用を扱っているが，利己的な主体を前提とした際の公共財供給の失敗という現象について実験室内で検討するものである．広く実施されている実験である公共財ゲームでは，参加者に一定の初期資源が与えられ，各参加者はそのうちから公共財に投資する割合を決定するが，総投資額によって決まる便益は広く参加者に分配されるようルールが設定され，自分は投資を控えつつ，他者の投資にフリーライド

する誘因をもつ．このゲームでは，利己的な主体を前提とすれば投資がゼロとなることが予測されるが，ラボ実験では一定の投資が行われることが広く観察されている．このひとつの説明として，人間の社会性（利他性や互酬性）や，その進化的な発達等について数多くの研究がなされており，独裁者ゲームや最後通牒ゲーム，信頼ゲームといった二者間での相互作用に関するラボ実験結果との関連性も議論されている．一方で，より直接的な政策的含意をもつ研究の方向性として，こうした人間の社会性をどのような制度的ルールや心理的働きかけ（罰則や報酬，監視など）を導入することで高められるかに関する議論も活発に行われている．

　このように，ラボ実験では多数の主体が参加する意思決定を模したモデル（ゲーム）を被験者が直接プレイし，その結果と比較を行うことで政策的知見が導かれる．ここで紹介したのは主に経済学で発達した分野であるが，政治学で研究課題とされてきた有権者の選好分布や政党システムが政治的帰結に及ぼす影響といった政策決定の過程も，これらの枠組みと強く連関している．社会的意思決定に対するフリーライドの問題は政治参加のモデルと，政策主体による虚偽の選好表明や提携によって好ましい社会的帰結が阻害される問題は投票行動の議論と結びついており，理論研究や現実のデータを用いた実証研究のみならず，ラボ実験を用いた分析の蓄積も厚い（これらについては肥前〔2011〕に詳しい）．

●**政策の文脈とラボ実験の射程**　このほか，政策の文脈により即したラボ実験も行われており，個人の意思決定にとどまらず，国家間の外交や排出権取引を模した実験も行われている．これらの実験では，ゲーム内で国家主体の利得を報酬に結びつけ，被験者にモデルで措定する効用関数に従ってプレイさせることにより，それが予測する行動と現実の行動との異同について議論することが可能になる．もっとも，現実の政策過程での意思決定環境は実験室でのそれとは異なる点も多く，ラボ実験は内的妥当性の高い方法ではあるが，外的妥当性（分野によってはこの文脈では生態学的妥当性）については解釈の際に慎重な検討が必要となる．

　本項目では，政策過程の多主体性を念頭に，主体間の相互作用を前提とした事例に焦点を当てたが，ラボ実験とは，人工的に統制された環境下での行動や反応の分析一般を指す用語である．特に，ナッジなど公共政策における行動面の注目が高まる中で，主体間の相互作用ではなく，個人の刺激や環境に対する反応を考察するタイプの心理学等におけるラボ実験にも，公共政策を考えるにあたって重要な知見を提供する成果が数多く存在することを付言しておきたい．　　［森川　想］

📖**さらに詳しく知るための文献**

亀田達也 2022.『連帯のための実験社会科学』岩波書店.

川越敏司 2015.『マーケット・デザイン』講談社．および同書に引用・紹介されている文献.

肥前洋一 2011．実験室実験による投票研究の課題と展望．選挙研究 27(1)：16-25.

自然実験

　公共政策の立案・検討において大きな関心ごとでありながら，ラボ実験やフィールド実験ではその効果や影響を定量的に評価することが困難な政策や制度変更，出来事がある（☞「ラボ実験」「フィールド実験」）．例えば，「130万円の壁」と呼ばれる現行の扶養控除制度を変更した場合に家計収入や経済全体にどのような効果が生じるかを検証するために一部の国民のみを対象にランダム化比較実験を実施することについては一定の世論の反発があるかもしれない．災害や感染症，犯罪などに至ってはそれらを実験的に引き起こすことが倫理的・技術的もしくはその両方の制約によって不可能である．しかしながら，今後それらが発生した場合に社会や経済にどのような影響がどの程度生じるかを把握しておくことは，その予防対策の必要性や費用対効果を検討するうえで有益なことである．

　そのような場合に用いられる実験的アプローチとして自然実験（natural experiment）がある．これは過去や他所においてすでに実施された政策・制度変更，ないし既に発生した出来事を一種の実験と見立ててその効果・影響を推定するというものである．すでに起きた事象を分析対象とするため，その実現可能性を問われることはなく，データもすでに存在する統計データなどを用いることから調査費用も少なくてすむ．ラボ実験やフィールド実験で懸念される，実験という環境での被験者の特殊な反応も気にする必要がない．

　これまでに自然実験という想定の下で行われてきた先行研究については戒能（2018）が詳細なレビューを行っており，伊藤（2017）も興味深い事例を分かりやすく紹介しているが，ここでは2011年3月に発生した福島第一原発事故を対象に筆者らが行った地価変動の分析事例を紹介する（Yamane et al. 2013）．これは，福島第一原発から半径80km圏内を対象に事故の前後で地価がどの程度下がったかを2010年7月と2011年7月の『都道府県地価調査』のデータを用いて分析したものである．分析の結果，事故発生後に空間線量率が大きく上昇した地点ほど地価の低下率が大きいことが示された．以下では，この分析事例を題材に，自然実験を想定した分析を行う際の注意点をいくつか挙げることにしたい．

●**地価の低下は放射能汚染だけによるものか？**　地価低下の原因はすべて放射能汚染に帰するものと解釈してよいのだろうか？例えば，福島第一原発は沿岸に立地している．したがって，原発周辺地域の沿岸部における物件は放射能汚染だけではなく，津波による浸水被害も同時に受けているはずである．このように効果を計測したい事象と必然的に（場合によっては偶然に）同時発生している他の事

象がある場合には，それら他の事象による影響を本来計測したい事象による影響とを分離させる形で分析する必要がある．そうしなければ，計測された地価の低下率は放射能汚染だけでなく，津波の浸水被害やその他諸々の影響をも含んだバイアスのかかったものになり，放射能汚染による損失として妥当な値とは言えなくなってしまう．

こうしたケースも含め，対象とする事象の影響をバイアスなく計測できるかは内的妥当性（internal validity）の問題と呼ばれる．ランダム化を施したラボ実験やフィールド実験とは異なり，自然実験においてはバイアスを引き起こす要因が多数あり，それらの発生そのものを分析者が排除することができない．これが自然実験の難しいところであり，それゆえにバイアス要因の性質に応じた計量分析の手法がさまざまに考案されている．したがって，分析者は適切な分析手法を選択し，場合によってはその手法に必要なデータを別途収集することが求められる．

●**他の原発で事故が発生した場合の損失予測に用いることができるか?**　この研究で推定を試みたのはあくまで特定の時期・場所で発生した原発事故の影響である．したがって，自然・社会環境が異なる未来の他の地域・国で事故が発生した場合の損失予測にここでの推定値をそのまま用いてよいかも重要な論点になる．

このように特定の事例における分析結果を幅広く他の事例に当てはめてよいかは外的妥当性（external validity）の問題と呼ばれる．もちろんこの手の研究は将来の公共政策の立案・検討に資するために行うものであるため，それなりの対処が求められる．例えば，分析モデルに自然環境（地形・気候など）や社会環境（人口・制度・経済など）を変数として組み込むなどして，影響を予測したい事例と分析事例における環境の違いもある程度考慮できるようにした方がよい．ただし，原発事故のように歴史的に見ても稀な事例の場合は比較事例が少なく，外的妥当性の検証そのものが難しくなる．なお，外的妥当性は自然実験だけではなく，ラボ実験やフィールド実験においても留意すべき問題である．

ここでは自然実験に伴う内的・外的妥当性の問題と対処法のごく一部について紹介したが，戒能（2018）ではそれらをより網羅的かつ詳細に解説しているため，関心のある方はそちらを参照していただきたい．　　　　　　　　　　　[山根史博]

📖さらに詳しく知るための文献

戒能一成 2018. 政策評価のための「自然実験」の有効性要件と単一の「自然実験」による処置効果の分離・識別に問題を生じる場合の外部的有効性などを用いた対策手法の考察. RIETI Discussion Paper Series 18-J-030.

伊藤公一郎 2017. 『データ分析の力 因果関係に迫る思考法』光文社新書.

Yamane, F., et al. 2013. The Immediate Impact of the Fukushima Daiichi Accident on Local Property Values. *Risk Analysis*, 33(11): 2024-2040.

フィールド実験

　フィールド実験は，必ずしも現実的な環境を反映しない実験室実験に対する批判を回避し，実際の公共政策が行われる環境に近い形での評価を可能とする．RCT（Randomized Controlled Trial）を用いるいわゆる社会実験と，主に差別の検出などに用いられる監査調査法（Audit Study）などが代表例であろう．

● **RCT の構造**　日本では，例えば職業訓練事業を「試しにやってみた」，職業訓練を受けなかった者の賃金と比較を行う，デモンストレーションと呼ばれる評価手法が用いられることが多かった．しかし統計的制御を伴わないデモンストレーションは，セレクションバイアスなどから正確な評価を行うことができない．このため以下の 3 つのプロセスを伴う実験が行われる必要がある．

1. 職業訓練プログラムなどに関する実験に興味をもった個人に対して，実験のデザインに関する情報提供が行われた上で，潜在的参加者が形成される．
2. この潜在的参加者に対して，評価対象の政策（職業訓練）が実施される措置グループと，実施されない制御グループへのランダムな振り分け（ランダムアサインメント）が行われる．この場合二つのグループ間で，観察できないモチベーションなどの属性についても系統的な差異はない．
3. 措置グループ，制御グループ間の一定期間後のアウトカムデータ，つまり就業率や賃金などの差異が観察される．

　この評価手法は，モチベーションなどの差異をプログラムの効果と評価してしまうセレクションバイアスの除去に成功しているだけではなく，調査手法のロジックが，専門家ではない者にとっても受け入れ易いという特徴をもつ．一方，大きな費用がかかるうえ，特定の政策に対してニーズがある人々の中からその政策を講じないグループをランダムに選別する必要があるという点に対して，倫理上の批判が加えられることがある．

● **社会実験の例**　米国では 1930 年台から社会実験が行われ始め，1960 年代および 1970 年代に行われた負の所得税，就業が困難な人々に対する就業支援プログラム，住宅バウチャー（Experimental Housing Allowance Program；EHAP）など，大規模な RCT 実験が行われた．例えば EHAP 実験は，現在米国において住宅補助の主流となっている住宅バウチャー制度のパフォーマンスを検証するものであった．具体的には「バウチャーの支給が行われる措置グループ」，「支給を受けない制御グループ」に低所得者を分け，低所得者の厚生水準が評価された．その結果を受けて議会は，公営住宅などの直接供給から需要側への補助を行うバウチャー

への転換を進める制度改正を，1974年に実施している．一方で，負の所得税，就業困難者に対する就業支援などは予想された結果が得られなかったとされる．

1980年代から1990年代にかけてRCTを伴う社会実験は積極的に行われるようになっている．1980年までに米国では55の社会実験が行われたとされるが，それが1995年までには195に増加している（Orr 1999）．特に，Department of Health and Human service（HHS）が主導した，いわゆるワークフェアと呼ばれる就労支援を重視する福祉政策の導入においては，社会実験が大きな役割を果たしたとされる．学問的にも，必ずしも合理的ではない人間の心理的特性を重視した行動経済学などの研究分野での実施や，開発政策など比較的RCTのコストを抑制できる環境下での実施が大きな注目を集めている．

●**フィールド実験によるファクトファインディング**　フィールド実験は，政策立案の背景となる事実の発見・確認にも用いられる．

偏見や先入観に基づいて人種差別，性差別，年齢差別などを行うことは，あってはならない．しかし，実際にこのような差別があるのか否かを調べることは難しい．米国では，居住地，学校等における人種的住み分けが大きな社会問題となっている．しかし，その現象だけを見ても，マイノリティがそのコミュニティを好んで住み分けているのか，家主や不動産業者のマイノリティに対する差別によるものなのかを見分けることは難しい．仮に後者のような現象が観察されても，家賃を支払えなくなるリスクや，犯罪に巻き込まれるリスクなどに関して合理的な選択をしているとする反論に，どう答えればよいのだろうか．このため，「例えば住宅の賃貸において，人種などの属性のみを異ならせ，他の属性は一致させた二人一組のペアを形成し」，「同一の不動産業者で，広告に出ている同一の住宅の入居可能性，類似住宅の情報を別々に収集させ」，「その際の，相手の不動産業者の対応を詳細に観察し，統計的な分析を加える」監査調査法という実験的手法が用いられる．監査調査法は「差別を行う者の意志にかかわらず，差別的傾向を把握することができる」，「行為に影響を与える他の属性を一致させた者の間で比較を行うため，人種などの影響のみを抽出できる」という特色がある．米国では，労働市場，住宅市場における差別を検出するために，連邦政府が定期的に大規模な監査調査を行っている．

この監査調査法と同様のロジックを使ったものとして，差別の有無を確認したい属性（人種等）だけを異ならせた郵便やメールによる連絡手段を用いて，受け手の反応の相違から差別を検出するCorrespondence Studyなども，公共政策研究においては広く用いられている．　　　　　　　　　　　　　　　　　[中川雅之]

📖**さらに詳しく知るための文献**

Baron, J. 2018. A Brief History of Evidence-Based Policy. *The Annals of the American Academy of Political and Social Science*, 678(1): 40-50.

サーベイ実験

　サーベイ実験とは，無作為に割り振ったグループごとに，調査の中で異なる質問文や文章，イメージなどの情報を提示するという処置を行い，その処置効果を推定する手法である．実験においては，ある要因が結果に影響を及ぼすかを検証するために，その要因以外の他の要素をすべて一定のものとする条件を人為的に作りだしている．他の要素を一定とするために重要となるのが無作為割り当ての手続きである．要因となる情報を被験者に無作為に割り振ることで，情報を与える処置群と，情報を与えない統制群を構成する．処置群と統制群の結果を比較して，統計的に有意な差がみられたということになれば，要因となる情報が被験者の認識や行動に影響を及ぼしたことが明らかとなる．これにより，単純な質問紙調査とは異なり，情報が被験者に与える影響に関して他の要素を一定のものとすることができ，その因果効果を適切に検証することができる．サーベイ実験には，スプリット・バロット実験，リスト実験，ヴィネット実験，コンジョイント実験などの種類がある（Jilke & Van Ryzin 2017）．

●**スプリット・バロット実験**　この実験では，異なるワーディングや質問順の質問票を被験者に提示して，ワーディングや質問順の効果を検証する．古典的なサーベイ実験の手法であり，とりわけ世論調査の研究において用いられている．例えば，日本政府は定期的に選択的夫婦別姓制度に関する世論調査を実施しているが，2021年12月から2022年1月にかけて行った調査ではワーディングや選択肢の順序などが前回から変更され，賛成と回答した者の割合が急減した．これについて，小林哲郎と三浦麻子が実験し，ワーディングの変更と選択肢の順序の違いにより賛成率の低下が生じることを明らかにした（小林・三浦 2022）．

●**リスト実験**　この実験は，社会的望ましさバイアスなどから正直に質問に回答しない被験者がいることの影響を低減させ，被験者の認識や行動を明らかにすることを主な目的とする．例えば，バイアスが発生するセンシティブな行為の項目が加えられたリストと，加えられていないリストを被験者に提示し，それらの行為の合計回数を尋ねる．この方式だと，センシティブな行為を含むリストを提示された被験者でも，その行為の有無を直接に尋ねられていないため，正直に回答しやすい．加えられたリストのグループと，加えられていないグループの回答の平均値を比較し，センシティブな行為を実際に行った割合を明らかにする．

●**ヴィネット実験**　この実験では，仮想のシナリオを被験者に提示し，シナリオ内の構成要素を変化させて読ませる．研究者はシナリオの一つの要素のみを変化

させることもあるし，複数の構成要素を変化させることもある．そして，シナリオへの評価を尋ねて，シナリオに示された要素の効果を検証する．例えば，いくつかの要素から構成される異なる政策過程のシナリオの中から一つを被験者に提示し，政策に対する評価を尋ねる．そして，政策への評価を従属変数とし，各要素を独立変数とした分析をすることにより，各要素が評価に与える効果を推定する．

●**コンジョイント実験**　この実験では，異なる複数の要素の組合せで構成されるプロフィールを被験者に提示し，そのプロフィールに対する選好を尋ねて，複数の要素が選好に与える効果を検証する．マーケティング研究においてよく用いられている手法であるが，近年では政治学でも用いる研究が増えている．例えば，二つの政策を提示し，それぞれの政策に複数の属性（例えば，政策の目的や対象など）を表の形で提示する．その属性にどのような水準（例えば，政策の対象として，貧困層，富裕層，全国民など）が現れるかを無作為に割り当てる．その後に，被験者に，どちらの政策を好むかという点やそれぞれの政策に対する評価を尋ねて，各水準の効果を推定する．

●**サーベイ実験の利点と留意点**　サーベイ実験の利点としては，内的妥当性があげられる．サーベイ実験においては，無作為割り当ての手続きを行うことが容易であり，内的な妥当性を主張しやすい．観察データの分析では共変量の調整が難しく，因果推論が難しいテーマであっても，サーベイ実験によって明らかにすることができるものもある．他方で，実験の結果が現実の事象にも適用できるという外的妥当性について疑義を提示されやすい傾向にある．これについてはサンプルの代表性を確保するようにしたり，現実に即した情報を提示したりすることにより対処している．また，サーベイ実験で被験者に対して行う処置は一度きりで短時間で行われることが多い．被験者に対する長期的ないし累積的な影響を測ることは難しいという限界もある．

　なお，サーベイ実験で明らかにしようとする対象は個人の認識や行動となる．そのため，政策の対象となる市民の認識や行動を把握することに適している．実験の手法からして，組織や政府の行動自体は直接の対象とならない．ただし，組織や政府における決定はアクター間関係の帰結として生じるものであり，政策決定に携わる政治家や公務員に対してサーベイ実験をすることは可能である．

[柳　至]

📖さらに詳しく知るための文献

Song J.・秦　正樹 2020．オンライン・サーベイ実験の方法：理論編．理論と方法 35(1)：92-108.
秦　正樹・Song J. 2020．オンライン・サーベイ実験の方法：実践編．理論と方法 35(1)：109-127.

心理学的要素と実験

　公共政策学とは，経済，税金，教育，医療等の分野における社会課題に着目し，それを解決するためのさまざまな政策や政策過程及びそれに関わる主体について科学的に考察する領域と定義できる．また，経済学，政治学，行政学等の諸分野が時には独立し時には分野横断的に関わりながら成り立つ研究活動の総称でもある．この領域に属する研究課題や手法はさまざまではあるものの，政策や政策過程及び関連組織の改革がもたらす効果の因果関係を解明することをひとつの目的としている．こうした因果関係の解明において，心理学的要素を取り入れた研究の特徴と，そのような研究で広く採用される実験法の有用性について説明する．

●**心理学的要素を取り入れた公共政策学の特徴**　心理学的要素を取り入れた公共政策学の研究手法は，行動経済学，行動政治学，行動行政学などの諸分野で採用されている．しばしば合理的選択理論に影響を受けた公共政策学研究と対比されるため，ここでもその対比によって手法の特徴を解説する．

　まず，合理的選択理論では「常に利己的な効用を最大化する選択をする合理的な個人」を前提としている．例えば合理的選択理論に基づく新古典派経済学では市場における消費者や生産者，また公共選択論では政策過程における政治的アクターや官僚組織の公務員が合理的個人であるとし，合理性を個人以外の主体である国家や組織に当てはめることもある．合理性の概念を採用したこれらの理論は，広く公共政策学における研究において検証されてきたものの，概念が現実的ではないという批判も受けてきた（例：Simon 1986）．

　他方，合理的個人及び主体の特性とは異なり，人々は完全に合理的ではなく，感情や認知的バイアス等の非合理的な側面があり，時には間違った選択をする．このような，より現実的な人々の性質に着目し，心理学的要素を取り入れた概念や理論があり，例としてサイモン（Simon, H.）が提唱した限定合理性が有名である．また，後に行動経済学の発展に繋がり政治学・国際関係学等にも影響を与えたカーネマン（Kahneman, D.）とトヴェルスキー（Tversky, A.）が 1979 年に提唱したプロスペクト理論や，1981 年に発表したフレーミング効果の理論がある．その他チボー（Thibaut, J.）とウォーカー（Walker, L.）が 1975 年に発表した手続き的公正理論も公共政策に関する研究に影響を及ぼしてきた（Tyler et al. 2015）．

　心理学的要素を取り入れた公共政策学研究は，このような人々の心的過程に着目した概念や理論を採用することに加えて，研究のあり方を規定するメタ理論として心理学にルーツのある行動主義を反映していることがもうひとつの特徴であ

る．心理学そのものは 18 世紀の半ばには哲学から離れて物理学や生理学のように科学的な分野であるべきとする動きがあり，この延長線上で，被験者の自己報告に基づく内観法は客観性に欠けるとし，20 世紀にワトソン（Watson, J. B.）が客観的に観測可能な行動を対象とするべきだとする行動主義を提唱するに至る（Hatfield 2002）．その後行動主義は諸派に分かれるものの「形而上学的前提についてコミットしない」方法論的行動主義がアメリカの心理学を主導することになった（佐伯 1988）．先に記した行動経済学，行動政治学，行動行政学も，観測可能な行動事象を重視している点で行動主義が反映されているといえる．

●**公共政策学における実験法の有用性**　前項で述べたように元々科学的な分野であろうとした心理学では，物理や生理学等の自然科学にならい，原因と思われる変数を被験者間で人為的に操作し新たにデータを採取する実験法を中心に採用してきた歴史がある．他方，公共政策学領域全体では，実験法の活用が無いわけではないものの，政策や政策過程及び組織運営の諸側面への介入について人為的な操作をせず，観測されるままの状態からとったデータを利用した観察研究が広く採用されてきた．とはいえ，心理学的要素を取り入れた公共政策学研究では，実験法による介入研究が重視されてきている（Druckman et al. 2006；Grimmelikhuijsen et al. 2017）．

実験法の手順としては，介入を無作為に被験対象に割当て，介入を受けた介入群と受けなかった統制群の間でアウトカムに差があるか，つまり介入の効果があるかを統計的に検証する．実験の場はさまざまで，日常の場面において介入するフィールド実験や実験室で行われるラボ実験がある．近年ではインターネット上のアンケートパネルを利用したヴィネット調査も広く採用される．

観察研究では，政策等の独立変数と従属変数であるそのアウトカムの因果関係を検証するにあたり，この独立変数以外に従属変数に影響を及ぼす要因をデータの解析時にいかに制御することができるかが課題となる．

他方，実験法による介入研究では介入を被験対象に無作為割付することにより，介入以外で従属変数に影響を及ぼす要因を介入群と統制群の間で統計的に均一化し，それによって独立変数と従属変数の因果関係を高い内的妥当性をもって検証することを可能とする．

実験法による結果は内的妥当性が高い一方で，単一の研究結果だけでは外的妥当性に欠けることが指摘される．その点を補うために，数多くの実験結果を集めてメタアナリシスを実現することにより，実験法は公共政策過程において有用な強いエビデンスの創出につなげることが可能であるとされる．　　　　［青木尚美］

公共政策研究における質的研究の歴史

　本項目では質的研究を,「質的データに依拠した研究」全般を指すものとして捉える．ここでいう質的データとは,数字／量的なものではなく言葉（language）を意味し,そうしたデータの収集・分析が軸となっている研究を質的研究とする（なお,言葉をカウントし数値化して分析する等の,内容分析に多く見られるようなアプローチは,量的研究としたい）．

●**個別手法の歴史的展開**　上記のように捉えると,公共政策学やその周辺分野においても質的研究は長い歴史をもつ．公共政策学とそれ以外の学問領域の線引きは難しいが,主要なものを概観してみよう．

　政策を含む政府諸活動を理解するためには公的記録が重要な情報源となる．そうした記録から情報収集することの重要性は,ウェッブ夫妻（Webb, S., Webb, B.）が 1932 年に書いた調査法のテキストにおいて（地方統治機構に関する自らの調査を踏まえながら）すでに強調しているように（ウェッブ&ウェッブ 1982）,20 世紀初頭から広く認められてきた．イギリスやアメリカ等,公文書館が整備されている国々では特に,アーカイブ調査（archival research）が,社会科学における主要な手法としての地位を確立している．各種記録には統計等の量的データもあるが,政策の立案過程のみならず,実施（特に現場レベル）に関する詳細な記述・質的データは公共政策研究にとって貴重であり,実際にこれまでも幅広く活用されてきた．

　インタビューも同様に,古くから用いられてきた（インタビューの類型については野村〔2017〕を参照）．例えばオーラル・ヒストリーは日本でも長い歴史を有しており（☞「オーラル・ヒストリー」）,政治の分野ではその歴史は,明治から昭和初期の要人に対する聞き書きまでさかのぼることができる（御厨 2002）．内政史研究会が 1960 年代以降に行った,戦前の官僚等に対する調査あたりからは行政学や公共政策研究との親和性が強まり,1990 年代後半から 2000 年代初頭になると,政策研究大学院大学の「C. O. E. オーラルヒストリー・政策研究プロジェクト」に例示されるように公共政策学の主要な手法のひとつとして広く認められるようになった．

　政策立案の担い手等に対するエリート・インタビューも,Dexter（1969）以降,自身による解説書（Dexter 1970）もあり,広く使われるようになった．対象をどこまでエリートに限定するかはともかく,今では主な政策過程研究の多くが関係者へのインタビューによって成り立っている（例えば Kingdon〔1995〕．☞「政策

の窓モデル」).

　エスノグラフィーないし参与観察と呼ばれる手法も，ポピュラーな質的データ収集法である．この手法は，マリノフスキ（Malinowski, B.）による西太平洋トロブリアンド諸島の調査に代表されるように，まず人類学の分野で20世紀前半に用いられるようになった（マリノフスキ 2010）．その後，社会学（特にシカゴ学派と呼ばれる流れ）に波及し，通常は調査が難しいような集団やコミュニティの研究において特に成果をあげている（例えばホワイト〔2000〕）．公共政策学関係では20世紀半ばから散見され，行政組織の分析（Kaufman 1960）から，Shore & Wright eds.（1997），Bevir & Rhodes（2006）のガバナンス研究に至るまで，外からはわかりにくい組織内部の人々の行為や考え方を掴み，行政・ガバナンスの動態を理解することに大きく貢献してきている．

●**認識論的側面**　質的研究という用語は文脈によって意味合いが異なるが，その多義化の一因には社会科学における認識論の多元化がある．実際，質的研究という言葉自体，実証主義が隆盛し，量的研究以外を非科学的とみなす風潮が広まった1960年代から，それへの反動として広く使われるようになった（Hammersley 2012）．

　もちろん質的研究は，特定の認識論的立場を要求しない．質的研究や質的と冠する個々の手法（「質的インタビュー」等）を非実証主義的研究に紐づけて捉えることもあるが，質的データを有効に活用してきた実証主義的研究も数多く，現状認識としてはこのように狭く捉えるのは不適切だろう．

　しかし同時に，認識論が質的研究の展開に与えた影響は見逃せない（野村 2017）．記憶という不安定なソースに頼るオーラル・ヒストリーや，観察者の主観によって左右されるエスノグラフィー等は，実証主義的観点から非科学的とされてきたが，解釈主義等の台頭で意味・価値や解釈を捉えることの重要性が再び認められ，再評価された．言説分析もこうした認識論的転回（政策研究では"argumentative turn"〔Fisher & Forester 1993；Fisher & Gottweis eds. 2012〕等と呼ばれる動き）により注目を浴び，近年大きく発展を遂げている（☞「言説分析」）．さらに，量的データと質的データをどこまで／どのように組み合わすことができるか（☞「質的研究と量的研究の統合」）という論争の背景にも認識論の存在がある．

　また，政策（研究）の動向，例えば，21世紀初頭のアメリカの教育分野にみられたような実験／量的分析を軸としたエビデンス・ベース型の政策研究の推進と，それが質的研究（者）に与えた関係を理解するうえでも，認識論の視点は重要である（House 2006；Howe 2009）．したがって，公共政策学においても，質的研究のあり方を考える際には認識論の観点が必須だといえよう．　　　　　［野村　康］

質的研究における事例の選択方法

●質的研究と量的研究の違い　量的研究においては，中心極限定理に基づき，無作為抽出を通じて多数の事例からなる標本を一定の手続きで分析すれば母集団全体の傾向を知ることができる，とみなされている．他方，対象の詳細な記述を特徴とする質的研究では，多くの場合，扱う対象は単一ないしは少数である．そのため，仮に無作為抽出を行ったとしても，代表的な標本を得ることは困難で，標本からはばらつきの大きな推定値しか得られない．したがって，質的研究が一般化を志向する場合，事例の無作為な選択ではなく，研究目的に沿った事例の意識的な選択が必要となる．

●類型　一般化を志向する質的研究においては，自らの研究テーマが想定する事例の集合（母集団）とは何なのかを明確にしたうえで，そうした集合の中で自らが扱う事例をどう特定したのかを説明する必要がある．ここでいう一般化は，仮説生成（hypothesis generating）と仮説検証（hypothesis testing）に大別される．前者は，新たな理論命題を作り出すことであり，後者は，既存の理論命題が経験的事実に適合するのかを検証することである．それぞれの研究目的に応じて事例を選択する方法として，主に以下の七つの方法がある．第1に，典型事例（typical case）研究である．母集団に関する一般的な理解を得るために，主要な点から母集団を十分代表していると思われる事例を選択し，その事例を詳細に検討する方法である．主要な側面における集団の平均値に近い事例を選ぶこともあれば，YをXに回帰したときの回帰直線上に存在する事例を選ぶこともある．後者は，母集団における因果関係を典型的に示すという意味での典型事例である．

　第2に，多様事例（diverse cases）研究である．ある理論にとって重要と思われる側面に関して最大限のばらつきを確保するように事例を選択する方法である．男女や人種といったカテゴリー変数であれば各カテゴリーに含まれる事例を選び，年齢や年収といった連続変数であれば，その値が極端に高かったり低かったりする事例を選ぶ．母集団の分布を反映した事例にはならないものの，十分な多様性をもった事例を確保することはできるため，これらの事例を分析することにより，仮説生成や仮説の検証を目指す．

　第3に，極端事例（extreme case）研究である．独立変数や従属変数など，研究テーマにとって重要な変数に関する極端な値を取る事例を選択する方法である．極端事例の分析を通じて，概念を作り上げたり，仮説の生成を行ったりする．

　第4に，逸脱事例（deviant case）研究である．一定の理論からは大きく逸脱す

る値を示す事例を選択する方法である．極端事例が，一つの変数に関して平均値から大きく異なる値を取る事例であるのに対し，逸脱事例は，理論が想定する X と Y の関係から大きく逸脱した事例を意味する．通常は，Y を X に回帰した場合に誤差項が大きな事例を選択し，当該事例の詳細な分析を通じて，理論の修正や新たな理論の提起を目指すこととなる．

第 5 に，決定的事例（crucial case）研究である．ある理論の予測を満たす結果が得られる可能性が最も高いか最も低い事例を選ぶ方法である．理論的予測を満たす可能性が最も高いにもかかわらずそうした予測が満たされないことを示すことで理論を否定したり，逆に，その可能性が非常に低いにもかかわらずその予測が満たされることを示すことで，理論を強化したりすることを目指す．少数の事例を通じて理論を検証しようとする決定的事例研究は，事例選択の方法として著名ではあるが，論争的な方法でもある．自然科学とは異なり，社会科学における理論は十分特定化されていなかったり，ある結果をもたらす原因が複数かつ多様であることも多かったりするため，その使用には慎重さが求められる．

第 6 に，最類似事例（most-similar cases）研究である．関心のある独立変数あるいは従属変数以外では非常に似通った事例を選択する方法である．基本的な特性が非常に類似するにもかかわらず，従属変数について異なる値を取る事例を複数選び，その原因を探る仮説生成型の研究や，逆に，非常に類似するが独立変数のみ異なる値を取る事例を選び出し，その結果を検証するタイプの研究がある．

最後に，最差異事例（most-different cases）研究である．最類似研究とは逆に，関心のある変数以外でまったく異なる事例を選択する方法である．独立変数と従属変数についてのみ類似する大きく異なる事例の分析を通じて，仮説の生成や検証を目指す．

●**意識的な事例選択の必要性**　無作為抽出を通じ，分析対象となる事例以外にも妥当し得る一般的な命題に接近できる量的研究に対し，一般化を志向する質的研究においては，扱われる事例が他の事例に対して有する意義が問われる．研究目的は仮説の生成なのか，仮説の検証なのか，どういった範囲の事例が妥当する理論命題を想定しているのか，そうした事例の集合の中で，扱われる事例はどういった位置にあるのか，研究目的や利用可能なデータの状況に照らし有効な事例選択の方法は何なのか．質的研究においては，これらの点を一つひとつ明らかにしたうえで，対象とする事例の性質が母集団全体に関する何らかの特徴を反映していることを慎重かつ意識的に論証し，戦略的に事例選択を行う必要がある．

［林　嶺那］

質的比較分析（QCA）

　質的比較分析（Qualitative Comparative Analysis；QCA）は，ある事例で変化が起こり，ほかの事例では起こらない理由を説明するのに役立つ分析手法である．これは，レイガン（Ragin, C. C.）が提唱し，応用領域を拡大してきた．QCAは，これまで軍事政権が崩壊する要因の分析などに用いられてきたが，近年では，公共政策においても，さまざまな社会的課題を解決・改善するための諸施策（介入）における効果的なモニタリングと評価（Monitoring and Evaluation; M&E）を設計・実行するために用いられることがある．

●**一般線形モデルとの対比**　定量的な研究において一般的なモデルである「一般線形モデル」と対比して，この特徴を明確にしよう．重回帰分析のような統計解析の分析は，以下のようなモデルで因果関係を考える傾向にある．

$$Y = \beta_0 + \beta_1 X_1 + \gamma_1 C_1 + \gamma_2 C_2 + \gamma_3 C_3 + \cdots + \varepsilon$$

このモデルにおいて重要なことは，仮説 X_1 が Y に与える効果 β_1 である．重回帰分析を例に取ろう．重回帰分析は，基本的にひとつひとつの独立変数がどのように結果に対して効果をもつかに注目する．もちろん変数と変数を掛け合わせて作る交差項をモデルにもち込むこともあり得る．しかし，原則は，それぞれの独立変数の平均効果を推定することが一般的に重要だとされる．また，統計解析のモデルは，変数（X）がどう変化すれば，Y がどう変動するのかにも関心がある．

　一方で，定性的研究は集合論的なモデルで因果関係を考える傾向にある．

$$(A \wedge B \neg C) \vee (A \wedge B \wedge C \wedge D) \rightarrow Y$$

　この式は，論理学の記号とブール代数の演算子で表現されているが，$(A \wedge B \neg C)$ と $(A \wedge B \wedge C \wedge D)$ の組合せが結果に対して十分条件であることを示している．定性的研究は，複数の要因の組合せが結果に対し効果を持つことに注目し，そのパターンをモデル化しようとする．QCA もこの考え方に則っている．

●**QCA の流れ**　QCA は，ある変化が起きるパターンを原因系の組合せから解析する．この変化を「成果」と呼ぼう．この「成果」の有無に寄与する要因（条件）を探りたい場合，まず関連する複数の事例を選択する．このとき，「成果」があった事例となかった事例を選択する必要がある．次に，事例の数であるが，統計解析では大量のサンプルを求められることがある．しかし，QCA は通常 10〜50 程度の中小規模なケースの数でよい．ケースを選んだならば，それぞれのケースに関して，「成果」の有無に寄与しそうな要因を見つけ出し，それぞれ得点化（キャリブレーション）する．得点化においては，「クリスプセット」と「ファ

ジーセット」の2種類があり，クリスプセットは二値，すなわち1か0かでスコアリングする．例えば，権威主義体制の崩壊という「成果」に寄与する要因として「独裁者の死」が考えられる場合，「独裁者の死」があった場合は「1」，なかった場合は「0」といったように得点化する．ファジーセットは，単純に「ある」「ない」と分類できない要素を評価したい場合に1から0の間の数値を用いて得点化する．例えば，権威主義体制の崩壊という「成果」の要因として「失業率」が考えられる場合，失業率の段階に応じて，「0.8」や「0.2」などの数値で得点化する．こうして元のデータを，要因（条件）を得点化し分類しなおして表にする．この表を「真理表」と呼ぶ．

　次に，この真理表のデータセットを分析する．一般的に，「fsQCA」という専用のソフトで行われるが，統計分析ソフトの「R」にも関連するライブラリがある．

　QCAの分析では，要因条件の組合せが「成果」の有無を何%説明するかという解被覆度でモデルの説明力を評価する．そして，成果に寄与すると考えられる要因の組合せを特定したら，それを事例に立ち戻って解釈し，このモデルが理にかなっているかどうかを確認する．特定できない場合は，事例に戻り，ほかに重要な要因がないかや得点化の基準などに立ち戻って考える．このように，QCAはソフトによる分析とケースの丹念な検討を反復して行う傾向がある．

●**有用性と欠点**　レイガン自身は方法論と政治社会学に強い関心をもつ社会学者であるが，QCAのテリトリーは政治学や社会学に留まらず，近年では経営学などにも積極的に分析手法として利用されている．そのほか，政策評価に関して，大規模な量的調査がコストや期間の面で難しい際，事業実施者が事業の介入の効果の確認を行うのにQCAは有用な手法であるとも考えられている．具体的には，JICAでは，QCAにより，事業を取り巻く複数の要因のうち，どの原因条件（要因や要因の組合せ）がアウトカムの発現に寄与しているかを明らかにする試みを始めている．

　一方，欠点としては，QCAは条件の組み合わせを探求するため，統計解析のように予測することが不得手である．また，要因の組み合わせを考えるため，分析ソフトにかけられる要因の数に一定の上限（8～10程度）がある．これは，要因が増えれば検討しなくてはいけない組み合わせが指数関数的に増えるためである．また，QCAそのものは時間的な順序まで意識しないので，事例の詳細な検討や理論との往復によって，時間的に矛盾のない条件の組み合わせを導出するよう留意する必要がある．QCAを利用する際には上記のような限界も踏まえなくてはいけない．　　　　　　　　　　　　　　　　　　　　　　　　　　　　　　　[木寺　元]

📖さらに詳しく知るための文献
レイガン，C. C. 著，鹿又伸夫監訳 1993.『社会科学における比較研究』ミネルヴァ書房.

言説分析

　言説分析（discourse analysis）は，社会政策や経済政策などの公共政策の創設や改革プロセスにおける意思決定を分析するために用いられる．

●言説分析の位置づけ(1)：言説的制度論　言説分析は制度や政策に関与するアクターのアイディアに着目することによって，その形成・持続・変化を説明することに寄与する．ここでいうアイディアとは，より根本的な制度・政策パラダイムから制度・政策の組立てや手段までを含んだ広範な概念を含んだものである．歴史的制度論では，経路依存を生み出す制度的力，制度変化を左右するアクターの拒否権，制度に対する裁量性や支持の程度などが制度や政策の形成・持続・変化を説明する独立変数として理論に組み入られているが，制度の中におかれたアクター自身の願望や意図はどのようなものであるのかについては理論に組み入れられてこなかった（Blyth 2017）．現実には，アクターはアイディアを用いて問題の認識枠組みや解決策を提示するとともに（アクターによるアイディアに対する力の付与），アイディアに基づいてアジェンダを設定し，それを実行するうえで必要な支持を調達してその実現を図る（アイディアによるアクターへの力の付与）（Schmidt 2015）．言説分析は，こうしたアクターとアイディアをめぐるインタラクティブなプロセスを解明し，制度や政策のダイナミックな動きを説明するものである．

●言説分析の位置づけ(2)：アイディアと力　アイディアによって発揮される力（ideational power）には3つの形態があるとされる（Carstensen & Schmidt 2016）．第1は，あるアクターがほかのアクターを説得する際に用いられるアイディアを通じて行使される力（power through idea）である．アイディアは，解決すべき問題の共有，問題解決のための政策手段の効果や合理性の付与に資する．この際，アイディアが曖昧で解釈の余地が残された多声性（Multivocality）を有していることは，多様なアクター間での合意と連携を創造することに寄与する（Parsons 2016）．また，アイディアによる説得的な力は，官僚や専門家など中核的な政策集団が政策形成における準拠枠組みをつくりだす際に用いる調整的言説（coordinative discourse）と政治家や政府のスポークスパーソンなどが民衆を説得するうえで用いるコミュニケーション的言説（communicative discourse）を通じて行使される．これらの政策策定に関わるアクターが単一（single-actor）の制度環境では，コミュニケーション的言説が大きな役割を担い，複数のアクター（multi-actor）の交渉を通じて政策が立案される制度環境では，調整的言説の役割が大き

くなる.

第2は，特に制度の変化をもたらすために必要になる力として，アイディアを支配する力（power over ideas）がある．例えば，政治的エリートは大衆に対してアイディアの規範的正しさや妥当性を説くうえで，マスメディアを通じて情報をコントロールする．こうした力によって，大衆はそのアイディアに基づく制度改革を是認するようになる.

第3はアイディアにおける力（power in idea）である．これは特定のアイディアがほかのアイディアを排除して存続する力であり，政策策定者が政策対象者に対して政策の妥当性を判断させるうえでの制約を課す力，あるいは，政策策定者自身が規範的に受け入れ可能な政策手段に制約を課す力を意味する．これによって政策の対象者や政策の策定者は特定のアイディアに縛られることになり，制度や政策の存続がもたらされる.

●**言説分析の応用**　言説分析では，間主観的に構築されるアクターの認識に基づく言説によって実現したと思われる事実とそうした言説が無かった場合に生じたと考えられる事実（反実仮想）とを対比して捉えることが重要である．例えば，企業に対する課税が資本の流出を促すというグローバリゼーションの理論が正しく，政治家と財政当局がそれに従って法人税を引き下げた場合と，グローバリゼーションの理論は実際には正しくないものの，企業が法人税の引き下げの妥当性を支持するアイディアを支配する力をもっていた結果，政治家と財政当局がそれに従って法人税を引き下げた場合とでは，法人税の引き下げが生じたという結果は同じである．しかし，後者のシナリオでは，こうした結果をもたらしたのは，グローバル化そのものではなく，グローバル化に関する言説を通じて構築された考えである（Hay 2002）．言説分析を用いれば，生じた結果がこうしたシナリオに基づくものであったのかどうかということを明らかにできるだろう.

また，経済の不況から抜け出すのに真に必要なことが，ケインズ主義的な政策アイディアであったとしても，財政赤字が蔓延している国家の財政状況では，家計の赤字に対する倹約をイメージさせるネオリベラリズム的な政策アイディアに基づく説得の方が人々の認識に合致して支持が得られるといったことが生じる（Carstensen & Schmidt 2016）．この場合，言説分析によって，真に必要な政策が歪められた要因を解き明かすことができるだろう．　　　　　　　　　　　[鎮目真人]

📖**さらに詳しく知るための文献**

鎮目真人 2021.『年金制度の不人気改革はなぜ実現したのか』ミネルヴァ書房.

西岡 晋 2021.『日本型福祉国家再編の言説政治と官僚制』ナカニシヤ出版.

Béland, D. & Petersen, K. eds. 2014. *Analysing Social Policy Concepts and Language,* 1st ed. Bristol University Press. https://doi.org/10.2307/j.ctt9qgzj2

オーラル・ヒストリー

　オーラル・ヒストリーとは，政治や経済などのさまざまな出来事に関する証言者が，聞き手の問いに対して答え，話したことを記録した口述記録である（飯尾2019）．方法論としてのオーラル・ヒストリーは，一方でいかにして良い口述記録を残すのかという，記録作成から保管，公表に至るまでの作成過程に関する方法論と，他方で，口述記録をいかに活用するのかという，その利用に関する方法論に大別される．

　口述記録を残すという意味でのオーラル・ヒストリーの試みは古くまで遡ることができる．江戸幕府の役人たちの証言である明治期の『旧事諮問録』や，明治憲法制定50年記念事業として設置された憲政史編纂会が政治家たちの証言を収集した昭和期の『政治談話速記録』などが著名な例である．しかしながら，欧米では確立した方法としてオーラル・ヒストリーが定着していたものの，日本でオーラル・ヒストリーという言葉が広く普及し始めたのは1990年代以降のことである．これは，昭和期の政治家や官僚への聞き取りを精力的に行ってきた伊藤隆や御厨貴らが，政策研究大学院大学を拠点とする大規模なオーラル・ヒストリーのプロジェクトを展開したことによる．この背景として，現代史研究は近代史研究と比較して，依拠すべき一次資料が乏しいため，文書資料を補完する資料として口述記録の収集が求められていたという事情がある．また，文書資料として必ずしも残されることのない政策過程の背景や同時代的な文脈や問題関心といった暗黙知を知るという有用性もあった．それゆえ日本での最初期のオーラル・ヒストリーは，現代史研究の手法であると同時に，政策内容や政策過程を理解するための政策研究の手法としても自覚的であったという特徴をもつ．2000年代には御厨による「公人の，専門家による，万人のための口述記録」というオーラル・ヒストリーの定義が知られるようになるが，それは政治学の文脈や問題関心に即していたのである（御厨2002）．当然のことながら，証言者は「公人」に限定される必要はない．むしろ公的な記録に残りにくい市井の人々の証言を残すといった聞き手の関心に応じて，対象となる証言者の範囲は拡大していく．だからこそ，政治学のみならず，経済学や社会学などのさまざまな学問分野でもオーラル・ヒストリーの試みは展開されてきたのである（蘭2015）．2003年には日本オーラル・ヒストリー学会が設立され，さらには教科書や概説書が出版されるなど，現在の日本のオーラル・ヒストリーは成熟期にあり，方法論に関する議論も深まりをみせている．

●オーラル・ヒストリーとインタビューの違い　オーラル・ヒストリーという言葉が普及するとともに過去の口述記録は，オーラル・ヒストリーの文脈の中で再発見されていった．同時に，インタビューやヒアリングとオーラル・ヒストリーとの違いも議論されるようになった．御厨の定義が「専門家による」と言及しているように，オーラル・ヒストリーは聞き手との対話形式を前提としている．このため証言者によって自身の関心に沿った証言のみにとどまらせるのではなく，聞き手からの質問を通じて資料としての充実度，証言内容の正確性や客観性を高めることを可能にしている．またインタビューは，聞き手が論文や記事を書くために聞き取りを行うため，それらの目的を達成すれば基本的に聞き手が口述記録を公表する機会は乏しい．聞き取りの姿勢も，仮説を検証する目的といった聞き手側の個別具体的な関心に依存する．しかしながら，オーラル・ヒストリーは証言を残すだけではなく，第三者に向けた資料として口述記録を作成する目的も有しており，その公開性は「万人のための」資料として重要な点である．口述記録の公開までに長い時間を要する場合も多いが，資料を作成するという聞き手の姿勢と第三者への公開性というオーラル・ヒストリーの特徴は，インタビューやヒアリングとの最も大きな違いである．このためオーラル・ヒストリーの担い手をどのように育てるのか，あるいは公開までに口述記録をいかにして保管していくのかなど，作成過程に関する方法は試行錯誤の中にある．

●オーラル・ヒストリーの活用と展望　オーラル・ヒストリーの普及は，口述記録を用いた政治行政研究の活発化をもたらしている．官僚のオーラル・ヒストリーの場合，外務官僚に対するオーラル・ヒストリーは質・量ともに充実しており，外交文書と組み合わせた戦後日本外交史の研究が蓄積され始めている（白鳥2015）．さらに政治家のオーラル・ヒストリーもあわせて駆使することにより，直近の政治現象までを射程に据えた日本政治史の教科書もみられるようになった（御厨・牧原2021）．こうしたオーラル・ヒストリーの量的拡大は，文書資料や口述記録同士のクロスチェックを可能にし，政治行政研究における新事実の発見や叙述を豊かにする．とはいえ，オーラル・ヒストリーの情報は証言者の認識に基づくものであり，クロスチェックは慎重に行う必要がある．また読み手側と証言者との同時代性が喪失すると，その記録を読む際にも文脈を知るための注釈が必要となる．このためオーラル・ヒストリーをいかに活用していくのかという関心も高まり，その利用に関する方法論的研究も蓄積されつつある（御厨編2019）．今後も，オーラル・ヒストリーの作成と利用に関する議論の蓄積が必要とされている．

［若林　悠］

📖**さらに詳しく知るための文献**

御厨　貴 2002.『オーラル・ヒストリー』中公新書.

御厨　貴編 2019.『オーラル・ヒストリーに何ができるか』岩波書店.

質的研究と量的研究の統合

　量的研究と質的研究は，異なる価値観，信念，規範に特徴づけられる二つの異なる「文化」（Mahoney & Goertz 2006）として対比して理解されることが多い一方，これら二つの研究パラダイムを統合しようとする動きが，1990年代以降，盛んになった．こうした研究アプローチを「混合研究法（mixed methods research）」と呼ぶ．量的研究，質的研究に並ぶ「第3の研究パラダイム」（Johnson & Onwuegbuzie 2004）とも評されており，ひとつのアプローチとして確立した地位を築いている．

●混合研究法の定義　Creswell & Plano Clark（2017）によれば，混合研究法とは，①質的データと量的データの両者を収集分析し，②それらのデータおよび分析結果を統合するとともに，③これらの手続きを特定の研究デザインの下に構造化し，④これらの手続きを一定の理論や哲学の範囲内で構成する研究アプローチとされる．当初，量的手法と質的手法の混合という手法の側面に注目が集まっていたが，その後，哲学的基礎，手法，結果の解釈という研究プロセスの全体に関する独自性が主張されるようになった．

　量的研究と質的研究が有する課題を克服しつつ，それぞれの長所を生かすアプローチを模索する中で，混合研究法は生み出された．混合研究法においては，量的研究が抱える研究対象の文脈に関する理解の不十分さ等の課題を質的研究により克服しつつ，質的研究の有する知見の一般化の難しさ等の問題を量的研究によって補うことが目指されている．質的研究を通じて，少数のサンプルを調査し，人々の視点を深く掘り下げる一方で，量的研究を通じ，多数のサンプルを調査し，限定された変数によって生じる変化を評価する．一方の手法の限界をほかの手法の長所によって相殺することで，どちらかのみを使うときよりも対象をより正確に理解することが可能となる，と混合研究法においては考えられている．

●類型　混合研究法には，いくつかの類型が提案されている．論者によって分類方法はさまざまであるが，代表的な類型は以下の三つである．第1に，収束デザイン（convergent design）である．同じトピックについて，同時並行的に量的データと質的なデータを補完的に収集し，データの分析結果を比較・統合するデザインである．異なるデータを組み合わせて利用することからトライアンギュレーション・デザインと呼ばれたり，量的データと質的データを同時に集めることから並行的デザインと呼ばれたりする．混合法の一般的なアプローチのひとつで，混合研究法が提案された初期の段階から利用されてきた．このデザインは主に四つの段階から構成される．まず，量的データと質的データを並行して収集す

る段階である．通常，両データは別個に収集され，それぞれのデータの研究上の重要性は同等である．次に，これらのデータを量的研究と質的研究の手続きに沿って別々に分析する段階である．そして，データ分析の結果を統合する段階である．それぞれの結果を直接的に比較することもあれば，例えば特定のテーマの出現頻度の計測等を通じて，質的データを量的なデータに変換し，量的データ同士を比較することもある．後者のアプローチをデータ変換モデルと呼ぶ場合がある．最後に，異なるデータ分析の結果を見比べて，それらを統合するための解釈を施す．もし結果に乖離がみられるならば，より多くのデータ収集が必要になることもあり得る．

　このデザインは，一度に異なるデータを収集するという点で時間節約的であり，異なるデータから得られた結果を組み合わせることで研究対象に関する包括的な理解を促進することもできる点などに強みがある．他方，量的データと質的データの分析結果に齟齬がみられる場合，両者をどのように統合するのか，という問題に直面する場合がある．量的データと質的データを必ずしも関連付けずに収集しているため，このことはしばしば大きな問題となる．

　第2に，説明的デザイン（explanatory design）である．まず量的データを収集・分析したうえで，量的な結果を説明または拡張するために，質的なデータの収集と分析を行うデザインである．このように研究の段階が時間の流れに沿って直線的に構成されているため，説明的逐次デザイン（explanatory sequential design）と呼ばれることもある．質的データは，量的結果を解釈したり，メカニズムを探求したりするために用いられる．

　第3に，探索的デザイン（exploratory design）である．説明的デザインと同様に研究の段階が一定の時系列に沿って構成されているため，探索的逐次デザイン（exploratory sequential design）とも呼ばれる．探索的デザインではまず質的データを収集し，その探索的な分析結果に基づいて新しい概念や新しい尺度を開発したうえで，量的なデータの収集・分析を行う最後の段階に移行する．指針となる枠組みや理論がなかったり，利用可能な尺度が十分に存在しなかったりする場合に効力を発揮するデザインである．

●**課題**　混合研究法は，近年，社会科学，行動科学の広範な領域に適用されるようになっているものの，なぜ混合研究法を用いるのか，という理由付けがしばしば曖昧になっていたり，質的データと量的データが特定の研究目的の下に結び付けられておらず，十分な統合性が確保されていなかったりするという問題が指摘されている．また，混合研究法の実施にあたって，研究者は質的研究と量的研究の双方に通じている必要があり，負担は大きい．これらの課題を乗り越えつつ，明確化された研究目的に沿った適切なデザインに基づく混合研究法の実践が求められている．

[林　嶺那]

X　公共政策学の教育

［土屋大洋・小西 敦・清水唯一朗］

諸外国での公共政策教育

　公共政策教育に期待されるもののひとつに，公共的課題に対峙し得る能力を身に付けることがある．ともするとその解決に直結する魅力的な策の模索が先行されがちではあるが，その策をより効果的なものとするうえでは，政策そのものへの客観的理解も求められてくる．ゆえに，現代の公共政策教育は，特定のディシプリンに限定されない標準化された分析手法を獲得することに重きが置かれつつある．近年，類似したアプローチは，「EBPM（Evidence-Based Policy Making：証拠に基づく政策立案）」とも称され，日本でもその実践的な可能性が活発に議論されている（大橋編 2020）．本項目では，諸外国の公共政策教育で進みつつあるこうした傾向に焦点を当てつつも，なおもってここに存在する多様性を素描する．

●教育内容の標準化　政策教育において重要な機能をもつ公共政策大学院は，その組織規模によって，学部（School）や学科（Department）を主体として構成することもあれば，法律・政治・経済等の関連部局が共同でこれを構成し単体の組織を持たない大学もある．多くの場合，2 年間の修士課程を持ち，その 1 年目にコースワークが用意される（この点で，入学時に求められる経歴は，必ずしも特定分野に限定されるわけでない）．近年では，1 年で修士号を取得できるプログラムも増加しており，社会側から公共政策教育に求めるニーズが高まっていることもうかがえる．

　ここでは，社会科学の方法論に基づき，政策分析手法を身に付けることを目的とする傾向を指摘できる．プログラムのコースワークでは，これに資する計量経済学やマクロ経済学，ミクロ経済学といった政策一般を理解し，その効果検証を行うための学びが重視される．また，実験的条件付けを基礎とする因果推論やデータサイエンスに重きが置かれ，政策を科学的に分析するための基礎力醸成が期待されているといえよう．近年では，「ナッジ（Nudges）」のような行動経済学を基礎とする「Behavioral Public Policy（行動公共政策）」といった科目を提供する機関も増えており，政策手段の学びも一層充実する．

　各機関は，社会の環境変化にあわせて多岐に亘る公共的課題に対処すべく，その専門課題領域プログラムの充実もはかる．例えば，貧困や教育，公衆衛生を含む普遍的な都市問題や開発経済なども主要課題である．また，国や地域に応じた課題に焦点が当てられ，危機管理（災害対応）や特定の地域課題，あるいは規制とビジネス関係といった専門性を獲得することもできそうだ．さらに，人種やジェンダーといった多様性と包摂の問題に焦点を当てた科目や，公共部門のデジ

タル化に特化した科目提供も増えており，多様化する新しい課題を深掘りできることもまた政策教育が持つ魅力である．加えて，「政策過程」の学びも広く提供されるとともに，公共的職業的能力の養成に資する公共哲学や公共部門のリーダシップのあり方，交渉技術や組織マネジメントなどの関連科目も，多くの機関で提供されている．

なお，Times Higher Education（THE）といった大学ランキングの公共政策教育分野で上位に位置されるハーバード大学（Harvard Kennedy School）・シカゴ大学（Chicago Harris School）・カリフォルニア大学バークレー校（The Goldman School）・ロンドン・スクール・オブ・エコノミクス（LSE）などの機関でこうしたプログラムが組まれており，ここに一定の共通性を観察することができる（各機関ホームページ参照）．

●**多彩な教育機能**　さて，このように教育内容がある程度標準化されつつある一方で，公共政策を媒介とした「学びの場」が果たし得る教育機能が，各国における歴史的経緯も踏まえて実に多彩であることもまた特徴的である．

ひとつは，その人材養成のあり方である．一般的な公務員養成はもちろんのこと，これに限定されない機能を持った国もある．例えば，フランスのENA（国立行政学院）などの高等教育機関（グランゼコール）は，国家官僚としてのエリート養成型の教育機能（ブリュデュー2006）を果たしてきた（ただし，近年，ENA廃校のように，この伝統の変化も指摘される〔髙瀬2023〕）．

また，実務家への研修機能を持つこともしばしばある．例えば，「開発途上国から地方自治関係の業務に携わる公務員を研修員として受け入れて」（総務省自治大学校ホームページ参照）きた「EROPA地方行政センター」（総務省自治大学校内設置）は，アジア諸国からの派遣対象者への国境を超えた実践的学びと研修交流の機会を提供してきた．

加えて言及すべきは，これらの機会が，公共部門にかかわる主体のネットワーク形成にも繋がりうることであろう．多様なステークホルダーが関与しうる政策形成においては，教育機関で構築された人的関係性が後に有形無形にも活きてくる．この点で，日本の公共政策教育は，必ずしもエリート養成のみに限定されるわけでもなく，また，後のキャリア選択は必ずしも公共部門に限定されるわけではないという様相を呈する．であるからこそ，むしろ教育を媒介として形成されたネットワークが，官民を超えた社会的課題に対処しうる力の源泉となりうることも期待される．

いま，ガバナンスの担い手が多様化するなか，各国の公共政策教育も，各々の歴史的経緯を踏まえつつ，そのあり方を模索し続けている．そしておそらくその旅路は，携わる多くの主体が求め続ける理想であり，また永遠の課題なのかもしれない．

［深谷　健］

日本での公共政策教育

　日本における公共政策教育は，少なくとも3つの側面からその進展状況を捉えることができよう．公共政策教育の基盤構築，公共政策教育の制度化，そして公共政策教育の多様化である．基盤構築の段階では，少なくとも，ラスウェル（Lasswell, H.）が標榜し，ドロア（Dror, Y.）が発展させて，宮川公男が日本に定着させた政策科学に依拠しつつ，公共政策学という学問分野が確立されていく．

　ラスウェルが，政策科学を決定過程に関する知識および決定過程における知識との関連分野と規定し，政策過程一般を七つの段階に分類した1971年の先駆的業績は，根岸毅によって翌1972年に紹介された．その後，政策の包括的方向性を定めるメガポリシーおよび政策の決定方法に関するメタポリシーの弁別に基づきつつ，政策に関する超科学として政策科学を位置付けたドロアの『政策科学のデザイン』は，1975年に宮川によって翻訳され，日本において政策科学の存在が十分認識された．宮川自身が，政策科学の集成として『政策科学の基礎』『現代社会と政策科学』『政策科学入門』および『政策科学の新展開』を1990年代に相次いで公刊し，さらには政策科学の名を冠した書籍と学術誌の刊行が続いて，社会問題への解決・実践志向的アプローチを執る政策科学の考え方が普及していった．

●**政策科学から公共政策へ**　こうした展開の中，政策科学からの架橋ともいうべき試みとして，薬師寺泰蔵が『公共政策』を1989年に公刊した．ラスウェルとドロアの議論を出発点として，公共政策学の基礎付けが考察されると同時に，その応用として，公共政策のモデルと評価，分析事例が示された．さらに，足立幸男の『公共政策学入門』が1994年に出版され，総合性，実効性，有用性および正当性を伴った公共政策の策定が強調された．そして，日本公共政策学会が設立されたのが1996年である．その主旨として，社会問題に対する視座が，グローバル性，学際性，そして理念と歴史への関連性，この3点を保持すべきであると主張され，かかる視座を共有する研究者や実務家の知的交流を深め，研究を推進し，政策提言を発信することを目的としていた．特にこの学会設立以降，公共政策，総合政策，地域政策等を対象とした書籍と学術誌の発刊，そして少なくとも，12巻シリーズの『Basic公共政策学』，6巻シリーズの『これからの公共政策学』，加えて『国際公共政策叢書』の出版が展開された．これら数多の研究業績が公共政策教育の実践で活用され，包括的基盤を成していることは，まったく言を俟たない．なお，公共政策学発展の詳細自体は，本事典の他項目に譲りたい．

●**教育の制度化**　公共政策教育の制度化に関し，その前身として，国際基督教大

学大学院行政学研究科が挙げられる．同研究科は，公共政策学に極めて隣接した行政学に特化した大学院として 1963 年に設置された（今日では，理学をも包摂するアート・サイエンス研究科へと発展している）．狭義制度化の嚆矢とすべきは，1977 年開学の埼玉大学大学院政策科学研究科であろう．政策科学のもつ新規性と学際性ゆえに，当時としてはあまり例を見ない，学部制度から独立した研究科として設置されている．行政・政策科学，政治学，経済学および情報数理科学を基盤として，今日でいう専任教員 16 名，学生定員 25 名で構成されていた．同研究科は，まさに創立 20 周年となる 1997 年に，独立型大学院大学として，現行の政策研究大学院大学へと発展を遂げている．他方，学部段階での公共政策教育が制度化されるのは，1990 年における慶應義塾大学総合政策学部設置以降となる．その設置主旨は，「問題を的確に見定め，その解決方法を提案し，実行までできる「問題解決のプロフェッショナル」を育成」することとされている．

　こうした制度化は，『大学設置基準』および『大学院設置基準』に則っており，学部における基幹教員数，そして大学院における基幹教員数および学生対教員比率等の設置基準観点は，他関連分野の学部・大学院と異ならない．よって，公共政策教育のための学部ないし大学院とは，一にその教育方針・内容によって規定されるといえよう．公共政策教育系の学部・大学院の全体像に関して，二つの先行研究に依拠すれば，2021 年度末では，国立では 3 研究科，公立では 5 研究科，4 学部，私立では 18 研究科，19 学部がそれぞれ設立されているとされている（別項目で扱う公共政策大学院を除いている）．各大学によって状況は異なるが，学部と研究科のいわゆる 2 階建て構造が必ずしも常に存在しているわけではない．

●**参照基準**　こうした教育制度が進展する中，教育基盤としての研究業績がさらに蓄積される一方で，教育自身の方向性に関し，必ずしも全般的合意がなされてきたわけではない．そこで，2014 年に日本学術会議政治学委員会が，政治学分野での「大学教育の分野別質保証のための教育課程編成上の参照基準」を公表し，その中で公共政策に言及した．これを敷衍する形で，日本公共政策学会は，翌 2015 年に「学士課程教育における公共政策学分野の参照基準」を発表した．中でも，公共政策学の定義，視点，領域，使命，学際性が議論され，涵養すべき能力，そして教育方法とその評価が提示されている．この参照基準が，少なくとも学部レベルでの既存・新設の公共政策教育機関において広く参照され，それを通じて，公共政策教育の基盤が共有され，充実されることが望ましいだろう．公共政策教育の多様化は，公共政策大学院の項目を参照されたい．　　　　　　　［縣 公一郎］

📖さらに詳しく知るための文献
村上紗央里・新川達郎 2023.『公共政策学教育の現状分析』明石書店.
長島弥史郎ほか 2021. 我が国における政策系大学院教育に関する研究動向. 政策情報学会誌 15(1)：41-48.

政策系学部・大学院の拡大と連携

　わが国の政策系学部・大学院を学科，専攻まで含めて広義に数え上げるならば，80以上，あるいは100を超えるとの見解もある．また，政策系学部を開設した後に大学院に政策系学科を設置した場合もあれば，公共政策大学院のように専門職大学院として学部から独立した形で設置した場合もある．そもそも，たとえ学部レベルに限ったとしても，総合政策系のほかにも，公共政策系，地域政策系等，すべてを一括りにはできない多様な系譜が見てとれる．

　ただし，特定の学問分野にのみ依拠することはせず，政治学，行政学，経済学，経営学，社会学等のさまざまな分野における知識を鳥瞰しつつ，個別具体的な政策課題を実践的に検討することに重きを置くという教育方針が，多かれ少なかれ政策系学部・大学院に共有されているように思われる．すなわち，特定の学問分野にのみ依拠しないという意味では，既成の学部（経済学部，法学部等）とは一線を画し，また政策課題の検討を重視するという意味では，リベラルアーツを志向する教養系学部とも似て非なるものといえるだろう．

　わが国の政策系学部の先駆けは慶應義塾大学総合政策学部であり，1990年に環境情報学部とともに湘南藤沢キャンパスに開設された．また，学際的な両学部の大学院の受け皿として，大学院政策・メディア研究科が1994年に同キャンパスに開設された．その後，中央大学総合政策学部が1993年（大学院総合政策研究科は1997年），立命館大学政策科学部が1994年（大学院政策科学研究科は1997年），関西学院大学総合政策学部が1995年（大学院総合政策研究科が1999年）にそれぞれ開設された．

●**8大学政策系学部長懇談会**　また，これら慶應義塾大学，中央大学，立命館大学，関西学院大学の各学部は，後に8大学政策系学部長懇談会を共催することになる．懇談会にはこれら4大学のほかに，1995年に大学院総合政策科学研究科，2004年に政策学部を開設した同志社大学，2000年に総合政策学部，2004年に大学院総合政策研究科，2014年に大学院社会科学研究科総合政策学専攻を設置した南山大学，2007年に政策創造学部，2011年に大学院ガバナンス研究科を設置した関西大学，そして，2017年に総合政策学部を開設した津田塾大学が参加した．

　懇談会は各大学による報告を基に質疑応答が行われる形式で実施され，議論される内容はさまざまである．例えば，PBL（Project Based Learning：課題解決型学習）を実践するにしても，座学と課外活動のバランスをどのように取るのかといった課題があり，EBPM（Evidence Based Policy Making：証拠に基づく政策立

案）が重視される政策系学部・大学院におけるデータサイエンス教育の場で，数学の苦手な学生にどのように対応すると良いのか，あるいは多言語化を志向する場合には，もともと学際的な傾向のある既存の国際系学部・大学院とどのように差異化を図るのかも，大学によっては厄介な問題となる．こうした課題に対する理想的な「解答」を懇談会の場だけで得るのは無理にしても，共通の課題の整理・擦り合わせの場として貴重な機会が提供されているといえるだろう．

●**政策系学部・大学院の連携**　ここで改めて，政策系学部・大学院間で連携を図るメリットを考えてみよう．学際系学部・大学院の長所は，さまざまな分野の教員が揃っていることであろうが，教員数には限りがあるため，分野ごとに見ると，その分野内のすべての領域をカバーできているわけではない．例えば，経済学分野のスタッフとしてミクロ経済理論，計量経済学，金融論，労働経済学の専門家を揃えていても，財政学，国際貿易論，環境経済学は現有スタッフではカバーできないかもしれない．個別に非常勤講師に科目の担当を依頼するのではなく，政策系学部・大学院間で連携して各分野内の足りない領域を互いに補完し合うという選択肢も検討に値しよう．また学生・講義での交流としては，ほかにも研究発表会への相互参加，単位互換協定に基づく国内交換留学等が考えられる．また教員間の相互交流としては，共同研究の推進のほか，政策提案を主眼とするニューズレターの定期発行，客員研究員の受け入れ，クロスアポイントメント制度の活用等が考えられる．

　具体的な連携協定の紹介については，以下の例を挙げるにとどめたい．

　一つ目は，同志社大学政策学部，大学院総合政策科学研究科と慶應義塾大学総合政策学部，環境情報学部，大学院政策・メディア研究科との間において 2015 年 5 月に締結したもので，連携協定締結を機に，経済広報センターの寄付講座「21 世紀の企業の挑戦：デジタル時代のビジネス戦略」が，2016 年度から 2020 年度まで，両キャンパスのほかに広島市立大学を交えて共有された．形式は 3 キャンパス間を繋げた遠隔授業である．

　二つ目は，関西学院大学総合政策学部・総合政策研究科，理工学部・理工学研究科と慶應義塾大学総合政策学部，環境情報学部，大学院政策・メディア研究科との間において 2018 年 7 月に締結したもので，文理融合を志向した神戸三田キャンパス（KSC）・湘南藤沢キャンパス（SFC）間の連携協定である．2018 年 11 月に，東京ミッドタウンで開催されたオープンリサーチフォーラム（SFC 研究所主催）の見学や，KSC・SFC 合同研究報告会が SFC で開催され，同年 12 月にキャンパス間連携協定締結記念シンポジウム『ソーシャル・イノベーション：学際連携がものづくりと地球社会にもたらす期待』が KSC で開催された．また，KSC の 2019 年度春学期科目「総合政策トピックス D」に，SFC の 3 人の教員が出講した（計 6 回）．

［小澤太郎］

公共政策大学院

　公共政策大学院とは，2003 年に施行された『専門職大学院設置基準』を根拠として，同年以降設置され，公共政策学分野での大学院教育に携わってきた専門職学位課程である．同年以降，最大時で国立 5 大学，私立 3 大学，合計 8 大学に設置されていたが，2022 年度時点では，国立 5 大学，私立 1 大学，合計 6 大学で運営されている．こうした新たな設置基準を根拠とする教育機関としての公共政策大学院の設営を，公共政策教育の多様化と捉えたい．

●専門職学位課程　専門職学位課程とは，「幅広い分野の学士課程の修了者や社会人を対象として，特定の高度専門職業人の養成に特化して，国際的に通用する高度で専門的な知識・能力を涵養する」課程であり，設置分野には，ビジネス，会計，公衆衛生，法科，教職等があり，公共政策はそのひとつである．『大学院設置基準』を根拠とする修士課程と弁別する最大の根拠は，本課程での専任教員と学生定員の比率が 1：15 である，という教員対学生の定員比率の観点および，これらの専任教員の 3 割程度が 5 年以上の実務経験を有する実務家教員である，という教員構成の観点である．加えて，課程修了に必要な履修単位は，法務と教職以外では 30 単位以上と修士課程と同等ではあるが，修士論文作成は必須ではない．そして，取得される学位は，○○修士（専門職）と記され，公共政策大学院での学位名称は，各大学，各コースによってまちまちであり，現在，公共政策学修士，公共政策修士，公共法政策修士，国際・行政修士，公共経済修士がある．

●教育方針　公共政策大学院での教育方針および教育課程は，2002 年に正式に設置された公共政策系大学院（仮称）に関する検討会において，関連研究者，人事院および文部科学省担当者によって議論された．教育方針において最も強調されたのは，法科大学院が，実定法を前提にその解釈と応用を中心とした法曹教育を志向するのに対し，公共政策大学院では，むしろ現行法の問題点を把握してその改善に向けた方向性と方途を探求する政策教育を志向すべきである，という点である．

　こうした教育方針を具現化する教育課程では，法学，政治学，経済学等を基本として，公共政策に関する総合的な能力育成，高い倫理観および国際性の涵養が目的とされ，基本科目群：公共政策に関する基本的な理論や必要な知識と素養，展開科目群：公共政策の各専門分野に関するより高度なまたは幅広い教育内容，実践科目群：政策実務を行うための各種の基本的な調査技法等の取得および，事例研究等：具体的な政策事例を基に知識・理論の応用能力取得，これらの科目構成モデルが提示された．現行各大学院でも，具体的名称に違いこそあれ，概ねこの科目

構成が採用され，専門性の深化を目指して，各課程内での各種コース設定の工夫がなされている．上記学位取得の修了要件としては，設置基準を上回る40単位程度が望ましいとされ，修業年限は2年制を原則とするが，社会人学生を対象とする1年制も可能であるとされた．現行では一定の差があるものの，修了要件は40ないし48単位であり，ほとんどの大学院において1年制も採用されている．

●**柔軟性**　大学院の設置形態では3種に大別される．既存の大学院設置基準に基づく研究科内に専門職学位課程を加設する形態，複数の既存研究科が専門職学位課程に相当する研究・教育機関を連携して設立する形態および，専門職学位課程の研究科を新設する形態である．現在は，第1類型が1校，第2類型が4校，そして第3類型が1校運営されている．教員構成は，第1類型と第3類型では，単一の研究科が基盤のため，当該研究科所属の教員がその任期の限り教育に携わるが，第2類型では，複数の研究科から一定期間連携機関に赴いて教育に携わり，メンバーの循環が行われる場合がある．専任教員における実務家教員確保では，狭義の専任教員として実務家教員が教員総数の3割以上であることが望ましいが，現実的措置として，実務家専任教員の3分の2に，年間6単位以上を担当する非常勤教員を充てる方式を導入して，教員構成の柔軟性を果たす場合がある．

　こうした設置形態と教員構成の柔軟性は，各大学院間の多様性の背景となっている可能性がある．特定政策分野への特化，英語による教育を重視した国際性の強調，行政のみならず政治部門への人材輩出志向といった多様な傾向が見られる．修了要件に修士論文が課されていないゆえに，複数のプレゼンテーションやリサーチペーパーの組合せによる実務志向の学修が可能となる一方で，研究志向性を確保するために，修了要件に研究論文を選択する場合もある．公共政策大学院は，現実の公共政策問題を予見・発見し，その解決方法とその展望を得るための教育を提供する体制にあるといえよう．修了者の進路は，国際・国家・地方公務員を中心に，民間の研究機関，そして幅広い部門の民間企業に及んでいる．当該大学院自体が大学院設置基準に基づく博士後期課程を設置し，博士課程学生を受け入れている場合や，既存他研究科の博士後期課程に進学する場合も見られる．

　教育成果の実態に関しては，専門職大学院設置基準に基づき，専門職大学院一般で5年毎に認証評価を経る．公共政策大学院の場合，発足当初は認証評価の制度化が難しく，各大学院が独自に評価委員会を設定して評価を実施していたが，2010年度から大学基準協会が公共政策大学院のための認証評価機関として認定され，各大学院の5年評価サイクル毎に認証評価を行い，評価結果を公表している．

[縣 公一郎]

📖**さらに詳しく知るための文献**

縣 公一郎 2005．後期高等教育における法学・政治学教育のありかた．Nomos 16：69-83．

森田 朗 2022．公共政策大学院設立過程序説．年報公共政策学 16：47-61．

主権者教育における政策教育

　政策形成に市民が積極的に貢献することが強調される今日，市民の育成に向けた方策として，多くの注目が主権者教育の展開に集まっている．以下では，市民が主権者として政策形成に参加するために求められる資質を整理し，それらの資質の習得が日本の主権者教育のなかでいかに展開され得るかを概観する．

●**主権者教育における「知る」**　市民が社会問題について考え，その解決に向けて政治に参加するためには，社会・政策・政治等に関する知識が必要となる．そうした知識を「知る」場のひとつとして主権者教育は位置づけられる．主権者教育の現場では，こうした知識と公民的分野との関連が強調され，主権者教育の焦点は公民的分野の学校授業に当てられる傾向が強い（唐木 2016）．ここでの知識は主にデモクラシーの理念や制度といった政策の決め方やプロセスに関わる知識，すなわち「of の知識」（秋吉ほか 2020）である．その一方で，具体的な社会問題に取り組むには，「in の知識」も必要となる．つまり政策のコンテンツについての知識である．自然災害への対応を例にとると，地学や防災等の基礎的な知識が具体的な政策選好の形成の前提となる一方で，市民に提供される情報には数値化されたものが少なくないことを踏まえると，データ解釈等のスキルも欠かせない．その意味で，公民的分野だけでなく，あらゆる分野が主権者教育の展開に向けて重要な貢献を果たす．

　「in の知識」も「of の知識」も，市民の日常生活を通じて蓄積される知識ではなく，学術的知見を基礎とする「理論知」である．それゆえ，市民がこれらの知識について教わる場として期待されるのが，学校教育となる．あわせて強調されるべきは，「in の知識」「of の知識」のいずれにおいても，社会問題解決への答えを明確に提示し得ないという点である．何が望ましいかを検討する規範的考察では価値判断の基準の選択が必要とされる一方で，現状を理解するための実証的考察では仮説設定やデータ解釈が求められる．このとき，価値判断や仮説設定・データ解釈のあり方は多様に存在するがゆえに，政策についての何かしらの判断は常に主観的なものとならざるを得ない．したがって，政策のプロセスについてであれコンテンツについてであれ，政策をめぐる対立は避けられない（松田 2016）．この対立の不可避性も，市民が「知る」べき知識といえる．

●**主権者教育における「実践する」**　政策の現場では，対立の不可避性の中で何かしらの決断を行わなければならないという難題に直面する．この決断には，デモクラシーを採用する社会では，合意形成が要求される．また，社会統治を担うア

クターの多様化が強調される今日，市民も合意形成への貢献という難しい役割を担うことが求められる．そこで，主権者教育にはその役割を「実践する」場を提供することも期待される．

合意形成に関わる理論知として，熟議やトゥールミン・モデルが注目に値する．これら二つは，対立するアクターが，自説を絶対視することなく，対等な立場での他者との議論を通じて合意形成への可能性を模索するための概念ないしモデルである．熟議では，自らの選好の変容を受け入れる姿勢をもって議論に参加することによって，対立の克服を目指すことが強調される．トゥールミン・モデル（☞「トゥールミン・モデル」）は，互いの主張が立脚する論拠や価値観等についての相互理解を促し，落としどころの発見に寄与するモデルである．ここで留意すべき点は，熟議であれトゥールミン・モデルであれ，合意形成をもたらすとはかぎらないということである．こうした理論知を学ぶ場として，道徳科等の授業が挙げられる．

理論知を実践に移す機会は，例えば，学校の特別活動を通じて提供され得る．特別活動のねらいのひとつは，学級や学校といった社会に関わる問題に，児童生徒の集団活動を通じて取り組むことにある．ここに，特別活動と主権者教育とのあいだの高い親和性が見出される（松田・石川 2020）．必ずしも同質的でない学級や学校の他者との関わりを通じて，合意形成の難しさを実践的に学ぶのである．

●主権者教育における「彷徨う」　上記の知識を獲得し，社会問題への取組みを繰り返し実践したとしても，社会全体が合意する政策の形成が実現されるとはかぎらない．それゆえ，良き政策の探究とは，出口の見えない迷宮を彷徨うようなものである．この「彷徨う」ことを学び経験することこそが，政策形成への市民の冷静かつ建設的な参加を促すという意味で，主権者教育の重要なひとつのねらいとみることができる．

こうした主権者教育の実施を学校教育のみに期待することは現実的ではない．まず，政策研究の知見を主権者教育のカリキュラムに組み入れることは容易ではない．また，学校の現場では主権者教育のねらいが支持されるわけではないことや，教師が深刻なバーンアウトに陥っていること等を考慮する必要がある．そこで有用なのが，市民の育成を政治的社会化の観点から捉え，社会のあらゆるアクターが関わるべき社会的プロジェクトとして展開することであろう．とはいえ，そのプロジェクトに携わるのもまた市民自身である．育成の対象である市民を市民自身が育成するという迷宮に社会は直面する．この迷宮を社会全体で「彷徨う」ことが，デモクラシーを担う市民の育成を左右する鍵といえよう．　　　［松田憲忠］

📖さらに詳しく知るための文献
クリック，B. 著，関口正司監訳 2011.『シティズンシップ教育論』法政大学出版局.
藤原孝章編著 2009.『時事問題学習の理論と実践』福村出版.

ケースメソッド

　ケースメソッドは公共政策学教育の手法のひとつである．学習者に模擬的手法で政策形成過程の場面を体験させることにより政策能力を獲得させることを目的とする．ビジネススクールにおける経営学教育など他の学問分野の教育で用いられているものと基本的には同様である．学部教育，大学院教育，研修機関における教育訓練で用いることができる．

　模擬的手法としては，ケースブックを用いる方法とリアルケースと呼ばれる方法がある．ケースブックを用いる方法は，ケースとして取り上げる特定の公共政策や公共政策を産み出した政策過程や環境について，実際にあった状況を文章，数字，図表などで表したケースブックを使用し，教員と学習者による討議を通じて学ぶ手法である．リアルケースは，取り上げるケースにキーパーソンとして関わった人物による講演をケースブックの代わりとして使用する方法である．

　ケースメソッドとケーススタディはまったく異なる．ケーススタディは公共政策学の分野のひとつであり，過去に実際にあった公共政策について事実を記録したり，その事実が起きた原因を分析して明らかにしようとするものである．ある公共政策についてのケーススタディを学習者が読むことは公共政策学教育として有用であるが，これは受動的な学習である．一方，ケースメソッドはロールプレイであり，学習者に自身がケースブックに登場する人物であった場合にどのように考え，どのように行動するかを考えさせる能動的な教育手法である．

●**ケースメソッドの歴史**　ケースメソッドは，法律学で 1871 年にアメリカ合衆国でハーバード・ロー・スクールが採用したのが起源であるとされる．その後，現在に至るまで 150 年以上の歴史をもち，経営学や医学等の分野でも広く用いられている．教員養成にも，軍隊における指揮官養成にも導入されている．アメリカ合衆国の公共政策学教育では，政策分析者や政策評価を行う評価者の養成のためにケースメソッドが用いられている．

　わが国の公共政策学教育では，2008 年に京都府立大学公共政策学部に専門教育科目が設けられたのが起源である．当初はリアルケースのみだったが，2010 年に公共政策学分野で日本初となるケースブックが大阪府庁舎の WTC への移転をテーマとして作成された．2014 年には中央大学大学院公共政策研究科により三つのケースブックが作成された．その後，ケースブックの作成が進んでいる．

　2015 年に日本公共政策学会が策定した学士課程における公共政策学分野の参照基準において，ケースメソッドは公共政策学の学習方法，教育方法のひとつと

して，ロールプレイやゲームとともに挙げられている．

●**ケースメソッドを用いた授業の進め方**　ケースメソッドを用いた授業では，学習者に事前の授業外学習としてケースブックがある場合には先に読ませ，取り上げる公共政策に関する先進事例や制約条件等についてもあらかじめ調べさせる．教員が何問かの質問を出題し，各学習者にレポート形式で解答を用意させる．設問は，ケース中のある場面で，学習者がケースの登場人物のいずれかであるとして，どのような行動をとるべきか，その理由は何かを問うことが一般的である．レポート形式で解答を用意させることは学習者に体系的な思考を求め，解答を言語化させるという点で重要である．

　授業では質疑応答で情報共有を行った後で討議を行う．討議は少人数のグループワークを行ってから全体討議する方法と全体討議のみを行う方法がある．グループワークを行うかは学習者の人数や積極性による．討議では学習者が設問への解答を発言し，それについて学習者相互で質疑応答や意見表明を行い，教員が講評を行う．ひとつのケースにつき，90分の授業を1〜2回充てるのが一般的である．

●**公共政策学教育におけるケースメソッドの必要性と可能性**　公共政策学の目的には政策能力を有する人材の育成が含まれる．この人材の育成には政策形成の経験，体験が有効と考えられている．ケースメソッドによる学習は模擬的手法により擬似体験を学習者に経験させるものであり，座学で学習した知識や技能を使用して習得することに役立ち，座学に向けての動機づけにもなるものとして重要である．

　PBLとの関係については，PBLは実体験を通じて政策能力の獲得を目指す手法であり，ケースメソッドは模擬的手法により政策能力の獲得を目指す手法であるといえる．実体験には大きな価値があるが，企画立案から実施，政策終了までをすべて実際に行うために時間がかかること，教員と学習者が責任をもって扱えるレベルとサイズの公共政策しか体験できないという限界がある．これに対しケースメソッドは，企画立案，決定，実施，評価，終了という各段階の必要な部分にスポットライトを当てて取り上げることもできるし，もしあなたが首相であったら，知事や市長であったら，議会の議員であったら，行政組織の管理職であったら，といった学部生や大学院生の学習者が実体験することが難しい体験を短時間で，何度も体験することができる．また，ゲーミングシミュレーションとケースメソッドはどちらも模擬的手法である点，ロールプレイである点が共通している．公共政策学教育におけるこれらの手法は相互補完的に機能する．

　ケースメソッドを広義に，模擬的手法を用いた教育訓練と捉えれば，先述したもの以外にも，警察官養成，鉄道乗務員養成，航空機や潜水艦の乗員養成，軍隊の訓練などでも広く用いられている．これらでは実際の場面をリアルで，あるいはデジタル空間で再現して教育効果の向上を意図しているが，こうした発想は公共政策学教育のケースメソッドにも応用可能である．　　　　　　　　　　［窪田好男］

政策提言・提案

　現に起き／将来起きるであろう問題への対応を述べるのが政策提言・提案である．かつて，政策は思想やイデオロギーに基づく「〜であるべき」から考えられたが，現代の政治や行政実務においてはデータや証拠に基づくべきことが強調される．したがって政策提言・提案のためにはその能力開発が必須となり，教育の重要性が増しているのである．

●**政策提言・提案教育の前提**　公共政策学教育の特徴は，教員と学生というような知識の非対称性を前提に唯一の正解を教え込むだけではないことである．公共政策学は科学であるから，政策提言・提案は客観的論理的に行われなければならない．一方で「公共」であるから，単に合理的であるだけではなく，社会として理解され，受け入れられるものであることも重要である．そこで政策提言・提案の教育では，合理的な結論を得る過程が広範な合意形成と並行して行われなければならないことに留意させる必要がある．教育には学術研究者と実務家（教員）だけでなく，事務職員が連絡調整で果たす役割も重要である．

●**事例研究**　大学教育だけでなく，実務家研修としても行われてきたのが先行事例を学ぶ事例研究である．実務での事例研究はある事案への対応を解決すべき課題に当てはめていくが，それぞれの事例は判例研究で言われるように一般化が可能なのか，その件限りの特殊なものなのかの見極めは案外難しい．行政実例であれば先例に倣うことも合理的だが，既存の制度や組織が課題解決の支障となっていることもあるから新しい政策課題への対応策を過去の事例に当てはめてもうまくいくとは限らない．公共政策教育における事例研究は現在までの到達点を探る先行研究の探索と同様に考えるべきである．

●**ディベートとロールプレイ**　専門や立場を異にする者の間での議論を成り立たせるのがディベートである．二者間でのディベートは裁判のように相手の主張を論破して倒すことはできても合意形成にはならない．そこでいくつかの立場や役割を設定し，話し合って妥協点を探るロールプレイも用いられる．ディベートとロールプレイの中間にあるのが議会質問である．追及型では勝敗を決するディベートに，十分なすり合わせのうえで政策変更のための止揚が目指されるときはロールプレイとなる．ロールプレイ型質問の傍聴・視聴は有益な教育方法となり得るが，その質問・答弁のティーチング・メソッドは日本ではまだ未発達であるうえに誰が政治家に対する教育を担うべきかの問題もある．合意形成のための技術として会議の方法論などの研究・開発が必要である．

●**インターンシップ** 公共政策が実践されている場に出て学ぶインターンシップはさまざまな形態で行われている．座学同様に単位認定が行われるのであれば，何をどのように学ぶことができるのか，どんな到達目標を設定するのか等をしっかり決めるべきだが，送り出す側が受け入れる実務側に丸投げしていて無償の職業体験と勘違いされているものすら見られる．インターンシップの実施にあたっては送り出し側が受入側にどのようにしてほしいのかを事前に十分意思疎通するだけではなく，授業等と同様に学生を受け入れることができるだけの体制や教材づくり，教育ができる人材育成をコーディネートすることが本来必要であり，広報としての見学や体験とは別のシラバスが必要である．

●**フォーラム** ディベートとロールプレイが政策選択の前段階である調整過程とすれば，演習室から大教室や講堂に場を移し，評価者や聴衆等一般人も参加するフォーラムはより現実社会の政策提言・提案のあり方に近いティーチング・メソッドである．現在，学生教育用として行われているフォーラムに学生団体GEIL（https://waavgeil.jp）や日本政策学生会議（http://www.isfj.net），日本公共政策学会公共政策フォーラム（http://ppsa.jp/nenpotaikai.html）などがある．また，各地の議会，行政機関，団体等は地域政策の研究や主権者教育としてフォーラム同様の発表会やコンテストなどを行っている．フォーラムの前段で行われる問題発見・研究では学生が大学を離れ，専門家や地域に入っていくことはインターンシップと似ているが，教える／教わる関係から，学生が主体的に問題を発見し，探究して解決を考えることとなるのが大きな方向の違いである．2022年度施行の高等学校学習指導要領で高校生の「探究学習」は一層進化した．社会が必要とする人材が探究型に変わっているからこそ，学習指導要領も変わり，また，高校の学習とも接続する形で大学入試も知識より思考を求める探究型に変わりつつある．公共政策学教育では教員以外の社会人が学生教育に参加するフォーラムが行われてきたが，これらのティーチング・メソッドはインターンシップの先にあるものとして広範に展開されるべきものである．

●**政策提言・提案の評価** さまざまなメソッドで学んだ成果はどのように評価するべきか．実際に実施された政策評価とは別の観点が教育としては必要である．政策の実行可能性や費用対効果ばかりを取り上げると教育として理想を目指すことからは離れてしまう．一方で夢物語も大切であるが，知的な遊戯だけでは空しい．学ぶ者にとってはどのように評価されるのかは最重要事項であるから，実用となる実行可能な政策を求めるのか，あるいは忌憚なく理想論を展開してほしいのか，その間でどのようにバランスを取った政策を立案すべきなのかなど，到達目標を最初に示しておくことが望ましい． ［田口一博］

インターンシップ

　わが国におけるインターンシップは，1997年に文部省・通商産業省・労働省（当時）がとりまとめた「インターンシップの推進に当たっての基本的考え方」（以下，三省合意）により定義されて以降，独自に発展してきた．本項目では，わが国のインターンシップの定義と動向，さらに公務における取組みと論点を紹介する．

●インターンシップの定義と動向　1997年の三省合意で「学生が在学中に自らの専攻，将来のキャリアに関連した就業体験を行うこと」と定義されたインターンシップは，キャリア教育としての役割が強調され，採用とは結び付かないものとして推進されたが，企業においては，採用活動の開始時期より前に学生と接点を持つための手段として広まった（今永 2023）．

　内閣府（2022b）の調査によれば，2023年3月に大学や大学院を修了する学生におけるインターンシップや1dayで行われる仕事体験への参加率は72.8%となっており，2018年以降の参加率は7割台で推移している．また，同調査によれば，インターンシップ等が採用のための実質的な選考を含んでいた割合は46.6%であり，採用と結び付いたインターンシップが展開されている実態がある．

　インターンシップが多様な形態で実施されている状況を問題視した「採用と大学教育に関する産学協議会」（日本経済団体連合会と大学のトップが産学協働の人材育成について議論する協議会．以下，産学協議会）は，インターンシップを「学生が，その仕事に就く能力が自らに備わっているかどうか（自らがその仕事で通用するかどうか）を見極めることを目的に，自らの専攻を含む関心分野や将来のキャリアに関連した就業体験（企業の実務を体験すること）を行う活動（ただし，学生の学修段階に応じて具体的内容は異なる）」（産学協議会 2022）と定義した（2023年3月現在）．

　さらに，産学協議会（2022）は，学生のキャリア形成支援における産学協働の取組や多様なプログラムを①オープン・カンパニー，②キャリア教育，③汎用的能力・専門活用型インターンシップ，④高度専門型インターンシップの四つのタイプに分類し，③および④をインターンシップに該当する活動とした．③および④のインターンシップは学部3年生以降の学生を対象とするプログラムに限定されており，インターンシップ中に取得した学生の情報は，採用活動開始以降に限り採用活動に活用することができるとされる．

●公務におけるインターンシップ　公務においても，学生のキャリア形成支援だ

けでなく，公務への理解と公務志望の促進を期待して，国や地方を問わずインターンシップが実施されている．実施形態は，主催する機関により，対象となる学生，単位認定の有無や応募方法，実施期間が異なっている．主として夏季または冬季の長期休業期間に実施されており，実施期間の2〜3か月前から募集を始めることが多い．応募方法は，大学経由または個人で応募するなどインターンシップの実施機関により異なっている．このため，インターンシップへの参加にあたっては，学生も指導者も各機関から発信される情報を日頃からよく確認しておく必要がある．近年は公務インターンシップへの参加希望者が増加しているため，志望動機などを提出させる書類選考が行われる場合もある．

●**公務におけるインターンシップの論点と今後**　インターンシップは，民間企業にとって採用活動に先行して学生と接触できる機会となっていることから，今後もますます盛んに実施されると考えられる．人材獲得で競合する公務においても，公務の魅力や職業理解を促進し，職業選択のミスマッチを回避する観点から，積極的に展開することが望ましい．しかしながら，公務に特有の論点には留意が必要となる．ここでは大きな論点として3点取り上げる．

　第1に，「インターンシップ」の名称に関する問題である．公務におけるインターンシップは，対象となる学生を学年不問とするプログラムが多いため，産学協議会の定義によれば「インターンシップ」の名称を使用すべきではないとされる．しかし，産学協議会が産学協働の取組として①および②も整理していることから，学年不問とする公務の取組みが否定されるものではない．今後は，産学協議会の定義や民間企業の動きと合わせて，学生からの理解を得られやすいように名称も含めたプログラムの整理が必要となる．

　第2に，選考の透明性に関する問題である．インターンシップは，プログラムに手間をかけるほど受入可能な人数を抑制せざるをえないため，参加希望者が多い場合には，志望理由書などを用いた選考を行う必要がある．インターンシップの選考は，採用試験のような客観的な選考基準が備わっていない場合が多い．このため，選考過程や基準についていかに説明責任を果たすかが論点となる．

　第3に，採用試験との関係である．民間企業において，インターンシップからの直接採用が一般化することとなれば，公務の人材確保は大きな影響を受けることになりかねない．しかし，国家公務員も地方公務員も法律により平等に公開で実施される競争試験による採用が原則になっている．このため，民間企業のようにインターンシップで得た情報を採用試験や採用選考に活用することについては，法律上の整理が必要となる．　　　　　　　　　　　　　　　　［橋本賢二］

📖**さらに詳しく知るための文献**
古閑博美・牛山佳菜代編著 2023.『最新インターンシップ』学文社.

公務員の人材開発

　近年，わが国における国家・地方一般職公務員総数は減少傾向にあり，これら人的資源の十分な回復が見込めない中，政府組織は，非正規・非常勤公務員を含んだ研修などの人材開発を行うことによって，社会環境の変化に応じた知識・技能等を習得させ，組織的対応を図る必要性に迫られている．無論，人的資源管理（Human Resource Management：HRM）という概念でみた場合，人材開発は，採用や配置・活用ならびに評価や処遇とあわせて行われるべきものであるが，本項目では，それに絞り紹介をしたい．

●公務員の研修制度　戦前，法的根拠に基づく公務員に対する体系的な研修は行われておらず，一部の自治体レベルで「講習」が実施されているに過ぎなかった．また，当初，一般的な「学問を研き修めること」（研究と修養）の意味で存在していた「研修」も，戦時色が濃くなる中で，皇国民の育成といった国体思想の精神的「修養」へと変容していった（田中 2012）．こういった歴史的経緯もあり，その後の公務員研修でも，戦前の「教育訓練」の概念を引きずる，上からの「修養」のみが強調され，それぞれ職員の自発的な「研究」（学び）という側面が軽視されているという指摘もなされてきた（江口 2006）．

　ともあれ，戦後，国家公務員に関しては，1947 年制定の国家公務員法第 73 条における「職員の教育訓練に関する事項」（その後 1965 年の同法改正では「研修」に文言修正）として根拠が与えられることになった．なお，2014 年には，同法の第 3 章第 4 節の 2 に，「研修」と題する節が新たに起こされ，人事院，内閣総理大臣及び関係庁の長がその実施に努めている．また，同じく地方公務員に関しては，1950 年制定の地方公務員法第 39 条第 1 項で，「職員には，その勤務能率の発揮及び増進のために，研修を受ける機会が与えられなければならない」と規定され，現在も，各任命権者による展開が図られている．ちなみに，1955 年に出された行政実例によると，「『研修』には，任命権者が自ら主催して行なう場合に限らず，他の機関に委託して行なう場合，特定の教育機関へ入所を命じた場合等を含む．（昭三〇・十〇・六行実）」とされており，後述の委託・派遣・交流型研修などを可能なものにしている．

●人材開発の方法　公務員の人材開発としては，一般的に，各人材育成の基本方針・計画のもと，①公務員（職業人）としての自覚に根ざしてそれぞれが自発的に取り組む自己啓発（職員自主研究グループへの支援も含む），②職場において，上司・先輩等が日常の仕事を通して行う職場研修（On the Job Training：OJT），③

日常の職務を離れたところで専門的な研修担当部門等が計画的・組織的に行う職場外研修（Off the Job Training：Off-JT）の三つを柱として行われている．そして，これらの三つが相互に連動し，補完しあうことにより，公務員に対する組織的・体系的な人材開発を行うことが可能になると指摘されている（新自治用語辞典編纂会編 2012）．

　なお，職場外研修のうち，人事院や研修所が行うもの（組織内研修）としては，階層・役職別の「一般研修」および時宜を得たテーマへの理解や政策形成能力など特定の知識・技能の習得を目指した「特別研修」でプログラム構成されることが多い．また，同じく，組織外で行われる研修としては，他団体・機関が主体的に実施するプログラムに参加させる委託研修や国内外の大学院および民間企業・NPO 法人等に派遣あるいは後者と交流して行う研修も挙げることができる．

●**人材開発のあり方**　2010 年に，全国市町村振興協会が取りまとめた「全国的な研修機関における人材育成のあり方について」という提言によると，①今後求められる人材を，政策を形成できる企画力と多様な主体との協働・コーディネートを行う能力を有する職員とし，これらの能力の養成に資する研修や，②全国的なネットワーク形成への貢献，③研修内容の強化と研修手法の多様化に向けた改善などを行うべきとしており，これらはいずれも依然として公務員の人材開発の大きな課題となっている．

　たしかに，公務員の人材開発は，現場で必要な知識や経験を，他律的・受動的な OJT によって日々の業務の中で積み上げるか，Off-JT にしても，その評価や効果測定も含め，財政・人員的な余裕のなさや人事制度上の制約から，座学・知識付与型の研修にとどまり，必ずしも，自律・互助的な学習・研究を促すようには十分に実施できているとはいえない状況が生じていた．したがって現在，あらためて，公務員が新たな能力を獲得していくために，人材開発のあるべき姿について検討する必要性が高まってきている（大杉 2022）．その際，ひとつの方法論として，座学型の研修だけでなく，実際に地域にある課題を扱いながら，多様なステークホルダー（民間企業・NPO 法人職員等）と交流して行う，越境・ワークショップ型の課題解決研修に注目が集まっている（齊藤ほか 2017）．

●**民間企業・NPO 法人等との対話・交流型研修**　なるほど，近年の民間企業等との越境的な経験学習プログラムは，古い価値観・知識を新たなものに入れ換えるというアンラーニングなどの効果をもたらしており，公務員の人材開発における今後の展望といえよう（Isomura et al. 2020；長岡 2021；古田・小田 2021）．

[田中　優]

📖**さらに詳しく知るための文献**
齊藤光弘ほか 2017．地方公共団体の人材開発．中原 淳編『人材開発研究大全』東京大学出版会．
田中孝男 2012．『自治体職員研修の法構造』公人の友社．

人事院・中央省庁の研修

　官庁の人材育成は採用・昇進管理のあり方と深く結びつく．採用前の教育・職歴とポスト要件との合致をみる即戦力型の国，長期雇用を前提に幹部候補には採用時に特別の高等教育修了を要求する国もあるが，潜在能力を評価して採用し内部育成する型に属する日本では，体系的な能力開発がとりわけ重要となる．

　能力開発には，日常の執務を通じた研修（On the Job Training：OJT）と執務を離れた研修（Off the Job Training：Off-JT）の二つがある．日本では伝統的に OJT が重視され，幹部候補であれば国会対応や法令作成・各省協議など困難業務を早期から幅広く経験することが能力伸張の鍵と考えられてきた（嶋田 2022）．

　1990 年代からの公務員制度改革では Off-JT が強化された．省庁別人事がセクショナリズムを助長しているとの批判を受け，一体感を涵養する初任研修が 1997 年に新設された．2007 年の人事評価導入後は，各職員の強み弱みを踏まえた能力伸長に係る各府省の責任が強まり，2009 年には審議官級昇任時に消費者センターや福祉事務所などの現場を体験させる窓口研修も始まった．2007 年には無給の自己啓発休業制度が創設され，本人主導で能力開発を行う途も広がった．

●**研修の主体**　実施主体は人事院，内閣総理大臣，各府省の三者で，それぞれの観点も法定されている（国家公務員法第 70 条の 6）．戦後，横断的研修は人事行政の中立性を保つため人事院の専管とされていたが，内閣の人事管理機能の強化の一環として，2014 年から総理大臣も実施主体に加えられた（事務担当は内閣人事局）．研修実施のほか総理大臣は各府省研修の総合的企画・調整を担い，人事院は内閣人事局や各府省の研修が公正に実施されているか監視し報告を求める．

1.　**人事院**　「国民全体の奉仕者としての使命の自覚及び多角的な視点等を有する職員の育成」と「専門的知見を活用して行う」研修として，役職段階別研修，派遣研修，テーマ別研修等の 3 種を担う．

　役職段階別研修は，採用時から幹部級まで職制ごとに提供される．主な対象は，各府省の行政運営の中核を担うと期待される職員で，所属省の枠を超えた"国家"公務員であるとの自覚をもって施策を行う資質・能力の向上を目指す．

　総合職の場合，採用直後に総理大臣訓示等を受ける短期合宿（内閣人事局と共催）に続き，数組に分かれて介護現場や被災地・地方自治体等での体験を含む 5 週間の初任行政研修，3 年目のフォローアップ研修が基本だった．ただしコロナ禍や採用数急増の結果，初任行政研修の期間は短縮傾向にある．

　4 年目以降の参加は各府省からの推薦者となる．民間企業や外国政府職員も受

け入れ，参加者間の相互理解の醸成が重視される．特徴的科目として，過去の政策を失敗も含めて多角的に検証する事例研究，骨太の思索を深める古典講読等がある．多忙のため Off-JT が疎かにされがちだった課長補佐級についてもリーダーシップや国際感覚の涵養など内容の充実が進んでいる．一般職（旧Ⅱ・Ⅲ種）試験採用者の登用に向けた特別課程，地方機関勤務者を対象とした研修もある．

派遣研修は，海外大学院に2年間留学する長期在外研究員，海外の政府機関や国際機関で調査研究を行う短期在外研究員，国内大学院の修士又は博士課程で学ぶ国内研究員の3制度がある．1968年の発足当初は20人程度だった長期在外研究員も近年は年150人前後である（人事院 2022）．2006年からは留学費用償還法が施行され，復帰後5年以内の離職者は学費・旅費の全部または一部を返還する．

テーマ別研修等は，人事評価能力向上，女性登用推進，女性キャリアアップ，実務経験採用者，メンター養成，幹部ハラスメント防止など，時々の課題に応じて行われ，各省に研修教材や技法も提供されている．

2. 内閣人事局 幹部候補育成課程対象者の横断的育成と，行政の統一性確保に向けて内閣の重要政策への理解を深める研修を担う．

3. 各府省 所属職員に対し OJT，Off-JT の双方を行う．警察大学校や外務省研修所などで長期間実施される研修もある．2014年改正では，採用試験の種類で固定化されていた昇進管理を仕事ぶりへの評価に基づく形に変えるとの政府方針に伴い，幹部の一歩手前である課長・準課長の職責にふさわしい能力経験を計画的に付与する幹部候補育成課程の設置も義務づけられた（同法第61条の9）．

具体的内容は，総理大臣が示す基準に沿って各府省が定める．マネジメント能力や幅広い視野の涵養に向けて，他府省出向，官民交流での民間派遣，国際機関・在外公館勤務等を通じた多様な OJT を柱に，国内外留学など Off-JT も付与する形が大半で（森園ほか編 2015），従来の育成方法の明文化となっている．採用後3年以上・課長補佐までの者から，各府省が本人の希望と人事評価に基づき随時選定するが，総合職採用者は原則所属とし，他試験での採用者も人事評価次第で組み込む形が主流である．ただ課程所属自体が管理職登用を保証するわけではない．

このほか，所掌事務に関する知識技能を他府省職員にも付与するため，総務省の統計研修，デジタル庁の情報システム統一研修などが行われている．

●展望 内外情勢が急激に変化する中，OJT 中心だった官庁でも新規課題への的確な対応に向けた先端知識の付与やリスキリングが急務となっている．また，自己成長を重視する若者が増えたため，教育訓練の充実度は人材確保を左右する．一方，ジョブ型採用が増えれば職場外でも役立つ能力伸長は本人負担とすべきとの議論もあり，自己啓発との切り分けが課題となろう． ［嶋田博子］

📖**さらに詳しく知るための文献**
嶋田博子 2022. 『職業としての官僚』岩波新書.

地方自治体の研修

　地方自治体の研修は，地方自治を担う人材（最近では，その重要性等を意識して「人財」と表記する例もある）の育成や能力開発のために，不可欠である．特に，わが国では公務員数が諸外国に比べて少ないために，一人ひとりの職員が社会経済情勢の変化や多様な住民ニーズなどに対応できる知見・能力を研修で獲得・錬磨することが求められる．最近では，コロナ禍を契機とする研修の見直し（大杉 2022）やリスキリング（Reskilling）への関心の高まりなどもあり，研修が再注目されている．本項目は，地方公務員法（地公法）が規定する一般職の職員研修を扱う．ただし，特別職である議員の研修についても，議員の資質向上の重要性等を踏まえて若干触れる．このほかに，教育公務員特例法上の研修など職種ごとの研修もあるが，本項目では省略する．

●地公法の規定　地公法第 3 章「職員に適用される基準」の第 7 節は「研修」である．同節は，現行地公法では，39 条の 1 か条のみで構成される．鈴木俊一は，勤務能率の発揮および増進という目標にとって，職員に対する研修が最も直接的な手段であるから，地公法に研修のための章を設けたと解説している（田中 2012）．

　地公法 39 条の内容は，次のとおりである．職員には，その勤務能率の発揮および増進のために，研修を受ける機会が与えられなければならない（同条 1 項）．この研修は，任命権者が行う（同条 2 項）．地方自治体は，研修に関する基本的な方針を定める（同条 3 項）．人事委員会は，研修に関する計画の立案その他研修の方法について任命権者に勧告することができる（同条 4 項）．

　職員の能力開発の基本は自律的なものである（稲継 2009；橋本 2023）．ただし，39 条が定める研修は，任命権者が行う他律的な能力開発としての研修を意味するのが通説（橋本 2023）である．しかし，異説（田中 2012）もある．「研修」の意味は，研究，研鑽，修練，修養を一括したものと解されているため（橋本 2023），自律性と他律性を兼ね備えた研修も可能ではないかと思われる．目的中の「勤務能率」とは，職員の労働生産性を意味するとされている（橋本 2023）．

　研修は，「任命権者が行う」とされているが，任命権者が直接自らの機関で行うもの以外に，他の機関や施設で実施するものを含むと解する行政実例（昭和 30 年 10 月 6 日自丁公発第 184 号）がある．研修を研修場所で分類した場合には，職場内研修（On the Job Training：OJT）と職場外研修（Off the Job Training：Off-JT）となる．職場外としては，任命権者が職員研修所等の専門機関を設ける場合は，それが該当する．前記の行政実例にいう他の機関や施設としては，中央省庁，そ

の関係機関やその海外事務所，姉妹都市，大学院等もあるが，多くの職員が参加するものは，専門研修機関である．

●**専門研修機関**　専門研修機関には，全国的なものとして，総務省自治大学校，全国市町村研修財団の2機関（市町村職員中央研修所と全国市町村国際文化研修所）や，各省庁等が設置する専門分野ごとの研究機関（会計検査院の合宿研修施設も地方自治体職員向けの講習会を開催している），ブロック単位のものとして東北自治研修所，都道府県以下の単位のものとして各都道府県や指定都市等が設置するもの（この場合は任命権者が設置する場合が多い）などがある．

自治大学校は，1991年度以降3年ごとに，都道府県や規模の大きい市区等を対象に「地方公務員研修の実態に関する調査」を行っている．直近の同調査は，2022年3月28日公表のもの（以下，2021自治大調査）である．

2021自治大調査によると，研修所設置団体は，47都道府県中37，20指定都市中14，62中核市中16，23特別区中8である．このほかに，市町村職員を対象とする都道府県レベルの広域共同研修機関が35あるとされている（村手2022）．

●**成果・課題・展望**　2021自治大調査によると，研修ニーズの充足状況について，178調査対象団体のうち，12団体（6.7%）が「十分」，150団体（84.3%）が「ある程度十分」，16団体（9.0%）が「まだまだ不十分」と回答しており，9割超が「ある程度十分」以上としている．

研修ニーズを充足できていない理由に関する回答では，「受講時間確保の困難」が51.8%と最も高く，次いで「人員・予算の不足」が33.1%である．これら以外の回答は10%未満であり，この2点が重要な課題であるといえよう．

今後の展望としては，「受講時間確保の困難」に対しては，遠隔会議システムなどコロナ禍で経験した新技術の活用等が対応策のひとつになると思われる．さらに技術革新等が進めば，職場の内外で研修を区分する意味も希薄化するかもしれない．ただし，対面研修の重要性も残るであろう．「人員・予算の不足」に対しては，「人への投資」が民間企業を含む各組織で唱えられる今日の状況では，各団体の長など任用権者も，研修への資源投入をしやすくなってきていると期待できるのではないだろうか．

●**議員研修**　議員研修は，議員個人の自己研鑽のほか，各議会としての研修会，都道府県単位や全国単位の議長会の研修会，全国市町村研修財団の研修などがある．このうち，全国市町村研修財団の研修には，年間で2000人を超える議員の参加があり（2023年度），同財団の機関は，議員研修の拠点となっている．

［小西　敦］

📖**さらに詳しく知るための文献**

稲継裕昭 2009．『現場直言！自治体の人材育成』学陽書房．
田中孝男 2012．『自治体職員研修の法構造』公人の友社．

引用・参照文献

●欧文文献

A

Acemoglu, D. 2009. *Introduction to Modern Economic Growth*. Princeton University Press.

Angrist, J. D. & Krueger, A. B. 1991. Does Compulsory School Attendance Affect Schooling and Earnings? *The Quarterly Journal of Economics,* 106(4): 979-1014.

Angrist, J. D. & Lavy, V. 1999. Using Maimonides¡ Rule to Estimate the Effect of Class Size on Scholastic Achievement. *Quarterly Journal of Economics,* 114(2): 533-575.

Auer, M. R. 2017. Rescuing the Decision Process. *Policy Sciences,* 50: 519-526.

B

Bai, H. & Clark, M.H. 2018. *Propensity Score Methods and Applications*. Sage Publications（バイ，H. & クラーク，M. H. 著，大久保将貴・黒川博文訳 2023. 『傾向スコア』共立出版）.

Bardach, E. 1976. Policy Termination as a Political Process. *Policy Sciences,* 7: 123-131.

Baron, J. 2018. A Brief History of Evidence-Based Policy. *The Annals of the American Academy of Political and Social Science,* 678(1): 40-50.

Baumgartner, F. R. & Jones, B. D. 1993. *Agendas and Instability in American Politics.* The University of Chicago Press.

Baumgartner, F. R. & Jones, B. D. 2002. Positive and Negative Feedback in Politics. In Baumgartner, F. R. & Jones, B. D. eds. *Policy Dynamics*. The University of Chicago Press.

Baumgartner, F. R. & Jones, B. D. 2009. *Agendas and Instability in American Politics,* 2nd ed. The University of Chicago Press.

Baumgartner, F. R., et al. eds. 2008. *Comparative Studies of Policy Agendas*. Routledge.

Baumgartner, F. R., et al. eds. 2019. *Comparative Policy Agendas*. Oxford University Press.

Baumgartner, F. R., et al. 2023. Punctuated Equilibrium Theory. In Weible, C. M. ed. *Theories of the Policy Process,* 5th ed. Routledge.

Baumol, W. J. & Oates, W. E. 1971. The Use of Standards and Prices for Protection of the Environment. *Swedish Journal of Economics,* 73(1): 42-54.

Bendor, J. 2015. Incrementalism: Dead yet Flourishing. *Public Administration Review,* 75(2): 194-205.

Besley,T. 2007. *Principled Agents?*. Oxford University Press.

Bevir, M. & Rhodes, R.A.W. 2006. *Governance Stories*. Routledge.

Biller, R. P. 1976. On Tolerating Policy and Organizational Termination. *Policy Sciences,* 7: 133-149.

Black, S. E. 1999. Do Better Schools Matter? Parental Valuation of Elementary Education. *Quarterly Journal of Economics,* 114(2): 577-599.

Blyth, M. 2017. The New Ideas Scholarship in the Mirror of Historical Institutionalism. In Béland, D., et al. eds. *Ideas, Political Power, and Public Policy,* 1st ed. Routledge. https://doi.org/10.4324/9781315517810.

Bouckaert, G. 2012. Trust and Public Administration. *Administration,* 60: 91-115.

Bound, J., et al. 1995. Problems with Instrumental Variables Estimation when the Correlation between the Instruments and the Endogenous Explanatory Variable is Weak. *Journal of the American Statistical Association,* 90(430): 443-450.

Bowman, J. S. & West, J. P. 2022. *Public Service Ethics,* 3rd ed. Routledge.

Braybrooke, D. & Lindblom, C. E. 1963. *A Strategy of Decision*. Free Press.

Brewer, G. D. 1974. The Policy Sciences Emerge. *Policy Sciences,* 5(3): 239-244.

Brown, D. S. 1955. The Public Advisory Board as an Instrument of Government. *Public Administration Review,* 15(3): 196-204.

Buchanan, J. M. 1967. *Public Finence in Democratic Process*. The University of North Carolina Press（ブキャナン，J. M. 著，山之内光躬・日向寺純雄訳 1971. 『財政理論 民主主義過程の財政学』勁草書房）.

C

Cairney, P. 2016. *The Politics of Evidence-Based Policy Making*. Palgrave Macmillan.

Card, D. & Krueger, A. 1994. Minimum Wages and Employment. *American Economic Review*, 84(4): 772-793.

Carstensen, M. B. & Schmidt, V. A. 2016. Power Through, Over and in Ideas. *Journal of European Public Policy*, 23(3): 318-337. DOI: 10.1080/13501763.2015.1115534

Chancel, L., et al. 2021. *World Inequality Report 2022*. World Inequality Lab.

Chancel, L., et al. 2023. *Climate Inequality Report 2023*. World Inequality Lab.

Claude, I. L. 1956. *Swords into Plowshares*, Random House.

Coase, R. H. 1960. The Problem of Social Cost. *Journal of Law and Economics*, 3: 1-44.

Cobb, R. W. & Coughlin, J. F. 1998. Are Elderly Drivers a Road Hazard? Problem Definition and Political Impact. *Journal of Aging Studies*, 12(4): 411-427.

Cobb, R., et al. 1976. Agenda Building as a Comparative Political Process. *The American Political Science Review*, 70(1): 126-138.

Cohen, M.D., et al. 1972. A Garbage Can Model of Organizational Choice. *Administrative Science Quarterly*, 17: 1-25.

Colebatch, H. K. ed. 2006. *Beyond the Policy Cycle*. Routledge.

Cooper, T. L. 2012. *The Responsible Administrator*, 6th ed. Jossey-Bass.

Creswell, J. W. & Plano Clark, V. L. 2017. *Designing and Conducting Mixed Methods Research*. Sage publications.

D

de Haas, H., et al. 2022. *The Age of Migration*, 6th ed. Bloomsburg Academic.

DeLeon, P. 1978. Public Policy Termination. *Policy Analysis*, 4(3): 369-392.

Derthick, M. & Quirk, P. J. 1985. *The Politics of Deregulation*. Brookings Institution.

Dexter, L.A. 1969. *The Sociology and Politics of Congress*. Rand McNally.

Dexter, L.A. 1970. *Elite and Specialized Interviewing*. Northwestern University Press. Republished in 2006 by ECPR Books.

Dror, Y. 1964. Muddling Through- "Science" or Inertia?. *Public Administration Review*, 24(3): 153-157.

Druckman, J. N., et al. 2006. The Growth and Development of Experimental Research in Political Science. *American Political Science Review*, 100(4): 627-635.

Dryzek, J. S. 2016. Deliberative Policy Analysis. In Stoker, G. & Evans, M. eds., *Evidence-Based Policy Making in the Social Sciences*. Policy Press.

Dunn, W.N. & Holzner, B. 1988. Knowledge in Society. *Knowledge in Society*, 1: 3-26.

Dunn, W. N. 1994. *Public Policy Analysis*, 2nd ed. Prentice Hall.

Dye, T. R. 2013. *Understanding Public Policy*, 14th ed. Pearson.

E

Easton, D. 1969. The New Revolution in Political Science.*The American Political Science Review*, 63(4): 1051-1061.

F

Fischer, F. & Forester, J. 1993. *The Argumentative Turn in Policy Analysis and Planning*. Duke University Press.

Fischer, F. & Gottweis, H. eds. 2012. *The Argumentative Turn Revisited*. Duke University Press.

Fredriksson, A. & Oliveira, G. M. de 2019. Impact Evaluation Using Difference-in-Differences. *RAUSP Management Journal*, 54(4): 519-532.

Furubo, J.-E., et al. eds. 2002. *International Atlas of Evaluation*, Routledge.

G

Gerring, J. 2017. *Case study research*, 2nd ed. Cambridge University Press.

Geva-May, I. 2004. Riding the Wave of Opportunity. *Journal of Public Administration Research and Theory*, 14(3): 309-333.

Goldstein, J. & Keohane, R. O. eds. 1993. *Ideas and Foreign Policy*. Cornell University Press.

Goodin, R. E. 1982. *Political Theory and Public Policy*. The University of Chicago Press.

Grimmelikhuijsen, S., et al. 2017. Behavioral Public Administration. *Public Administration Review*, 77(1): 45-56.

H

Haas, E. B. 1961. International Integration. *International Organization*, 15(3): 366-392.
Haas, P. M. 1992. Introduction: Epistemic Communities and International Policy Coordination. *International Organization*, 46(1): 1-35.
Hammersley, M. 2012. *What is Qualitative Research?* Bloomsbury.
Haselswerdt, J. 2014. The Lifespan of a Tax Break. *American Politics Research*, 42(5): 731-759.
Hatfield, G. 2002. Psychology, Philosophy, and Cognitive Science. *Mind & Language*, 17(3): 207-232.
Hay, C. 2002. *Political Analysis*. Palgrave.
Herweg, N., et al. 2018. The Multiple Streams Framework. In Weible, C. M. & Sabatier, P. A. eds. *Theories of the Policy Process*, 4th ed. Westview Press.
Hill, M. & Hupe, P. 2022. *Implementing Public Policy*, 4th ed. Sage.
Hogwood, B. W. & Peters, B. G. 1982. The Dynamics of Policy Changes. *Policy Sciences*, 14(3): 225-245.
Hood, C. C. 1986. *The Tools of Government*. Chatham House Publishers.
House, E.R. 2006. Methodological Fundamentalism and the Quest for Control(s). In Denzin, N. K. & Giardina, M. D. eds. *Qualitative Inquiry and the Conservative Challenge*. Left Coast Press.
Howe, K. R. 2009. Positivist Dogmas, Rhetoric, and the Education Science Question. *Educational Researcher*, 38(6): 428-440.
Howlett, M. 2000. Managing the "Hollow State". *Canadian Public Administration*, 43(4): 412-431.
Howlett, M. 2023. *Designing Public Policies*, 3rd ed. Routledge.
Howlett, M. & del Rio, P. 2015. The Parameters of Policy Portfolios. *Environment and Planning C: Government and Policy*, 33(5): 1233-1245.
Howlett, M. & Rayner, J. 2013. Patching vs Packaging in Policy Formulation. *Politics and Governance*, 1(2): 170-182.
Hurka, T. 1993. *Perfectionism*. Oxford University Press.

 I

IPPA. official website. https://www.ippapublicpolicy.org/ （最終閲覧日：2024 年 1 月 24 日）
Isomura, K., et al. 2020. A Method and Tool to Promote Knowledge Brokering in Cross-Boundary Learning for Organizational Learning and Career Development. *Review of Integrative Business and Economics Research*, 9(1)： 63-81.

J

Jacob, S., et al. 2015. The Institutionalization of Evaluation Matters. *Evaluation*, 21(1): 6-31.
James, O. & Van Thiel, S. 2010. Structural Devolution to Agencies. In Christensen, T. & Lægreid, P. eds. *The Ashgate Research Companion to New Public Management*. Ashgate.
Jenkins, J. C. 2006. Nonprofit Organizations and Political Advocacy. In Powell, W.W. & Steinberg, R. eds. *The Nonprofit Sector*, 2nd ed. Yale University Press.
Jenkins-Smith, H. C. & Sabatier, P. A. 1993. The Dynamics of Policy-Oriented Learning. In Sabatier, P. A. & Jenkins-Smith, H. C. eds. *Policy Change and Learning*. Westview Press.
Jenkins-Smith, H. C., et al. 2018 . The Advocacy Coalition Framework. In Weible, C. M. & Sabatier, P. A. eds. *Theories of the Policy Process*, 4th ed. Westview Press.
Jessop, B. 2016. *The State*. Polity Press.
Jilke, S. & Van Ryzin, G. G. 2017. Survey Experiments for Public Management Research. In Van Ryzin, G. G. et al. eds., *Experiments in Public Management Research*. Cambridge University Press.
Johnson, R. B. & Onwuegbuzie, A. J. 2004. Mixed Methods Research. *Educational Researcher*, 33(7): 14-26.

 K

Kaufman, H. 1960. *The Forest Ranger*. Resources for the Future, Johns Hopkins Press.
Kim, S. Y., et al. 2022. Updating the Institutional Collective Action Framework. *Policy Studies Journal*, 50(1): 9-34.
Kingdon, J. 1995. *Agendas, Alternatives*, and Public Policies, 2nd ed. Longman（キングダン，J. 著，笠 京子訳 2017.『アジェンダ・選択肢・公共政策』勁草書房）．
Kirkpatrick, S. E., et al.1999. The Policy Termination Process. *Review of Policy Research*, 16(1): 209-236.
Kotler, P. & Zaltman, G. 1971. Social Marketing. *Journal of Marketing*, 35(3): 3-12.

L

Lambright, W. H. & Sapolsky, H. M. 1976. Terminating Federal Research and Development Programs. *Policy Sciences*, 7 (2): 199-213.

Larson, M. S. 1977. *The Rise of Professionalism*. University of California Press.

Lerner, D. & Lasswell, H. D. eds, 1951. *The Policy Sciences*. Stanford University Press.

Lewis, C. W. & Gilman, S. C. 2012. *The Ethics Challenge in Public Service*, 3rd ed. Jossey-Bass.

Lewis, D. E. 2002. The Politics of Agency Termination. *The Journal of Politics*, 64(1): 89-107.

Lindblom, C. E. 1959. The Science of "Muddling Through". *Public Administration Review*, 19(2): 79-88.

Linder, S. H. & Peters, B. G. 1984. From Social Theory to Policy Design. *Journal of Public Policy*, 4(3): 237-259.

Linder, S. H. & Peters, B. G. 1989. Instruments of Government. *Journal of Public Policy*, 9(1): 35-58.

Lipset, S. M. & Rokkan, S. 1967. Cleavage Structures, Party Systems, and Voter Alignments. In Lipset, S. M. & Rokkan, S. eds. *Party Systems and Voter Alignments*. The Free Press.

Lipsky, M. 2010. *Street-Level Bureaucracy*. 30th anniversary expanded ed. Russell Sage Foundation.

Lowi, T. J. 1964. American Business, Public Policy, Case-Studies, and Political Theory. *World Politics*. 16(4): 677-715.

M

Mahoney, J. & Goertz, G. 2006. A Tale of Two Cultures. *Political Analysis*, 14(3): 227-249.

Majone, G. 1999. The Regulatory State and its Legitimacy Problems. *West European Politics*, 22(1): 1-24.

Mansbridge, J. 2003. Rethinking Representation. *American Political Science Review*, 97(4): 515-528.

Marianno, B.D., et al. 2022. Power in a Pandemic. *AERA Open*, 8(1): 1-16.

Marks, G., et al. 1996. European Integration from the 1980s. *Journal of Common Market Studies*, 34(3): 341-378.

Maschmeyer, L. 2021. The Subversive Trilemma. *International Security*, 46(2): 51-90.

McAuliffe, M. & Triandafyllidou, A. eds. 2021. *World Migration Report 2022*. International Organization for Migration (IOM).

Meade, J. E. 1952. External Economies and Diseconomies in a Competitive Situation. *Economic Journal*, 62(245): 54-67.

Miller, D. & Nelles, J. 2019. *Discovering American Regionalism*. Routledge.

Musgrave, R. A. 1959. *The Theory of Public Finance*. McGraw-Hill (マスグレイヴ著, 大阪大学財政研究会訳 1961-1962. 『財政理論』有斐閣).

N

Nakamura, R. 1987. The Textbook Policy Process and Implementation Research. *Policy Study Review*, 7(1): 142-154.

Naoi, M., et al. 2020. Natural Hazard Information and Migration Across Cities. *Population and Environment*, 41: 452-479.

Noda, Y. 2023. Intermunicipal Cooperation, Integration Forms, and Vertical and Horizontal Effects in Japan. *Public Administration Review*, 83(3): 654-678.

O

OECD 2008. Growing Unequal?. OECD Publishing (OECD 編著, 小島克久・金子能宏訳 2010. 『格差は拡大しているか』明石書店).

OECD 2021. *Government at a Glance 2021*. OECD Publishing.

OECD 2022. OECD Economic Outlook No.112. https://www.oecd-ilibrary.org/economics/data/oecd-economic-outlook-statistics-and-projections_eo-data-en (最終閲覧日：2023 年 3 月 30 日)

O'Leary, C. 2022. *Public Service Motivation?* Policy Press.

Orr, L. L. 1999. *Social Experiments*. Sage Publication.

P

Parkhurst, J. 2017. *The Politics of Evidence*. Routledge.

Parsons, C. 2016. Ideas and Power. *Journal of European Public Policy*, 23(3): 446-463. DOI: 10.1080/13501763.2015. 1115538

Perry, J. L. 1996. Measuring Public Service Motivation. *Journal of Public Administration Research and Theory*, 6(1): 5-22.

引用・参照文献　539

Perry, J. L. 2021. *Managing Organizations to Sustain Passion for Public Service*. Cambridge University Press.

Perry, J. L. & Vandenabeele, W. 2015. Public Service Motivation Research, *Public Administration Review*, 75(5): 692-699.

Perry, J. L. & Wise, L. R. 1990. The Motivational Bases of Public Service. *Public Administration Review*, 50(3): 367-373.

Peters, B. G. 2018. *Policy Problems and Policy Design*. Edward Elgar.

Pharr, S. J. 2003. Conclusion: Targeting by an Activist State. In Schwartz, F. J. & Pharr, S. J. eds. *The State of Civil Society in Japan*. Cambridge University Press.

Pigou, A. C. 1920. *The Economics of Welfare*. Macmillan（ピグウ，A. C. 著，気賀健三ほか訳 1953-1955.『厚生経済学』全 4 巻. 東洋経済新報社）.

Powell, G. B. 2020. Mandate Versus Accountability. In Rohrschneider, R. & Thomassen, J. eds. *The Oxford Handbook of Political Representation in Liberal Democracies*. Oxford University Press.

Pressman, J. L. & Wildavsky, A. 1973. *Implementation*. University of California Press.

Putnam, R. D. 1988. Diplomacy and Domestic Politics. *International Organization*, 42(3): 427-460.

R

Read, B. L. 2009. Introduction: State-Linked Associational Life. In Read, B. L. & Pekkanen, R. eds. *Local Organizations and Urban Governance in East and Southeast Asia*. Routledge.

Rhodes, R. A. W. 1997. *Understanding Governance*. Open University Press.

Rosenbaum, P. R. & Rubin, D. B. 1983. The Central Role of the Propensity Score in Observational Studies for Causal Effects. *Biometrica*, 70(1)：41-55.

Rubin, D. B. 1974. Estimating Causal Effects of Treatments in Randomized and Nonrandomized Studies. *Journal of Educational Psychology*, 66(5)：688-701.

S

Sabatier, P. 1986. Top-Down and Bottom-Up Approaches to Implementation Research. *Journal of Public Policy*, 6(1)：21-48.

Sabatier, P. A. 1993. Policy Change over a Decade or More. In Sabatier, P. A. & Jenkins-Smith, H. C. eds. *Policy Change and Learning*. Westview Press.

Sabatier, P. & Mazmanian, D. 1980. The Implementation of Public Policy. *Policy Studies Journal*, 8(4): 538-560.

Salamon, L. M. & Anheier, H. K. 1997. *Defining the Nonprofit Sector*. Manchester University Press.

Scharpf, F. W. 1997. *Games Real Actors Play*. Westview Press.

Scharpf, F. 1999. *Governing in Europe*. Oxford University Press.

Schjolberg, S. 2020. *The History of Cybercrime*, 3rd ed. CyberCrime Research Institute.

Schmidt, V.A. 2015. Chapter 9: Discursive Institutionalism. In Fischer, F., et al. eds. *Handbook of Critical Policy Studies*. Edward Elgar. https://doi.org/10.4337/9781783472352.00016

Shigeoka, H. 2014. The Effect of Patient Cost Sharing on Utilization, Health, and Risk Protection. *American Economic Review*, 104(7): 2152-2184.

Shore, C. & Wright, S. eds. 1997. *Anthropology of Policy*. Routledge.

Simon, H. 1986. Rationality in Psychology and Economics. *The Journal of Business*, 59(4): S209-S224.

Smith, S. R. & Lipsky, M. 1993. *Nonprofits for Hire*. Harvard University Press.

Sørensen, E. & Torfing, J. eds. 2007. *Theories of Democratic Network Governance*. Palgrave.

T

't Hart, P & Tummers, L. 2019. *Understanding Public Leadership*, 2nd ed. Red Globe Press.

The American Society for Public Administration. Code of Ethics. https://www.aspanet.org/ASPA/ASPA/Code-of-Ethics/Code-of-Ethics.aspx（最終閲覧日：2024 年 7 月 4 日）

Thistlehwaite, D. & Campbell, D. 1960. Regression-Discontinuity Analysis. *Journal of Educational Psychology*, 51: 309-317.

Thomson, R. 2020. Parties¡ Election Manifestos and Public Policies. In Rohrschneider, R. & Thomassen, J. eds. *The Oxford Handbook of Political Representation in Liberal Democracies*. Oxford University Press.

Tyler, T. R., et al. 2015. The Impact of Psychological Science on Policing in the United States. *Psychological Science in the Public Interest*, 16(3): 75-109.

■V

Van Meter, D. S. & Van Horn, C. E. 1975. The Policy Implementation Process. *Administration and Society*, 6(4): 445-488.

■W

Workman, S., et al. 2022. The Code and Craft of Punctuated Equilibrium. In Weible, C. M. & Workman, S. eds. *Methods of the Policy Process*. Routledge.

■Y

Yamane, F., et al. 2013. The Immediate Impact of the Fukushima Daiichi Accident on Local Property Values. *Risk Analysis*, 33(11): 2024-2040.

●日本語文献

■英字

Cunningham, S. 著，加藤真大ほか訳 2023.『因果推論入門』技術評論社．
e-GOV 法令検索．https://elaws.e-gov.go.jp/（最終閲覧日：2024 年 4 月 13 日）
e-GOV 法令検索．行政機関が行う政策の評価に関する法律．https://elaws.e-gov.go.jp/document?lawid=413AC0000000086（最終閲覧日：2023 年 3 月 18 日）
e-GOV 法令検索．地方教育行政の組織及び運営に関する法律．https://elaws.e-gov.go.jp/document?lawid=331AC0000000162（最終閲覧日：2023 年 3 月 18 日）
e-GOV 法令検索．地方自治法．https://elaws.e-gov.go.jp/document?lawid=322AC0000000067（最終閲覧日：2023 年 3 月 18 日）
e-GOV 法令検索．地方独立行政法人法．https://elaws.e-gov.go.jp/document?lawid=415AC0000000118（最終閲覧日：2023 年 3 月 18 日）
e-GOV 法令検索．特定非営利活動促進法．https://elaws.e-gov.go.jp/document?lawid=410AC1000000007（最終閲覧日：2023 年 3 月 18 日）
e-GOV 法令検索．独立行政法人通則法．https://elaws.e-gov.go.jp/document?lawid=411AC0000000103（最終閲覧日：2023 年 3 月 18 日）
e-GOV 法令検索．図書館法．https://elaws.e-gov.go.jp/document?lawid=325AC0000000118（最終閲覧日：2023 年 3 月 18 日）
G7 群馬高崎デジタル技術・大臣会合 2023．G7 デジタル技術・大臣会合閣僚宣言．https://www.soumu.go.jp/menu_news/s-news/01tsushin06_02000268.html（最終閲覧日：2023 年 4 月 28 日）
JICA ホームページ．質的比較分析（QCA）．https://www.jica.go.jp/activities/evaluation/qca.html（最終閲覧日：2024 年 6 月 16 日）
OECD（経済協力開発機構）Open Government Unit 著，日本ミニ・パブリックス研究フォーラム訳 2023．『世界に学ぶミニ・パブリックス』学芸出版社（OECD 2020. *Innovative Citizen Participation and New Democratic Institution*. OECD Publishing）．

■あ行

饗庭 伸 2015．『都市をたたむ』花伝社．
饗庭 伸 2021．『平成都市計画史』花伝社．
秋月謙吾 2000．出先機関と地方政府．法学論叢 146（5・6）：163-206．
秋吉貴雄 2015．教育政策における 2 つの知識の特性．日本教育政策学会年報 22：60-69．
秋吉貴雄 2017．『入門公共政策学』中公新書．
秋吉貴雄ほか 2020．『公共政策学の基礎』第 3 版．有斐閣．
明田川 融 1999．日米行政協定の原型，講話の代償としての安保体制，行政協定による補完．同『日米行政協定の政治史』法政大学出版局．
浅古泰史 2016．『政治の数理分析入門』木鐸社．
浅見泰司・中川雅之編著 2018．『コンパクトシティを考える』プログレス．
明日香壽川 2021．『グリーン・ニューディール』岩波新書．

引用・参照文献

足立研幾 2004.『オタワプロセス』有信堂.
足立幸男 1984.『議論の論理』木鐸社.
足立幸男 1991.『政策と価値』ミネルヴァ書房.
足立幸男 1994.『公共政策学入門』有斐閣.
足立幸男編著 2005.『政策学的思考とは何か』勁草書房.
阿部泰隆 2021. 公益訴訟原告勝訴報奨金等の提案. 自治研究 97(2)：3-25.
阿部泰隆 2022.『政策法学の理論と実践』信山社.
蘭 信三 2015. オーラルヒストリーの展開と課題. 大津 透ほか編『岩波講座 日本歴史』第 21 巻 史料論. 岩波書店.
アリソン, G. T. 著, 宮里政玄訳 1977.『決定の本質』中央公論社 (Allison, G. T. 1971. *Essence of Decision*. Little Brown).
有村俊秀ほか編著 2022.『カーボンプライシングのフロンティア』日本評論社.

飯尾 潤 2007.『日本の統治構造』中公新書.
飯尾 潤 2019. オーラル・ヒストリーは何を目指すのか. 御厨 貴編『オーラル・ヒストリーに何ができるか』岩波書店.
五百旗頭 真 1998. 日本におけるシビル・ソサエティの系譜. 山本 正ほか『「官」から「民」へのパワー・シフト』TBS ブリタニカ.
池上直己・キャンベル, J. C. 1996.『日本の医療』中公新書.
池田 修ほか 2016.『解説 裁判員法』第 3 版. 弘文堂.
礒崎初仁ほか 2020.『ホーンブック地方自治』新版. 北樹出版.
市川喜崇 2011. 都道府県の性格と機能. 新川達郎編著『公的ガバナンスの動態研究』ミネルヴァ書房.
市川喜崇 2012.『日本の中央-地方関係』法律文化社.
市川喜崇 2023.「天川モデル」再訪. 季刊 行政管理研究 181：4-15.
井手英策 2018.『富山は日本のスウェーデン』集英社新書.
伊藤公一朗 2017.『データ分析の力 因果関係に迫る思考法』光文社.
伊藤修一郎 2020.『政策実施の組織とガバナンス』東京大学出版会.
伊藤修一郎 2022.『政策リサーチ入門』増補版. 東京大学出版会.
伊藤周平 2020.『消費税増税と社会保障改革』ちくま新書.
伊藤正次 2003.『日本型行政委員会制度の形成』東京大学出版会.
伊藤正次 2019. 官僚人事システムと「仕切られた専門性」. 大谷基道・河合晃一編『現代日本の公務員人事』第一法規.
伊藤正次編 2019.『多機関連携の行政学』有斐閣.
伊藤正次ほか 2022.『はじめての行政学』新版. 有斐閣.
伊藤光利ほか 2000.『政治過程論』有斐閣.
伊藤元重 2012.『マクロ経済学』第 2 版. 日本評論社.
稲垣 浩 2015.『戦後地方自治と組織編成』吉田書店.
稲継裕昭 1996.『日本の官僚人事システム』東洋経済新報社.
稲継裕昭 2009.『現場直言！自治体の人材育成』学陽書房.
稲葉陽二ほか編 2011.『ソーシャル・キャピタルのフロンティア』ミネルヴァ書房.
井上 彰 2024. ロールズの思想的「変遷」と哲学の方法. 宇野重規・加藤 晋編著『政治哲学者は何を考えているのか？』勁草書房.
井上誠一 1981.『稟議制批判論についての一考察』行政管理研究センター.
井上輝子 2021.『日本のフェミニズム』有斐閣.
今永典秀 2023. 企業から見たインターンシップ. 古閑博美・牛山佳菜代編著『最新インターンシップ』学文社.
入江さやか 2017.「平成 28 年熊本地震」被災地住民の活断層地震リスク認知と防災対策. 災害情報 15(2)：97-102.
入江容子 2020.『自治体組織の多元的分析』晃洋書房.
入江容子・京 俊介編著 2020.『地方自治入門』ミネルヴァ書房.
岩井奉信 1988.『立法過程』東京大学出版会.
岩田正美 2008.『社会的排除』有斐閣.
岩本康志ほか 1999.『経済政策とマクロ経済学 』日本経済新聞社.

上神貴佳 2010. 政権交代と政策過程. 公共政策研究 10：45-58.

ウェッブ, S. & ウェッブ, B. 著, 川喜多喬訳 1982.『社会調査の方法』東京大学出版会（Webb, S. & Webb, B. 1932. *Methods of Social Study*. Longmans, Green and Co）.

ヴェーバー, M. 著, 脇 圭平訳 1980.『職業としての政治』岩波文庫（Weber, M. 1919. *Politik als Beruf*. Duncker & Humblot）.

ウォルツァー, M. 著, 萩原能久・齋藤純一監訳 2012.『政治的に考える』風行社（Walzer, M. 2007. *Thinking Politically*. Miller, D. ed. Yale University Press）.

氏家慶介ほか 2019. ODA 事業における質的比較分析（QCA）の応用可能性. 日本評価学会春季第 16 回全国大会発表原稿.

後 房雄・坂本治也編 2019.『現代日本の市民社会』法律文化社.

宇都宮深志・新川達郎編 1991.『行政と執行の理論』東海大学出版会.

宇野二朗ほか編著 2022.『テキストブック地方自治の論点』ミネルヴァ書房.

梅原英治 2022.（正誤表）「貯蓄から投資へ」による税収損失額の試算. 大阪経大論集 73(3)：145-148.

浦川紘子 2020. EU 法. 鷲江義勝編著『EU』第 4 版. 創元社.

江口清三郎 2006.『自治体の職場研修革命』公人社.

エツィオーニ, A. 著, 永安幸正監訳 2001.『新しい黄金律』麗澤大学出版会.

江原由美子 2013. フェミニズム理論の見取り図. 木村涼子ほか編著『よくわかるジェンダー・スタディーズ』ミネルヴァ書房.

大澤 津 2021. 規範の役割. 佐野 亘ほか『政策と規範』ミネルヴァ書房.

大杉 覚 2022. 地方公務員の職員研修と組織循環型人材育成の試み. 地方公務員月報 708：2-20.

大竹文雄ほか編著 2022.『EBPM』日本経済新聞出版.

大津留〔北川〕智恵子 2010. 議会における熟議. 田村哲樹責任編集『語る　熟議／対話の政治学』風行社.

大橋 弘編 2020.『EBPM の経済学』東京大学出版会.

大森 彌 2006.『官のシステム』東京大学出版会.

大藪俊志 2007. 政策過程分析モデル. 縣 公一郎・藤井浩司編『コレーク政策研究』成文堂.

大山礼子 2011.『日本の国会』岩波新書.

岡 直樹 2023. "1 億円のカベ"の崩し方（富裕層と金融所得課税）. 東京財団政策研究所. https://www.tkfd.or.jp/research/detail.php?id=4222（最終閲覧日：2024 年 3 月 1 日）

岡光序治編著 1994.『社会保障行政入門』有斐閣.

岡本悦司 2012. 医療経済研究へのプロペンシティスコア（傾向スコア）法の活用. 医療経済研究 24(2)：73-85.

岡本哲和 1996. 政策終了理論に関する考察. 関西大学総合情報学部紀要「情報研究」5：17-40.

岡本哲和 2003. 政策終了論. 足立幸男・森脇俊雅編著『公共政策学』ミネルヴァ書房.

岡本哲和 2012. 二つの終了をめぐる過程. 公共政策研究 12：6-16.

岡本哲和 2021. 森本哲郎編『現代日本政治の展開』法律文化社.

岡本哲和 2022. 政府による情報資源の管理体制. 岡本哲和編著『政策と情報』ミネルヴァ書房.

岡本哲和編著 2022.『政策と情報』これからの公共政策学 6. ミネルヴァ書房.

オークショット, M. 著, 嶋津 格ほか訳 2013.『政治における合理主義』増補版. 勁草書房.

奥田 恒 2017. 政策デザイン論の諸潮流：1980〜90 年代を中心に. 社会システム研究 20：193-207.

奥田 恒 2018. コミュニタリアリズムと支配. 田上孝一編著『支配の政治理論』社会評論社.

奥田 恒 2019. マイケル・ハウレットの「政策統合」アプローチ. 社会システム研究 22：191-206.

小熊英二 2019.『日本社会のしくみ』講談社現代新書.

小滝敏之 2007.『市民社会と近隣自治』公人社

落合恵美子 2022.『近代家族とフェミニズム』増補新版. 勁草書房.

尾野喜邦 2002. NPO と政策過程. 国家学会雑誌 115（9・10）：1056-1116.

帯谷博明 2004.『ダム建設をめぐる環境運動と地域再生』昭和堂.

■か行

介護保険制度史研究会編著 2016.『介護保険制度史』社会保険研究所.

海道清信 2007.『コンパクトシティの計画とデザイン』学芸出版社.

戒能一成 2018. 政策評価のための「自然実験」の有効性要件と単一の「自然実験」による処置効果の分離・識別に問題を生じる場合の外部的有効性などを用いた対策手法の考察. RIETI Discussion Paper Series 18-J-030.

鏡 圭佑 2016. 日本における公務員倫理の課題. 同志社政策科学院生論集 5：11-25.

引用・参照文献

ガーツ，G. & マホニー，J. 著，西川 賢・今井真士訳 2015.『社会科学のパラダイム論争』勁草書房.
金井利之 2002. 会計検査院と政策評価. 年報行政研究 37：60-83.
カーネマン，D. ほか著，村井章子訳 2021.『Noise（ノイズ）』上・下. 早川書房.
加納寛之ほか 2020. EBPM から EIPM へ. 環境経済・政策研究 13(1)：77-81.
鴨 武彦 1985.『国際統合理論の研究』早稲田大学出版部.
茅野千江子 2017.『議員立法の実際』第一法規.
唐木清志 2016. 中学校社会科における主権者教育の取り上げ方. 東京書籍社会編集部編『新教育課程を見据えたアクティブ・ラーニングと主権者教育』東京書籍.
河合晃一 2019. 官僚人事システムの変化と実態. 大谷基道・河合晃一編『現代日本の公務員人事 政治』第一法規.
川勝健志 2016. 所得税―「最良の税」の役割. 植田和弘・諸富 徹編『テキストブック現代財政学』有斐閣.
川越敏司 2015.『マーケット・デザイン』講談社. および同書に引用・紹介されている文献.
川崎 茂 2019. 統計制度の国際比較. 国友直人・山本 拓編『統計と日本社会』東京大学出版会.
川嶋四郎 2016.『公共訴訟の救済法理』有斐閣.
河村和徳 2014.『東日本大震災と地方自治』ぎょうせい.
河村和徳 2023. 新型コロナ禍に翻弄された復興五輪. 日本スポーツ法学会編『東京 2020 オリンピック・パラリンピックを巡る法的課題』成文堂.
河村真実 2020.「平等な承認」はリベラルな多文化主義を救えるのか. 政治思想研究 20：329-358.
カント，I. 著，篠田英雄訳 1974.『啓蒙とは何か』岩波文庫（Kant, I. 1784. Beantwortung der Frage: Was ist Aufklärung? *Berlinische Monatsschrift*, 4：481-494).
上林陽治 2021.『非正規公務員のリアル』日本評論社.

紀内隆宏 2002.『実践・予算編成』ぎょうせい.
北村 亘編 2022.『現代官僚制の解剖』有斐閣.
北山俊哉 2011.『福祉国家の制度発展と地方政府 』有斐閣.
木村涼子ほか編著 2013.『よくわかるジェンダー・スタディーズ』ミネルヴァ書房.
キムリッカ，W. 著，角田猛之ほか監訳 1998.『多文化時代の市民権』晃洋書房.
キムリッカ，W. 著，千葉 眞・岡﨑晴輝訳者代表 2005.『現代政治理論』新版. 日本経済評論社（Kymlicka, W. 2002. *Contemporary Political Philosophy*, 2nd ed. Oxford University Press).
キャンベル，J. 著，小島 昭・佐藤和義訳 1984.『予算ぶんどり』サイマル出版会.
行政管理研究センター編 2008.『詳解 政策評価ガイドブック』ぎょうせい.
キングダン，J. W. 著，笠 京子訳 2017.『アジェンダ・選択肢・公共政策』勁草書房（Kingdon, J. W. 2011. *Agendas, Alternatives, and Public Policies*, updated 2nd ed. Longman).

窪田好男 2008. 公共政策の多様性と政策デザインのガイドライン. 政策形成研究班『政策形成の新展開』関西大学法学研究所.
窪田好男・池田葉月 2016. 自治体評価制度の主要手法は業績測定ではない. 福祉社会研究 16：1-18.
熊倉誠和・小嶋大造 2018. 格差と再分配をめぐる幾つかの論点. フィナンシャル・レビュー 134：110-132.
栗山浩一・馬奈木俊介 2012.『環境経済学をつかむ』第 2 版. 有斐閣.

厚生労働省 2017. 主要国の医療保障制度概要.
厚生労働省 2018.「「福祉サービス第三者評価事業に関する指針について」の全部改正について」の一部改正について.
厚生労働省 2021. 令和 3（2021）年医療施設（動態）調査・病院報告の概況.
厚生労働省 2022. 令和 3 年介護サービス施設・事業所調査の概況.
神戸市 2011.『第 5 次 神戸市基本計画』神戸市企画調整局.
国税法人番号公表サイト. https://www.houjin-bangou.nta.go.jp（最終閲覧日：2023 年 4 月 7 日）
国土交通省 2019. 景観及び歴史まちづくり. 平成 30 年度 政策レビュー結果（評価書）.
国土交通省 2023a. DX 社会に対応した気象サービスの推進（提言）. https://www.mlit.go.jp/policy/shingikai/content/001593358.pdf（最終閲覧日：2024 年 4 月 9 日）
国土交通省 2023b.「気象業務法及び水防法の一部を改正する法律」の公布及び一部施行. https://www.mlit.go.jp/report/press/mizukokudo02_hh_000035.html
国土交通省都市局公園緑地・景観課 景観・歴史文化環境整備室 2022.「歴史まちづくり法について」.
国土交通省都市局まちづくり推進課 2021.『2021（令和 3 年度）中心市街地活性化ハンドブック』国土交通省都市局

まちづくり推進課.

コーザー，K. 著，是川 夕監訳，平井和也訳 2021. 『移民をどう考えるか』勁草書房（Koser, K. 2016. *International Migration*, 2nd ed. Oxford University Press）.

輿石彩花ほか 2022. 日本における住民参加型まちづくり手法としてのオンラインプラットフォーム「Decidim」の活用実態. 都市計画論文集 57(3)：1355-1362.

小嶋大造 2019. 格差と食料. 谷口信和編集代表・安藤光義編集担当『食と農の羅針盤のあり方を問う』農林統計協会.

小島和貴 2020. 内務省「予防行政」の展開と「小児保健所」構想. 桃山法学 32：195-230.

小島和貴 2021a. 『長与専斎と内務省の衛生行政』慶應義塾大学出版会.

小島和貴 2021b. 「地域保健」とは何か. 都市問題 112(5)：44-53.

小島和貴 2023. 名古屋時代の後藤新平. 別冊環 28：84-95.

小島廣光 2003. 『政策形成と NPO 法』有斐閣.

後藤新平 1893. 疾病の保険法. 大日本私立衛生会雑誌 116.

小西砂千夫 2020. 『地方財政改革の現代史』有斐閣.

五ノ井 健 2017. 日本の議員立法：国際比較の視点から. 早稲田政治公法研究 114：1-16.

小早川光郎ほか 1998. 『政策と法』岩波書店.

小林立明 2015. NPO 評価の現状と課題, 2015 年 9 月 25 日.

小林哲郎・三浦麻子 2022. 「夫婦別姓に関する世論調査」問題の実証的検討. https://docs.google.com/document/d/e/2PACX-1vTrcjaEdiqBKBjMeNrUnDHEwl0Y9Fkr4rh4WV1Ahk7wbmHG8O7_fnVuesh_B9QCVROXFCDTK5nC5LQB/pub（最終閲覧日：2024 年 2 月 22 日）

小牧奈津子 2019. 『「自殺対策」の政策学』ミネルヴァ書房.

■さ行

最高裁判所事務総局 2019. 『裁判員制度 10 年の総括報告書』最高裁判所.

齊藤光弘ほか 2017. 地方公共団体の人材開発. 中原 淳編『人材開発研究大全』東京大学出版会.

採用と大学教育の未来に関する産学協議会 2022. 産学協働による自律的なキャリア形成の推進（2021 年度報告書）.

佐伯 胖 1988. 行動主義. 人工知能学会誌 3(4)：398-410.

坂井豊貴 2015. 『多数決を疑う』岩波新書.

坂本治也 2010. 『ソーシャル・キャピタルと活動する市民』有斐閣.

坂本治也 2012. NPO の政治的影響力とその源泉. 辻中 豊ほか編著『現代日本の NPO 政治』木鐸社.

坂本治也編 2017. 『市民社会論』法律文化社.

佐々木雅幸 1997. 『創造都市の経済学』勁草書房.

佐道明広 2005. 『戦後日本の防衛と政治』吉川弘文館.

佐道明広 2015. 『自衛隊史論』吉川弘文館.

佐藤 進・伊東弘文 1994. 『入門租税論』改訂版. 三嶺書房.

佐藤 徹編著 2021. 『エビデンスに基づく自治体政策入門』公職研.

佐藤雅俊・上田篤盛 2023. 『情報戦，心理戦，そして認知戦』並木書房.

佐藤正広 2022. 『数字はつくられた』東京外国語大学出版会.

佐藤主光 2009. 『地方財政論入門』新世社.

佐野 亘 2010. 『公共政策規範』ミネルヴァ書房.

佐野 亘 2022. 政治的寛容を実現する. 政治哲学 32：5-25.

佐野 亘 2023. リベラル・デモクラシーにおける寛容と妥協. 文明と哲学 15：7-19.

サムス，C. F. 著，竹前栄治編訳 2007. 『GHQ サムス准将の改革』桐書房.

サラモン，L. M. 著，江上 哲監訳 2007. 『NPO と公共サービス』ミネルヴァ書房.

サンスティーン，C. 著，田総恵子訳 2017. 『シンプルな政府』NTT 出版.

サンデル，M. J. 著，菊池理夫訳 2009. 『リベラリズムと正義の限界』原著第 2 版. 勁草書房（Sandel, M. J. 1998. *Liberalism and the Limits of Justice*, 2nd ed. Cambridge University Press）.

サンデル，M. J. 著，鬼澤 忍訳 2011. 『これからの「正義」の話をしよう』ハヤカワ文庫（Sandel, M. J. 2010. *Justice*. Penguin Books）.

シーズ＝市民活動を支える制度をつくる会 1998. 『解説・NPO 法案』シーズ＝市民活動を支える制度をつくる会.

自治大学校 2022. 令和 3 年度地方公務員研修の実態に関する調査. https://www.soumu.go.jp/jitidai/chousa.htm（最終閲覧日：2024 年 4 月 13 日）

引用・参照文献

篠原 修編 2021. 『景観用語事典』増補改訂第二版. 彰国社.
篠原 一編 2012. 『討議デモクラシーの挑戦』岩波書店.
嶋内 健 2021. 雇用保険と職業訓練. 櫻井純理編著『どうする日本の労働政策』ミネルヴァ書房.
島崎謙治 2020. 『日本の医療』増補改訂版. 東京大学出版会.
嶋田博子 2022. 『職業としての官僚』岩波新書.
志水宏吉 2020. 私たちが考える共生学. 志水宏吉ほか編『共生学宣言』大阪大学出版会.
清水幾太郎 2000. 『倫理学ノート』講談社学術文庫.
焦 従勉・藤井誠一郎編著 2020. 『政策と地域』ミネルヴァ書房.
シュワブ, K. 著, 世界経済フォーラム訳 2016. 『第四次産業革命』日本経済新聞出版.
庄司克宏 2013. 『新 EU 法』基礎篇. 岩波書店.
ジョーンズ, Ch. I. 著, 宮川 努ほか訳 2011. 『ジョーンズ マクロ経済学 I』東洋経済新報社.
白鳥潤一郎 2015. 『「経済大国」日本の外交』千倉書房.
城山英明 2006. 内閣機能の強化と政策形成過程の変容. 年報行政研究 41：60-87.
城山英明 2008. 技術変化と政策革新. 城山英明・大串和雄編『政策革新の理論』東京大学出版会.
城山英明 2012. 原子力安全規制政策. 森田 朗・金井利之編著『政策変容と制度設計』ミネルヴァ書房.
城山英明 2018. 『科学技術と政治』ミネルヴァ書房.
城山英明・細野助博編著 2002. 『続・中央省庁の政策形成過程』中央大学出版部.
城山英明・前田健太郎 2008. 先進国の政治変容と政策革新. 城山英明・大串和雄編『政策革新の理論』東京大学出版会.
城山英明ほか編著 1999. 『中央省庁の政策形成過程』中央大学出版部.
人事院 2022. 令和 3 年度年次報告書.
新自治用語辞典編纂会編 2012. 『新自治用語辞典』改訂版. ぎょうせい.
神野直彦 2024. 『財政と民主主義』岩波新書.

杉谷和哉 2022. 『政策にエビデンスは必要なのか』ミネルヴァ書房.
スキャブランド, A. 著, 花田知恵訳 2022. 社会に認められること, 溶け込むことを目指して. 同『日本人と自衛隊』原書房.
鈴木 浩 2007. 『日本版コンパクトシティ』学陽書房.
砂原庸介 2011. 『地方政府の民主主義』有斐閣.

関 智弘 2014. 組織人としてのケースワーカー. 年報行政研究 49：81-89.
善教将大 2018. 『維新支持の分析』有斐閣.

宗前清貞 2008. 医療供給をめぐるガバナンスの政策過程. 年報政治学 59(2)：100-124.
宗前清貞 2020. 『日本医療の近代史』ミネルヴァ書房.
宗前清貞 2022. 医療制度における冗長性. 年報行政研究 57：41-60.
総務省 AI ネットワーク社会推進会議 2017. 国際的な議論のための AI 開発ガイドライン案. https://www.soumu.go.jp/main_content/000499625.pdf（最終閲覧日：2023 年 4 月 28 日）
総務省自治行政局市町村課行政経営支援室 2017. 地方公共団体における行政評価の取組状況等に関する調査結果.
添谷芳秀 1995. 『日本外交と中国 1945-1972』慶應義塾大学出版会.
曽我謙悟 2022. マルチレベルの行政を規定する要因. 同『行政学』新版. 有斐閣.

■た行

田井浩人 2017. Public Service Motivation 研究の到達点と課題. 九大法学 114：162-212.
田井浩人 2020. 日本の自治体組織を対象とした Public Service Motivation の実証的研究. 九州大学・博士論文.
大学基準協会. 大学基準協会の概要. https://juaa.or.jp/outline/index.html（最終閲覧日：2023 年 3 月 18 日）
ダウンズ, A. 著, 古田精司監訳 1980. 『民主主義の経済理論』成文堂（Downs, A. 1957. *An Economic Theory of Democracy.* Harper & Row）.
田尾雅夫 2015. 『公共マネジメント』有斐閣.
田尾雅夫 1994. 第一線職員の行動様式. 西尾 勝・村松岐夫編『講座行政学』第 5 巻. 有斐閣.
高木勝一編著 2011. 『租税論』新版. 八千代出版.
高瀬 徹 2023. フランスにおけるエリート教育の曲がり角. 教育学論集 65：49-71.
高橋和之 2017. 『体系憲法訴訟』岩波書店.

髙橋克紀 2021．『政策実施論の再起動』第 2 版．デザインエッグ．
髙橋杉雄 2006．佐道明広著『戦後日本の防衛と政治』（書評）．国際安全保障 34(2)：107-112．
武智秀之 2021．『行政学』中央大学出版部．
竹中治堅 2022．「自由で開かれたインド太平洋」構想と日本の統治機構．竹中治堅編著『「強国」中国と対峙するインド太平洋諸国』千倉書房．
建林正彦ほか 2008．『比較政治制度論』有斐閣．
田中明彦 2010．日本の外交戦略と日米同盟．国際問題 594：33-43．
田中一昭・岡田 彰編著 2006．『信頼のガバナンス』ぎょうせい．
田中孝男 2012．『自治体職員研修の法構造』公人の友社．
田中 啓 2014．『自治体評価の戦略』東洋経済新報社．
田中雅子 2022．『増税の合意形成』日本評論社．
田辺智子 2021．『図書館評価の有効性』明石書店．
谷口 守編著 2019．『世界のコンパクトシティ』学芸出版社．
田村哲樹 2008．『熟議の理由』勁草書房．
田村哲樹ほか 2017．『ここから始める政治理論』有斐閣．

千々和泰明 2021．『安全保障と防衛力の戦後史 1971-2010』千倉書房．
千々和泰明 2022．憲法第九条．同『戦後日本の安全保障』中公新書．
千葉 眞 2000．『デモクラシー』岩波書店．
地方自治研究機構．条例の動き．http://www.rilg.or.jp/htdocs/reikilink.html（最終閲覧日：2024 年 4 月 13 日）
中小企業事業団編 1994．『「街づくり会社」の設立・運営ノウハウ』中央経済社．
中小企業庁 2022．『令和 3 年度商店街実態調査報告書』中小企業庁．

ツェベリス，G. 著，眞柄秀子・井戸正伸監訳 2009．『拒否権プレイヤー』早稲田大学出版部．
辻 清明 1969．『日本官僚制の研究』新版．東京大学出版会．
辻中 豊 1988．『利益集団』東京大学出版会．
辻中 豊編著 2002．『現代日本の市民社会・利益団体』木鐸社．
辻中 豊編 2016a．『政治過程と政策』東洋経済新報社．
辻中 豊編 2016b．『政治変動期の圧力団体』有斐閣．
辻中 豊・伊藤修一郎編著 2010．『ローカル・ガバナンス』木鐸社．
辻中 豊ほか 2009．『現代日本の自治会・町内会』木鐸社．
辻中 豊ほか編著 2012．『現代日本の NPO 政治』木鐸社．
辻村みよ子ほか 2021．『概説 ジェンダーと人権』信山社．
鶴田廣巳・藤永のぶよ編著 2019．『税金は何のためにあるの』自治体研究社．

デジタル庁 Web ページ．オープンデータ取組済自治体資料．https://www.digital.go.jp/resources/data_local_governments（最終閲覧日：2024 年 4 月 18 日）
デジタルトランスフォーメーションに向けた研究会 2018．『DX レポート』経済産業省．

ドゥウォーキン，R. 著，木下 毅ほか訳 2003．『権利論』増補版．木鐸社（Dworkin, R. 1978. *Taking Rights Seriously*. Harvard University Press）．
東京大学経済学部編 1976．『東京大学経済学部五十年史』東京大学出版会．
統計情報研究センター 2023．『統計実務基礎知識』令和 5 年 3 月改訂．統計情報研究センター．
同志社大学．条例 Web アーカイブデータベース．https://jorei.slis.doshisha.ac.jp/（最終閲覧日：2024 年 4 月 13 日）
トゥールミン，S. E.著，戸田山和久・福澤一吉訳 2011．『議論の技法』東京図書（Toulmin, S. E. 2003. *The Uses of Argument*. Cambridge University Press）．
土岐 寛 2015．『日本人の景観認識と景観政策』日本評論社．
戸田 香 2019．事業終了の政治過程．年報政治学 70(2)：336-360．
富山市 2023．富山市立地適正化計画．
豊田裕貴・木戸 茂 2020．QCA を活用したブランドポジショニングの検証．イノベーション・マネジメント 17：89-100．

■な行

ナイ，J. S. ほか編著，嶋本恵美訳 2002．『なぜ政府は信頼されないのか』英治出版．

内閣府 2022a．2021 年度（令和 3 年度）国民経済計算における政府諸機関の分類．https://www.esri.cao.go.jp/jp/sna/data/data_list/kakuhou/files/2021/sankou/pdf/bunrui.pdf（最終閲覧日：2023 年 3 月 30 日）

内閣府 2022b．学生の就職・採用活動開始時期等に関する調査結果について（概要）．https://www5.cao.go.jp/keizai1/gakuseichosa/pdf/20221130_gaiyou.pdf（最終閲覧日：2024 年 6 月 30 日）

内閣府男女共同参画局 1995．第 4 回世界女性会議 北京宣言．https://www.gender.go.jp/international/int_standard/int_4th_beijing/index.html（最終閲覧日：2023 年 2 月 20 日）

内閣府男女共同参画局 2024．男女共同参画に関する国際的な指数．https://www.gender.go.jp/international/int_syo gaikoku/int_shihyo/index.html（最終閲覧日：2023 年 2 月 20 日）

内閣府中央防災会議．平成 30 年 7 月豪雨による水害・土砂災害からの避難に関するワーキンググループ．https://www.bousai.go.jp/fusuigai/suigai_dosyaworking/index.html（最終閲覧日：2024 年 4 月 9 日）

長岡 健 2021．『みんなのアンラーニング論』翔泳社．

中川雅之 2022．『財政学への招待』新世社．

中静未知 1998．『医療保険の行政と政治』吉川弘文館．

中島琢磨 2005．戦後日本の「自主防衛」論．法政研究71(4)：505-535．

中野剛充 2007．『テイラーのコミュニタリアニズム』勁草書房．

長峯純一 2014．『費用対効果』ミネルヴァ書房．

永吉希久子 2020．『移民と日本社会』中公新書．

南島和久 2020．『政策評価の行政学』晃洋書房．

那須耕介 2016．リバタリアン・パターナリズムとその 10 年．社会システム研究 19：1-35．

西尾 勝 1977．過疎と過密の政治行政．年報政治学 28：193-258．

西尾 勝 2001．『行政学』新版．有斐閣．

西村清彦ほか 2020．『統計 危機と改革』日本経済新聞出版．

日本政治学会編 1984．『政策科学と政治学』岩波書店．

日本都市センター編，稲沢克祐ほか 2012．『自治体の予算編成改革』ぎょうせい．

ノージック，R. 著，嶋津 格訳 1992．『アナーキー・国家・ユートピア』木鐸社（Nozick, R. 1974. *Anarchy, State, and Utopia*. Basic Book）．

野田邦弘 2014．『文化政策の展開』学芸出版社．

野田 遊 2013．『市民満足度の研究』日本評論社．

野田 遊 2022．COVID-19 パンデミックと地方自治．岩崎正洋編『ポスト・グローバル化と政治のゆくえ』ナカニシヤ出版．

野中尚人・青木 遥 2016．『政策会議と討論なき国会』朝日新聞出版．

野原慎司ほか 2019．『経済学史』日本評論社．

野村 康 2017．『社会科学の考え方』名古屋大学出版会．

■は行

ハイエク，F. A. 著，西山千明訳 2008．『隷属への道』春秋社．

橋本 勇 2023．『新版 逐条地方公務員法』第 6 次改訂版．学陽書房．

ハース，E. B. 著，蝋山道雄訳 1984．進歩とは何か．国際政治 76：11-46．

畠山弘文 1989．『官僚制支配の日常構造』三一書房．

バーダック，E. 著，白石賢司ほか訳 2012．『政策立案の技法』東洋経済新報社（Bardach, E. *A Practical Guide for Policy Analysis*. CQ Press）．

バッジ，I. 著，杉田 敦ほか訳 2000．『直接民主政の挑戦』新曜社．

パットナム，R. D. 著，河田潤一訳 2001．『哲学する民主主義』NTT 出版（Putnam, R. D. 1993. *Making Democracy Work*. Princeton University Press）．

パットナム，R. D. 著，柴内康文訳 2006．『孤独なボウリング』柏書房（Putnam, R. D. 2000. *Bowling Alone*. Simon & Schuster）．

ハーバーマス著，河上倫逸・耳野健二訳 2003．『事実性と妥当性』下．未來社．

濱口桂一郎 2009．『新しい労働社会』岩波新書．

林 宏昭 2023.『日本の税制と財政』第 2 版．中央経済社．
林 正寿 2008.『租税論』有斐閣．
林 昌宏 2020.『地方分権化と不確実性』吉田書店．
林 嶺那 2020.『学歴・試験・平等』東京大学出版会．
林 嶺那ほか 2021．公共サービス動機づけ（Public Service Motivation）と職務満足度等との関連性に関する実証研究．年報行政研究 56：165-188.
原田 久 2022.『行政学』第 2 版．法律文化社．
坂東眞理子 2004.『男女共同参画社会へ』勁草書房．

ピアソン，C. 著，田中 浩・神谷直樹訳 1996.『曲がり角にきた福祉国家』未来社（Pierson, C. 1991. *Beyond The Welfare State?*. B. Blackwell）．
ピアソン，P. 著，粕谷祐子監訳 2010.『ポリティクス・イン・タイム』勁草書房．
東 秀樹 2014.『PDCA』新星出版社．
ピグウ，A. C. 著，気賀健三ほか訳 1953.『ピグウ厚生経済学 1』東洋経済新報社（Pigou, A. C. 1920. *The Economics of Welfare*. Macmillan）．
ピケティ，T. 著，村井章子訳 2023.『自然，文化，そして不平等』文藝春秋（Piketty, T. 2023. *Nature, culture et inégalités*. Société d'ethnologie）．
肥前洋一 2011．実験室実験による投票研究の課題と展望．選挙研究 27(1)：16-25.
日高昭夫 2018.『基礎的自治体と町内会自治会』春風社．
ピトキン，H. 著，早川 誠訳 2017.『代表の概念』名古屋大学出版会．
日野秀逸 1988．後藤新平の衛生行政論の一貫性について．日本医史学雑誌 34(3)：357-385.
平井宜雄 1995.『法政策学』第 2 版．有斐閣．
広井良典 1999.『日本の社会保障』岩波新書．
廣瀬克哉編著 2018.『自治体議会改革の固有性と普遍性』法政大学出版局．
廣瀬陽子 2021.『ハイブリッド戦争』講談社現代新書．
広瀬佳一編著 2023.『NATO を知るための 71 章』明石書店．

フィールド，J. 著，佐藤智子ほか訳 2022.『社会関係資本』明石書店（Field, J. 2017. *Social Capital*, 3rd ed. Routledge）．
福田耕治 2003.『国際行政学』有斐閣．
藤井敦史 2004．NPO における〈市民的専門性〉の形成．社会学年報 33：23-47.
藤井敦史ほか編著 2013.『闘う社会的企業』ミネルヴァ書房．
藤井誠一郎 2013.『住民参加の現場と理論』公人社．
藤田由紀子 2008.『公務員制度と専門性』専修大学出版局．
藤田由紀子 2015．政策的助言・政策形成の専門性はどこまで定式化できるか？．年報行政研究 50：2-23.
藤田由紀子 2023．府省横断型ネットワークの導入は英国公務員制に何をもたらしたか．季刊行政管理研究 183：29-40.
藤村コノヱ 2009．立法過程における NPO の参加の現状と市民立法の課題．ノンプロフィットレビュー 9(1 & 2)：27-38.
ブラッドフォード，A. 著，庄司克宏監訳 2022.『ブリュッセル効果 EU の覇権戦略』白水社（Bradford, A. 2020. *The Brussels Effect*. Oxford University Press）．
ブリュデュー，P. 著，山田鋭夫・渡辺純子訳 2006.『住宅市場の社会経済学』藤原書店．
古田智子・小田理恵子 2021．新時代に挑む 公務員研修の新たなカタチ（後編）．地方行政 11086：2-5.
文化財保護法研究会監修 2022.『文化財保護関係法令集』第四次改訂版．ぎょうせい．
文化庁発行各周年史

ペイトマン，C. 著，寄本勝美訳 1977.『参加と民主主義理論』早稲田大学出版部（Pateman, C. 1970. *Participation and Democratic Theory*. Cambridge University Press）．
ペタション，O. 著，岡沢憲芙監訳 1998.『北欧の政治』早稲田大学出版部（Petersson, O. 1995. *Nordisk politik*, uppl., 3：1. Fritzes Förlag）．
ベンサム，J. 著，中山 元訳 2022.『道徳および立法の諸原理序説』上・下．ちくま学芸文庫（Bentham, J. 1823. *An Introduction to the Principles of Morals and Legislation*. Clarendon Press）．
ベンタム，J. 著，長谷川正安訳 1998．パノプチコン，デュモン，E. 編『民事および刑事立法論』勁草書房（Bentham,

J. 1802. *Traités de législation civile et pénale*. Dumont, E. ed. Bossange, Masson et Besson).

防衛省 2004.『平成 16 年度防衛白書』

暴力団対策法研究会編 1992.『暴力団対策法の解説』民事法研究会.

保城広至 2007.「対米協調」／「対米自主」外交論再考. レヴァイアサン 40：234-254.

ポズナー, R. A. 著, 馬場孝一・國武輝久監訳 1991.『正義の経済学』木鐸社（Posner, R. A. 1981. *The Economics of Justice*. Harvard University Press).

ポパー, K. R. 著, 小河原 誠訳 2023.『開かれた社会とその敵』第 1 巻（下）. 岩波書店.

ボブロウ, D. B. & ドライツェク, J. S. 2000.『デザイン思考の政策分析』昭和堂.

ボリス, E. T. & スターリ, C. E. 編著, 上野真城子・山内直人訳 2007.『NPO と政府』ミネルヴァ書房.

ホワイト, W. F. 著, 奥田道大・有里典三訳 2000.『ストリート・コーナー・ソサエティ』有斐閣（White, W. F. 1993. *Street Corner Society*, 4th ed. University of Chicago Press).

■ま行

前田貴洋 2017-2019. 労働監督制度をめぐる戦前と戦後(1)〜(3). 法学会雑誌 58(1)：91-135, 58(2)：203-234, 59(2)：141-171.

蒔田 純 2013.『立法補佐機関の制度と機能』晃洋書房.

増山幹高 2015.『立法と権力分立』東京大学出版会.

松木茂弘 2017.『一般財源の縮小時代に機能する自治体予算編成の実務』学陽書房.

松下和夫 2002.『環境ガバナンス』岩波書店.

松下圭一 1991.『政策型思考と政治』東京大学出版会.

松田憲忠 2012. トゥールミンの「議論の技法－トゥールミン・モデル」. 岩崎正洋編著『政策過程の理論分析』三和書籍.

松田憲忠 2012. キングダンの政策の窓モデル. 岩崎正洋編著『政策過程の理論分析』三和書籍.

松田憲忠 2016. 多様性のなかの政策分析と政策過程. 縣 公一郎・藤井浩司編『ダイバーシティ時代の行政学』早稲田大学出版部.

松田憲忠 2022a.「政策決定に向けた情報」としての政策研究. 岡本哲和編著『政策と情報』ミネルヴァ書房.

松田憲忠 2022b. 知識交換としての政策研究. 公共政策研究 22：8-19.

松田憲忠・石川直人 2020. 特別活動とデモクラシーのインターフェイス. 行政管理研究 169：39-50.

松本健人 2021. 気象を使った商品需要予測によるリスク管理の事例. 天気 68(10)：530.

松元雅和 2007.『リベラルな多文化主義』慶応義塾大学出版会.

松元雅和 2009. 多文化主義とナショナリズム. 施 光恒・黒宮一太編『ナショナリズムの政治学』ナカニシヤ出版.

松元雅和 2015.『応用政治哲学』風行社.

松元雅和 2017. 多文化主義と政府. 菊地理夫ほか編著『政府の政治理論』晃洋書房.

真山達志 1991. 政策実施の理論. 宇都宮深志・新川達郎編著『行政と執行の理論』東海大学出版会.

真山達志 2021. スポーツと公共政策. 真山達志・成瀬和弥編著『公共政策の中のスポーツ』晃洋書房.

真山達志 2023.『行政は誰のためにあるのか』日本経済評論社.

マリノフスキ, B. 著, 増田義郎訳 2010.『西太平洋の遠洋航海者』講談社学術文庫（Malinowski, B. 1922. *Argonauts of the Western Pacific*. Routledge & Kegan Paul).

三浦まり編著 2016.『日本の女性議員』朝日新聞出版.

御厨 貴 2002.『オーラル・ヒストリー』中公新書.

御厨 貴編 2019.『オーラル・ヒストリーに何ができるか』岩波書店.

御厨 貴・牧原 出 2021.『日本政治史講義』有斐閣.

水島治郎 2016.『ポピュリズムとは何か』中公新書.

三田妃路佳 2010.『公共事業改革の政治過程』慶応義塾大学出版会.

三谷宗一郎 2020. 時限法の実証分析. 年報政治学 71(1)：152-177.

三菱 UFJ リサーチ＆コンサルティング. 自治体経営改革. https://www.murc.jp/service/keyword/88/（最終閲覧日：2023 年 3 月 18 日）

三菱 UFJ リサーチ＆コンサルティング自治体経営改革室 2022. 令和 3 年度 自治体経営改革に関する実態調査報告書.

宮川公男 2002.『政策科学入門』第 2 版. 東洋経済新報社.

宮本憲一 2014.『戦後日本公害史論』岩波書店.

宮本太郎 2008. 『福祉政治』有斐閣.
宮本太郎 2022. 自助社会をどう終わらせるか. 宮本太郎編『自助社会を終わらせる』岩波書店.
宮本祐華・内山大希 2022. 災害対策基本法の制定から現在までの主な改正の経緯について（前編）・（後編）. 近代消防 60(6)：38-42, 60(7)：86-91.
宮脇 昇 2019. 公共政策とトラスト. 公共政策研究 19：14-21.
宮脇 昇 2021. 国際制度の硬化と劣化. 公共政策研究 21：90-101.
ミュデ，C. &カルトワッセル，C. R. 著，永井大輔・髙山裕二訳 2018. 『ポピュリズム』白水社.
ミュラー，J.-W. 著，板橋拓己訳 2017. 『ポピュリズムとは何か』岩波書店.
ミラノヴィッチ，B. 著，立木勝訳 2017. 『大不平等』みすず書房（Milanovic, B. 2016. *Global Inequality*. Harvard University Press）.

椋野美智子・田中耕太郎 2023. 『はじめての社会保障』第 20 版．有斐閣.
武蔵勝宏 2021. 『議会制度とその運用に関する比較研究』晃洋書房.
村上裕一 2016. 『技術基準と官僚制』岩波書店.
村手 聡 2022. 複雑・多様化する地方公共団体の行政課題に対応するための研修の確保・充実について. 地方公務員月報 705：2-19.
村松岐夫 1988. 『地方自治』東京大学出版会.
村松岐夫 1994. 『日本の行政』中公新書.
村松岐夫 2001. 『行政学教科書』第 2 版．有斐閣.
村松岐夫編著 2018. 『公務員人事改革』学陽書房.
ムルホール，S. &スウィフト，A. 著，谷澤正嗣・飯島昇藏訳者代表 2007. 『リベラル・コミュニタリアン論争』勁草書房.

モーゲンソー，H. J. 著，宮脇 昇・宮脇史歩訳 2022. 『国益を守る』志學社.
本沢巳代子・新田秀樹編著 2022. 『トピック社会保障法』第 16 版．不磨書房.
森 裕亮 2014. 『地方政府と自治会間のパートナーシップ形成における課題』渓水社.
森 道哉 2018. 前決定過程論の展開. 佐藤 満編『政策過程論』慈学社.
森園幸男ほか編 2015. 『逐条国家公務員法』学陽書房.
森田 朗 1988. 『許認可行政と官僚制』岩波書店.
森田 朗 2014. 『会議の政治学Ⅱ』慈学社.
森田 朗 2022. 『新版 現代の行政』第 2 版．第一法規.
諸富 徹 2021. グリーン・リカバリーと日本の政策課題. 公共政策研究 21：64-79.
モンク，Y. 著，那須耕介・栗村亜寿香訳 2019. 『自己責任の時代』みすず書房.

■や行

薬師寺泰蔵 1989. 『公共政策』東京大学出版会.
柳 至 2018. 『不利益分配の政治学』有斐閣.
矢部明宏 2012. 地方分権の指導理念としての「補完性の原理」. レファレンス 62(9)：5-24.
山岡龍一 2017. 政治的リアリズムの挑戦. ニュクス 4：236-249.
山川雄巳 1997. 政策科学の現状と未来. 『政策科学』5(1)：1-20.
山岸敬子 2019. 『客観訴訟制度の存在理由』信山社.
山田篤裕 2015. 失業－雇用保険，能力開発と雇用保護法制. 駒村康平ほか『社会政策』有斐閣.
山田 健 2020. 中央―地方関係における出先機関の行動様式. 『年報政治学』71(1)：292-315.
山谷清志 1997. 『政策評価の理論とその展開』晃洋書房.
山谷清志 2012. 政策終了と政策評価制度. 公共政策研究 12：61-73.
山谷清志編著 2021. 『政策と行政』ミネルヴァ書房.
山脇啓造・上野貴彦編著 2022. 『インターカルチュラル・シティ』明石書店.

横山斉理・東 伸一 2022. 小売ビジネスモデルを研究するための分析アプローチ. マーケティングジャーナル 41(4)：53-64.
吉川和挟 2023. 自治体行政計画の政策デザイナーとはだれのことか. 『四日市大学論集』36(1)：59-78.
美添泰人 2019. 公的統計の課題と改革. 国友直人・山本 拓編『統計と日本社会』東京大学出版会.
吉富志津代 2008. 『多文化共生社会と外国人コミュニティの力』現代人文社.

吉原健二・和田 勝 2020.『日本医療保険制度史』第 3 版．東洋経済新報社.

吉村良一 2021.『政策形成訴訟における理論と実務』日本評論社.

寄本勝美 2009.『リサイクル政策の形成と市民参加』有斐閣.

■ら行

リプスキー，M. 著，田尾雅夫・北大路信郷訳 1986.『行政サービスのディレンマ』木鐸社（Lipsky, M. 1980. *Street-Level Bureaucracy*. Russell Sage Foundation）.

ルーマン，N. 著，大庭 健・正村俊之訳 1990.『信頼』勁草書房.

レイガン，C. 著，鹿又伸夫監訳 1993.『社会科学における比較研究』ミネルヴァ書房.

レイプハルト，A. 著，粕谷祐子・菊池啓一訳 2014.『民主主義対民主主義』原著第 2 版．勁草書房.

労働政策研究・研修機構編 2017.『諸外国における教育訓練制度』労働政策研究・研修機構.

ロールズ，J. 著，川本隆史ほか訳 2010.『正義論』改訂版．紀伊國屋書店（Rawls, J. 1971. *A Theory of Justice*. Belknap Press of Harvard University Press）.

ロールズ，J. 著，神島裕子・福間 聡訳 2022.『政治的リベラリズム』増補版．筑摩書房（Rawls, J. 1996. *Political Liberalism*, paperback ed. Columbia University Press）.

■わ行

渡辺 靖 2019.『リバタリアニズム』中公新書.

事項索引

※国際条約・海外の法令，固有名詞（書籍，海外政策名），索引中に略語で表記しているものには欧文を掲載した

■数字・英字

2レベルゲーム　306

2009年ギリシャ危機　385

2025年の崖　447

AI　Artificial Intelligence　34, 109, 120, 233, 299, 450

BCP　Business Continuity Plan　338

BID　Business Improvement District　279

BOB　Bureau of Budget　160

BPR　Business Process Reengineering　446

Brexit　96

BRT　Bus Rapid Transit　285

CALL4　374

CBRN　346

CIO　Chief Information Officer　445

COVID-19　105, 114, 346, 348, 351, 352, 354, 367, 459, 460

CPTPP　Comprehensive and Progressive Agreement for Trans-Pacific Partnership　297, 307

CSR　Corporate Social Responsibility　424

DV防止法（配偶者からの暴力の防止及び被害者の保護等に関する法律）　53

DX　Digital Transformation　442, 446

EBPM　Evidence-Based Policy Making　5, 263, 456, 484, 512, 516

EBPM基盤法　the Evidence Act:Foundations for Evidence-Based Policymaking Act of 2018　161

e-GOV法令検索　6

EHAP実験　492

EIPM　Evidence-Informed Policy Making　457

e-Japan戦略　443

ESG投資　424

EU　European Union　83, 92, 96, 148, 257, 311, 318, 353

Eデモクラシー　91

FOIA　Freedom of Information Act　468

G7/G8サミット　310

GAO（米国会計検査院）　Government Accountability Office　160

GATT　General Agreement on Tariffs and Trade　307

GDPR　General Data Protection Regulation　108, 451

GHQ　General Headquarters/the Supreme Commander for the Allied Powers　392

GPRA　Government Performance and Results Act of 1993　160

GPRAMA　GPRA Modernization Act　161

HDI　Human Development Index　60

IAEA　International Atomic Energy Agency　320

ICA　Institutional Collective Action　400

IGCI　INTERPOL Global Complex for Innovation　329

IPCC　Intergovernmental Panel on Climate Change　259

IPEF　Indo-Pacific Economic Framework for Prosperity　306

IPPA　International Public Policy Association　26

IS-LMモデル　194

IUCN　International Union for the Conservation of Nature　86

LRT　Light Rail Transit　285

MCM　Medical Countermeasures　356

MCM三種の神器　356

MCMバリューチェーン　356

NATO　North Atlantic Treaty Organization　300, 302, 311

NPM　New Public Management　18, 116, 142, 158, 173, 394, 404, 408, 417, 442

NPO　Nonprofit Organization　13, 155, 224, 314, 407, 412, 414

NPT　Treaty on the Non-Proliferation of Nuclear Weapons　321

OECD　Organisation for Economic Co-operation and Development　190

Off-JT　Off the Job Training　530, 532

OJT　On the Job Training　402, 405, 530, 532

OMB　Office of Management and Budget　160

PBL　Project Based Learning　516

PDCA　11, 153

PFI　Private Finance Initiative　14, 17, 161, 278

PFI法　13

PKO　Peace Keeping Operation　317

PMIAA　Program Management Improvement Accountability Act of 2016　161

PPBS（PPBシステム）　Planning Program-ing, and Budgeting System　21, 160

PPP　Public Private Partnership　13, 15, 17, 161, 185, 278

PSAs　Public Service Agreements　161

PSM研究　408

PSM　Public Service Motivation　408

RCT　Randomized Controlled Trial　110, 456, 479, 480, 487, 492

RDD　Regression Discontinuity Design　482

RIGOs　regional intergovernmental organiza-tions　400

SDGs　Sustainable Development Goals　87, 188, 250, 424

SEM　Structural Equation Modeling　484

Small yard, High fence　297

SNS　Social Networking Service　7, 34

Street-level bureaucracy　141

SUMP　Sastainable Urban Mobility Plan　285

SWIFT　Society for Worldwide Interbank Financial Telecommunication　319

TPNW　Treaty on the Prohibition of Nuclear Weapons　299, 321

TPP　Trans-Pacific Partnership Agreement　297, 307

VFM　Value for Money　278

WHO　World Health Organization　310, 350

X-Road　443

X非効率性　186

YCC　Yield Curve Control　199

■あ行

アイデア（アイディア）　102, **126**, 504

アイデアの政治　**126**

アイディアにおける力　505

アイディアを支配する力　504

アイディアを通じて行使される力　504

アウトサイド・ロビイング　413

アーカイブ調査　498

アカウンタビリティ　9, 150, 152

赤字国債　204

アクター　102, 127, 134, 137, 166, 238, 410, 460, 504

アジェンダ・コントロール　106, 108

アジェンダ・セッティング（アジェンダ設定）　100, 102, 104, 106, 108, 112, 134, 407

アセスメント　151

新しい社会運動　252

アーツカウンシル　267

圧力団体　410

アドボカシー　412

アトリビューション　302

アナーキスト（無政府主義者）　332

アナルコ・キャピタリズム　47

アニマルウェルフェア　80

アパルトヘイト　318

アファーマティブ・アクション　32

アフォーダンス　109

アフリカ開発会議（TICAD）　Tokyo Interna-tional Conference on African Development　308

アフリカ連合（AU）　African Union　317

天川モデル　399

アムステルダム条約　Treaty of Amsterdam　83

アムネスティ・インターナショナル　Amnesty International　314

アメリカ（米国）　47, 90, 96, 126, 128, 160, 243, 257, 266, 288, 292, 304, 318, 422

新たな公　15

アルカイダ　al-Qaeda　333

安全保障　**288**, 451

安全保障条約　292

イギリス（英国） 160, 243, 266
育児休業法（育児休業，介護休業等育児又は
　家族介護を行う労働者の福祉に関する法
　律） 53
意見書 363
違憲審査 430
違憲審査権 372
意思決定 42, 56, 89, 90, 92, 134, 176, 180,
　330, 437, 462, 464, 484
イシュー・ネットワーク 106
維新の会 97
イスラーム過激派 333
イスラーム国 333
医制 234
偉大な社会 Great Society 141
板まんだら判決 372
一元化 471
逸脱事例 500
一般均衡論 476
一般職 532
一般政府 172, 202
一般政府債務 203
一般データ保護規則（GDPR） General Data
　Protection Regulation 108, 451
イデオロギー 364
イノベーション 37
違法是正 374
移民 36, 280
医薬品 240, 356
医薬品，医療機器等の品質，有効性及び安全
　性の確保等に関する法律（薬機法） 241
医薬分業 240
イラク戦争 Iraq War 295, 331
医療計画 235
医療政策 238, 234
医療法 235
医療保険市場 182
医療保障制度 226, 234, 242
イールドカーブコントロール Yield Curve
　Control 199
因果関係 479, 480
因果効果推定 110
因果的信念 126
インカメラ審理 469
インクリメンタリズム 77, 118, 130
インターネット 34, 91, 108, 326, 328

インタビュー 498
インターポール（国際刑事警察機構） Inter-
　national Criminal Police Organization 328
インターポール・グローバル・コンプレック
　ス INTERPOL Global Complex for Innova-
　tion 329
インターンシップ 524, 526
インテリジェンス 330, 352
インド太平洋経済枠組み Indo-Pacific Eco-
　nomic Framework for Prosperity 306
インバウンド・ツーリズム 277
インパクト評価 151, 156
インフォデミック 355
インフォメーション 330
インフルエンザ 354

ウィキッド・プロブレム 77, 119
ヴィネット実験 494
ヴィネット調査 497
ウィンセット 306
ウクライナ戦争（ウクライナ侵攻） war in
　Ukraine 295, 299, 319
疑わしい取引の届出制度 325

衛生委員 247
衛生警察 246
疫学 244
エキスパンダー 100
エコーチェンバー 109
エコノミック・ステイトクラフト 296
エコロジカル・フットプリント 61
エコロジー的・社会的経済 253
エージェンシー 148, 394
エージェンシー化 14
エージェント 418
エストニア 442
越境的な経験学習プログラム 529
エネルギー研究所フォアアールベルク
　Energieinstitut Vorarlberg 251
エピデミック 354
エビデンスのハイアラーキー 456
エボラ出血熱 Ebola hemorrhagic fever
　352
エリート・インタビュー 498
エリート主義的民主主義 103
エリート養成 513

遠隔会議システム　533
エンデミック　354

欧州安保協力機構　Organization for Security and Co-operation in Europe　311
欧州委員会　European Commission　256
欧州刑事警察機構（EUROPOL）　European Police Office　329
欧州疾病管理・予防センター　European Centre for Disease Prevention and Control　353
欧州連合（EU）　European Union　83, 92, 96, 148, 257, 311, 318, 353
大きな公的部門　230
大きな政府　46, 201
大蔵省　380
大部屋主義　147
汚染者負担原則　254
お団子と串でつくるコンパクトシティ　283
オーバーツーリズム　277
オープン・ガバメント　458
オープン・ガバメント・パートナーシップ the Open Government Partnership　459
オープンデータ　108, 459
オペレーションズ・リサーチ　21, 76
オーラル・ヒストリー　498, 506
オリンピック・パラリンピック 2020 大会（東京オリンピック・パラリンピック）　268
温室効果ガス　258

■か行
会議の方法論　524
回帰不連続デザイン（RDD）　Regression Discontinuity Design　482
会計検査院　392
会計検査制度　472
改憲　431
外国人技能実習生　281
外国人技能実習制度　37
介護保険法　53, 225, 228
外的妥当性　491, 495
回転ドア　121
階統制　388
ガイドライン　293
開発協力大綱　313
開発援助委員会（DAC）　Development Assistance Committee　312
外部監査制度　473
外部経済　285, 436
外部主導モデル　102
外部性　170, 180, 262, 436, 440
外部性の内部化　437
外部不経済　436, 438, 440
外務省　381
価格弾力性　211
かかりつけ医　242
下級裁判所裁判官指名諮問委員会　376
核拡散防止条約（NPT）　The Nuclear Non-Proliferation Treaty　298
格差　188, 190
学際性　30
学士課程教育における公共政策学分野の参照基準　515
革新自治体　249
革新首長　366
核政策　320
核政策の四本柱　320
拡大核抑止　321
拡大抑止　293
核凍結合意（JCPOA）　Joint Comprehensive Plan of Action　318
核の傘　293, 321
核兵器禁止条約（TPNW）　Treaty on the Prohibition of Nuclear Weapons　299, 321
核兵器不拡散条約（NPT）　Treaty on the Non-Proliferation of Nuclear Weapons　321
重なり合う合意　64
カジノ管理委員会　393
仮説検証　500
仮説生成　500
寡占　186
課題解決型学習（PBL）　Project Based Learning　516
価値　56, 60, 74
価値一元論　56
価値財　185
価値推進団体　411
価値多元論　56
価値に基づくアプローチ　74
価値の指標化　60
価値判断　66
ガバナンス　12, 18

貨幣量 198
カーボンニュートラル 257, 259
カーボンプライシング 260, 439
環境ガバナンス 254
環境権 254
環境税 439
環境政策 250
環境と開発に関する国際連合会議（リオサ
　ミット，地球サミット，UNCED） United
　Nations Conference on Environment and
　Development 86
環境と開発に関する世界委員会 World
　Commission on Environment and Develop-
　ment 86
環境ビジネス 425
環境保護運動 248, 252
環境保護市民イニシアティブ同盟（BBU）
　Bundesverband Bürgerinitiativen Umwelt-
　schutz 248
環境保全型法務 435
カンクン合意 Cancun Agreements 258
観光政策 276
観光立国推進基本計画 276
観光立国推進基本法 276
韓国 442
監査委員制度 473
監査調査法 492
監視 34
関税と貿易に関する一般協定（GATT）
　General Agreement on Tariffs and Trade
　307
間接税 216
間接民主制 90
完全合理性 118
完全合理性モデル 77, 130
感染症 346, 350, 352, 354, 356
感染症対策組織 352
完全な合意 64
環太平洋パートナーシップ（TPP） Trans-
　Pacific Partnership Agreement 297, 307
環太平洋パートナーシップに関する包括的及
　び先進的な協定（CPTPP） Comprehen-
　sive and Progressive Agreement for Trans-
　Pacific Partnership 297, 307
官邸官僚 389
関東大震災 338

幹部候補育成課程 531
官房三課 389
官民データ活用推進基本法 459
官民連携（公民連携・PPP） Public Private
　Partnership 13, 15, 17, 161, 185, 278
官僚 106, 176, 411

議院運営委員会 361
議員研修 533
議院内閣制 72
議院法制局 368
議員立法 361, 368
議会 72, 88, 100, 368, 383
議会質問 524
機関委任事務制度 366, 398
機関訴訟 373
基幹統計 453
危機管理医薬品（MCM） Medical Coun-
　termeasures 356
キキクル 340
議決権 362
気候変動 36, 189, 254, 258
気候変動に関する政府間パネル（IPCC） In-
　tergovernmental Panel on Climate Change
　259
気候変動枠組条約 United Nations
　Framework Convention on Climate Change
　258
気候保護 253
議事運営権 100
擬似環境 109
気象業務法 340
気象庁 340
気象予報 340
気象予報士制度 340
規制 187, 429
規制緩和 16, 126
規制政策 5
基礎自治体 390
議題 166
期待効用 23
北大西洋条約機構（NATO） North Atlantic
　Treaty Organization 300, 302, 311
帰着 210
機能分担論 92
基盤的防衛力 288

基盤的防衛力構想　291
義務教育　262
逆機能　388
虐殺　318
逆進性　190
逆選択　182
客観訴訟　373
教育委員会　154, 392
教育政策　262
共概念　14
教訓導出　122
行財政改革　158
共助　337
強制　4
行政委員会　392
強制移動　36
行政改革　16, 116, 223
行政学　404
行政管理予算局　Office of Management and Budget　447
行政機関が行う政策の評価に関する法律　154
行政救済法　374
行政強制　433
強制競争入札制度（CCT）　Compulsory Competitive Tendering　161
行政行為　432
行政コミュニケーション　462
行政裁量　433
行政事件訴訟法　374
行政執行法人　394
行政指導　432
行政職員　121, 382
行政庁　432
行政媒介型市民社会組織　418
行政罰　433
行政評価　154
行政文書　465
行政法　432
行政目標管理制度　394
行政倫理研究　74
業績測定　157, 158
業績評価　371
競争政策　187
共通善　48, 85
協働　14, 417

協働事業提案制度　414
京都議定書　Kyoto Protocol to the United Nations Framework Convention on Climate Change　258
共分散構造分析　484
業務継続計画（BCP）　Business Continuity Plan　338
極右テロリズム　333
極端事例　500
居住誘導区域（RIZ）　Residential Induction Zone　283
拒否権プレイヤー　91
緊急事態宣言　348
近代家族　32, 52
勤務能率　532
金融活動作業部会　325
金融所得課税　190, 214
金融制裁　318
金融政策　198

クォータ制　32
グッド・ガバナンス　18
国地方係争処理制度　373
クラウドシステム　445
グリーンGDP　60
グリーン成長　256
グリーン・ニューディール　Green New Deal　256
グリーン・リカバリー　256
クロスアポイントメント制度　517
グローバル化　307
グローバル・ガバナンス（保健ガバナンス）　350
グローバル・ガバナンス論　18
グローバル公共政策　310
グローバル・サウス　36, 319
グローバル思考　30
「グローバルに考え，ローカルで行動する」　"Think globally, act locally"　248
グローバル・ノース　36
グローバル・ヘルス　350

ケアの倫理　81
警戒レベル　341
計画　7
計画主義　76

景観　272
景観法　272
景観利益　273
経験知　461
傾向スコア　480
傾向スコア・マッチング（PSM）　Propensity
　　Score Matching　110, 480, 481
経済安全保障　296
経済安定化　172, 194
経済外交　306
経済産業省　239
経済制裁　318
経済成長　200
経済的威圧　296
経済的インセンティブ　4
経済的厚生　22
経済的手段　436
経済の自動安定化機能　192
『経済表』　Tableau économique　20
経済を「武器化」する行為　296
警察庁　322, 330
警察法　322
警察予備隊　290
刑事政策　323
形成的評価　151
計量分析　478
経路依存　129
ケインズ派　196
ケーススタディ　522
ケースブック　522
ケースメソッド　522
決議　363
決済供覧　471
決定権力　104
決定的事例　501
『決定の本質』　Essence of Decision　124, 140
ゲートキーピング　107
ゲーミングシミュレーション　523
ゲーム　523
ゲーム理論　476
原因探究型リサーチ　112
限界効用　170
限界効用逓減の法則　43
限界費用　170
健康危機管理　247
健康日本21　245

健康保険法　236
検察審査会　378
現実環境　109
研修　532
研修機能　513
現状維持バイアス　462
現状確認型リサーチ　112
現職落選ドミノ現象　338
原子力規制委員会　393
建設国債　204
建設省　380
言説分析　499, 504
健全化判断比率　207
現代型訴訟　374
限定効果論　107
限定合理性　125, 197
限定小規模侵略独力対処　304
現場知　413, 461
現物給付　191
憲法　430
権力　22, 73, 104, 106

公　14
公安調査庁　330
広域自治体　390
合意形成　58, 64, 118, 520, 524
公益法人制度　13
公害規制　255
公会計　472
公害裁判　249
高解像度ナウキャスト　340
公監査　472
公企業　396
後期高齢者医療制度　226, 228
合議制行政組織　392
公共経済学　178
公共財　20, 116, 170, 174, 181, 184, 488
公共サービス　284
公共サービス改革　160
公共サービス義務（PSO）　Public Service
　　Obigation　285
公共職業安定所　144
公共政策　3, 4, 24, 138, 412
公共政策学（公共政策研究）　24, 514
公共政策学教育　522
公共政策教育　512

公共政策教育　512, 514
公共政策大学院　512, 518
公共選択論　173, 179, 477, 496
公共訴訟　374, 431
公共的課題　512
公共的問題　412
公共的理性　84
公共投資　116
公共の利益　67
公共用交通　284
抗告訴訟　374
公衆アジェンダ　109
公衆衛生　244, 246, 346
公助　337
厚生経済学　43
『厚生経済学』 *Welfare Economics*　22
厚生経済学の第一定理　173, 176
厚生経済学の第二定理　23, 173
厚生主義　42, 56
公正取引委員会　392
厚生労働省　238
構造化（政策課題の）　113
構造方程式モデリング（SEM）　Structural Equation Modeling　484
公聴会　414
交通政策基本法　285
公的企業　172
行動　109
行動経済学　125, 462, 476
高等裁判所長官　376
行動主義　497
行動政策学　125
高福祉高負担　230
公文書管理　466
公文書管理法　466, 469
公民権運動　Civil Rights Movement　85
公民連携（官民連携・PPP）　Public Private Partnership　13, 15, 17, 161, 185, 278
公務員　402, 404, 528
公明党　364
効用　212
功利主義　22, 42, 56, 68, 80
合理的期待　197
合理的期待形成仮説　197
合理的政策決定モデル　124
合理的選択制度論　129

合理的選択理論　496
合理的な個人　476
綱領　364
高齢者医療確保法　229
高齢者福祉推進十か年計画（ゴールドプラン）　228
国際機構　294, 310
国際行政連合　310
国際基督教大学大学院行政学研究科　514
国際銀行間通信協会（SWIFT）　Society for Worldwide Interbank Financial Telecommunication　319
国際刑事警察機構（インターポール）　International Criminal Police Organization　328
国際原子力機関（IAEA）　International Atomic Energy Agency　320
国際公共政策　310
国際自然保護連合（IUCN）　International Union for the Conservation of Nature　86
国際社会　148
国際人道法　298, 344
国際通貨取引税　215
国際手配書　328
国際電気通信連合　International Telecommunication Union　310
国際犯罪　328
国際平和協力法　317
国際保健　350
国際民間航空機関　International Civil Aviation Organization　310
国際連合（国連）　United Nations　36, 294, 298, 316
国際連盟　League of Nations　294
国際連盟保健機関　League of Nations Health Organization　350
国勢調査　454
国政調査権　368
『国富論』 *The Wealth of Nations*　20
国宝　264
国宝保存法　264
国民医療費　226
国民皆保険　226, 228, 234, 244
国民皆保険制度　236
国民審査　376
国民スポーツ大会（国スポ）　268
国民背番号制　445

国民戦線（国民連合）Front National（Res-
semblement National）96
国民戦争 298
国民の司法参加 **378**
国民保護 **344**
国立劇場 265
国立研究開発法人 394
国立大学法人制度 161
国立博物館 265
国立文化財機構 265
国連→国際連合
国連開発計画（UNDP）United Nations De-
velopment Programme 18
国連教育科学文化機関 United Nations Edu-
cational, Scientific and Cultural Organiza-
tion 310
国連児童基金 United Nations Children's
Fund 350
国連人間環境会議 United Nations Confer-
ence on the Human Environment 248
国連平和維持活動（PKO）United Nations
Peacekeeping Operations 291, 316
護憲 431
古社寺保存法 264
個人情報 34
個人の尊厳 67
コースの定理 438, 440
国家安全保障戦略（日本）303
国家安全保障戦略 313
国会 8, 94, 101, 360, 366, 368, 384
国会議員 **360, 366**
国会質問 369
国会対策委員会 360
国会図書館調査立法考査局 368
国家公安委員会 322
国家公務員 528
国家公務員倫理法 75
国家と国民の三面的関係 323
国家と国民の二面的関係 323
国家の中立性 51
国家賠償 374
国家論 128
固定資産税 218
古典派 196
孤独 **38**, 39
個別的自衛権 291

ゴミ箱モデル 134
コミュニケーション的言説 504
コミュニタリアニズム 45, **48**, 69
コミュニティ 48
コモンズ概念 15
雇用保険制度 193
孤立 **38**, 39
混合経済体制 172
混合研究法 508
コンサルタント 121
コンサルティング会社 422
コンジョイント実験 494
コンセッション方式 17
コンセンサス 64
コンティンジェンシー理論（条件適合理論）
388
コンテナー 100
コンドルセ勝者 177
コンパクトシティ **282**
コンパクト・プラス・ネットワーク Com-
pact Plus Network 282
コンピュータウイルス 326
コンラート・アデナウアー財団 Konrad-
Adenauer-Stiftung 423

■さ行
災害 338
災害対策基本法 335, 337
災害派遣 290
在外邦人最高裁判官国民審査権訴訟 374
在外邦人選挙権訴訟 374
再議権 363
最高裁事務総局 377
最高裁判所長官 376
最高裁判所判事 376
最高情報責任者 Chief Information Officer
445
最遠異事例 501
財政 190, 202, 384
財政赤字 47, 204
財政学 178
財政規律 385
財政健全化計画 207
財政再建団体 207
財政再生計画 207
財政再生団体 207

財政政策　196
財政投融資　17
財政法　384
財政連邦主義　174
最大動員システム　144
サイバー空間　302
サイバー攻撃　300
サイバーシン計画　Project Cybersyn　21
サイバーセキュリティ　451
サイバーセキュリティ戦略（日本）　303
サイバー戦　302
サイバネティックス　21
サイバー犯罪　326
裁判員制度　378
裁判所　372, 376, 431
裁判所法　376
再分配機能　214
再分配政策　5
財務省　239, 384
在留外国人　36
最類似事例　501
サステナビリティ（持続可能性）　86
サードセクター　12
サービス　5
サプライサイド　262
サプライチェーン　296, 306
差分の差分法（DID）　Difference-in-
　Differences estimator　483
サーベイ実験　487, 494
サーベイランス　352
産業構造転換　257
参考人制度　414
参審制度　379
暫定協定　65
三位一体改革　93, 367

仕入れ　216
シェアードサービス　400
自衛隊　290
ジェンダー　32, 52, 407
ジェンダー開発指数（GDI）　Gender De-
　velopment Index　33
ジェンダー・ギャップ指数（GGI）　Gender
　Gap Index　33, 61
ジェンダー主流化　33
ジェンダー統計　33

ジェンダー不平等指数（GII）　Gender Ine-
　quality Index　33
市街地活性化　274
死荷重　212
事業仕分け　159
資金情報機関　325
シグナリング戦術　413
資源の独占　187
次元の呪い　110
資源配分　170, 172
時限立法　165
自己啓発　530
自己決定　35
自己責任　78
自殺　38
自殺死亡率　38
自殺総合対策大綱　38
自殺対策基本法　38
資産課税　191
資産税　218
自主外交路線　304
市場　12
市場化テスト　161
市場の失敗　16, 19, 20, 22, 170, 172, 181,
　284, 436, 438
地震　338
システム分析　20
私生活　34
自生的秩序　76
自然災害　36
自然実験　487, 490
自然独占　16, 187
事前評価　151
事前防災　339
持続可能な観光地域づくり　276
持続可能な都市モビリティ計画（SUMP）
　Sastainable Urban Mobility Plan　285
持続可能な発展　250
自治会　418
自治事務　386
自治省　381
シチズンシップ教育　153
自治組織権　391
自治大学校　533
自治体戦略2040構想研究会　448
自治体組織の構造と理論　390

自治体デジタル・トランスフォーメーション
　推進計画　449
自治体の財政破綻　206
自治体の文化政策　270
自治体の予算編成　386
市長　367
実験アプローチ　113, 486
執行依存　382
執行エージェンシー制度　161
実質赤字額　207
実質赤字比率　207
実質公債費比率　207
実施の不手際　146
執政制度　88
質的研究　498, 500, 508
質的比較分析（QCA）　Qualitative Compara-
　tive Analysis　502
疾病保険制度　236
指定管理者制度　15, 154, 161, 224, 270, 278
私的財　184
自動化への選好　125
ジニ係数　188, 190
支払意思額　57
シビックテック　414, 419
指標　159
シビル・ミニマム　386
司法制度改革　378
資本化仮説　218
シミュレーション　114
市民　12, 414, 520
市民参加　414
市民相談　363
市民的専門性　413
事務事業評価　154
社会安全政策論　323
社会学的制度論　129
社会関係資本　416, 420
社会構成主義　27
社会実験　479, 492
社会資本　116
社会政策　192
社会全体の幸福　67
社会的規範　462
社会的な援護を要する人々に対する社会福祉
　のあり方に関する検討会報告書　83
社会的入院　228

社会的排除　82
社会的排除（防止）局（SEU）　Social Exclu-
　sion Unit　83
社会的便益　116
社会的包摂　82
社会的包摂推進室　83
社会比較ナッジ　462
社会保険制度　222
社会保険方式　242
社会保険料　190, 208
社会保障　79, 190
社会保障基金　172, 202
社会保障税一体改革　209
社会保障制度　192, 226
社会民主主義レジーム　223
社会民主党　230
シャッター商店街　274
自由開業制　235
集合論　502
自由主義　50
自由主義レジーム　223
重症急性呼吸器症候群（SARS）　Severe
　Acute Respiratory Syndrome　352
収束デザイン　508
集団安全保障体制　298
集団的自衛権　291, 292
自由で開かれたインド太平洋（FOIP）　Free
　and Open Indo-Pacific　308
周辺事態　293
住民　382
住民監査請求制度　473
住民基本台帳　445
住民参加型法務　435
自由民主党（自民党）　360, 364
住民総会　90
住民訴訟　373, 375
住民投票条例　90
重要影響事態　293
重要な出来事　101, 103
重要文化財　264
重要無形文化財保持者　265
従量税　210
熟議　521
熟議型多基準分析　63
熟議システム　95
熟議的政策分析　95

熟議民主主義　85, **94**, 339
主権国家　295, 310
主権者教育　520, 525
首相公選制　88
酒税法　411
首長　382
出国税　215
出入国管理及び難民認定法　281
ジュネーヴ諸条約第 1 追加議定書　Protocols Additional to the Geneva Conventions of 12 August 1949, and relating to the Protection of Victims of International Armed Conflicts（Protocol I）　344
準拠集団　107
上級財　212
状況的犯罪予防　323
上下分離　285
条件　502
証拠に基づく政策形成　404
乗数理論　196
小選挙区比例代表並立制　370
省庁再編　380
消転　210
唱道連合モデル　**136**
小児保健所　247
常任理事国　294
常備消防　336
消費税　**216**
消費の非競合性　184
消費の非排除性　184
情報格差　443, 444
情報機関　**330**
消防行政　334, 336
情報公開条例　**470**
情報公開審査会　471
情報公開法　**468**
情報社会　35
消防組織法　334, 336
消防団　335, 336
消防庁　334
情報の非対称性　**182**, 284
将来負担比率　207
条例　6
職業訓練　192
職場外研修（Off-JT）　Off the Job Training 529

職場研修（OJT）　On the Job Training　528
食料　189
女性差別撤廃条約（女子に対するあらゆる形態の差別の撤廃に関する条約）　Convention on the Elimination of all forms of Discrimination Against Women　53
女性の割当制　252
処置群　480
処置効果　480
所得控除　191
所得再分配　172, 189, **190**, **192**
所得税　190, **214**
所得分配　170
ジョブ・ディスクリプション　449
所有権の割り当て　441
所要防衛力　288
所要防衛力構想　291
自律内閣制　88
資力調査　232
知る権利　34, 468
事例研究　524
侵害留保説　430
侵害留保の原則　432
新型コロナウイルス感染症（新型コロナウイルスパンデミック, COVID-19）　105, 114, 346, 348, 351, 352, 354, 367, 459, 460
進化的合理主義　76
審議会　238, 414
審議会等委員　121
新機能主義　311
シンクタンク　**422**
シングルボイス　341
人工知能（AI）　Artificial Intelligence　34, 109, 120, 233, 299, **450**
人口倫理　43
人材養成　513
人事院　392, **530**
新自由主義　19, 51, 143, 201, 223, 278
人的資源管理　528
信念システム　136
人民党（ポピュリスト党）　People¡s Party（Populist Party）　96
信頼　**416**, 420
心理学的要素と実験　496
診療報酬　234

スイス　90
垂直的公平　214
随伴条件　107
スウェーデン　230
数理政治学　477
数理分析　476
スクラップ・アンド・ビルド原則　389
スクレイピング　108
スタンド・オフ防衛能力　291
スティグマ　232
ステークホルダー　118
ステークホルダー資本主義　424
ステージ・モデル　10, 134
ステレオタイプ　109
ストリートレベル官僚組織　142
スピンドクター　107
スプリット・バロット実験　494
スペイン風邪　354
スポーツ基本法　268
スマート自治体　448
スマート自治体研究会（地方自治体における
　システムの標準化及びAI・ロボティクスの
　活用に関する研究会）　448

税　190
生活安全条例　323
生活習慣病　245
正規雇用　189
正規戦（実戦）　300
正義の二原理　84
制御グループ　492
政権公約（マニフェスト）　370
政策　2, 4, 6, 8, 428
政策アリーナ　407
政策移転　122
政策科学　28, 514
政策学　22, 150
政策課題の設定　412
政策過程　10, 263, 412
政策関係の学会　30
政策起業家　127
政策規範　66, 68
政策教育　520
政策共同体　106
政策議論　58
政策金利　198

政策系学部・大学院　516
政策形成　364, 370, 380, 412
政策決定　118, 130
政策決定者の倫理　72
政策研究　20, 28
政策策定のための調査　112
政策サブシステム　136
政策システム　8
政策執行　382
政策実施　74, 146, 407
政策実施ガバナンス　147
政策実施研究　140
政策実施者の倫理　74
政策実施論　142
政策終了　162, 164, 166
政策受益団体　410
政策手段　97, 118, 153
政策手法　435
政策条例　363, 429
政策体系　8
政策達成目標明示制度　161
政策提言型リサーチ　112
政策提言・提案　524
政策的条例　434
政策デザイン　8, 27, 118, 120
政策独占体　132
政策のイメージ　132
政策の失敗　141, 146
政策のステージ・モデル　10, 134
政策のデザイナー　120
政策の場　132
政策の窓モデル　10, 112, 134, 461
政策波及　122, 383
政策評価　150, 152, 156, 158, 160, 368, 414,
　478
政策評価法　3, 116
政策評価ポータルサイト　154
政策フィードバック　138
政策分析　110, 113, 116
政策法　434
政策法学　429
政策法務　429, 434
政策リサーチ　112
政策立案　407, 413
生産要素　210
政治家　72, 74, 120, 166, 176, 371, 411

政治行政分断論　72
政治行政融合論　73
政治経済学　477
政治主導　367
政治・政策マーケティング　109
政治の失敗　176
政治方法論　477
青少年健全育成条例　323
成人病　245
税制　208
生成 AI　450
税制改革　208
税制調査会　208
精緻化見込みモデル　107
『成長の限界』　*The Limits to Growth*　20, 248
制度　128
政党　88, 96, 100, 252, **364**, 367, 370, 422
制度改革訴訟（公共訴訟・政策形成訴訟）
　372
制度論　128
税の中立性　212
税の転嫁と帰着　210
正のフィードバック　138
セイの法則　196
政府　12, 50, 100, 174, 184
政府開発援助（ODA）　Official Development
　Assistance　312
政府開発援助大綱（ODA 大綱）　312
政府間関係　149, 174
政府収入統計　208
政府セクター　12
生物の多様性　254
政府の失敗　22, 173, **176**
政務活動費　363
（自民党）政務調査会　360
政令　6
政令指定都市　362
セオリー評価　156
世界環境保全戦略　World Conservation
　Strategy　86
世界銀行　World Bank　18, 188, 350
世界金融危機（GFC）　Global Finacial Crisis
　198
世界経済フォーラム　World Economic
　Forum　446
世界大恐慌　Great Depression　194

世界の政策研究　26
世界保健機関（WHO）　World Health Orga-
　nization　310, 350
世界保健機構（WHO）憲章　244
世界保健総会　World Health Assembly　350
赤十字国際委員会　International Committee
　of the Red Cross　314
セキュリティ　450
セクター団体　410
世代間負担の公平性の確保　204
積極拒否戦略　289
積極的労働市場政策　192
絶対的貧困　188
説明責任　468
説明的デザイン　509
セレクションバイアス　480, 486, 492
ゼロ金利政策　198
選挙　410
専決処分　338, 363
先行者利益　102
全国市町村研修財団　533
全国知事会　269, 411
全国ハイヤー・タクシー連合会　410
漸次的社会工学　77
専守防衛　290
戦争　**298**
前転　210
全土基地方式　292
全米芸術基金（NEA）　National Endowment
　for the Arts　267
選別主義　232
前方展開部隊　293
専門職学位課程　518
専門性　404
専門知識　460
戦略 3 文書（安保関連 3 文書）　289, 291
戦略的自律性　296
戦略的不可欠性　297
戦略防衛構想（SDI）　Strategic Defense In-
　itiative　299

総括的評価　151
早期健全化団体　207
総合課税　214
総合計画　158
総合調整　388

相互関連性　30
相互参照　148
相互防衛条約　292
操作変数法（IV 法）　Instrumental Variable
　Method　482
創造都市　271
相続税　219
相対的貧困　188
総務省行政評価局　152, 154
総務省統計局　454
総力戦　298
総和主義　42
族議員　360, 367
組織共用文書　469, 471
組織犯罪　324
ソーシャル・キャピタル　247, 420
ソーシャルビジネス　425
租税　208
租税競争　215
租税協調　215
租税制度　208
租税特別措置　209, 429
租税負担の平準化　204
租税方式　242
租税法定主義　208
措置グループ　492
即効理論（皮下注射モデル）　107
ソフトロー　148
損害賠償請求　374
存立危機事態　291, 293

■た行
第一次世界大戦　World War Ⅰ　298
第一次戦略兵器制限交渉（SALT-1）
　Strategic Arms Limitation Talks-1　298
第一次分権改革　93
第一線職員　141, 142, 145, 147
第一波フェミニズム　First-wave feminism
　52
代議制民主主義　88, 176
大規模災害の被害想定　342
第三者評価　155
第三セクター　17
対照群　480
大審院　376
大西洋憲章　Atlantic Charter　294

大選挙区制　362
大統領制　72, 88
第二次世界大戦　World War Ⅱ　298
第二次分権改革　93
第二波フェミニズム　Second-wave feminism
　32, 52
大福帳方式　386
対米同時多発（9.11）テロ　331
代理指標　60
大量破壊兵器（WMD）　weapon of mass des-
　truction　318
対話・交流型研修　529
タウンミーティング　90
多基準分析　62
卓越主義　50
多元主義　128, 410
多元的流路フレームワーク　135
多数決　64, 177
脱炭素化　250, 257
「盾と矛」の関係　292
縦割り行政　388
多党制　364
多年度財政枠組み　256
多文化共生　280
多文化主義　54, 280
多様事例　500
多様な合意形成手法　64
タリン・マニュアル　Tallinn Manual　302
探究学習　525
探索的デザイン　509
男女共同参画会議　33, 53
男女共同参画社会基本法　53
男女雇用機会均等法（雇用の分野における男
　女の均等な機会及び待遇の確保等に関する
　法律）　53
炭疽菌　352
断続平衡論　132
炭素税　260, 439
炭素リーケージ　261
弾道弾迎撃ミサイル制限条約（ABM）　Anti-
　Ballistic Missile Treaty　298
弾道ミサイル　291

治安　322
治安出動　290
治安法制　322

治安立法　322
地域開発政策　366
地域機構　311
地域公共交通　284
地域公共交通計画　285
地域公共交通の活性化及び再生に関する法律　284
地域再編型法務　435
地域の消防・防災　336
地域包括ケアシステム　**245**
地域保健法　244
小さな政府　16, 46
地球温暖化問題　**258**
地球サミット　255
知事　367
知識　460, 520
知識活用　**460**
知的所有権制度　187
地方議員　**362**
地方議会　362
地方公営企業　**396**
地方公営企業法　396
地方公共団体情報システムの標準化に関する法律　445
地方公共団体の財政の健全化に関する法律　206
地方厚生局　144
地方公務員　**528**
地方公務員法　532
地方債　206
地方財政再建促進特別措置法　206
地方財政の健全化　**206**
地方財政法　206
地方自治体　12, 92, 146, **158**, 366, **382**, 390, 396, 398, 400, 403, 435, **532**
地方自治法　93, 144, 392
地方支分部局　144
地方政府　92, 144, 174, 202
地方出先機関　382
地方統計機構整備要綱　455
地方独立行政法人制度　161
地方の時代　470
地方分権一括法　366
地方分権改革　93, 366, 429
地方分権（補完性原理）と政策　92
地方六団体　398

中央社会保険医療協議会（中医協）　234
中央省庁　366, 380, **530**
中央省庁等改革　**380**, 389
中央省庁等改革基本法　152
中央情報局（CIA）　Central Intelligence Agency　331
中央政府　144, 174, 202, 398, 446
中央政府の DX（デジタル・トランスフォーメーション）　446
中央－地方関係　144, **398**
中央府省　144
中央労働委員会　392
中間支援組織　250
中間の道　230
中間評価　151
中期目標管理法人　394
中距離核戦力全廃条約（INF）　Intermediate-Range Nuclear Forces Treaty　299
中心市街地活性化　275
中立命題　205
超過負担　212
長期培養理論　107
調査局・調査室　368
町内会　**418**
直接民主主義（直接民主制）　**90**
貯蓄から投資へ　214
賃金の下方硬直性　196
陳情・請願　414
沈黙の螺旋　107

通商産業省　380
通知　7
通約不可能性　56

低強度紛争（LIC）　Low Intensity Conflict　298
提唱連合モデル　10
ディスインフォメーション　451
ティブー仮説　400
ディベート　524
ディマンドサイド　262
敵基地攻撃（反撃）能力　291
テキスト分析　123
出先機関　144
デジタル化　103, 257, **448**
デジタル改革関連法　448

デジタル・コラージュ　109
デジタル庁　103, 447, 448
デジタル・トランスフォーメーション（DX）
　Digital Transformation　442, 446
データサイエンス　517
データセキュリティ法　451
データ・ドリブン　108
手続的政策手段　97
鉄の三角形モデル（鉄の三角同盟）　127, 136
デフォルトナッジ　462
デポジット制度　439
デモクラシー　90, 520
デモンストレーション　486
デルファイ法　62
テロ対策法制　322
テロリズム　332
転嫁　210
天気予報業務　340
典型事例　500
電子自治体　443, 444
電子自治体推進計画　445
電子政府　442, 444
電子投票　91
伝統的建造物群保存地区　272

ドイツ　266
動員モデル　102
同化主義　280
道義的信念　126
討議デモクラシー　91
東京電力福島第一原子力発電所事故　345
統計　452
統計委員会　454
統計制度　452
統計組織　454
統計的差別　33
統計法　452
凍結効果（ロックイン効果）　219
統合司令部　291
当事者訴訟　374
動的相互依存モデル　123
投票のパラドックス　177
動物愛護　80
動物倫理　43, 80
トゥールミン・モデル　58, 521
特殊法人　16, 144

独占　186
独占市場の非効率性　186
特定独立法人　394
独立行政法人　13, 17, 144, 154, 394
独立行政法人制度　161
独立財政機関　385
都市機能誘導区域　283
図書館　155
土地保有税の中立性　219
トップダウン・アプローチ　141
都道府県警察　322
都道府県公安委員会　322
都道府県の媒介機能　398
都道府県労働局　144
ドーマー条件　204
トランスナショナル・レベルの政策実施
　148
トレードオフ　57

■な行
内閣官房　381, 388
内閣情報調査室　330
内閣人事局　530
内閣総理大臣（首相）　361
内閣提出法案　360
内閣府　100, 381, 388
内閣府男女共同参画局　33, 53
内閣府（防災担当）　334
内生的成長モデル　200
内的妥当性　490, 495
内部接近モデル　102
内部補助　284
ナショナル・ミニマム　175
ナショナル・レベルの政策実施　144
ナチス　267
ナッジ　5, 78, 432, 462
ナッジ・ユニット　463
ナロー・マケディング　109
難民　36

二元代表制　338, 362, 383
西アフリカ経済共同体　Economic Commun-
　ity of West African States　317
二元的所得税　209
二次的著作物　109
ニーズ・アセスメント　113

二層制　390
日米安全保障条約（日米安保条約）　Treaty of Mutual Cooperation and Security between Japan and the United States of America　292, 304
日米同盟　288, 292
日本国憲法　288, 292, 360, 430
二党制　364
日本　443
日本医師会　410
日本気象協会　114
日本経済団体連合会　410
日本公共政策学会　Public Policy Studies Association, Japan　28, 30, 514
日本国有鉄道　114
日本商工会議所　410
日本スポーツ協会　268
日本政治学会　Japanese Political Science Association　28
日本での公共政策教育　514
日本における政策研究　28
日本の安全保障・防衛政策　288
日本の感染症危機管理の体制　346
日本の危機管理医薬品政策　356
日本の消防・防災関連組織　334
日本の新型コロナウイルス対策　348
日本労働組合総連合会　410
ニューカマー　281
ニュースバリュー　106
ニューディール（政策）　New Deal　72, 85
ニュー・パブリック・マネジメント（NPM）　New Public Management　18, 116, 142, 158, 173, 394, 404, 408, 417
人間開発指数（HDI）　Human Development Index　60
人間性　35
人間の安全保障　313
認識共同体　127
認識論　499
認知戦　300

ネガティブ・フィードバック　132
ネットワーク　19
ネットワーク形成　513
ネットワーク利用犯罪　326

■は行
バイアス　111, 114
排出量（権）取引　260
排出量取引制度　439
陪審制度　378
ハイブリッド戦　300
パークPFI制度　15
パーソナル・インファレンス　107
パターナリズム　78
バックラッシュ　33
発生主義　386
発達的犯罪予防　323
パートナーシップ　250
パトロネージュ　266
パノプティコン　43
パブリックコメント　414
パブリック・リーダーシップ　406
パリ協定　Paris Agreement　259, 261
パリ不戦条約　Pact of Paris　298
万国郵便連合　Universal Postal Union　310
犯罪学　322
犯罪収益移転防止法　325
犯罪収益等隠匿罪　325
犯罪収益の没収　325
犯罪対策閣僚会議　323
犯罪に強い社会の実現のための行動計画　323
判事　376
反実仮想　480
判事補　376
半自律型公的組織　394
阪神・淡路大震災　337, 338
ハンセン病　162
ハンセン病国家賠償訴訟　374
半大統領制　88
パンデミック　256, 354
反排除法　83

非営利組織（NPO）　Nonprofit Organization　13, 155, 224, 314, 407, 412, 414
ヒエラルキー　18
非核三原則　290, 321
東日本大震災　102, 337, 338
東日本大震災復興構想会議　339
非競合性　171
ピグー税　171, 438, 440

ピグー補助金　436, 439
非決定権力　**104**, 106
非国有化　16
非国家主体　332
ビスマルク型　208
非正規雇用　189
非正規職員　143
非政府組織　**314**
ビッグデータ　35
非特定独立法人　394
人への投資　533
非排除性　171
百条調査権　362
ヒューマンサービス　262
評価学　150
評価の組織　154
評価表　158
評価文化　160
表現の自由　34
標準化　512
費用便益分析　20, 43, 57, 62, **116**, 157
費用有効性分析　157
非理想理論　70
貧困　**188**

ファシリテーション　415
フィッシャー方程式　198
フィッシングサイト　326
フィルターバブル　109
フィールド実験　487, 490, 492
風致地区　272
フェイクニュース　108
フェミニズム　45, **52**, 68
フォーラム　525
フォワードガイダンス　199
不可能性定理　477
不完全競争　186
複式簿記　386
福祉国家　44, 46, 92, **222**, 224, 231, 278, 428
福祉政策　**224**, 228
不正アクセス禁止法　326
負の外部性　260
負のフィードバック　138
不服審査会　470
普遍主義　230, 232
プライバシー　**34**, 430

プライマリ・ケア　235
プライマリーバランス　202, 204
プライマリ・ヘルスケア　244
プライミング　107
プラグマティズム　27
プラットフォーム　108
ブラヒミ・レポート　Brahimi Report　317
フランス　266
フリーダムハウス　61
ブリュッセル効果　149
武力攻撃事態　291, 344
武力攻撃事態及び存立危機事態における我が
　　国の平和と独立並びに国民の安全の確保に
　　関する法律　344
武力攻撃予測事態　344
フリーライダー問題　171
プリンシパル・エージェント問題　22
ふるさと納税　429
ブルッキングス研究所　The Brookings In-
　　stitution　422
フレキシキュリティ・アプローチ　193
フレーミング　107, 412
フレーム（問題の認識枠組）　412
プログラム　8
プログラム評価　8, 160
プログラム要素　8
プロジェクト・ファイナンス　278
プロジェクト・マネージャー　8
プロセス評価　156
ブロード・キャスティング　109
プロファイリング　35
文化遺産　264
文化芸術基本法　271
文化芸術振興基本法　270
文化芸術振興条例　270
文化財　**264**
文化財保護法　264, 272
文化財保存活用地域計画　265
文化政策　**266**
文化庁　271
文化的景観　272
文官統制　290
分権推進型法務　435
文献リサーチ　113
文書の作成過程　464
分節的インクリメンタリズム　130

紛争解決　95
紛争拡大戦術　413
分配政策　5
文民保護　344
分離課税　214
分離主義運動　332
文理融合　517

平均処置効果　480
米国　331, 442
米国会計検査院（GAO）　Government Accountability Office　160
米国サイバー軍（CYBERCOM）　United States Cyber Command　303
米国疾病管理・予防センター（CDC）　The Centers for Disease Control and Prevention　352
米国同時多発テロ（9.11テロ）　September 11 attacks/ the 9/11　318, 333
米中貿易戦争　306
平和安全法制　317
平和安全保障法制　289
平和維持活動　294
平和活動　316
平和への課題　An Agenda for Peace　316
ベーシックインカム　232
ベバリッジ型　208
ヘリテージ財団　Heritage Foundation　422
ヘルス・プロモーション　244
弁護士任官　377
ベンダー　444, 447

保安隊　290
防衛政策　288
防衛出動　290
包括的　230
防災気象情報　340
防災行政　334, 336
法政策学　429
法曹一元制度　377
法定受託事務　386
法と経済学　477
法の下の平等　430
方法論　512
法務省　381
法律　6, 428, 430

暴力団　324
暴力団排除条例　324
法令遵守アプローチ　74
補完性原理　92
北欧　192, 230
保険　236
保健所　244, 247
保健センター　247
ポジティブ・アクション　32
ポジティブ・フィードバック　133
保守主義　76
保守主義レジーム　223
補償原理　23
ポスト・トゥルース　109
ボトム・アップアプローチ　142
ポピュリスト　109
ポピュリズム　96
ボーモル・オーツ税　439
ポリシーミックス　119
本質的価値　67
本人－代理人関係（プリンシパル・エージェント関係）　72

■ま行
マイナス金利　199
マイナンバーカード　226, 445
マイノリティ　280
マクロ計量モデル　479
マーケット　19
マーケット・デザイン　488
マーシャル・プラン　Marshall Plan　312
マスメディア　34, 101, 106, 108, 333, 407, 505
まちづくり会社　275
マッチンググラント　267
マトリックス組織　449
マニフェスト　333
マニフェスト選挙　370
マネー・ストック　199
マネタリー・ベース　199
マネーロンダリング　325
麻薬新条約　325
麻薬特例法　325
マルウェア　327
マルクス・レーニン主義　332
マルチレベル・ガバナンス　18, 149

ミサイル防衛システム　293
三島・沼津型市民運動　249
水際対策　348
三矢研究　344
緑の党　Die Grünen　252
ミニ・パブリックス　94, 415
ミニマム税　215
三宅島の噴火　345
「未来のための金曜日」運動　Fridays For
　Future　253
民営化　14, 16
民間委託　14, 17
民間医療保険　242
民間企業　424
民間セクター　12
民衆訴訟　373
民主主義　19, 90, 96
民主主義―コンセンサス型　89
民主主義―多数決型　89
民主主義の多様性（V-deam）　Varieties of
　Democracy　89
民主的統制　370
民主党　364
民主党政権　370

無形遺産条約　Convention for the Safeguard-
　ing of the Intangible Cultural Heritage　265
無形文化財　265
無作為割り当て　494
無作為割付　497
無差別曲線　212
無政府資本主義（アナルコ・キャピタリズム）
　47

明治の大合併　418
名目賃金の硬直性　194
命令　430
メタガバナンス　19
メタ評価　157
免税　216

モデル　21
モニター　151
物と人との協力　292
モバイル・エンドポイント　109
モラル・ハザード　183

問題の認識枠組（フレーム）　412
文部科学省　239, 263

■や行
夜警国家　173, 222
薬価基準　240
薬価制度　240
薬機法　241
野党　101

誘因型公共政策　440, 441
有効需要　194, 196
融合的政府間関係　263
有事関連３法　344
有事法制　291
郵政民営化　17
誘導型の政策手段　436, 438
誘導的手法　148
誘発効果　107
夕張市　206
ユニバーサルサービス　16

養生　246
予算　7, 384, 386, 472
予算議会　386
予算最大化仮説　176
予算制約線　212
予算編成　384, 386
吉田ドクトリン　304
予測　114
与党事前審査　360
予備的調査　368
世論　100, 106, 108, 413

■ら行
ラストワンマイル問題　462
ラボ実験　487, 488, 490, 497
ランサムウェア　327
ランダムアサインメント　492
ランダム化比較試験（RCT）　Randomised
　Controlled Trial　110, 456, 479, 480, 487,
　492
濫用的請求　471

リアルケース　522
利益集団　137, 176, 410

利益団体　101, 410
リージョナル・ガバナンス　400
リスク　393
リスト実験　494
リスボン条約　Treaty of Lisbon　311
立憲民主党　361
立地適正化計画（LOP）　Location Optimization Plan　283
立法過程　11
立法形式　6
立法事実　435
立法論　434
理念の検証　30
リバタリアニズム　45, 46
リバタリアン・パターナリズム　437
リベラリズム　44, 46, 54, 68
リボルビングドア　449
量的研究　500, 508
量的・質的緩和（QQE）　Quantitative-Qualitative Easing　199
理論知　461, 521
稟議制　464
倫理　74

累進課税　214
累進性　190

レアアースの輸出停止　296
冷戦　Cold War　288, 298
レキシカルオーダー　57
歴史的制度論　129
歴史の検証　30

歴史まちづくり法　273
連結実質赤字比率　207
レントシーキング　177, 186
連邦捜査局　331

老人医療費無料化　227
老人保健法　229
労働基準監督署　144
労働供給　192
労働市場政策　192
労働者災害補償保険法　237
労働所得課税　190
ローカル・レベルの政策実施　146
ロシア　300, 318
ロシアゲート事件　Russiagate　301
ロシアによるクリミア併合　Annexation of Crimea by the Russian Federation　300
ロジックモデル　156, 456
ロビーイング　106
ローマクラブ　20
ロールプレイ　523, 524
論理学　502

■わ行

ワークショップ　414
ワクチン　349
ワクチン外交　301
ワークフェア　192, 493
われら共有の未来（ブルントラント・レポート）　Our Common Future　86
湾岸戦争　Gulf War　299

人名索引

■あ行

アカロフ　Akerlof, G.　182
足立幸男　29, 514
アダム・スミス　Adam Smith　20
阿部泰隆　429
天川晃　399
アリストテレス　Aristotle　50
アリソン　Allison, G. T.　124, 140
アロー　Arrow, K.　183

石牟礼道子　249
イーストン　Easton, D.　28
市川房枝　52

ウィルダフスキー　Wildavsky, A.　140
ヴェーバー　Weber, M.　73
ウォルツァー　Walzer, M.　48
ウルストンクラフト　Wollstonecraft, M.　52

エスピン=アンデルセン　Esping-Andersen,
　G.　223
エツィオーニ　Etzioni, A.　48

オークショット　Oakeshott, M.　76
オーツ　Oates, W. E.　174

■か行

ガイ・ピータース　Guy Peters, B.　26
カーソン　Carson, R. L.　248
カーネマン　Kahneman, D.　496
河村真実　55
カント　Kant. I.　84

キムリッカ　Kymkicka, W.　54
キングダン　Kingdon, J. W.　106, 134
キング牧師　King, M. L.　85

グーシュ　de Gouges, O.　52
グッディン　Goodin , R. E.　131
窪田好男　120
クリントン　Clinton, B.　442

ケネー　Quesnay, F.　20
ケリー　Kelly, P.　252

小泉純一郎　97
孔子　Confucius　50
コース　Coase, R. H.　438
後藤新平　236, 246
コールマン　Coleman, J.　420
コロンタイ　Kollontai, A.　52

■さ行

サイモン　Simon, H. A.　125, 496
サバティア　Sabatier, P. A.　136
サン=シモン　Saint-Simon, H. de　76
サンデル　Sandel, M.　48

ジェイコブズ　Jacobs, J.　420
ジットウン　Zittoun, P.　26
ジョーンズ　Jones, B. D.　132

鈴木俊一　532
スタントン　Stanton, E. C.　52

善教将大　97

ソロー　Solow, R　200

■た行

ダイ　Dye,T.R　3
ダウンズ　Downs, A.　365
ダール　Dahl, R.A.　104, 410

テイラー　Taylor, C.　48
デュピュイ　Dupuy　20
デレオン　Deleon, P.　163, 164

トヴェルスキー　Tversky, A.　496
トクヴィル　Tocqueville, A.　420
ドライゼク　Dryzek, J. S.　95, 119, 120
トランプ　Trump, D. J.　307, 309
ドロア　Dror, Y.　124, 130, 514

■な行

長与専斎　246

西尾勝　399

ノージック　Nozick, R.　46

■は行

ハイエク　von Hayek, F.　46, 76
バイデン　Biden, J. R.　309
バウムガートナー　Baumgartner,F.R.　132
ハウレット　Howlett, M.　27, 119
橋下徹　97
バーダック　Bardach, E.　11, 163, 164
バックラック　Bachrach, P.　104
パッテン　Patten, A.　55
パットナム　Putnam, R.D.　306, 416, 420
ハニファン　Hanifan, L.J.　420
バーバー　Barber, B.　49

ピアソン　Pierson, P.　139
ピアソン　Pierson, C.　222
ピグー　Pigou, A. C.　43, 436
ピーターズ　Peters, B. G.　118, 120
平塚らいてう　52

ファイナー　Finer, H.　73
フィッシャー　Fischer, J.　252
フォレスター　Forester, J.　95
ブキャナン　Buchanan, J. M.　173
フッド　Hood, C.　118
ブトロス゠ガリ　Boutros-Ghali, B.　316
ブラウアー　Brauer, D.　248
ブラヒミ　Brahimi, L.　317
フリーダン　Friedan, B.　52
フリードリッヒ　Friedrich, C.　73
ブルデュー　Bourdieu, P.　420
ブルワー　Brewer, G. D.　163

ベラー　Bellah, R.　49
ベンサム　Bentham, J.　42, 56
ベンダー　Bendor, J.　131

ボーヴォワール　de Beauvoir, S.　52
ポパー　Popper, K. R.　76
ボブロウ　Bobrow, D. B.　119, 120

■ま行

マスグレイブ　Musgrave, R. A.　172, 174
マッキンタイア　MacIntyre, A.　48
松下圭一　28

御厨貴　506
宮川公男　514
ミュデ　Mudde, C.　96
ミュラー　Müller, J.-W.　97
ミラノヴィッチ　Milanovic, B.　188
ミル　Mill, J. S.　52, 78

村松岐夫　399

■や行

薬師寺泰蔵　514
山川雄巳　28
山川菊栄　52

ユヌス　Yunus, M.　425

■ら行

ラスウェル　Lasswell, H. D.　10, 28, 125,
　140, 514
ラーナー　Lerner, D.　28

リップマン　Lippmann, W.　109
リプスキー　Lipsky, M.　142, 147
リンダー　Linder, S. H.　118, 120
リンドブロム　Lindblom, C. E.　130

ルーカス　Lucas, R. E.　479
ルソー　Rousseau, J.-J.　420
ルービン　Rubin, D. B.　479
ルーマン　Luhman, N.　416

レイガン　Ragin, C. C.
レイプハルト　Lijphart, A.　89
レヴィ　Lavy, J.　54

ロウィ　Lowi,T.J.　5
ロスバード　Rothbard, M.　47
ローマー　Romer, P.　200
ロールズ　Rawls, J.　44, 48, 64, 70, 84

公共政策学事典

令和6年10月30日　発　行

編　者　　日 本 公 共 政 策 学 会

発行者　　池　田　和　博

発行所　　丸善出版株式会社
　　　　　〒101-0051　東京都千代田区神田神保町二丁目17番
　　　　　編集：電話(03)3512-3264／FAX(03)3512-3272
　　　　　営業：電話(03)3512-3256／FAX(03)3512-3270
　　　　　https://www.maruzen-publishing.co.jp

©Public Policy Studies Association, Japan 2024

組版印刷・精文堂印刷 株式会社／製本・株式会社 松岳社

ISBN 978-4-621-31024-3　C 3531　　　　　　Printed in Japan

JCOPY　〈(一社) 出版者著作権管理機構 委託出版物〉
本書の無断複写は著作権法上での例外を除き禁じられています．複写
される場合は，そのつど事前に，(一社) 出版者著作権管理機構 (電話
03-5244-5088，FAX03-5244-5089，e-mail：info@jcopy.or.jp) の許諾
を得てください．